▲〈붙잡히는 예수〉 부분 조토 디 본도네 (1267~1337). 스크로베니 예배당(파도바) 프레스코화. 1304~06. '예수의 생애' 연작 중 하나. 예수를 잡으러 온 관리들에게 유다는 입맞춤으로 예수가 누구인지 가르쳐준다. 예수가 붙잡히는 것을 본 베드로는 대제사장의 종 말고의 귀를 잘라버린다.

초기 르네상스 시기의 대표적 화가로 손꼽히는 조토의 작품은 명료하고 단순한 구조와 심리적 통찰에 크게 의존하는 새로운 회화 양식을 보여준다.

▶〈애도〉 '생애 연작' 중의 하나로 가장 유명한 그림이다.

〈모나리자〉 레오나르도 다 빈치(1452~1519). 1503~05. 루브르박물관. 르네상스 최전성기의 미술은 세 명의 위대한 미술가 레오나르도 다 빈치·미켈란젤로·라파엘로에 의해 꽃을 피웠다.

Jacob Christoph Burckhardt
DIE KULTUR DER RENAISSANCE IN ITALIEN
이탈리아 르네상스 이야기
부르크하르트/지봉도 옮김

동서문화사

야코프 부르크하르트(1818~1897) 스위스의 역사가·미술사학자

▲〈단테의 신곡〉 도메니코 디 미켈리노(1417~1491), 피렌체 두오모 대성당 벽화. 1465.
단테는 죽음 이후에 가게 되는 저세계를 지옥·연옥·천국으로 나누어 상상의 나래를 펼치고 있다. 신곡을 들고 있는 단테를 중심으로 왼쪽은 '지옥', 뒤쪽이 '연옥', 위쪽 무지개 모양이 '천국' 그리고 오른쪽이 피렌체의 산타마리아 델 피오레(두오모) 대성당이다.

◀〈여섯 명의 토스카나 시인들〉 조르조 바사리. 1544. 왼쪽부터 귀도 다레초·치노 다 피스토이아·페트라르카·보카치오·단테·카발칸티.
르네상스 정신은 먼저 인문주의 형태로 나타났다. 인문주의가 시작되고 열매 맺은 곳이 이탈리아였으며, 그 선구자는 단테·페트라르카·보카치오 등이다.

이탈리아 르네상스 이야기
차례

제1편
예술품으로서의 국가

머리글

어느 의미에서 이 책은 하나의 시론(試論)이기도 하다. 이 엄청난 작업에 착수하면서도 그 방법과 역량이 부족함을 저자 자신이 누구보다도 잘 알고 있다. 또한 저자가 이 연구를 자신 있게 제시한다 한들 세상 지식인들이 모두 찬성해 줄지도 의문이다. 한 문화시기의 사상적 윤곽은 보는 사람에 따라 달라지기 마련이다. 더구나 그것이 우리 문화와 가장 가까운 본보기로서 지금도 여전히 영향을 미치고 있는 문화를 다룰 경우에는, 서술자에게나 독자에게나 주관적인 판단과 감정이 끊임없이 끼어들게 된다.

우리가 출범하려는 드넓은 바다에는 나아갈 수 있는 방향이 수없이 많다. 따라서 저자가 이 책을 쓰기 위해 했던 것과 똑같은 연구라 하더라도 다른 사람은 전혀 달리 이용하거나 다룰 수 있을 뿐만 아니라, 본질적으로 다른 결론을 이끌어 낼 수도 있다. 대상 자체가 진실로 중요하기 때문에 앞으로도 더욱 새로운 연구가 필요하며, 여러 시각에서 연구되어야 할 것이다. 그러는 동안 독자들도 인내심을 가지고 이 책에 귀 기울이고 하나의 전체로서 파악해 준다면 무엇을 더 바라겠는가.

문화사의 가장 본질적인 문제점은, 하나의 큰 정신적 연속체를 때로는 제멋대로 정한 것처럼 보이는 낱낱의 부류로 나누지 않으면 그나마도 표현할 수 없다는 점이다. 본디 우리는 '르네상스 부흥기 예술'에 관한 다른 저서로 이 책의 최대 결점을 보완할 예정이었으나, 그 계획은 일부분밖에 달성하지 못했다.[1]

역대 교황과 호엔슈타우펜 왕가의 투쟁으로 결국 이탈리아의 정치는 나머지 서유럽 국가들의 그것과는 근본적으로 달라졌다.[2] 프랑스·에스파냐·영국

---

1) Franz Kugler, *Geschichte der Baukunst* 프란츠 쿠글러의 《건축사》 4권 전반부에서 이탈리아 르네상스의 건축과 장식을 다루었다.
2) 하인리히 5세가 죽은 뒤 독일에서 왕위계승을 둘러싸고 싸움이 벌어지는 동안 신성로마 황

에서는 봉건제가 막을 내리자 통합된 군주국가로 바뀌었고, 독일에서는 적어도 봉건제가 외형적으로 제국의 통일을 유지하는 데 이바지했지만, 이탈리아는 이 제도와 완전히 동떨어져 있었다.[3] 14세기 신성로마 황제들은 아무리 통치를 잘해도 더는 봉건군주로서 존경받지 못하고, 잘해야 기존 세력을 통솔하는 후원자로서 받아들여지고 인식되었다.[4] 한편 교황권은 신도와 동맹 세력을 등에 업은 덕에 앞으로 일어날 어떠한 통일도 충분히 막아낼 만큼 강력했지만 스스로 통일을 이룩할 수는 없었다.[5] 이 둘 사이에서는 도시공화국이나 전제군주국 같은 수많은 정치형태가 이미 존재하거나 새로 생겨났는데, 그러한 정치형태는 실질적인 권력에 의지해 유지되었다.[6]

이런 여러 정치형태 속에서 근대 유럽의 국가정신이 처음으로 자유롭게 자신의 본능대로 등장했다. 이들 국가는 때로 억제되지 않은 이기의 가장 추악한 모습을 드러내, 모든 권리를 멸시하고 모든 건전한 문화의 싹을 짓밟아버렸다. 그러나 이런 폐단이 시정되든가 어떤 방법으로든 균형을 찾게 될 때 역사속에 비로소 하나의 새로운 생명이 싹튼다. 바로 이해관계와 의식의 창조물로서의 국가, 예술품으로서의 국가이다. 이 새로운 생명체는 수백 가지 모습으로 나타나 도시공화국에서나 전제군주 국가에서나 그곳의 내부정세 및 대외정책

제(독일과 이탈리아의 황제, 단 베네치아와 남이탈리아 제외)는 이탈리아에 영향력을 행사하지 않았고, 그로 인해 북이탈리아와 투스카니의 여러 도시는 황제대관(皇帝代官), 도시영주(都市領主)의 간섭을 물리치고 시민자치체제를 이룬다. 1152년에 제위에 오른 호엔슈타우펜 왕가(왕조)의 황제 프리드리히 1세는 제권회복(帝權回復)을 꾀하며 이탈리아에 간섭하기 시작하나, 제권강화에 반발하는 교황 및 자주권을 주장하는 여러 도시와 충돌한다. 결국 황제는 롬바르디아 동맹군에 패하고, 1183년 '콘스탄츠 평화조약'에서 여러 도시의 독립을 사실상 인정, 단지 형식적 종주권을 주장하는 데 그친다.

3) 프랑스·에스파냐·영국은 저마다 백년전쟁, 카스틸리아왕국과 아라곤왕국 합방, 장미전쟁 등을 통해 왕권을 강화하고 중앙집권적인 민족국가의 틀을 잡아갔다. 또한 독일은 제후들에 의한 국왕(신성로마 황제) 선거제도를 수립하여 형식적이나마 통일을 유지했다. 그러나 이탈리아에서는 앞의 주와 같은 사정 때문에 봉건제 아래 통합된 왕국이 세워지지 않았고, 그런 의미에서 봉건제는 일찍이 무너졌다고 볼 수 있다.

4) 망명 중이던 단테는 1310년 이탈리아로 내려온 하인리히 7세를 혼란한 이탈리아를 구할 구세주라고 생각했다. 이처럼 황제를 추종하는 황제파도 있었지만 반황제파 세력을 이길 수는 없었다.

5) Machiavelli, *Discorsi* L. I, c. 12.

6) 지배자와 그 신하들을 모두 'lo stato'라고 했다. 이 명칭은 뒷날 영토를 뜻하게 된다.

을 결정한다. 여기서 우리는 전제군주국에서 비교적 완전하고 뚜렷하게 나타나는 그런 전형을 살펴보는 것으로 만족하고자 한다.

전제군주가 통치한 영토의 내부 상황을 보여 주는 좋은 예는, 프리드리히 2세가 개혁한 남이탈리아와 시칠리아섬의 노르만왕국[7]에서 찾을 수 있다.[8] 사라센 사람들과 가까이 살면서 반역과 위험 속에서 자라난 프리드리히 2세는 일찍이 모든 일을 철저하게 객관적으로 판단하고 처리하는 법을 익혀, 왕위에 오른 최초의 근대인이었다. 그는 사라센국가들의 내정과 행정에 대해 자세히 알고 있었으며, 생사를 건 교황과의 투쟁에서는 가능한 모든 힘과 수단을 전쟁터에 동원했다. 프리드리히 2세가 1231년에 제정한 헌법은 봉건제를 완전히 무너뜨리고, 국민을 의지도 저항력도 없이 오직 납세의무만 가진 민중으로 만드는 것이 그 목적이었다.

그는 유럽에서 일찍이 찾아볼 수 없었던 방법으로 모든 사법과 행정을 중앙집권화했다. 어떠한 관직도 민중의 선거로 선출될 수 없었으며, 이를 어기면 그 지역을 정복하고 시민을 노예로 만들어 버렸다. 세금은 자세하게 기록된 조세대장에 근거하여 이슬람 국가에서 쓰는 방법으로 가혹하게 징수했다. 그렇게 하지 않으면 동방의 신민들로부터 세금을 거두어들일 방법이 없었기 때문이다. 이곳에 이미 국민은 없고, 통제받는 한 무리의 신민이 있을 뿐이었다. 그들은 특별 허가 없이는 국외 결혼도 할 수 없었고, 외국 유학은 절대로 허용되지 않았다. 나폴리대학은 가장 먼저 학업의 자유를 구속한 곳이다.[9] 동방제

---

7) 1130년부터 남이탈리아와 시칠리아는 노르만왕조가 다스렸다. 노르만왕조는 동로마제국, 사라센, 지중해 여러 세력의 대립으로 혼란하던 남이탈리아에 뛰어든 노르만인 용병에서 비롯된 왕조이다. 이 왕조는 교황과 황제가 대립할 때 교황파에 서서 싸웠으나, '콘스탄츠 평화조약'으로 화해가 이루어지자 그때의 왕 그리에르모 2세도 황제 프리드리히 1세와 화해한다. 그리고 상속녀를 황태자 하인리히 6세와 결혼시켰으며, 그 둘 사이의 아들이 바로 프리드리히 2세이다. 프리드리히 2세가 시칠리아 왕위를 계승함으로써 남이탈리아와 시칠리아의 주권은 정식으로 독일 왕가인 호엔슈타우펜가(家)로 돌아온다. 노르만왕조의 집권적 지배전통을 물려받은 그는 영주의 권한과 도시의 자치권을 다시 대폭 제한하여 보다 강력한 중앙집권화를 꾀했다.

8) Höfler, *Kaiser Friedrich* II., P. 39 이하.

9) 프리드리히 2세는 중앙집권 정책의 하나로 1224년 나폴리에 왕립대학을 창설했다. 그의 신하들은 국내외를 불문하고 이 나폴리대학과 살레르노의학교(醫學校)가 아닌 상급학교에는 진학할 수 없었다.

국에서는 적어도 이런 점에서는 자유로웠다. 또한 프리드리히는 온 지중해를 대상으로 직접 무역하여 많은 상품을 독점하고 신민의 상업을 억제했는데, 이러한 것 역시 철저히 이슬람교적[10] 방법이었다.[11] 게다가 파티마왕조[12]의 이슬람 왕들이 (적어도 초기에는) 그리스도교를 불신하는 비밀 종교를 신봉했기 때문에 신민들의 신앙에 관대했던 데 반해, 프리드리히는 종교재판소를 설치해 이단자를 심문함으로써 자신의 통치체제를 공고히 했다. 그의 진짜 의도가 이단자의 이름을 빌려 자유사상을 지닌 도시민의 대표자를 박해하는 데 있었음을 생각하면 그 죄는 더욱 가벼이 볼 수 없다.

마지막으로 프리드리히는 시칠리아에서 노체라와 루체리아로 이주해 온 사라센 사람들을 국내 경찰과 대외 군대의 핵심으로 삼았다. 그들은 어떤 비명에도 무감각했고 교회에서 파문되어도 신경 쓰지 않았다. 이리하여 무기를 잡는 방법을 잊은 신민들은 뒷날 만프레도가 몰락하고 앙주 가문의 샤를이 나라를 점령할 때에도[13] 손놓고 바라볼 수밖에 없었다. 그런데 새로운 왕가 또한 이 통치체제를 그대로 이어나갔다.

이 중앙집권화를 추진한 황제 쪽에서 아주 특이한 찬탈자가 나타났다. 바로 황제의 보좌관이자 사위인 에첼리노 다 로마노(Ezzelino da Romano)이다. 그는 북이탈리아 동북지방의 지배권 다툼에 온 힘을 쏟느라 통치와 행정의 대표자가 될 수는 없었지만, 다음 세대를 위한 정치적 본보기로서 그의 비호자인 프

---

10) 이 말은 교활, 독재, 잔인 등으로 해석할 수 있다.
11) 예를 들어 으뜸 수출상품인 곡물의 경우, 왕실직영지 수확분과 왕령지(王領地) 공납분, 그리고 선매권(先買權)을 통해 쉽게 얻은 곡물을 우선수출권과 수출세 면제의 특권을 누리며 수출했다. 국왕은 국가 제일의 수출업자였다. 그는 수출금지령을 내려 값이 떨어지면 민간의 곡물을 싼값으로 사재기했다가 수출했다. 또한 생사·비단·대마·역청·소금·철 등 주요 상품에 대해서는 전매권을 행사했고, 국내 주요 상업기지에는 왕립창고를 세워 창고료와 수입관세를 징수했다.
12) 카이로에 있던 이슬람왕조(909~1171). 비정통 이슬람교인 시아파를 신봉했다.
13) 만프레도(Manfredo : 1232?~66)는 황제 프리드리히 2세의 사생아. 부왕이 죽은 뒤 남이탈리아와 시칠리아의 총독이 되어 이탈리아의 황제파 세력의 수장이 된다. 1258년, 스스로 시칠리아 왕이 되어 교황파를 무찌르고 투스카나를 제압한다. 그러자 교황 우르바누스 4세는 프랑스 왕가 앙주의 샤를에게 시칠리아 왕위를 약속하고 만프레도를 공격하게 한다. 샤를은 1266년 만프레도를 무찌르고 나폴리에 입성, 시칠리아와 남이탈리아 왕국을 손에 넣고 앙주왕조를 연다.

리드리히 못지않게 중요한 인물이다. 중세의 정복과 찬탈은 모두 실제적인 상속재산 또는 명목상의 상속권 및 다른 여러 권리문제를 둘러싸고 일어났거나, 불신자 혹은 파문된 사람을 대상으로 벌어진 것이었다. 그런데 에첼리노에 이르러 처음으로 왕권을 창립하기 위해 대학살과 끝없는 만행을 저지르게 된다. 목적을 이루기 위해 수단과 방법을 가리지 않게 된 것이다. 그 엄청난 죄과는 후세의 어느 누구도 흉내낼 수 없었고, 그 유명한 체사레 보르자[14]도 이에 미치지 못했다. 그러나 선례는 이미 만들어졌다. 또한 에첼리노의 실각은 시민들의 정의 재건에 도움이 되지 못했을뿐더러, 뒷날의 악덕한 찬탈자들에게 경종을 울리지도 못했다.

이런 시대에는 프리드리히 2세의 평생 신하로 태어난 성 토마스 아퀴나스[15]의 입헌정치론도 소용이 없었다. 군주는 그 자신이 임명한 상원과 국민이 선출한 의회의 지지를 받아야 한다는 그의 학설은 강당 안에서만 여운을 남길 뿐이었다. 프리드리히와 에첼리노는 여전히 13세기 이탈리아에서 가장 큰 정치적 현상이었다. 이미 반쯤 전설이 된 두 사람의 모습이 《옛이야기 백선 *Conto novelle antiche*》의 가장 주된 내용[16]인데, 이 이야기의 원형은 틀림없이 이 시기에 편찬된 것이다. 여기서 에첼리노는 공포의 대상으로 묘사되는데, 이는 사람들의 마음에서 지워지지 않는 강렬한 여러 인상이 응집된 결과일 것이다. 목격자들의 연대기는 물론이요, 반신화적인 비극에 이르기까지 에첼리노에 대해서는 하나의 완벽한 문헌이 완성되어 있다.[17]

프리드리히와 에첼리노가 실각하자 곧바로 교황파와 황제파의 투쟁을 통해 수많은 전제군주들이 나타났는데, 보통 황제파의 지도자들이었다. 그들이 등장한 상황과 조건은 아주 다양하지만, 거기에는 그렇게 될 수밖에 없는 공

---

14) Cesare Borgia(1475~1507) 교황 알렉산데르 6세의 서자. 그 학식, 웅변, 잔인한 처사로 온 이탈리아를 공포로 몰아넣었다. 이탈리아 통일을 목표했지만 그 잔혹함 때문에 실패한다.

15) Thomas Aquinas(1224~1274). 중세 최고의 스콜라 철학자. 대표작으로 《철학대전》《신학대전》이 있다. 그의 이론에 따르면, 국가의 목적은 개인이 선을 실현하도록 하는 데 있으며, 이를 위해서는 정의와 법에 기초한 군주제가 이상적이고, 전제를 피하기 위해 선거왕제를 택해야 한다고 했다.

16) *Cento novelle antiche*, Nov. 1, 6, 20, 21, 22, 23, 29, 30, 45, 56, 83, 88, 98.

17) Thesaurus des Grävius VI., III., p.259의 Scardeonius, *De urbis Patav. antiqu.*

통된 불가피함이 내재해 있다. 그들은 과거의 파벌 싸움에서 자행되었던, 이를 테면 반대파를 절멸시키거나 추방하고 그들의 가정을 파괴하는 등의 방법을 그대로 이어받았다.

1. 14세기의 전제군주

14세기의 크고 작은 전제국가들은 그 무렵까지도 앞서 이야기한 인상이 아직 지워지지 않았다는 확실한 증거를 보여 준다. 그러한 나라들의 악행은 적나라하게 드러났고, 역사가들은 그것을 상세히 기록했다. 이러한 전제국가들은 완전히 독립했으며, 나름대로 조직된 국가라는 점에서 한층 흥미를 돋운다.

모든 수단을 의식적으로 산정하고 강구하는 이러한 방식은, 그 무렵 이탈리아가 아닌 다른 나라 군주들은 꿈에도 생각지 못했던 것이었다. 그러한 방식이 영토 내의 완벽한 절대 권력과 어우러져 아주 독특한 인간과 생활양식을 낳았다.[1] 현명한 전제군주가 생각하는 통치의 최고 기술은, 조세를 되도록 전과 똑같은 상태로 유지하거나 아니면 자기들이 애초에 제정한 상태 그대로 두는 일이었다. 곧 토지대장에 따라 부과하는 토지세와 일정 종목의 소비세 및 수출입 관세 등이 그것이며, 거기에 지배 가문의 사유재산에서 생기는 수입이 더해졌다.[2] 세수입을 늘리는 유일한 방법은 부(富)와 상거래의 증가였다. 각 도시에서 볼 수 있었던 공채는 여기서 문제가 되지 않았다. 그보다는 사회를 동요시킬 우려가 없는 선에서 빈틈없이 계산된 수탈이 시행됐다. 이를테면 이슬

---

1) Sismondi, *Hist. des rép. italiennes* IV, p.420 ; VIII, p.1 이하.

2) 그 무렵 이탈리아에는 이미 도시국가의 진행으로 봉건적 공조(貢租)에서 벗어나 국세(國稅)가 발달해 있었다. 그러나 군주제가 시행되는 여러 곳에서는 군주의 개인 재산과 국가재정이 분리되지 않았다. 토지대장에 기초한 토지세는 어디든 전쟁과 같은 갑작스러운 사태에 대처하는 임시 과세의 성격이 짙었으며, 1년에 여러 번 아니면 수년에 한 번만 징수하는 불규칙한 것이었다. 그것은 소득세가 아니며, 자산평가에 따른 자산세와 소유(또는 소작) 농장 단위에 과세되는 호구세였다. 대도시를 포함한 국가에서 자금의 원천은 언제나 소비세(주로 포도주세와 소금의 전매이익)와 관세였다. 유력한 도시공화국에서는 이자부공채제도(利子付公債制度)가 발달했으나, 군주제 국가에서는 군주 독점에 기초한 특권의 특허세와 직영지의 공조 수익에 의존하는 경향이 짙었다.

람 군주처럼 최고 재무관리를 해임하고 그 재산을 약탈하는 것이다.[3]

이런 수입으로 군주들은 소규모 궁정생활, 친위병과 용병, 건물 관리 그리고 그의 곁에 붙어서 봉사하는 어릿광대와 예술가들에게 들어가는 비용을 충당했다. 정당하지 않은 왕위 계승은 끊임없는 위험을 초래하여 군주를 고립시킨다. 이런 지배자가 맺을 수 있는 가장 명예로운 동맹은 출신 성분을 따지지 않고 정신적 능력이 가장 탁월한 자와 맺는 관계이다. 13세기 북유럽 군주들은 오직 기사 계급에게만, 군주에게 봉사하고 노래 부르는 귀족 계급에게만 관대함을 베풀었다. 이와 달리 장대한 뜻을 품고 공명심을 불태우던 이탈리아의 전제군주들은 재능 있는 사람들을 필요로 했다. 그들은 시인과 학자들에 둘러싸여 있을 때 새로운 지위에 올랐다고 여길 뿐 아니라 새로운 정통성까지 얻었다고 느끼는 것이었다.[4]

이런 점에서 유명한 사람이 베로나의 전제군주 칸그란데 델라 스칼라[5]였다. 그는 재능 있는 망명자들을 궁정으로 불러들여 이탈리아 전역의 인재를 키워낸 것이다. 문인들은 그 은혜를 잊지 않았다. 그의 궁정에 수시로 드나든다는 이유로 심한 비난을 받았던 페트라르카[6]는 그를 14세기 군주의 이상적인 모습으로 묘사했다.[7] 그는 자신의 보호자인 파도바의 군주에게 편지를 써서, 그라면 넉넉히 할 수 있으리라 믿으면서 이런저런 대단한 일을 요구했다.

당신은 시민의 주인이 아니라 조국의 아버지로서, 시민을 아들과 같이,[8]

---

3) Franco Sacchetti, *Novelle*(61, 62).
4) 협잡꾼들을 어떻게 방어하는지 아는 이 군주의 총애를 잃었다고 단테는 말했다.
5) Cangrande della Scala(재위 1311~1329). 델라 스칼라 가문은 1255년부터 1387년까지 베로나와 주변 지역을 지배했다. 칸그란데는 궁정에 학자와 문인들을 불러모았는데, 단테도 그중 하나였다.
6) Petrarca(1304~1374). 이탈리아 시인이자 인문주의자. 최대의 걸작은 서정시집 《칸초니에레》. 그 시적 재능과 학식으로 각지의 왕후들에게 환영을 받았다. 제국을 돌아다니며 고전을 수집하고 교정하는 일에 힘쓴 인문주의의 선구자.
7) Petrarca, De rep. optime administranda, ad, France. Carraram. (Opera, p.327, s.)
8) 그 뒤 백년이 지난 뒤에야 왕비도 국모라고 불리게 된다. Muratori, XXV, Col. 429에 있는, 비앙카 마리아 비스콘티에게 바친 히에로니무스 크리벨리스의 조사(弔辭) 참조. 볼라테라누스는 이것을 풍자적으로 비꼬아 교황 식스투스 4세의 누이를 '교회의 어머니(mater ecclesiae)'라고

아니 몸의 일부와 같이 사랑하셔야 합니다. 무기와 호위병과 용병은 적에게 보내십시오. 당신의 시민에게는 온정만 베푸셔도 충분합니다. 물론 제가 말하는 시민이란 현존 질서를 사랑하는 이를 뜻하며, 매일 변혁을 꾀하는 무리는 반역자요 국가의 적입니다. 이러한 무리는 엄중한 법으로 다스리시옵소서.

페트라르카(1304~1374)
그는 베로나의 전제군주 칸그란데 델라 스칼라를 14세기의 이상적인 군주로 보았다.

이어서 만능 국가라는 아주 근대적인 공상이 장황하게 서술되어 있다. 무릇 군주는 모든 일에 마음을 쏟아야 한다, 교회와 공공건물을 세우고 그것을 유지하며, 도로경찰을 관리하고[9] 늪을 간척(干拓)하며, 포도주와 곡물에서 감시의 눈을 떼지 말아야 하고, 조세를 공정히 분배하여 부양자가 없는 이와 병자를 돕고, 우수한 학자들을 보호하고 우의를 베풀어 군주가 죽은 뒤에도 학자들이 군주의 명성을 높이는 일에 소홀함이 없도록 해야 한다는 것이다.

그러나 개개의 통치자들이 어떤 장점을 지니고 무슨 공적을 쌓았든 간에, 14세기 사람들은 이미 이런 전제군주국이 영원히 존속되지 않으리란 것을 간파하거나 예감하고 있었다. 이런 정치제도는 내부적인 여러 이유 때문에 영토가 크면 클수록 국가의 안정성 또한 증가한다. 따라서 강대국은 언제나 약

불렀다(Murat. XXIII. Col. 109).
9) 페트라르카는 다음과 같은 희망을 덧붙인다. "파도바의 거리에서 돼지를 치면 보기 흉하고 말들도 놀라니 이를 금해주시옵소서."

소국을 병합할 기회만 엿보았다. 이 무렵 비스콘티 가문[10] 하나에 희생된 군주가 얼마나 많았던가. 더욱이 이런 외적 위험에는 거의 대부분 국내분쟁이 따랐으며, 이런 사태는 군주의 정서에 심각한 악영향을 미칠 수밖에 없었다. 한편으로는 부당하게 얻은 절대 권력과 환락과 모든 종류의 야욕이, 다른 한편으로는 적과 반역자들이 진을 치고 있었으니, 그는 사악한 전제군주가 되는 길을 피할 수 없었던 것이다. 하다못해 가까운 혈족만이라도 믿을 수 있었다면 좋았을 텐데! 그러나 모든 것에 정통성이 없던 그 시절에 통치권 계승이나 재산 분배에 확고한 상속권이 있을 까닭이 없었다. 또한 국가가 위기에 처했을 때 왕자가 어리거나 무능력하면 결단력 있는 사촌이나 숙부·백부가 가문을 위해 왕자를 밀어내기도 했다. 서자를 배제하거나 인정하는 문제로도 끊임없이 분쟁이 일어났다. 상황이 이렇다 보니 대부분의 집안에서 불만을 품고 복수하려는 친척들 때문에 골머리를 앓았으며, 이러한 상황이 공공연한 반역과 잔인한 동족살상으로 번지는 일도 드물지 않았다. 한편 국외로 추방되어 인내하면서 사태를 냉정하게 관망하는 사람들도 있었다. 가르다 호수에서 어부로 살던 비스콘티 같은 사람들이다.[11] 적의 사신이 그에게 언제 다시 밀라노로 돌아올 생각이냐고 묻자, 그는 "적의 포학함이 나의 죄과를 넘어서기 전에는 돌아가지 않을 것"이라고 대답했다. 때로는 친족들이 가문을 구하기 위해 아주 비인도적인 군주를 희생시키기도 했다.[12] 통치권이 가문의 손아귀에 있어서 군주는 가문의 조언에 속박되기도 했다. 그러나 이런 때조차 재산과 세력 분배 문제가 종종 처절한 분쟁을 일으켰다.

이런 상황에 대한 극심한 증오를 그 무렵 피렌체 작가들의 저서에서 볼 수 있다. 허영심을 채우기 위해서라기보다는 자신의 위풍을 민중의 머릿속에 아로새기려는 그들의 화려한 옷과 호사스러운 행렬은 피렌체 작가들의 온갖 조롱과 비난을 샀다. 특히 피사의 새 총독 아귈로(1364년)처럼 갑작스레 출셋길에 오른 자가 이들 손에 걸리면 차마 눈 뜨고 볼 수 없었다. 아귈로는 말을 탈 때

---

10) 12세기부터 15세기 동안 밀라노를 중심으로 번영한 귀족 집안.
11) Petrarca, *Rerum memorandar.* liber Ⅲ. p.460. ―마테오 1세 비스콘티와 당시 밀라노를 지배하던 귀도 델라 토레를 말한다.
12) Matteo Villani, Ⅴ, 81. 마테오 2세(마폴로) 비스콘티는 그 형제들에게 살해당했다.

는 언제나 황금 홀을 들었으며, 집으로 돌아오면 교황이나 황제 앞이라도 되는 듯 그의 앞에서 무릎 꿇고 시중드는 사람들에게 둘러싸여 아름답게 장식한 융단과 쿠션에 몸을 기댄 채 '마치 성인의 유물을 내보이듯' 창가에 모습을 나타냈다.[13] 그러나 이들 초기의 피렌체 작가들은 진지하고 엄숙한 어조로 탄식할 때가 더 많았다. 단테[14]는 이런 벼락출세한 군주들의 소유욕과 지배욕이 저속함을 꿰뚫어보고[15] 다음과 같이 적절하게 표현했다.

그들의 나팔과 방울과 뿔피리와 피리소리를 들으라. 교수형 집행인아, 맹수야, 다 여기로 오라고 울릴 뿐이다!

전제군주의 성은 홀로 높이 서 있고, 지하 감옥과 도청관(盜聽管)으로 그득한[16] 악의와 비참의 터전으로 묘사된다. 전제군주를 섬기는 이는 모두 불행해지리라 예언하고,[17] 결국에는 전제군주 때문에 분개하고 슬퍼하는 사람도 있다고 했다. 요컨대, 전제군주는 선량하고 유능한 이들의 적이 될 수밖에 없으며, 믿을 수 있는 사람을 하나도 갖지 못하고 신하들의 얼굴에서 자기 몰락을 바라는 빛을 읽어낸다는 것이다. "전제군주정치가 성립하고 성장하여 지반이 튼튼해질수록 내부에는 분쟁과 멸망을 초래할 요소가 암암리에 증대한다."[18] 시민과의 사이에는 아주 심각한 대립이 있었다. 그즈음 피렌체는 개

---

13) Filippo Villani, *Istorie* XI, 101. 페트라르카도 전제군주들이 '축제일의 제단'처럼 차려입었다고 표현했다. 카스트라카니가 루카에서 벌인 고대풍 개선행진은 테그리모(Tegrimo)가 쓴 카스트라카니의 전기(Murat. XI, Col. 1340)에 자세히 나타나 있다.

14) 1265~1321. 이탈리아 시인. 볼로냐대학에서 수사학을 공부하고 라틴문학과 철학 교양을 쌓아 시집 《신생》 등을 씀. 1295년 이후 정치활동을 시작하나 정적에게 추방당해 베로나, 볼로냐 등의 궁정에서 보호를 받으며 《향연》《신곡》 등을 썼다.

15) *De vulgari eloquio*, I, c. 12. "……이탈리아 왕후는 고상함이 아닌 속된 자랑거리를 뒤쫓으며 위대함을 과시한다……."

16) 15세기 문헌에서 처음 등장하는 이 이야기는 이전의 공상에서 따온 것이 분명하다. L. B. Alberti, *De reaedif.* V, 3.−Della Valle, *Lettere sanesi*, III. 121에 수록된 Franc. di Giorgio, *Trattato* 참조.

17) Franco Sacchetti, *Nov.* 61.

18) Matteo Villani, VI, 1.

성이 가장 풍부하게 발휘되는 곳이었음에도 전제군주들은 자신과 자기 측근이 아닌 다른 사람의 개성은 인정하지도 허용하지도 않았기 때문이다. 실로 개인의 통제는 이미 여권제도(旅券制度)에 이르기까지 철저하게 이루어졌던 것이다.[19] 그러나 이 대립은 아직 뚜렷이 드러나지 않았다.

이러한 무섭고 황량한 모습은 많은 군주들의 점성술 신앙과 무신앙(無信仰) 때문에 당대 사람들의 마음에 한층 특별하게 각인되었다. 베네치아군에게 포위당한 카라라 가문의 마지막 군주가 페스트로 고통받는 파도바의 성벽과 성문을 더는 지킬 수 없게 되었을 때(1405년) 한밤중에 그의 호위병들은 그가 악마에게 "아, 나를 죽여주시오!" 하고 절규하는 소리를 들었다.

14세기의 이러한 전제군주 가운데서 가장 완전하고도 가장 교훈적인 표본은 의심할 여지도 없이 대사교 조반니의 죽음(1354년) 이후 나타난 밀라노의 비스콘티 가문에서 찾을 수 있다. 특히 베르나보[20]는 가장 잔인했던 로마황제와 의심할 여지없는 가족적 유사성을 보이고 있다.[21] 그의 국가에서 가장 중요한 일은 군주의 멧돼지 사냥이었다. 이것을 방해하는 자는 모두 지독한 고문 끝에 처형되었다. 신민들은 두려움에 떨면서 군주를 위해 사냥개 5천 마리를 길러야 했으며, 개들의 건강 상태에 따라 가차 없는 처벌을 받았다. 조세는 온갖 수단 아래 강제로 징수되었고, 군주의 일곱 딸들에게는 각각 금화 10만 굴덴이 결혼지참금으로 선사되었다. 그리고 막대한 재물이 신민에게서 그에게로 굴러들어왔다. 또 베르나보는 자신의 아내가 죽자(1384년) '신민에게' 포고령을 내려, 신민은 일찍이 군주와 함께 기쁨을 나누었던 것처럼 이제는 슬픔을 나누어야 한다며 1년 동안 상복을 입도록 했다. 그 뒤 이 베르나보를 단번에 제압한 그의 조카 잔 갈레아초의 기습(1385년)은 참으로 특색 있는 것이었다. 이것은 성공한 모반 가운데 하나로, 뒷날 이 역사를 읽은 역사가들의 가슴까지 두근거리게 했다.[22]

---

19) 14세기의 파도바 여권교부소는 Franco Sacchetti, *Nov.* 117에 통행허가증 부서(quelli delle bullette)라고 나와 있다. 프리드리히 2세의 재위기간 마지막 10년 동안 인신 검열이 극단적으로 행해졌을 때에는 여권제도도 이미 크게 발달해 있었다.

20) 베르나보 비스콘티. 밀라노 영주. 재위 1355~1358년. 잔인하고 야비한 성질을 지녔다.

21) Corio, *Storia di Milano.* Fol. 247, s.

22) 예를 들어 파올로 조비오(Paolo Giovio)도 그랬다. Viri illustres, Jo. Galeatius.

잔 갈레아초[23]는 가장 위대한 것을 바라는 전제군주답게 욕망을 유감없이 드러냈다. 그는 금화 30만 굴덴이란 막대한 비용을 들여 거대한 둑을 쌓았다. 만투바에서 민치오로, 다시 파도바에서 브렌타로 필요에 따라 물길을 돌림으로써 이 도시들을 무방비 상태로 만들기 위해서였다.[24] 그가 베네치아의 개펄까지 간척하려고 했다는 이야기도 터무니없는 상상만은 아닐 것이다. 또한 그는 "모든 수도원 가운데 가장 놀랄 만한" 파비아의 체르토사 수도원과 "크기와 장엄함에서 그리스도교 국가의 모든 교회를 능가하는" 밀라노 대성당을 건립했다.[25] 그뿐만 아니라 그의 아버지 갈레아초가 착공하고 아들인 그가 완성한 파비아의 궁전도 그 무렵 유럽에서 가장 화려한 궁전이었을 것이다. 잔 갈레아초는 이곳에 자신의 유명한 장서와 일종의 특별한 신앙으로 수집해온 성자의 유물들을 옮겨놓았다.

이런 성품의 군주가 정치 영역에서도 최고의 왕관을 차지하겠다는 야심이 없다면 그야말로 이상한 일일 것이다. 잔 갈레아초는 빈체슬라우스왕(신성로마 황제. 재위 1378~1400년)을 통해 공작이 되었으나(1395년), 그가 병들어 죽을 때(1402년)까지 얻고자 했던 것은 오로지 이탈리아의 왕위나 황제의 옥좌였다.[26] 잔 갈레아초가 정복한 나라들은 한때 한 해 세금인 금화 120만 굴덴 말고도 특별보조금 명목으로 금화 80만 굴덴을 바쳤다고 한다. 그러나 그가 죽은 뒤에는 온갖 강경 수단으로 통일했던 왕국이 다시 분열되어 얼마 동안은 옛 영토조차 유지할 수 없을 정도였다.

---

23) 밀라노공. 재위 1395~1402년. 고도의 정치적 수완과 냉혹함을 겸비, 점성술사를 신임하는 한편 예술과 문학을 비호하기도 했다.

24) Corio, Fol. 272, 285.

25) Cagnola, *Archiv. stor.* II[(III)], p.23.

26) Corio, Fol. 286 및 Murat. XX, Col. 290에 있는 Poggio, *Hist. Florent.* IV에 그 내용이 적혀있다. 또한 제위를 노린 계획들에 대해서는 Cagnola의 *Archiv* 및 Trucchi의 《이탈리아 미간행 시집 (*Poesie Ital*)》에 수록된 소네트에 나타나 있다.
  롬바르디아의 거리 거리를 당신에게 바치려
  열쇠를 들고 서 있노라……
  로마는 당신을 부른다. 나의 새로운 황제여,
  나는 벌거벗은 몸이나, 영혼은 아직 살아 있다.
  당신의 자줏빛 옷으로 나를 덮어 주리라 믿으며……

그의 아들 조반니 마리아(1412년 사망)와 필리포 마리아(1447년 사망)가 만약 다른 나라에 살고 있어 그들 가문에 관해 몰랐더라면 어떤 운명을 꾸려나갔을까. 그것은 아무도 모른다. 어쨌든 그들은 가문의 상속자로서 조상대대로 쌓아온 잔인함과 비겁함이라는 어마어마한 자산을 물려받았다.

조반니 마리아는 그가 기른 개 때문에 유명하다. 이 개는 단순한 사냥개가 아니라 인간을 물어죽이게끔 길들인 짐승으로, 개들의 이름은 로마황제 발렌티니아누스 1세의 곰 이름과 마찬가지로 오늘날까지 전해지고 있다. 1409년 5월, 계속되는 전쟁으로 굶주림에 허덕이는 민중이 거리에서 조반니를 향해 "평화! 평화!" 하고 부르짖자 그는 용병을 풀어 200명을 죽였다. 그리고 그 뒤로는 '평화'와 '전쟁'이라는 말을 입에 올리지 못하도록 금지하고, 그 명령을 어긴 자는 교수형에 처했다. 성직자도 '우리에게 평화를 주소서' 대신 '평안'이라고 말해야 했다. 결국 이 광기 어린 공작의 강력한 오른팔인 용병총대장 파치노 카네가 파비아에서 임종의 자리에 누운 틈을 타, 몇몇 모반자가 밀라노의 성 고타르도 교회에서 조반니 마리아를 참살했다. 그러나 죽음을 눈앞에 둔 파치노는 그날 자신의 부하 장병들에게 후계자 필리포 마리아를 돕도록 서약시키고, 아내에게는 자기가 죽으면 필리포 마리아를 남편으로 맞이하라고 권했다.[27] 그의 아내 베아트리체 디 텐다는 남편의 유언대로 따랐다. 필리포 마리아에 대해서는 나중에 다시 자세히 이야기하겠다.

이런 시대에 콜라 디 리엔치[28]는 타락한 로마시민의 무능한 열광에 기대어 이탈리아의 새로운 지배권을 확립하려고 했다. 앞서 이야기한 군주들에 비하면 그는 생각이 얕은 얼간이일 뿐이었다.

---

27) Paul. Jovius : *Viri illustres, Jo. Galeatius, Philippus.*
28) Cola di Rienzi(Rienzo) 1313?~1354. 민중운동 지도자. 교황의 지지를 등에 업고 1347년 폭동을 일으켜 귀족정권을 쓰러뜨리고 로마의 지배권을 잡는다. 그리고 로마의 호민관제를 부활시켜 스스로 호민관이 된다. 그의 정치는 고대 공화제 부흥을 표방했지만, 실은 그리스도의 이름을 빌린 신정정치와 고대 공화제 형식을 혼용한 독재정치였다. 고대 로마의 부흥을 꾀하고, 로마를 맹주로 하는 일종의 신성동맹에 이탈리아를 결합코자 했으나 결국 이 때문에 로마에서 쫓겨난다. 로마 귀족을 억누르려는 교황 인노켄티우스 6세의 계획에 이용당한 리엔치는 1354년에 돌아와 원로원의장으로 정권을 잡았으나 또다시 민중의 반감을 사 10월 폭동 때 처형된다.

2. 15세기의 전제군주

15세기의 전제정치는 14세기와는 다른 특성을 보여준다. 많은 작은 전제군주와 스칼라 및 카라라 가문처럼 비교적 큰 전제군주도 몰락했으나, 강대한 전제군주들은 영토를 확장하고 내적으로 특색 있는 발전을 보였다. 나폴리 왕국은 새로운 아라곤왕조[1]를 통해 더욱 강력한 추진력을 얻었다. 그러나 15세기의 가장 뚜렷한 특징은 용병대장들이 독립된 지배권뿐만 아니라 왕위까지 노렸다는 점이다. 순전한 실력 중심의 궤도로 한 걸음 내디뎠다는 증명이며, 재능과 극악무도함이 높은 보수를 받았다는 이야기이다. 힘없는 전제군주들은 배경을 얻기 위해 이번에는 기꺼이 세력이 강대한 전제군주를 섬기며 그용병대장이 되었다. 그로 인해 보수도 받고, 악행을 저질러도 처벌받지 않았으며 나아가 영토를 확장할 가능성도 있었다. 어쨌든 강대하든 약소하든 군주들은 더욱 세심하게 배려하고 타산적으로 움직이기 위해 애쓰고, 대규모 잔학행위는 삼가야 했다. 요컨대 목적 달성에 필요한 선에서 악행이 허용되었으며, 그 정도는 다른 사람들도 손가락질하지 않았다. 서유럽의 합법적인 군주들을 지탱해 준 신앙에 가까운 충성심은 여기선 흔적도 찾아볼 수 없다.

기껏해야 시민에게 인기를 얻는 것이 고작이었다. 이탈리아의 군주들을 진정으로 돕고 존속시키는 무기는 언제나 재능과 냉정한 타산뿐이었다. 교만과 격정에 사로잡혀 전혀 비실제적인 목적에 몰두했던 샤를 호담공(豪膽

---

1) 이탈리아와 시칠리아에 군림한 프랑스의 앙주 가문의 샤를은 강력한 전제정치로 1282년 '시칠리아의 만종'이라 불리는 반란을 초래하고, 반도를 도와 출병한 만프레도의 사위인 에스파냐의 아라곤 왕 페드로 3세에게 시칠리아 왕위를 빼앗기고 만다. 그 뒤 여왕 조반니 2세와 후계자 문제로 분쟁 중인 앙주 가문에 아라곤—시칠리아 왕인 알폰소 5세가 상속권을 주장하며 개입, 나폴리왕국을 회수하려는 교황의 야심과도 부딪치며 복잡한 항쟁이 계속된다. 결국, 1442년 알폰소가 앙주파의 저항을 물리치고 나폴리에 입성, 다음 해 교황의 승인을 얻고 정식으로 나폴리 왕 알폰소 1세가 된다.

公)²⁾과 같은 성격은 이탈리아인에게는 전혀 알 수 없는 수수께끼와 같았다. "스위스인은 농부에 지나지 않는다. 그들을 모두 죽이더라도 싸우다 죽고 싶은 부르고뉴 귀족들은 아무런 만족도 느끼지 못한다. 공작이 스위스를 아무런 저항 없이 차지한다 해도 한해 수입은 5천 두카토를 넘지 못할 것이다."³⁾ 샤를 공의 중세 기사적 공상과 이상을, 이탈리아인은 이미 오래전부터 이해할 수 없었다. 그가 부하 장교의 따귀를 때리면서도⁴⁾ 계속 그들을 곁에 두고, 패전의 책임을 묻기 위해 군대를 학대하고, 추밀고문관을 사병들 앞에서 웃음거리로 만들 때마다 남유럽 외교관들은 샤를 공의 끝이 보인다고 생각했다. 루이 11세⁵⁾는 정책 면에서 이탈리아 제후들의 독자적인 방법을 능가했으며 프란체스코 스포르차⁶⁾의 숭배자임을 자처했으나, 교양 면에서는 비속한 천성 때문에 이탈리아 제후들에 미치지 못했다.

15세기 이탈리아 국가들에는 선과 악이 기묘하게 혼합되어 있었다. 군주들은 수준 높은 교양을 쌓았고, 시대 상황과 임무의 특색을 매우 잘 대표해 도덕적으로 올바른 평가를 내리기란 쉬운 일이 아니다.⁷⁾

권력의 기반은 여전히 비합법적인 것이어서 늘 저주가 따라붙었다. 황제가 인가했다거나 봉토로 하사받았다 하더라도 사정은 달라지지 않았다. 민중은 자기들의 군주가 어디 먼 나라에서, 또는 자기네 나라를 그저 스쳐가기만 하는 다른 나라 황제에게서⁸⁾ 양피지 한 장 산 것에는 전혀 관심이 없었

---

2) Charles le Téméraire(1433~77). 프랑스왕국의 통일이 진행되고 있을 때 루이 11세에 대항한 프랑스 최대의 군주. 부르고뉴를 중심으로 플랑드르, 로렌 등 주변 지역으로 세력을 확장하여 호화로운 궁정생활을 누렸다. 중세의 전형적 인물로 호이징가의 《중세의 가을》에 많이 등장한다.

3) De Gingins : *Dépêches des ambassadeurs milanais,* Ⅱ, p.200(N.213),Ⅱ,3(N.144) 및 Ⅱ,212(N.218) 참조.

4) Paul. Jovius, *Elogia.*

5) 재위 1423~83. 프랑스 국왕. 권력욕이 강했으며, 권모술수로 유명하다. 제후들을 누르고 프랑스 절대왕권의 기초를 세웠다.

6) 재위 1450~66. 필리포 마리아 비스콘티의 용병대장. 필리포 마리아의 딸 비앙카 마리아와 결혼하여 밀라노공이 되었다.

7) 힘과 재능의 이러한 결합을 마키아벨리는 '역량(Virtù)'이라 했으며, 이것은 '악랄(scelleratezza)'과도 조화될 수 있다고 했다. *Discorsi* Ⅰ, 10에서 셉티미우스 세베루스에 대해 말한 부분 참조.

8) 15세기 황제들은 독일조차 제어하지 못했으므로 이탈리아는 말할 것도 없었다. 이탈리아에서는 이미 기정사실인 것을 인정하는 일밖에 하지 못했고, 대관식장에 참석하기 위해 온 여

기 때문이다.[9] 황제가 조금이나마 쓸모가 있었더라면 전제군주가 판을 치도록 내버려두지 않았을 것이라는 게 무지한 사람들의 생각이었다.

카를 4세[10]의 로마원정 뒤로 황제들은 이탈리아에서 그들과는 상관없이 성립된 전제국가를 단지 재가(裁可)했을 뿐이었고, 그것도 단지 문서로만 보증하는 데 그쳤다. 이탈리아에서 보인 카를 4세의 행적은 가장 낯부끄러운 정치 희극 가운데 하나였다. 마테오 빌라니(연대기 작가. 1363년 사망)의 글을 보면 이를 알 수 있다.[11] 카를 4세가 어떻게 비스콘티 가문 사람들의 호위를 받으며 그 영내를 돌아다니다가 빠져나왔는지, 마치 장사치처럼 자기 상품(온갖 특권)을 빨리 돈으로 바꾸려고 얼마나 서둘렀는지,[12] 또 어떻게 몰골사나운 모습으로 로마에 나타났으며, 결국 어떻게 칼 한 번 휘둘러보지 못하고 주머니만 두둑하게 채워 알프스산 저편으로 돌아갔는지 말이다.[13]

행자에 지나지 않았다.

9) Franc. Vettori, Arch. stor. VI. p.293에 다음과 같은 말이 있다. "독일에 살면서 로마황제란 허울 좋은 이름만 있을 뿐 자격은 갖추지 못한 인물에게서 봉토를 받았다 한들 악당이 도시의 참된 군주가 될 수는 없다."

10) 신성로마 황제. 재위 1346~78. 2차에 걸쳐 로마를 원정했으며, 아비뇽에서 유수 중인 교황의 로마 귀환을 이룩한다.

11) M. Villani, IV, 38, 39, 56, 77, 78, 92 ; V, 1, 2, 21, 36, 54.

12) 황제의 상품이란 그가 황제 내지는 이탈리아 왕으로서 발휘하는 여러 권능―황제대관, 후작 백작 등 각종 호칭이나 영토 봉여권, 광산채굴권, 그 밖의 특권을 말한다. 그 대금을 돈으로 바꾸고자 서둘렀다는 것은, 이미 이탈리아의 제후나 여러 도시가 빌려간 그러한 특권을 추인하는 보상으로서 상납금이나 증여물을 거두어들이고자 한 것을 가리킨다.

13) 카를 4세에게 다시 한 번 성지를 향해 십자군원정을 요구한 사람은, 이탈리아인 파치오 델리 우베르티였다(Dittamondo, L. VI, cap. 5. 1360년 무렵). 아래의 시는 그 점이 나타난 시 가운데 가장 뛰어난 대목의 하나이며, 다른 면에서도 특색이 있다. 이 시인은 거만한 튀르크인들에게 성묘(聖墓)의 땅에서 추방된다.

무거운 발걸음으로 터덜터덜 지나며 나는 말했다. 사라센인이 여기에 있다는 것은 그리스도인의 수치가 아니겠는가.

그러하여 나는 목자(교황)를 책망했다. 그대는 그리스도의 대리인으로서 이름뿐인 자리를 지키며, 그대의 형제들과 썩은 고기를 살찌우려 하느냐.

마찬가지로, 저 보헤미아에서 포도나무와 무화과를 심으려고 할 뿐, 신성한 정복을 생각지 않는 궤변가(카를 4세)에게도 물었다.

그대는 무얼 하고 있는가.

왜 그대는 초기 로마황제들을 본받지 않는가.

황제 지기스문트[14]는 적어도 처음(1414년)엔 요한 23세를 그가 개최하는 공회의에 참석하도록 권유하려는 위대한 뜻을 품고 이탈리아에 왔다. 황제와 교황이 크레모나의 높은 탑 위에서 눈앞에 펼쳐진 롬바르디아의 경치를 즐기고 있을 때 접대를 맡은 그 시의 전제군주 가브리노 폰돌로가 그들을 탑 아래로 밀어 떨어뜨리고 싶은 충동을 느낀 때가 그 시기였다. 두 번째로 나탔을 때 지기스문트는 완전한 모험가였다. 그는 마치 채무자 감옥에서 옥살이하는 사람처럼 반년 넘도록 시에나시(市)에 눌러앉아 있다가 겨우 로마에서 거행되는 대관식에 참석할 수 있었다.

프리드리히 3세[15]는 또 어떻게 생각해야 좋은가. 이 황제의 이탈리아 방문은 휴가나 보양(保養) 여행의 성격을 띠고 있었다. 그 비용은 황제로부터 여러 가지 권리 문서를 받고 싶은 사람이나, 황제 같은 고귀한 인물을 잘 접대해야 기분이 풀리는 사람이 댔다. 나폴리의 알폰소[16]도 황제를 환영하기 위해 금화 15만 굴덴을 썼다.[17] 프리드리히 3세는 두 번째 로마 방문에서 돌아갈 때(1469년), 페라라에 들러 하루 종일 방에 틀어박혀 80건에 이르는 증서를 발행해 주었다.[18] 증서를 통해 기사, 백작, 박사, 공증인 등을 임명했는데, 같은 백작이라도 궁정에 출입할 수 있는 백작, 박사를 다섯 명까지 임명할 수 있는 백작, 서자에게 적자의 자격을 주고 공증인을 선출하고 부정한 공증인을 정직하다고 선언할 권리가 있는 백작 등 그 종류가 다양했다. 프리드리히 3세의 재상은 그런 문서에 대해 감사의 표시를 요구했는데, 페라라 사람들에게는 아주 부담스러울 정도로 비싼 금액이었다.[19] 자기를 보호하는 황제가 이렇게 증서를 남발해

왜 오토와 콘라드와 프리드리히를 따르지 않는가.

왜 칼을 뽑지 않는가.

아우구스투스가 될 용기가 없다면 왜 제위를 버리고 사라지지 않는가……

14) 신성로마 황제. 재위 1410~37. 1414~18년에 걸쳐 콘스탄츠공의회를 열어 교회 통일을 달성했다.

15) 신성로마 황제. 재위 1440~93. 로마에서 대관한 마지막 황제.

16) 알폰소 1세. 나폴리 왕(1443~58), 아라곤 왕 알폰소 5세(1416~58). 학예를 비호하여 관대한 왕으로 이름이 높다. 모범적인 국왕이자 경건한 그리스도교도로서 존경을 받았다.

17) 자세한 내용은 Vespasiano Fiorent., p.54에 나타나 있다. p.150 참조.

18) Murat. XXIV, Col. 215에 수록된 *Diario Ferrarese*.

19) "그는 상류사회에서 돈을 짜내려고 했다."

서 자신의 작은 궁정이 온갖 작위들을 가진 사람들로 가득 차는 것을 보고 페라라의 보르소 공작이 어떤 생각을 했는지는 전해지지 않는다.

그 무렵 언론을 이끌던 인문주의자들은 이해관계에 따라 두 파로 나뉘어 있었다. 어떤 이는 제정 로마 시인들이 쓰던 환호의 말로 황제를 찬양했으나,[20] 포조(Poggio) 같은 사람은 "옛날에는 전쟁에 승리한 황제만이 월계관을 썼는데, 이제는 대관이 무엇을 뜻하는지조차 알 수 없게 되었다"고 말했다.[21]

다음으로 신성로마 황제 막시밀리안 1세[22]에 이르자 이민족의 간섭과 관련하여 이탈리아에 새로운 정책이 시작된다. 그 첫걸음, 즉 루도비코 일 모로에게 밀라노를 봉토하고 그의 불쌍한 조카를 폐위한 일은 축복받을 성질의 것이 아니었다. 근대의 간섭이론에 따르면, 두 사람이 한 나라를 분할하려고 할 때에는 제삼자도 개입하여 그 일부분을 차지해도 좋다고 한다. 따라서 신성로마제국도 이 원칙에 따라 마땅히 그 몫을 요구할 수 있었다. 그러나 이미 권리나 따질 시기는 아니었다. 루이 12세[23]의 제노바 입성(1502년)이 이미 예상되어, 공작의 궁전 홀 정면에 장식한 제국을 상징하는 큰 독수리 문장이 철거되고 대신 프랑스 부르봉왕가를 상징하는 백합꽃이 장식되었을 때, 역사가 세나레가(Senarega)는 이렇게 물었다. "숱한 혁명에도 살아남은 독수리는 무엇을 의미하며, 신성로마제국은 제노바에 대해 어떤 권리가 있는가?"[24] 그 누구도 제노바는 '제국의 국고'[25]라는 옛 글귀 말고는 아는 것이 없었다. 이 질문에 명확한 대답을 할 수 있는 사람이 이탈리아에는 한 명도 없었다. 카를 5세[26]가 에스파냐와 신성로마제국을 동시에 다스리게 되고 나서야 비로소 에스파냐 군대의 힘

---

20) Murat. XX, Col. 41에 수록된 *Annales Estenses.*

21) Murat. XX, Col. 381에 수록된 Poggii *Hest. Florent. pop.,* L. VII.

22) 재위 1493~1519. 혼인정책으로 합스부르크 가문 흥륭의 기초를 쌓았다. 문예의 보호자로 존경받았다.

23) 프랑스 왕. 재위 1498~1515. 밀라노·나폴리·제노바·베네치아 원정에는 실패했지만 어진 정치를 펴서 '인민의 왕'이라 불렸다.

24) Murat. XXIV, Col. 575에 수록된 Senarega, *De reb. Genuens.*

25) camera imperii. 중세 때 신성로마 황제에게 충실한 황제파 도시에 내렸던 호칭. 어쩌면 황제에게는 틀림없이 재원의 하나로 보였을 것이다.

26) 신성로마 황제. 재위 1519~56. 에스파냐 왕으로서는 카를로스 1세. 에스파냐와 독일에 걸친 대제국을 다스렸다.

으로 황제의 요구를 관철할 수 있었다. 그러나 잘 알려진 바와 같이, 카를 5세가 이렇게 해서 얻은 것은 에스파냐의 배만 불렸을 뿐 신성로마제국에는 전혀 도움이 되지 않았다.

적자(嫡子)에 대한 무관심은 15세기 전제군주 가문의 정치적 비정통성과 밀접한 관련이 있었다. 코민[27]과 같은 외국인에게는 이것이 무척이나 이상하게 보였다. 적자와 서자(庶子)의 문제는 나란히 진행되었다. 가령 북유럽의 부르고뉴 가문에선 서자에게 제한된 사교구(司敎區)나 영지가 분배되었고, 포르투갈에선 서자라면 안간힘을 다해야만 왕위를 이어 나갈 수 있었다. 그러나 이탈리아에서는, 심지어 직계에서도, 서출(庶出)을 관대하게 대우하지 않은 왕가는 어디에도 없었다.[28] 나폴리의 아라곤 일족은 서자 계통이었다. 아라곤 가문을 계승한 것은 알폰소 1세의 동생이었던 것이다. 우르비노의 대(大) 페데리고도 몬테펠트로 혈통이 아니었을지도 모른다. 교황 피우스 2세가 만토바회의(1459년)에 갔을 때, 에스테가의 서자 8명이 말을 타고 페라라로 그를 마중나왔다.[29] 그중에는 군주인 보르소 공과 그의 형이자 전임자였던 레오넬로의 두 서자도 끼여 있었다. 또한 레오넬로의 본부인도 나폴리 왕 알폰소 1세와 아프리카 여인 사이에서 난 서출이었다.[30] 이처럼 서자가 자리를 이을 수 있었던 것은 적자가 아직 미성년이라 위험하다는 이유에서였다. 여기서 적서를 따지지 않는 일종의 연장자 상속제가 발생했다. 이 나라에서는 개인의 가치와 재능이 다른 서유럽 제국의 법률이나 관습보다도 더욱 유력하게 작용했다. 교황의 아들조

---

27) Comines(1447경~1511). 프랑스 연대기 작가. 샤를 호담공(豪膽公), 루이 11세 등을 섬기며 이탈리아에서 중요한 사료를 남겼다.

28) 적자와 서자 사이에 원칙적인 차이가 없었기 때문이 아니다. 이탈리아에서 큰 영향력을 떨쳤던 교회법에는 서자를 불명예스럽고 열등한 존재로 보았다. 그러나 교황이 사생아를 만들어 족벌주의를 꾀하는 시대이다 보니 실력만 있으면 적자든 서자든 상관이 없었다. 더욱이 프랑스와 독일에 비해 봉건제도가 확립되지 않은 이탈리아에서는 장자상속제가 아니라 분할상속제 중심이었던 것도 한 요인이었다. 특히 14, 15세기에는 봉건귀족들 사이에서도 분할상속제가 대세였으므로, 아버지가 인정하기만 하면 사생아도 적자와 똑같은 권리를 누렸던 로마법의 영향을 무시할 수 없었다.

29) Murat. XXVI(XXIV), Col. 203에 수록된 *Diario Ferrarese*에 이들의 이름이 열거되어 있다. Pii II. *Comment*. II, p.102 참조.

30) Murat. XXII, Col. 1113에 수록된 Marin Sanudo, *Vita de' duchi di Venezia*.

차 자기의 공국을 세우던 시대가 아닌가!

그러나 16세기가 되자 외국의 영향과 반종교개혁의 여파로 이 문제 전체를 더욱 엄격히 다루기 시작했다. 바르키(1503~56, 피렌체공화파 역사가)는 적자상속이야말로 "이성의 명령이며, 태초 이래 하늘의 뜻"이라고 했다.[31] 서자 출신인 이폴리토 메디치 추기경은 자기가 정식 결혼으로 태어났으며, 혹은 적어도 시녀의 아들이 아니라 귀족의 아들이라는(알레산드로 공작처럼) 것을 근거로 피렌체 지배권을 주장했다.[32] 이때부터 감정에 따른 귀족과 천민 사이의 혼인이 시작되었지만, 15세기에는 윤리적·정치적으로 거의 아무 의미가 없었다.

15세기 비정통성의 정점으로서 가장 감탄스러운 것은 출신과 상관없이 용병대장이 공국을 손에 넣을 수 있었다는 점이다. 사실 이미 11세기 무렵 노르만인이 남이탈리아를 점령한 것도 이와 다를 바 없는 일이었다. 그러나 이런 야망은 이탈리아반도를 끊임없는 분쟁 속으로 휘몰아 넣었다.

고용주가 돈이 없어 대신 땅과 신민을 내주면 용병대장은 찬탈하지 않고도 주군의 지위를 차지할 수 있었다.[33] 어차피 용병대장은 일시적으로 병사 대부분을 해고하더라도 겨울을 나기 위한 진지나 꼭 필요한 군수품을 저장할 안전한 근거지가 필요했다. 이런 식으로 무장을 갖춘 최초의 용병대장은 교황 그레고리우스 11세[34]에게서 바냐카발로와 코티뇰라를 얻은 존 호크우드[35]였다. 알베리고 다 바르비아노[36]가 이탈리아 군대와 사령관들을 이끌고 등장한 뒤로는 공국을 차지할 기회나, 용병대장이 이미 어느 한 나라의 전제군주라면 기존의 영토를 더욱 확장할 기회가 많아졌다. 이러한 군사적 야심 때문에 잔 갈레아초가 죽은 뒤(1402년) 밀라노공국에서 처음으로 대활극이 벌어졌다. 잔 갈레아

---

31) Varchi, *Stor. Fiorent.* I, p.8.

32) Tommaso Gar, *Relazioni*, p.281에 수록된 Soriano, *Relaz. di Roma 1533*.

33) 이하의 기술은 *Archiv. stor.* 제15권에 카네스트리니(Canestrini)가 쓴 서문 참조.

34) 재위 1320~78. 마지막 프랑스인 교황. 교황청을 아비뇽에서 로마로 복귀시켰다.

35) John Hawkwood의 이탈리아 이름은 Giovanni Acuto(1320~94). 영국인 용병대장. 1359년, 용병대의 한 사람으로 이탈리아에 와서 영국인 용병대장으로 독립. 1375년 이래 오랫동안 피렌체를 위해 활약. 그 무렵 이탈리아에서 활약한 수많은 외국인 용병대장 가운데 가장 뛰어난 인물로 알려졌다.

36) 1348~1409. 로마냐 지방 출신. 교황의 용병대장으로 수완을 발휘했다.

초의 두 아들은 주로 용병대장 출신의 전제군주들을 소탕하는 일에 통치 기간을 다 보냈다.(1편 1장 잔 갈레아초 부분 참조) 그들 중 세력이 가장 강력했던 파치노 카네는 죽으면서 자신의 아내 베아트리체 디 텐다와 수많은 도시 그리고 금화 40만 굴덴을 전제군주 가문에 넘겨주었다. 게다가 베아트리체는 죽은 남편의 병사들까지 데리고 갔다.[37]

이때부터 통치자와 용병대장 사이에, 15세기의 특색이라고도 할 수 있는 아주 부도덕한 관계가 성립되었다. 일화란 언제나 사실인 동시에 사실이 아닌데(일화에 대해서는 저자의 《그리스문화사》 참조), 이러한 어느 오랜 일화가 그 관계를 이렇게 설명한다.[38] 옛날 어느 도시—시에나라고 한다—에 시민들을 적의 억압에서 해방시켜 준 장군이 있었다. 시민들은 날마다 그 장군에게 어떻게 보답할까를 두고 의논했다. 그러나 자기들이 아무리 힘닿는 데까지 보상한들 충분치 못하고, 그를 그 시의 통치자로 삼는다 하더라도 부족하다고 판단했다. 결국 한 시민이 벌떡 일어나 이렇게 말했다. "장군을 죽여 이 도시의 수호성인으로 섬깁시다!" 그리하여 장군은, 로마 원로원이 로물루스를 죽였던 것과 마찬가지로 죽임을 당하고 말았다(플루타르코스 《영웅전》 '로물루스'편 참조).

사실 용병대장들은 누구보다도 자신의 고용주를 경계해야 했다. 로베르토 말라테스타(1441~82)가 교황 식스투스 4세(재위 1471~84)를 위해 싸워 승리한 직후 살해당한 것처럼(1482년)[39] 그들은 전쟁에서 승리해도 위험한 존재로 여겨져 제거되었다. 또한 베네치아 사람들이 카르마뇰라에게 그랬듯 아무리 전과가 훌륭해도 한 번 패하면 대가를 치러야 했다(1431년).[40] 용병대장들은 때때로 처자를 인질로 내놓아야 했는데, 그런데도 고용주의 신임을 얻지 못하고 자

---

37) Cagnola, *Archiv. Stor.* III, p.28 "그리고 필리포 마리아는 베아트리체에게서 많은 금은재화와 그녀를 따라 온 파치노 휘하의 모든 병사들을 받았다."

38) Eccard, *Scriptores* II, Col. 1911의 Infessura. 마키아벨리가 혁혁한 승리를 거둔 용병대장에게 두 가지 중 하나를 택해야 한다고 제시한 길에 대해서는 《정략론》 1권 참조.

39) 이는 부르크하르트의 오해이다. 말라테스타는 열병으로 죽었다.

40) 베네치아 사람들이 1516년에 알비아노도 독살했는지 여부와 그 이유가 정당했는지에 대해서는 *Archiv. stor.* III, p.348의 Prato 부분 참조. 콜레오니에 대해서는, 공화국이 스스로를 상속자로 지정하여 그의 사후(1475)에 비로소 정식으로 재산을 몰수했다. *Archiv. Stor.* VII, I, p.244의 Malipiero, *Annali Veneti* 참조. 공화국은 용병대장들이 그들의 돈을 베네치아에 투자했을 경우에는 기꺼이 이런 방식으로 나왔다.

신 또한 안심할 수 없었던 것은 그 무렵의 도덕 실정을 잘 나타내 준다. 체념의 영웅 벨리사리오스(505무렵~65) 같은 성격의 소유자가 아닌 한 용병대장들의 마음속에는 처절한 증오가 뿌리내렸을 것이다. 그들이 잔인한 악당이 되지 않도록 막을 수 있는 것은 오직 완전한 양심뿐이었으리라. 실제로 우리는 신을 비웃고, 사람들에게는 잔인과 배반밖에 베풀지 않았던 극악무도한 인물들을 몇몇 알고 있다. 그들은 교황에게 파문당한 채 죽는 것도 아무렇지 않게 여겼다.

그러나 용병대장 중에도 인격과 재능이 최고의 경지에 이른 사람들이 있었다. 그들은 병사들에게서도 깊은 존경과 충성을 받았는데, 바로 이것이 지휘관의 개인 신용만으로 군대를 움직이던 근대 최초의 군대였다.

프란체스코 스포르차의 전기에서 그러한 예를 볼 수 있다.[41] 그는 신분적 편견에 얽매이지 않았으므로 어느 병사에게나 개인적인 인망을 얻어 위험한 순간마다 이것을 적절히 이용할 수가 있었다. 모든 사람들로부터 '무사의 아버지'로 추앙받으며, 적군까지도 그를 보면 무기를 내려놓고 모자를 벗어 공손하게 경의를 표하게 되었다.

흥미로운 것은, 스포르차 가문이 애초부터 군주가 될 준비를 한 듯 보인다는 점이다.[42] 이 행운의 바탕은 이 가문에 자식 복이 많다는 사실이었다. 일찍이 이름이 높았던 프란체스코의 아버지 야코포(1369~1424)는 형제가 스무 명이나 되었는데, 그들은 모두 이 가문과 파솔리니 집안 사이에 벌어진 피비린내 나는 끝없는 로마냐식 복수를 마음에 새기며 파엔차(북이탈리아, 에밀리아로마냐주(州)) 근처 코티뇰라에서 거칠게 자라났다. 저택 전체가 이미 무기창고이자 요새였으며, 어머니와 딸들도 전사나 다름없었다. 야코포는 열세 살 때 몰래 고향을 빠져나와 파니칼레로 가서 교황의 용병대장 볼드리노 밑에서 일했다. 볼드리노는 죽어서도 기를 내건 천막 안에 향유로 방부처리한 시체로 안치되어 적당한 후계자가 나타날 때까지 암호로 명령을 내려 군대를 지휘한 인물이었다. 그 뒤 야코포는 다른 용병대장들 밑에서도 일하면서 차츰 명성을 얻자 친

---

41) *Archiv. stor.* III, p.121 이하의 Cagnola 부분 참조.
42) 적어도 파울로 조비오(Paolo Giovio)는 그의 전기 가운데 가장 재미있는 것의 하나인 *Vita magni Sfortiae(Viri illustres)*에 그렇게 썼다.

프란체스코 스포르차(재위 1450~1466)
밀라노, 브레라미술관 소장

척들을 불러 모았다. 그리고 그들을 통해 친족이 많은 군주가 누리는 것과 같은 이익을 얻었다. 야코포가 나폴리의 카스텔 누오보에서 포로로 잡혀 있는 동안 그의 군사의 결속을 유지시켜 주었던 것도 이들 친족이었다. 또한 그의 누이는 손수 나폴리 왕의 대사를 인질로 사로잡아 야코포를 죽음에서 구해 주었다.

지속성과 영향력에 대한 야코포의 집착을 보여주는 면이 있다. 그는 금전문제에 아주 확실해 패전 뒤에도 은행가의 신용을 얻었다는 점, 때와 장소를 가리지 않는 병사들의 방종을 금하고 농민을 보호하며 정복한 도시를 유린하길 원치 않았다는 점, 걸출한 여자였던 자신의 첩 루치아(프란체스코의 어머니)를 다른 사람과 결혼시켜 군주와 혼인 관계를 맺으려 한 점 등이다. 친족의 결혼 또한 계획적으로 이루어졌다. 그리고 그는 동료 용병 대장들과 달리 배덕하고 방탕한 생활을 멀리했다. 그가 아들 프란체스코를 세상에 내보낼 때 일러준 세 가지 교훈은 다음과 같다. 남의 아내를 범하지 말라, 부하들을 때리지 말고 만약 때렸다면 그자를 멀리 보내고 곁에 두지 말라, 다루기 어려운 말이나 편자를 곧잘 잃어버리는 말은 타지 말라. 야코포는 위대한 명장으로서의 면모는 지니지 못했더라도 훌륭한 병사로서의 자질은 갖추고 있었다. 여러 방면으로 단련된 강인한 몸과 친근한 농부 같은 얼굴 그리고 놀라운 기억력이 그것이다. 그는 모든 병사와 그들의 말, 급료에 이르기까지 자세하게 알고 있었다. 또한 그는 이탈리아어밖에 할 줄 몰랐지만 틈만 나면 역사 연구로 시간을 보냈고, 자기가 보려고 그리스와 라틴의 명저들을 번역하게 했다.

그의 아들 프란체스코는 아버지보다 한층 이름이 높았다. 그는 처음부터 큰 권력에 뜻을 두었으며, 눈부신 용병술과 인정사정없는 배반을 통해 강대한 밀라노를 손에 넣었다(1447~50).

프란체스코의 예는 수많은 모방 사례를 낳았다. 에네아스 실비우스(교황 피우스 2세. 재위 1458~64)는 이 시대에 관해 이렇게 썼다.[43]

변화를 즐기는 우리 이탈리아, 모든 것이 변화무쌍하며, 예부터 이어져 온 왕권이 하나도 없는 이 나라에서는 종들도 쉽게 왕이 될 수 있다.

그런데 그 무렵 이탈리아 사람들의 상상력을 누구보다 자극한 사람은 따로 있었다. 바로 니콜로 피치니노의 아들이자, 스스로를 '행운의 여신의 남편'이라 부른 자코모 피치니노(1423~65)였다. 그도 제후국을 세울 수 있을지 여부에 전국의 관심이 집중되었다. 그만큼 강대하지 않은 여러 국가에는 그것을 반드시 막아야 할 명백한 이해관계가 있었다. 프란체스코 스포르차 역시 통치권을 손에 넣은 용병대장은 자기가 마지막이어야 한다고 생각했다. 그러나 피치니노가 시에나를 점령하려고 했을 때, 그를 토벌하기 위해 파견된 군대와 장교들은 그를 살려두는 쪽이 오히려 이득임을 깨달았다.[44] "만약 그를 죽여 버리면 우리는 다시 시골로 돌아가 밭을 갈아야 할지도 모른다"고 생각했던 것이다. 그들은 오르베텔로에서 피치니노를 포위하는 한편 뒤로는 식량을 공급해 주었다. 이리하여 피치니노는 어렵지 않게 궁지에서 벗어날 수 있었다. 그러나 그도 결국 자신의 숙명에서 벗어나지 못했다. 밀라노에서 스포르차를 방문하고 다시 나폴리의 페란테왕(페르디난도 1세. 재위 1458~94)에게로 돌아갈 때(1465), 온 이탈리아가 그의 앞길을 두고 내기를 했을 정도였다. 그에게 여러 보증과 유력한 배후가 있었음에도 페란테는 스포르차와 공모해 가스텔 누오보에서 피치

43) Aen. Sylvius : *De dictis et factis Alphonsi, Opera*, Fol. 475.
44) Pii II. *Comment*. I. p.46, p.69 참조.

니노를 죽였다.[45]

나라를 물려받은 용병대장들도 편한 것만은 아니었다. 로베르토 말라테스타와 우르비노의 페데리고가 같은 날(1482년) 한 사람은 로마에서, 다른 한 사람은 볼로냐에서 죽었을 때, 임종을 맞으면서 자기 나라를 서로 상대방에게 맡겼다는 사실이 밝혀졌다![46] 하고 싶은 대로 거침없이 해온 이 계급은 무슨 일을 하든 상관없다고 생각했다. 프란체스코 스포르차는 젊었을 때 칼라브리아의 부유한 상속녀이자 몬탈토 백작부인인 폴리세나 루포와 결혼해 딸을 하나 두었다. 그러나 큰어머니가 이 모녀를 독살하고 그 유산을 가로챘다.[47]

피치니노가 죽은 뒤로 용병대장이 나라를 세우는 것은 용납할 수 없는 공공연한 죄악이 되었다. 4대 강국인 나폴리·밀라노·교황령·베네치아는 바야흐로 세력 균형을 이루어 그런 혼란을 절대 용납하지 않을 듯이 보였다. 용병대장 출신이거나 여전히 용병대장인 작은 전제군주들이 밀집해 있던 교황령에서는 식스투스 4세 이래 교황의 친족들이 군주의 자리를 독점했다.

그러나 이러한 형세가 조금이라도 흔들리면 순식간에 용병대장들이 다시 일어났다. 교황 인노센트 8세(재위 1484~92. 무능하여 교황청의 재정난을 해결하지 못했다)가 다스리던 비참한 시절, 한때 부르고뉴에서 복무했던 보칼리노 장군이 점령한 오시모를 비롯해 모조리 오스만제국에 넘어갈 뻔한 적이 있었다.[48] 그러나 다행히도 로렌초 마니피코[49]의 중재로 보칼리노는 돈을 받고 물러섰다. 1495년 샤를 8세(프랑스 국왕)가 일으킨 전쟁으로 세상이 어수선한 틈을 타서 브레시아의 용병대장 비도베로가 자신의 힘을 시험해 보고자 했다.[50] 그는 전에 이미 숱한 귀족과 시민들을 죽이고 체세나시(市)를 점령했으나 성(城)의

---

45) Sismondi Ⅹ, p.258. Corio. Fol. 412에는, 피치니노의 군인으로서의 인기가 자기 아들들에게 불이익을 끼칠까 두려워한 스포르차도 범행에 가담했다고 나와 있다. Murat. ⅩⅩⅠ, Col. 902 에 수록된 *Storia Bresciana*—1466년, 사람들이 베네치아의 용병대장 콜레오니를 유혹한 내용은, *Arch. stor.* Ⅶ, Ⅰ, p.210의 Malipiero, *Annali Veneti*에 서술되어 있다.

46) Murat. ⅩⅩⅢ, p.811에 수록된 Allegretti, *Diarii Sanesi.*

47) *Orationes Philelphi,* Fol. 9. 프란체스코에게 바치는 조사(弔辭)에서.

48) Murat. ⅩⅩⅡ, Col. 1241에 수록된 Marin Sanudo, *Vite de' Duchi di Ven.*

49) 로렌초 데 메디치. 1449~92. 피렌체의 군주로서 정치적·문화적으로 황금기를 이룩했다.

50) Malipiero, *Ann. Veneti, Archiv. Stor.* Ⅶ, Ⅰ, p.407.

수비가 탄탄하여 끝내 함락시키지 못하고 퇴각한 적이 있다. 이번에는 또다른 악당, 앞서 이야기한 로베르토의 아들이자 베네치아의 용병대장인 리미니의 판돌포 말라테스타가 양도해 준 군대를 이끌고 라벤나의 대사교에게서 카스텔 누오보시를 빼앗았다. 그 일이 크게 번질 것을 걱정하고, 그 일이 아니라도 교황에게 독촉을 받던 베네치아는 판돌포에게 기회를 보아 친구를 체포하라고 '호의로' 명령했다. 판돌포는 '슬픔을 억누르고' 시키는 대로 했다. 이어서 비도베로를 교수형에 처하라는 지령이 내렸다. 판돌포는 그를 배려해 먼저 감옥에서 목 졸라 죽인 뒤 사람들 앞에 내보였다. 이런 찬탈자의 뚜렷한 마지막 예는, 파비아 전투(1525년) 뒤 밀라노의 혼란을 틈타 코모 호숫가에서 즉흥적으로 통치권을 장악한 그 유명한 무소의 성주였다.

3. 작은 전제국들

15세기 전제군주에 대해 일반적으로 알려진 바는, 국가가 작을수록 큰 죄악이 자주 벌어졌다는 사실이다. 특히 모두가 자기 신분에 걸맞은 생활을 하길 바라다보니 구성원이 많은 가문에서는 자연히 상속 분쟁이 끊이질 않았다. 카메리노의 베르나르도 바라노는 아들들에게 형제들의 유산을 물려주려고 자기 형제 둘을 죽였다(1434년).[1] 작은 도시의 지배자가 현명하고 절제력 있고 온건한 정치를 펼치며 동시에 문화에 대한 열성까지 보인다면, 그는 보통 어느 큰 가문의 일원이거나 그런 가문의 정책에 의존하는 군주였다. 대(大) 프란체스코의 형제이자 우르비노의 페데리고의 장인인 페사로의 알렉산드로 스포르차(1473년 사망) 같은 사람이 그 대표적인 예이다.[2] 그는 오랜 전장 생활 뒤에는 좋은 관리이자 공정하고 정다운 통치자로서 평온한 정치를 펼치며 훌륭한 도서들을 수집하고, 짬이 나면 학문적이고 종교적인 대화로 나날을 보냈다. 에스테 가문[3]과 스포르차 가문의 정치적 제약에 묶여 있던 볼로냐의 조반니 2세 벤티볼리오(1462~1506년)도 같은 부류에 속한다. 이와 반대로, 카메리노의 바라노, 리미니의 말라테스타, 파엔차의 만프레도, 특히 페루자의 발리오니(수많은 범죄로 악명 높던 움브리아의 유명한 호족 일족) 등 여러 가문에서는 이루 말할 수 없는 피비린내 나는 참상이 벌어졌다. 특히 15세기 말 발리오니 가문에 일어난 사건에 대해서는 그라치아니와 마타라초의 연대기[4] 같은 생생한 역사 자료로 남아 있다.

그 무렵 발리오니 가문은 정식 군주정치를 아직 완성하지 못한 채 그 도시

---

1) Murat. XXI, Col. 972에 수록된 Chron, Eugubinum.

2) Vespasiano Fiorent, p.148.

3) 북이탈리아, 페라라 공국의 지배자. 문예보호로 알려져 있다.

4) *Archiv. Stor.* XXI(XVI), Parte I. et II.

의 최고 세력가에 머물러 있었다. 그들의 지배권은 막대한 부와 관리 임명을 좌우하는 실질적 세력을 바탕으로 한 것이었다. 가족 가운데 한 사람이 총지휘자로서 인정받았다고는 하나, 그 가문 내부에 얽히고설킨 혈통들 사이에는 깊디깊은 증오가 뿌리내리고 있었다. 이 발리오니 가문에 대항하여 오디 가문이 이끄는 귀족 집단이 대치하고 있었다. 그들은 사소한 일에도 무기를 잡았으며(1487년 무렵), 세도가의 집은 고용된 자객들로 그득했다. 하루가 멀다고 흉악한 사건이 벌어졌다. 암살된 한 독일 학생의 매장을 계기로 두 파의 대학이 무기를 들고 대치하기도 했다. 때로는 두 가문의 자객들이 여러 사람이 보는 광장에서 혈투를 벌이기도 했다. 상인과 수공업자들의 한탄도 소용이 없었다. 교황의 총독이나 친척들은 입을 다물거나 곧 달아나버렸다.

결국 오디 가문은 페루자시에서 물러날 수밖에 없었고, 시 전체는 발리오니 가문의 전제정치 아래 군인으로 포위된 요새가 되어 대성당까지도 병영으로 이용되었다. 음모와 기습에는 무서운 보복이 잇따랐다. 130명의 침입자를 관청 앞에서 한꺼번에 교수형에 처했는데(1491년), 그 저주를 없애기 위해 광장에 35개의 제단을 설치하여 사흘 동안 미사와 행렬기도를 올렸다. 교황 인노켄티우스 8세의 친척은 밝은 대낮에 길에서 칼에 찔려 죽었고, 분쟁을 조정하기 위해 파견된 교황 알렉산데르 6세(재위 1492~1503)의 친척은 공개적인 조롱밖에 얻지 못했다. 통치자 발리오니 가문의 두 수장 구이도와 리돌포는 도미니크회의 기적을 일으키는 성녀 리에티의 수오르 콜롬바와 여러 차례 회합을 가졌다. 그녀는 이대로는 앞으로 큰 재난이 일어날 것이라고 경고하면서 화해를 권했으나 아무 소용이 없었다.

연대기 작가는 이런 공포시대에도 페루자시에 신앙심과 경건한 마음을 잃지 않은 선량한 사람들이 있었음을 지적한다. 샤를 8세가 이탈리아로 진군해오는 동안에도(1494년) 발리오니 가문과 아시시 근처에 진을 치고 있던 추방된 사람들 사이에 격렬한 전투가 벌어졌다. 골짜기에 있던 민가들은 형체도 없이 부서지고 논밭은 방치되었으며, 농부들은 대담한 약탈과 살인을 일삼는 흉포한 무리로 변했다. 무성히 자란 수풀에는 사슴과 늑대가 터를 잡고 살며 전사한 시체인 '그리스도인의 살'을 즐겼다.

교황 알렉산데르 6세는 나폴리에서 돌아오는 샤를 8세를 피해 움브리아로 퇴각할 때(1495년) 페루자에서 잘하면 발리오니 일가를 영원히 제거할 수 있겠다고 생각했다. 교황은 그들을 한자리에 모이게 하려고, 구이도에게 마상시합 같은 축제를 열자고 제안했다. 그러나 구이도가 "페루자의 무장한 병사들을 모두 한곳에 모으는 일보다 훌륭한 구경거리는 없다"고 말했으므로 결국 교황은 그 계획을 포기했다. 오래지 않아 추방자들의 군대가 다시 습격해 왔다. 이번에는 발리오니 가문의 용맹만으로 간신히 승리할 수 있었다. 18세의 시모네토 발리오니가 광장에서 소수의 병력을 이끌고 수백의 적과 맞서 싸웠던 것이다. 그가 스무 군데 이상 상처를 입고 쓰러졌다가 다시 일어났을 때 아스토레 발리오니가 구원하러 왔다. 매가 장식된 투구에 도금한 철갑옷을 입고 말 위에 올라앉은 그는 "군신 마르스와도 같은 모습과 움직임으로 난투하는 적진 속에 뛰어들었다."

그 무렵 라파엘로(1483~1520. 화가·건축가. 이탈리아 르네상스의 3대 거장)는 아직 12세의 소년으로, 피에트로 페루지노(1446~1523. 15세기 움브리아파의 지도자) 밑에서 공부하고 있었다. 그 시절의 인상은 성 미카엘이나 성 게오르기우스를 그린 초기의 작은 작품 속에 새겨져 있을 것이다. 그리고 대작 〈성 미카엘〉에도 영원히 살아 숨 쉬고 있다. 또한 만약 아스토레 발리오니가 거룩하게 미화된 모습으로 그려졌다면, 〈헬리오도로스의 추방〉에 나오는 천상의 기사가 그것일 것이다.

발리오니 가문의 적들은 일부는 죽고 일부는 겁에 질려 뿔뿔이 흩어져 그 뒤로 다시는 이런 공격을 할 수 없었다. 얼마 뒤 부분적인 화해가 이뤄져 그들의 귀환이 허락되었다. 그러나 페루자에 안정과 평화는 오지 않았다. 통치자 가문의 내분이 걷잡을 수 없이 터져 나온 것이다. 구이도와 리돌포 그리고 그들의 아들들인 잔파올로, 시모네토, 아스토레, 지스몬도, 젠틸레, 마르칸토니오 등에 대항하여, 조카의 두 아들 그리포네와 카를로 바르칠리아가 결탁했다. 바르칠리아는 카메리노의 군주 바라노의 조카이자 지난날 추방된 제로니모 달라 펜나의 처남이었다. 불길한 예감에 사로잡힌 시모네토는 펜나를 죽이게 해달라고 큰아버지 앞에 무릎 꿇고 탄원했으나 소용없었다. 구이도는 허락하지 않았다.

음모는 1500년의 한여름 아스토레와 라비니아 콜론나의 결혼식 때 갑자기 무르익었다. 축하연이 시작되고 암담한 조짐이 감도는 가운데 며칠이 지났다. 차츰 더해가는 불안한 풍경은 마타라초의 연대기에 특히 훌륭하게 묘사되어 있다. 축하연에 참석한 바라노가 사람들을 불러 모았다. 그는 그리포네에게 단독 지배권을 행사할 수 있으리라 희망을 불어넣어주고, 그의 아내 제노비아와 잔파올로가 간통한 것처럼 꾸며 이야기함으로써 그를 자극했다. 또한 각 공모 자마다 피의 제전에 바칠 희생자를 배당해 주었다(발리오니가 사람들은 오늘날 성채가 남아 있는 곳에 저마다 떨어져서 살고 있었다). 그리고 미리 고용해둔 자객들을 15명씩 붙여준 뒤 나머지는 파수를 보게 했다. 그리하여 7월 15일 밤, 창을 부수고 침입한 반도들에게 구이도, 아스토레, 시모네토, 지스몬도는 살해되고 나머지 사람들은 간신히 도망칠 수 있었다.

아스토레의 시체가 시모네토의 시체와 나란히 거리에 놓였을 때 구경꾼들, '특히 외국에서 온 학생들'은 아스토레를 고대 로마인과 비교했을 만큼 그 모습은 위엄 있고 당당해 보였다. 시모네토의 시체에는 죽음으로도 억누르지 못한 대담함이 서려 있었다. 승리한 자들은 발리오니 가문의 지배자들을 찾아다니며 환심을 사려 했으나, 다른 모든 사람들은 눈물에 젖어 시골에 있는 영지로 내려갈 준비에 바빴다.

한편 도망갔던 발리오니가 사람들은 도시 밖에서 병사를 모아 다음 날 잔파올로를 앞세워 쳐들어왔다. 도시 안에서는 조금 전까지 바르칠리아에게서 죽음의 위협을 받고 있던 다른 지배자들이 여기에 재빨리 가담했다. 성 에르콜라노 교회 부근에서 잔파올로는 그리포네를 잡아 부하에게 넘겨 처형하도록 했다. 바르칠리아와 펜나는 카메리노에 있는 이 참극의 주모자 바라노 곁으로 몸을 피했다. 이리하여 잔파올로는 거의 손실 없이 순식간에 이 도시의 지배자가 되었다.

아직 젊고 아름다운 그리포네의 어머니 아탈란타는, 그 전날 며느리 제노비아와 잔파올로의 두 아들을 데리고 시골의 영지로 내려가 있었다. 뒤따라온 아들 그리포네에게 어머니는 욕을 하며 몇 번이나 내쫓아 버렸지만, 지금은 다시 며느리를 데리고 돌아와 죽음을 앞둔 자식을 찾아 헤맸다. 두 부인을 보자 사람들은 모두 옆으로 몸을 피했다. 그리포네를 죽인 장본인으로 의심받아 어머니의 악담을 듣고 싶지 않았기 때문이다. 그러나 그것은 오해였다. 어머니는 아들에게 너를 죽음으로 몰아넣은 사람들을 용서하라고 애원했다. 그리고 그리포네는 어머니의 축복을 받으며 숨을 거두었다. 사람들은 두 부인이 피에 물든 옷을 입고 광장을 지나가는 모습을 경건한 마음으로 바라보았다. 뒷날 라파엘로는 그 유명한 걸작 〈그리스도의 매장〉을 그려서 아탈란타에게 바치기도 했다(아탈란타가 입었던 옷을 그대로 따라 그렸다). 이로써 아탈란타는 자기의 슬픔을 가장 위대하고 가장 신성한 어머니 마리아의 슬픔으로 승화했던 것이다.

이러한 비극을 자세히 지켜보았을 대성당은 포도주로 말끔히 씻겨 새로이 성별(聖別 : 신성한 용도에 충당하기 위해 보통 것과 구별하는 일)되었다. 아스토레의 행적을 그린 그림과 선량한 마타라초의 송시(頌詩)가 담긴 개선문은, 그 결혼식이 있던 날 세워진 그대로 오늘날까지 그 자리에 서 있다.

이러한 참극을 반영하여 발리오니 가문에 대한 전설이 생겼다. 이 가문의 사람들은 예부터 모두 사고로 죽었다든가, 27명이 한꺼번에 목숨을 잃은 적이 있다든가, 그들의 집이 이미 한 번 파괴되어 그 벽돌로 거리를 포장했다든가 하는 것들이다. 그 뒤 교황 파울루스 3세(재위 1534~49) 때 그들의 궁전을 철거하는 일이 실제로 일어났다.[5]

한때는 그들도 자기 당파의 질서를 잡고 귀족의 횡포를 막아 관리를 보호하려는 훌륭한 결심을 한 듯 보였다. 그러나 꺼진 줄 알았던 오랜 저주의 불씨는 다시 불타올랐다. 잔파올로는 1520년 레오 10세 때 로마로 유인되어 목이 잘렸다. 그의 아들인 오라치오는 똑같이 교황의 위협 아래 있는 우르비노 공의 일파로서, 한때 가장 잔인한 방식으로 페루자를 지배했는데, 다시 한 번 자기 가문에서 끔찍한 악행을 되풀이했다. 큰아버지 한 명과 사촌 셋을 죽였던 것이다. 우르비노 공은 오라치오에게, 이제 충분하지 않느냐는 전갈을 보냈다.[6] 그의 형제인 말라테스타 발리오니는 피렌체의 장군으로서 1530년 반역으로 악명을 떨쳤고,[7] 그의 아들 리돌포는 1534년 교황의 사절과 관리들을 살해하

---

5) 율리우스 2세는 1506년 페루자를 정복하고 잔파올로 발리오니를 굴복시켰다.

6) Varchi, Stor. fiorent. I, p.242. s.

7) 1527년, 카를 5세의 용병군대가 로마를 공격한 틈을 타 피렌체의 공화파 시민은 전제적인 지배를 계속해온 메디치 가문을 쫓아버리고 공화제를 부흥시켰다. 그러나 카를과 관계를 회복

고, 페루자를 아주 짧지만 피비린내 나는 지배를 했던 사람이었다.

우리는 리미니의 전제군주들을 앞으로도 여기저기서 접하게 될 것이다. 시지스몬도 말라테스타(1467년 사망)[8]처럼 방자와 불신앙과 군사적 재능과 높은 교양을 한 몸에 지닌 사람은 아주 드물다. 그러나 이 가문에서와 같이, 악행이 쌓이고 쌓이면 그것이 재능을 눌러 전제군주들을 몰락으로 빠뜨리고 만다. 앞에서 말한 시지스몬도의 손자 판돌포가 그 자리를 지킬 수 있었던 것은 단지 베네치아가, 고용한 용병대장은 어떤 악행을 저질러도 내쫓지 않았기 때문이다. 판돌포의 신하들이 충분한 이유에서 리미니에 있는 군주의 성을 포격한 뒤[9] 그를 탈출시켰을 때에도(1497), 베네치아의 한 위원은 형제 살해 및 온갖 악행으로 오명을 입은 그를 다시 데려왔다. 그로부터 30년 뒤 말라테스타 일가는 아주 가난한 망명자가 되었다.

1527년 즈음은 체사레 보르자 시대와 마찬가지로 이런 작은 전제국들에게는 전염병과 같았다. 살아남은 자는 아주 적었으며 다시는 행복을 손에 넣을 수 없었다. 1533년 피코 가문의 소군주들이 통치한 미란돌라에는 릴리오 그레고리오 지랄디(1479~1552. 문학사가·시인·신화작가)라는 가난한 학자가 있었다. 그는 약탈당한 로마에서 몸을 피해 손님을 잘 대접하는 노인 조반니 프란체스코 피코(유명한 조반니의 조카)의 집에 와 있었다. 이 늙은 군주가 생전에 준비해 두려 한 그의 묘비에 대해 이야기를 나누다가 논문이 하나 완성되었는데,[10] 그 헌사에는 그해 4월 날짜가 씌어 있었다. 그러나 후기에는 슬프게도 이렇게 적혀 있다. "같은 해 10월, 불행한 공은 밤중에 조카의 습격을 받아 목숨과 주권을 빼앗겼다. 나는 말할 수 없이 비참한 몰골로 겨우 도망쳤다."

한 메디치가 출신의 교황 클레멘스 7세는 카를군의 힘을 빌려 1530년 피렌체를 포위했다. 말라테스타 발리오니는 공화정부 지휘자에게 고용되어 있었으나, 옛 영토 페루자를 회복하고자 적과 내통하여 피렌체를 패하게 했다. 이로써 르네상스 자유의 상징이었던 피렌체의 공화제가 종언을 고하고, 황제로부터 정식으로 피렌체 공작의 칭호를 받은 알레산드로 데 메디치의 전제정치가 시작된다.

8) 1417~67. 유능한 용병대장. 교황 피우스 2세로부터 부도덕하고 냉혹하다고 비난받았지만, 군사과학에 관심이 높은 박식한 교양인이었다.

9) Malipiero, *Ann. Veneti, Archiv. Stor.* VII, I, p.498.

10) Lil. Greg. Giraldus, *De vario sepeliendi ritu.*—1470년에 이미 이 가문에 작은 사변이 일어났다. Murat. XXIV, Col. 225의 *Diario Ferrarese* 참조.

판돌포 페트루치[11]가, 몇몇 소당파로 분열되어 있던 시에나에서 1490년대 이후 이루어졌던 무절제한 전제정치는 살펴볼 가치도 없다. 평범하고 성질이 포악했던 판돌포는 한 법학자와 점성술사의 도움을 받아 통치했으며, 때때로 살인을 저질러 공포심을 불러일으켰다. 이 군주의 여름철 놀이는 아미아타산에서 바위덩이를 굴려 떨어뜨리는 것이었는데 누가, 무엇이 맞든지 상관하지 않았다. 어떤 교활한 자도 실패한 어려운 일에 성공했으나—체사레 보르자의 간계에서 벗어난 것—결국 버림받고 멸시당하면서 삶을 마쳤다. 그러나 그의 아들들은 그 뒤로 오랫동안 제한적이나마 지배권을 유지했다.

---

11) 1450~1512. 시에나 영주. 한때 체사레 보르자에게 정권을 빼앗기나 루이 12세의 지원을 받아 왕좌를 되찾았다.

4. 큰 전제국들

　중요 왕조들 가운데 아라곤 왕조는 별도로 살펴야 한다. 노르만족의 지배 이래 이 지역에서 제후의 영지 지배 형태로 존속된 봉건제도는 이미 이 나라에 독특한 색채를 덧입히고 있었다.[1] 그러나 이탈리아에서는 남쪽의 교황령과 그 밖의 몇몇 지방을 뺀 대부분의 지역에서 단순한 토지소유권만 겨우 인정하고 어떠한 권한도 세습을 허용하지 않았다. 1435년 이래 나폴리를 통치했던 대(大) 알폰소(1458년 사망)[2]는 그의 실질적인 또는 이름뿐인 후계자와는 다른 군주였다. 그는 인품이 훌륭한 사람이었다. 백성들과 스스럼없이 어울렸고, 사람을 사귈 때는 넘치는 인자함을 베풀었으며, 노년에 루크레치아 달라냐를 열렬히 사랑했을 때에도 손가락질당하기는커녕 오히려 찬양받았다. 하지만 그에게는 낭비하는 몹쓸 버릇이 있었고,[3] 그것이 피할 수 없는 결과를 불러들였다. 무법적인 재정관들이 세력을 떨쳤지만, 마지막에는 파산한 왕이 그들의 재산을 빼앗았다. 성직자에게 세금을 물리기 위해 십자군 원정을 주장하고, 아

---

1) 남부 이탈리아에서는 고대 로마 이후의 대토지소유(라티푼디움) 전통이 강하게 남아 있었다. 이러한 장원을 소유한 지방 호족들은 '배런'이라는 영주 층을 형성했으며, 노르만왕조가 들어서자 그들은 봉건영주로 편성되었다. 왕권 강화에 힘쓴 프리드리히 2세도 영주제를 완전히 없앨 수는 없었다. 오히려 노르만왕조와 호엔슈타우펜왕조의 왕권 강화가 도시의 자유를 억압하여, 북이탈리아에서 자유도시국가가 발생할 때 남이탈리아에서는 도시 세력이 약해졌으며, 장원제에 따른 봉건영주제가 오히려 강하게 뿌리를 내렸다. 그 뒤 앙주, 아라곤왕조 같은 외래 귀족을 통해 프랑스와 에스파냐 봉건제도의 나쁜 면만을 받아들여, 남이탈리아사회의 후진적 특징을 이루었다. 특히 두 왕조의 왕권 침체로 때때로 영주들이 반란을 일으켜 귀족 특권을 강화했다. 18세기 중엽 계몽군주 개혁도 귀족층의 저항으로 충분한 효과를 보지 못했다. 귀족이 궁정 귀족화되고 도시로 입주함에 따라 새로이 대소작인을 통한 장원 하청제도가 생길 만큼, 19세기까지는 농노제 위에 선 영주제가 압도적으로 우세했다.
2) 알폰소 1세. 나폴리 왕. 재위 1443~58. 아라곤 왕 알폰소 5세.
3) Jovian Pontan. : *De liberalitate* 및 *De obedientia*, I, 4. Sismondi X, p.78 참조.

브루치에서 대지진이 일어났을 때에는 살아남은 사람이 죽은 이의 세금까지 부담해야 했다. 사정이 이런데도 알폰소는 귀한 손님에게는 아주 호화로운 잔치를 열어 손님을 대접했다. 그는 누구에게나, 심지어는 적에게도 아낌없이 돈을 쓰며 기뻐했다. 특히 문학과 예술에는 제한 없이 베풀었는데, 포지오가 크세노폰의 《키루스의 교육》을 라틴어로 번역했을 때에는 금화 500냥을 받았을 정도였다.

알폰소의 뒤를 이은 페란테(페르디난도 1세)는 어느 에스파냐 여인과 알폰소 사이에서 난 사생아라고 알려졌으나, 그보다는 발렌시아의 마라노(에스파냐에서 강제로 그리스도교로 개종당한 유대인) 여인에게서 태어난 것 같다.[4] 페란테의 음침하고 잔인한 성격이 혈통 때문인지 아니면 그의 생존을 위협한 남작들의 음모 때문이었는지는 알 수 없으나, 어쨌든 그는 그 시절 군주들 가운데 가장 무서운 존재였다.

왕성한 활동가이자 가장 명민한 정치적 두뇌의 소유자이면서도 비열하지 않은 사람으로 평가받았던 페란테는, 원한을 절대 잊지 않는 기억력과 철저한 기만에 이르기까지 그가 가진 모든 힘을 다 쏟아 부어 적을 섬멸해 나갔다. 제후의 지도자들이 페란테와 인척관계를 맺으면서 그의 외적과도 동맹을 맺고 있었으므로, 페란테는 군주가 받을 수 있는 온갖 모욕은 다 받은 셈이었다. 그러다 보니 최악의 상황이 벌어져도 그는 평소와 다름없이 대수롭지 않게 받아들였다. 이러한 투쟁과 외부 적과의 전쟁에 필요한 자금은 대개 프리드리히 2세가 썼던 것과 같은, 이른바 이슬람교적인 방법으로 조달되었다. 곡물과 올리브기름은 정부의 전매품이었던 것이다. 또한 페란테는 무역 전반을 부유한 상인 프란체스코 코폴라에게 모두 맡겼다. 코폴라는 페란테와 이익을 나누고 선주는 모두 자기 밑에서 일하게 했다. 나머지 군자금은 강제적 공채, 처형을 이용한 몰수, 공공연한 성직매매와 종교단체로부터의 강탈을 통해 충당했다.

---

4) Murat. XXII에 수록된 Tristano Caracciolo : De varietate fortunae.—Jovian Pontanus, De prudentia, 1, IV ; De magnanimitate, 1. I ; De liberalitate, De immanitate. —Cam. Porzio, Congiura de' Baroni 등—Comines, Charles VIII, chap 17, 여기에는 아라곤가의 일반적인 성격묘사도 나와 있다.

페란테는 사냥을 아주 좋아했는데, 그것 말고도 두 가지 즐거움이 더 있었다. 적을 산 채로 삼엄한 감옥에 가둬두거나, 죽여서 방부 처리를 한 뒤 생전에 입던 옷을 다시 입혀 자기 곁에 두는 것이었다.[5] 그는 포로에 대해 심복들과 이야기할 때면 언제나 웃음을 참지 못했다. 미라를 모으는 것도 숨기려 하지 않았다. 그의 희생자들은 거의 모반이나, 때로는 궁정 연회에서 체포된 남자들이었다. 그를 섬기다가 늙고 병든 재상 안토넬로 페트루치에 대한 처사는 극악무도했다. 페트루치가 죽음에 대한 불안을 점점 크게 느낄수록 페란테는 끊임없이 진상품을 강요했으며, 급기야 그가 남작들의 역모(1485년의 왕가 타도를 도모한 반란)에 가담했다는 혐의를 씌워 코폴라와 함께 체포해 처형해 버렸다. 카라촐로(15세기 나폴리의 저술가)와 포르치오(1526경~80. 역사가)가 이에 대해 자세히 기록해 두었는데, 그때의 처형 방식은 모골이 송연해지게 한다.

페란테의 아들들 가운데 장자인 칼라브리아 공 알폰소 2세(재위 1448~95)는 뒷날 아버지와 함께 일종의 공동 통치를 했다. 그는 성격이 거칠고 잔인한 방탕아였다. 노골적인 말과 행동은 그 아버지보다도 심했으며 실제로 종교와 관습을 공공연하게 멸시했다. 그 시절 전제정치에서 볼 수 있었던 조금이나마 우수하고 활기찬 특징을 이들 군주들에게서는 찾아볼 수 없다. 그들이 당시의 예술과 교양에서 얻은 것이란 사치요 허식이었다. 순수한 에스파냐 사람들까지도 이탈리아에서는 반드시 타락했다. 더욱이 이 마라노족의 말로(1494년과 1503년. 페란테는 1494년 사망, 페데리고는 1503년 사망)는 혈통의 결함을 여실히 드러낸다. 페란테는 근심과 양심의 가책 때문에 죽고, 알폰소 2세는 이 가문에서 유일하게 선한 사람이자 친형제인 페데리고(알폰소 2세가 죽고 그 아들 페르디난도 2세가 요절한 뒤 나폴리 왕위를 이음. 재위 1496~1504)를 반역자로 몰아 말할 수 없이 비열한 방법으로 모욕했다. 결국 이제까지는 이탈리아에서 가장 유능한 장군의 한 사람으로 통했던 페데리고도 분별을 잃고 시칠리아로 도주하여 아들 페란테를 프랑스인과 국내 반역의 희생물로 내주고 만다. 이 일가와 같은 통치를 해온 왕조가 후손에게 왕가 부흥을 기대하려면 적어도 그 생명만은 값비싸게 써야 할 텐데 말이다. 그러나 코민이 "잔혹한 인간이 이처럼

5) Paul. Jovius, Histor. I, p.14. 어느 밀라노 사절의 연설에서. Murat. XXIV, Col, 294에 수록된 Diario Ferrarese.

대담한 예는 일찍이 없었다"고 한 말은 조금 과장되긴 했지만 대체로 옳은 소리였다.

잔 갈레아초(잔 갈레아초 비스콘티. 재위 1395~1402) 이래 이미 완성된 절대군주 정치로 통치되던 밀라노 공국은 15세기 이탈리아를 대표하는 모습을 보여준다. 특히 비스콘티 가문의 마지막 군주인 필리포 마리아(재위 1412~1447)는 아주 특이한 인물로, 다행히 그 전기에 잘 묘사되어 있다.[6] 아무리 천부적인 재능이 있고 지위가 높은 사람이라도 공포 속에서는 어떻게 변하는지가 수학적으로 완벽하다고 할 만큼 표현되어 있다. 국가의 모든 수단과 목적은 필리포 마리아 한 사람의 안전에 집중되었다. 그래도 그 무자비한 이기주의가 피에 굶주린 잔인성으로까지 타락하지는 않았다. 그는 빼어난 정원과 나무 그늘, 투기장이 있는 밀라노 성 안에 틀어박혀 여러 해 동안 시내에 한 걸음도 내놓지 않았다. 멀리 가야 자신의 화려한 성이 있는 시골 도시로 행차하는 것이 전부였다. 발빠른 말들이 이끄는 작은 배들이 이를 위해 일부러 만든 운하를 따라 목적지로 향했는데, 그 배들은 모두 예법에 어긋남이 없도록 충분한 설비가 갖추어져 있었다. 그의 성에 발을 들인 사람은 누구나 빈틈없는 감시를 받았다. 행여나 바깥에 있는 사람에게 신호를 보낼까 봐 그 누구도 창가에 서지 못하게 했다. 이 군주 곁에서 일하는 사람들은 엄격한 시험을 거쳐야 했고, 통과한 이들에게만 최고의 외교관 일과 하인 업무를 맡겼다. 이 두 직책은 궁정에서는 똑같이 명예로운 자리였던 것이다.

필리포 마리아는 오랫동안 고된 전쟁을 치렀고, 쉴 새 없이 크나큰 정치적 사안을 처리해야 했다. 그래서 그는 전권을 부여한 사람들을 끊임없이 각 지역으로 파견했다. 이런 상황에서 그가 안전할 수 있었던 까닭은, 그들이 서로를 믿지 않도록 만들었기 때문이다. 용병대장에게는 첩자를 붙였고, 교섭을 맡은 자나 고급 관리에게는 일부러 술책을 써서 불화를 일으켰으며, 특히 선인과 악인을 짝지어 나쁜 감정을 품게 해 서로를 반목시켰던 것이다. 필리포 마리아는 내적으로도 상반된 세계관을 동시에 품어 안정을 찾았다. 그는 점성술과 맹목적인 운명의 신을 믿는 동시에 온갖 수호성인을 받드는 일도 게을리

---

6) Murat. XX에 수록된 Petri Candidi Decembrii, Vita Phil. Mariae Vicecomitis.

하지 않았다.[7] 고대 저작을 펼쳐드는 한편 프랑스 기사소설도 읽었다. 그리고 끝내 죽음에 관한 이야기는 절대 들으려 하지 않았다.[8] 아무리 총신이라도 임종 때가 다가오면 성 밖으로 운반하게 할 정도로 그 행복한 성안에서는 어느 누구도 죽지 못하게 했다. 그러나 정작 자신은 상처를 덮고 치료를 거부하여 죽음을 재촉함으로써 단정하고 품위 있는 최후를 맞이했다.

필리포 마리아의 사위이며 결국 그의 뒤를 이은 행운의 용병대장 프란체스코 스포르차(재위 1450~1466. 필리포 마리아의 딸 비앙카 마리아와 결혼)야말로 모든 이탈리아 사람 가운데 15세기에 가장 어울리는 인물일 것이다. 천재적이며 개인적인 역량의 승리가 이처럼 눈부시게 발휘된 적은 전례가 없었다. 이런 사실을 인정할 수 없는 사람이라도 그가 행운의 여신에게 총애를 받았다는 점에는 수긍할 것이다. 적어도 밀라노는 이렇게 이름 높은 지배자를 얻은 것을 큰 명예로 생각했다. 실제로 프란체스코가 밀라노시에 입성할 때 몰려든 군중은 그가 말에서 내릴 틈도 주지 않고 그대로 그를 대성당까지 모시고 갔다.[9] 이러한 사정에 밝은 교황 피우스 2세가 우리에게 남겨준 프란체스코 일생의 결산을 읽어보자.[10]

1459년, 공이 만토바에서 열린 군주회의에 참석했을 때 그의 나이 예순(실은 58세)이었다. 말에 탄 모습은 젊은이와 다름없고, 크고 당당한 체격, 근엄한 얼굴, 침착하고 정다운 말투, 품위 있는 움직임, 심신과 천부적인 재능이 완전히 하나가 되어 그 시대 비견할 자가 없었으며, 전장에서는 무적이었다. 이 사람이 바로 천한 신분에서 한 나라의 주권을 차지한 인물이라. 그와 아내는 용모가 수려하고 정숙했으며, 아이들은 천사와 같이 사랑스러웠다. 그는 거의 병을 모르고 지냈으며, 그가 바라는 바는 모두 이루어졌다. 그러나 그에게도 몇 가지 불운은 있었다. 아내는 질투 때문에 남편의 정부

---

7) 밀라노 성에 있는 수호성인 대리석상 14개는 필리포 마리아가 세운 것일까? Historia der Frundsberge, fol. 27 참조.

8) "언젠가는 '사라지기' 마련이다"란 말이 그를 불안하게 했다.

9) Corio, Fol. 400 ; Archiv. Stor. III, p.125의 Cagnola 참조.

10) Pii II. *Comment.* III. p.130. 및 II, 87, 106 참조. Murat. XXII, Col. 74에 수록된 Caracciolo, *De varietate fortunoa*에는 스포르차의 행운에 대해 또 다른, 보다 어두운 평가가 나와 있다.

를 죽였고, 오랜 전우 트로일로와 브루노로는 그를 버리고 알폰소 왕에게 가버렸으며, 다른 전우 치아르폴로네는 반역죄로 교수형에 처해야 했다. 형제 알레산드로는 프랑스인을 선동해 공격을 감행했으며, 한 아들은 아버지에 대항해 음모를 꾸몄다가 감금되었다. 그가 전쟁으로 정복한 변방 앙코나는 전쟁으로 다시 잃었다. 사람은 누구나 흔들리는 마음과 한 번도 싸우지 않아도 될 만큼 흠 없는 행복을 맛볼 수는 없다. 고난이 적은 사람이 행복한 것이다.

학식 있는 교황[11]은 이렇게 소극적으로 행복의 정의를 내리고 이야기를 끝맺는다. 만약 교황이 미래를 통찰할 수 있었다든가 또는 제약 없는 군주의 권력이 어떻게 끝나는가를 논할 생각만 있었다면, 그는 이 가문의 앞날을 아무도 보장할 수 없다는 일반적인 사실을 놓치지 않았을 것이다. 천사와 같이 귀여우며 깊고 폭넓은 교육을 받은 아이들은 자라면서 방종한 이기심에 몸을 맡기고 말았다.

겉치레의 명수였던 갈레아초 마리아 스포르차(재위 1466~1476)[12]는 자신의 아름다운 손, 지불하는 높은 급료, 금전상의 신용, 금화 2백만의 재산, 자신에게 봉사하는 유명인, 거느리는 군대와 새 사냥꾼이 자랑이었다. 게다가 말재주가 뛰어나 이야기하기를 좋아했다. 특히 베네치아의 사절을 모욕했을 때에는 말이 청산유수로 흘러나왔을 것이다.[13] 그런가 하면 한방에서 하룻밤 동안에 다양한 인물화를 그리게 하는 변덕도 보였다. 측근에게 아주 잔인한 짓도 했고 몰지각한 방탕에도 빠졌다. 그가 온갖 폭군 기질을 빠짐없이 갖추었다고 판단한 공상가도 몇 있었다. 그들은 그를 죽인 뒤 나라를 그의 형제들에게 넘겨주었는데, 그 가운데 루도비코 일 모로[14]가 감옥에 있는 조카(형 갈레아초의 아들 잔 갈레아초)를 내팽개치고 전권을 손에 넣었다. 이 찬탈은 곧 프랑스인의 간섭

---

11) 피우스 2세는 본문에도 나온 바와 같이 시문에 밝고, 수사학·역사·지리에도 능통하여 인문주의자로 유명했다. 그의 지리서가 콜럼버스에게 영향을 주었다고 전해진다.
12) 프란체스코 스포르차의 맏아들. 음란하고 파렴치한 폭군의 전형. 1476년에 암살당한다.
13) Malipiero, *Ann. Veneti, Archiv. Stor.* VII. I. p.216, 221.
14) 일 모로(il Moro)는 무어사람이라는 뜻. 루도비코는 얼굴과 머리가 검어 이런 별명으로 불렸다.

을 불러들여 온 이탈리아를 불행에 빠트렸다.

그러나 일 모로는 그 시대 군주의 가장 완벽한 전형인 동시에 자연적 산물처럼 보이므로 그에게는 무턱대고 반발할 수만도 없다. 그의 수단이 아무리 부도덕하더라도 그것을 실행하는 데는 참으로 천진했던 것 같다. 만약 누군가가 그에게 목적뿐만 아니라 수단에도 도덕적 책임이 있다는 점을 이해시키려고 했다면 그는 무척 이상하게 생각했을 것이다. 오히려 사형선고를 되도록 피한 것이 아주 특별한 미덕이라고 주장했을지도 모른다. 그는 자

갈레아초 마리아 스포르차(재위 1466~1476)
프란체스코 스포르차의 맏아들.

기의 정치적 수완에 대한 이탈리아 사람들의 신화에 버금가는 존경을 당연한 것으로 받아들였다.[15] 1496년에 이르러서도 그는 교황 알렉산데르 6세가 자기 궁정의 사제이고, 황제 막시밀리안(신성로마 황제 막시밀리안 1세)은 자기 용병대장이며, 베네치아는 자기 회계요, 프랑스 왕은 자기가 오라면 오고 가라면 가는 사신에 지나지 않는다고 호언했다.[16] 마지막 궁지에 빠졌을 때(1499년. 베네치아와 결탁한 루이 12세가 밀라노를 공격)도 그는 놀랍도록 신중하게 모든 가능한 결말을 따져보았는데, 이때 인간 본성의 선량함을 믿었던 점은 명예로운 일이었다. 그의 형제인 추기경 아스카니오(1455~1505)가 밀라노 성에 남아 농성하겠다고 제안하자 "추기경님, 나쁘게 생각지 마십시오. 비록 형제 사이라고는 하나 나는

---

15) Murat XXIV, Col. 65의 *Chron. Venetum.*

16) Malipiero, *Ann. Veneti, Archiv. stor.* VII, I, p.492, 481, 561 참조.

당신을 믿지 않습니다" 하고 거절했다. 전에 두 사람은 심하게 싸운 일이 있었기 때문이다. 일 모로는 이미 '자기 귀환의 보증'으로서 성곽을 지킬 사령관을 한 사람 뽑아 두었었다. 그자는 일찍이 일 모로에게 한 번도 심한 대우를 받은 적 없이 언제나 은혜만 입었던 사람이었다. 하지만 그럼에도 그는 일 모로를 배신하고 성을 팔아버렸다.[17]

루도비코 일 모로는 선량하고 유익하게 지배하려고 노력했으므로, 밀라노에서나 코모에서도 마지막까지 자신의 인망을 믿었다. 그러나 만년(1496년 이후)에는 국민에게 과도한 세금을 부과했고, 크레모나에서 새로운 과세에 반대한 저명한 시민을 방해가 된다는 이유로 몰래 목 졸라 죽여 버렸다. 그때부터 그를 알현하는 사람들은 나무 칸막이를 사이에 두고 멀리 떨어진 그와 이야기해야 했기 때문에,[18] 그와 교섭하려면 누구든 큰 소리로 외쳐야 했다. 부르고뉴 궁정은 이미 없어졌으므로 유럽에서 가장 화려한 궁전이 된 그의 궁에서는 아주 배덕한 행위가 유행처럼 번졌다. 아버지는 딸을, 남편은 아내를, 오빠는 누이를 희생으로 삼았던 것이다.[19]

그러나 이 군주는 적어도 쉬지 않고 활동했으며, 자기와 마찬가지로 자신의 정신 자산을 활용해 살아가는 사람들—학자, 시인, 예술가, 음악가들을 자기의 동류라고 생각했다. 루도비코 일 모로가 설립한 아카데미[20]는 학생들의 교육을 위한 곳이 아니라, 무엇보다 먼저 그 자신을 위한 것이었다. 그가 필요로 했던 것은 학자, 문인들의 명성이 아니라 그들과의 교류와 그들의 업적이었다. 브라만테[21]는 처음에 적은 보수밖에 받지 못했으나,[22] 레오나르도 다빈치[23]는

---

17) 모로가 그와 나눈 마지막 협의는 실제로 있었던 일로서 주목할 가치가 있다. Murat. XXIV, Col. 567의 Senarega 참조.

18) Murat. XXIV. Col. 336, 367, 369에 수록된 *Diario Ferrarese*. 국민들은 일 모로가 재산을 쌓아두고 있다고 믿었다.

19) Corio, Fol. 448. 이런 상태가 후세에 남긴 영향은, 특히 반델로가 쓴 밀라노에 관련된 여러 단편소설 및 서문에 뚜렷이 나타나 있다.

20) Amoretti, *Memorie Storiche sulla vita ecc. di Lionardo da Vinci*, p.35. 83.

21) 1445~1512. 이탈리아의 건축가·화가. 1499년부터 로마에서 바티칸의 산피에트로 대성당 재건 설계를 지휘했다.

22) Trucchi, *Poesie inedite*에 수록된 그의 소네트를 보라.

23) 1452~1519. 르네상스 시대 이탈리아의 화가·과학자. 초기에는 피렌체에서 활약. 1482년부

1496년까지 정당한 봉급을
받았다. 더욱이 레오나르도
가 자진해서 머물렀던 것이
아니라면 도대체 누가 그를
그 궁정에 붙잡아둘 수 있었
겠는가. 세상은 그 누구보다
도 이 인재에게 문을 활짝
열어두고 있었다. 따라서 루
도비코 일 모로에게 조금이
나마 고상한 면이 있었다는
증거로, 이 수수께끼 같은 거
장이 그 곁에서 그토록 오랫
동안 머물렀다는 사실을 들
수 있다. 뒷날 레오나르도가
체사레 보르자와 프랑수아 1
세(프랑스 국왕. 재위 1515~47. 이
탈리아 문화를 도입하여 프랑스 문
화 부흥에 기여했다)에게 봉사

루도비코 스포르차(일 모로)(재위 1494~1499, 1500)
프란체스코 스포르차의 아들이며, 레오나르도 다빈치
후견인.

한 이유도, 그들의 비범한 성품을 알아보고 그것을 존중했기 때문일 것이다.

　루도비코 일 모로가 실각한 뒤[24] 다른 사람들 손에서 열악한 교육을 받은
그의 아들들 가운데 맏이 마시밀리아노(밀라노 공. 재위 1512~15)는 아버지와 닮
은 데가 전혀 없었다. 동생 프란체스코(프란체스코 2세. 밀라노 공. 재위 1521~24, 25,
29~35)에게는 적어도 부흥을 노릴 힘은 있었다. 그 무렵 군주가 이렇게 자주
바뀌면서 막대한 손해를 입은 밀라노는 적어도 반동 세력에는 영향받지 않으

　　터 밀라노의 루도비코 일 모로 밑에서 군사기술자로 일하며, 대표나 요새 같은 병기를 만
　　들었다.
24) 1499년 10월 루이 12세에게 밀라노를 빼앗긴 루도비코는 이듬해 1월 밀라노를 되찾았다. 그
　　러나 믿었던 스위스 용병의 배신으로 그해 4월 붙잡혀 프랑스군에 넘겨지고, 1508년 프랑스
　　에서 옥사했다.

려고 했다. 1512년에 에스파냐군[25]과 마시밀리아노 군대에 밀려 퇴각한 프랑스군은, 밀라노군이 그들을 몰아내는 데 관여하지 않았으며, 새로운 정복자에 항복하더라도 프랑스에 대한 반역으로 보지 않는다는 증명서를 이 시에 주기로 합의했다.[26] 이 불행한 도시가 이런 전환기에, 아라곤 가문이 도망갔을 때의 나폴리처럼 악한들(그중에는 신분이 아주 높은 자들도 있었다)에게 약탈당한다는 것은 정치적으로도 크게 주목할 일이다.

15세기 후반에 특히 질서가 잘 잡혀 있고 유능한 군주로 대표되는 두 가계가 있다. 바로 만토바의 곤차가(1328년부터 1707년까지 만토바를 지배)와 우르비노의 몬테펠트로(12세기부터 16세기까지 우르비노의 용병대장 및 지배자로 로마냐에서 번영한 명가)이다. 곤차가 가문은 내부적으로 이미 단결된 상태라 오래전부터 암살이라고는 없었다. 따라서 가족들의 유해를 아무 문제 없이 세상에 보일 수 있었다. 프란체스코 곤차가[27] 후작과 그 아내 이사벨라 데스테(1474~1539)는 때로 사이가 벌어지기도 했으나 품위 있고 화목한 부부였다. 그리고 작지만 중요한 자신들의 나라가 종종 큰 위험에 부닥쳐 흔들리는 시기에도 아들들을 저명하고 훌륭한 인물로 길러냈다. 프란체스코가 군주로서, 용병대장으로서 진실하고 성실한 정치를 펼쳐야 했다고 말하지만, 그 시절에는 황제도, 프랑스 왕도, 베네치아도 그런 것을 요구하거나 기대하지 않았다. 그러나 프란체스코는 적어도 타로 전투(1495년)[28] 이후로 군인의 명예에 관한 한 스스로를 이탈리아의 애국자라고 생각했으며, 이 신념을 아내에게도 말했다. 그 뒤로 이사벨라는 이를테면 체사레 보르자에 대항해 파엔차를 지킨 것과 같은 용맹한 충직의 표시 하나하나가 이탈리아의 명예 회복이라고 생각하게 되었다. 이사벨라를 평가하

---

25) 루이 12세가 밀라노공국을 침략하고 북이탈리아를 프랑스 영토로 편입시킨 것에 대항해 1511년 교황 율리우스 2세를 중심으로 결성된 신성동맹. 독일 황제 막시밀리안, 에스파냐 황제 페르디난도 5세, 영국 왕 헨리 8세도 이에 가담했다.

26) *Archiv. stor.* III. p.298의 Prato 부분 및 p.302 참조.

27) 1466년 출생. 1480년 6세의 이사벨라와 약혼. 1484년 즉위. 1490년 결혼. 1519년 사망. 이사벨라가 죽은 해는 1539년. 두 사람의 아들로는 1530년에 공작이 된 페데리코(1519~1540)와 유명한 페란테 곤차가가 있다. 이하의 내용은 이사벨라의 서간과 *Archiv. stor.* Append, Tom. II의 d'Aroco에 있는 부록을 참조했다.

28) 1494년, 나폴리를 정벌한 프랑스의 샤를 8세가 신성동맹에 밀려 나폴리를 떠나 귀국하던 도중 북이탈리아에서 벌인 전투다. 프란체스코는 신성동맹군의 지휘관이었다.

기 위해, 이 아름다운 부인의 후원에 보답한 예술가나 저작가에게 의지할 필요는 없다. 그녀의 편지에, 침착하면서도 해학적인 관찰을 할 줄 아는 사랑스러운 부인의 모습이 잘 나타나 있기 때문이다. 벰보,[29] 반델로,[30] 아리오스토,[31] 베르나르도 타소[32]는 이 궁정이 작고 무력하며 때때로 창고가 텅 빈다는 것을 알면서도 이곳으로 작품을 보내왔다. 옛 우르비노 궁정(몬테펠트로 가문의 페데리코 2세, 귀도발도의 궁정)이 몰락한(1508년) 뒤 여기보다 세련된 사교계는 어디서도 찾아볼 수 없

프란체스코 곤차가(재위 1484~1519)
만토바 후작. 아내 이사벨라 데스테와 공동 통치.

었다. 페라라 궁정도 활동의 자유라는 근본적인 면에서는 여기에 비교되지 않는다. 이사벨라 부인의 예술에 대한 지식은 전문가 수준이었다. 그녀의 적지만 엄선된 수집품 목록은, 예술을 사랑하는 사람이라면 감동하지 않고는 읽을 수 없을 것이다.

우르비노시에는 진짜 몬테펠트로 혈통인지 아닌지는 모르나 페데리코(재위 1444~1482)라는 공국의 가장 뛰어난 대표자가 있었다. 용병대장으로서 페데리코의 정치적 도덕성은 보통 용병대장의 그것과 같았다. 다시 말해 절반만 책

---

29) 피에트로 벰보(1470~1547). 시인·문학이론가·추기경. 대표작 《속어(俗語)의 산문》.
30) 마테오 반델로(1484~1561). 단편작가·성직자·외교관·군인. 대표작 《단편소설집》.
31) 루도비코 아리오스토(1474~1533). 시인. 페라라의 에스테 후작 집안을 섬겼다. 대표작 《광란의 오를란도》.
32) 베르나르도 타소(1493~1569). 토르콰토 타소의 아버지. 대표작 《시집(詩集)》.

임지는 도덕성이었다. 그러나 작은 나라의 군주로서 그는, 국외에서 받은 보수를 국내에서 쓰고 자국에는 되도록 적게 과세하는 정책을 폈다. 페데리코와 그의 두 후계자 귀도발도(재위 1482~1508)와 프란체스코 마리아에 대해서는 이런 말이 전해진다. "그들은 건물을 짓고 토지 개간을 장려하고, 그곳에 살면서 많은 사람들을 고용해 급료를 주었다. 국민은 그들을 사랑했다."[33] 그러나 나라뿐 아니라 궁정도 모든 면에서 잘 계산되고 조직된 예술품이었다. 페데리코는 신하 5백 명을 거느리고 있었으며, 궁정의 관직 체계는 가장 큰 독재 군주의 궁정에서도 거의 찾아볼 수 없을 정도로 훌륭히 정비되어 있었다. 더욱이 지출은 조금도 낭비 없이 모두 그 목적이 있었으며 엄격하게 통제되었다. 여기서는 희롱하거나, 비방하거나, 뽐내는 자가 없었다. 궁정은 동시에 다른 대귀족 자제들을 위한 군사교육기관이어야 했고, 그 교육에 페데리코 공작의 명예가 달려 있었기 때문이다. 공이 자기를 위해 세운 궁전(우르비노 공관. 루치아노 라우라나가 지은 르네상스 건축의 걸작)은 비록 아주 화려하진 않았지만 그 설계가 완벽한 점에서 아주 고전적이었다. 공은 그곳에 그의 최대 재산인 유명한 책들을 보관했다. 이 나라의 모든 사람은 이익과 수입을 얻었고 누구 하나 구걸하는 이가 없었으므로 공작은 나라 안에서 아무런 위험을 느끼지 않았다. 언제든지 무장하지 않고 수행원도 거느리지 않은 채 외출했다. 그가 누구든지 드나들 수 있는 정원을 산책하거나, 개방된 방에서 검소한 식사를 하면서 리비우스[34]의 책(사순절 즈음에는 기도서) 낭독에 귀를 기울이는 것은 아무도 흉내 낼 수 없는 행동이었다. 오후에는 고대에 관한 강의를 들은 뒤 클라라회 수녀원으로 가서 담화용 격자창을 사이에 두고 신성한 주제로 원장과 이야기를 나누었다. 저녁에는 전망 좋은 성 프란체스코 교회 근처 평원에서 궁정의 젊은이들이 신체 단련하는 것을 직접 지도했고, 그들이 몸동작을 잘 배우도록 주의 깊게 관찰했다. 그는 언제나 정답고 가까이하기 쉬운 사람이었다. 그는 자기를 위해 일하는 사람들의 일터를 찾아가 계속 사람들을 만났고, 저마다

---

33) *Archiv stor.* Append. Tom. VI, p.321에 수록된 Franc. Vettori의 기술. 페데리코에 대해서는 특히 Vespasiano Fiorent. p.132 이하.

34) Titus Livius(BC 59~AD17). 고대 로마의 역사가. '로마사 연구자의 성서'라 불리는 140권의 대저 《로마 건국사》 집필. 로마를 세원 로마인의 도덕과 힘을 유려한 문체로 찬양한 책이다.

의 민원을 되도록 그날 안에 해결해주었다. 그가 길을 지나갈 때 사람들이 무릎을 꿇고 "전하께 하느님의 은총이 내리기를" 하고 외치는 것도 결코 이상한 일이 아니었다. 지식인들은 그를 이탈리아의 빛이라고 불렀다.[35]

그의 아들 귀도발도는 훌륭한 성품을 지녔으나 온갖 병과 불행에 시달렸다. 그리고 끝내(1508년) 나라를 가장 안전하고 믿을 수 있는, 자기 조카이자 교황 율리우스 2세의 친척인 프란체스코 마리아에게 넘겨주었다. 이로써 프란체스코는 나라를 적어도 외국의 영속적인 지배

이사벨라 데스테(1474~1539)의 초상화
1490년 프란체스코 곤차가와 결혼. 남편이 없는 동안 만토바를 다스렸다. 예술가들에게 궁정을 개방하여 후원한 것으로도 유명하다. 티치아노 작.

에서 지킬 수 있었다. 주목할 만한 것은 이런 군주들이, 즉 귀도발도는 체사레 보르자에게, 프란체스코 마리아는 교황 레오 10세의 군대에 복종하고 도피하여 안전을 찾았다는 점이다. 그들은 무익한 저항을 포기해 국가가 입을 손해를 줄일수록 자신의 복귀가 그만큼 더 쉽고 환영받으리라 생각했다. 밀라노의 루도비코 일 모로도 이런 계산을 했지만 그는 미움을 받은 다른 많은 원인들을 잊고 있었고, 그 점이 그의 앞길을 막았다. 귀도발도의 궁정은 가장 세련된 사교의 대학으로서 발다사레 카스틸리오네[36]를 통해 불후의 이름을 떨쳤다. 카스틸리오네는 목가 〈티르시〉(1506년)를 궁정 사람들 앞에서 낭독하여 극찬을

---

35) Castiglione, *Cortigiano*, L. I.
36) 1478~1529. 문학가·외교관. 루도비코 일 모로와 프란체스코 곤차가 등의 궁정에서 외교관으로 활약. 사교생활 중 문학 활동에 힘을 기울였다. 《궁정인》 등의 작품이 있다.

받았고, 그 뒤(1518년) 교양 높은 엘리자베타 곤차가 공작부인의 사교모임을 《궁정인》의 대화 무대로 삼았다.

페라라, 모데나, 레조를 통치한 에스테 가문은 압제와 인망 사이에서 교묘하게 균형을 지켰다.[37] 궁정 안에서는 끔찍한 사건들이 벌어졌다. 어느 공작부인은 의붓아들과의 간통 혐의로 목이 잘렸고(1425년), 적자와 서자 왕자들은 궁정을 탈출해 외국에 가서도 뒤를 쫓는 자객들에게 목숨을 위협당했다(1471년). 게다가 끊임없는 외부의 음모가 있었다. 어느 서자에게서 난 서자는, 유일한 정통 상속인 에르콜레 1세[38]에게서 주권을 빼앗으려고 했다. 뒷날(1493년) 에르콜레 1세는 아내가 그녀의 오빠인 나폴리 왕 페란테의 부추김에 넘어가 자기를 독살하려 했음을 알고 그녀를 독살했다고 한다. 이러한 비극의 마지막은 두 서자가 형제이자 통치자인 알폰소 1세와 추기경 이폴리토에 대항해 꾸민 음모로 장식했는데(1506년), 그 음모는 늦지 않게 발각되어 둘 모두 종신형을 선고받았다.

그러나 이 나라의 징세제도는 극도로 발달해 있었다. 이곳은 이탈리아의 모든 강대국과 중간 규모의 나라 사이에 위치해 외세의 위협을 가장 심하게 받았으므로, 대규모 군비와 방어시설이 절실히 필요했기 때문이다. 납세 능력을 높이려면 그만큼 국가의 자연적 번영 수준도 높여야만 했다. 니콜로 후작(1441년 사망)은 자기 신민이 다른 나라 국민보다 부유해지기를 간절히 바랐다. 만약 인구의 급격한 증가가 번영을 뜻한다면, 비정상적으로 팽창한 수도에서 셋집을 전혀 구할 수 없었다는 점(1497년)은 아주 중요한 사실이다.[39] 페라라는 유럽 최초의 근대 도시였다. 군주의 지시에 따라 처음으로 질서 정연하게 구획된 대규모 시가가 생겼으며, 관청이 들어서고 인위적으로 산업을 유치한 덕분에 수도로 주민이 모여들었다. 이탈리아 곳곳에서 온 부유한 망명자들, 특히 피렌체의 망명자들이 이곳으로 이주하여 저택을 지었다.

하지만 간접조세만은 이렇다 할 발전을 이루지 못했다. 물론 페라라의 군주

---

37) 이하의 내용은 Muratori. XX에 수록된 *Annales Estenses* 및 Murat. XXIV의 *Diario Ferrarese* 참조.
38) 페라라 공. 재위 1471~1505. 종교·학문·예술 보호. 신도시 계획으로 페라라를 유럽 굴지의 근대 도시로 만들었다.
39) *Diario Ferr.* 1. c. Col. 347.

도 그 무렵 이탈리아의 다른 전제군주들, 이를테면 갈레아초 마리아 스포르차처럼 구호정책을 폈다. 기근이 들면 먼 곳에서 곡물을 조달해[40] 무상으로 나눠주었다. 그 비용은 평상시에 곡물이 아니더라도 다른 식료품—절인 고기나 생선, 과일, 페라라의 성벽 부근에서 정성껏 재배한 채소 전매를 통해 보충했다.

그러나 가장 중대한 수입은 해마다 새로 임명되는 관직을 팔아 얻었다. 이는 이탈리아 전역에 널리 퍼져 있던 풍습인데, 페라라에 대해 특히 자세한 내용이 전해진다. 예를 들어 1502년 새해에는 많은 사람들이 터무니없이 비싼 값으로 관직을 산 기록이 남아 있다. 관직의 종류도 세금징수원, 토지관리인, 공증인, 시장, 판사, 나아가 사령관 등의 군주에 소속된 지방도시장관에 이르기까지 다양하게 열거되어 있다. 큰돈을 내고 관직을 사서 국민들에게 '악마보다 더' 경멸을 산 '사람 잡아먹는 귀신'들 가운데 티토 스트로차(1424~1505, 정치가·서정시인?)라는 이름이 있는데, 제발 그 유명한 라틴 시인이 아니길 바라는 바이다. 매년 같은 시기에 군주가 친히 페라라시를 순회하는 이른바 '불시의 행차'란 관례가 있었으니, 이때는 적어도 부자들은 선물을 바쳐야 했다. 그러나 그것은 돈이 아니라 그 지역 특산품이었다.

페라라에서는 군인들의 월급과 대학교수들의 보수가 언제나 제날에 지불되는 점, 군인들은 절대 제멋대로 시민과 농민들을 괴롭혀 울분을 풀지 않는다는 점, 페라라가 난공불락이라는 점, 성 안에는 주조된 막대한 금화가 쌓여 있다는 점, 이러한 사실을 모든 이탈리아 사람이 안다는 점 등을 공작은 자랑거리로 삼았다.[41] 국가와 왕실의 회계를 분리할 필요는 없었다. 재무대신은 동시에 궁내대신이었다. 보르소(재위 1430~71년)와 에르콜레 1세(재위 1505년까지) 그리고 알폰소 1세(재위 1534년)가 세운 건축물은 수없이 많았지만, 대개는 규모가 작았다.[42] 이 사실을 볼 때 이 왕가는 사치를 즐겼음에도—보르소는 금박 옷과 보석으로 치장하지 않고는 절대 사람들 앞에 나타나지 않았다—예측

---

40) *Viri illustres*에 수록된 Paul Jovius : *Vita Alfonsi ducis.*

41) Paul, Jovius, 1. c.

42) 그래도 보르소는 카르트지오회 수도원을 만들었는데, 그 시절 이탈리아에서 가장 아름다운 카르트지오회 수도원의 하나라고 할 수 있다.

할 수 없는 막대한 자금을 필요로 하는 사업에는 결코 손을 대지 않았음을 알 수 있다. 어쩌면 알폰소는 나무가 울창한 정원이 딸린 벨베데레궁과, 아름다운 프레스코화와 분수가 있는 몬타나궁 같은 자신의 우아한 별장들이 언젠가 변란을 당해 형체도 없이 사라지리란 것을 애초에 알고 있었는지도 모르겠다.

사방에서 끊임없이 닥쳐오는 위협은 군주의 능력을 발전시켰다. 이처럼 인위적으로 구성된 사회에서는 그 구조에 숙달된 사람만이 성공할 수 있다. 군주들은 공로를 세워 자신의 권리를 주장하고 자기가 지배자가 될 만한 인물임을 입증해야만 했다. 그들의 성격에는 커다란 약점이 있었지만, 모든 군주에게는 이탈리아인이 생각하는 이상적인 무언가가 있었다. 그 시절 유럽의 어느 군주가 알폰소 1세처럼 자기완성에 힘을 썼는가? 알폰소 1세가 프랑스, 영국, 네덜란드를 여행한 목적은 말 그대로 연구를 위한 것이었으며, 그는 이를 통해 그 나라들의 상공업에 대한 정확한 지식을 얻었다.[43] 그가 휴양 기간에 공작기계를 돌렸다며 손가락질하는 것은 어리석은 짓이다. 이러한 작업은 그가 대포 주조의 대가였다는 사실과 또 여러 분야의 전문가들을 곁에 두는 그의 편견 없는 태도와 관련이 있었기 때문이다.

그때의 이탈리아 군주들은 북유럽 군주들과는 달랐다. 그들은, 세계에서 오직 자기들만이 존경받을 수 있는 계급이라 믿으며 군주까지 독단에 빠지게 하는 귀족들과의 교류에 의존하지 않았다. 이탈리아 군주는 사회의 모든 계급 사람을 알고 이용할 줄 알았으며 또 그렇게 해야 했다. 같은 귀족이라도 이탈리아 귀족들은 출생에 따라 폐쇄적인 세계를 형성했으나, 사회적 관계에서는 어디까지나 계급이 아닌 개인 능력에 따라 대우받았다. 이 점에 대해서는 나중에 다시 이야기하겠다.

이러한 군주 일가에 대한 페라라 시민들의 감정은, 은밀한 공포, 충분히 고려된 이탈리아식 이해 판단, 근대적인 신하의 충성심이 야릇하게 뒤섞인 것이

---

43) 이 기회에 교황 레오 10세가 추기경 시절 했던 여행도 언급해 두겠다. Paul. Jovii, *Vita Leonis*, X, Lib. I 참조. 그의 여행 목적은 진지한 것이라기보다는 오히려 바람을 쐬며 세계의 전반적인 지식을 얻자는 것으로서, 아주 근대적 성질을 띠고 있다. 그 시절 북유럽에는 이런 목적으로 여행하는 사람이 없었다.

었다. 개인의 찬양은 새로운 의무 관념으로 변했다. 페라라시는 10년 전(1441년)에 죽은 옛 군주 니콜로 3세를 위해 1451년, 광장에 청동기마상을 세웠다. 보르소는 아무 거리낌 없이 그 곁에 자신의 청동좌상을 세웠다(1454년). 그 뿐만 아니라 페라라시는 보르소의 치세가 시작되자마자 그를 위해 '대리석 개선 기념 기둥'을 세우기로 의결했다. 국외, 즉 베네치아에서 공공연하게 보르소를 욕한 페라라의 한 시민은 귀국하자마자 고발되어 추방과 재산 몰수를 선고받았다. 게다가 재판장에선 한 충성스러운 시민에게 찔려 목숨을 잃을 뻔했다. 그는 목에 밧줄을 건 채 보르소 공작 앞으로 끌려가 무릎 꿇고 용서를 빌어야 했다.

이 나라는 간첩제도가 잘 정비되어 있었으며, 무엇보다 공작 자신이 날마다 여행자 명단을 검열했다. 이 명단 보고는 여관주인의 엄중한 의무였다. 보르소 시대의 이 검열제도는 저명한 여행자에게 경의를 표하지 않고는 그냥 돌려보내지 않는, 손님을 좋아하는 그의 성미와도 관련 있었다.[44] 반면 에르콜레 1세에게는 이 검열이 단지 안전을 위한 조치에 지나지 않았다.[45] 그 무렵 조반니 2세 벤티볼리오(1443~1508)가 다스리던 볼로냐에서도 그곳을 통과하는 외국인은 모두 시의 한쪽 문에서 통행증을 교부받지 않으면 다른 문으로 나갈 수 없었다.[46]

군주가 절대적인 인기를 누리는 때는 가혹한 관리를 느닷없이 파면하여 바닥으로 내동댕이쳤을 때—예를 들면 보르소가 최고 추밀고문관들을 손수 체포하고, 에르콜레 1세가 오랫동안 백성들의 고혈을 빨아온 세금징수원을 자리에서 내쫓았을 때이다. 그럴 때 백성들은 그에게 존경을 표시하며 축화를 올리고 종을 울렸다. 그러나 에르콜레는 '정의의 사령관'이라 불리는 경찰 총감 그레고리오 참판테의 횡포를 묵인했다. 그는 루카 출신(이런 지위에 본국인은 부적당했으므로)으로, 그 앞에서는 공작의 아들과 형제들까지도 두려움에 떨었다. 그가 물리는 벌금은 수백 혹은 수천 두카토나 되었고, 심문도 하기 전에 고문부터 했다. 또 극악무도한 범죄자들에게서도 뇌물을 받아 공작의 사면을 알

---

44) Jovian. Pontan. *De liberalitate.*

45) Giraldi, *Hecatommithi*, VI, Nov. 1.

46) Vasari XII, 166, *Vita di Michelangelo.*

선했다. 에르콜레가 신과 사회의 적인 참판테를 파면했더라면 국민은 그에게 1만 두카토, 아니 그 이상이라도 기꺼이 바쳤을 것이다. 그러나 에르콜레는 참판테를 자기 아이들의 대부로 삼았으며 그에게 기사 작위까지 내렸다. 참판테는 해마다 2천 두카토를 저축했다. 그는 자기 집에서 기른 비둘기만 먹었으며, 석궁 사수와 경찰관 무리를 거느리지 않고는 거리로 나서지 않았다. 그러나 드디어 그에게도 종말이 찾아왔다. 그에게 치욕당한 두 대학생과 세례 받은 유대인이 저택에서 낮잠을 자던 그를 죽이고(1490년), 미리 준비해 둔 말을 타고 거리를 돌며 "모두 나와 보라, 우리가 참판테를 죽였노라"고 노래 불렀다. 추격자들이 뒤를 쫓았지만 한 발 늦었다. 그들은 이미 가까운 국경을 넘어 안전한 곳으로 몸을 숨긴 뒤였다. 그 뒤로 이 사건을 주제로 한 소네트와 칸초네 등 수많은 풍자시가 쏟아져 나왔다.

한편 군주가 귀하게 여기는 신하에 대해, 궁정과 국민에게도 똑같이 존경하는 마음을 표시하도록 강요한 것은 참으로 이 왕가다운 점이었다. 1469년, 보르소의 추밀고문관 루도비코 카셀라가 죽었을 때 그의 장례일에는 법정도, 시내 가게도, 대학 강단도 문을 열지 못하게 했다. 시민들은 한 사람도 남김없이 그 유해를 따라 성 도미니코 성당까지 가야만 했다. 공작이 친히 장례에 참석하기 때문이었다. "처음으로 신하의 장례에 참석한 에스테 가문 사람"은 검은 상복을 입고 눈물을 흘리며 관을 뒤따랐다. 그 뒤로 카셀라의 친척들이 한 사람 한 사람 궁정 고관들의 안내를 받으며 따라갔다. 그 평민의 유해는 귀족들의 손으로 교회에서 수도원 회랑으로 운반되어 그곳에 묻혔다.

이렇게 제후의 감정에 공식적으로 공감하는 풍조는 이탈리아 국가들에서 먼저 생긴 것이었다.[47] 이런 풍습의 밑바탕에 아름다운 인간적 가치가 있을지도 모르나, 그것이 겉으로 드러나 형태를 이루면, 특히 시인들의 입을 통해 표현될 때는 보통 이중 의미를 띠고 있었다. 아리오스토의 초기 작품으로 에르콜레 1세의 아내인 아라곤 가문의 엘레오노라의 죽음을 애도한 시[48]에는 어

---

47) 초기의 그러한 사례를 베르나보 비스콘티에게서 찾을 수 있다(1편 1장 베르나보의 아내가 죽었을 때 내린 포고령 참조).

48) *Copitolo* 19라는 표제, 또는 *Opere Minori*, ed. Lemonnier, Vol. I, p.425에는 *Elegia* 17이란 제목이 붙어 있다. 틀림없이 이 19세의 시인은 그 죽음의 원인(남편을 독살하려다 오히려 남편에게 독

느 시대에나 꼭 들어가 있는 애도사 말고도 근대적인 요소가 나타나 있다. "그분의 죽음은 페라라에 오랫동안 회복될 수 없는 타격을 입혔도다. 세상은 이 자애로운 부인에겐 어울리지 않기에, 이제 그녀는 하늘에서 우리를 보호하노라. 죽음의 여신도 부인에게는, 우리 미천한 인간에게 그러하듯 피 묻은 큰 낫을 들고 오는 것이 아니라 모든 두려움이 사라질 부드럽고 온화한 모습으로 다가갔도다."

그러나 우리는 이것과는 전혀 다른 공감과도 만나게 된다. 군주 가문의 은총에 모든 것이 달렸다고 여긴 단편소설 작가들은 군주가 아직 살아있을 때 군주의 사랑 이야기를 글로 남겼다.[49] 후세 사람들의 눈에는 아주 분별없고 경솔한 행동 같지만, 그 시절엔 단지 죄 없는 찬사라고 생각했다. 뿐만 아니라 서정시인들도 정식 결혼을 한 고귀한 군주들의 충동적인 불장난을 ─안젤로 폴리치아노는 로렌초 마니피코의 그것을, 조비아노 폰타노는 독특한 어조로 칼라브리아 공작 알폰소(알폰소 2세)의 그것을 노래하고 있다. 그 뒤에 쓰인 시에는[50] 도리어 아라곤가 군주들의 추한 영혼이 드러나 있다. 알폰소는 이 방면에서도 가장 성공한 사람이 틀림없다. 그보다 더 성공한 자가 있다면 화를 당할 테니까! 레오나르도 다빈치 같은 최고의 화가들이 자기 주군의 애인을 그린 것도 당연한 일이었다.

그러나 에스테 가문의 군주들은 다른 사람들이 칭찬해 주는 데 만족하지 않고 스스로를 찬양했다. 보르소는 스키파노야궁에 있는 역대 통치자 가운데에 자기의 초상을 그려 넣게 했다. 에르콜레는 그의 즉위 기념일을 매년(1472년이 최초) 그리스도 성체축일에 비견될 만큼 장대한 행렬로 축하했다. 그날에는 모든 점포에 일요일처럼 문을 닫게 했고, 서자를 포함한 모든 에스테 가문 사람들이 수놓은 예복을 입고 행렬 한가운데서 행진했다. 이미 오래전부터 이 궁정에서는 모든 권력과 명예가 군주에게서 나오며, 개인적 위계도 군주에게

살 당함)에 대해 아무것도 몰랐을 것이다.

49) 지랄디의 《백 가지 이야기》 중에 I, *Nov.*8과 VI, *Nov.* 1, 2, 3, 4, 10은 에르콜레 1세와 알폰소 1세 및 에르콜레 2세에 대해 다루고 있으며, 모두 뒤의 두 사람이 아직 살아 있을 때 쓰인 글이다. 반델로의 작품에도 동시대의 제후들에 대해 많은 이야기가 적혀 있다.

50) 특히 *Deliciae poetar. Italor*에.

서 나온다는 것이[51] 황금박차의 훈장으로 구체화되어 있었다. 그러나 이 훈장은 중세의 기사도와는 아무 관계가 없었다. 에르콜레 1세는 이 박차에다 칼과 금실로 수놓은 외투와 포상금을 주었다. 물론 그 대가로 규칙적인 예우를 요구했던 것이다.

이 궁정의 이름을 세계적으로 유명하게 한 예술 보호의 일부는 그 시절 이탈리아에서 가장 잘 완비되어 있던 이곳의 대학에서 이루어졌으며, 일부는 궁정 및 국가 업무의 일환으로 이루어졌다. 따라서 예술 보호를 위해 특별한 비용은 거의 들지 않았다. 보이아르도[52]는 부유한 지방 귀족이자 고급관리로서 본디 예술을 보호하는 분야에 들어올 사람이었다. 아리오스토가 시인으로서 어느 정도 이름을 떨치기 시작했을 무렵에는 참된 의미의 궁정이 밀라노에도 피렌체에도 그리고 우르비노에도 더는 존재하지 않았으며, 나폴리는 말할 것도 없었다. 아리오스토는 알폰소(알폰소 1세)의 부름을 받기 전까지는 추기경 이폴리토의 악사나 어릿광대와 같은 지위에 만족해야 했다. 그러나 뒷날 토루콰토 타소[53]의 경우는 사정이 달랐다. 그 시인이 궁정에서 누린 지위는 모든 궁정 신하들의 부러움의 대상이었다.

---

51) 1367년, 선대의 니콜로 대에 이미 이 점을 언급했다. Murat. XXIV, Col. 848에 수록된 *Polistore* 참조.
52) 마테오 마리아 보이아르도(1440무렵~94). 백작·시인. 페라라 공 에스테가의 신하. 서사시 《사랑하는 오를란도》를 썼다.
53) 1544~95. 서사시인. 대표작 《해방된 예루살렘》. 곤차가와 에스테가의 보호를 받았지만 만년에는 정신이상으로 불행하게 죽었다.

5. 전제정치의 반대자

　이처럼 집중된 군주의 권력에는 나라 안의 어떤 저항도 소용없었다. 도시공화국을 건설하는 데 필요한 여러 요소는 이미 영원히 다 써 버렸고, 모든 것은 권력과 권력 행사로 흘러갔다. 봉토가 있어도 정치적으로 힘이 없는 귀족들은 교황당과 황제당으로 나뉘어 자기들과 그들이 고용한 자객들에게 당에 맞는 복장을 갖추게 했다. 이를테면 모자에 깃털을 달게 한다든가 바지에 정강이가리개를 다는 식이었다.[1]

　마키아벨리[2]처럼 생각 있는 사람은[3] 밀라노나 나폴리가 공화국이 되기에는 너무나 '부패'했음을 잘 알고 있었다. 오래전부터 폭력의 그늘에 숨어 담을 타고 넝쿨을 뻗어 올리던 가족 사이의 해묵은 적대감일 뿐인 허울만 번듯한 두 당파에 몇 가지 야릇한 판결이 내려졌다. 어느 이탈리아 군주는 아그리파 폰 네테스하임[4]에게서 이런 당쟁을 종결시켜달라는 간청을 받자, "그들의 싸움으로 해마다 1만 2천 두카토가 넘는 벌금이 내 손에 들어온다"고 대답했다. 또한 1500년에 스포르차 루도비코 일 모로가 자기 나라에 잠깐 귀국했을 때, 토르토나의 교황당이 근처에 있던 프랑스군 일부를 도시로 끌어들여 황제당을 없애려고 했다. 프랑스군은 처음에는 황제당을 약탈하고 절멸시켰으나, 다음에는 교황당도 약탈하고 절멸시켜 마침내 토르토나시는 완전히 황폐해지고 말았다.[5] 온갖 격정과 복수가 끊이지 않았던 로마냐에서도 이 두 당은 이름만 있

---

1) *Archiv. stor.* III, p.432의 Burigozzo 참조.
2) 1469~1527. 피렌체의 정치이론가·역사가. 메디치가 복귀로 일시 추방되나 《군주론》 등을 써서 다시 등용되었다. 저서에 《피렌체사》 《로마사론》 등이 있다. 정치를 종교와 윤리에서 분리한 근대정치학의 시조.
3) *Discorsi* I. 17.
4) *De incert. et vanitate scientiar.* cap. 55.
5) *Archiv. stor.* III, p.241의 Prato 참조.

을 뿐, 정치적 의미는 완전히 잃어버리고 있었다. 교황당은 프랑스, 황제당은 에스파냐와 손잡고 있다는 것은 가련한 민중의 정치적 망상이었다. 이런 망상을 틈타 이익을 얻으려 했던 자들이 얼마나 득을 보았는지는 알 수 없다. 프랑스는 그토록 사사건건 간섭했어도 결국 이탈리아반도를 버리고 퇴각해야 했고, 에스파냐가 이탈리아를 파괴한 뒤 어떻게 되었는지는 누구나가 아는 사실이다.

르네상스의 전제군주 이야기로 되돌아가자. 그 시절 순수한 영혼의 소유자라면 이렇게 생각했을 것이다. 모든 권력은 하느님에게서 나오므로 어떤 군주든 성의를 가지고 충실히 지지한다면 이윽고 선량해져서, 그들의 폭력적인 근원은 사라질 것이 틀림없다고 말이다. 그러나 본디 정열적이고 야심찬 공상가나 감정적인 사람에게는 이런 마음가짐을 바랄 수 없다. 그들은 마치 증세를 없애면 병이 낫는다고 생각하는 엉터리 의사와 같아서 군주를 죽이면 자연히 자유가 생긴다고 믿었다. 거기까지 생각이 미치지 못하더라도, 전반적으로 퍼져 있는 증오심을 분출하거나 가족의 불행과 개인적인 굴욕을 되갚아주려고 했다. 군주가 절대권을 쥐고 모든 법적 제약에서 자유로워지면 그 반대자들도 수단과 방법을 가리지 않았다. 보카치오(1313~75. 문학가·인문주의자. 대표작 《데카메론》)도 이 점을 명백히 공언했다.[6]

폭군을 왕 또는 군주라 부르고, 주군으로 모시며 충성을 다하란 말인가? 그럴 수는 없다! 그는 국가의 적이다. 우리는 그자에 대항해 무기, 음모, 밀정, 함정, 간계를 쓸 수 있다. 이 세상에 폭군의 피보다 바람직한 희생이 있을쏘냐.

여기서 이런 사건들을 자세히 살펴볼 필요는 없겠다. 이미 마키아벨리가 그의 저서 《로마사론 Discorsi》의 유명한 한 장에서,[7] 고대 그리스 참주시대 이래

---

6) *De casibus virorum illustrium*, L. II, cap. 15.

7) *Discorsi*, III. 6. 이것과 *storie fior.* L. VIII을 비교해 보라. 모반은 아주 오래전부터 이탈리아 작가들이 가장 좋아하는 주제였다. 역사가 리우트프란드는 그러한 것을 10세기의 어느 동시대인보다도 상세하게 기록했다. 11세기 기록으로는 이탈리아로 불려온 노르만인 로제가 쓴 사라센인에게서의 메시나 해방(1060)이 있다(Baluz. *Miscell.* I, p.184 수록). 시칠리아섬 학살(1282)의 극적인 윤색은 말할 것도 없으며, 이러한 경향은 그리스인의 역사서에도 보인다.

의 고금에 걸친 모반을 논하고, 이것을 각기 다른 기획과 성과에 따라 아주 냉정하게 평가해 두었기 때문이다. 여기서는 미사 때 일어난 시해와 고대의 영향만을 서술하려 한다.

엄중한 경호를 받는 전제군주에게 손을 대기란 성당 의식 때 말고는 거의 불가능한 일이었다. 더욱이 이때가 아니면 군주의 온 가족이 한자리에 모일 기회도 없었다. 파브리아노 시민이 폭군 키아벨리 일가를 대미사 때 암살한 것은 그 때문이다. 그들은 미리 짜놓은 대로 "그리고 사람으로 되셨도다"라는 문구를 신호로 삼아 살해했다(1435년).[8] 밀라노에서는 조반니 마리아 비스콘티 공작이 성 고타르도 성당 입구에서(1412년), 갈레아초 마리아 스포르차 공은 성 스테파노 성당에서(1476년) 각각 암살되었다. 루도비코 일 모로가 남편 잃은 보나 공작부인의 단검을 겨우 피할 수 있었던 것은, 그 일당이 매복하고 있던 문이 아닌 다른 문을 통해 성 암브로조 성당으로 들어갔기 때문이다(1484년).

이 암살자들에게 하느님을 모욕하려는 의도는 결코 없었다. 갈레아초 마리아를 죽인 자객들은 일을 단행하기에 앞서 그 성당에서 기도를 올렸고 첫 번째 미사에도 참석했다. 로렌초 메디치와 줄리아노 메디치에 대한 파치 일가(피렌체의 유력가문으로, 오랫동안 메디치가의 맞수였다)의 모반(1478년)이 일부 실패한 원인은, 고용한 자객 몬테세코가 연회석에서는 살해해도 피렌체 대성당에서는 그럴 수 없다고 거부했기 때문이다. 그리하여 몬테세코 대신 '신성한 장소에 익숙해 두려움을 모르는' 몇몇 성직자가 그 일을 대신했다.[9]

고대가 이때의 도덕과 특히 정치에 끼친 영향은 앞으로도 자주 이야기할 텐데, 어쨌든 군주들은 고대 로마제국을 그 국가이념과 행동의 이상으로 삼아 그들 스스로 본보기를 보였다. 그리고 군주의 적들도 신중하게 이론을 따지며 일을 진행할 때는 언제나 고대 참주 암살자들을 본떴다. 가장 중요한 점인, 그들이 암살 행위를 결단하는 데도 그 영향을 받았는지는 증명하기 어렵다. 그러나 고대의 선례를 따른다는 것이 단지 상투적인 말이나 행동에 그치지만은 않았다. 이와 관련해서 갈레아초 마리아 스포르차를 암살한 조반니 안드레아 다 람푸냐니, 지롤라모 올지아티, 카를로 비스콘티에 관한 아주 인상적인 이야

---

8) Corio, fol. 333. 이하의 기술은 같은 책 fol. 305, 422 이하, 440 참조.
9) Sismondi XI, 93에 수록된 Gallus에서 인용.

기가 전해진다(마키아벨리 《피렌체사》 7권 33, 34장 참조).[10] 그들 세 사람은 모두 저마다 아주 개인적인 동기가 있었으나, 결단은 한층 일반적인 이유에서 비롯된 듯하다. 고전학자이자 웅변술교사였던 콜라 데 몬타니는 밀라노의 아주 젊은 귀족들에게 명예와 조국을 위한 위대한 행위에 대하여 막연한 욕망의 불을 지피다가, 결국 람푸냐니와 올지아티에게 밀라노 해방 사상을 토로했다. 오래지 않아 그는 혐의로 받고 추방되었으므로 뒷일은 젊은이들의 불타오르는 열정에 맡겨야 했다. 결행 약 열흘 전에 그들은 성 암브로조 수도원에 모여 엄숙히 선서했다. "그리고 우리는 한 외딴 방에서 성 암브로시우스 상을 우러러보며 이 성자께 우리와 그의 온 백성을 위해 도와달라고 기도했다"고 올지아티는 말했다. 하늘에 있는 밀라노의 수호성인이 자신들의 행위를 축복해 주기를 빌었으며, 나중에 일을 결행하기로 한 교회의 성 스테파노에게도 같은 기도를 올렸다. 그들은 다른 많은 청년들을 끌어들여 밤마다 람푸냐니 집에 모여 단검으로 사람 찌르는 연습을 했다. 암살은 성공했지만, 람푸냐니는 그 자리에서 스포르차 공작의 수행자들 손에 죽고, 다른 두 사람은 체포되었다. 비스콘티는 후회했지만, 올지아티는 어떤 고문에도 자신들이 한 일은 하느님의 뜻에 합당한 것이라 주장했고, 형리가 그의 가슴을 내리치는데도 이렇게 외쳤다. "이겨내라, 지롤라모! 세상은 오랫동안 너를 기억할 것이다. 죽음은 괴로우나 명예는 영원하다!"

그러나 목적과 의도가 아무리 이상적이라도 음모가 단행된 방법을 보면, 모반자 가운데 가장 흉악하고 자유정신과는 조금도 관련이 없는 카틸리나[11]의 영향이 조금씩 묻어나온다. 시에나 연감에는 이 반역자들이 살루스티우스[12]의

10) Corio, fol. 422. –Murat. XXIII, Col. 777에 수록된 Allegretto, *Diari Sanesi.*

11) Lucius Sergius Catilina(BC 108?~BC 62). 고대 로마공화제 말기의 야심찬 정치가. 귀족 출신의 정부고관. 집정관에 입후보하지만 번번이 낙선하자, 극심한 빈부 차이에서 비롯된 불만을 이용해 무력으로 정권을 탈취하려 했다. 그러나 원로원에서 정적 키케로의 탄핵을 받고 도망하다가 패전하여 죽었다. 그의 모반은 사회개혁을 위한 것이 아니라 단지 자신의 야망을 이루려고 사회 불만을 이용한 것이었다. 그 무렵 로마사회의 도덕적 부패와 타락을 대표하는 사건이었다.

12) Caius Sallustius Crispus(BC 86~BC 34?). 고대 로마의 역사가·정치가. 호민관을 지냈으며, 원로원에 맞선 카이사르의 부하였으나 그가 죽은 뒤 정계에서 은퇴하고 저작에 전념했다. 초기에 쓴 《카이사르에게 바침》에서는 혼란한 로마사회를 걱정하며 카이사르에게 구제를 호소

저서를 연구했다고 적혀 있으며, 이 사실은 올지아티도 간접적으로 고백한 바이다.[13] 우리는 다른 곳에서도 이 무서운 사람의 이름을 다시 보게 될 것이다. 그 목적을 따로 놓고 보면, 카틸리나의 모반 음모만큼 사람의 마음을 끄는 것은 없었다.

메디치 일가를 제거하거나 제거하려고 일을 꾸밀 때마다 피렌체 시민들에게 폭군 살해는 공공연하게 인정된 이상이었다. 1494년, 메디치 일가가 도망가자 사람들은 그 궁전에서 도나텔로(1386?~1466. 이탈리아 초기 르네상스의 대표적 조각가)가 만든 〈유딧과 홀로페르네스〉[14]의 청동상을 끌어냈다.[15] 그리고 이것을 시뇨리아 궁전 앞, 현재 미켈란젤로[16]의 〈다비드상〉이 있는 곳에 '1495년 시민이 국가 구제의 본보기로 세우다(Exemplum salutis publicae cives posuere 1495)'란 제목을 붙여 세워놓았다. 시민들은 로마제국을 배신한 죄로, 단테의 작품[17]에서도 카시우스(카이사르 암살자 중 한 명)와 이스가리옷 유다(예수의 12제자 중 한 사람. 나중에 예수를 배반했다)와 함께 가장 깊은 지옥에 떨어져 있는 브루투스(BC 85~BC 42. 로마 정치가. 카이사르 암살의 주모자)를 특히 본보기로 삼았다. 메디치가의 줄리아노, 조반니, 줄리오를 없애려는 음모에 실패한(1513년) 피에트로 파올로 보스콜리도 브루투스의 열렬한 숭배자였다. 그는 카시우스 같은 인물만 찾으면 브루투스를 따라하겠다 다짐하고 있었는데, 머잖아 아고스티노 카포니 같은 안성맞춤의 동지를 얻게 되었다. 보스콜리가 옥중에서 한 마지막 연

했고, 《카틸리나 전기》 《유그루타 전기》 《역사》 등에서는 내란기 로마사회의 병폐가 어디서 비롯됐는지 밝히고자 애썼다. 투철한 역사관과 간결하고 유려한 문체로 알려진 뛰어난 역사가이며, 타키투스 같은 역사가들에게 많은 영향을 주었다.

13) Corio가 인용한 올지아티의 고백 가운데 다음 구절은 비교 연구할 가치가 있다. "우리는 누구나 특히 친구들과 다른 많은 사람을 부추기고, 위협하고, 서로 친절을 가장하기 시작했다. 상대에게 무언가를 선물을 하거나, 여럿이 함께 저녁을 먹고 술을 마시거나, 밤을 새우거나, 자신의 전 재산을 약속하거나……"

14) 유딧은 가톨릭 성경 〈유딧기〉에 나오는 아름답고 정숙한 과부. 도시를 구하기 위해 아시리아의 장군 홀로페르네스를 꾀어 목을 베었다.

15) Vasari, III, 251. *Vita di Donatello*를 위한 각서.

16) 1475~1564. 피렌체에서는 메디치가, 로마에서는 교황청에 봉사한 조각가·화가·건축가·시인. 레오나르도와 함께 르네상스 번성기의 양식 확립.

17) 〈지옥편〉 XXXIV, 64.

설은[18] 그 무렵 종교 상황을 보여주는 가장 중요한 문헌 가운데 하나인데, 그가 고대 로마의 환상에서 벗어나 그리스도인으로서 죽기 위해 얼마나 애를 썼는가가 잘 나타나 있다. 그의 한 친구와 고해사제는 그에게, 성 토마스 아퀴나스는 어떠한 모반도 악이라 규탄했다고 단언해야 했다. 그러나 이 고해사제는 뒷날 친구에게, 성 토마스도 모반 가운데 국민의 뜻을 거스르며 폭정을 일삼은 군주에 대한 모반은 허용했다고 몰래 고백했다.

로렌치노 메디치(1513~48, 알레산드로의 사촌)가 알레산드로 공작(피렌체 공. 재위 1532~37)을 살해하고 도주했을 때(1537년) 그가 쓴 것으로 보이는, 적어도 그의 위탁을 받고 쓰인 것이 분명한 변명서가 나타났는데,[19] 거기서 로렌치노는 폭군 암살을 아주 훌륭한 행위라고 찬양했다. 또한 알레산드로가 실제로 진정한 메디치 일가이며, 따라서 자신과 친척이라는(비록 멀기는 해도) 점을 들어, 염치도 없이 자기를 애국심 때문에 형제를 죽인 티몰레온과 비교했다. 다른 사람들은 여기서도 브루투스와 그를 비교했다. 미켈란젤로까지도 이렇게 생각했음을, 그의 브루투스 흉상(피렌체의 우피치 미술관 소장)을 통해 충분히 추측할 수 있다. 미켈란젤로는 그의 거의 모든 작품이 그렇듯 이 흉상도 완성하지 못했다. 그러나 그것은 흉상 아래 적힌 2행시가 분명히 말해주듯, 카이사르 살해로 마음이 암울해졌기 때문은 결코 아니었다.

근대의 군주정치에 대항해 일어난 집단적 급진주의를, 르네상스 시대의 군주국가에서는 찾아볼 수 없다. 사람들은 저마다 군주의 지배에 저항했지만, 힘을 모아 공격하는 대신 오히려 지배에 순응하거나 인내하면서 너그러운 대접이나 이익을 얻으려고 했다. 주민들이 지배자 가문을 완전히 뿌리 뽑든가 추방하든가 하려면 그 무렵의 카메리노나 파브리아노나 리미니처럼(1편 3장 참조) 상황이 극도로 치달아야 했다. 그러나 사람들은 그래봤자 군주만 바뀔 뿐임을 너무도 잘 알고 있었다. 바야흐로 공화국의 운명은 사양길에 접어들고 있었다.

---

18) *Archiv. stor.* I, p.273에 수록되어 있으며, 그 연설을 직접 들은 루카 델라 로비아가 기술했다. *Viri illustres*의 Paul Jovius, *Vita Leonis* X, L. III 참조.

19) Roscoe, *Vita di Lorenzo de' Medici*, vol. IV, Beilage 12. 또한 *Lettere di Principi*(Ed. Venez. 1577) III fol. 162 ff의 보고도 함께 참조.

6. 공화국:베네치아와 피렌체

한때 이탈리아의 여러 도시는 하나의 국가를 형성할 만한 힘을 지닌 적이 있었다. 이 여러 도시가 하나로 동맹하기만 하면 되었는데, 이는 때에 따라 여러 다른 형태로 나타나긴 했어도 이탈리아에서 끊임없이 되풀이된 현상이었다. 12, 13세기의 항쟁 중에는 사실상 군사적으로 막강한 대도시 동맹이 체결되었다. 시스몽디[1]는 롬바르디아동맹이 바르바로사(신성로마 황제. 재위 1152~90)에 대항하여 마지막 무장을 갖추었을 때(1168년 이후)[2]가 이탈리아연맹을 형성할 가장 좋은 기회였다고 생각했다. 그러나 다소 큰 도시들에는 이미 연맹을 성사할 수 없는 특징이 발달해 있었다. 이러한 도시들은 상업상의 경쟁 상대로서 서로 극단적인 수단을 쓰며 대항했고, 가까운 약소 도시들을 압박하여 법적 권리가 없는 종속 도시로 예속시켰다. 바꾸어 말하면, 이들 도시는 단독으로 자립할 수 있으므로 동맹은 쓸데없는 짓이라고 믿었으며, 저마다 독자적인 전제정치를 위한 토대를 쌓아갔던 것이다. 그리고 이 전제정치는, 귀족끼

---

1) Jean Charles Leonard Simonde de Sismondi(1773~1842). 스위스의 역사가·경제학자. 토스카나에서 농사를 지으며 농업과 경제학을 연구했다. 본문에 인용된 내용은 대작 《중세 이탈리아 공화국사》에 있다. 서로마제국이 몰락한 뒤 이탈리아 주요 도시국가의 역사를 14, 15, 16세기 중심으로 다룬 책으로, 르네상스 시대사에서 가장 포괄적인 작품의 하나이며, 오늘날에도 고전적 권위를 자랑한다.

2) 1144년 이후, 제권 회복을 노리던 황제 프리드리히 1세 바르바로사에 대항하여 북이탈리아의 여러 도시는 1167년 롬바르디아동맹을 결성했다. 바로 얼마 전까지 충실한 황제파 도시였던 크레모나를 비롯해 30여 개 도시가 동맹하고, 황제파였던 봉건제후까지 여기에 참가했다. 1175년 프리드리히는 다섯 번째로 이탈리아 원정에 나섰다가 실패하자 1177년 교황과 친화, 1183년 콘스탄츠에서 동맹과 평화협약을 맺고, 여러 도시에서 황제의 형식적 종주권을 인정받는 한편 그들의 자주권을 대폭적으로 공인했다. 그러나 자주권을 확립한 여러 도시는 황제의 위협이 사라지자 서로 전쟁을 일으켰고, 프리드리히 2세에 대항해 두 번째 롬바르디아동맹을 맺었을 때(1226년)는 전과 같은 결속을 보여줄 수 없었다.

리의 당파싸움과 귀족과 시민 사이의 내란으로 사람들이 강력한 정부의 탄생을 바라고, 한쪽으로 기운 당파 지도자들이 시민군 제도가 더 이상 쓸모가 없다고 깨달았으며,[3] 기존의 용병대가 돈만 주면 무슨 일이든 가리지 않고 뛰어들기 시작하면서 막을 열게 되었다. 전제군주들은 대부분의 도시에서 자유를 빼앗아버렸다. 여기저기서 전제정치를 몰아내긴 했으나, 그것은 어중간하게 끝나거나 또는 아주 짧은 시간에 그쳤다. 내부적으로 알맞은 조건이 갖추어졌고, 그에 대항할 만한 세력도 이미 바닥났으므로 전제정치는 언제고 다시 부활했다.

독립권을 유지한 도시 가운데 두 곳은 인류 역사상 아주 중요한 의의를 지닌다. 먼저 끊임없는 동란의 도시 피렌체, 이곳은 거의 3세기에 걸쳐 동란에 휘말린 개개인과 주민 전체의 사상과 의도에 대한 정보를 우리에게 남겨주었다. 그리고 베네치아, 겉보기에는 정적이고 정치적으로 침묵한 도시. 이 두 도시는 무엇보다도 가장 뚜렷한 대조를 보이며, 이 세상 어느 것과도 비교할 수 없는 도시였다.

베네치아는 스스로를 예부터 인간의 지혜가 아닌 다른 무엇인가가 작용하는, 이상하고 신비로운 피조물이라고 생각했다. 이 도시의 장엄한 건설에 관한 신화가 하나 있다. 413년 3월 25일 정오 무렵, 파도바에서 온 이주자들은 야만인들의 유린 속에서도 외적의 손이 미치지 않는 신성한 피난처를 만들고자[4] 리알토섬에 도시의 초석을 놓았다는 것이다. 후세 사람들은 이 창조자들이 뒷날 이 도시가 융성하리라는 것을 이미 예감했다고 여겼다. 유창하고 아름다운 육각운의 시로 이 사건을 노래한 안토니오 사벨리코(1436?~1506. 인문주의자·역사가. 대표작 《베네치아사》)는, 도시 봉헌식을 올리는 사제에게 하늘을 향해 다음과 같이 부르짖게 했다. "언젠가 우리가 위대한 일을 할 때에는, 바라건대 신이여, 우리에게 번영을 주옵소서! 지금 우리는 초라한 제단 앞에 엎드려 있사오나,

---

3) 이 점에 대해서는 Jac. Nardi, Vita di Ant. Giacomim, p.18 참조.
4) 6세기 중엽 롬바르드족의 이탈리아 침입을 피해 파도바 등지에서 아드리아해 북서부 연안의 간석지(라구나)에 흩어져 있는 여러 섬으로 피난 온 사람들 덕분에 베네치아는 도시로 성장할 수 있었다.

우리의 맹세를 헛되게 하지 마옵소서. 오, 신이여! 당신을 위해 뒷날 이곳에 대리석과 황금으로 된 백 개의 신전을 세우겠나이다!"[5]

15세기 말이 되자 그 섬으로 된 도시 자체가 마치 세계의 보석상자처럼 보였다. 사벨리코는 보석상자와 같은 이 도시가 자랑하는 고색창연한 둥근 지붕의 교회와 비스듬히 기운 탑, 대리석을 박은 건물 외벽과 천장에 금박을 입힌 화려한 저택, 구석구석 있는 임대건물이 아름답게 조화를 이루고 있는 오밀조밀하고 화려한 모습을 서술했다.[6] 사벨리코는 우리를 리알토의 성 자코메토 성당 앞, 군중이 물결치는 광장으로 데려간다. 그곳에서는 큰소리나 외침이 아니라 여러 목소리가 뒤섞여 낮게 웅웅거리는 속에서 장사를 하고 있었다. 또한 광장 주변의 주랑(柱廊)[7]과 인접한 거리의 주랑에는 환전 상인과 수많은 금세공사가 진치고 있고, 그들의 머리 위로 가게와 창고가 끝없이 늘어서 있었다. 사벨리코는 리알토 다리 너머에 있는 커다란 독일인 상점[8]도 묘사했다. 그 상점에는 상품과 종업원이 함께 살았으며, 상점 앞 운하에는 언제나 배가 나란히 정박해 있다. 상류로 올라가면 포도주와 올리브 기름을 실은 배들이 있고, 짐꾼들로 북적이는 해안에는 상인의 창고가 배와 나란히 줄지어 있다. 리알토 다리에서 성 마르코 광장까지는 화장품을 파는 노점과 여관이 즐비하다. 사벨리코는 이런 식으로 차례차례 시가지를 안내하며 교외에 있는 두 병원으로 독자들을 데리고 간다. 그 병원은 다른 도시에서는 찾아볼 수 없는 아주 유용한 시설을 갖추고 있다. 평화로울 때나 전시를 막론한 국민 구제 사업은 베네치아시의 특색으로서, 전시에는 적군 부상자까지도 간호하여 다른 나라 사람들의 감탄을 자아냈다.[9] 아무튼 공공시설이라 할 수 있는 것은 모두 베네치아에서

---

5) 사벨리코의 Carmina(시집) 중 베네치아시의 탄생을 축하하는 시.—Sansovino, Venezia, fol. 203 참조.—Pertz, Monum. IX, p.5, 6에 수록된 가장 오래된 베네치아 연대기는 섬 일대가 건설된 시기를 롬바르드 왕국 시대로 책정하고, 리알토섬 건설은 그보다도 후대로 잡았다.

6) De situ venetae urbis.

7) 이 지역 전체는 그 뒤 16세기 초 새로운 건물들이 들어서면서 완전히 달라졌다.

8) 8세기 이래 베네치아는, 비잔틴제국의 항구에 드나들 수 있으며(베네치아는 비잔틴제국의 종주권 아래 있었다), 포강 상업로를 통해 내륙 시장과 접촉할 수 있다는 두 조건 덕분에 근동의 여러 지방, 그리스, 이집트 등과 손을 잡고 지중해 동서 중개무역을 함으로써 번영했다. 남독일 상인은 이들을 통해 은과 동을 수출하고 동방 상품을 구입했다.

9) Eccard, Scriptores, II. Col. 1597, 1601, 1621에 수록된 Benedictus : Carol. VIII.—Murat. XXIV, Col.

그 모범을 찾아볼 수 있었다. 연금제도도 조직적으로 시행해 과부와 고아에 대한 규정까지 마련되어 있었다. 부(富)와 정치적 안정과 다른 나라에 대한 지식이 이러한 정책에 대한 성숙한 태도를 이끌어낸 것이다.

조용하고 유연한 걸음걸이, 침착한 말씨, 날씬한 몸매, 아름다운 금빛 머리칼[10]을 가진 사람들은 그 복장과 몸짓이 거의 구별할 수 없을 정도로 비슷했다. 그들은 아내와 딸들에게 진주 같은 장식품으로 몸치장을 시켰다. 그 무렵 튀르크인들에게 큰 손해를 보았음에도 베네치아는 전반적으로 눈부신 번영을 이루고 있었다. 다년간 축적된 힘과 유럽 안에 포진된 호의적인 선입견 덕분에 베네치아는 뒷날 동인도항로 발견, 이집트의 맘루크 정권 붕괴,[11] 캉브레 동맹 전쟁[12] 같은 심각한 타격에도 충분히 견딜 수 있었다.

티볼리에서 태어난 사벨리코는 그 무렵 고전학자들 특유의 조심성 없는 화법에 익숙한 사람이었다. 그는 다른 글[13]에서 그의 아침 강의를 들으러 온 젊은 귀족들이 그와 정치론을 주고받길 조금도 원치 않았던 것을 조금 놀란 어투로 이렇게 적었다.

이탈리아 곳곳에서 일어나는 이런저런 움직임에 대해 사람들이 어떻게 생각하고 이야기하며 무엇을 기대하느냐고 내가 물으면, 그때마다 그들은 이구동성으로 아무것도 모른다고 대답했다.

26에 수록된 Chron. Venetum에는 베네치아인의 정치상의 덕으로 친절, 순박함, 많은 자비심, 신앙심, 연민을 들었다.

10) 많은 귀족들은 머리를 짧게 깎았다. Erasmi Colloq. ed Tigur, a. 1553, pag.215에 '병사와 카르투지오회 수도사'라고 기록되어 있다.

11) 13세기부터 16세기까지 이집트와 시리아를 지배한 튀르크계 이슬람 왕조. 1250년 무렵 아이유브 왕조의 노예 병사였던 아이바크가 아이유브 왕조를 타도하고 창건, 십자군과 몽고군을 격파하고 동서 무역으로 번영했다. 그러나 새 인도 항로가 발견된 뒤 관세 수입이 크게 줄어 재정 파탄으로 1517년에 오스만튀르크에 병합되었다.

12) 오스만튀르크의 발전으로 정치적·상업적 위험을 받은 베네치아가 영토 확장에 열을 올리자 이에 대항하여 1508년 교황 율리우스 2세를 중심으로 체결한 동맹. 황제 막시밀리안 1세와 프랑스의 루이 12세, 에스파냐의 페르난도 2세 등이 가담했다. 이후 루이 12세의 세력이 커지자 교황은 다시 베네치아, 에스파냐 등과 신성동맹을 맺는다.

13) Epistolae, lib. V. fol. 28.

그러나 국가의 엄격한 단속에도, 돈만 잔뜩 쥐어주면 타락한 귀족들에게서 많은 사실을 캐낼 수 있었다. 15세기의 마지막 25년 동안에는 최고 관리들 사이에서도 배반자가 나왔다.[14] 교황, 이탈리아 군주들, 공화국에 봉사하는 평범한 용병대장까지도 저마다 보수를 주어 내통자를 데리고 있었으며, 내통자 중에는 고정보수를 받는 사람도 있었다. 결국 10인 위원회[15]는 프레가디회의[16]에도 비교적 중요한 정치 정보를 숨겨야 한다고 생각했을 뿐만 아니라, 루도비코 일 모로가 프레가디회의에서 일정수의 투표를 마음대로 좌지우지한다고 억측했다. 내통자를 밤중에 목 졸라 죽이거나 내통자를 밀고한 이에게 후한 보수(60두카토의 종신연금 등)를 주는 것이 얼마나 효과가 있었는지는 쉽게 단언할 수 없으나, 그 근본 원인 즉 많은 귀족들이 빈곤했다는 사실은 하루아침에 뒤바뀔 성질의 것이 아니었다.[17] 1492년에는 두 귀족이, 관직을 얻지 못한 가난한 귀족을 위해 국가가 해마다 7만 두카토의 위로금을 지불해야 한다고 제안했다. 그 안이 대회의[18]에 상정되었다면 다수결로 가결되었을지도 모르는 일이었다. 그러나 10인 위원회가 때를 놓치지 않고 재빨리 개입해, 두 제안자는 종신형

14) Malipiero, Ann. Veneti, Archiv. stor. VII. I, p.377, 431, 481, 493, 530. II, p.661, 668, 679.
   –Murat. XXIV, Col. 57에 수록된 Chron. Venetum. –동서 Col. 240의 Diario Ferrarese.
15) 1310년 임시로 설치된 비밀사법기관이었으나 그 뒤로도 없어지지 않았다. 국사범 검거를 위한 강력한 검찰 권력을 쥐었으며, 정치적으로도 사실상 베네치아공화국 최고의 실권을 장악한 기관이었다. 구성원은 대회의를 통해 해마다 새로이 선출되었다.
16) 원로원에 해당한다. 처음에는 60명이었으나 2백 명으로 늘어났으며, 군사·외교·상업에서 최고의결권을 행사했다. 한때 최고결정기관이었으나 10인 위원회에 그 자리를 빼앗겼다. 대회의를 통해 해마다 선출하며, 주로 사법을 관장하는 40인 회의를 1213년 이래, 행정부격인 세 위원회를 포함한 최고정부위원을 1440년 이래 선출했다.
17) 베네치아로 이주한 뒤 영지에서 떨어져 나와 흩어진 귀족들은 소금과 절인 생선을 내륙 도시에 파는 사업, 염전 경영, 해운업 등으로 경제 활동을 했다. 그러나 바다를 터전으로 활동하는 기업들은 해난, 사라센인 등 해적의 방해(뒤에는 상업 경쟁국인 피사, 제노바 등의 방해), 근동의 정치 불안정 같은 문제로 파산하는 일도 많았다. 더욱이 상류층 사람들은 사업을 꾸려갈 의욕을 잃고 재산만 탕진하거나, 상속을 통해 자산이 세분화되면서 가난해졌다.
18) 480인으로 이루어진 최고의사결정기관으로 12세기에 시작되었다. 처음 시민대집회에서 뽑힌 선거인 12명이(시를 구성하는 6개 구에서 두 사람씩 선출)가 각자 해마다 40명씩 선출했다. 1297년에 한 번 폐쇄된 뒤로는 과거 4년 동안 대회의 의원을 배출한 가문 사람, 특정 귀족 가문 출신만으로 자격이 제한되었다.

을 받고 키프로스섬 니코시아로 추방되었다.[19] 같은 시기에 소란초 가문의 한 사람은 타국에서 교회 성물 절도죄로 교수형을 당했고, 콘타리니 가문(베네치아의 명문 귀족. 원수를 여럿 배출했다)의 한 사람은 강도죄로 감옥에 끌려갔다. 콘타리니 가문의 또 한 사람은 1499년 베네치아 시의회에 출두하여 이렇게 호소했다. 자기는 여러 해 전부터 관직을 얻지 못했으며, 수입은 겨우 16두카토인데 자식은 아홉이고, 게다가 60두카토의 빚이 있으며, 장사도 할 줄 몰라 최근에는 길거리를 방황하고 있다는 것이다. 일부 부유한 귀족들이 가난한 귀족들을 위해 무료로 집을 지어 살게 한 것도 다 이런 이유 때문이었다. 돈을 받지 않고 주택을 많이 짓는 것이 선행으로서 유언장에도 등장했다.[20]

한때 베네치아의 적은 이러한 폐해에 참된 희망을 걸기도 했지만 그것은 오산이었다. 가장 미천한 자에게도 풍족한 노동의 보수를 약속했던 상업의 번영이나 지중해 동부에 있는 식민지[21]가 정치적 위험 세력의 눈을 다른 데로 돌렸을 것이라고 생각할 수도 있다. 그러나 제노바는 이와 비슷한 이점을 누리면서도 파란만장한 정치사를 겪어오지 않았는가. 베네치아가 안정을 유지할 수 있었던 까닭은, 다른 곳에서는 지리멸렬했던 여러 사정이 여기서는 오히려 잘 맞물렸기 때문이다. 난공불락의 도시 베네치아는 예부터 냉철한 외교를 펼쳤고, 다른 도시의 당파 조직은 거의 무시했으며 동맹은 일시적으로, 그것도 되도록 높은 대가를 바라며 맺었다. 따라서 베네치아 시민들의 기본 정서는 자긍심이 높고 다른 도시를 멸시하는 고립된 유아독존이었으며, 이 도시에 대한 다른 온 이탈리아의 미움까지 더해지면서 필연적으로 강한 내적 단결심이 형성되었다. 베네치아 도시 자체에서도 주민들은 이미 식민지와 본

---

19) Archiv. stor. Ⅶ. Ⅱ. p.691에 수록된 Malipiero. 그리고 p.694, 713, 및 Ⅰ, 535 참조.
20) Murat. XXⅡ. Col. 1194의 Marin Sanudo, Vite de' Duchi.
21) 10세기 끝 무렵부터 해상무역이 발전함에 따라 베네치아는 외국항구에서의 자유로운 활동, 면세 등의 특권에만 만족하지 않았다. 상대국에서 상업상 독점체제를 굳히려면 상업기지로 삼을 식민지 건설이 절실하다고 여겼고, 그 결과 15세기 말에는 최대 해상식민제국이 되었다. 베네치아의 식민지로는 티루스, 에게해의 여러 섬들, 크레테섬, 키프로스섬, 트리에스테 등이 있으며, 약간의 예외(직할통치)는 있었으나 베네치아 귀족이 통치했다. 식민지는 해상상업을 번영의 으뜸 기반으로 삼은 베네치아의 제해권상의 기지가 되었으나, 제노바, 오스만튀르크와의 격렬한 싸움을 불러일으키기도 했다.

토 영지에 대해 아주 단호한 공통의 이해관계를 맺고 있었다. 본토 영지,[22] 즉 베르가모를 비롯한 여러 도시의 주민은 베네치아에서만 물건을 매매할 수 있었기 때문이다. 이런 인위적인 수단으로 얻어지는 이익은 국내의 평안과 화합이 있어야만 유지될 수 있었다. 이는 대다수 베네치아 사람들도 확신했던 바여서, 이런 사실만으로도 이곳은 모반자가 자라기에 마땅치 않은 땅이었다. 불평을 품은 사람이 나타나도 그들은 귀족과 시민 사이의 현격한 차이 때문에 서로 어떻게 접근할 도리가 없었다. 또한 귀족 가운데 위험한 인물들, 즉 부유한 귀족들은 대규모 무역과 여행, 그리고 끊임없이 되풀이되는 오스만튀르크 전쟁에 참전하느라 모든 모반의 근원이 되는 육체적 편안함을 누릴 여유가 없었다. 지휘관들은 이러한 귀족들이 참전해 있을 때에는 군율을 어겨가면서까지 그들의 뒤를 봐주었다. 이에 베네치아의 카토[23] 격인 어떤 사람은, 만약 귀족들이 이처럼 정의를 훼손하면서까지 서로 해를 입히지 않으려고 뒤를 봐준다면 이 도시의 정권은 몰락할 것이라고 예언했다.[24] 어쨌든 세계 각지를 자유롭게 오가는 일은 베네치아 귀족에게 전반적으로 건전한 경향을 심어주었다. 또한 질투나 야심을 무슨 일이 있어도 만족시키려는 사람이 나타나면, 공공의 희생물로 삼아 처리할 수 있는 행정기관과 합법적인 수단도 있었다. 총독[25] 프란체스코 포스카리(1457년 사망)가 베네치아 시민들 앞에서 몇 해에 걸쳐 당한 도덕적 고문은, 귀족정치체제[26]에서만 일어날 수 있는 이러한 복수의 가장 무서

22) 이탈리아 본토에서 일어난 분규에 방관자적 입장을 취하면서 동부 지중해 상권에만 힘을 쏟던 베네치아는 14세기 끝 무렵부터 본토(테라 페르마)로 눈을 돌려 적극적인 영토 확장 정책을 취했다. 오스만튀르크의 방해로 동방무역이 어려워지고 레반트 연안의 무역기지를 잃으면서부터 이탈리아 본토는 베네치아의 중요 경제 기반이 되었다. 아울러 해상무역으로 부를 얻은 귀족과 대상인이 재산을 쌓아둘 곳으로 지방의 토지를 간절히 원했던 까닭도 있다. 일반 시민들도 본토를 얻으면 그에 속한 여러 도시의 공업 생산을 자기들 이득으로 돌릴 수 있으므로 본토 침략정책을 지지했다.

23) Marcus Porcius Cato(BC 234~BC 149). 고대 로마공화제 시대의 위대한 정치가. 로마 귀족의 헬레니즘문화 모방 풍조를 비판하며 옛 로마의 성실하고 굳센 정신을 지키고자 했다. 정치적으로도 보수파여서 중·소 토지를 소유한 로마 중산계급 유지에 힘썼다.

24) Murat. XXIV, Col. 105에 수록된 Chron. Venetum.

25) 베네치아공화국을 대표하는 수장. 그러나 1158년에 자주권을 빼앗긴 뒤로는 여러 의회의 결정을 충실히 이행하는 행정장관 정도에 지나지 않았다.

26) 베네치아공화국의 특색은, 이탈리아의 다른 도시공화국이 귀족정치에서 민주정치로 이행

운 예일 것이다.

10인 위원회는 모든 일에 개입할 수 있고, 생살여탈권과 재정·군사상의 절대권과 종교재판권을 쥐고 있었다. 그 힘으로 포스카리를 비롯한 몇몇 권력자를 실각시키는 등의 업적을 남기기도 했다. 그러나 구성원은 모든 지배계급을 포함한 대회의에서 해마다 새로 선출되었기 때문에, 10인 위원회는 대회의의 가장 직접적인 대변자였다. 그러나 선출 문제로 이렇다 할 음모가 생기지 않았던 것 같다. 재임기간이 짧고 나중에 책임 문제가 따랐기 때문에 인기가 많지 않았기 때문이다. 어쨌든 이 10인 위원회 및 다른 베네치아 관청이 아무리 비밀스럽고 탄압적이라 하더라도 순수한 베네치아 사람은 도망하지 않고 출두했다. 이 공화국이 충분한 세력을 지니고 있고, 그를 체포하지 못하면 대신 그의 가족을 괴롭힐 수 있었던 탓도 있지만, 그보다는 대개 잔학함보다는 타당한 근거에 입각해 처벌했기 때문이다.[27] 아마도 베네치아처럼, 멀리 나라를 떠나 있는 국민들에게까지 도덕적 영향력을 미친 나라는 일찍이 없었을 것이다. 예를 들어 원로원 의원 가운데 배신자가 있다 하더라도, 타국에 있는 베네치아 사람은 모두 날 때부터 본국 정부에 정보를 보내는 간첩이었기 때문에 충분한 보상이 되었다. 그러니 로마에 있던 베네치아 출신 추기경들이, 교황청에서 열린 비밀 추기경회의의 토론 내용을 본국에 빠짐없이 보고한 일은 말할 필요도 없다. 도메니코 그리마니 추기경은 아스카니오 스포르차 추기경이 그 형제 루도비코 일 모로에게 보낸 급신을 로마 근처에서 가로채 베네치아로 보냈다(1500년). 그 무렵 중대한 고발을 당했던 그리마니의 아버지는 대회의에서, 즉 온 세계를 상대로 아들의 공로를 공공연하게 인정하라고 요구했다.[28]

한 것과는 반대로, 귀족을 중심으로 한 과두정치 쪽으로 기울었다는 점이다. 총독은 시민대집회에서 선출했으나 1172년 이후에는 대회의가 선임한 41인의 선거인을 통해 임명되었다. 동시에 시민대집회가 가지는 입법권, 각종 의원·정부위원선임권도 대회의로 옮겨져 중요한 정치적 결정에 단지 환호하며 찬성의 뜻을 표시하는 직책으로 전락했다가 결국 1423년에 없어졌다. 베네치아가 과두정치로 흐른 것은 대회의 의원 자격이 일부 귀족들로 제한되고, 10인 위원회가 실권을 장악했기 때문이다.

27) Murat. XXIV, Col. 123에 수록된 Chron. Venetum 및 Archiv. stor. VII. I, p.175의 Maripiero에는 안토니오 그리마니 제독의 두드러진 사례가 나타나 있다.

28) Chron. Ven. 1. c. Col. 166.

베네치아가 용병대장을 어떻게 대우했는지는 앞에서 말했다(3편 2장 참조). 베네치아는 그들의 충성을 다시 기대하려면, 그 수를 늘려 반역행위를 하지 못하게 하는 동시에 쉽게 발각되게 해야 한다고 생각했다. 베네치아의 병적기록부를 보면, 이런 어중이떠중이 오합지졸로 어떻게 연합 작전을 수행할 수 있었는지 믿을 수 없을 정도이다. 1495년 전쟁 기록을 보면 기병 1만 5526기(騎)가 소부대로 나뉘어 있었다.[29] 그 가운데 비교적 대규모 부대라고는 해도 만토바의 곤차가가 1200기, 조프레도 보르자가 740기, 이어서 6명의 지휘자가 600~700기, 10명의 지휘자가 400기, 12명의 지휘자가 200~400기, 14명의 지휘자가 100~200기, 9명의 지휘자가 80기, 6명의 지휘자가 50~60기를 거느렸다고 나온다. 이 가운데 일부는 베네치아의 기존 군대, 일부는 베네치아의 도시 귀족과 지방 귀족의 병력인데, 지휘자들 대부분은 군주나 도시 수장 또는 그 친척들이었다. 징집과 지휘에 관한 기록은 전혀 없지만 2만 4000명의 보병 부대와 특수 병과 3300명도 있었다.

평상시에는 본토의 베네치아 속령 도시에 전혀 수비병을 두지 않거나 두더라도 믿을 수 없을 정도로 소수의 병력만 배치했다. 베네치아는 식민도시들의 충성이 아니라 분별력을 믿었던 것이다. 캉브레동맹 전쟁 때(1509년)에는 익히 알려진 바와 같이, 베네치아는 오히려 식민도시들의 충성 맹세를 해제하고, 그들에게 적국의 점령 상태와 베네치아의 온화한 지배와 비교하게 했다. 그 도시들은 배신했다고는 하나 성 마르코(베네치아의 수호성인)를 배반한 것은 아니라 벌을 두려워할 필요가 조금도 없었기 때문에 서둘러 다시 옛 지배자 밑으로 들어왔다.[30] 참고로, 이 전쟁은 베네치아의 영토 확장욕에 반발하여 백 년 동안 절규한 결과였다.

베네치아는 영악한 인간이 곧잘 저지르는 착각에 빠져, 자기들이 생각하기에 어리석고 무모한 행동은 적들도 하지 않으리라고 믿었다.[31] 아마도 귀족사회

---

29) Malipiero, 1. c. VII, I, p.349. 같은 종류의 다른 기록으로는 Marin Sanudo, Vite de' Duchi, Mur. XXII, Col. 990(1426년에 대해), Col. 1088(1440년에 대해), Corio, fol. 435~438(1483년에 대해), Guazzo, Historie, fol. 151 이하가 있다.

30) 베네치아가 예속도시의 충성 의무를 해제하고 적에게 가도록 했다는 이야기는 역사적 공상일 뿐이다.

31) 귀차르디니(Ricordi, N.150)는 정치적 복수심에 불타며 명백한 이해관계조차 잊을 수 있음을

에서 가장 생기기 쉬운 낙천주의에 물들어, 메메드 2세(1432~81. 오스만제국의 7대 술탄. 콘스탄티노플을 함락하고 비잔티움제국을 멸망시켰다)의 콘스탄티노플 점령을 위한 전투 준비는 물론 샤를 8세의 원정 준비도 완전히 등한시한 바람에 결국에는 예기치 못했던 일을 당하고 만 것이다.[32] 캉브레동맹도 이러한 사건의 하나로서, 그 동맹은 주동자인 프랑스 왕 루이 12세와 교황 율리우스 2세(재위 1503~13)의 이익에 분명히 어긋나는 것이었다. 그러나 교황의 마음속에는 정복자 베네치아에 대한 온 이탈리아의 해묵은 한이 쌓여 있었으므로 그는 외국군이 국내에 진주하는데도 눈을 감아버렸다. 베네치아는 앙부아즈 추기경과 프랑스 왕 루이 12세의 이탈리아 정책에 대해서는 일찍부터 그들의 사악한 졸책을 깨닫고 경계했어야 했다. 다른 여러 나라들은 질투에 휩싸여 부자와 권력자에 대한 좋은 응징이라 생각해 이 동맹에 참가했으므로 그 행위 자체는 참으로 한심한 것이었다. 베네치아는 이름을 더럽히지 않고 이 전쟁에서 후퇴했지만, 나중에까지 남을 손해까지 피할 수는 없었다.

기반이 복잡하고 그 활동과 이익이 미치는 무대가 이처럼 드넓은 나라는 전체를 폭넓게 조망하고, 국가의 힘과 부담, 이익과 손실에 대해 지속적인 균형을 유지할 수 있어야만 존립할 수 있을 것이다. 베네치아는 근대 통계학의 발상지라고 보아도 좋다. 베네치아와 어깨를 나란히 하는 나라는 피렌체이며, 고도의 발전을 이룬 이탈리아 군주국이 그 뒤를 좇는다.

중세 봉건국가는 고작해야 군주의 권리와 수익에 관한 총목록(이른바 토지대장)을 만들었을 뿐이다. 봉건국가는 생산을 고정적인 것으로 보았는데, 사실 생산이 토지에만 관계된다면 올바른 견해였다. 이와 달리 서유럽 전체의 도시들은 초기부터 공업과 상업의 생산을 아주 유동적인 것으로 인식하고 처리해 왔다. 그러나 그것은 한자동맹[33]이 가장 융성했을 때조차도 상업상 결산서의 범위를 벗어나지 못했다. 해군과 육군, 정치적인 압박이나 영향력도 단순히 장

지적한 첫 번째 사람일 것이다.

32) Malipiero, l. c. VII, I, p.328.

33) 13~15세기에 독일 북부 연안과 발트해 연안의 여러 도시들이 맺은 경제적 연맹. 해상 교통의 안전 보장, 공동 방호, 상권 확장 등이 목적이었다. 14, 15세기 유럽 교역체제는 이탈리아 상인의 교역권과 이 동맹의 교역권으로 양분되었다.

부의 대차대조표에 기입되었을 뿐이었다. 그러나 이탈리아 도시국가 시대에 이르러 비로소 참다운 통계학이 등장한다.[34] 발전한 정치의식과 이슬람식 행정의 모범 그리고 예부터 활발히 이어져 온 생산과 무역의 결과였다. 황제 프리드리히 2세가 통치한 남부 이탈리아의 전제국가는(1편 '머리글' 참조) 존망을 걸고 싸울 목적으로 권력을 한쪽에 집중하여 조직되어 있었다. 이와 반대로 베네치아는 권력과 인생을 누리고, 조상으로부터 물려받은 것을 더욱 육성하고 가장 유익한 산업을 자국에 집중시켜 끊임없이 새로운 판로를 개척하는 것을 궁극적인 목적으로 삼았다.

그 시대 저술가들은 상당히 솔직한 견해를 남겨두었다.[35] 이를 통해 우리는 이 도시의 인구가 1422년에는 19만이었음을 알 수 있다. 아궁이 수와 장정 수, 자기 발로 걸을 수 있는 사람 수로 인구를 세는 방식에서 벗어나 사람(anima) 수로 계산하고, 그것을 다른 모든 계산의 가장 중립적인 기초로 삼은 것은 이탈리아에서 처음 시작된 일이었다. 밀라노 공 필리포 마리아 비스콘티에게 대항하기 위해 피렌체가 베네치아에 동맹을 제안했을 때 베네치아는 곧바로 거절했다. 밀라노와 베네치아, 곧 사는 사람과 파는 사람 사이의 전쟁은 그 어떤 것이든 모두 어리석은 짓이라는 정확한 상업적 계산에 바탕을 둔 확신이 있었기 때문이다. 말하자면 밀라노 공이 군대를 증강하기만 해도 세금이 오르기 때문에 밀라노 공국은 전보다 좋지 않은 소비자가 된다는 뜻이었다. "오히려 피렌체군이 지는 게 낫다. 그러면 자유도시 생활에 익숙한 그들은 곤궁한 루카인처럼 견직물과 모직물을 들고 우리 쪽(베네치아)으로 이주할 것이다." 그러나 가장 주목할 것은, 총독 모체니고가 죽음을 앞두고(1423년) 병상에서 몇몇 원로

---

34) Manipulus Florum(Murat. XI, 771 수록)에 있는 1288년 밀라노의 대략적인 통계는 상당히 제한된 범위 안에서 이루어졌으나 그래도 아주 중요한 자료이다. 호구, 인구, 장정, 귀족의 주랑, 샘물, 난로, 술집, 푸줏간, 생선가게, 곡물의 수요, 개, 사냥새, 목재 가격, 건초, 포도주와 소금, 재판관, 공증인, 의사, 교사, 필사원, 무기공, 구빈원, 수도원, 종교시설, 종교단체 등이 목록에 올라 있다. —Heinr. de Hervordia, ed. potthast, p.165에 수록된 Liber de magnalibus Mediolani에는 더욱 오래된 것으로 보이는 통계적 개관이 있다. —Ogerius Alpherius(Alferi), De Gestis Astensium, Histor. patr. Momumenta, Scriptorum Tom. III. Col. 684 이하의 1280년 무렵의 아스티시 통계도 참조.

35) 특히 Murat. XXII에 수록된 Vite de' Duchi di Venezia의 곳곳에 나타난 Marin Sanudo의 견해가 그러하다.

들에게 했던 이야기이다.[36] 거기에는 베네치아의 모든 병력과 재산의 가장 중요한 통계요소가 포함되어 있다. 나는 이 복잡한 문서를 상세히 해설해 놓은 것이 있는지 없는지 모르겠다. 다만 진기한 역사 자료로서 다음을 인용하겠다.

그 무렵 전쟁으로 진 빚 400만 두카토를 갚고 나서도 아직 국채(il monte)는 600만 두카토나 남아 있었다. 무역 총액은 1000만 두카토에 달했으며(달했던 것 같고), 그것이 400만 두카토의 이자를 낳았다(본문에는 그렇게 적혀 있다). 소형선(navigli) 3000척과 대형선(navi) 300척 그리고 갤리선 45척에는 저마다 선원 1만 7000명, 8000명, 1만 1000명이 타고 있었다(갤리선 1척에 200명 이상). 이 밖에 조선공이 1만 6000명 있었다. 베네치아의 가옥은 견적가격이 700만 두카토에 달했고, 임대료도 50만 두카토나 되었다.[37] 70~4000두카토의 수입이 있는 귀족은 1천 명에 이르렀다. 다른 문서에서는 같은 해의 정규 국고수입을 110만 두카토로 평가했다. 그러나 이 세기의 중엽 전쟁으로 인한 무역 손실 때문에 80만 두카토로 감소되었다.[38]

베네치아는 이런 계산 능력과 실용적인 응용으로 근대국가의 위대한 일면을 가장 빠르고도 완전하게 나타냈다. 그러나 그 무렵 이탈리아에서 가장 중요하게 여겨졌던 문화면에서는 얼마쯤 뒤떨어져 있었다. 베네치아에서는 일반적으로 다른 곳에는 널리 퍼져 있던 문학적 욕구, 특히 고전시대에 대한 흥분을 찾아볼 수 없었다.[39] 사벨리코의 말에 따르면, 이 나라의 철학과 웅변술에 대한 타고난 능력은 무역과 국가조직에 관한 재능 못지않게 훌륭하다고 한다. 1459년에 이미 트라브존(오스만튀르크의 항구)의 게오르기오스는 플라톤의 《법률》을 라틴어로 번역해 총독에게 헌정하여 연봉 150두카토를 받는 문헌학 교수로 채용되었으며, 자신의 저서 《수사학》을 시의회에 바치기도 했다.[40] 그러나

---

36) Sanudo, 1. c. Col. 958. 상업에 관한 내용은 Scherer, Allg. Gesch. des Welthandels, I. 326, Ann은 이 저서를 바탕으로 작성되었다.

37) 국유 가옥뿐 아니라 전체 주택을 가리킨다. 국유 가옥은 종종 막대한 이익을 낳았다. Vasari, XIII, 83. V. d. Jac. Sansovino 참조.

38) Sanudo, Col. 963 수록. 1490년의 국고수지계산은 Col. 1245 참조.

39) 게다가 고전을 싫어하는 기질은 베네치아 출신 교황 파울루스 2세의 경우 증오로까지 발전했다. 그는 인문주의자들을 모두 이단자라고 불렀다. Platina, Vita Pauli. p.323.

40) Sanudo, l. c. Col. 1167.

프란체스코 산소비노(1521~86. 베네치아의 저술가)가 그의 유명한 저서[41]의 부록으로 붙인 베네치아문학사를 살펴보면, 14세기에 나온 책은 역사서 말고는 신학·법학·의학 전문서가 대부분이었다. 15세기에도 인문주의자는 에르몰라오 바르바로와 알도 마누치를 제외하면 이 도시의 중요성에 비해 그다지 내세울 사람이 없음을 알 수 있다. 추기경 베사리온[42]이 국가에 유산으로 기증한(1468년) 문고는 산실과 파손을 간신히 면할 수 있었다. 이 시기 학문의 전당이라면 파도바시였다. 파도바시에서는 의학자와 국법에 대해 전문적 의견을 저술하는 법학자가 높은 급료를 받았다.

베네치아가 이탈리아 문학에 미친 공헌도 오랫동안 미미했으나, 16세기 초에 이르러 그 결함을 겨우 메우기 시작했다.[43] 르네상스의 예술 정신도 베네치아에서는 외부에서 수입한 것이었는데, 15세기 말에 이르러서야 비로소 이 영역에서 독자적이고 절대적인 힘을 유감없이 발휘했던 것이다. 하지만 이때에도 아직 독특한 정신적인 머뭇거림이 눈에 띈다.

성직자 계급을 권력 아래 완벽히 굴복시키고, 모든 중요한 지위의 임명권을 손 안에 쥐고, 로마 교황청에도 숱하게 반항한 베네치아가 한편 공적인 신앙에서는 아주 특별한 색채를 나타냈다.[44] 오스만튀르크에 정복당한 그리스에서 나온 성물은 막대한 비용을 들여 사들였고, 총독의 장엄한 행렬이 성물을 맞이했다.[45] 꿰맨 자국 없이 통으로 짠 성의(《요한복음》19 : 13)를 사기 위해 1만 두 카토까지 지출할 작정이었지만(1455년) 이것은 손에 넣을 수가 없었다. 이런 일은 대중이 열광했기 때문이 아니라 어디까지나 국가의 요직에 있는 사람들이 비밀리에 결의한 일이었다. 따라서 그 결의는 세인의 이목을 조금도 끌지 않고 중단할 수 있었으며, 피렌체라면 반드시 중단했을 것이다. 민중의 경건한 신앙심과 교황 알렉산데르 6세의 면죄부에 대한 민중의 깊은 믿음에 대해서는 여

---

41) Sansovino, Venezia Lib. XIII.
42) 1403?~72. 인문주의자·사본수집가. 수집한 사본 오륙백 권을 베네치아에 유증했다.
43) 베네치아는 그때 페트라르카를 모방하는 나라 가운데서 중요한 위치에 있었다.
44) Heinric. de Hervordia ad a. 1293(pag. 213, ed. Potthast) 참조.
45) Sanudo, l. c. Col. 1158, 1171, 1177. 성 루카의 유해가 보스니아에서 오자, 이미 이것을 이미 소유하고 있다고 믿고 있는 파도바의 성 주스티나 성당의 베네딕트회 수도사들과의 사이에서 분쟁이 일어났다. 결국 교황청이 판결에 나서야 했다. Cuicciardini, Ricordi, Nr. 401 참조.

기서 말하지 않겠다. 어쨌든 베네치아가 다른 나라보다 더욱 열정적으로 교회를 흡수한 뒤에는 종교적 요소를 지닌 국가가 되어 있었다. 그리고 국가의 상징인 총독은 해마다 12가지 큰 행렬(andate)[46] 때에는 반쯤 성직자 역할을 수행했다. 이 행렬은 거의 대부분 정치적 사건을 기념하는 행사로서, 교회의 대규모 축제와 어깨를 나란히 했다. 그중에서도 가장 화려한 축전은 해마다 그리스도의 승천축제일(부활 축제일로부터 50일 뒤)에 거행되는 유명한 '바다와의 결혼식'이었다.

한편 피렌체의 역사에는 최고의 정치의식과 아주 풍부한 정치적 발전형식이 결합되어 있음을 알 수 있다. 이런 뜻에서 피렌체는 실로 세계 최초의 근대국가라는 이름을 얻을 만하다. 제후국에서는 군주 가족의 하던 일을 여기서는 국민 전체가 한다. 이 놀라운 피렌체 정신은 준엄한 이성과 예술적 창조력으로 정치·사회를 끊임없이 변화시켰으며 또 쉬지 않고 기술하고 올바른 방향으로 조정했다. 이리하여 피렌체는 정치적 학설과 이론, 실험과 비교의 발상지가 되었으며, 아울러 베네치아와 더불어 통계학의 고향이 되었고, 세계 모든 나라에 앞선 새로운 차원의 역사 기록의 시작점이 되었다. 이렇게 된 데에는 고대 로마의 위대함과 장엄함을 되돌아보고 그 대표적인 역사가들을 아는 것이 큰 영향을 주었다. 조반니 빌라니[47]는 1300년의 로마기념제에 참석했을 때 자극을 받아 고향에 돌아오는 즉시 대작 집필에 착수했다고 고백했다.[48] 그해 로마를 순례한 20만 명 가운데 빌라니와 비슷한 재능과 성향을 지닌 자는 많았을지 모르나, 자기 나라의 역사를 쓴 사람은 없었다. 이렇게 써넣을 만한 자가 아무도 없었던 것이다. "로마는 쇠퇴했으나, 나의 조국은 날로 번창하며 대업을 이룰 준비를 하고 있다. 그러므로 나는 내 조국의 과거를 낱낱이 기록하려

---

46) Sansovino, Venezia, Lib. VII.
47) Giovanni Villani(1276?~1348). 피렌체의 상인. 교황 보니파티우스 8세가 개최한 로마기념제 때 피렌체가 많은 비용을 부담하여 축제 대표는 크게 면목을 세운다. 이를 본 빌라니는 쇠퇴하는 세계의 도시 로마와 피렌체를 비교하여, 피렌체가 번영하는 모습을 기록하고 연대기를 썼다. 연대기는 동생 마테오와 아들 필립포가 기록했는데, 시의 크기, 인구, 산업 등 상세한 통계가 포함되어 있어 14세기 피렌체의 실태를 아는 귀중한 자료이다.
48) G. Villani, VIII, 36. 1300년이라는 해는 《신곡》을 통해 확인된 사실이다.

한다. 또한 현재와 앞으로 경험할 모든 사건을 계속 써나갈 것이다." 피렌체는 덧없는 역사 기록 말고도 이 역사가들을 통해 그 이상의 것을 얻었다. 바로 이 탈리아의 연, 나라보다도 더 큰 명성을 얻은 것이다.[49]

그러나 우리가 논하려는 것은 이 중요한 국가의 역사가 아니라, 이 역사를 통해 피렌체 시민 사이에서 눈뜬 정신적 자유와 객관적 자세이다.

1300년, 디노 콤파니[50]는 그 무렵 피렌체시에서 일어난 여러 투쟁을 기술했다. 도시의 정치 상황, 당파들의 내면적 동기, 지도자들의 성격 등 요컨대 크고 작은 원인과 그 결과를 상세히 묘사해서, 이를 통해 피렌체 사람들의 전반적으로 탁월한 판단력과 묘사력을 알 수 있다.

이 위기의 최대 희생자인 알리기에리 단테는 고국과 망명지를 통해 성숙한 정치가였다. 단테는 정치체제의 끊임없는 변형과 실험적 조작을 신랄한 3각운으로 비웃었는데,[51] 이 시는 같은 정치 상황이 벌어지는 곳에서는 속담처럼 오랫동안 사람들의 입에 오르내릴 것이다. 그는 반항과 동경하는 마음으로 호소해 피렌체 시민의 마음을 움직였다. 나아가 단테의 사상은 온 이탈리아를 넘어서 세계 곳곳에 퍼졌다. 단테가 이상으로 여긴 제국을 향한 열망은 환상에 지나지 않았지만, 갓 눈을 뜬 정치적 사색에 담긴 젊은이다운 꿈에는 일종의 시적인 위대함이 있음을 우리는 인정해야 한다. 아리스토텔레스의 안내를 받긴 했지만, 단테는 독자적인 자신만의 길을 개척한 최초의 사람임을 자부한다.[52] 단테가 생각하는 이상적인 황제는 공정하고 인자하며 오로지 신에게만 복종하는 최고의 재판관이며, 법과 자연과 신의 뜻에 따라 인정받은 로마제국의 상속자이다. 곧 그의 세계 정복은 적법한 행위이며, 로마와 그 밖의 다른 민족에게 내려진 신의 심판이었다. 예수님이 로마제국 치하에서 사람의 아들이 되고, 태어날 때는 황제 아우구스투스(재위 BC 27~AD14. 초대 로마 황제)의 호

---

49) 이것은 이미 1470년에 Vespasiano Fiorent., p.554에서 확인되었다.

50) 1323년 사망. 피렌체 상인·연대기 작가. 그의 연대기는 정확성에 문제가 있지만 중요한 자료이다.

51) 《신곡》 '연옥편' 6의 끝. "너의 꾸며진 제도에 너무도 주책없어/10월에 길쌈한 것이 동짓달/중순도 못가는 네 꼴이로구나/너 아는 동안에도 몇 번이나 법률이며/화폐며 벼슬자리 그리고 관습을/네가 뜯어 고쳤고, 벼슬아치를 바꾸었더냐."

52) 《제정론》 I. 1.

적 조사를 받고, 죽을 때에는 본티오 빌라도의 재판을 받았으니, 하느님이 이 제국을 인정했다는 것이다.[53] 이런 주장을 쉽게 받아들일 수는 없지만 단테의 열정에는 언제나 마음이 끌린다. 그의 편지[54]들을 보면, 단테는 정치평론가의 원조 가운데 하나요, 특정한 정치적 의도를 가진 서간체 문서를 자기 힘으로 간행한 아마도 최초의 속인일 것이다. 그는 일찍부터 때를 놓치지 않고 이러한 일을 시작했다. 베아트리체가 죽은 뒤 피렌체의 상황을 적은 소책자를 발행해 온 세계의 유력자들에게 보냈다. 그 뒤 추방당했을 때 쓴 공개서한도 모두 황제, 군주, 추기경들에게 보내는 것이었다. 이러한 서간이나 《속어론》에는, 추방당한 자도 아무도 빼앗을 수 없는 언어와 문화 속에서 새로운 정신적 고향을 찾는다며 크나큰 고뇌의 대가로 얻은 감정이 여러 모양으로 거듭 표현되어 있다. 이 점에 대해서는 뒤에서 다시 논하겠다.

우리는 조반니 빌라니와 마테오 빌라니(조반니의 동생. 형의 연대기를 이어서 썼다)에게서, 심오한 정치적 고찰이라기보다 참신하고 실제적인 판단과 피렌체에 관한 통계상의 기초 지식 및 다른 여러 도시에 관한 중요한 보고를 선물로 받았다.[55] 상공업은 피렌체에서도 정치사상과 더불어 국가의 경제적 사고를 일깨우고 있었다. 금융사정 전반에 대해 세계에서 피렌체만큼 정확한 정보를 가지고 있는 곳은 없었다. 교황 요한 22세가 사망할 때 아비뇽 교황청의 보유금액이 자그마치 금화 2500만 굴덴이었다는 것도 이처럼 우수한 사료에 나왔기에 믿

---

53) 이 무렵 피렌체는 교황당이 분열된 흑당과 백당으로 갈라져 있었다. 단테가 소속된 백당은 황제당과 화해하자는 쪽이었는데, 로마 교황 보니파티우스 8세의 야심을 이용한 흑당에 밀려 결국 단테는 영구 유형을 선고받는다. 황제와 교황이 속권과 교권을 나누어 갖고 서로 협력해 고대 제국의 영광을 재현해야 한다는 것, 특히 독일 신성로마제국 황제를 중심으로 한 그리스도교적 세계제국을 건설해야 한다는 것이 단테의 이상이었다. 여기에는 흑·백 양당의 싸움을 이용해 피렌체를 장악하려 한 교황의 정책 때문에 추방당한 자신의 처지와 아비뇽으로 옮겨진 교황청, 그 뒤 황폐해진 로마의 모습이 배경으로 작용했을 것이다.

54) Dantis Allighierii epstolae, cum notis C. Wittee. 단테는 황제도 교황도 이탈리아에 반드시 있어야 한다고 보았다. 그에 대해서는 1314년 카르펜트라스에서 교황선거회의가 열리던 무렵의 서간 참조.

55) 이에 관해서는 Baluz. Miscell. IV. p.117 이하에 수록된 1339년의 한 무명인의 통계로 보완할 수 있다. 여기에도 일반적인 활동이 적혀 있다. "이 도시에서는 건실한 직업으로 자기와 가족을 부양할 수 없는 자는 부자나 가난한 자도 아니다."

을 수 있는 것이다.[56] 또 피렌체의 바르디 가문과 페루치 가문이 영국 왕에게 거액의 대출금을 빌려주었으며, 이 두 가문이 금화 135만 5천 굴덴에 달하는 재산을 잃고도 (1338년) 재기했다[57]는 기록은 오직 여기에서만 찾아볼 수 있다.[58]

알리기에리 단테(1265~1321)
피렌체 귀족 집안 출신으로 시인·신앙인·정치가. 당파 싸움으로 인해 추방되어 망명지를 떠돌며 대작 《신곡》을 집필한다.

그러나 가장 중요한 것은 그 무렵 피렌체에 관한 기록이다.[59] 이에 따르면 국가의 한 해 수입(금화 30만 굴덴 이상)과 지출, 이 시의 인구(매우 불완전한 잣대인 bocca, 즉 빵 소비량으로 인구를 계산하여 9만으로 어림잡았다)와 전국의 인구, 해마다 세례받은 유아 5800~6000명 가운데 남아가 300~500명을 웃돌았다는 것,[60] 취학아동 가운데 8000명~1만 명은 읽기를 배우고, 1000명~1200명은 여섯 학교에서 산술을 배우고, 약 600명의 학생들이 네 학교에서 라틴어 문법과 논리학을 배웠다는 사실을 알 수 있다. 계속해서 교회·수도원·병원(전체적으로

---

56) Giov. Villani XI, 20과 Matt. Villani IX, 93 참조.
57) 영국 왕 에드워드 3세는 국제 금융지도를 바꿨다. 재정규모보다 몇 배나 많은 전쟁비용 135만 5천 굴덴을 바르디·페루치 등의 은행에서 공동 대출받은 뒤 갚지 않아 이탈리아에 은행 연쇄파산과 불경기를 안겼다. 더욱이 그의 채무불이행 수법을 각국의 군주들이 본뜨자 유럽의 금융을 장악했던 이탈리아 도시국가들도 결국 쇠락하고 말았다.
58) 이러한 기록 및 이와 유사한 기록은, Giov. Villani XI. 87. XII. 54에 있다.
59) Giov. Villani XI. 91. 마키아벨리의 《피렌체사》 2권에는 이와 다른 보고가 있다.
60) 사제는 사내아이면 검은 콩 하나, 여자아이면 흰 콩 하나를 놓았다. 이것이 신생아에 대한 조사의 전부였다.

1000개가 넘는 병상이 있다)의 통계가 이어진다. 또 모직물공업에 대한 아주 귀중하고 세밀한 보고, 화폐와 시의 식료품 배급, 관직에 대한 통계 등이 있다.[61] 그밖의 부수적인 보고도 있다. 1353년 무렵 새로이 국채(monte)가 발행되자, 프란체스코 수도회는 찬성 의사를, 도미니코 수도회와 아우구스티누스 수도회는 반대 의사를 각각 단상에서 발표했다는 것이다.[62] 또한 흑사병의 경제적 영향에 관해서 피렌체처럼 주의 깊게 살피고 기술한 곳은 유럽을 통틀어 어디에도 없었다.[63] 오로지 피렌체 사람들만이 다음과 같은 사실을 후세에 전할 수 있었다. 이 전염병으로 인구가 줄면 물가가 떨어지리라 예상했지만, 이와 반대로 생활필수품 가격과 임금이 2배로 올랐다. 또한 처음에 하층민들은 일손을 완전히 놓은 채 편안하게만 지내려 했으며, 도시에선 엄청난 급료를 지불해야만 하인과 하녀를 구할 수 있었고, 농부는 기름진 땅만 일구고 메마른 땅은 내버려두었다. 흑사병이 유행하는 동안 빈민구제를 위해 기증된 막대한 유산은 그뒤 빈민의 일부가 죽고 일부는 이미 가난을 벗어났으므로 쓸모가 없어졌다고 여겼다. 그리고 자식이 없는 어느 자선가가 자신의 막대한 유산을 시의 모든 거지에게 저마다 6데나르씩 주라고 유언하자 피렌체의 걸인에 대한 포괄적인 통계조사가 시행되었다.[64]

이처럼 통계로 사물을 바라보는 피렌체 시민들의 시각은 그 뒤 고도로 발달했다. 그러한 시각의 우수성은, 높은 의미에서의 역사적 사실, 곧 문화 전반과 예술이 통계와 어떻게 연결되어 있는지를 그들이 일상생활 속에서 보여준다는 점이다. 1422년의 어느 기록[65]에는 모두 같은 필치로 다음과 같은 내용이 언급되어 있다. 새 시장(Mercato nuovo)의 주위에 있는 72곳의 환전상, 현금 유통한도(금화 200만 굴덴), 그즈음 새로 시작된 금사 산업, 견직물 산업, 고대 로마의 건축물을 땅 속에서 다시 파내어 부활시킨 필립포 브루넬레스코,[66] 고대 문학

61) 견고하게 세워진 피렌체에는 이미 상비하는 소방대가 있었다. Giov. Villani XII, 35.

62) Matteo Villani, III, 106.

63) Matteo Villani, I, 2~7 및 58 참조. 흑사병이 창궐한 시기의 상황에 대해서는 보카치오의 《데카메론》에 유명한 묘사가 나온다.

64) Giov. Villani X, 164.

65) Fabroni, Magni Cosmi Vita, Adnot. 34에 수록된 Ex annalibus Ceretani.

66) 1377~1664. 피렌체의 건축가·조각가. 고대 로마의 고전 요소를 도입하여 대표적인 건축물

과 웅변술을 부활시키고자 노력한 피렌체 공화국 서기장 레오나르도 아레티노, 끝으로 그 무렵 정치적으로 평온했던 이 도시의 번영과 외국 용병대를 물리친 이탈리아의 행운 등에 대한 것이다. 앞서 말한 베네치아의 통계는 거의 같은 해인데도 이보다 훨씬 많은 재산과 수익과 활동무대를 기록하고 있다. 피렌체가 1422년에 처음으로 자기 소유의 갤리선을 알렉산드리아에 보낸 데 비해, 베네치아는 이미 오래전부터 선단을 이끌고 바다 곳곳을 지배하고 있었기 때문이다. 그러나 피렌체의 기록에서 한층 고매한 정신을 발견하지 못할 사람이 있으랴. 피렌체에는 이런 기록이 10년마다 작성되어 이미 일람표로 정리되어 나와 있었지만 다른 곳에서는 고작해야 단편적인 기록이 전부였다.

초기 메디치 가문의 재산과 사업도 우리는 대강 알 수 있다. 이 가문은 1434년부터 1471년까지 자선사업과 공공건물 대금 및 세금에 적어도 금화 66만 3755굴덴의 돈을 지출했는데, 그 가운데 코시모[67] 한 사람이 쓴 금액만 금화 40만 굴덴이 넘었다.[68] 더욱이 로렌초 마니피코는 이렇게 많은 돈을 지출할 수 있는 것을 크게 기뻐했다. 그리고 1478년 이후에 다시 피렌체시의 상공업에 대해 아주 중요하고 양식이 완전한 일람표가 나오는데,[69] 그 가운데 절반 혹은 전부가 예술에 관한 것이었다. 금실 은실로 수놓은 천과 다마스크 직물, 목조와 상감 세공, 대리석과 사암의 아라베스크조각, 초상의 밀랍세공, 금이나 보석 세공 등이 그것이다. 뿐만 아니라 피렌체 사람들의 타고난 계산 능력은 그들의 가계부나 영업·농업 장부에도 그대로 드러난다. 이는 다른 15세기 유럽 사람들의 장부에 비해 단연 뛰어났다. 거기서 발췌한 내용이 간행되기 시작한 것은 아주 당연한 결과였다.[70] 그러나 그것에서 명백한 일반적 결론을 끌어내

을 많이 남겼다.

67) 코시모 드 메디치(1389~1464). 금융업자·예술가. 엄청난 부를 쏟아 부어 메디치가의 권력을 확립, 피렌체를 르네상스의 중심으로 만들었다.

68) Fabroni, Laur. Med. Magnifici Vita, Adnot. 2, 25에 수록된 Ricordi des Lorenzo.—Paul. Jovius : Elgia, Cosmus.

69) Fabroni, ibid. Adnot. 200에 수록된 Benedetto Dei가 쓴 것. 시대 결정은 Varchi III, p.107을 참조했다. 루도비코 게타라는 사람의 재정계획에 관해서는 Roscoe, Vita di Lor. de Medici, Bd. Ⅱ. Beilage에 중요한 보고가 나와 있다.

70) 예를 들면, Archivio. stor. IV.

기 위해서는 아직 많은 연구가 필요하다. 한편 그 가운데는, 제대로 일을 하지 않는 자식에게 금화 1000굴덴의 벌금을 물리라고 국가에 간청한 아버지들의 유언이 여럿 있는데,[71] 이를 통해 이 나라의 독특한 특징을 알 수 있다.

또한 16세기 전반에도 피렌체를 묘사한 바르키의 뛰어난 기록[72] 같은 것을 세계 어느 도시도 보유하지 못했다. 다른 분야에서와 마찬가지로 서술적 통계에서도 이 도시는 자유와 위대함이 사라지기 전에 다시 한 번 훌륭한 본보기를 세상에 남겼다.[73]

---

71) Libri, Histoire des Sciences Mathém. II, 163 이하.

72) Varchi, Stor. fiorent. III, p.56. 9권의 끝부분. 명백한 오류인 몇 가지 숫자는 아마도 오자나 오식 때문에 생긴 것 같다.

73) 이탈리아의 화폐가치와 부에 대해서는 더 이상 참고자료가 없으므로, 여기서는 우연히 발견한 몇 가지 산발적인 자료를 모아보았다. 과장이 지나친 수치들은 생략한다. 대부분의 문서에서 얘기하는 금화들은 두카토, 제키노, 피오리노 도로, 스쿠도 도로 등이다. 이 금화들의 가치는 대략 비슷하고 스위스 화폐로 치면 11~12프랑크에 해당한다.

예를 들어 1476년 베네치아에서는 17만 두카토를 보유한 안드레아 벤드라민 총독이 큰 부자로 통했다(Malipiero, l, c. VII. II, p.666).

1460년대에는 아퀼레이아의 대주교 루도비코 파타비노가 20만 두카토를 보유해 '온 이탈리아에서 거의 첫째가는 부자'라고 불렸다(Mur. III, II, Col. 1027에 수록된 Gasp. Veronens, Vita Pauli II). 다른 자료에는 터무니없는 수치들이 보고되어 있다.

안토니오 그리마니는 아들 도메니코를 추기경으로 만드는 데 3만 두카토를 아낌없이 썼다. 안토니오는 현금만 10만 두카토를 소유한 것으로 추정된다(Mur. XXIV. Col. 125의 Chron. Venetum).

베네치아의 곡물 거래와 시장가격은 Malipiero l. c. VII, II, p.709 이하(1498년 자료)참조.

1522년 무렵에는 이미 베네치아가 아니라 제노바가 이탈리아에서 로마 다음으로 가장 부유한 시였다.(프란체스코 베토리같은 권위 있는 사람들의 문헌을 통해 신빙성을 얻는다. Archiv. stor. Append. Tom. VI, p.343의 Storia 참조) 반델로는 Parte II, Nov.34, 42에서 그 무렵 제노바에서 가장 부유한 상인이었던 안살도 그리말디에 대해 말했다.

프란체스코 산소비노는 1400년에서 1580년 사이에 화폐가치가 절반으로 떨어졌다고 추정된다(Venezia, fol. 151, bis.).

롬바르디아 지방의 곡물 가격은 15세기 중엽과 19세기 중엽의 비율을 3대 8로 추정해야 한다고 보았다(Archiv. stor. Append. Tom. V의 Sacco di Piacenza, 편집자 Scarabelli의 글).

보르소 공작 시대의 페라라에는 5만~6만 두카토만 가져도 부자였다(Diario Ferrarese, Mur. XXIV. Col. 207, 214, 218 ; 터무니없는 보고는 Col. 187).

피렌체에는 평균적인 결론을 내릴 수 없는 아주 예외적인 보고가 있다. 다른 나라의 군주에게 돈을 빌려주었다면서 몇몇 가문의 이름이 거론되었지만, 실제로는 대규모 상업조합에 빌려준 것이었다. 지배하에 있는 당파에 막대한 세금을 부과했다는 자료도 있다. 예를 들면 1430년 그러나 외적 생활에 대한 이런 통계와 더불어 앞서 말한 정치 상황도 끊임없이 묘사되고 있다. 피렌체는 이탈리아를 비롯한 서유럽 전체의 다른 자유국가보다 더욱 다양한 정치 형태와 그 장단점을 두루 겪어왔을 뿐 아니라, 그 경과 설명도 다른 나라와 비교할 수 없을 만큼 훨씬 잘 되어 있다. 피렌체는, 언제나 변화하는 전체 세계에 대한 여러 계급과 개개인의 관계를 반영하는 아주 투명한 거울이다. 프랑스와 플랑드르에서 일어난 시민 봉기를 묘사한 프루아사르의 글이나, 14세기 독일 연대기 이야기도 물론 매우 의미 깊다. 그러나 정신적 완전함과 사건의 근본 원인을 다방면으로 살펴보는 점에서 피렌체 사람들은 다른 어느 나라보다도 훨씬 뛰어났다.

귀족정치, 전제정치, 중산계급과 무산계급의 투쟁, 완전한 민주정치, 이도저도 아니거나 껍데기뿐인 민주정치, 문벌정치, 신권정치(사보나롤라를 포함하여) 그리고 메디치 가문의 전제군주정치의 발판이 된 혼합정치에 이르기까지 모든 것이 훌륭하게 기술되어 있어, 그것에 관계한 사람들의 가슴 깊이 감춰진 동기까지도 숨김없이 드러난다.[74]

마지막으로, 마키아벨리는 《피렌체사》를 쓰면서(1492년까지) 자기 조국을 완전히 살아 있는 본체로 보고, 그 발전 경로를 개체에 일어나는 자연적 과정이라고 보았다. 근대인 가운데 이런 해석을 내릴 수 있었던 사람은 그가 처음이

부터 1453년까지 77가구가 금화 487만 5천 굴덴을 냈다(Varchi III. p.115).

조반니 메디치의 재산은 그가 사망했을 때(1428년) 금화 17만 9221굴덴이었다. 그러나 두 아들 코지모와 로렌초 가운데 로렌초 혼자서만도 죽을 때(1440년) 금화 23만 5137굴덴을 남겼다 (Fabroni, Laur. Med., Adnot. 2).

14세기에 베키오 다리 위에 있던 금세공가게 44곳이 임차료로 1년에 금화 800굴덴을 낸 적이 있는데, 상업이 전반적으로 활기를 띠었음을 증명한다(Vasari II. 114, V. di Taddeo Gaddi.). 부오나코르소 피티의 일기에 가득 적혀 있는 수치들은 일반적으로 모든 물건 값이 비싸고 화폐가치가 낮다는 것만 증명한다.

로마에는 교황청의 수입이 있지만 유럽 전역에 걸친 것이라 그것을 표준으로 삼을 수는 없다. 교황과 추기경의 재산에 관한 자료도 거의 믿을 수 없다. 유명한 은행가 아고스티노 키지는 1520년에 전 재산 80만 두카토를 남겼다(Lettere Pittoriche I. ppend. 48).

74) 코시모(1433~1465)와 그의 손자 로렌초 마니피코(1492년 사망)의 내정에 대해서 저자는 어떠한 판단도 하지 않겠다. 중요한 비난의 소리(지노 카포니)는 Archiv. stor. l, p.315에 나와 있다. 반동이 일어난 원인은 주로 로스코가 로렌초를 찬미했기 때문으로 생각된다.(Sismondi, Hist. des rép. it. u. a. m.).

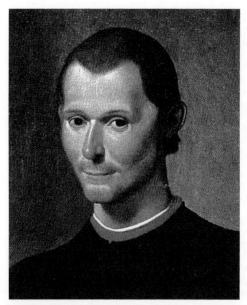

니콜로 마키아벨리(1469~1527)
피렌체의 정치인·외교관. 메디치 집안의 복귀로 실각,
은거하며 《군주론》《피렌체사》를 집필. 그는 체사레
보르자를 이상적인 군주 모델로 제시했다.

었다. 마키아벨리가 카스트루
초 카스트라카니[75]의 전기에서
그가 마음대로 윤색하여 전제
군주의 전형을 만들어 낸 것은
누구나 아는 사실이지만, 《피
렌체사》에서도 제멋대로 붓을
휘둘렀는지, 만약 그렇다면 어
느 부분에서 그랬는지를 밝히
는 것은 이 책에서 할 일이 아
니다. 《피렌체사》의 각 행마다
이의를 제기할 대목이 있을 수
도 있지만, 그럼에도 여전히 책
은 전체적으로 높은, 아니 독
특한 가치를 지닌다. 그와 같은
시대를 산 사람과 후계자들—
야코포 피티,[76] 귀차르디니,[77]

세니,[78] 바르키, 베토리[79] 등은 얼마나 고명한 이름들인가! 그리고 이런 거장들
이 서술한 역사는 또 얼마나 대단한 것인가! 피렌체공화국 마지막 몇십 년, 그
잊을 수 없는 위대한 대단원[80]은 이러한 사람들의 업적을 통해 우리에게 남김

---

75) Castruccio Castracani(1281~1328). 루카의 황제당 지도자. 1316년 루카의 참주가 되었고, 1325
년 피렌체와 싸워 이겼다. 1327년에는 피사, 피스토이아도 점령했다.

76) 1519~89. 피렌체 원로원 의원. 역사가·정치저술가.

77) 1483~1540. 역사가·정치가. 《이탈리아사》《피렌체사》를 썼다.

78) 1504~58. 역사가.

79) 1474~1539. 인문주의자·역사가.

80) 밀라노를 포함한 북·중부 이탈리아의 대부분이 13세기 말 이래 참주 지배에 복종했지만, 피
렌체와 베네치아는 공화제를 잘 유지해 나가고 있었다. 그러나 1434년 이후로 형식은 공화
제였지만 실제로는 메디치 가문이 지배하는 군주제와 다름없었다. 로렌초가 죽고 메디치의
황금시대가 끝나자 시민의 반발을 타고 사보나롤라의 지도 아래 다시 공화정치가 시작된다.
그가 실각한 뒤에도 피에로 소데리니 밑에서 공화정이 계속되나, 1512년 율리우스 2세의 대
불동맹군에 제압되고 메디치가가 복귀한다. 1527년 4월, 메디치가 출신의 교황 클레멘스 7

없이 전해진다. 그 무렵 세계에서 가장 독특한 삶을 누린 피렌체의 몰락을 전하는 이 방대한 기록을 보면서, 어떤 사람은 진귀한 이야기의 집대성으로만 보고, 어떤 사람은 악마처럼 기뻐하며 고귀하고 숭고한 이들의 파멸을 확인하며, 또 어떤 사람은 그러한 사태를 위대한 심판이라고 해석할 수도 있을 것이다. 어쨌든 이 기록은 세상이 끝나는 날까지 심도 깊은 논의의 대상으로 남을 것이다.

지롤라모 사보나롤라(1452~1498)
북이탈리아 페라라 출생. 도미니크회 수도사, 피렌체의 산 마르코 수도원장. 교회혁신의 정신적 지도자. 교황 알렉산드르 6세와의 불화 등으로 화형에 처해짐.

피렌체의 국정을 끊임없이 어지럽힌 근본적인 불행은, 이 나라가 피사 사람처럼 지금은 굴복했지만 이전에는 강력한 적수였던 사람들을 정복·지배했기 때문이다. 그 필연적인 결과로 끊임없이 압제를 가하는 상태가 이어졌다.

사보나롤라[81]만이 할 수 있었고 게다가 특별한 행운이 깃들어야만 실행할 수 있었던, 유일하고도 아주 대담한 영웅적인 해결책은 바로 때를 놓치지 않고 토스카나를 해체해 자유도시연맹에 가입시키는 것이었다. 이 사상은 나중에 때늦은 망상이 되어 한 루카의 애국자[82]를 단두

세와 신성로마제국 황제 카를 5세의 불화를 틈타 메디치를 추방하고 공화제를 회복했으나, 둘 사이에 화해가 이루어지자 메디치가는 카를군의 힘을 빌려 복귀를 꾀했다. 피렌체는 공화제를 지키기 위해 11개월 동안 포위된 채 항전하나, 1530년 로렌초의 증손자 알레산드로의 복귀를 허용하고 말았다. 알레산드로가 카를 5세를 통해 정식으로 피렌체 공작에 봉해지면서 피렌체는 다시 군주의 지배를 받게 된다.

81) 1452~1498. 피렌체의 산 마르코 수도원에서 공화주의사상을 펼치며 메디치가를 공격. 메디치가가 실각한 뒤에는 피렌체 공화정의 지도자가 되지만, 교황과 민심의 반발을 사 화형당한다.

82) 루카의 신교도들의 지도자 미켈레 부를라마키의 아버지 프란체스코 부를라마키. Archiv. stor. Append. Tom. Ⅱ, p.176. 밀라노가 11세기부터 13세기까지 자매 도시들을 가혹하게 대함

대의 이슬로 사라지게 했다(1548년).[83]

　이러한 불행과 더불어, 결과가 좋진 않았지만 피렌체 사람들이 외국 군주에게 교황당으로서 호의를 보이고[84] 외국의 간섭에 익숙해졌다는 점이 그 뒤에 이어진 재난을 초래했다. 그러나 과거의 모든 선례가 오로지 복수와 절멸을 강조하는데도, 성스러운 수도사 사보나롤라의 지휘 아래 정복한 적에게 언제나 관대함을 베푼 사례를 이탈리아에 처음으로 남긴 이 피렌체 사람들을 보고 누가 감탄하지 않으랴. 애국심과 윤리적·종교적 전향을 하나로 융합한 이 정열은 멀리서 보면 사그라진 듯하다. 그러나 가장 찬란한 불꽃은 그 뒤 1529년에서 1530년에 걸친 기념비적인 농성(카를로스 5세의 에스파냐군이 피렌체 침공) 때 다시금 새로이 불타올랐다. 피렌체에 이런 동란을 초래한 것은 그 무렵 귀차르디니가 기록한 대로 확실히 '어리석은 자들'의 짓이었다. 그러나 그 귀차르디니 역시, 그들이 불가능하다고 여겨지던 일을 이루어냈다고 인정했다. 귀차르디니는 현명한 사람이라면 이 불행을 피할 수 있었을 것이라고 말했는데, 이것은 곧 피렌체가 명예를 버리고 얌전히 적에게 항복했어야 했다는 뜻이다. 그러나 그랬더라면 피렌체의 화려한 교외와 전원과 수많은 시민의 생명과 안녕은 지킬 수 있었겠지만, 그 대신 가장 위대한 도덕적 기념비 하나는 영원히 잃고 말았을 것이다.

　피렌체 사람들은 많은 위대한 분야에서 이탈리아 및 모든 근대 유럽인의 본

　으로써 대전제국의 형성을 앞당긴 사실은 잘 알려져 있다. 1447년, 비스콘티 가문이 멸망했을 때도 밀라노는 동등한 권력을 지닌 여러 도시의 연합을 외면하여 북부 이탈리아의 자유를 방해했다.

83) 그 무렵 루카에서는 귀족 과두정치로 시민의 자유가 억압받고 있었다. 프란체스코 부를라마키(1498~1548)는 지배계급이었으나, 토스카나 여러 도시의 자유·공화 연합과 종교적 자유를 얻기 위해 모반을 꾀하다 카를 5세에게 처형당했다. 이것이 때늦은 망상이 된 까닭은, 당시 카를 5세의 이탈리아 압제 아래 그의 지지를 받는 메디치가의 코시모 1세가 토스카나를 단단히 지배하고 있어, 도시연합체제는 거의 실현 불가능했기 때문이다. 이탈리아는 에스파냐 지배와 반종교개혁 아래 자유 말살의 길로 나아가고 있었다.

84) 피렌체의 공화파 시민들은 카를 5세와 대립관계에 있는 프랑수아 1세(교황과 동맹)에 가담했다. 부유한 시민에게는 교황당적 감정이 전통적이었을뿐더러 피렌체와 프랑스의 경제적 연결성도 고려해야 했다. 피렌체공화파가 프랑스와 손을 잡은 결과, 밀라노, 나폴리가 에스파냐계 합스부르크 왕조의 지배로 돌아갔고, 교황이 이 합스부르크 왕가와 손잡으려 하자 공화파는 고립될 수밖에 없었다.

보기요 최초의 전형이지만, 이러한 점은 여러 어두운 면에서도 마찬가지였다. 단테는 헌법을 끊임없이 개정하려는 피렌체를 고통을 덜려고 쉴 새 없이 자세를 바꾸는 병자에 비유해 이 나라의 변함없는 정치적 특성을 표현했다. 헌법을 만들 수 있다는 생각, 족 현재의 여러 세력과 경향을 계산해 헌법을 새로 만들 수 있다는 커다란 근대적 오류[85]는 동란기의 피렌체에서 끊임없이 되풀이되었고, 마키아벨리도 이 오류에서 헤어나지 못했다.

더욱이 권모술수에 능한 정치 수완가가 나타나, 권력의 인위적인 이동과 분배, 엄선된 선거 방법, 이름뿐인 관직 등을 통해 영속적인 정치상황을 확립하여 유력 가문과 하층민을 똑같이 만족시키거나 또는 속이려 했다. 그때 그들은 순진하게도 고대의 선례를 본떴으며, 마침내는 오티마티(귀현(貴顯)당)나 아리스토크라치아(귀족당)[86]같은 고대 정당의 이름을 아주 공공연하게 차용했다.[87] 그 뒤 세계는 차츰 이런 용어에 익숙해져 여기에 전통 유럽풍의 뜻이 더해지게 되었다. 그 전의 정당 이름은 모두 그 나라만의 것이었으며, 사건을 직접 나타내거나 우연한 기회에 붙여진 것이었다. 생각해 보면, 무릇 사건에 빛을 주는 것도 이름이요, 또 빛을 빼앗는 것도 이름인 것이다.

그러나 국가를 구축할 수 있다고 생각한 사람 가운데[88] 마키아벨리는 특히 위대했다. 그는 현존하는 여러 세력을 언제나 생명을 지니고 활동하는 것으로 보고, 선택할 길을 바르고 크게 제시하여 자기든 다른 사람이든 그릇되게 인

---

85) 1494년, 강림절 세 번째 일요일에 사보나롤라는 새로운 헌법 제정 방법에 대해 다음과 같이 설교했다. 시의 16개 교단이 각각 초안을 하나씩 작성하여 행정장관들이 그 가운데 가장 좋은 네 가지 안을 뽑고, 당국이 그 넷 중에서 으뜸 안을 선정한다는 방식이었다. 그러나 모든 과정이 그와 다른 사태를 초래했는데, 바로 계획의 설교자인 사보나롤라의 영향 때문이었다.

86) 아리스토크라치아라는 이름은 1527년 메디치가를 추방한 뒤 처음 쓰였다. Varchi Ⅰ, 121, etc.

87) 오티마티는 로마공화제 말기 급증하는 사회 모순을 민주적인 개혁을 통해 해결하려는 포프레스(평민당)의 운동에 맞서 중요 관직을 독점하면서 개혁 기도에 강하게 반발했던 보수 당파이다. 아니스토크라치아는 고대 그리스의 도시국가에서 왕정이 쇠퇴한 뒤 나타난 귀족 정치를 말한다. 이러한 고대 호칭이 인문주의자의 정치론을 통해 르네상스 시대 이탈리아 제도에 도입되었다.

88) Macchiavelli, *Storie fior.* Ⅰ.Ⅲ. '현명한 입법자가 있었다면' 피렌체를 구할 수 있었을 것이다.

도하지 않으려 애썼다. 그에게는 허영의 흔적과 겉치레를 조금도 찾아볼 수 없었다. 그는 대중이 아니라 위정자와 군주 그리고 친구들을 위해 붓을 들었다. 그가 지닌 위험성은 결코 그릇된 독창성이나 여러 개념의 잘못된 설명 방식이 아니라 그가 간신히 억누르고 있는 강렬한 상상력에 있었다. 그의 정치적 객관성은 때로 놀랄 만큼 솔직했다. 그러나 그 객관성은 사람들이 더는 정의를 믿거나 공정성을 기대할 수도 없는 아주 어렵고 위험한 시대에 생긴 것이었다. 이러한 자세에 도의적인 분개를 터뜨린다고 해도 오늘날 여러 주변강국의 움직임을 자세히 보아온 우리는 아무런 감동을 느끼지 못한다. 적어도 마키아벨리는 자신을 잊고 시대의 주요한 사실에 몰두했다. 그의 저서에는 몇몇 표현을 제외하면 직접적인 열광이 없고, 결국에는 피렌체 사람들조차 그를 죄인 취급했지만 엄밀히 말해 마키아벨리는 애국자였다.[89] 비록 그의 말과 행동이 그 시대의 대다수 사람들과 같이 제멋대로였다 하더라도, 그는 언제나 한결같이 국가의 안녕을 염려했다.

피렌체의 새로운 국가조직 설립에 관한 마키아벨리의 가장 완전한 계획안은 교황 레오 10세에게 쓴 건의서에 수록되어 있다.[90] 이것은 그가 《군주론》을 바친 우르비노 공작 로렌초 데 메디치(1519년 사망)[91]가 죽은 뒤 집필한 것이다. 하지만 이미 때가 너무 늦어 사태를 수습할 수 없는 상황이었으므로 그가 제안한 수단과 방법이 모두 도덕적인 것은 아니다. 그러나 마키아벨리가 일종의 중용적 민주정치체제를 도입해 메디치 가문에 공화국을 계승시키려 한 것은 매우 흥미롭다. 교황과 교황의 특별한 신봉자들 그리고 피렌체의 여러 이해관계에 대한 타협과 양보로 이루어진, 이보다 정교한 구축물은 도저히 상상할 수 없다. 마치 정교한 시계를 들여다보는 느낌이다. 《로마사론》에는 그 밖에도 피렌체를 위한 수많은 원칙, 세세한 주의 사항, 비슷한 사례, 정치적 통찰 등이 나오는데, 찬란한 서광 같은 눈부신 탁견을 볼 수 있다. 예를 들면 단속적이나마 계속 진보하는 공화국의 발전 법칙을 인정하면서, 국가는 유연하고 변화할 수 있어야 한다고 요청한다. 그래야만 돌발적인 처형과 추방을 피할 수 있다

---

89) Varchi, *Stor. fiorent.* 1. p.210.
90) *Opere minori*, p.207에 있는 *Discorso sopra il reformar lo stato di Firenze*.
91) 재위 1492~1519. 대(大) 로렌초의 손자, 난폭하고 권력욕이 강한 인물.

는 것이다. 같은 이유로, 개인의 폭행이나 외국의 간섭(모든 자유의 죽음)을 막기 위해 미움받는 시민을 사법 고발할 수 있는 제도가 실시되어야 한다고 주장한다. 이제까지 피렌체에는 고소 대신 욕설과 비방만이 있었다고 한다. 마키아벨리는 공화국이 위급할 때 아주 큰 역할을 하는 부득이하고 때늦은 결단도 훌륭히 묘사했다. 때로 그는 상상력과 시대의 압박에 현혹되어 민중을 무조건 찬미하기도 했다.[92] 민중은 자기들을 위해 일할 사람을 군주보다도 잘 선택하며, '설득하면' 오류를 정정할 수 있다고 했다.[93] 토스카나가 그의 조국 피렌체에 지배권을 가지고 있음을 의심치 않았으며(어느 특별한 '논의'에서), 피사를 다시 되찾는 일을 사활이 걸린 문제로 보았다. 또 아레초시를 1502년의 반란 뒤에도 그대로 존속시켜 온 것은 유감이라고 했다. 나아가 그는 이탈리아의 여러 공화국이 외부의 침략을 받지 않고 국내 평화를 유지하려면 활발하게 밖으로 발전하여 영토를 확장할 수 있어야 한다고 인정했다. 그러나 피렌체에서는 언제나 본말을 전도했기 때문에 '형제처럼 대우한' 피스토야가 스스로 복종한 것과 달리, 피사와 시에나와 루카는 오히려 서로 이를 가는 원수 관계가 되었다고 한다.[94]

15세기에도 계속 남아 있던 다른 몇몇 공화국을 이탈리아 정신뿐만 아니라 근대 유럽 정신의 가장 중요한 발상지인 피렌체와 나란히 놓고 비교할 수는 없다. 시에나는 심각한 조직상의 폐해로 늘 시름에 시달렸다. 산업과 예술에서 그럭저럭 번영했지만 이 문제를 감출 수는 없었다. 에네아스 실비우스[95](교황 피우스 2세. 시에나 출신)는 재산과 유산의 몰수라든가 폭력을 휘두르는 관청이라든

---

92) 《로마사론》 제1권 58. '민중은 군주보다 현명하고 안정적이다'는 대목을 가리켜 말하는 듯하다. 여기서 마키아벨리는 '민중만큼 변덕스럽고 경박한 것은 없다'는 주장이나, 민중의 성격을 비난하는 역사가들의 논조를 반박하고 민중이 군주보다 뛰어난 여러 가지 점을 열거한다. '시대의 압박에 현혹되어'라는 표현은 피렌체의 반메디치·공화제의 저항 운동에 영향을 받았다는 말인 것 같다.

93) 몽테스키외도 이와 같은 견해를 펼치는데, 틀림없이 여기서 차용했을 것이다.

94) 이보다 조금 나중 시대(1532년?)에 나온, 메디치가의 당파 상황과 그 피할 수 없는 조직화에 대해 서술한 귀차르디니의 아주 솔직한 의견을 참조하기 바란다. Lettere di Principi, III. fol. 124(ed. Venez. 1577).

95) Aen. Silvii, *apologia ad Martinum Mayer*, p.701. 또한 비슷한 예를 Macchiavelli, Discorsi I, 55 및 다른 부분에서 찾을 수 있다.

가 당파싸움 등으로 생활이 무너지는 일 없는 독일제국의 '즐거운' 자유도시[96] 를 고국 시에나에서 동경 어린 눈으로 바라보았다.[97]

제노바는 우리의 논의 대상에 넣지 않겠다. 이곳은 안드레아 도리아[98] 시대 이전에는 르네상스에 거의 동참하지 않았기 때문이다. 그 때문에 리비에라 (마르세유부터 이탈리아 북부의 라스페치아에 이르는 제노바를 포함한 지중해 연안) 사람은 모든 고급문화를 경멸하는 사람으로 통했다.[99] 이 도시는 광포한 당파싸움 때문에 생활 전체가 혼란에 빠져 있었으므로, 제네바 사람들이 무수한 혁명과 점령을 겪은 후 어떻게 다시 살아갈 수 있을 정도로 나라를 회복시켰는지 믿을 수 없을 정도이다. 그것이 성공한 까닭은, 국정에 몸담고 있던 사람들 모두가 거의 예외 없이 동시에 상인으로도 활동했기 때문일 것이다.[100] 대규모의 상업과 불안정한 부가 국정을 어느 정도까지 견뎌낼 수 있으며, 내부 혼란이 어느 정도까지일 때 먼 거리에 있는 식민지를 지배할 수 있는가를, 제노바가 놀라운 방식으로 가르쳐 준다.

---

96) 독일제국 직속 도시. 본디 황제나 국왕에게 직속되어 있었으나 13, 14세기 무렵 시민 자치를 허락받아 명목상으로만 제국에 속해 있었다. 전에 주교에게 속했던 많은 도시도 황제와 주교의 충돌을 이용해 황제 직속을 강조하는 한편 주교의 영주권을 박탈해 자유도시가 되었다. 독일 자유도시는 시 안에서 황제 대관 등 봉건적인 요소를 배제하고 시민들의 사회를 형성하는 과도기였으며, 도시 귀족층이 형성되었음에도 사회 구성은 비교적 단순했다. 반면 이탈리아의 자치도시들은 세력을 강화하고 국가 기반을 튼튼히 다지기 위해 봉건귀족들을 끌어들임으로써 당파싸움을 도시 안으로 불러들인 결과를 얻었고, 도시의 사회 구성도 복잡해져서 동란이 끊이지 않았다.

97) 근대의 설익은 정책과 추상론이 정치에 끼어들게 된 내막은 1535년의 당파싸움이 잘 보여 준다. Della Valle, *Lettere sanesi*, III. p.317. 수많은 소상인들은 리비우스의 글과 마키아벨리의 《로마사론》에 자극받아, 귀족과 관리들의 잘못된 정치에 대항하여 호민관과 같은 고대 로마의 관리를 강하게 요구했다.

98) Andrea Doria(1466~1560). 제노바 명문 출신. 해군 용병 지휘관으로서 프랑수아 1세를 받들다 카를 5세 아래로 들어가 프랑스 지배에서 제노바를 해방시키고 종신총독이 되었다. 그의 통치는 강압적인 귀족 중심의 독재정치였으나, 외국의 지배에서 제노바를 독립시켰으므로 '조국의 해방자'로 추대되었다.

99) Pierio Valeriano, *De infelicitate literator*에 나오는 바르톨로메오 델라 로베레에 대한 부분 참조.

100) Murat. XXIV, Col. 548에 수록된 Senarega, *De reb. Genuens.* 이 나라의 불안한 물정에 대해서는 특히 Col의 519, 525, 528 등 참조. 1464년, 이 나라를 프란체스코 스포르차에게 넘겨줄 때 사절들이 했던 아주 솔직한 연설은 Cagnola, *Archiv. stor.* III. p.165 이하를 보라.

루카는 15세기에는 그다지 중요하지 않았다. 15세기 초엽, 루카가 귀니지 가문의 반(半)전제정치 체제에 있을 때 이 도시의 역사가인 조반니 디 세르 캄비오(1347~1424. 연대기작가)가 쓴 의견서가 남아 있는데, 이 의견서는 여러 공화국들이 이런 군주가문 치하에서 겪는 일반적인 상황을 보여주는 기념비적인 저술이다.[101] 그 내용은 다음과 같다.

도시와 영지에 있던 용병대의 규모와 분포가 적혀 있고, 관직은 선택받은 일부 추종자들만 얻을 수 있었다. 개인 소유의 무기는 모두 등록되었고 의심스러운 자들은 무장해제당했다. 추방된 사람들을 감시하고, 재산을 몰수하겠다고 협박해 정해진 망명지에서 벗어나지 못하게 했다. 위험한 폭도들은 폭력을 사용해 조용히 제거했다. 국외로 이주한 상인과 사업가들은 강제로 귀국시켰다. 12명 또는 18명의 추종자로 이루어진 위원회를 설치해 다른 시민평의회가 생기지 못하도록 막았다. 이 나라는 용병대가 없으면 끊임없이 위험에 노출되기 때문에 언제나 용병들의 기분을 맞춰줘야 하다 보니, 국가의 지출은 용병대 위주로 편성되고 나머지는 모두 제한되었다. 마지막으로 그 시절의 궁핍한 상황이 나타나 있다. 특히 견직물 공업을 비롯한 각종 산업이 몰락하고 포도 재배가 쇠퇴한 내용이 적혀 있으며, 임시변통으로 외국 포도주에 높은 관세를 부과하고 식료품을 제외한 모든 물품을 도시에서만 구매하게 하는 등 농촌을 압박하는 조치들이 제안되었다.

이 중요한 논문에는 우리의 연구를 위해서라도 더 자세한 주석이 필요할 것이다. 여기서는 다만, 일관성 있는 정치적인 성찰이 북유럽보다 이탈리아에서 훨씬 일찍 발달했다는 사실을 나타내는 많은 증거 가운데 하나로써 이 논문을 거론했을 뿐이다.

---

101) Baluz. *Miscell.* ed. Mansi, Tom. IV, p.81.

7. 이탈리아 국가들의 외교정책

이탈리아 국가 대부분은 내부적으로 하나의 정교한 예술품이었다. 즉 정밀하게 계산되고 눈에 확연히 보이는 기초 위에 세워진 창조물이며 반성에 의존하는 의식적인 산물이었다. 이 점은 이 나라들의 상호관계 및 외국과의 관계에서도 역시 그러했다. 이런 국가들의 거의 대부분이 비교적 새로운 권력 찬탈을 통해 성립되었다는 사실은, 외교관계와 국가 내부에서 중대한 결과를 초래하게 된다. 어떤 국가도 다른 나라를 완전히 믿고 인정하지 않았다. 자기들이 지배권을 세우고 견고히 다질 때 따랐던 행운이 이웃 나라에도 작용할지 어찌 알겠는가. 더욱이 전제군주가 평온하게 지낼 수 있을지 여부는 전제군주 혼자 정할 수 있는 문제가 아니다. 세력을 확장하려는 욕망과 무작정 움직이고 보자는 욕구는 정통성을 갖지 못한 이들 특유의 공통된 성질이다. 이리하여 이탈리아는 '외교정책'의 발상지가 되었으며, 뒷날 이 외교정책은 차츰 다른 나라에서도 공인된 법률의 지위를 얻게 되었다. 편견이나 도덕적인 판단에 사로잡히지 않고 철저히 객관적인 입장에서 국제적 사건을 처리하는 방식은 때때로 완성 단계에까지 이르렀다. 그럴 때에는 이러한 처리 방식이 참으로 우아하고 고상해 보이지만, 전체적으로 보면 그 속에는 끝없는 심연이 내포되어 있다는 인상을 준다.

이러한 외교정책에 포함된 음모, 동맹, 무장, 뇌물, 배신이 그 시절 이탈리아의 대외적 역사를 형성하게 되었다. 특히 베네치아는, 이탈리아를 모조리 정복하든가, 그렇지 않으면 각 나라를 서서히 쇠퇴하게 만들어 어쩔 수 없이 베네치아의 발밑에 차례로 무릎 꿇게 할 심산이라는 헛소문 때문에 오랫동안 많은 사람의 비난을 샀다.[1] 그런데 자세히 살펴보면 이런 비난은 민중이 아니라

---

1) 훨씬 나중 기록인 Varchi, *Stor. fiorent*, I, 57에도 그렇게 적혀 있다.

군주와 정권 주변에서 일어났음을 알 수 있다. 그들 군주와 정권은 거의 예외 없이 신민에게 깊이 미움을 받았으나, 베네치아는 어느 정도 관대한 통치를 베풀어 민중의 신뢰를 얻었던 것이다.[2] 반항적인 예속 도시를 거느린 피렌체도, 상업상의 질투와 베네치아의 로마냐 진출은 덮어두더라도, 베네치아와는 거북한 관계였다. 결국 캉브레동맹(1편 6장 참조)은, 이탈리아 전체가 힘을 모아 지지했어야 할 베네치아에 오히려 큰 타격을 입히고 말았다.

적대 감정으로 고취된 다른 나라들도 자기의 사악한 양심에 비추어 볼 때 모두가 최악의 행동을 저지를 것이라고 판단하여, 서로 만일을 대비한 태세를 늦추지 않았다. 소국은 말할 것도 없고, 밀라노의 루도비코 일 모로, 나폴리의 아라곤 가문, 교황 식스투스 4세는 온 이탈리아에 극도로 위험한 소동을 끊임없이 불러일으켰다. 이 끔찍한 소동이 이탈리아에만 머물렀더라면 얼마나 다행이었으랴. 그러나 사태는 자연스럽게 외국의 간섭과 원조를 구하는 쪽으로 흘렀고, 이로써 주로 프랑스와 오스만튀르크가 개입하게 되었다.

처음에는 주민들이 전적으로 프랑스 편이었다. 피렌체는 옛날부터 대책 없이 순진하게 프랑스인에 대한 옛날 교황파의 공감을 품고 있었다.[3] 그리고 프랑스 왕 샤를 8세가 실제로 알프스 남쪽에 나타나자, 온 이탈리아가 환호를 외치며 맞이해 샤를 8세와 그 신하들을 놀라게 했다.[4] 이탈리아 사람들의 상상 속에는 나라를 구원하는 위대하고 현명하며 공정한 이상적인 군주의 모습이 자리잡고 있었다(사보나롤라를 생각해 보라). 다만 그는 단테가 생각한 것처럼 황제가 아니라, 프랑스 카페 왕가의 왕이었다. 이 착각은 샤를 8세가 퇴각하면서 대체로 깨졌는데, 그래도 샤를 8세, 루이 12세, 프랑수아 1세가 이탈리아와

---

2) 밀라노의 갈레아초 마리아 스포르차는 1467년 베네치아의 사신에게 이와는 정반대의 말을 했으나, 그것은 농담 삼아 한 허풍에 지나지 않았다. Malipiero, *Annali Veneti, Arch. stor.* VII, Ⅰ, p.216 참조. 기회가 있을 때마다 곳곳의 도시와 지방이 자발적으로 베네치아에 항복했다. 물론 대다수는 전제군주의 손에서 도망친 자들이었다. 반면 피렌체는 귀차르디니가 말했듯이 (*Ricordi*, N. 29) 자유에 익숙한 이웃 공화국들을 억압해야 했다.

3) 그 대표적인 예를, 1452년 샤를 7세에게 파견된 사절에게 내린 훈령에서 볼 수 있다. Fabroni, *Cosmus,* Adnot. 107 수록.

4) Comines, *Charles* Ⅷ. chap. 10 : 이탈리아 사람들은 프랑스인을 성자와 같이 생각했다. chap. 17 도 참조. Murat, XXIV. Col. 5, 10, 14, 15에 수록된 *Chron. Venetum.* Matarazzo, *Cron. di Perugia, Arch. stor.* XVI. p.23. 이 밖에 무수한 문헌까지는 말하지 않겠다.

의 관계를 잘못 생각하고 있으며, 아주 보잘것없는 동기로 움직인다는 사실을 이해하기까지는 아주 오랜 시간이 걸렸다. 한편 민중과는 달리 제후들은 프랑스를 이용하고자 했다. 영불전쟁(백년전쟁. 1337~1453)이 끝나고, 루이 11세가 사방으로 외교망을 펼쳤으며, 부르고뉴의 샤를 대공이 어리석은 계획에 빠져 있었을 때, 이탈리아의 각 정부는 여러 방면으로 손을 뻗어 그들의 뜻을 받들었다. 따라서 나폴리와 밀라노에 대한 요구가 아니더라도, 프랑스의 간섭은 조만간 일어날 수밖에 없는 형세였다. 실제로 이러한 간섭은 제노바와 피에몬테[5]에서 오래전부터 진행되고 있었다. 베네치아 사람들은 1462년에 이미 이런 일이 닥치리라 예상하고 있었다.[6] 밀라노 공작 갈레아초 마리아 스포르차가 루이 11세뿐 아니라 샤를 대공과도 동맹을 맺은 탓에 부르고뉴 전쟁 중에 양쪽에서 공격을 받을 수 있다는 두려움에 사로잡혀 얼마나 불안에 떨었는지는 공작의 편지에 자세히 나타나 있다.[7]

로렌초 마니피코가 생각한 이탈리아 4대 국가의 세력균형[8]은 결국 피렌체의 불법적인 실험 정치나 교황당 맹신 등을 극복하고 최선의 상황이 오길 바라는 명랑한 낙천주의자의 요청일 뿐이었다. 로렌초 마니피코가 나폴리의 페란테와 교황 식스투스 4세를 상대로 전쟁을 벌일 때 루이 11세가 원군을 보내려 하자 로렌초는 이렇게 말했다. "나는 아직 온 이탈리아의 위험을 무릅쓰면서까지 내 이익을 앞세울 수는 없다. 바라건대 신이시여, 프랑스의 왕들이 자

---

5) 알프스산맥과 접해 있는 피에몬테에는, 평원지대에 아스티, 트리노 등 국제무역으로 번영하는 자치도시가 있고, 산악지대에는 몬페라토, 사보이아 같은 봉건제후가 세력을 떨치고 있었다. 이 여러 영주가 할거한 형세가 밀라노 공과 프랑스의 중개를 불러들여 프랑스에 이탈리아 간섭의 발판을 제공했다.

6) Pii Ⅱ. *Commentarii*, X, p.492.

7) Gingins, *Dépêches des ambassadeurs Milanais etc.* Ⅰ, p.26, 153, 279, 283, 285, 327, 331, 345, 359, Ⅱ, p.29, 37, 101, 217, 306. 샤를은 전에도 한 번 밀라노를 젊은 오를레앙 공 루이에게 주겠다는 말을 한 적이 있다.

8) 로렌초는 나폴리왕국에 대한 종주권을 회복하려는 교황의 야심과 그것을 둘러싼 여러 나라의 전쟁이 프랑스의 간섭을 유발할까 두려워했다. 그래서 피렌체, 밀라노, 나폴리, 베네치아가 동맹을 맺고 이탈리아의 세력균형을 유지해 평화를 얻고자 노력했다. 그러나 그가 죽은 뒤, 나폴리 왕과 밀라노 공 루도비코의 대립이 격화되어 샤를 8세에게 이탈리아원정의 길을 열어주었다.

신들의 힘을 이 땅에서 시험해 보려는 생각은 꿈에도 말게 해주소서. 그렇게 되면 이탈리아는 그야말로 파멸할 것입니다."[9] 이와 반대로 다른 이탈리아 군주들에게 프랑스 왕국은 공포를 주는 수단이자 공포의 대상이었다. 궁지에 몰렸을 때 탈출할 구멍이 보이지 않으면 그들은 언제나 프랑스 왕을 끌어들여 상대편을 위협했다. 게다가 교황들도 아무런 위험성 없이 언제든 프랑스를 이용할 수 있다고 믿었다. 교황 인노켄티우스 8세 역시 여차하면 북방으로 후퇴했다가 머잖아 프랑스군을 이끌고 정복자로서 이탈리아로 돌아올 수 있다고 생각했던 것이다.[10]

따라서 생각이 있는 사람들은 프랑스 왕 샤를 8세가 이탈리아를 침공하기 훨씬 전부터 외국의 침략을 예상하고 있었다.[11] 샤를 8세가 다시 알프스 너머로 회군했을 때 비로소 간섭의 시대가 시작되었음을 모두가 똑똑히 알게 되었다. 그 뒤로 불행이 꼬리를 물고 찾아왔다. 두 주요 간섭국인 프랑스와 에스파냐는 어느 틈에 근대적인 강국이 되어 이제 표면적인 복종만으로는 만족하지 못하고, 서로가 이탈리아에서 세력을 넓히고 영토를 확장하기 위해 목숨을 걸고 싸우는 지경에 이르렀다. 이탈리아 사람들은 그 사실을 너무 늦게 깨달았다. 두 나라는 중앙집권화한 이탈리아 여러 나라들을 닮아가기 시작했을 뿐 아니라, 엄청나게 큰 규모로 모방하고 있었다. 영토를 약탈하고 교환하는 책략이 한때 끝없이 판쳤다. 그러나 결국은 누구나 다 아는 바와 같이, 반종교개혁의 수호자로서 교황권마저 오랫동안 장악한 에스파냐의 전면적인 우세로 끝났다. 철학자들의 침통한 반성도 다만 야만인을 불러들인 자는 모두 비참한 최후를 맞이했음을 증명하는 데 그쳤다.

15세기에는 오스만튀르크와의 교섭도 아무런 거리낌 없이 공공연하게 이루어졌다. 이 또한 정치활동의 하나라고 인식한 것이다. 연대적인 '서유럽 그리스도교 세계'라는 개념은 이미 십자군 전쟁 중에도 이따금 흔들렸으며, 프리드리히 2세도 이런 관념에서 벌써 벗어나 있었던 듯하다. 그러나 동방세력의 새

9) Nicolò Valori, *Vita di Lorenzo.*
10) Fabroni, *Laurentius Magnificus,* Adnot, 205 이하. 그 교서에도 '신들의 마음을 돌리지 못하더라도 나는 하계(下界)의 아케론강의 흐름을 바꿀 수 있다'고 기록되어 있다.
11) 예를 들어 조비아노 폰타노는 《카론》 끝부분에서 통일국가를 기대하고 있다.

로운 진출[12]과 그리스제국의 고난과 몰락은 서유럽 국가들에 옛 감정(열의까지는 아니더라도)을 되살리게 했다. 그러나 이탈리아는 예외였다. 오스만튀르크에 대한 공포와 실제 위험이 매우 컸음에도 그 무렵 메메드 2세나 그 후계자와 손잡고 다른 이탈리아 나라를 위협하지 않은 군주국은 이탈리아에 하나도 없었다.[13] 그러지 않은 나라라도 상대국이 언젠가는 그런 짓을 저지르리라고 보았다. 그래도 이것은, 베네치아가 나폴리의 왕위 계승자 알폰소에게 베네치아의 저수지에 독약을 풀어 넣었다며 죄를 뒤집어씌운 것에 비하면 나은 편이었다.[14] 시지스몬도 말라테스타와 같은 악당에게는 튀르크인을 이탈리아로 불러들일 수 있으리란 것밖에 기대할 수 없었다.[15] 메메드에게 오트란토를 빼앗긴(1480년)—다른 이탈리아 나라들, 특히 베네치아가 선동한 것이라 전해진다[16]—나폴리의 아라곤 가문도 뒷날 튀르크 황제 바예지드 2세(1446~1512)에

---

12) 동방세력은 오스만튀르크를 말한다. 본디 카스피해 동쪽에 사는 유목민족이었으나, 13세기 이후 세력이 커지기 시작해 1308년부터 셀주크튀르크를 대신해 상권을 잡았다. 마케도니아, 불가리아, 세르비아 등이 치하에 있었으며, 메메드 2세(1430~81) 때에는 비잔틴제국을 멸했다.

13) 오스만제국이 지중해 동부로 진출하자 베네치아와 제노바처럼 동유럽 식민지에 상업근거지를 둔 나라가 큰 위협을 느끼고, 십자군 국가들과 협력해서 대항했다. 그러나 그리스도교 국가들 사이의 이해 대립이 연합을 방해했다. 동유럽이 오스만제국의 지배를 받게 되었을 때 이탈리아 나라들이 취한 대응책은, 저마다 오스만제국과 타협해 그들의 요구를 받아들이고 자국만 무역에서 편의를 얻는 것이었다. 1473, 77, 80년 오스만제국이 이탈리아에 상륙했을 때도 십자군이 교황의 세속권력을 강화할 것을 두려워하고, 오스만제국의 우세가 상대국에게 타격을 주는 것을 기뻐하면서 한데 뭉쳐 저항하지 못했다. 그들은 서로 대립하면서 이따금 오스만제국의 세력을 이용하는 길을 택했다.

14) Comines, Charles VIII. chap. 7. 알폰소가 전쟁 중 회담에서 적을 사로잡으려 한 내막에 대해서는 Murat, III, II. Col. 1073에 수록된 Nantiporto에 나타나 있다. 알폰소는 체사레 보르자의 진정한 선구자이다.

15) Pii II. Commetarii, X. p.492. 말라테스타는 겉치레 가득한 편지로(1463년?) 메메드 2세에게 베로나의 초상화가 마테오 파소를 추천하고, 전술서(戰術書)를 한 권 보내주겠노라 약속한다(Baluz, Miscell, III, 113 수록). 밀라노의 갈레아초 마리아가 1467년 베네치아에서 사절에게 한 얘기는 단지 허풍이었을 것이다. Malipiero, Ann. Veneti, Archiv, stor. VII, I, p.222. 보칼리노에 대해서는 1편 1장 마지막부분을 보라.

16) Porzio, Congiura de' baroni. 1. I, p.4. 로렌초 마니피코가 이 음모에 관여했다는 설은 믿기 어렵다. 그러나 베네치아가 오스만제국 왕을 부추겨 이런 일을 했다는 점은 의심할 여지가 없다.

게 베네치아를 공격하게 했다.[17] 루도비코 일 모로도 이와 똑같은 짓을 저질러 비난을 샀다. "튀르크인의 손에 살해된 자들의 피와 튀르크인의 포로가 된 사람들의 탄식이 일 모로에게 복수해달라고 신을 향해 부르짖는다"고 이 나라의 연대기작가는 말했다. 모든 정보에 훤했던 베네치아 사람들은 루도비코 일 모로의 사촌인 페사로 공작 조반니 스포르차(1466~1510. 루크레치아 보르자와 결혼)가 밀라노로 가는 오스만튀르크 사절단에게 숙소를 제공한 것까지도 알고 있었다.[18] 15세기의 교황들 가운데 가장 존경할 만한 니콜라우스 5세(재위 1447~1455)와 피우스 2세는 오스만튀르크에 관한 문제 때문에 마지막까지 마음 편히 눈감지 못했다. 특히 피우스 2세는 직접 진두에 서서 진격하려던 십자군 원정을 준비하다가 병으로 죽었다. 그러나 이와 반대로 두 사람의 후계자들은 튀르크를 정벌하기 위해 온 그리스도교 국가에서 모금한 기부금을 횡령했으며, 기부금을 내면 주는 면죄부를 자기 잇속을 채우기 위한 투기에 악용했다.[19] 교황 인노켄티우스 8세는 바예지드 2세에게서 연금을 받는 대가로 망명 중인 바예지드의 동생 젬[20]의 간수 노릇을 했다. 교황 알렉산데르 6세는 오스만튀르크의 베네치아 공격을 촉진하기 위해 콘스탄티노플에서 루도비코 일 모로의 계획을 지지했다가(1498년), 종교회의를 소집하겠다는 베네치아의 협박을 받는다.[21] 프랑수아 1세와 술레이만 2세[22] 사이에 체결된 악평 높은 동맹[23]도 결코 새롭거나 유례없던 일이 아니었다.

---

17) Murat. XXIV, Col. 14, 76에 수록된 *Chron. Venetum*.

18) Malipiero, a. a. O., p.565, 568.

19) Trithem, *Annales Hirsaug*. ad. a. 1490, Tom. II. p.535 이하.

20) 메메드 2세의 아들로 기구한 운명의 주인공. 형 바예지드 2세와 술탄 자리를 두고 다투다가 패하여 로도스섬의 요한기사단으로 피신해 니스, 로마, 나폴리를 전전했다. 교황은 그를 억류해 두는 대가로 바예지드에게서 4만 두카토의 연금을 받았다. 젬은 1495년 교황 알렉산데르 6세에게 살해되었다.

21) Malipiero, a. a. O., p.161. p.152 참조. 젬 공자를 샤를 8세에게 넘기는 부분은 p.145를 참조. Burcardus에 있는 서류가 위조라고 하더라도 알렉산데르와 바예지드 사이에 불명예스러운 편지가 오갔던 사실이 명백하게 드러났다.

22) 재위 1520~66. 그의 치하에서 튀르크는 가장 큰 영토를 확보하고 유럽 정국에도 개입한다.

23) 이탈리아 쟁탈을 둘러싼 프랑수아 1세와 막시밀리안 1세, 샤를 5세의 싸움에서 프랑스는 열세인 상황에서 독일과 에스파냐에 협공까지 당한다. 그러자 프랑수아는 전성기를 맞은 오스만제국의 술탄 술레이만 대제와 동맹을 맺었다.

이탈리아 주민 중에는 오스만튀르크로 넘어가는 것이 특별히 죄가 아니라고 여기는 사람들까지 생겨났다. 단지 압제하는 정부를 위협하는 수단일 뿐이라 하더라도 이것은 사람들이 이미 이런 생각에 물들기 시작했다는 증거가 된다. 바티스타 만토바노는, 벌써 1480년 무렵에 아드리아해 연안 주민 대다수가 자신들이 오스만튀르크에 넘어가리란 것을 예상했으며, 특히 앙코나가 그것을 바랐다고 노골적으로 암시했다.[24] 로마냐가 레오 10세 치하에서 압제로 매우 고통받을 때, 라벤나(로마냐 지방의 도시)의 한 대표가 교황의 특사인 추기경 줄리오 메디치에게 이렇게 말했다. "추기경님, 고귀한 베네치아공화국은 교회와 싸움이 일어날까 두려워 우리를 받아들이지 않습니다. 오스만튀르크군이 라구사에 온다면 우리는 그들에게 투항할 것입니다."[25]

이 무렵 이탈리아는 이미 에스파냐의 폭정에 시달리고 있었으나 덕분에 적어도 오스만튀르크의 야만스러운 지배를 피할 수 있었다는 생각은, 불행하더라도 나름 근거 있는 위로가 되었다.[26] 군주들이 분열해 나라를 다스리는 이탈리아는 자력으로 오스만튀르크의 지배를 면하기 어려웠을 것이다.

이런 사정을 모두 살펴본 뒤에 그 시절 이탈리아의 정치적 수완의 좋은 점을 들자면, 바로 갖가지 문제를 공포와 격정과 악의와 편견에 휘둘리지 않고 객관적으로 다루었다는 사실이다. 이곳에는 북유럽처럼 인위적으로 만들어진 권위에 따르는 봉건조직이 없었으므로 권력을 가지려고만 하면 누구나 가질 수 있었다. 또한 군주의 기분을 살피느라 추상적인 체면 문제와 그로 인한 야릇한 귀결들을 끝까지 고집하는 귀족도 없었다. 군주와 조언자들은 사태와 성취할 목적에 따라 행동한다는 점에서 똑같았다. 이용할 수 있는 사람과 동맹을 맺은 사람에 대해서는 그가 어디 출신이건 상대를 위축시키는 계급적인 거

---

24) Bapt. Mantuanus, *De Calamitatibus Temporum*. 2권 끝 부분에서, 바다의 정령 도리스가 오스만 함대를 위해 부르는 노래.

25) Tommaso Gar, *Relazioni della Corte di Roma*, I, p.55.

26) Ranke, *Geschichten der romanischen und germanischen Völker*. 튀르크인도 이탈리아에 오면 서구화되었을 것이라는 미슐레의 의견(Michelet, Réforme, p.467)에 나는 찬성할 수 없다―에스파냐의 사명은, 아마도 페르디난도 2세 가톨릭왕 함대의 부지아 점령을 축하하는 자리에서 1510년에 페드라 잉기라미가 율리우스 2세 앞에서 했던 축사에서 처음 암시되었을 것이다. Anecdota Litteraria II, p.419.

만함을 부리지 않았다. 출신을 전혀 문제 삼지 않았던 용병대장의 신분을 보면 실제적인 권력이 누구 손에 쥐어져 있는가를 잘 알 수 있다. 끝으로, 교양 있는 전제군주가 곧 정부이므로 그들은 자국 및 이웃 나라들의 국정을 북유럽 여러 나라와는 비교도 되지 않을 정도로 정확하게 꿰뚫어 보고, 우방국과 적국의 세력을 경제적·도덕적인 면에서 세밀하게 계산하고 있었다. 그들은 여러 중대한 과오를 범했음에도 타고난 통계가처럼 보이는 것이다.

이런 사람들과는 협상할 수 있었다. 또한 현실적인 근거를 들어 설득할 수도 있었다. 나폴리의 대(大) 알폰소(아라곤 가문)가 필리포 마리아 비스콘티의 포로가 되었을 때(1434년), 알폰소는 자기 대신 앙주 가문(프랑스의 백작 가문)이 나폴리를 지배하게 된다면 프랑스인을 이탈리아의 지배자로 받드는 격이라고 비스콘티를 설득했다. 그러자 비스콘티는 몸값도 받지 않고 그를 풀어주고 그와 동맹까지 맺었다.[27] 북방 군주라면 이렇게 행동하긴 어려웠을 것이다. 게다가 도덕적인 면에서 비스콘티를 따를만한 인물도 없었다. 또 로렌초 마니피코가 신의 없는 나폴리의 페란테(아라곤 가문, 페르디난도 1세)를 방문해 피렌체 사람들을 놀라게 한 이야기도, 사실적인 이유에 근거한 권력을 굳게 믿었음을 증명하는 유명한 사례이다. 페론에서 샤를호담공이 루이 11세에게 했던 것처럼(1468년), 강력한 군주를 구속해 이런저런 서명을 하게 한다든가 심한 모욕을 준 뒤 다시 풀어주는 일을 이탈리아 사람들은 어리석은 짓이라고 생각했다.[28] 그러나 페란테는 로렌초를 포로로 억류하고 싶은 유혹을 느꼈으며 또 그러지 못할 만큼 선량한 사람도 아니었다.[29] 그러므로 로렌초는 다시는 살아서 돌아가지 못하든가 아니면 빛나는 명예를 안고 귀환하든가 둘 중 하나였다. 이 무렵 특히 베네치아 사절들은 정치적인 설득술을 썼다. 알프스 북쪽 사람들은 이탈리아 사람들을 통해 처음으로 그것이 무엇인지 배웠던 것이다. 이 설득술은 인문주의자가 학교에서나 쓰는 수사학에 따라 공식 환영 연설을 하는 것

---

27) 특히 Corio, fol. 333. 스포르차에 대한 태도는 fol. 329 참조.

28) 코민은 이런 경우를 포함한 다른 수많은 사례에서 여느 이탈리아 사람 못지않게 객관적으로 관찰하고 판단했는데, 바로 그가 이탈리아 사람들, 특히 안젤로 카토와 교분을 맺고 있었기 때문이다.

29) Nic. Valori, *Vita di Lorenzo*. —Paul. Jovius, *Vita Leonis X*, L. I. 이 두 번째 책은 미사여구로 꾸미긴 했지만 확실한 자료에 의거한 내용이다.

과는 달랐다. 외교협상에는 여러 의례가 고도로 발달되어 있었지만 때로는 건실함과 소박함도 발휘되었다.[30] 《사절론》에 나타난 마키아벨리의 모습은 지금도 우리를 감동시킨다. 충분한 지령도 못 받고 보잘것없는 수당에 하급 대리인으로 대우받으면서도, 그는 자유롭고 고매한 관찰력과 정신으로 직관적인 보고를 하는 기쁨을 잃지 않았다.

이탈리아는 이때에나 그 뒤로나 정치적인 '지령'과 '보고'의 나라였다. 물론 다른 나라에서도 훌륭한 협상이 이루어졌지만, 일찍부터 수많은 기록을 남긴 나라는 오직 이탈리아뿐이었다. 공포에 떨던 나폴리 왕 페란테가 최후를 맞이하기 몇 주 전 폰타노가 교황 알렉산데르 6세의 내각에 보낸 전보(1494년 1월 17일)가 이런 공문서의 진면목을 보여준다. 더욱이 이것은 폰타노가 쓴 전보 가운데 하나로서 남아 있는 것이다.[31] 15세기 말과 16세기 초에 작성된 생생하고도 중요한 외교문서가 얼마나 많이 사장되었는지는 알 길이 없다. 이러한 이탈리아 사람들의 여러 상황 연구와 병행하여 이루어진 민중과 개인에 관한 연구는 다른 장에서 논하기로 한다.

---

30) 예를 들면, Malipiero, a. a. O., p.216, 221, 236, 237, 478 등 참조.

31) 이에 관한 Villari, *Storia di Savomarola*, vol. II, *Document*의 p. XLIII, 여기에는 이것 말고도 주목할 만한 정치적 서간들이 있다.—15세기 말에 관한 다른 자료는 특히 Baluzius, *Miscellamea*, ed. Mansi, vol. I에 있다.

8. 예술품으로서의 전쟁

어째서 전쟁까지도 예술품의 성질을 띠게 되었는지 여기서 간단히 짚고 넘어가겠다. 중세 유럽에서 전사 개개인의 교육은 그 시절 군사상의 범위 안에서 극도로 완성되어 있었으며, 축성과 공성술 분야에서 천재적인 발명가도 언제나 있었다. 그러나 전략과 전술은 병역의무의 성격이나 기간의 제약 및 귀족들의 명예욕 때문에 순탄하게 발달하지 못했다. 귀족들은 적을 앞에 두고 쓸데없이 선두를 다투거나 어리석은 만용을 부려 크레시 전투[1]나 모페르튀 전투[2] 같은 중대한 전투를 패배로 이끌었다.

반면 이탈리아에서는 일찍부터 이와 다른 용병제도가 시작되었다. 화약을 이용한 무기가 일찍이 발달한 점도 전쟁을 민주화하는 데 큰 도움을 주었다. 견고한 성곽도 포격 앞에서는 버티기 어려웠을 뿐만 아니라, 기술자와 대포 주조공과 포병의 숙련된 기술을 시민들이 전수받음으로써 이러한 능력이 중요하게 되었기 때문이기도 하다. 물론 사람들은 개개인의 가치가—규모는 작지만 완벽히 훈련된 이탈리아 용병대의 용맹함이—원거리에서 위력을 자랑하는 파괴 도구 때문에 침해당하는 것을 보고 애통해했다. 용병대장 가운데는 얼마 전 독일에서 발명된 소총[3] 도입을 결사반대한 이도 몇몇 있었다. 파울로 비텔리(1499년 사망. 피렌체의 용병대장)[4]는 대포를 정당한 무기로 인정해 사용하고 있었음에도, 포로로 잡은 적군 사격병들의 눈을 도려내고 두 손을 자르게 했다. 그러나 대부분의 사람들은 그 새로운 무기를 크게 환영하며 이용

---

1) 영국과 프랑스 사이에 벌어진 백년전쟁(1337~1453) 중의 결전. 1346년의 이 싸움에서 중무장한 프랑스의 기사단이 영국 에드워드 3세의 농민군에게 패했다.
2) 1356년 영국의 흑태자 에드워드가 프랑스의 장 2세를 무찌른 전투.
3) Pii II. *Commentarii* L. IV, p.190 ad a. 1459.
4) Paul. Jovius, *Elogia*. 자기 도서관에 인쇄본이 있는 것을 '부끄럽게 생각한' 우르비노의 페데리코가 떠오른다. Vespas. Fiorent 참조.

했고, 이로써 이탈리아는 요새 구축과 공격수단에서 온 유럽의 선구자가 되었다.

우르비노의 페데리코나 페라라의 알폰소 같은 군주들은 이 분야의 전문 지식을 몸에 익히고 있었다. 그에 비하면 독일 황제 막시밀리안 1세와 같은 사람의 지식은 피상적인 것에 지나지 않았다. 군사조직 전반에 대한 체계적인 학문과 기술이 처음 수립된 나라는 이탈리아였다. 이탈리아에서 처음으로 승패와 상관없이 정확한 군사전략 자체에서 기쁨을 느끼게 되는데, 이것이 바로 용병대장들의 빈번한 당파 갈아타기와 현실적인 행동방식에 꼭 어울리는 태도였다.

1451, 52년에 밀라노의 프란체스코 스포르차와 베네치아의 야코포 피치니노 사이에 전쟁이 일어났을 때, 문인 지안 안토니오 포르첼리오는 전쟁에 대한 보고서를 작성하라는 나폴리 왕 알폰소의 명을 받고 피치니노 사령부를 따라갔다.[5] 그 보고서는 순수하지는 않았으나, 유창한 라틴어로 쓰인 당시 인문주의자의 과장된 어투가 특징이며, 대체로 카이사르를 모방하여 군데군데 연설이나 기이한 징조를 끼워 넣었다. 그리고 100년 전부터 스키피오 아프리카누스[6]와 한니발 가운데 누가 위대한가에 대한[7] 문제가 진지하게 논의되어 왔으므로, 책 전체에 걸쳐 피치니노는 스키피오로, 스포르차는 한니발로 불리게 되었다. 또한 밀라노군에 대해서도 객관적으로 보고하라는 명을 받은 이 궤변가 포르첼리오는 스포르차와 함께 부대를 시찰하면서 모든 것을 입에 침이 마르도록 칭찬하며 자기가 본 것을 그대로 후세에 전하겠다고 약속했다.[8]

이 밖에도 이탈리아 문헌들은 전쟁 묘사나 전략 기록이 풍부해 전문가와 교양 있는 사람들에게 유용했다. 그러나 디볼트 쉴링의(1485년 사망. 베른의 연대기작가) 《부르고뉴전쟁》 같은 그 시절 북유럽의 보고서는 형식도 없이 사실만

---

5) Murat. XX에 수록된 *Porcellii commentaria Jac. Picinini*. 1453년의 전쟁에 대해 계속 보려면 같은 책 XXV 참조.
6) BC 235~BC 183. 고대 로마의 장군·정치가. BC 202년에 자마 전투에서 카르타고의 명장 한니발(BC 246~BC 183)을 격파하고 제2포에니전쟁을 종결시켰다.
7) 포르첼리오는 스키피오 아프리카누스를 스키피오 에밀리아누스라고 잘못 표기했다.
8) Murat. XXI, Col. 630에 수록된 Simonetta, *Hist. Fr. Sfortiae*.

크레시 전투(1346)　영국군과 프랑스군 사이에 일어난 전투. 이 전투를 시작으로 백년전쟁이 본격화했다.

나열한 단순한 연대기의 틀을 벗어나지 못했다. 사상 최고의 아마추어[9]이며 전술 면에서도 아마추어로 등장한 마키아벨리가 《전술론》을 집필한 것도 그 즈음이었다. 그러나 한 조 또는 여러 조의 전사들이 벌이는 장엄한 결투시합

---

9) 마키아벨리는 그 뒤로도 아마추어로 각인되었다. Bandello, Parte I, *Nov.* 40 참조.

에서는 전사 한 사람 한 사람의 개별 역량이 유감없이 발휘되었다. 이런 풍습은 유명한 바를레타 결투(1503년)[10]보다 훨씬 전부터 이루어지고 있었다.[11] 결투의 승자는 시인과 인문주의자의 찬사를 한몸에 받았는데, 북유럽에선 볼 수 없는 광경이었다. 이러한 결투의 결과는 이미 하느님의 심판이 아니라 개인의 승리였다. 그리고 참관자들은 손에 땀을 쥐게 하는 내기에 결말을 짓는 동시에, 군대 또는 국민의 명예에 대한 만족감을 얻었다.

이처럼 전쟁을 합리적으로 다루게 되면 경우에 따라서는 정치적 증오가 따르지 않더라도 단지 약탈행위를 허용한다는 약속만으로 무자비한 잔학행위가 벌어질 수 있었다. 스포르차가 자기 병사들에게 허용해야 했던 40일에 걸친 피아첸차의 약탈(1447년) 뒤 이 도시는 오랫동안 사람 그림자도 볼 수 없는 곳이 되어 끝내 사람들을 강제로 이주시켜야 했다.[12] 그러나 이런 비참함도 뒷날 외국 군대가 이탈리아에 초래한 참상에 비하면 아무것도 아니었다. 에스파냐 병사들이 특히 지독했는데, 아마도 그들에게 동방의 피가 섞여 있기 때문이거나 아니면 종교재판 모습에 익숙해져서 그들 내부에 잠자고 있던 악마적 본성이 해방되어 그런 행동으로 나타났을 것이다. 프라토와 로마를 비롯한 여러 곳에서 에스파냐 사람들이 보여준 잔학함을 아는 사람이라면 가톨릭 교도 왕 페르난도와 카를 5세에게 대단한 흥미를 느끼긴 어려울 것이다. 이 왕들은 자신의 군대가 광포함을 알면서도 그들을 풀어놓았다. 차츰 드러나는 산더미 같은 그들 정부의 서류는 중요한 역사적 자료가 될지 모르나, 누구도 거기서 생기 있는 정치사상을 찾으려고 하지는 않을 것이다.

---

10) 루이 12세의 프랑스군과 페르난드 1세의 에스파냐군이 나폴리왕국 분할을 둘러싸고 한창 싸울 때 일어났다. 1503년 포로로 잡힌 프랑스 병사가 이탈리아인을 겁쟁이라고 욕한 것이 발단이 되어 프랑스 병사와 이탈리아 병사가 각각 13명씩 나와 결투를 벌여 이탈리아 병사들이 승리했다.

11) 예를 들면, *Rer. Italicar Scriptores ex codd. Florent.* 2권 Col.690, *De obsdione Tiphernatium* 참조. 1474년에 일어난 아주 특색 있는 사건이 나와 있다.—1406년 갈레아초 곤차가와 부시코 장군이 벌인 결투는 Cagnola, *Arch. stor.* III, p.25 참조.—교황 식스투스 4세가 자기 근위병들의 결투를 얼마나 높이 샀는지는 인페수라가 말해준다. 그 이후의 교황들은 결투를 금하는 칙서를 발표했다. Sept. Decretal. V. Tit. 17.

12) 자세한 내용은 *Arch. Stor.* Append. Tom. V 및 스포르차의 군대가 잔인한 용병집단이라는 점을 상세하게 기록한 Baluz. *Miscell.* III, p.158의 서간 참조.

9. 교황권과 그 위험성

교황권과 교회국가[1]는 아주 예외적인 산물로, 이제까지 이탈리아 여러 나라의 특성을 서술하면서 부수적으로 그때그때 짚고 넘어가는 데 그쳤다. 이러한 국가에서 우리의 흥미를 자극하는 일반적인 특성, 곧 권력 행사 수단의 의식적 강화 및 집중을 오히려 교회국가에서는 찾기 힘들다. 교회국가에서는 세속적인 권력이 모자라면 종교상의 권력이 끊임없이 보충해주기 때문이다.

이러한 구조를 가진 교회국가가 14세기부터 15세기 초까지 얼마나 모진 시련을 견뎌내야 했던가. 교황권이 남프랑스의 아비뇽에 유폐되었을 때 처음에는 모든 것이 혼란스러웠다. 그러나 교황은 여전히 재력과 군대를 쥐고 있었으며 더불어 교회국가를 다시 완전히 제압한 위대한 정치가이자 장군인 에스파냐 사람 알보르노스[2]를 곁에 두고 있었다. 결정적인 붕괴 위기는 교황권이 분열돼 로마 교황과 아비뇽 교황 모두, 다시금 몰락한 교회국가를 평정할 만한 충분한 힘을 갖지 못했을 때 여력이 없던 시기에 찾아왔다. 그러나 교회가 통일된 뒤 교황 마르티누스 5세(재위 1417~31) 때 교회국가가 재건되었고, 그 뒤 교황 에우게니우스 4세 치하에서 그 위험이 되풀이된 뒤 또다시 교회국가를 평정했다.

교회국가는 이탈리아 여러 나라 사이에서 완전히 변칙적인 산물이었다. 로마시 안팎에서는 콜론나, 오르시니, 사벨리, 앙귈라라 같은 대귀족들이 교황권에 저항했다. 움브리아, 마르케, 로마냐에서는 일찍이 교황에게 충성을 바쳤어도 그에 대한 별 보답을 받지 못했던 도시공화국이 이제 거의 사라지고 없

---

1) 반드시 Ranke, Päpste, Bd. I과 Sugenheim, Geschichte der Entstehung und Ausbildung des Kirchenstaates를 참조하라.
2) 1310~67. 에스파냐의 성직자. 잔혹왕 페드로가 아비뇽으로 추방했다. 교황 특사로서 교회국가 회복에 힘쓰며 교황의 로마 귀환을 실현했다.

었다. 그 대신 크고 작은 군주국이 있었으나 그들의 복종과 충성은 아주 미미했다. 그들은 자력으로 존립하는 특별한 주권국가로서, 저마다 특정한 이해관계에 얽혀 있었다. 이 점에 관해서는 앞에서(1편 3장, 4장 참조) 이미 이 나라들의 중요한 점을 살펴보았었다.

그러나 교회국가에 대해서도 전체적으로 간단히 살펴보아야 한다. 15세기 중반부터 새로운 위기와 위험이 교회국가에 닥쳐왔다. 이탈리아 정치사상이 여러 방면에서 교회국가를 장악하고 자기 논리대로 끌고 가려 했기 때문이다. 이러한 위험 가운데 외국이나 민중에서 비롯된 것은 오히려 가벼운 축에 속했으며, 심각한 위험은 교황들의 마음속에 자리하고 있었다.

알프스 너머에 있는 외국은 일단 제쳐 두어도 좋다. 교황권이 이탈리아에서 아무리 치명적인 위협을 당하더라도, 루이 11세 치하의 프랑스나 장미전쟁 초기의 영국, 극심한 혼란에 빠져 있던 에스파냐, 바젤 종교회의를 열고도 허사로 만든 독일 역시 전혀 도와주지 않았을뿐더러 도와줄 수도 없었을 것이다.

이탈리아에서는 상당히 많은 지식인들과 무지한 자들이 교황권이 자국에 있다는 사실에 민족적 자부심을 느꼈다. 또한 수많은 사람들이 저마다의 특정한 이해관계 때문에 교황권이 그대로 존속하기를 바랐고, 셀 수 없이 많은 사람들이 여전히 교황의 축복과 정화력을 믿었다.[3] 그중에는 교황 알렉산데르 6세 아들(체사레 보르자)의 명령으로 교살되기 직전까지도 교황에게 면죄부를 애걸하던 비텔로초 비텔리와 같은 악인도 있었다.[4] 그러나 이런 여러 가지 상황

---

3) 교황 에우게니우스 4세가 피렌체에서 한 축성의식에 대한 인상은 Vespasiano Fiorent., p.18 참조.―교황 니콜라우스 5세가 집무를 볼 때의 위엄에 대해서는 Infesura(Eccard, II, Col. 1883, seq)와 J. Manetti, Vita Nicolai V.(Murat. III, II, Col. 923) 참조.―교황 피우스 2세에게 보인 경의에 대해서는 Diario Ferrarese(Murat. XXIV., Col. 205)와 Pii II. Comment. Passim, 특히 IV, 201, 204, XI, 562 참조. 전문 살인자들도 교황은 해치지 않았다.―허식을 좋아하는 교황 파울루스 2세(Platina, l. c. 321)와 식스투스 4세는 주요 집무를 아주 중요한 일로 취급했고, 식스투스 4세는 다리 통풍이 있는데도 앉은 자세로 부활절 미사를 집도했다.(Murat. XXIII., Col. 131에 수록된 Jac. Volaterran. Diarium). 특이하게도 민중은 축복의 마술적 효력과 축복을 내리는 사람이 그만한 자격이 안 된다는 점을 구별하여 생각했다. 1481년에 식스투스 4세가 승천절의 축성의식을 거행하지 못하자 민중은 불평하며 교황을 저주했다(Ibid. Col. 133).

4) Macchiavelli, Scritti Minori, p.142. 시니갈리아의 참사에 대한 유명한 논문. 에스파냐인과 프랑스인은 이탈리아 병사들보다 더 열심히 면죄부를 간청했다. Paul. Jov. Vita Leonis X. (L. II) 참

을 종합해도, 세상의 질투와 증오를 교묘하게 이용할 줄 아는 단호한 적의 손 아귀에서 교황권을 구출할 수는 없었을 것이다.

외부의 도움도 바라기 어려운 이때 교황권 내부에서 가장 큰 위험이 자라 났다. 교황은 본질적으로 세속적인 이탈리아 군주처럼 생각하고 행동했기 때 문에 군주국의 어두운 면도 자연스럽게 맛보아야 했다. 그러나 교황권의 고유 한 성질이 여기에 아주 특별한 그림자를 드리웠다.

먼저 로마시에 대해 말하자면, 예부터 교황들은 시민의 분노를 그다지 두려 워하지 않았다. 민중의 폭동으로 축출된 수많은 교황들은 늘 다시 돌아왔으 며, 로마 시민은 자기들의 이해관계에 따라 교황청의 존속을 바랄 수밖에 없 었기 때문이다. 그러나 로마에는 때때로 반교황적인 급진주의가 일어났을 뿐 만 아니라[5] 아주 중대한 음모에는 외부의 보이지 않는 손이 작용하기도 했다. 로마시에 가장 큰 이익을 남긴 교황 니콜라스 5세를 상대로 스테파노 포르카 리가 음모를 꾸몄을 때도 그랬다(1453년). 포르카리는 교황권을 완전히 무너트 릴 계획이었는데, 여기에는 이름은 알려지지 않았으나[6] 틀림없이 이탈리아 여 러 국가의 거물들이 가담하고 있었다. 같은 교황 치하에서 로렌초 발라[7]는 콘 스탄티누스 대제의 기증이 사실이 아님을 증명하는 유명한 연설을 끝맺으면

조. 라벤나의 전투가 시작되기 전 에스파냐 군대가 기쁨의 눈물을 흘리는 교황사절을 둘러 싸고 모여 면죄를 청하고 있다. 또한 밀라노에 있던 프랑스인의 모습 참조(같은 책).

5) 참다운 교황은 그리스도처럼 가난해야 한다고 믿었던 캄파냐의 이단자들은 단순한 발도파 사람들이었을 것이다. 그들이 교황 파울루스2세 시절에 구금된 모습은 Infessurs(Eccard II, Col. 1893), Platina, p.317 등에 나와 있다.

6) Murat. XXV., Col. 309 이하에 수록된 L.B. Alberti : De Porcaria Conjuratione. 포르카리는 "고위 성직자를 모조리 뿌리 뽑기"를 원했다. 저자는 이렇게 결론을 맺었다. "나는 이탈리아 사태가 어떻게 되었는지 알고 있고, 소동을 꾸민 사람이 누구인지 알고 있다." 저자는 그들을 "외부 에서 부추기는 자들"이라고 말하고, 포르칼리는 자기 범행의 후계자를 찾아낼 것이라고 생각 했다. 포르칼리의 공상은 콜라 리엔치의 공상과 비슷하다.

7) Lorenzo Valla(1407~57). 이탈리아의 뛰어난 인문주의자.《라틴어의 우아함에 관하여》같은 뛰 어난 저서를 남겼으며, 역사학적으로는 〈콘스탄티누스 기증장〉이 날조임을 문헌학적·역사학 적으로 실증했다. 〈콘스탄티누스 기증장〉은 콘스탄티누스가 개종할 때 그 시절 로마교황 실 베스테르(재위 314~335)에게 로마를 포함한 이탈리아와 그 이서 지역의 교권과 세속통치권을 기증한다는 내용의 증서이다. 8세기 중반에 위조된 것이었으나 중세에는 참된 것으로 믿고 비잔틴 황제권으로부터 로마교황의 독립과 세속 지배력을 주장하는 근거로 이용되었다.

서 교회국가의 조속한 세속화를 바란다는 말을 남겼다.[8]

교황 피우스 2세가 맞서 싸웠던(1459년) 카틸리나 같은 도당도[9] 자기들의 목적이 성직자 정치를 종결시키는 것임을 감추지 않았다. 그리고 그 우두머리 티부르치오는 그 목표가 그해에 이루어진다고 말한 예언자들에게 자기 죄를 돌렸다. 로마의 몇몇 유력자, 타란토 공작과 야코포 피치니노도 티부르치오의 후원자였다. 부유한 고위 성직자들의 저택에 어떤 약탈물이 기다리고 있었는지를 생각하면(그들은 특히 아퀼레이아의 추기경을 노렸다), 거의 무방비한 이 도시에서 이러한 기도가 더욱 자주 성공적으로 일어나지 않은 것이 오히려 이상할 정도이다. 교황 피우스 2세가 로마가 아닌 다른 곳을 거처로 삼은 데에도 까닭이 있었던 것이다. 파울루스 2세(재위 1464~71) 또한 진짜든 아니든 간에 이런 음모 때문에 극심한 공포를 느꼈다.[10] 교황권은 언젠가 이러한 습격에 항복하거나 아니면 그러한 도적 무리를 비호하고 키우는 유력자들의 당파를 힘으로 제압해야만 했다.

이 과제를 떠맡은 교황이 잔인한 식스투스 4세였다. 그는 먼저 콜론나당을 탄압한 뒤 로마와 그 주변을 완전히 장악한 첫 인물이었다. 그 덕분에 교황은 교황권과 이탈리아 정치에 그토록 대담하고 단호한 태도를 취하며 유럽의 불평과 종교회의의 협박을 무시할 수가 있었다. 필요한 자금은 성직매매로 조달했다. 따라서 성직매매가 느닷없이 무제한으로 증가했으며, 위로 추기경 임명에서부터 아래로 아주 사소한 은총이나 허가에 이르기까지 그가 두루 장악하고 있었다.[11] 식스투스 본인도 교황의 지위를 얻는 데 뇌물의 힘을 빌렸던 것이다.

모든 일을 돈으로 해결하려는 이러한 풍조가 언젠가 로마교황의 옥좌에 불행한 결과를 안겼지만 그것은 먼 뒷날의 일이었다. 이와 달리 족벌주의는 교황

---

8) "교황은 단지 그리스도의 대리인으로 그치고, 카이사르의 대리인이 되지 않기를…… 그러면 교황은 성스러운 아버지, 만인의 아버지, 교회의 아버지로서 사람들의 칭송을 받을 것이다."
9) Pii II. Commentarii IV, p.208 이하.
10) Platina, Vita Papar, p.318.
11) Battista Mantovano, De Calamitatibus Temporum, L. III. 아라비아인은 향을, 페니키아인은 자줏빛 도포를, 인도인은 상아를 판다. "우리에게는 성당도, 사제도, 제단도, 성물도, 왕관도, 성화도, 훈향도, 기도도 파는 물건이며, 천국과 신까지도 팔았다."

교황 식스투스 4세(재위 1471~1484) 교황권을 이탈리아의 한 국가권력으로 만든 교황이다. 〈식스투스 4세를 알현하는 문학자 플라티나〉 멜로초 다 포를리 작.

권 자체를 금방이라도 근본부터 한순간에 무너뜨릴 것만 같았다. 교황의 니포테(친인척)들 가운데 처음에는 추기경 피에트로 리아리오가 식스투스의 총애를 한 몸에 받았다. 그는 심한 사치와 배덕과 정치적 야심에 대한 무성한 소문으로 순식간에 온 이탈리아 사람들의 상상력을 증폭시킨 인물이었다.[12] 피에트로 리아리오는 밀라노 공작 갈레아초 마리아 스포르차와 교섭했다(1473년).

12) Murat. XX, Col. 943에 수록된 Annales Placentini 참조.

공작을 롬바르디아의 왕으로 만들어줄 테니 왕이 된 뒤 교황의 니포테인 그에게 자금과 군대를 지원하여 그가 로마로 돌아갔을 때 교황의 자리를 차지하도록 도와준다는 계획이었다. 식스투스는 가만히 있어도 그에게 자리를 물려줄 생각이었던 것 같다.[13] 교황의 자리를 세속화한 결과 교회국가의 세속화를 초래했을지도 모를 이 계획은 피에트로의 갑작스러운 죽음으로 실현되지 못했다. 두 번째 니포테인 지롤라모 리아리오(1488년 사망. 피에트로의 형제)는 세속적 신분에 머무를 뿐 교황의 자리는 탐내지 않았다. 그러나 지롤라모 이후 교황의 니포테들은 대군주가 되려는 야심으로 이탈리아의 불안을 고조시킨다. 이전에는 교황들이 자기 친척들의 이익을 위해 나폴리의 종주권을 주장한 적도 있었으나,[14] 교황 칼릭스투스 3세(재위 1455~58)가 이 일에 실패한 뒤로는 쉽게 넘보지 못하게 되었다. 지롤라모 리아리오도 피렌체 정복(그 밖에도 터무니없는 계획이 여럿 있었다)에 실패한 뒤로는 교회국가를 기반으로 한 지배권을 세우는 데 만족해야 했다.

이런 일은, 로마냐에서 영주들과 도시의 전제군주들이 교황의 통치권을 넘어설 만큼 세력을 키워가고 있었다든가, 혹은 로마가 개입하지 않았더라면 로마냐는 곧바로 스포르차와 베네치아 사람들에게 먹히고 말았을 것이라는 논리로 정당화했을지도 모를 일이다. 그러나 이러한 시대, 이 같은 상황에서 주권을 얻은 니포테와 그 후손들이 이제는 자기들과 아무 관계가 없는 교황에게 계속 복종하리라고 누가 보증할 수 있겠는가? 심지어 아직 살아 있는 교황조차 자기 아들이나 조카를 반드시 믿을 수 있었던 것은 아니며, 또한 전임교황의 니포테를 쫓아내고 자기 니포테를 그 자리에 앉히려는 유혹도 일었다. 이러한 상황이 교황권에 미친 영향은 가장 우려할 만한 것이었다. 모든 강제수단과 종교적인 강제수단까지도 아무 거리낌 없이 이유조차 분명치 않은 목적

---

13) Corio, Storia di Milano, fol. 416~420. 피에트로는 식스투스가 교황에 선출되도록 도왔다. Eccard, Scriptores, II, Col. 1895에 수록된 Infesura 참조. 이상하게도 이미 1496년에, 3년 이내에 사보나(1471년 선출된 식스투스의 고향)에서 구제될 것이라고 예언했다. Baluz. Miscell. III, p.181에 수록된 날짜가 적힌 편지를 보라. 마키아벨리의 《피렌체사》 7권에 따르면, 베네치아 사람들이 추기경 피에트로를 독살했다고 한다. 실제로 그들에겐 그럴 만한 이유도 있었다.
14) 이미 교황 호노리우스 2세도 빌헬름 1세가 죽은 뒤 1127년에 아폴리아를 '성 페트로의 것'이라며 압수하려고 했다.

에 이용되었고, 교황의 본디 사명보다도 이런 수상쩍은 목적이 우선시되었다. 그리고 세인의 격렬한 동요와 증오 속에서 이 목적이 이루어졌을 때 교황권의 몰락에 가장 큰 관심을 보이던 군주국이 만들어졌다.

교황 식스투스가 죽자 지롤라모는 아내의 친정인 스포르차 가문의 보호 아래 그가 빼앗은 포를리와 이몰라에서 어렵사리 지배권을 유지할 수 있었다. 식스투스가 죽은 뒤 열린 교황선거회의(1484년)—인노켄티우스 8세가 선출되었다—에서 교황권의 새로운 외적 보증이랄 수 있는 현상이 일어났다. 군주국의 왕자인 두 추기경, 나폴리 페란테왕의 아들인 아라곤가의 조반니와 밀라노의 루도비코 일 모로의 형제인 아스카니오 스포르차가 파렴치하게도 돈과 지위를 얻는 대신 지지를 약속했던 것이다.[15] 이리하여 적어도 나폴리와 밀라노의 두 왕가는 여러 이권을 얻음으로써 교황제도 존속에 관여했던 것이다. 이어서 다음 교황선거회의에서는 다섯 명을 뺀 모든 추기경이 매수되었다. 그때 아스카니오는 막대한 뇌물을 받았을 뿐만 아니라 다음 선거 때에는 자기가 교황이 되려는 야심까지 품었다.[16]

로렌초 마니피코도 자신의 메디치 가문이 빈손으로 밀려나지 않도록 신경을 썼다. 그는 딸 마달레나를 새 교황의 아들 프란체스케토 치보와 결혼시켰다. 이로써 자신의 아들이자 추기경인 조반니(뒤에 교황 레오 10세)가 여러 가지 종교상 편의를 누릴 수 있도록 기대하는 한편, 사위의 빠른 출세도 바랐다.[17] 그러나 후자는 불가능한 바람이었다. 교황 인노켄티우스 8세 때에는 국가를 세우려는 저돌적인 족벌주의가 일어날 수 없었다. 프란체스케토가 아버지 인노켄티우스 8세처럼 오로지 천한 의미의 권력을 누리고 특히 막대한 재산을 긁어모으는 데에만 정신이 팔린[18] 구제불능이었기 때문이다. 이들 부자의 잇

---

15) Fabroni : Laurentius Mag., Adnot. 130. 어느 밀사는 두 사람에 대해 이렇게 보고했다. "그들은 교황 선거가 열릴 때마다 이 궁정을 약탈했다. 정말 세상에서 보기 드문 악당들이다."

16) Corio, fol. 450.

17) Fabroni, Laurentius Magn. Adnot. 217 수록 및 Ranke, Päpste, I, p.45에 발췌되어 있는 로렌초의 아주 특색 있는 경고 서한 참조.

18) 그는 나폴리의 봉토에도 눈독을 들였다. 실제로 인노켄티우스는 완강한 페란테왕에게 대항하려고 다시 앙주 가문을 불러들였다. 이 문제에 대한 교황의 태도와 나폴리 영주들의 두 번째 반란에 대한 교황의 관여는 전반적으로 졸렬하면서도 불성실했다. 외국을 위협하는

속 채우기가 오래도록 이어졌더라면 국가까지 무너질 위험천만한 결말에 이르 렀을 것이다.

교황 식스투스가 종교상의 여러 은총과 직위를 팔아 돈을 모은 데 비해, 인 노켄티우스 부자는 세속적 은혜를 파는 일종의 은행을 설립했다. 여기에 돈 만 많이 내면 살인죄도 용서받을 수 있었다. 속죄금이 한 번씩 들어올 때마다 150두카토는 교황의 금고로 들어가고 그 나머지가 프란체스케토의 주머니로 들어갔다. 특히 이 교황의 마지막 몇 년 동안 로마에는 후원자가 있는 살인자 와 후원자가 없는 살인자가 들끓었다. 교황 식스투스가 즉위하여 서둘러 지배 하에 두었던 여러 도당들도 다시 활개치기 시작했다. 교황 인노켄티우스는 경 비가 삼엄한 바티칸에서 곳곳에 함정을 파놓고 돈을 낼 능력이 있는 범죄자 가 걸려들기를 기다리기만 하면 되었다. 그러나 프란체스케토의 머릿속에는 교황이 죽으면 어떻게 되도록 많은 재산을 가지고 도망갈 수 있을까 하는 문 제밖에 들어 있지 않았다. 한번은 교황이 사망했다는 오보를 듣고서(1490년) 프 란체스케토가 본심을 드러냈다. 교회의 재산을 하나도 남김없이 모조리 들고 도망치려 했던 것이다. 그러나 주위의 저지를 받자 오스만튀르크의 왕자 젬만 이라도 데려가려고 했다. 그는 나폴리 페란테에서 비싼 값에 팔 수 있는 살아 있는 재산이었기 때문이다.[19]

이미 흘러간 시대의 정치적 가능성을 점치기란 아주 어려운 일이다. 그러나 우리는 로마가 이런 부류의 교황을 2대, 3대 더 참아낼 수 있었을까 하는 의문 을 떨쳐버릴 수 없다. 여행자와 순례자뿐 아니라 로마 황제 막시밀리안의 사절 단까지도 로마 근교에서 바지까지 털렸고, 숱한 사절들이 로마시에 발도 들이 지 못한 채 되돌아갔다. 이 지경까지 사태를 악화한 것은 신앙심 깊은 유럽에 서조차 결코 현명한 처사가 아니었다.

이러한 정세는 재능을 타고난 교황 알렉산데르 6세(재위 1492~1503, 보르자 가 문 출신)의 가슴속에 불타던 권력 향유에 대한 개념과는 모순되는 것이었다. 그가 가장 먼저 단행한 조치는 공공질서 회복과 모든 급료를 정확하게 지불 하는 일이었다.

그의 난폭함에 대해서는 이 책 1편 7장 참조.
19) 특히 Eccard, Scriptores, II에 수록된 Infessura 참조.

엄밀히 따지자면 이탈리아 문화를 논하는 이 책에서 알렉산데르 6세는 그냥 넘어가도 좋을 사람이다. 보르자 가문(에스파냐계 이탈리아인)은 나폴리 왕가와 마찬가지로 이탈리아 혈통이 아니기 때문이다. 교황 알렉산데르와 아들 체사레는 공공연하게[20] 에스파냐어로 이야기했으며, 딸 루크레치아는 페라라에서 영접받았을 때 에스파냐 옷을 입고 에스파냐 어릿광대들의 노래를 들었다. 심복 종들도 에스파냐 사람이며, 1500년의 전쟁에서 악명을 떨친 체사레의 군대 또한 에스파냐 사람들로 이루어져 있

교황 알렉산데르 6세(재위 1492~1503)

었다. 그의 교수형 집행인인 돈 미켈레토와 독약 제조사 세바스티아 핀손(크레모나 출생으로 추정)도 같은 에스파냐 사람이었던 것 같다. 체사레는 온갖 일로 바쁜 와중에도 한 번은 사방을 둘러친 정원에서 사나운 소 여섯 마리를 에스파냐 투우 기술로 찔러 죽인 일도 있었다. 그러나 이 가족에 이르러 절정에 달한 것처럼 보이는 부패는 사실 로마에 이미 만연해 있는 상태였다.

보르자 가문이 어떤 사람들이었으며 무슨 짓들을 했는지는 많은 기록에서 쉽게 볼 수 있다. 그들이 맨 처음 세웠으며 실제로 도달한 목표는 바로 교회국가의 완전한 지배였다. 그 때문에 약소한 군주들은 모두[21]—정도의 차이가 있

---

20) 그러나 보르자 가문 사람들이 자신들의 혈통이 로마에 속해 있음을 자랑스럽게 여긴 점은 짚고 넘어가야 한다. 체사레는 이탈리아 대학에서 공부했으며, 알렉산데르 6세와 루크레치아는 이탈리아 문학과 문화를 열심히 육성했다.

21) 볼로냐의 벤티볼리오 가문과 페라라의 에스테 가문은 예외. 에스테 가문은 교황 가문과 억지로 인척관계를 맺게 된다. 루크레치아 보르자를 공자 알폰소 에스테에게 출가시켰기 때문이다.

지만 대개는 교회에 반항적인 신하들이었다 — 추방되든가 멸족당하든가 했다. 로마시에서는 두 기둥을 이루는 교황파 오르시니 가문과 황제파 콜론나 가문이 몰락했다. 거기에 이용된 수법이 너무도 지독했기 때문에 만약 돌발사건(아버지와 아들이 동시에 독을 마신 것. 아버지는 죽고 아들만 살아남았다. 병에 걸렸다는 설도 있다)이 사태를 180도 바꿔놓지 않았더라면 교황권은 틀림없이 몰락했을 것이다.

교황 알렉산데르는 유럽의 도덕적 분개에 그다지 신경 쓸 필요가 없었다. 그는 인접국가에 공포를 불러일으켜 복종을 강요할 수 있었고, 외국 군주들은 쉽게 설복되었으며, 루이 12세는 온 힘을 다해 알렉산데르를 돕기까지 했다. 게다가 유럽 주민들은 중부이탈리아에서 무슨 일이 일어나고 있는지 짐작조차 하지 못했다. 이런 뜻에서 정말로 위험했던 유일한 순간, 즉 샤를 8세가 코앞까지 진군해 왔던 위기(1494년의 이탈리아 침공)는 뜻밖에 운 좋게 넘어갔다. 그러나 그때에도 교황권 자체는 문제삼지 않고, 알렉산데르를 밀어내고 더 뛰어난 교황을 앉히려는 시도만 있었다.[22] 끊임없이 교황권을 압박하며 점점 크게 불어나는 위험은 알렉산데르 자신과 그의 아들 체사레 보르자에게 있었다.

아버지 알렉산데르는 강인하고 화려한 천성이 권세욕·물욕·정욕과 잘 어우러진 인물이었다. 그는 즉위한 첫날부터 권력과 영화를 누리는 데 필요한 것이라면 남김없이 찾아다녔고, 그 목적을 달성하기 위해서라면 수단을 가리지 않았다. 그가 교황선거를 위해 지불한 금액 이상을 우려내리란 것,[23] 성직을 샀을

---

22) Corio (fol. 479)에 따르면, 샤를은 종교회의를 열어 교황을 폐위한 다음 프랑스로 데려갈 생각이었다. 더구나 이 계획을 나폴리에서 돌아갈 때에야 시행할 작정이었다. Benedictus : Carolus VIII I. (Eccard, Scriptores, II, Col. 1584 수록)을 보면, 샤를은 나폴리에서 교황과 추기경들이 그의 새 왕위를 인정하지 않자 '이탈리아의 주권과 교황 자리를 움직여 보려고' 했지만, 곧 알렉산데르에게 개인적인 굴욕을 주는 것으로 만족하기로 했다. 그러나 교황은 틈을 보아 재빨리 도망쳤다.—그 뒷이야기는 Pilorgerie, Campagne et bulletines de la grande armée d'Italie 1944~1495(Paris, 1866, in 8)에 자세히 실려 있으며, 각 순간마다 알렉산데르의 위험 정도도 나와 있다(p.111, 117 등). 돌아가면서도 샤를은(p.281) 교황에게 아무런 해를 입히지 않았다.

23) Corio, fol. 450. Malipiero, Ann, Veneti, *Arch. stor.* VII, I, p.318. 보르자 가문이 얼마나 큰 탐욕에 빠져 있었는지는 Malipiero, a. a. O.. p.565를 참조하라. 교황의 한 니포테는 교황 사절로 베네치아에 가서 성대한 환영을 받고 면죄부를 배포해 막대한 돈을 벌었다. 그의 수하들은

때보다 훨씬 비싼 금액으로 팔린 것을 세상 사람들은 다 알고 있었다. 더구나 알렉산데르는 부(副)서기관과 다른 여러 직책에 근무했던 덕에 쓸 만한 돈줄에 대해 교황청의 어느 직원보다도 더 잘 알고 있었고, 남보다 뛰어난 사업수완을 발휘해 운용하는 방법도 알고 있었다. 1494년에는 로마에서 성직매매에 대해 설교한 제노바 출신 카르멜회 수도사 아다모가 온몸에 스무 군데의 상처를 입고 침대에서 살해당한 채 발견되었다. 교황 알렉산데르는 거액을 받지 않고는 단 한 사람의 추기경도 임명하지 않았다.

그러나 시간이 흐르면서 교황이 아들 체사레의 지배를 받게 되자 폭력 수단은 완전히 악마 같은 성격을 띠었고, 이것이 다시 필연적으로 목적에 영향을 미쳤다. 로마 귀족들과 로마냐 군주들을 상대로 한 싸움에서는 그 비열함과 잔인함이 나폴리 아라곤 왕가 덕분에 익숙해진 정도를 넘어섰으며, 기만하는 능력도 그들보다 뛰어났다. 특히 체사레가 아버지인 교황을 고립한 방법은 말할 수 없이 섬뜩했다. 그는 매제든 형제든 친척이든 신하든 교황의 총애를 받거나 그들의 지위 때문에 자신이 불리하다 싶으면 망설임 없이 죽였다. 교황 알렉산데르는 체사레 앞에서 언제나 공포에 떨었기 때문에, 자신이 누구보다 사랑하던 아들 간디아 공작 살해에도 동의해야 했다.[24]

그렇다면 체사레가 가슴 깊이 품었던 계획은 무엇이었을까? 그가 통치권을 장악했던 마지막 몇 개월 동안, 다시 말하면 그가 시니갈리아에서 용병대장을 살해하고 사실상 교회국가의 지배자가 되었을 때(1503년)조차 그의 측근들은 아주 조심스럽게 말했다. 체사레 공작은 오직 교회를 위해 도당과 전제군주를 제압했으며, 공작이 자신을 위해 가진 것은 고작해야 로마냐의 통치권뿐이

돌아오는 길에 닥치는 대로 도둑질했는데, 무라노에 있는 한 교회 제단에서 금으로 장식한 옷감까지 훔쳤다.

24) 이러한 사실은 Panvinio(Contin. Platinae, p.339)에 수록되어 있다. "형 체사레의 음모로 살해되었다…… 아버지는 이 범행을 묵인했다." 틀림없이 믿을 만한 증언이며, 이에 비하면 조반니 스포르차에게 죄를 돌린 말리페에로나 마타라초의 기술은 신빙성이 떨어진다. 알렉산데르가 받은 깊은 충격도 그가 공범임을 암시한다. 테베레강에서 사체를 끌어올린 것을 보고 산나차로는 다음과 같이 말했다.

6세여, 우리는 그대를 사람 낚는 어부라고 생각한다.

보라, 그대는 그대의 아들을 그물로 낚았노라.

다, 더욱이 성가신 오르시니와 콜론나 가문을 제거했으니 오히려 후대 교황들에게 감사를 받아야 할 것이라고 말이다.[25] 그러나 이것이 체사레의 궁극 목표라고 믿은 사람은 아무도 없었을 것이다. 이미 교황 알렉산데르는 베네치아 사절과 교섭할 때 베네치아에 아들 체사레를 보호해주길 부탁하며 다음과 같이 속내를 내비쳤다. "나는 언젠가는 교황권이 아들 체사레 아니면 베네치아 공화국에 넘어가도록 힘쓸 것이다."[26] 체사레는 베네치아가 원하는 사람이 교황이 되어야 하며, 이 최종 목적을 위해서는 베네치아 추기경들이 하나로 단결해야 한다고 덧붙여 말했다. 이것이 자신을 두고 한 말인지 아닌지는 알 수 없지만, 어쨌든 그에게 교황 자리에 오르려는 뜻이 있었음은 그의 아버지의 말로 충분히 입증되었다. 더 구체적인 내용은 루크레치아 보르자를 통해 알 수 있다. 페라라 공작부인인 그녀가 발설한 내용이 에르콜레 스트로차(1473~1508. 시인)의 몇몇 시에 나타나 있다. 먼저 여기서도 교황권에 대한 체사레의 생각이 나타나 있는데,[27] 구절 사이사이에 온 이탈리아를 지배하고자 하는 그의 야망이 드러나 있다.[28] 그리고 마지막에는 체사레가 세속의 지배자로서 큰 뜻을 품고 있으며 추기경 자리에서 물러난 것도 그 때문임을 암시하고 있다.[29] 사실 체사레가 알렉산데르 사후에 교황으로 선출되건 안 되건 간에 그는 틀림없이 어떤 희생을 치르더라도 교회국가를 확보하려 했을 것이며, 그가 지금까지 저지른 온갖 악행으로 미루어 만일 교황이 되었더라도 오랫동안 교회국가를 장악하진 못했으리란 점은 의심할 여지가 없다. 누군가가 교회국가를 세속화한다

---

25) Macchiavelli, Opere, ed. Milan, Vol. Ⅴ. p.387, 393, 395. 발렌티노 공작에게 보낸 사절 편.

26) Tommaso Gar, Relazioni della Corte di Roma, Ⅰ, p.12에 있는 P. Capello의 보고를 그대로 인용하면 다음과 같다. "교황은 이 세상의 어떤 군주보다도 베네치아를 존경한다. 따라서 베네치아 시의회가 자기 아들을 보호해주길 바랐으며, 교황권이 그의(suo) 것이나 우리 공화국의 것이 되도록 규정을 만들겠다고 했다." 여기서 suo는 체사레를 가리킨다고 보아야 할 것이다.

27) Strozzii Poetae, p.19. 에르콜레 스트로차의 〈사냥(Venatio)〉에 "……운명의 여신이 그의 3중관(교황관)을 질투한다"고 나와 있다. 그리고 체사레의 죽음을 기리는 애도시에는 "일찍이 그는 아버지 왕좌의 고귀한 명예를 바랐노라"라는 구절이 있다(p.31 이하).

28) 같은 책에서 유피테르는 이렇게 약속했다. "언젠가는 알렉산데르의 자손이 이탈리아에 법을 공포하고 황금시대를 불러올 것이다."

29) 같은 책. "보다 높은 영광을 바라며 신성한 지위를 물러쳤노라."

바티칸을 떠나는 체사레 보르자　교황 알렉산데르 6세의 서자로, 정치권력에 매달렸던 야심 많고 사악한 기회주의자였다. 마키아벨리는 그를 이상적인 군주 모델로 예시했다.

면 바로 체사레가 그렇게 했을 것이고,[30] 또 그가 교회국가를 계속 지배하려면 그 수밖에 없었을 것이다. 이런 추측이 틀리지 않다면, 교회국가의 세속화야말로 마카아벨리가 이 대역 죄인을 논할 때 은밀한 호의를 보인 본질적인 이유일 것이다. 마키아벨리는 체사레만이 '상처에서 칼을 뺄 수 있다'고 믿었다. 다시 말해 체사레만이 온갖 간섭과 이탈리아를 분열시키는 근원인 교황권을 절멸시킬 수 있다고 보았던 것이다. 체사레의 속마음을 꿰뚫어보았다고 생각한 음모자들은 토스카나 왕국에 대한 희망을 선명하게 그려서 보여주었지만, 체사레는 멸시하는 태도로 이를 물리쳤던 것 같다.[31]

---

30) 널리 알려진 바와 같이 체사레는 알브레 가문 출신의 프랑스 공주와 결혼하여 딸을 하나 낳았다. 그는 어떤 방법으로든 왕조를 창설하려고 했을 것이다. 그러나 아버지가 머지않아 죽을 것이라고 예상하면서도 그가 추기경 자리를 다시 차지할 준비를 한 사실은 알려지지 않았다(Macchiavelli, a. a. O. S. 285).

31) Macchiavelli, a. s. O. S. 334. 시에나와 형편에 따라서는 토스카나 전체를 점령할 계획이 이미 서 있었으나 아직 때가 무르익지 않았다. 프랑스의 동의가 필요했던 것이다.

그러나 체사레의 말과 행동에 대한 여러 전제에서 나오는 논리적 결론은 아마 아무 소용이 없을 것이다. 왜냐하면 프리틀란트의 발렌슈타인 공작처럼 그 역시 애당초 초자연적인 독창성을 타고나지 못했기 때문이 아니라, 그가 사용한 방법들이 처음부터 끝까지 아주 일관된 그의 행동방식과 일치하지 않았기 때문이다. 체사레의 지배에 종지부를 찍은 그 우연한 사건(독살 사건)이 없었더라도, 그의 악행에서 도리어 교황권을 구제할 수 있는 길이 열렸을 것이다.

체사레가 교회국가의 모든 중간지배자를 몰락시킴으로써 얻은 것이 오로지 세상 사람들의 호감뿐이라 해도, 또 1503년에 그의 드높은 기세를 따르던 군대—이탈리아에서 가장 우수한 사병과 장교 그리고 군사 기술자인 레오나르도 다 빈치—가 그의 앞날을 밝히는 희망의 증거라 해도, 도저히 합리적이라고 수긍할 수 없는 점들이 여전히 남아 있었다. 따라서 그 시대 사람들과 마찬가지로 우리 또한 판단을 내리기가 무척 어렵다. 특히 체사레가 보유하고 지배할 생각으로 점령한 국가를 약탈하고 학대한 일은 이해할 수 없다.[32]

교황 알렉산데르 재위 만년의 로마와 교황청의 상태도 합리적이지 않기는 마찬가지였다. 이들 부자가 공식적인 추방자 명단을 함께 작성했건[33] 제각기 살해 결정을 내렸건 간에, 이 보르자 가문의 두 사람은 자기들에게 걸림돌이 되거나 탐나는 유산을 가진 자는 모조리 없애버리는 데에 힘썼다. 돈이나 동산(動産)은 그다지 중요하지 않았다. 교황에게 훨씬 이익이 되었던 쪽은 문제가 된 성직자의 종신연금이 끊기는 것, 관직이 공석일 경우 생기는 수당과 그 자리를 새로이 팔 때 들어오는 수익을 챙기는 것이었다. 베네치아의 사절 파올로 카펠로는 1500년에 다음과 같이 보고했다.[34] "로마에서는 밤마다 주교나 고위 성직자들이 네댓 명씩 살해된다. 로마 사람들은 체사레 공작에게 살해될지도 모른다는 두려움에 떨고 있다." 체사레는 밤이 되면 호위병을 거느리고

32) Macchiavelli, a. a. O.. S. 326, 351, 414. Matarazzo, Cronaca di Perugia, *Arch. stor.* XVI, II. p.157, 221 : "체사레는 자기 병사들이 전시보다 평상시에 더 많은 것을 얻을 수 있도록 민가에 마음대로 머물 수 있기를 바랐다."

33) Pierio Valeriano, De infelicitate Literat의 Giovanni Rehio 관련 대목.

34) Tommaso Gar, a. a. O., S. 11.

공포로 물든 거리를 돌아다녔다.[35] 로마 황제 티베리우스(재위 BC 42~AD37)처럼 추악해진 자기 얼굴(체사레는 얼굴에 성병 때문에 생긴 종양이 있었다고 한다)을 대낮에 드러내길 꺼려 했기 때문이 아니라 전혀 모르는 사람을 죽여서라도 광포한 살인욕구를 채우기 위해서였다. 여기에는 믿을 만한 충분한 증거가 있다. 이런 참담한 상황에 절망을 느낀 시민들은 1499년 교황의 수많은 호위병을 습격해 살해하기도 했다.[36]

이 교황 부자는 공공연하게 폭력으로 살해할 수 없는 사람은 독약으로 죽였다. 조금 신중해야 한다고 생각될 때에는 하얗고 맛이 좋은 가루약을 썼다.[37] 이 독약의 효과는 곧바로 나타나는 것이 아니라 서서히 진행되었기 때문에 모든 요리나 음료에 몰래 섞어 넣을 수 있었다. 교황 알렉산데르는 오스만튀르크의 왕자 젬을 샤를 8세에게 넘기기 전(1495년)에도 그에게 그 독약을 탄 음료를 마시게 했다. 그리고 교황 부자도 마지막에는 어느 부유한 추기경—아마도 코르네토의 아드리안일 것이다—에게 먹이려고 만들어둔 독이 든 포도주를 잘못 마시고 죽었다. 공식 교황사 편찬자인 오노프리오 판비니오(1529~68)는 알렉산데르가 독살한 세 추기경(오르시니, 페라리, 미키엘)의 이름을 든 뒤 체사레가 맡은 네 번째 추기경(조반니 보르자)을 넌지시 암시했다.[38] 그 시절 로마의 부유한 고위 성직자 가운데 독살 의혹에 휩싸이지 않고 죽은 이는 아주 드물었을 것이다. 이러한 독은 지방도시에서 은거하며 조용히 살아가는 학자들에게도 거침없이 들이닥쳤다. 그러나 교황의 신변에도 드디어 나쁜 조짐이 드리워지기 시작한다. 일찍이 번개와 돌풍이 성벽과 거실을 파괴하여 그를 놀라게 한 적이 있는데, 1500년에[39] 똑같은 현상이 되풀이되자 사람들은 너나없이

---

35) Paulus Jovius, Elogia, Caesar Borgia. Ralph. Volaterranus의 Commentarii urbani 22권에는, 교황 율리우스 2세 치하에서 아주 신중하게 기록된 알렉산데르의 성격 묘사가 실려 있다. 거기에는 "고귀한 도시 로마도 이미 고문실로 전락해 버렸다"고 적혀 있다.

36) Murat. XXIV, Col. 362에 수록된 Diario Ferrarese.

37) Paul. Jovius, Histor. Ⅱ, fol. 47.

38) Panvinius, Epitome Pontificum, p.359. 뒷날의 율리우스 2세 독살 미수 사건은 363쪽을 보라. Sismondi Ⅷ, 246에 따르면 교황이 오랫동안 모든 비밀을 털어놓았던 심복인 카푸아의 추기경 로페스도 이와 같은 죽임을 당했다. 사누토(Ranke, Päpste, I. S. 52. Anm)에 따르면 베로나의 추기경도 그렇게 죽었다.

39) Prato, Arch. stor. Ⅲ, p.254. (Baluz, Miscell. Ⅳ, p.518에 수록된 Attilius Alexius 참조)

'악마의 장난'이라고 생각했다.

이 소문은 많은 순례자들이 모인 1500년의 로마기념제를 통해[40] 유럽 여러 나라로 널리 퍼진 것 같다. 또한 면죄부 판매를 통한 파렴치한 착취가 세간의 눈을 더욱 로마로 집중하게 했을 것이다.[41] 귀국하는 순례자들 말고도 흰옷을 입은 이상한 참회자들(흰 천으로 온몸을 감싼 광신자들 무리)도 이탈리아에서 북유럽으로 갔다. 그 가운데는 변장하고 교회국가에서 빠져나오는 망명자들도 있었는데, 그들도 잠자코 입을 다물고 있지는 않았을 것이다.

그러나 유럽 여러 나라의 분개가 얼마나 오래 지속되고 얼마나 더 드높아져야 교황 알렉산데르에게 직접적인 위험이 생길지 누가 예측할 수 있었으랴. 판비니오는 다른 책에서 이렇게 말했다.[42] "만약 교황이 자기 아들을 위한 원대한 계획을 이루는 도중에 급사하지 않았더라면, 그는 아직도 살아 있는 부유한 추기경이나 고위 성직자들을 살해하여 그 유산을 차지했을 것이다."

또한 아버지가 임종하던 순간 아들 체사레 역시 반죽음 상태로 병상에 누워 있지 않았더라면 그가 무슨 일을 저질렀을지 누가 알겠는가? 그가 모든 수단을 다 동원한 끝에 독약으로 적당히 숫자를 줄인 추기경들에 의해 교황으로 선출되었더라면, 특히 프랑스 군대도 곁에 없던 시기에 교황으로 뽑혔다면, 그 교황선출회는 어떤 회의가 되었을까? 이런 공상을 펼치다 보면 우리의 상상력은 곧바로 끝없는 심연으로 떨어지고 말 것이다.

그러나 현실에선 교황 피우스 3세(재위 1503년 9월 12일~10월 18일)를 선출한 비밀회의가 열렸고, 피우스 3세가 오래지 않아 죽자 이어 율리우스 2세가 선출되었다.

율리우스 2세의 사생활이 어땠는지 간에 그는 본질적인 면에서 교황권의 구원자였다. 그는 숙부인 교황 식스투스 4세 때부터 역대 교황 치하에서 일어난 여러 사건을 세밀히 관찰해왔다. 그리하여 교황 권위의 진정한 기반과 조건에 대해 깊은 통찰을 얻었으며, 그것에 맞춰 자신의 통치 방향을 잡고 확고부

---

40) 그리고 교황에게 엄청난 착취를 당한 기념제를 통해. Murat. XXIV, Col. 133에 수록된 Chron. Venetum 참조.

41) Anshelm, Berner Chronik, III, Seite 146~156. Trithem, Annales Hirsaug. Tom. II, p.579, 584, 586.

42) Panvin. Contin. Platinae, p.341.

동한 정신으로 통치에 힘을 쏟
았다. 불미스러운 절충이 없진
않았지만, 그는 성직매매를 하
지 않고 모두의 갈채를 받으며
성 베드로 성당의 옥좌에 앉았
다. 그리하여 적어도 고위성직
을 사고파는 행위는 완전히 자
취를 감추게 되었다.

교황 율리우스에게도 총애
하는 신하가 있었다. 그 가운데
는 쓸모없는 인물도 있었지만,
그는 어느 특별한 행운 덕에 족
벌주의에서 벗어날 수 있었다.
율리우스의 동생 조반니 델라
로베레가 우르비노 가문의 상
속녀이자 몬테펠트로 가문의

교황 율리우스 2세(재위 1503~1513)

마지막 인물인 귀도발도의 누이와 혼인했던 것이다. 이 부부 사이에서 1491년
태어난 아들 프란체스코 마리아 델라 로베레(재위 1508~38)는 우르비노 공국의
정당한 후계자인 동시에 교황의 조카(니포테)였다.

율리우스는 정무를 통해 얻었건 출정으로 얻었건 일단 자기에게 들어온 것
은 모두 자랑스럽게 교회에 바치고 집으로는 가져가지 않았다. 그는 붕괴 직전
까지 갔던 교회국가를 완전히 평정하고 여기에 파르마와 피아첸차까지 더하
여 후임에게 넘겨주었다. 페라라까지 교회령에 넣지 못한 것은 결코 그의 책임
이 아니었다. 그는 성 안젤로 성에 상비해 둔 70만 두카토를 다음 대의 교황 말
고는 어느 누구에게도 넘기지 말라고 성지기에게 단단히 일러두었다. 교황 율
리우스는 추기경을 비롯한 로마에서 죽은 모든 성직자들의 유산을 아무 거리
낌 없이 상속했으나[43] 단 한 사람도 살해하거나 독살하지는 않았다. 율리우스

---

43) 고위 성직자들이 생전에 호화로운 무덤을 만든 까닭은 이 때문이었다. 그래야 교황에게 조
금이라도 덜 빼앗기기 때문이다.

가 스스로 전장에 섰던 것도 그로서는 어쩔 수 없는 일이었으며, 그 무렵의 이탈리아에서는 무척이나 적합한 처사였다. 먼저 기선을 제압하지 않으면 제압당하는 시대, 최고 기득권보다도 개인의 실력이 힘을 발휘하는 시대였기 때문이다.

율리우스는 평생 '야만인을 추방하라'고 힘주어 외치면서도 에스파냐인이 이탈리아에 눌러앉는 데 가장 크게 공헌했다. 그것이 교황권과는 아무 상관없으며 오히려 유익한 일이라고 생각했기 때문일까. 어쨌든 교회에 방자한 생각만 품는 이탈리아의 군주들에 비해 에스파냐 왕실은 교회에 변함없는 경의를 표했으니 말이다.[44]

아무든 노여움을 참지 못하고 진정한 호의는 절대 숨기지 않았던 이 강인하고 독창적인 인물은 전체적으로 그의 지위에 가장 바람직한 '두려운 교황'이라는 인상을 심어주었다. 그는 비교적 양심에 거리끼는 것 없이 로마에 종교회의를 소집함으로써 온 유럽에 팽배했던 반교황파의 종교회의 요구에 당당히 도전했다. 이런 지배자에게는 자신의 방침을 나타내기에 충분한 위대한 상징이 필요했다. 율리우스는 성 베드로 성당 신축을 그 상징으로 보았다. 브라만테가 설계한 그 성당은 아마도 모든 통일적 권력의 최대 표현이라 할 수 있을 것이다. 이 밖에 다른 예술에서도 이 교황의 모습과 생각은 가장 찬란한 형태로 남아 있다.

그 무렵 라틴 시인들까지도 그의 전임자들에게 한 것과는 전혀 다른 정열로 교황 율리우스를 찬미했다는 점도 주목할 만하다. 추기경 아드리아노 다 코르네토가 쓴 〈율리우스 2세의 여행〉 막바지에도 교황의 볼로냐 입성 모습이 특별하고 화려한 필치로 묘사되어 있다. 조반 안토니오 플라미니오는 그의 아름다운 비가에서,[45] 교황의 자리에 있는 이 애국자에게 이탈리아를 지켜달

---

44) 페르난드 카톨릭 왕이 교황의 뜻에 따라 추방당한 아라곤 왕가의 방계 사람들을 다시 나폴리 왕위에 앉히기로 결심한 것을 율리우스가 정말로 바랐는지 여부에 대해서는 조비오의 증언(*Vita Afonsi Ducis*)에도 불구하고 아주 의심스럽다.

45) 이 두 시는 Roscoe, *Leone X.* ed. Bossi, IV, 257, 297에 실려 있다.―1511년 8월, 교황 율리우스가 몇 시간 동안 의식을 잃어 죽은 줄 알았을 때 가장 고귀한 가문의 불온한 자들―폼페오 콜론나와 안티모 사벨리―은 '민중'을 곧장 카피톨리노 언덕으로 불러 모아 교황 지배를 타도를 종용했다. 귀차르디니가 그의 책에서 지적했듯이 "민중의 반란으로…… 마음껏 복수하

라고 기도했다.

교황 율리우스는 라테라노 대성당에서 열린 종교회의에서 발표한 날벼락 같은 교회헌장을 통해[46] 교황선거 때의 성직매매를 금지했다. 그가 죽은 뒤 (1513년) 돈 욕심이 많은 추기경들은, 새로 교황에 선출된 사람이 이제껏 받아온 성직록과 직책을 추기경들이 고루 나눠 갖는다는 합의안을 제안해 그 금지령에서 벗어나고자 했다. 그 제안이 통과되었더라면 그들은 성직록을 가장 많이 받는 추기경—가장 무능한 라파엘로 리아니오—을 뽑았을 것이다.[47] 그러나 자유주의적 교황을 바란 젊은 추기경들이 들고 일어서 이 한심스러운 결탁을 타파하고 조반니 메디치라는, 그 유명한 레오 10세를 선출한다.

교황 레오 10세는 르네상스 전성기를 다룰 때마다 자주 이야기되는 인물이다. 여기서는 그의 치하에서 교황권이 다시 안팎으로 큰 위험에 직면했다는 점만 짚고 넘어가겠다.

추기경 페트루치, 반디넬로 데 사울리, 리아리오, 코르네토 등의 모반(1517년)은 위험 축에도 들지 않았다. 이런 음모는 고작해야 교황을 교체하는 것으로 끝나기 때문이다. 레오 쪽에서도 31인의 추기경을 새로 임명하는 미증유의 방식으로 대비책을 마련해두고 있었다. 게다가 이 방법으로 진정한 공적에 어느 정도 보상이 이루어졌으므로 제법 좋은 효과를 가져왔다.[48]

하지만 진짜 위험은 교황 레오 10세가 즉위한 뒤 첫 2년 동안 걸어온 길에 있었다. 레오 10세는 진지하게 절충하여 형제인 줄리아노에게 나폴리 왕국을, 조카인 로렌초에게는 밀라노·토스카나·우르비노·페라라를 포함한 북부이탈리아의 거대 왕국을 안겨주려고 힘썼다.[49] 교회국가가 이런 식으로 에워싸이면 메디치 가문의 속령이 될 것이 뻔했고, 그렇게 되면 굳이 교회국가를 세속화

려는" 속셈이었다.

46) *Septimo dicretal.* L. I. Tit. 3, Cap. 1~3.

47) *Arch. stor.* VI. 297에 수록된 Franc. Vettori.

48) 게다가 Paul. Lang., *Chronicon Citicense*에 따르면, 그 방식은 레오 10세는 금화 50만 굴덴의 수익을 얻었다고 한다. 프란체스코 수도회(총재도 같이 추기경이 되었다)에서만도 금화 3만 굴덴을 지불했다.

49) Franc Vettori, a. a. O., p.301. —*Arch. stor.* append. I, p.293 이하.—Roscoe, *Leone X.* ed. Bossi VI, p.232이하.—Tommaso Gar, a. a. O., p.42.

할 필요도 없었을 것이다.[50]

그러나 이 계획은 일반적 정치 정세 때문에 무산되고, 줄리아노는 일찍 죽었다. 그래도 교황 레오는 로렌초에게 땅을 주려고 우르비노 공작인 프란체스코 마리아 델라 로베레를 추방하려 했으나, 이 전쟁은 끝없는 증오와 빈곤만 야기했다. 로렌초마저 1519년에 죽자,[51] 레오는 고생 끝에 겨우 정복한 땅을 교회에 넘겨야 했다. 자발적으로 바쳤더라면 영원한 명예를 얻었을지도 모를 일이었지만 그는 울며 겨자 먹기로 한 것이다. 또한 레오 10세가 페라라의 알폰소에게 맞선 일이나 몇몇 약소한 전제군주와 용병대장들에게 실제로 했던 일들은 결코 그의 명성을 높일 만한 것이 아니었다. 더욱이 이 사건들은 모두 유럽 여러 왕들이 해마다 이탈리아 영토를 두고 벌이던 정치적 도박에 익숙해지던 무렵에 일어난 일이었다.[52] 수십 년 동안 자국 내에서 세력을 무한히 키워온 그들이 언젠가는 교회국가까지 넘보지 않으리라고 누가 확신할 수 있겠는가? 교황 레오도 1527년에 벌어질 큰 파국의 서막을 겪어야 했다. 1520년 끝자락, 교황군에게 격퇴당하긴 했으나, 에스파냐 보병 부대 몇이—아마도 자발적으로—단지 교황을 약탈하기 위해[53] 교회국가 변경에 나타난 것이다. 교권 제도의 부패를 질타하는 여론도 전보다 더욱 급속히 늘어, 미란돌라의 소 피코[54] 같은 선견지명 있는 사람들은 열심히 개혁을 부르짖었다. 그러는 사이 루터가 이미 등장한 상황이었다.

교황 하드리아누스 6세 치하(재위 1521~1523)에서도 몇몇 소심한 개혁을 이루었으나 독일의 대운동에 비하면 이미 늦은 감이 있었다. 교황 하드리아누스는 성직매매, 족벌주의, 낭비, 절도 등 지금까지의 악행과 문란해진 풍기에 혐오감

---

50) 이런 견해와는 반대로 F. Nitti는 레오 10세의 정책이 교회의 재정을 튼튼히 하고 도덕적 독립성을 보호하기 위한 것이었다고 주장한다. (*Leone X. e la sua politica*. Flor 1892)

51) Ariosto, *Sat.* VI. vs. 106. "그대들은 모두 죽으리라. 그리고 레오도 이어서 죽을 운명이다."

52) 그 한 가지 추측이, 1518년에 추기경 비비에나가 파리에서 보낸 전보에 들어 있다(*Lettere de' Principi* I, 46 수록).

53) Franc. Vettori, a. a. O., p.333.

54) Roscoe, *Leone X.* ed. Bossi, VIII. p.105에, 피코가 1517년 피르크하이머에게 보낸 연설이 실려 있다. 피코는 레오 치하에서도 악이 선을 이길지 모른다며 두려워했고, "그대가 전쟁준비를 하기도 전에 우리 종교의 적들이 그대를 향해 전쟁을 시작했다는 말을 들을까 봐" 걱정했다.

을 표시하는 데 그쳤다. 루터파에서 오는 위험이 어마어마하리라는 예상도 하지 못했다. 그러나 베네치아의 총명한 관찰자 지롤라모 네그로는 로마시에 닥쳐올 무서운 재난을 예언했다.[55]

교황 클레멘스 7세(재위 1523~34)가 다스리는 로마의 지평선은 이따금 이 도시의 늦여름을 엉망으로 만드는 회색 시로코 열풍과도 같은 먹구름으로 뒤덮여 있었다. 교황은 나라 안팎에서 미움을 받았다. 생각이 깬 사람들은 근심이 끊이지 않았고,[56] 한편 거리나 광장에서는 은자가 나타나 이탈리아와 나아가 세계의 멸망을 예언하고 교황 클레멘스를 적그리스도라 부르며 설교했다.[57] 콜론나 가문의 당파도 대담한 기세로 들고 일어섰다. 감당하기 힘든 추기경 폼페오 콜론나는 존재 자체가 교황권에 끊임없는 재난이었다.[58] 그는 교황 클레멘스가 살해되든가 포로로 잡히기만 하면 카를 5세의 도움을 빌려 교황이 되겠다는 야심에 들떠 로마를 습격했다(1526년). 교황 클레멘스가 성 안젤로 성에 피신할 수 있었던 것은 로마로서는 결코 행운이 아니었다. 그러나 그가 이렇게 살아남아서 맞이한 운명은 죽음보다도 가혹한 것이었다.

강자에게만 허용되고 약자에게는 파멸을 초래하는 일련의 배신행위를 저지른 끝에 교황 클레멘스는 부르봉과 프룬츠베르크가 지휘하는 독일—에스파냐군의 진격을 초래했다(1527년).[59] 카를 5세의 정부가 교황 클레멘스에게 호된 징벌을 내리려 한 점은 물론, 급료를 받지 못한 카를 5세의 용병대가 얼마

---

55) *Lettere de' Principi*, I. Rom, 1523년 3월 17일. "여러 정황으로 볼 때 로마는 바늘 끝에 서 있는 것처럼 아주 위험합니다. 하느님이시여, 바라옵건대 우리가 아비뇽이나 바다 끝까지 달아나야 하는 일이 없게 해주옵소서. 제 눈에는 이 성직자 국가의 붕괴가 바로 앞에 닥친 듯 보입니다…… 하느님께서 돕지 않으시면 우리는 끝장입니다."

　교황 하드리아누스가 독살되었는지의 여부는 Blas Ortiz, Itinerar. Hadriani(Baluz. Miscell. ed. Mansi I, p.386 fg.)로는 판단할 수 없다. 재난은 일반적인 전제이다.

56) Negro, a. a. O., 1526년 10월(정확히는 9월) 24일과 11월 9일, 1527년 4월 11일.

57) Varchi, *Stor. Fiorent.* I, 43, 46.

58) Paul, Jovius : *Vita Pomp. Columnae.*

59) 프랑스의 프랑수아 1세는 파비아전투에서 카를 5세의 포로가 되어 밀라노와 나폴리에 대한 요구권을 포기하기로 서명하고 간신히 풀려난다(1525년). 이에 황제권이 너무 강대해질 것을 두려워한 클레멘스 7세는 1526년 5월 베네치아, 피렌체, 밀라노, 프랑스와 동맹을 맺고 카를에 대항했다. 이것이 황제의 분노를 일으키고, 황제군은 5월 7일부터 8일 동안 약탈과 파괴를 마구잡이로 자행해 한창 무르익어가는 르네상스의 중심지 로마시를 폐허로 만들었다.

나 난폭해질지 예측할 수 없었던 것도 분명한 사실이었다.[60] 상대가 로마라는 점이 알려지지 않았다면 독일의 이 무급 모병은 실패했을지도 모른다. 카를 5세가 부르봉에게 보낸 지령서, 그것도 비교적 관대한 내용의 문서가 어디선가 발견되더라도 거기에 한눈파는 역사연구가는 없을 것이다. 교황과 추기경이 카를의 병사들에게 살해되지 않은 것은 가톨릭교도이자 황제인 카를에게 행운이었다. 만약 살해되었더라면 이 세상 어떤 궤변가도 카를을 변호할 수 없었을 것이다. 이름도 없는 수많은 시민이 살해되고, 살아남은 사람들도 고문과 인신매매로 유린당한 점을 보면 '로마 약탈(Saco di Roma)'에서 어떠한 참사가 일어났었는지를 충분히 짐작할 수 있다.

카를은 또다시 성 안젤로 성으로 피신한 교황 클레멘스에게 막대한 돈을 우려내고도 그를 나폴리로 보내려 했다고 한다. 그러나 클레멘스는 오르비에토(이탈리아 중부 움브리아 지방의 도시)로 도망갔는데, 이는 에스파냐의 묵인 없이 저지른 일이라고 한다.[61] 카를이 한때나마 교회국가의 세속화를 고려했는지(모든 사람이 이를 각오하고 있었다),[62] 혹은 영국 헨리 8세(재위 1509~47)의 항의로 이 계획을 중지했는지는 영원한 수수께끼로 남을 것이다.

그러나 카를이 실제로 그럴 생각을 했다 하더라도 결코 오래가지는 않았을 것이다. 황폐해진 로마에서 기독교적이면서도 세속적인 부흥정신이 일어난 것이다. 이를 가장 먼저 예감한 사돌레토 추기경은 이렇게 기록했다.[63]

우리의 고난으로 하느님의 분노가 풀리고, 이 가혹한 형벌이 우리에게 더 나은 도덕과 법률의 길을 열어준다면 우리가 당한 불행도 세상에서 가장 큰 불행은 아니었을 것입니다…… 하느님께 속한 일은 하느님이 하실 것입니다. 어떤 무력으로도 빼앗을 수 없는 더 나은 삶이 우리를 기다리고 있습니다. 우리는 오직 모든 성직자의 진정한 영광과 우리의 참된 위대함과

60) Ranke, *Deutsche Geschichte*. II, 375 ff.
61) Varchi, *Stor. Fiorent*. II. 43.
62) Ranke, *Deutsche Geschichte*. II, S. 394, Anm. 사람들은 카를이 수도를 로마로 옮길 것이라고 믿었다.
63) 1527년 9월 1일 카르팡트라에서 사돌레토가 교황에게 보낸 편지. *Anecdota litt*. IV, p.355.

힘을 하느님 안에서 구하는 데에 행동과 사상을 바쳐야 할 것입니다.

사실 이 위태로웠던 1527년 이래 사태는 크게 호전해 진솔한 의견에 다시 사람들이 귀를 기울이게 되었다. 그러나 그동안 입은 피해가 너무도 심각해 로마는 교황 파울루스 3세 치하에서도 다시는 레오 10세 시대의 화려하고 타락한 옛 모습을 재현할 수 없었다.

그토록 깊은 수난에서 허우적댄 교황권에 대해 한편으로는 정치적이고 다른 한편으로는 종교적인 동정이 쏟아졌다. 각국의 왕들은 자신들 가운데 누구 하나가 교황의 특별간수 역할을 하는 것을 참지 못했다. 그래서 그들은 교황의 해방을 목적으로 아미앵조약을 맺었다(1527년 8월 18일).[64] 이로써 그들은 적어도 황제군의 행동으로 생겨난 원한을 자신들에게 이롭게 이용할 수 있었다. 이때 황제는 에스파냐에서 지독한 곤경에 빠져 있었다. 고위 성직자와 귀족들이 알현할 때마다 강경하게 항의를 해댔기 때문이다. 상복을 입은 성직자와 고관들의 대규모 단체 알현이 다가오자 카를 황제는 수년 전 진압한 코무네로스반란[65]과 같은 불상사가 다시 일어나지나 않을까 두려워한 나머지 알현을 금지해 버렸다.[66] 황제는 이 이상 교황을 학대할 수 없었을 뿐 아니라, 모든 대외정책을 무시하고서라도 자신이 모욕한 교황권과 반드시 화해해야 했다. 사실 황제는 자기와 다른 길을 제시했을지도 모를 독일의 여론과 전반적인 사회 정세는[67] 거의 신경 쓰지 않았다. 어느 베네치아 사람이 말한 바와 같이, 황제

---

64) '로마 약탈'에서 교황 클레멘스 7세를 굴복시킨 카를 5세는 교황에게서 세속적 지배권과 가톨릭교회 주재자로서 지닌 보편적 권위를 빼앗고, 그를 단지 로마의 지방 총대주교로 삼기 위해 종교회의를 소집했다. 그러자 영국과 프랑스 등 카를의 세력이 우세해질 것을 염려한 여러 왕들은 카를이 교황을 포로로 억류하는 한 어떤 종교회의에도 응하지 않기로 아미앵에서 맹세했다.

65) 1520~21. 카를 5세(에스파냐 왕으로는 1세)의 절대주의 지배에 대항해 에스파냐에서 일어난 자치도시(코무니다드)의 반란. 코무네로스란 자치도시 시민이란 뜻.

66) *Lettere de' Principi*, I, 72. 1527년 12월 10일 부르고스에서 카스틸로네가 교황에게 보낸 편지.

67) 로마교황의 보편적 권위를 부인하고 그를 로마의 지방 주교로 삼자는 주장, 교황의 세속지배권과 교회재산을 몰수하자는 신교도적 주장, 황제를 로마의 주인으로 삼음으로써 제국통일의 기반을 튼튼히 하자는 기벨린당의 주장 등이 독일에서 일어났다. 특히 그 무렵 독일에서는 1517년 루터가 일으킨 종교 개혁 움직임이 널리 사회의 공감을 얻고 있었다. 카를 5세

는 로마 약탈에 양심의 가책을 느껴서[68] 교황의 집안인 메디치 가문이 피렌체를 영구히 지배하도록 보증하는 조건으로 교황과의 화해를 서둘렀는지도 모른다. 그리고 교황 클레멘스의 니포테이며 피렌체의 새 공작인 알레산드로 메디치는 황제의 서녀와 결혼했다.

그 뒤 황제 카를은 종교회의 개최를 무기로 삼아 교황권을 실질적으로 자기 세력 아래 두고 교황을 압박하는 동시에 보호할 수 있었다. 그러나 교회국가 최대의 위험인 교회의 세속화, 교황과 그의 니포테 때문에 생기는 내부적 해악을 수세기에 걸쳐 제거한 것은 독일의 종교개혁이었다. 종교개혁 덕분에 로마 원정(1527년)이 가능했을 뿐 아니라 성공할 수 있었고, 교황권은 '세속적인 탐닉'을 떨치고 일어나 반종교개혁의 선두에 서서 다시금 정신적인 세계 권력의 대표자가 될 수 있었다. 이리하여 교황 클레멘스 7세의 만년부터 파울루스 3세, 파울루스 4세(재위 1555~59)와 그 후계자들의 치하에서 유럽의 절반이 교회에서 떨어져나가는 가운데 완전히 새롭게 부흥한 성직제도가 성장하게 된다. 이 성직제도의 주요 활동은 교황 일가 내부에 깃든 모든 위험한 불상사, 특히 국가를 창립하려는 족벌주의를 피하고[69] 카톨릭의 여러 군주들과 연합해 새로운 종교적 추진력에 힘입어 잃어버렸던 세력을 되찾는 일이었다. 이 제도는 오직 이탈한 세력에 대항하기 위해 존재하며 그렇게 이해되어야 한다. 이런 의미에서 교황권은 도덕적으로는 불구대천의 적에게 구원받았다고 해도 결코 지나친 말이 아니다. 그리고 그 정치적 지위도 에스파냐의 끊임없는 감시 아래 있었다고는 하나 침범할 수 없을 만큼 강고해졌다. 교황권은 신하인 에스테가의 정계와 델라 로베레 가계가 끊기자 아무 힘도 들이지 않고 페라와 우르비노 공국을 상속했다. 만약 종교개혁이 없었다면—그러한 가정을 할 수 있다면—교회국가는 이미 오래전에 세속의 손아귀에 들어갔을지도 모른다.

가 황제로 즉위하는 데 크게 공헌한 작센 선제후는 루터의 보호자를 자처하기도 했다.

68) Tommaso Gar, *Relaz. della Corte di Roma* I, 299.

69) 파르네제 가문은 다소 성공했고, 카라파 가문은 몰락했다.

10. 이탈리아의 애국자

마지막으로, 이러한 정치 상황이 국민의 정신에 어떤 영향을 주었는지 간단히 살펴보겠다.

14세기에서 15세기에 걸친 이탈리아의 불안정한 정세는 당연히 지조 높은 애국자들의 불만과 반항심을 불러일으켰다. 단테와 페트라르카[1]는 이미 범이탈리아주의를 선언하며 여기에 모든 노력을 기울여야 한다고 목소리를 높였다. 물론 이것은 단지 소수 지식인의 열광적 사상일 뿐 대다수의 국민은 관여한 바 없다고 이론을 제기할 수도 있다.

그러나 그 무렵 독일은 적어도 명목상으로는 통일국가였으며 공인된 원수인 황제가 있었음에도 사정은 이탈리아와 별 차이가 없었다. 중세 연애시인이 노래한 시 몇 편을 제외하면 독일을 찬미한 작품이 문학사에 처음 등장한 것은 막시밀리안 1세 때 인문주의자들에 의해서였다.[2] 더욱이 그것도 이탈리아 연설을 흉내 낸 듯한 투였다. 그럼에도 독일은 로마시대 이래 어느 시기의 이탈리아와도 비교가 되지 않을 정도로 일찍부터 하나의 민족을 형성하고 있었다. 프랑스는 주로 영국과의 싸움을 통해 민족적 통일의식에 처음으로 눈떴고, 에스파냐는 거의 2세기 동안이나 동족인 포르투갈조차 흡수하지 못했다.

이탈리아에서는 교회국가의 존재와 그 존립 조건이 통일을 이루는 데 걸림돌이 되었으며, 이것을 제거하기란 거의 불가능했다. 그럼에도 그 뒤 15세기 정치적 동요의 시대에 여기저기서 통일 조국을 염원하는 기운이 열정적으로 일

---

1) Petrarca : *Epist. Fam.* I, 3. p.574. 여기서 페트라르카는 자기가 이탈리아 사람으로 태어난 것을 신에게 감사한다. 더불어 1367년에 저술한 *Apologia contra cuiusdam anonymi Galli calumnias*, p.1068 참조.

2) 특히 Schardius, *Scriptores* 1권에 수록된 Wimpheling, Basel 등이다. 또한 그보다 조금 전시대의 Felix Fabri(*Hist. Suevorum*)와 조금 뒷시대의 Irenicus(*Germaniae exegesis*, 1518)를 추가할 수 있다.

어났지만, 대체로 같은 이탈리아에 속한 다른 국가를 괴롭히는 데 지나지 않았다.[3] 민족 감정에 부르짖는 진지하고도 비통한 호소는 16세기가 되어서야 다시 들려오지만, 때는 이미 늦었다. 프랑스와 에스파냐가 침략한 뒤였던 것이다. 한 지방에 국한된 애국심은 민족 감정을 대표할 수는 있어도 그것을 대신할 수는 없다.

---

3) 많은 예 가운데 하나로, Malipiero, *Ann. Veneti. Arch. stor.* VII, I, p.427에 수록된 1496년 베네치아 총독이 피사에 관한 일로 피렌체의 사절에게 보낸 답신이 있다.

제2편
개인의 발전

1. 이탈리아 국가와 개인

이탈리아인이 일찍부터 근대적 인간으로 성장한—유일하지는 않아도—가장 유력한 이유는 공화국과 전제국을 막론한 이탈리아 국가들의 성격 때문이다. 이탈리아인이 근대 유럽인의 맏이가 된 까닭도 바로 여기에 있다.

중세에는 인간 의식의 양면—외부 세계로 향하는 면과 인간 내부로 향하는 면—이 하나의 공통된 베일 밑에서 꿈꾸거나 반쯤 깬 상태로 있었다. 이 베일은 신앙과 어린애 같은 편집과 망상으로 짜여 있어서 세계와 역사는 이 베일을 통해 보면 이상한 빛깔로 비쳤다. 그리고 인간은 다만 종족·국민·당파·단체·가족으로서 혹은 그 밖의 어떤 일반적인 형태로만 자기를 인식했다.

이 베일이 가장 먼저 걷힌 나라가 이탈리아이다. 이탈리아는 국가와 이 세상 모든 사물을 객관적으로 보고 처리할 수 있게 된 것이다. 이와 더불어 주관적인 면도 온 힘을 다해 고개를 들면서 인간은 하나의 정신적 개체[1]가 되고, 자기를 개인으로서 인식하게 된다. 옛날 그리스인이 다른 야만인보다 뛰어나고, 개성적인 아라비아인이 종족의 구성원에서 여전히 벗어나지 못하는 다른 아시아인보다 우수한 것과 마찬가지이다. 이러한 결과에 이탈리아의 정치 상황이 가장 크게 기여했음을 증명하는 일은 그다지 어렵지 않다.

이미 오래전부터 이탈리아에서는 독자적인 개성이 발달해 있었다. 이런 현상은 같은 시대의 북유럽에서는 전혀 없거나 또는 있어도 그다지 드러나지 않았다. 리우트프란드[2]가 묘사한 10세기의 대담한 범죄자 무리나, 교황 그레고리

---

1) 개성의 완성이 비교적 높은 단계 및 최고 단계에 이르렀음을 뜻하는 'uomo singolare(특별한 인간)', 'uomo unico(유일한 인간)'이라는 표현에 주목하라.

2) Liutprand(922?~972). 이탈리아 파비아 출신의 문학자·역사가. 880년부터 950년까지의 이탈리아 역사를 기록한 《보복기(報復記)》와 콘스탄티누스 12세의 궁정 방문기인 《사절행(使節行)》 등의 주요 저서가 있다.

우스 7세(재위 1073~85) 시대의 두세 사람들, 초기 호엔슈타우펜 가문의 몇몇 적대자는 모두 이런 개성을 나타내고 있다.

그리고 13세기 말이 되자 이탈리아에서는 개성적 인물이 쏟아져 나오기 시작했다. 개인주의 위에 가로놓여 있던 속박이 완전히 사라지고 수없이 많은 얼굴 하나하나가 아무 제한도 없이 저마다 독특한 모습을 띠고 나타났다. 단테의 위대한 시는 이탈리아가 아니었다면 탄생하지 못했을 것이다. 유럽의 다른 나라들은 아직도 종족이란 속박에 묶여 있었기 때문이다. 이탈리아의 이 고귀한 시인은 흘러넘치는 그 풍부한 개성만으로도 이미 당대 최고의 선구자였다.

문학이나 미술에 나타난 풍부한 인간 묘사나 각양각색의 성격 묘사는 다른 장에서 논하기로 하고, 여기서는 다만 심리적인 사실만을 다루기로 한다. 이 심리는 가장 명확하고 진실한 형태로 역사 속에 등장한다. 다시 말하면 14세기 이탈리아 사람들은 마음에도 없는 겸손이나 위선을 거의 몰랐으며, 어느 누구도 다른 사람의 눈에 띄거나 다른 사람과 다르다는 것[3]을 두려워하지 않았다.[4]

우리가 앞서 본 바와 같이 전제정치는 전제군주와 용병대장뿐만 아니라[5] 그들의 비호를 받는 한편 도구로서 가차 없이 이용당한 재사·비서·관리·시인·시종들까지도 개성을 충분히 발전시켰다. 이러한 사람들의 정신은 필요에 따라 일시적이건 영속적이건 자기 속에 숨어 있는 자질을 모조리 깨닫게 마련이다.

---

3) 1390년 무렵 피렌체 남자들은 저마다 자기만의 특별한 옷을 입으려 했기 때문에 주도적으로 유행하는 옷이 없었다. *Rime*, publ. dal Poggiali, p.52에 수록된 프랑코 사케티(Franco Sacchetti)의 칸초네 *Contro alle move foggie* 참조.

4) 16세기 말 몽테뉴는 다음과 같이 비교했다(*Essais*, L. III, chap. 5).
  "일반적으로 이탈리아에는 프랑스보다 미녀가 많고 추녀가 적다. 그러나 아주 뛰어난 미인을 비교하면 프랑스도 지지 않을 것이다. 정신적인 면에서도 마찬가지이다. 그들 중에는 됨됨이가 괜찮은 사람이 아주 많고, 천한 사람이 비교되지 않을 만큼 적지만, 최고의 단계에 이른 비범한 영혼의 소유자라면 우리도 그들에게 뒤떨어지지 않는다."

5) 스포르차 가문과 북부 이탈리아의 여러 군주 가문에서 보듯이 전제정치는 그들 부인의 개성까지도 발달시켰다. Jacobus Bergomensis, *Clarae mulieres*에 있는 바티스타 말라테스타, 파올라 곤차가, 오르시나 토렐라, 보나 롬바르다, 리카르다 데스테 그리고 스포르차 가문의 주요 여성들의 전기 참조. 그녀들 가운데는 여장부가 한둘이 아니었으며 수준 높은 인문주의 문화를 통해 개성을 완성한 여성들도 있었다.

그들은 삶을 향락할 때도 한순간에 끝나는 권세에 되도록 큰 가치를 부여하고자, 정신적 수단으로 고양되고 응축된 삶을 즐겼다.

이들의 지배를 받는 사람들도 이러한 충동을 받았다. 여기서는 비밀스런 저항과 모반으로 일생을 보낸 사람들은 빼고, 비잔틴제국이나 이슬람 국가의 대다수 도시민들처럼 순전히 개인으로서 살다 간 이들만 살펴보고자 한다. 이를테면 비스콘티 가문과 그 군주의 품격을 유지시키기가 그곳 신민들에겐 아주 고달픈 일이었으며, 이들의 예속된 지위는 도덕적 결함을 낳았을 수도 있다. 그러나 개성 면에선 그렇지 않았다. 왜냐하면 정치적 무력상태에서 오히려 개인생활의 여러 경향과 노력이 다방면으로 더욱 힘차게 발전하기 때문이다. 과시나 경쟁이 허락된 부(富)와 교양, 제한하기에는 너무 커버린 도시의 자유, 비잔틴제국이나 이슬람 세계와 달리 국가와 동일시되지 않았던 교회, 이러한 요소들이 결합하여 개인 사상의 발전을 촉진시켰다. 또한 당쟁이 없었으므로 필요한 여가도 제공할 수 있었다.

진지하거나 아마추어적인 취미에 몰두하며 정치에 관심이 없는 개인은 아마도 14세기 이런 전제국가에서 처음 완성된 모습으로 등장했을 것이다. 물론 이 점을 뒷받침할 역사 자료를 찾기는 어렵다. 우리에게 단서를 줄 수 있는 소설가들은 여러 기괴한 인물을 적잖이 묘사했지만, 그러한 인물은 언제나 한쪽으로 치우쳐 있고 해당 이야기에 관련된 범위 안에서만 그려졌다. 더욱이 그 배경 또한 오로지 공화국의 도시였다.

이 공화국의 상황은 또 다른 방법으로 개성적 성격 발달에 유리하게 작용했다. 통치하는 당파가 자주 교체될수록 개인은 권력을 행사하고 누리는 데 더욱 힘써야 했다. 특히 피렌체 역사에서 정치가와 민중 지도자들은[6] 너무도 뚜렷한 개성을 보여주었다. 그러한 개성은 그 시절 다른 곳에선 거의 찾아볼 수 없었으며 야코프 판 아르테벨더[7]도 갖추지 못한 것이었다.

---

6) 프랑코 사케티는 1390년 무렵 *Capitolo(Rime,* publ. dal Poggiali, P.56)에서, 그가 기억하는 시대에 죽은 주요 당파의 지명인사 이름을 백 명 이상 들고 있다. 그중에는 평범한 사람들도 많았지만, 전체적으로 보면 개성의 각성을 나타내는 강력한 증거이다. Filippo Villani, 《*Vite*》에 대해서는 아래 참조.

7) Jacob von Artevelde(1290~1345). 플랑드르의 정치가. 맥주 양조업으로 산업을 일으켰고, 웅변과 재능으로 겐트시(市)에서 세력을 떨쳤다. 백년전쟁 초기, 겐트시의 정치적 지도자로서 플랑드

한편 패배한 당파의 사람들도 종종 전제국가의 신민과 비슷한 처지로 전락했다. 그러나 이미 한번 맛본 자유와 정권, 그리고 그것을 되찾을 수 있다는 희망이 그들의 개인주의에 활력을 불어넣어 주었을 것이다. 이처럼 본의 아니게 여유를 얻게 된 사람들 가운데 아뇰로 판돌피니(1446년 사망) 같은 인물이 나타났다. 그가 쓴 《가정생활》[8]은 더할 나위 없이 완성된 사생활을 논한 최초의 경전이었다. 개인의 의무와 애매모호하고 배은망덕한 공적 생활을 분명하게 나누어 생각하는 그의 사고방식은[9] 그 시대 최고의 기념비라 할 수 있다.

또한 추방은 사람을 소모시키기도 하지만 더할 나위 없이 성숙시키기도 한다. 조반니 폰타노(1422~1503. 인문주의자)는 이렇게 말한다.[10] "우리나라에서는 인구가 많은 도시에서도 스스로 고향을 등지는 사람들이 많다. 그들은 어디로 가든지 자기들의 덕성을 함께 가져간다." 사실 정식으로 추방된 사람들 말고도 수천 명이 넘는 사람들이 정치 혹은 경제 상황을 견디다 못해 스스로 고향을 버렸다. 페라라로 건너간 피렌체 사람들, 베네치아로 이주한 루카 사람들은 커다란 이민 집단을 이루고 있었다.

재능이 풍부한 망명자들 사이에서 발전한 세계시민주의는 개인주의의 최고봉이었다. 앞에서 말한 바와 같이(1편 6장 참조) 단테는 이탈리아의 언어와 문화 속에서 새로운 고향을 발견했는데, 나아가 "내 고향은 세계다"[11]라는 말로 다시 그 단계를 뛰어넘었다. 또한 그는 불명예스러운 조건으로 피렌체 귀국을 제

르의 여러 도시를 규합했으며, 영국과 동맹을 맺고 프랑스에 대항했다. 그 덕분에 겐트시는 눈에 띄게 번영했으나 시민들은 그의 독재에 불만을 가졌다. 플랑드르 백작 대신 영국의 에드워드를 주권자로 앉히려고 직공들의 봉기를 배후 조종하다가 피살되었다.

8) *Trattato del governo della famiglia.* 이 책은 건축가 레온 바티스타 알베르티(L. B. Alberti)가 썼다는 새로운 가설이 있다. Vasari IV, 54, Nota 5, ed. Lemonnier. ─판돌피니에 대해서는 Vespas, Fiorent., p.379 참조.

9) *Trattato* p.65.

10) Jov. Pontanus, *De fortitudine,* L. II. 70년 뒤 카르다노(Girolamo Cardano, De vita propria, Cap. 32)는 다음과 같이 신랄하게 묻는다. "조국이란 전쟁을 싫어하는 겁 많고 죄 없는 사람들을 탄압하기 위해 전제군주들이 몰래 단결한 조직이 아니고 무엇이랴."

11) *De vulgari eloquio* Lib. I, cap. 6. 이상적인 이탈리아어는 cap. 17, 지식인들의 정신적 통일성은 cap. 18 참조. 그러나 《신곡》의 〈연옥편〉 8-1 이하와 〈천국편〉 25-1의 유명한 부분에는 조국에 대한 향수도 담겨 있다.

의뢰받았을 때 다음과 같은 답장을 썼다. "나는 어느 곳에서나 태양과 별빛을 바라볼 수 있지 않습니까. 명예를 버리고 수치를 참으면서까지 조국과 국민 앞에 서지 않아도 어디에서나 고상한 진리를 명상할 수 있지 않습니까. 게다가 나에게는 빵이 부족하지도 않을 것입니다."[12] 그 뒤 예술가들도 일정한 거주지의 속박에서 자유로울 것을 강조했다. 기베르티 (1378~1455. 피렌체의 조각가)는 말한다.[13] "모든 것을 배운 사람은 외국 어디에 있어도 타국인이 아니다. 재산을 빼앗기고 친구가 없어도 그는 어느 시에서나

로렌초 기베르티(1378~1455)

시민이며, 아무 두려움 없이 운명의 변천을 경멸할 수 있다." 한 망명 인문주의자도 그와 같은 말을 했다. "학식이 있는 사람이 자리를 잡은 곳은 어디든 훌륭한 고향이다."[14]

---

12) Dantis Alligherii *Epistolae,* ed. Carolus Witte, p.65.

13) Ghiberti, *Secondo commentario,* cap. XV. (Vasari, ed. Lemonnier, Ⅰ, p. XXIX.

14) *Codri Urcei Vita,* 그의 작품집 첫 부분. 이 말은 "마음이 흡족한 곳, 그곳이 내 조국이다(Ubi bene, ibi patria)"라는 말과 거의 같은 표현이다. 장소에 얽매이지 않으며, 교양 있는 이탈리아인이 더욱 능력을 발휘하도록 해주는 풍부한 중립적·정신적 향락은 이들의 망명생활을 아주 편안하게 해주었다. 특히 세계시민주의는 사람들이 새로운 세계를 발견하여 더는 낡은 세상에 머물지 못하게 된 문화적 시기에 반드시 나타나는 특징의 하나이다. 세계시민주의는 펠로폰네소스전쟁 뒤 그리스인들에게서 아주 뚜렷하게 나타난다. 니부어의 말처럼, 플라톤은 착한 시민이 아니었고, 크세노폰은 불량한 시민이었다. 디오게네스는 고향이 없는 것이 진정한 기쁨이라고 선언했으며, 라에르티오스의 기록에 나와 있듯이 스스로를 '나라가 없는 자(apolis)'라 일컬었다.

2. 개성의 완성

　날카로운 문화사적 안목을 가진 사람이라면 15세기에 들어서 완벽히 인격을 수양한 사람이 증가한 자취를 하나하나 더듬을 수 있을 것이다. 이들이 정신생활과 외적생활의 조화로운 발달을 의식적으로 추구했는지 아닌지는 속단할 수 없다. 그러나 지상의 모든 것이 불완전함에도 가능한 범위 안에서 인격을 완성한 사람은 꽤 많았다. 로렌초 마니피코와 같은 인물의 행운과 재능과 성격 등을 전체적으로 총결산해 볼 수는 없지만, 그 대신 아리오스토(1474~1533. 대표작 《광란의 오를란도》)와 같은 개성적인 인물을 그의 풍자시를 통해 관찰해 보면 좋을 것이다. 그의 풍자시에는 인간으로서 또 시인으로서의 자부심, 자신의 향락에 대한 야유, 세련된 비웃음과 속 깊은 호의가 잘 조화되어 있다.

　최고의 인격에 도달하려는 이러한 충동은 그 무렵 문화의 모든 요소를 지배하던 힘차고 다면적인 소질과 만나 이탈리아 특유의 '만능인(l'uomo universale)'을 낳는다. 살아 있는 백과사전 같은 지식인은 중세에도 여러 나라에 두루 있었으나, 그들의 지식은 좁은 범위에 국한된 것이었다. 마찬가지로 만능 예술가도 12세기까지 거슬러 올라가 찾아볼 수 있으나, 그때는 건축술이 비교적 단순하고 일률적이었으며, 조각과 회화에서도 형식보다 표현 대상이 중요시되었다. 반면 르네상스 시기의 이탈리아에서는 모든 영역에 걸쳐 참으로 새롭고도 완벽한 작품만을 창조할뿐더러 인간으로서도 더 없이 위대한 감명을 주는 몇몇 예술가들을 만날 수 있다. 어떤 사람들은 자신의 전공인 예술뿐만 아니라 광범한 정신 영역에서도 만능으로 활약했다.

　단테는 생전에 이미 시인이자 철학자 및 신학자로도 불렸다.[1] 그의 모든 저

---

1) Boccaccio, *Vita di Dante*, p.16.

서에는 그의 압도적인 인격의 힘이 흘러넘치므로 독자는 주제에 상관없이 굴복당하고 만다. 《신곡》을 완벽하게 균형잡힌 작품으로 완성하는 데만도 얼마나 큰 의지력이 작용했겠는가. 더욱이 그 내용을 보면 외적 세계와 정신 세계의 중요한 문제 가운데 단테가 탐구하지 않은 것이 없으며, 단테의 말이—불과 몇 마디에 지나지 않더라도—그 시대의 가장 중요한 의견이 아니었던 적은 하나도 없을 정도이다. 조형예술에서도 단테는 아주 귀한 증인이다. 당대 예술가들에 대해 쓴 몇 줄의 글 때문이 아니라 그보다 훨씬 더 중요한 이유에서 그러하다. 이윽고 예술가들은 단테를 영감의 원천으로 숭배하게 되었다.[2]

15세기는 무엇보다도 다방면적인 인간의 시대였다. 어느 전기(傳記)를 보아도 주인공의 딜레탕티슴(학문이나 예술을 취미 삼아 하는 태도나 경향)을 넘어선 재주를 얘기하지 않은 것이 없다. 때때로 피렌체의 상인 겸 정치가는 동시에 그리스어와 라틴어 같은 고전어를 연구하는 학자이기도 했다. 가장 저명한 인문주의 학자들은 이들과 그 아들들에게 아리스토텔레스의 《정치학》과 《윤리학》을 강의했다.[3] 그들의 딸들도 수준 높은 교육을 받았다. 고급 개인과외의 시작은 이런 사회에서 생긴 것이었다.

한편 인문주의자들은 그들대로 온갖 방면에 걸쳐 노력을 기울여야 했다. 그 시대의 문헌학적 지식은 오늘날처럼 고전 시대를 객관적으로 인식하는 데 그치는 것이 아니라 실제 생활에 도움이 되어야 했기 때문이다. 이를테면 인문주의자들은 플리니우스[4]를 연구하면서[5] 박물표본을 수집해 박물관을 만들었다. 그들은 고대지리학을 발판 삼아 근대적인 지리학자가 되었으며, 고대

---

2) 단테가 베아트리체의 기일에 작은 화판에 그린 천사 그림은(《신생》 61쪽) 아마추어의 솜씨 이상이었던 것 같다. 레오나르도 아레티노의 말에 따르면, 단테는 그림 솜씨가 뛰어나며 엄청난 음악 애호가였다고 한다.

3) 이러한 사실 및 아래의 사항에 대해서는 Vespasiano Fiorentino 참조. 이 책은 15세기 피렌체의 문화에 관한 가장 좋은 자료이다. 본문의 내용은 p.359, 379, 401 등을 참조.—그 밖에도 Murat. XX에 수록된 훌륭하고 계몽적인 *Vita Jaunoctii Manetti*(1396년) 참조.

4) Gaius Plinius Secundus(23~79). 로마의 정치가·군인·학자. 그가 티투스 황제에게 바친 대백과전서 《박물지》는 총 37권으로, 엄선한 저술가 100명을 동원해 완성한 예술·과학·문명의 보고이다. 베수비오 화산 대폭발 때 유독가스에 질식해 죽었다.

5) 이하의 내용은 Roscoe, *Leone X*, ed. Bossi III, p.197 및 *Opere del Conte Perticari*, Mil. 1823, vol. II에 수록된 페르티카리가 쓴 판돌포 콜레누초의 인물 묘사에서 참조했다.

의 역사편찬을 본떠 현대사를 편찬했다. 플라우투스[6]의 희극을 번역한 사람은 극을 공연할 때 무대감독도 맡았다. 그들은 루키아노스[7]의 《대화편》에 이르기까지의 고전문학 가운데 박력 있어 보이는 형식은 되도록 모방했다. 그 뿐만 아니라 자신에게 꼭 이득이 되지 않더라도 비서나 외교관으로 활동하기도 했다.

그런데 이런 다재다능한 인물들을 훌쩍 넘어선, 참으로 만능인이라 할 수 있는 몇 사람이 있었다. 그 시대의 생활상과 문화를 따로 다루기에 앞서, 15세기 초에 활동한 이런 거인 가운데 한 사람인 레온 바티스타 알베르티(1404?~1472?)의 면모를 살펴보기로 하자. 일부분만 남아 있는 그의 전기에서는[8] 예술가로서의 알베르티는 조금 엿볼 수 있을 뿐, 건축사에서 차지하는 그의 중대한 의의는 전혀 다루지 않았다. 그러나 이런 특별한 명성을 제쳐 두더라도 그가 어느 정도의 인물이었는가를 여기서 밝혀 보겠다.

레온 바티스타는 어려서부터 무슨 일이든 칭찬받는 일이라면 언제나 일등이었다. 그의 완벽한 운동 능력과 체조 기술에 대해서는 믿기 힘든 이야기들이 전해진다. 두 다리를 묶은 채 사람의 어깨를 뛰어넘었다든가, 대성당에서 동전을 던져 올리면 그것이 높은 천장에 부딪치는 소리가 들렸다든가, 아무리 사나운 말이라도 그가 올라타면 몸을 바들바들 떨었다든가 하는 이야기들이다. 요컨대 그는 걷고 말 타고 연설하는 세 분야에서 완전무결한 사람이고 싶었던 것이다. 음악도 스승 없이 혼자 익혔지만 그의 작곡 실력은 전문가들의 감탄을 자아냈다. 그는 가난에 허덕이며 여러 해 동안 세속법과 교회법을 쉬지 않고 연구하다가 결국 과로로 중병에 걸렸다. 24세 때는 언어에 대

---

6) Titus Maccius Plautus(BC 254?~BC 184). 로마의 희극작가. 그의 작품은 전체적인 통일 면에서 결함이 있으나 인물의 성격 묘사가 일품으로, 르네상스 이후의 극문학에 큰 영향을 주었다. 대표작으로 《포로》《암피트루오》 등이 있다.

7) Loukianos(120?~180?). 그리스 풍자 작가. 로마제국 곳곳을 방랑하며 강연했고, 40세 이후에는 아테네에서 《대화편》을 집필했다. 그의 작품 대부분은 대화나 편지 형식으로 되어 있으며, 종교·정치·철학·사회의 우매한 면을 날카롭게 풍자했다.

8) Muratori, XXV, Col. 295 수록. 보충 문헌은 Vasari IV, 52. ―아에네아스 실비우스(Aeneas Sylvius, Opere, p.622. Epist. 112)의 인물 묘사를 믿을 만한 것이라면, 마리아노 소치니 같은 사람은 적어도 다방면적인 아마추어인 동시에 여러 전문 분야의 대가였다.

한 기억력은 감퇴했으나 사물에
대한 판단력은 여전함을 깨닫고
물리학과 수학에 온 힘을 기울
였다. 아울러 예술가와 학자 그
리고 구두수선공을 막론한 모든
직업인에게 그 비결과 경험을 물
어 세상의 모든 기술을 배웠다.
회화와 조각에도 뛰어났는데, 특
히 기억에만 의지해 실물을 똑
같이 그려내는 재주가 있었다.
무엇보다 놀라운 것은 신기한 요
지경 상자였다.[9] 그 장치 속에서
는 바위산 위에 별과 달이 떠오
르기도 하고, 멀리 안개 속에 산
과 해안이 넓게 펼쳐지면서 배들
이 햇빛을 받거나 구름 그림자에
숨으면서 다가오기도 했다. 그는

레온 바티스타 알베르티(1404?~1472?)

다른 사람의 창조물도 기꺼이 인정했으며, 누가 만들었든 무릇 미의 법칙에
맞기만 하면 모두 신적인 것으로 여겼다.[10]

　여기에 그의 예술에 대한 문필활동이 더해진다. 미술을 주제로 한 그의 저
술은 조형의, 특히 건축의 르네상스를 위한 경계석이자 가장 주요한 증언이다.
라틴어로 쓴 산문시와 단편소설도 있는데, 그 가운데 몇 편은 고대 작품으로
오인받았다. 또한 해학적인 소규모 연설, 비가(悲歌)와 목가(牧歌)도 있고, 이탈
리아어로 쓴 4권짜리 《가정생활》[11]과 심지어 애견에게 바치는 추도사까지 있

9) Hammer, *Literaturgesch. der Araber,* Ⅰ, Einleitung S. 51에 나오는 Ibn Firnas 참조.

10) Quicquid ingenio esset hominum cum quadam effectu elegantia, id prope divinum ducebat.(본문의
　　라틴어 원문)

11) 앞서 나왔던 아뇰로 판돌피니의 《가정생활》은 근대에 와서 바티스타의 이 작품의 일부분일
　　것이라고 추정되었다.

다. 그의 진솔하고 재치 있는 말은 충분히 수집할 가치가 있으며, 그 표본이 앞서 이야기한 전기에 여러 페이지에 걸쳐 실려 있다. 참으로 기품 있는 사람이 그러하듯이 알베르티도 자신이 가진 것과 알고 있는 모든 것을 아낌없이 다른 이들에게 베풀었으며, 자기의 위대한 발명품까지도 대가를 받지 않고 남에게 넘겨 주었다.

마지막으로 그의 본성 가장 깊은 곳에 있는 원천을 이야기하겠다. 바로 주변 모든 사물에 대해 신경과민이라 할 만큼 열정적으로 공감한다는 점이다. 그는 웅대한 수목이나 곡식이 무르익은 밭을 보면 언제나 눈물을 흘렸다. 아름답고 품위 있는 노인들을 '자연의 환희'로 존경하면서 한없이 바라보고도 싫증을 느끼지 않았다. 완전한 모습을 갖춘 동물도 자연의 특별한 은혜를 입었다는 이유로 좋아했다. 그는 병들었을 때 아름다운 풍경을 보고 건강을 회복한 적이 한두 번이 아니었다.[12]

그가 외부 세계와 이처럼 불가사의한 방법으로 친밀하게 마음을 나눈다는 것을 안 사람들이 그에게 예언하는 힘이 있다고 생각했던 것도 전혀 놀라운 일이 아니다. 관상술을 자유자재로 구사하고 인간의 마음을 꿰뚫는 투시력을 갖춘 그는 에스테 가문의 피비린내 나는 사태나 피렌체와 교황의 운명을 수년 전에 정확히 예언했다고 한다. 깊이를 알 수 없는 강력한 의지력이 그의 인격 전체에 침투해 이를 총괄했음은 두말할 필요가 없겠다. 르네상스 시기의 다른 위대한 인물들과 마찬가지로 그도 이렇게 말했다. "인간은 하고자 하는 마음만 있으면 자기 힘으로 무엇이든 이룰 수 있다."

알베르티와 레오나르도 다빈치의 관계는 창시자와 완성자, 아마추어와 거장의 관계이다. 레온 바티스타 알베르티의 전기와 같은 묘사를 이용해 바사리[13]가 레오나르도 다빈치에 대한 기술을 보충했더라면 얼마나 좋았을까. 하지만 우리는 결국 레오나르도 다빈치라는 인물의 거대한 윤곽을 영구히 멀리서 상상하는 수밖에 없을 것이다.

---

12) 그의 저서 *De re aedificatoria*, L. VIII, cap. 1에 아름다운 길에 대한 정의가 나온다. "바다, 산, 흐르는 강과 샘물, 메마른 협곡이나 평야, 숲이나 계곡을 보여준다면."
13) Giorgio Vasari(1511~74). 이탈리아의 건축가, 화가. 주요 저서인 《미술가 열전》은 이탈리아의 저명한 미술가 2백여 명에 대한 전기로서 르네상스 미술의 귀중한 증언이다.

3. 근대적 명성

지금까지 이야기한 개인의 발달에 새로운 외부의 효력이 작용하게 되는데 그것이 곧 근대적 명성이다.[1]

이탈리아를 뺀 나머지 유럽에서는 각 계급이 중세의 의식에 따라 저마다 독자적인 영역에서 활동하고 있었다. 이를테면 프랑스의 음유시인이나 독일의 궁정연애시인의 명예는 기사 계급만 누릴 수 있었다.[2] 그러나 이탈리아에서는 이미 전제정치나 민주정치를 떠나서 그 이전에 모든 계급은 평등하다는 관념이 나타나고 있었다. 나중에 본격적으로 다루겠지만, 이탈리아 문학과 라틴 문학에 기반을 둔 누구에게나 열린 사교계도 이미 막이 올라 있었다. 근대적 명성이라는 새로운 생활 요소를 싹틔우려면 이런 토대가 필요했던 것이다. 더구나 사람들이 열심히 연구하기 시작한 로마의 저작자들도 명예 관념에 깊이 빠져 있었고, 그들의 작품 내용—로마의 세계 지배 묘사—은 이탈리아인의 생활에 영원한 이상으로서 깊이 파고들었다. 그 뒤 이탈리아 사람들의 모든 포부와 업적 달성을 향한 노력은 다른 유럽 나라들이 아직 깨닫지 못한 도덕적 전제의 지배를 받았다.

모든 근본적인 문제에서 그러하듯 여기서도 먼저 단테의 말에 귀를 기울여야 한다. 단테는 자기가 가진 온 힘을 쏟아 시인의 월계관을 얻으려고 애썼다.[3]

---

1) 대표적인 저술은 Blondus, *Roma Triumphans*, L. V, p.117. 여기에는 고대인들이 말하는 영광의 정의가 수집되어 있으며, 기독교도에게도 명예욕이 허용되어 있다. 키케로의 글 *De Gloria*는 그 시절 아직 페트라르카가 소유하고 있었으나, 주지하는 바와 같이 그 뒤 분실되었다.
2) 남프랑스에서 토르바도르, 북프랑스에서 토르베르, 독일에서 미네젠가라고 불리는 이들 시인은 대부분 기사 계급이었다. 봉건군주의 부인을 대상으로 관능과 자기도취를 포함시켜 정신적인 사랑을 노래했다. 성모숭배사상이 그 밑뿌리를 이룬다고는 하나 어쨌든 그들의 시는 군주의 영광을 찬미하는 것들이었다.
3) 《신곡》〈천국편〉 25곡 첫머리.—Boccaccio, *Vita di Dante*, p.49 참조. "단테는 명예와 영화를 대단

그는 정치가이자 문필가로서도 자신의 업적이 본질적으로 새로우며, 자기는 그 길의 일인자일 뿐만 아니라 일인자로 불리길 원한다고 강조했다.[4] 그러나 단테는 이미 자신의 산문에서 높은 명성에 뒤따르는 번거로움도 이야기했다. 단테는 많은 사람들이 저명한 인물과 사귀면서도 여전히 불만스러워한다는 사실을 알고 있었으며, 그 까닭은 그들의 유치한 공상이나 시기 혹은 당사자의 불순함 때문이라고 설명했다.[5] 또 그는 명예욕을 아직 완전히 벗어 버리지 못했음에도 자신의 위대한 시편에서 명예의 헛됨을 토로한다. 《신곡》의 〈천국편〉에서 수성천(水星天)은 지상에서 명예를 열망한 나머지 '참된 사랑의 빛'을 잃은 사람들이 사는 곳이다.[6] 그런데 인상 깊은 것은, 〈지옥편〉의 불쌍한 영혼들은 단테에게 자신들의 추억과 명예를 지상에서 되살려 언제까지나 잊지 않게 해 달라고 애원하는 반면,[7] 〈연옥편〉의 영혼들은 오직 단테에게 자신들을 위해 기도해 달라고만 한다는 점이다.[8] 그뿐만 아니라 한 유명한 대목에서는,[9] 정신적인 명예는 절대적이지 않으며 시대에 따라 달라지고 후대의 보다 위대한 인물들에게 추월당해 빛을 잃으므로, 명예욕 곧 '다른 사람보다 뛰어나려는 큰 열망'은 가치가 없다고 말한다.

단테에 이어 출현한 시인과 문헌학자들은 두 가지 의미에서 재빠르게 명성을 얻는다. 그들은 스스로 이탈리아에서 가장 인정받는 유명인사가 된 동시에, 시인 겸 역사가로서 의식적으로 다른 사람들의 명예를 좌우하게 된 것이다. 이런 종류의 명예가 지닌 외적 상징의 대표가 시인의 월계관 수여인데, 이에 대

히 바랐다. 더는 명예가 필요 없다고 생각될 정도로 갈망했다."

4) *De vulgari eloquio* L. I, cap. 1. 특히 *De Monarchia* L. I, cap. 1 참조. 여기서 그는 군주국의 개념을 서술하려고 했는데, 단순히 세상에 도움을 주기 위해서뿐만 아니라 "그 승리의 표시인 종려 나무 가지를 먼저 자기 명예를 위해 차지하기 위해서"였다.

5) *Convito*, ed. Venezia, 1529, fol. 5, 6.

6) 〈천국편〉 6곡 112.

7) 〈지옥편〉 6곡 89, 13곡 53, 16곡 85, 31곡 127.

8) 〈연옥편〉 5곡 70, 87, 133, 6곡 26, 8곡 71, 11곡 31, 13곡 147.

9) 〈연옥편〉 11곡 79~117. 여기서는 영광(gloria) 말고도 명성(grido), 평판(fama), 인기(rumore), 광영(nominanza), 명예(onore)가 같이 나오는데 모두 같은 뜻을 표현만 바꾸어 말한 것이다. 보카치오는 요하네스 핀친가에게 보낸 편지(*Opere Volgari*, Vol. XVI)에서 고백한 바에 따르면 그는 "불후의 명성을 얻으려고" 시를 썼다.

해서는 뒤에 다시 이야기할 것이다.

단테와 동시대 사람인 알베르티누스 무사투스는 파도바에서 주교와 대학 총장으로부터 시인의 월계관을 받아 거의 신격화될 정도의 명성을 떨쳤다. 해마다 성탄절에는 대학의 두 학부(신학과 법학)의 박사 교수들과 학생들이 엄숙한 행렬을 지어 나팔을 불며 불을 켠 초를 손에 들고 그의 집 앞으로 찾아와 축사를 읊고[10] 선물을 주었다. 이런 성대한 의식은 그가 파도바를 지배하던 카라라 가문 전제군주의 총애를 잃을 때까지(1318년) 계속되었다.

페트라르카도 전에는 성인과 영웅들만 받았던 이 새로운 찬미를 충분히 맛보았지만, 말년에는 그것이 덧없고 번거로운 꼬리표 같다고 말했다. 그의 편지글인 〈후세에 남기는 글〉[11]은 세상 사람들의 호기심을 만족시켜줘야 하는 연로한 저명인사의 해명서이다. 그는 후세 사람들에게는 명성을 얻고 싶으나 당대에는 거절하고 싶다고 토로한다.[12] 행복과 불행에 관한 대화문에서[13] 명성을 이야기한 부분을 보면 그것의 허무함을 논하는 사람 쪽에 더욱 무게를 두고 있다. 그러나 독일황제 카를 4세 만큼이나 비잔틴 제국의 팔라이올로고스 왕조의 전제군주가[14] 그의 저술을 통해 그를 잘 알고 있다는 사실을 페트라르카가 기뻐했던 점을 보면, 명성의 허무함을 논하는 그의 말을 그대로 받아들이기는 어려울 것이다. 사실 페트라르카의 명성은 생전에 이미 이탈리아 너머까지 멀리 퍼져 있었다. 그리고 그가 고향 아레초를 방문했을 때(1350년) 친구들이 그를 생가로 안내하며 시 당국이 그 집을 온전히 보전하기 위해 애쓴다고

---

10) Scardeonius, *De urb. Patav. antiq.*(Graev. *Thesaur.* VI, III, Col. 260). cereis, muneribus(양초와 선물을 들고)라고 읽어야 하는지, certis muneribus(확실한 임무를 띠고)로 읽어야 하는지의 문제는 결정하지 않겠다. 무사투스의 거드럭거리는 성품은 *Geschichte Heinrichs* VII의 문체를 통해서도 알 수 있다.

11) *Epistola de origine et vita* 등. 저작집 첫머리에 "프란체스코 페트라르카가 후대에 인사한다"고 적혀 있다. 페트라르카의 허영심을 비난하는 후대 사람들도 만약 그와 같은 지위에 있었다면 그처럼 선의와 솔직함을 지키기가 어려웠을 것이다.

12) *Opera*, p.177 : *De Celebritate nominis importuna.*

13) *De remediis Utriusque Fortunae.*

14) *Epist. seniles* III, 5. 블론두스가 100년 뒤 증언하길(Blondus, *Italia Illustrata*, p.416), 만약 페트라르카가 로베르토 현왕(賢王)에 대해 그토록 자주 호의적으로 언급하지 않았다면 어떤 학자도 이 왕에 대해 몰랐을 것이라고 말하며 페트라르카의 명성이 어느 정도였는가를 설명한다.

말하자 페트라르카는 당연하다고 생각하면서도 감동하지 않았는가![15]

과거에는 나폴리의 도미니크 수도원에 있는 성 토마스 아퀴나스의 거처나 아시시 근처의 성 프란체스코[16]의 작은 성당 같은 몇몇 위대한 성인의 집을 보존했다. 페트라르카 시대에 이렇게 반쯤 신격화된 명예를 누린 인물은 대법학자 두세 사람뿐이었다. 예를 들면, 14세기 끝 무렵 피렌체에서 가까운 바뇰로에서는 한 낡은 집을 아쿠르시우스(1150년 태어난 이탈리아의 법학자)의 '서재'라고 불렀다. 하지만 그 집이 파괴되는 것을 아무도 막지는 않았다.[17] 아마도 몇몇 법학자가 법률 고문이나 변호사로서 벌어들이는 막대한 수입과 그들의 정치적 연고관계가 사람들의 상상력을 오랫동안 자극해왔던 것 같다.

저명한 사람의 묘를 숭배하는 것도 생가 숭배와 같은 맥락이다.[18] 페트라르카의 경우 그가 숨을 거둔 곳인 아르콰토 전체가 숭배의 대상이 되었다. 아르콰토에는 페트라르카를 추억하려는 파도바 사람들의 발길이 끊이지 않았으며, 우아한 별장들이 여기저기 들어서게 되었다.[19] 아직 북유럽에는 '명소'라 불리는 곳이 없고 다만 성상이나 성유물을 보러 가는 순례만 있을 때였다. 이탈리아의 도시들은 국적을 가리지 않고 저명인사의 유골을 보유하는 것을 명예롭게 생각했다. 피렌체 사람들이 이미 14세기—성 크로체 성당이 세워지기 훨씬 전(1291년에 착공했으므로 시대가 맞지 않는다)—에 피렌체 대성당을 여러 인물을 모시는 판테온으로 승격시키려고 얼마나 노력했는가를 알면 누구나 놀랄 것이다. 아코르소, 단테, 페트라르카, 보카치오 그리고 법학자 차노비 델라 스트라다 등의 묘소는 모두 웅장하고 화려하게 꾸밀 작정이었다.[20] 15세기 말에

---

15) *Epist. Seniles* XIII, 3, p.918.

16) Giovanni Francesco Pernardone(1181~1226). 이탈리아의 성인으로 프란체스코 수도회 창시자. 아시시의 부유한 상인 집안에서 태어나 젊은 시절 방종한 생활을 했으나 스무 살 때 회심해 자신이 가진 모든 것을 버리고 평생을 청빈하게 살았다. 이웃과 자연을 사랑하고 신의 사랑을 체험하며 수도생활의 높은 이상을 실현했다.

17) Fillippo Villani, *Vite*, p.19.

18) 보카치오의 묘비에는 다음의 두 가지 말이 같이 적혀 있다. "나는 피렌체의 포초 토스카넬리에서 태어나, 지금은 체르탈도 교외에 묻혀 있다."—*Opere volgari di Bocc.*, vol. XVI, p.44 참조.

19) Murat. XXIV, Col. 1157에 수록된 Mich. Savonarola, *De laudibus Patavii*.

20) Gaye, *Carteggio*, I, 123에 그 이유를 밝힌 1396년의 국가 결의가 나와 있다.

도 로렌초 마니피코는 화가 프라 필리포 리피의 유해를 피렌체 대성당에 안치하게 해 달라고 친히 스폴레토 사람들에게 부탁했다. 그러나 그들은 스폴레토에는 장식품이 많지도 않고 특히 유명한 인물은 더욱 드무니 부탁을 거두어달라고 회답했다. 하는 수 없이 피렌체 사람들은 기념비를 세우는 것으로 만족해야 했다. 단테 역시, 보카치오가 단테의 고향(피렌체) 사람들을 열정적으로 설득했음에도,[21] 라벤나에 있는 성 프란체스코 성당 곁에 고요히 누워 있다. "고대 황제들과 성인들의 묘 사이에, 오, 고향이여, 그대가 줄 수 있는 어느 것보다 훨씬 명예로운 동반자 사이에." 한번은 이런 사건도 있었다. 어떤 이상한 사람이 십자가상의 제단에서 촛불을 가져다가 단테의 묘에 놓고 "이것을 받으십시오. 십자가에 못 박힌 저 사람보다 당신이 이것을 받을 자격이 있습니다"라고 말한 것이다. 그러나 그는 아무런 처벌도 받지 않았다.[22]

이제 이탈리아 여러 도시는 고대 시민들과 주민들을 기리기 시작한다. 나폴리 사람들은 신화에 가까운 개념과 결부된 그 이름 때문에 베르길리우스[23]의 무덤을 한순간도 잊지 못했을 것이다. 파도바는 16세기에 이르러서도 이도시의 건설자이자 트로이의 영웅인 안테노르의 진짜 유골뿐만 아니라 역사가 티투스 리비우스의 유골도 보관하고 있다고 믿었다.[24] "술모나시는 오비디우스[25]가 멀리 추방지에서 매장됨을 슬퍼했고, 파르마시는 카시우스[26]가 시의 성

---

21) Boccaccio, *Vita di Dante*. p.39.

22) Franco Sacchetii, *Nov*. 121.

23) Publius Vergilius Maro(BC 70~BC 19). 로마 최대의 시인. 만토바 근처인 안데스에서 태어나 나폴리에서 죽었다. 로마의 시성(詩聖)이었다가 온 유럽의 시성이 되었으며, 단테가 저승의 안내자로 그를 택한 사실은 유명하다. 미완성 대작 《아이네이스》는 로마제국의 통일의식과 연결되어 국민적 서사시가 되었다.

24) 안테노르의 유해는 성 로렌초 교회에 있는 어느 유명한 석관 속에, 리비우스의 유해는 팔라초 델라 라조네의 문 위쪽에 있다. 1413년에 이 유해들이 발견된 자세한 상황은 Misson, *Voyage en Italie*, vol. 1 참조.

25) Pablius Ovidius Naso(BC 43~AD17). 술모나 출신의 로마 제정기 시인. 사랑의 즐거움을 노래한 연애시로 유명하다. 연애 기술을 교훈시풍으로 엮은 《사랑의 기술》이 아우구스투스 황제의 노여움을 샀다. 8년, 그는 아우구스투스 황제에게 돌연 추방을 선고받고 영문도 모른채 흑해 연안의 토미스로 쫓겨났다. 호소와 애원이 담긴 서신을 고국으로 띄우며 10년을 보내다가 그곳에서 사망했다. 대표작으로 《변신이야기》가 있다.

26) BC 42년 사망. 율리우스 카이사르의 암살자. 그 뒤 시리아의 필리피 전투에서 패배해 자살.

벽 안에 잠들어 있음에 기뻐했다"고 보카치오는 말한다.[27] 14세기에 만토바 시민들은 베르길리우스의 흉상을 새겨 넣은 동전을 만들고 그의 조각상도 세웠다. 1392년, 곤차가 가문의 후견인이었던 카를로 말라테스타가 중세 귀족적인 오만을 부리며[28] 그 조각상을 넘어뜨렸으나, 이 고대시인의 명성에 눌린 나머지 그것을 다시 세워야 했다.[29] 만토바에서 3킬로미터 정도 떨어진 곳에 있는, 과거에 베르길리우스가 명상했다는 동굴은[30] 나폴리 근교의 '베르길리우스 학교(Scuola di Virgilio)'처럼 그 시절 사람들에게 개방되었을 것이다. 코모는 두 플리니우스를 차지해[31] 15세기 말 대성당 앞에 아름다운 천개(天蓋)를 만들어 두 사람의 좌상을 안치해 찬미했다.

역사 기술과 새로 생긴 분야인 지지학에서도 이제는 지역 출신의 명사를 하나도 빠뜨리지 않으려고 열심히 기록했다. 반면 같은 시기의 북유럽 연대기에는 고작해야 교황과 황제, 지진, 혜성에 대한 기록 사이사이에 이런저런 유명한 인물도 '빛났다'는 식의 기술이 이따금 보일 뿐이다. 뛰어난 전기문학이 본질적으로는 이런 명예 관념의 지배 아래 발전했다는 사실은 다른 기회에 알아보고, 여기서는 자기 도시가 명예롭다고 자부한 것을 기록한 지역 애국주의에 대해 살펴보겠다.

중세 때 여러 도시는 그 지역 출신의 성인과 교회에 안치된 그들의 유골 및 유품을 자랑스럽게 생각했다.[32] 1450년 무렵 파도바의 찬가(讚歌) 작가 미켈레 사보나롤라[33]도 성인들의 이름부터 나열하기 시작했다.[34] 다음으로 '성인은 아니었으나 뛰어난 정신과 고귀한 재능(virtus)으로 성인의 대열에 오를 만한 고명

---

27) *Vita di Dante*, l. c. 카시우스의 시신이 필리피 전투 뒤 어떻게 다시 파르마로 올 수 있었을까?
28) 교황 피우스 2세는 이를 두고 "귀족의 자만심에서", 더구나 "종교를 구실 삼아"라고 말했다. 구습에 익숙한 사람들에게는 이런 새로운 종류의 명성이 아주 불쾌했을 것이다.
29) 실제로 조각상을 다시 세운 사람은 이사벨라 데스테이다.
30) Keyßlers *Neueste Reisen*, p.1016 참조.
31) 대(大) 플리니우스는 알려진 바와 같이 베로나 출신이다. (두 플리니우스란 앞서 말한 《박물지》의 저자 대 플리니우스와 그의 조카이자 관료, 저술가인 소(小) 플리니우스를 말한다)
32) 14세기에 쓰인 주목할 만한 책, *De Laudibus Papiae*(Murat. X 수록)도 본질적으로는 똑같다. 시의 자랑거리는 많이 나와 있으나 특별히 내세울 만한 명성은 없다.
33) 그는 파도바와 비교할 수 있는 도시는 피렌체, 플로렌스, 로마뿐이라고 말했다.
34) Murat. XXIV, Col. 1151에 수록된 *De laudibus Patavii*.

한 인사들'로 붓을 옮긴다. 이는 마치 고대에 유명 인물이 영웅과 어깨를 나란히 하는 것과 같았다.[35] 이어서 열거된 인물들은 당시 가장 유명한 사람들로 그 시대의 특색을 잘 나타내고 있다. 먼저 프리아모스의 형제이며 트로이의 망명자 무리를 이끌고 파도바를 건설한 안테노르, 아틸라(406?~453. 훈족 왕)를 에우가네이산에서 무찌르고 추격하여 리미니에서 마지막 일격을 가한 다르다누스왕, 대성당을 건립한 황제 하인리히 4세(재위 1056~1106), 몬셀리체에 머리가 보존되어 있다는 마르쿠스왕이 등장한다. 다음으로는 성직록(聖職祿)이나 신학교 및 교회의 창설자인

조반니 보카치오(1313~1375)

몇몇 추기경과 고위 성직자들, 아우구스티누스회의 유명한 신학자 프라 알베르토, 파올로 베네토, 세상에 널리 이름을 떨친 아바노의 피에트로(1257~1315. 이탈리아의 자연철학자)를 비롯한 철학자들과 법학자 파올로 파도바노, 그리고 리비우스와 시인 페트라르카, 무사투스, 로바토 등의 이름이 나온다. 유명한 무인의 이름은 조금 빠져 있지만, 작가는 학자들을 열거하는 것으로 이를 대체하고 정신적 명예가 보다 영속적이란 점을 들어 자신을 위로한다. 전쟁에서 얻은 명예는 그 육신과 함께 매장되는 일이 많으며, 후세까지 이어진다 하더라도

---

35) "물론 우리 선조가 이런 사람들을 신성한 인물 또는 영원히 기억할 만한 인물로 꼽은 것은 당연하다. 최고의 덕은 신성함의 반려이며, 그 둘은 똑같은 가치가 있기 때문이다."

그것은 오직 학자의 덕택이라는 것이다. 그러나 적어도 다른 나라의 저명한 무인들이 스스로 희망해 이 도시에 뼈를 묻은 일은 언제까지나 파도바의 명예로 남을 것이다. 파르마의 피에트르 데 로시, 피아첸차의 필립포 아르첼리, 나르니의 기타멜라타(1442년 사망)가 그들인데, 특히 기타멜라타는 '개선하는 카이사르와 같은' 청동기마상이 일 산토 교회 옆에 세워져 있다. 이어서 작가는 법률가들과 의학자들 그리고 세상의 많은 사람처럼 '이름뿐인 기사가 아니라 정말로 그만한 공적이 있는' 귀족들을 들고, 끝으로 유명한 기술자와 화가와 음악가의 이름을 나열한 다음, 자신의 분야에서 가장 유명한 권위자로서 곳곳에 그를 그린 그림이 있었던 검술사 미켈레 로소의 이름으로 끝을 맺었다.

이처럼 신화와 전설, 문학적 평판과 민중의 찬양으로 장식된 지역적 명예의 전당 곁에 시인과 문헌학자들은 세계적인 명성을 얻은 인물들의 판테온을 세우려 했다. 바로 '저명인사' '유명한 부인' 같은 위인 총서를 낸 것이다. 때로는 코르넬리우스 네포스, 위작의 수에토니우스, 발레리우스 막시무스, 플루타르코스《부인의 덕》, 히에로니무스《위인전》 등을 모방해 책을 펴냈다. 또는 페트라르카의 《명예의 개선》과 보카치오의 《사랑의 환상》처럼 환상적인 개선 행렬이나 이상적인 올림포스 집회를 시로 읊었다. 여기에 나오는 수백 명의 인물들은 적어도 4분의 3이 고대에 속하고 나머지가 중세 사람이다.[36] 그러나 새롭고 비교적 근대적인 요소가 점점 중시되면서, 역사가들은 자기의 저작에 인물들의 성격 묘사를 추가하기 시작한다. 이리하여 필리포 빌라니, 베스파시아노 피오

---

36) 보카치오의 *Casus virorum Illustrium*은 마지막 9권에서만 고대 이후의 인물을 다루었다. 이보다 훨씬 뒤에 나온 라파엘 볼라테라누스의 *Commentarii urbani*도 21권(*Anthropologie* 9권)만이 고대 이후의 시대에 속한다. 역대 교황과 황제는 22권과 23권에서 다루었다.—아우구스티누스 회 수도사 야코부스 베르고멘시스의 *De Claris Mulieribus*(1500년경)는 고대와 특히 성인 전설에 중점을 두며, 몇몇 이탈리아 부인을 다룬 귀중한 전기는 그 뒤에 이어진다. *Scardeonius* 의 *De urb. Patav. Antiq., Graev. thesaur,* VI, III, Col. 405에는 파도바의 유명한 여성들만 열거되어 있다. 민족 이동 시대의 성인 전설 다음에 13, 14세기 당쟁의 광인적 비극이 나오고, 이어서 용감한 여장부, 수도원을 세운 여성, 여성 정치고문, 여의사, 아들을 훌륭하게 기른 어머니, 학식 있는 여성, 정절을 지키다 죽은 백성의 딸들, 많은 사람들이 시로 칭송하는 교양을 갖춘 미녀, 여성 시인과 소설가가 나온다. 1세기 뒤에 나왔다면 이들 유명한 파도바 여성들 목록에 여교수도 추가되었을 것이다. 에스테 가문의 유명 여성들은 *Ariosto, Orl.* XIII에 기록되어 있다.

렌티노, 바르톨로메오 파치오,[37] 파올로 코르테제, 파올로 조비오와 같은 당대 명사들의 전기집이 나오게 된다.

그러나 북유럽 나라들에는 트리테미우스[38] 같은 작가가 이탈리아의 영향을 받기 전까지는 성자의 전설이나 군주 및 성직자에 대한 개별적인 역사 기록밖에 없었다. 이런 기록은 성인 전설의 범주에 속하기 때문에, 명예 곧 자기 힘으로 얻은 명성과는 본질적으로 다르다. 북유럽에서 시인의 명예는 아직도 특정 계급에 한정되었으며, 예술가의 이름 또한 거의 예외 없이 직업인이나 수공업 조합의 일원이었다.

그런데 앞서 말했듯이 이탈리아의 시인과 문헌학자들은 스스로가 명예 및 불멸성을 부여하는 사람인 동시에 망각의 부여자라는 점을 강하게 의식하고 있었다.[39] 보카치오는 자기가 찬미하는 미인이 앞으로도 계속 그의 찬양을 받아 유명해지려고 자기에게 냉담하게 대한다며 탄식했다. 그래서 이번에는 비난을 가해 그녀의 반응을 살펴보겠다고 암시한다.[40] 산나차로는 두 편의 장엄한 소네트에서, 샤를 8세가 두려워 비겁하게 도망친 나폴리의 알폰소에게 사람들의 기억에서 영원히 사라지게 하겠다고 위협했다.[41] 안젤로 폴리치아노는 포르투갈 왕 후안에게, 아프리카에서 새로 발견된 것과 관련해 명성과 불후의 명예를 생각하라며, "문장을 다듬기 위해" 그 자료를 속히 피렌체로 보내달라고 한다(1491년). 그렇게 하지 않으면 학자의 도움을 받지 못해 모처럼의 공적이 "덧없는 세상의 거대한 티끌더미에 묻힌" 사람들과 같은 꼴을 당할 것이라고 진정으로 간언한다.[42] 후안 왕(혹은 인문주의적 견해를 갖춘 그의 대신)은 그 말에 동의하고, 이미 포르투갈어로 작성되어 있던 아프리카에 관련 연대기를 이탈리

---

37) 15세기의 이러한 저작 가운데 가장 중요한 작품의 하나인 B. Facius, *Viri Illustres,* ed. Mehus를 유감스럽게도 나는 한 번도 보지 못했다.

38) Trithemius(1462~1516). 독일의 인문주의자·수도원장. 강한 상상력 때문에 역사를 왜곡했다고 평가받는다.

39) 이미 12세기의 어느 라틴어 시인—그 노래로 옷을 구걸하는 방랑 학생—이 이런 말로 협박하고 다녔다. *Carmina Buraua,* p.76 참조.

40) Boccaccio, *Opere Volgari,* Vol. XVI, 13. Sonett. "얼굴이 새파랗게 질려 항복하고……"

41) 특히 Roscoe, *Leone X,* ed. Bossi IV, p.203.

42) Angeli politiani *epp.* Lib. x.

아어로 번역하여 그것을 다시 라틴어로 다듬기 위해 피렌체에 보내겠다고 약속했다. 하지만 그 약속이 실행되었는지 여부는 알려지지 않았다.

이러한 자부심은 얼핏 보면 근거가 없다고 생각하기 쉬우나 전혀 그렇지 않다. 여러 가지 사건을(아주 중요한 사실까지도) 당대와 후대에 전하는 편집 작업은 결코 등한시할 수 없다.

이탈리아 인문주의자들은 표현방법과 라틴어 문학형식으로 오랫동안 유럽의 독서계를 지배했다. 이탈리아 시인들은 18세기에 이르기까지 다른 어느 나라의 시인보다 널리 알려지고 연구되었다. 피렌체 사람인 아메리고 베스푸치의 세례명은 그의 여행기 덕분에 네 번째 신대륙의 명칭이 되었다. 그리고 파올로 조비오가 천박하고도 품위 있는 변덕을 지녔으면서도 불후의 명성을 기대한[43] 것 역시 전혀 당치 않은 일이 아니었다.

명성을 외적으로 보증하려는 준비로 분주한 가운데 때때로 내막이 드러나, 그 대상이나 결과와는 상관없이 끝없는 명예욕과 공명심이 무섭도록 적나라하게 폭로되기도 한다. 마키아벨리는 《피렌체사》 서문에서, 선배들—레오나르도 아레티노와 포조—이 시의 당파에 대해 너무나 신중하다 싶을 정도로 침묵한다고 비난했다.

그들은 잘못 생각했다. 그들이 인간의 야심과 이름을 영속시키려는 욕망을 그들이 너무 몰랐다는 뜻이다. 훌륭한 일로 이름을 떨치지 못해 수치스러운 일로 이름을 팔고자 한 자가 얼마나 많았던가. 지배자나 국가의 행위처럼 그 자체로 위대한 행위는 그것이 어떤 종류이고 그 결과가 어떻게 되건 간에 겉으로는 언제나 비난보다 명예를 더 가져온다는 점을 그 저자들은 생각하지 못했다.[44]

---

43) Paul. Jovi. *De romanis piscibus*(1525년). 그가 쓴 《역사》의 처음 10권은 머지않아 "불후의 명성에 대한 희망을 담고" 세상에 출판될 것이다.
44) Macchiavelli, *Discorsi* I, 27 참조. "사악함과 범죄도 위대함을 지닐 수 있으며 어떤 점에서는 고매하기까지 하다. 위대함은 행위에서 모든 불명예를 지울 수 있다. 인간은 완전한 선인 동시에 반대로 명예에 가치를 두는 악이기도 하다."

신중한 역사가들은 여러 차례 일어난 놀랍고도 끔찍한 사건들이 일어난 까닭은 크고 기억될 만한 어떤 일을 이루려는 강한 욕구 때문이라고 보았다. 이러한 사건은 누구에게나 있는 허영심이 변질된 것이 아니라 참된 악마성의 발로였다. 다시 말해 애초의 뜻을 이룰 수만 있다면 결과야 어떻게 되든 극단적인 수단도 마다하지 않겠다는 결의이다. 마키아벨리는 스테파노 포르카리[45]의 성격을 이렇게 해석했다.[46] 갈레아초 마리아 스포르차의 살해자들에 대해서도 여러 문서에서 이와 거의 비슷한 이야기를 전한다. 바르키 역시 피렌체 공작 알레산드로의 암살(1537년)은 범인 로렌치노 메디치의 명예욕 때문임을 인정했다. 이 동기를 더욱 자세히 파헤친 사람은 파올로 조비오였다.[47] 로마에 있던 고대 조각상을 훼손해 몰차(Molza)의 비방글을 통해 웃음거리가 된 로렌치노는 이 오명을 씻을 무언가 '획기적인' 일을 궁리하다가 결국 그의 친척이자 군주인 알레산드로를 살해했다는 것이다. 그 옛날 마케도니아의 필립포스 시대에 일어난 에페소스 신전 방화 사건과 마찬가지로, 이 또한 절망한 힘과 정열이 판치던 시대의 거짓 없는 특색이라 할 수 있다.

---

45) 스테파노 포르카리는 제1편 9장 '교황권과 그 위험성' 참조. 아래의 갈레아초 마리아 스포르차와 로렌체노 메디치는 제1편 5장 '전제정치의 반대자' 참조.

46) *Storie fiorentine*, L. VI.

47) Paul. Jov. *Elogia*의 Marius Molsa 편.

4. 근대적 조롱과 재치

　명성과 근대적인 명예욕뿐 아니라 아울러 고도로 발달한 개인주의를 조정하는 것은 근대적인 조롱과 조소였다. 그것은 때에 따라 재치라는 무적의 형식을 취하기도 했다.[1] 중세에는 대적하는 군대나 서로 등을 돌리고 있는 군주와 귀족들 사이에 상징적인 조롱이 오고가 서로를 날카롭게 자극했으며, 패배한 쪽은 더없이 신랄하고 상징적인 굴욕을 당했음을 우리는 알고 있다. 더불어 신학상의 논쟁에서도 고대의 수사학이나 서간문학의 영향을 받아 재치를 무기로 삼는 풍조가 여기저기서 나타났다. 프로방스 문학은 저항과 조롱의 노래라는 독자적인 양식을 발전시킨다. 중세 독일의 궁정 연애시인도 그들의 정치시에서 나타나듯이[2] 이러한 어조로 노래를 불렀다. 그런데 재치가 독립된 요소로 자리를 잡으려면 먼저 희생자, 곧 여러 가지 욕구를 품고 있는 완성된 개인이 있어야만 했다. 이런 조건이 충족되면 재치도 말이나 문장에만 그치지 않고 행위로 나타난다. 속임수를 쓰고 익살을 부리는 것이다. 수많은 단편소설집의 주된 내용을 이루는 이른바 '조롱(burle)'과 '야유(beffe)'가 그것이다.

　13세기 말에 나온 것으로 추정되는 《옛이야기 백선》의 내용에는 아직 대비의 산물인 재치와 조롱이 없다.[3] 이 책의 목적은 지혜로운 말이나 뜻 깊은 이야기와 우화를 단순히 아름다운 표현으로 재현하는 것이었다. 이 이야기집이

---

1) 단지 매도하는 정도라면 일찍이 11세기 알바의 거짓말쟁이 벤초의 예를 볼 수 있다.(Pertz, *Scriptt.* XI)
2) 그 밖에도 중세에는 많은 풍자시가 있었다. 그러나 아직 개인을 풍자하지는 않고 계급이라든가 특정 유형의 인물 등 주민에 대한 것뿐이어서 쉽게 교훈적인 어조로 바뀌었다. 이런 경향을 일반적으로 반영한 것 가운데 탁월한 작품이 서유럽 여러 나라에서 개작한 《라이네케 여우》 우화이다. 이 분야의 프랑스문학에는 Lenient, *La satire en France an Moyen-âge* 와 같은 근래의 뛰어난 연구가 있다.
3) 예외적으로 거만한 재치는 보인다. *Nov.* 37.

아주 오래되었다는 증거가 바로 조롱이 없다는 점이다. 14세기에 들어선 뒤에야 조롱이 담긴 표현에서 세계의 어느 시인보다 앞서 있었던 단테가 등장하기 때문이다. 사기꾼들을 그린 웅대한 지옥 풍속화만으로도[4] 단테는 위대한 희극문학의 대가로 불려 마땅하다. 페트라르카와 더불어,[5] 그는 벌써 플루타르코스의 《잠언집》 등을 본받아 기지를 모은 책을 내기 시작했다.

프랑코 사케티는 14세기 동안 피렌체에서 수집된 조롱 속에서 아주 특색 있는 것들을 골라 자신의 단편소설에 실었다. 그 대부분은 정식 이야기가 아니라 특별한 상황에서 나온 답변이나, 어릿광대, 궁정의 광대, 부랑자, 방탕한 여자들이 임기응변으로 내뱉는 아주 단순한 이야기들이다. 이 진실한 또는 지어낸 순진함과 세상사나 도덕과의 극단적인 대조 속에 바로 해학이 있다. 말하자면 만사가 거꾸로 뒤집힌 것이다. 이를 위해 북부 이탈리아의 특정 방언까지 모방하는 등 도움이 되는 표현 수단은 모두 동원된다. 때로는 재치 대신 그악한 뻔뻔함이나 졸렬한 속임수, 험담, 음담 등이 쓰이기도 한다. 한 용병대장에 관한 몇 가지 우스갯말[6]은 기록으로 남아 있는 것 가운데 가장 야비하고 심술궂다. 조롱들 중에서도 어떤 것은 아주 희극적이지만 또 어떤 것은 단순히 타인에 대한 승리와 개인적인 우월감의 표시일 뿐이다.

사람들이 이런 것을 어느 선까지 용납했는지, 또 조롱당하는 쪽은 얼마나 자주 복수해 상대방을 웃음거리로 만들었는지 우리로서는 알 길이 없다. 그러나 그 가운데에는 냉혹하고 무식한 심술도 많아서 피렌체에서 살아가기가 이따금 대단히 불쾌할 때도 있었을 것이다.[7]

익살 제조자와 익살꾼은 피렌체에서 이미 좋든 싫든 피할 수 없는 존재였다. 그들은 경쟁자도 없고 자주 교체되는 관객과 이해 빠른 청중(이런 점들은 모두 피렌체만의 특징이다)을 상대해 본 적도 없는 궁정 어릿광대보다 훨씬 뛰

---

4) 《신곡》 〈지옥편〉 21, 22곡. 그와 비견할 수 있는 유일한 인물은 아리스토파네스이다.

5) *Rerum memorandum* Libri IV의 *Opera* p.421 이하에서 조심스러운 첫발을 내딛기 시작했다. 그 밖에 *Epp. senil.* X, 2의 p.868이 있다. 말장난은 때때로 중세의 피난처였던 수도원 냄새를 상당히 풍긴다.

6) *Nov.* 40, 41. 여기서 말하는 용병대장은 리돌포 다 카트리노이다.

7) 브루넬레스키와 뚱보 나무조각가의 유명한 익살은 참으로 재기발랄한 작품이지만 한편으로는 아주 잔혹한 이야기이다.

어난 명인들이었다. 그렇다보니 몇몇 피렌체 익살꾼들은 롬바르디아나 로마 냐의 전제군주 궁정을 돌아다니며 돈벌이를 했다.[8] 고향에서는 어느 골목에 서나 재치가 흘러넘쳐 벌이가 좋지 않았기 때문이다. 이들 가운데 탁월한 쪽 은 이른바 '재미있는 인물(l'uomo piacevole)'이었다. 반면 열등한 쪽은 결혼식이 나 연회에 불청객으로 끼어들어 "내가 초대되지 않은 것은 내 탓이 아니외다" 하고 너스레를 떠는 부류였다. 이들은 여기저기서 젊은 방탕아들이 재산을 탕진하는 일을 도왔으며[9] 대체로 기생충 취급을 받으며 비웃음을 샀다.

그러나 어느 정도 뛰어난 익살꾼은 자신의 기지를 대단하게 여기면서 군주 와 대등하다고 생각했다. 황제 카를 4세가 "이탈리아 익살꾼의 왕"이라 부른 돌치베네는 페라라에서 황제에게 말했다. "폐하는 저와 교황의 친구이므로 세계를 정복하실 것입니다. 폐하는 칼로, 교황은 교서의 인장으로, 저는 혀로 싸웁니다."[10] 이것은 단순히 농담이 아니라 피에트로 아레티노의 출현을 예견 하는 말이었다.

15세기 중엽 가장 유명한 익살꾼으로는 고상한 재치로 이름을 떨친 사제 아 를로토(1483년)와 익살스러운 입담으로 유명했던 페라라 궁정의 어릿광대 곤넬 라를 들 수 있다. 이들의 재담을 칼렌베르크의 사제 이야기나 틸 오일렌슈피 겔[11]의 이야기와 비교하기는 좀 어렵다. 후자는 반쯤 신화적인 방식으로 만들 어진 것으로, 국민 전체가 그 창작에 관여하여 어디서든 통하고 누구나 이해 할 수 있게끔 지어졌기 때문이다. 이에 반해 아를로토와 곤넬라는 역사적이며 국지적인 인물로서 그만큼 제약을 받았다. 그러나 잠깐 이 둘을 비교하고, 이 를 이탈리아가 아닌 민족의 '우스개'에까지 응용해 보자. 프랑스와 독일의 우

---

8) Ibid., *Nov.* 49. 그러나 *Nov.* 67에 따르면, 사람들은 로마냐 사람들이 때로는 신통치 않은 피렌 체 사람들보다 낫다고 생각했다.

9) Ang. Pandolfini, *Del governo della famiglia*, p.48.

10) Franco Sachetti, *Nov.* 156 ; *Nov.* 24 참조. 포조의 《해학 *Facetiae*》은 내용면에서—즉 조롱, 낯 두 꺼운 이야기, 단순한 사람들이 세련된 음담패설을 듣고 잘못 해석한 이야기, 자신이 문헌학 자임을 드러내는 언어유희 면에서 사케티와 매우 비슷하다.

11) Till Eulenspiegel. 1500년 무렵 쓰인 독일의 우스개이야기 책이자 그 주인공 이름. 재치 있는 장난꾸러기 오일렌슈피겔은 각 계층의 편협함을 유쾌하게 조롱한다. 14세기에 실제 모델이 있었다 하나 아닐 가능성도 짙다. 이 책은 귀족과 성직 계급의 문학을 서민 계급으로 해방시 켰다는 의미가 있으며, 후세에 큰 영향을 미쳤다.

스개(fabliaux)[12]는 대체로 유익함과 오락을 첫째 목적으로 삼는 데 반해, 아를로토의 재담과 곤넬라의 익살은 그 자체가 목적이었다. 다시 말해 그들은 자신들의 승리와 만족을 위해 익살을 부렸다는 뜻이다(틸 오일렌슈피겔의 이야기는 독특한 장르였다. 특정 신분이나 직업을 의인화해 시시한 야유를 보내는 식이었다). 에스테 가문의 궁정 어릿광대 곤넬라는 신랄한 풍자와 교묘한 복수로 분풀이를 한 적이 한두 번이 아니었다.[13]

'재미있는 인물'과 어릿광대들은 피렌체가 자유를 잃은 뒤에도 오랫동안 살아남았다. 코시모 공작(재위 1569~74) 치하에서는 바를라키아가, 17세기 초에는 프란체스코 루스폴리와 쿠르치오 마리뇰리가 활약했다. 피렌체 사람답게 교황 레오 10세가 익살꾼을 가장 사랑한 점도 눈여겨볼 일이다. "고상한 정신적 향락을 만족할 줄 모르고 추구한" 교황은 재치가 풍부한 익살꾼과 어릿광대들을 자신의 식탁에 초대하는 일도 꺼리지 않았다. 그들 가운데는 수도사 두 명과 불구자도 한 사람 있었다.[14] 축제 때는 일부러 원숭이와 까마귀 고기를 맛 좋은 고기라고 속여 대접해 그들을 식충이 취급하며 고대풍(古代風)으로 조롱했다. 요컨대 교황 레오는 자기가 익살을 부리기 위해 익살꾼을 거느리고 있었다. 특히 때때로 자신이 좋아하는 음악과 시를 풍자하고 비꼬는 것은 참으로 그다운 정신의 발로였다. 즉 교황과 그의 집사인 비비에나 추기경은 시와 음악을 희화화하는 인물을 양성하는 데 크게 기여했다.[15] 두 사람은 한 선량한 늙은 비서관을 온갖 수단으로 설득하여 마침내 그 비서관이 스스로를 위대한 음악 이론가라고 착각하게 만들었지만, 그런 행동들이 자기들의 품위를 떨어뜨린다고는 생각지 않았다. 또한 교황 레오는 가에타에서 온 즉흥시인 바라발로를 쉴 새 없이 부추겨 카피톨리노 언덕에서 열리는 시인 대관식에 그가 자진해서 나서게 만들었다. 그리하여 메디치 가문의 수호성인인 성 코스마

---

12) 프랑스 우화에서 내용을 빌려온 이탈리아 단편소설들의 성격도 마찬가지이다.

13) Bandello IV, *Nov.* 2에 따르면, 곤넬라는 자기 얼굴을 다른 사람의 얼굴로 바꾸기도 하고, 모든 이탈리아 방언을 흉내 낼 수도 있었다.

14) Paul. Jovius, *Vita leonis* X.

15) "말하자면 비비에나는 덕망 높은 노인과 요직에 있는 사람들을 노하여 길길이 날뛰게 만드는 데 더할 나위 없는 명수였다." 이것을 읽으면 스웨덴의 크리스티네 여왕이 그의 문헌학자들에게 한 농담이 떠오른다.

스와 성 다미아누스의 축일에 바라발로는 교황의 손님들을 위해 월계관을 쓰고 자줏빛 옷을 입고 우선 시 낭송으로 흥을 돋워 사람들이 포복절도하려는 순간 바티칸궁 마당에서 포르투갈의 마누엘 대왕(재위 1495~1521)이 로마에 선물한 황금 안장을 깐 코끼리에 올라탔다. 그러는 동안 교황은 자루 달린 단안경(單眼鏡)[16]으로 높은 곳에서 그것을 내려다보고 있었다. 그러나 코끼리는 요란한 나팔과 북소리와 군중의 갈채 소리에 놀라 성 안젤로 다리를 건너지 못했다.

행렬을 지어 우리 앞에 나타난 장엄하고 숭고한 패러디(parody)는 그 시절 시 문학에서 중요한 위치를 차지했다.[17] 물론 패러디에서는 아리스토파네스[18]가 그의 희극에 등장시킨 유명 비극작가들과는 종류가 다른 희생자를 찾아야 했다. 어쨌든 그리스에서 특정 시기에 패러디가 발생했던 것과 같은 성숙한 문화가 여기서도 꽃피게 된 것이다. 이미 14세기 말에는 페트라르카의 실연(失戀) 노래가 소네트 형식으로 모방되어 우스개의 대상이 되었고, 14행시의 형식이 지닌 장중함까지도 의미심장한 체하는 무의미한 말로 조롱의 대상이 되었다. 가장 만만한 패러디의 대상은 《신곡》이었다. 로렌초 마니피코는 〈지옥편〉의 문체를 본떠 아주 훌륭한 희극을 선보였다(《술자리 Simposio》 또는 《대주가들 i Beoni》). 루이지 풀치는 《모르간테》에서 즉흥시인들을 노골적으로 모방했다.

---

16) 자루 달린 단안경은 라파엘로의 초상화를 보고 추정한 것이 아니라(그 그림의 단안경은 오히려 기도서의 세밀화를 보기 위한 확대경이라 할 수 있다), 교황 레오가 수도사의 행렬을 '조그만 안경'으로 보았다는 펠리카누스의 기록에서 따왔다(Züricher Taschenbuch auf 1588, p.177 참조). 조비오의 기록에 따르면, 레오는 사냥할 때 오목안경을 썼다고 한다. (Attilius Alexius(Baluz. Miscell. IV, 518)는 이렇게 썼다. "그는 보석으로 만든 안경을 들고 있다가 무언가를 볼 일이 생기면 안경을 눈 쪽으로 가져갔다.")

17) 이러한 패러디는 조형예술에서도 찾아볼 수 있다. 라오콘 군상을 세 마리 원숭이로 바꿔 표현한 유명한 동판화를 떠올려보라. 그러나 이런 패러디는 거의 한때의 스케치에 그쳤고, 그대로 폐기된 것도 많았을 것이다. 풍자화는 이것과 본질이 다르다. 레오나르도 다빈치가 〈찡그린 얼굴〉(암브로시아나 미술관)로 추악한 모습을 표현한 것은 그것이 익살스럽기 때문이었으며, 그럴 경우 그는 이 익살맞은 특색을 마음껏 과장했다.

18) Aristophanes(BC 445?~BC 385?). 그리스의 위대한 희극작가. 건전한 보수주의자요 평화주의자로서 작품을 통해 급진적·선동적 정치가와 사상가를 공격했다. 《여자의 축제》에서 비극시인 에우리피데스를 야유하고, 《개구리》에서 에우리피데스와 또 다른 비극시인인 아이스킬로스를 비교했다. 그 밖에 주요 작품으로 《복신》《여자의 평화》 등이 있다.

그와 보이아르도의 시는 그 소재로 볼 때 중세 기사문학을 적어도 반은 의식적으로 패러디했다. 1520년쯤 전성기를 누린 패러디의 명인 테오필로 폴렝고는 아주 노골적으로 대상을 비꼬았다. 그는 리메르노 피토코라는 이름으로 쓴 《오를란디노》에서 근대적인 착상과 생활상에 익살맞게 맞춰 기사제도를 아주 익살맞게 끼워 넣었다. 또한 그는 메를리누스 코카유스라는 필명으로 농부들의 모습과 떠돌이들의 방랑생활을 그렸는데, 라틴어가 섞인 육각운 시(마카로니 시)[19]로 그 시절 학자들이 쓰던 서사시를 익살스

발다사레 카스틸리오네(1478~1529)
이탈리아 시인·외교관. 라파엘로 작(1514). 파리 루브르 미술관 소장.

럽게 뒤틀었으며 시대비판 정신이 진하게 녹아든 작품이다. 그 뒤로 패러디는 이탈리아 예술계를 대표하며 언제나 굳게 자리를 지키게 되었다.

이어서 르네상스 전성기에는 재치도 이론적으로 분석되었고, 상류사회에서 실제 응용법이 엄밀하게 규정되었다. 이 분야의 이론가는 조비아노 폰타노였다.[20] 화술에 대해 쓴 저서 제4권에서 그는 수많은 재치와 재담을 낱낱이 분석하여 일반적인 법칙을 도출하려 했다. 지체 높은 사람들 사이에서 재치가 어떻게 쓰이는가는 발다사레 카스틸리오네의 《궁정인》에서 볼 수 있다.[21] 물론 그 목적은 우습거나 우아한 이야기나 명언을 통해 제삼자를 즐겁게 해주는 것이

---

19) 마카로니 시(Opus macaronicorum)란 라틴어 어미를 붙인 이탈리아어를 라틴어와 섞어 쓴 익살스러운 시. 15세기에 롬바르디아에서 주로 쓰였다.

20) Jovian. Pontan, *De Sermone*. 그는 피렌체 말고도 시에나와 페루자 사람들에게서 특별히 타고난 재치를 확인한다. 그리고 예의상 여기에 에스파냐 궁정도 끼워주었다.

21) *Il cortigiano*, Lib. II, fol. 74. 아주 명쾌하지는 않지만 기지가 유래한 근거를 대조하고자 했다. fol. 76.

었다. 따라서 노골적인 재치는 불행한 사람들을 괴롭히고, 범죄자에게 명예를 안겨주며, 권력자나 총애를 받아 거만해진 자에게서는 원망과 복수심을 일으키기 때문에 경계해야 했다. 또한 신분이 높은 사람은 다른 사람에게서 들은 말을 전할 때에도 얼굴을 찌푸리는 따위의 극적인 연기는 되도록 하지 말아야 한다고 충고한다. 이어서, 단지 남에게 이야기를 전하기 위해서가 아니라 앞으로 재치를 갈고닦으려는 사람들을 위한 예시로써 재기 넘치는 행동과 말을 풍부하게 수집하여 종류별로 정리했는데, 그 가운데는 아주 훌륭한 것들도 많다. 약 20년 뒤 조반니 델라 카사(Giovanni della Casa)가 《예법전서 *Galateo*》[22]를 통해 설교한 교훈은 그보다 훨씬 더 엄격하고 신중하다. 조반니는 재치나 농담에서 상대를 이겨 뽐내려는 의도를 완전히 뿌리 뽑자고 한다. 그는 앞으로 등장할 반동의 예고자였다.

그 뒤 이탈리아는 세계 어디에서도 찾아볼 수 없는, 볼테르[23] 시대의 프랑스에서도 예를 찾아볼 수 없는 비방의 전당이 되었다. 볼테르와 그의 동료들에게도 부정(否定)의 정신은 충만했지만 18세기에는 희생자로 삼을 만한 인물이 부족했다. 독자적으로 고도의 발달을 이룬 수많은 사람들, 자기의 특색을 아무 거리낌 없이 발휘한 정치가·종교가·발명가·발견가·문필가·시인·예술가 등을 그 시대에 대체 어디에서 찾아볼 수 있었겠는가. 하지만 15세기와 16세기에는 이런 인물들이 넘쳐났다. 아울러 일반 문화의 발달로 재능은 많으나 뜻을 펼쳐볼 데가 없는 사람, 타고난 비방가와 독설가들이 수없이 배출되었고, 그들의 질투심은 제물을 필요로 했다. 여기에 저명인사들 서로 간의 질투도 가세했다. 이런 질투는 잘 알려진 바와 같이 필렐포, 포조, 로렌초 발라 같은 문헌학자들이 먼저 드러내기 시작했다. 그러나 15세기의 예술가들은 거의 완전한 평화 속에서 솜씨를 겨루고 있었다. 이 점은 예술사에 기록해두어도 좋을 것이다.

---

22) Galateo del Casa, ed. Venez. 1789, p.26, 48.
23) 18세기 절대왕정 시대의 프랑스는 사회적 모순이 극심해지자, 인간의 이성과 선의에 대한 신뢰를 바탕으로 한 비판 정신이 꽃피어 급진적인 활기를 띠었다. 볼테르(1694~1778)는 계몽사상가의 대표로서 재능·자유사상·고전교양·부르주아적 현실감각으로써 모든 절대적인 것에 회의를 품었다. 그러한 회의가 그의 날카로운 합리 정신으로 일관된 산문과 기지와 야유에 찬 풍자적인 작품을 낳게 한다.

명예의 둘도 없는 시장이었던 피렌체는 앞서 말했듯이 비방에서도 다른 도시를 한 시대 앞질렀다. '날카로운 눈과 짓궂은 혀'는 피렌체 사람들의 대명사였다.[24] 모든 일에 조소를 보내는 것이 이곳의 일반적인 특징이었던가 보다. 마키아벨리는 희극 《만드라골라》의 주목할 만한 서문에서, 그 타당성 여부야 어떻든 이 도시의 도덕성이 쇠퇴한 까닭은 비방하는 풍조가 널리 퍼졌기 때문이라고 말하고, 자신 또한 비방에 일가견이 있다며 그를 비방하는 자들을 위협했다. 피렌체의 뒤를 잇는 곳은 예부터 가장 악랄하고도 재치 있는 재담꾼의 집합소였던 교황청이었다. 포조의 《골계집》도 교황 서기들의 '거짓말하는 방'[25]에서 나온 것이다. 관직을 얻으려고 갖은 애를 썼으나 실패한 이들, 이미 총애를 입은 행운아들의 야심만만한 경쟁자와 적수들, 타락한 고위 성직자들의 심심함을 달래주는 사람들이 얼마나 많이 모여 있었던가를 생각하면, 로마가 난폭한 비방글이나 소극적인 풍자문의 고향이 된 것도 놀랄 일은 아니다. 여기에 성직자 정치에 대한 일반의 증오와 권력자에게 오명을 씌우려는 하층민의 보편적인 욕구를 더하면 그야말로 유례없는 어마어마한 양의 비방이 쏟아져 나오는 것이다.[26]

능력 있는 사람들은 비방의 사실 여부와 관계없이 그러한 말을 무시하고 화려하고 즐거운 생활을 보냄으로써 스스로를 잘 보호했다.[27] 그러나 마음이 여린 사람들은 큰 죄에 얽히거나 악질적인 험담에 깊이 말려들면 절망에 빠지는

---

24) *Lettere Pittoriche,* I, p.71에 수록된 Vinc. Borghini의 1577년 편지. 마키아벨리는 《피렌체사》 7권에서 15세기 중반 이후 피렌체의 젊은 신사들을 이렇게 설명한다. "그들은 화려한 옷을 입고 재치 넘치는 말을 하려고 애썼다. 교묘하게 다른 사람을 상처 입히는 말을 하는 자가 더욱 현명한 자요 존경받는 인물이었다."

25) 《골계집》 끝 부분에는 포조와 그의 동료들이 즐겁게 시간을 보내는 장면이 나온다. 라테란 대성당에서 모임을 가졌던 그들은 '거짓말하는 방(bugiale)'이란 클럽을 만들어 재치 있는 말이나 익살스러운 이야기, 험담, 음모를 엮어 책으로 냈다.

26) 루도비코 포도카타로에게 바친 페드라 잉기라미의 애도사(1505년) 참조(*Anecd. Litt.* I, p.319 수록). 추문수집가 마사이노에 대해서는 Paul. Jov., *Dialogus de viris litt. Illustr*(Tiraboschi, Tom. VII, parte IV, p.1631) 참조.

27) 그 대표 인물이 레오 10세다. 그리고 그의 계산은 대부분 맞아떨어졌다. 풍자작가들은 레오가 죽은 뒤 그의 명성을 무섭게 깎아내렸으나, 그에 대한 전체적인 견해를 지배할 수는 없었다.

일이 흔했다.[28] 시간이 갈수록 사람들은 아무나 가리지 않고 험담했으며, 도덕적으로 엄격한 인물일수록 비방의 대상이 되기 쉬웠다. 비테르보 출신의 위대한 설교자 프라 에지디오는 공로를 인정받아 교황 레오에게 추기경으로 임명되었고, 1527년 로마 약탈 때도 유능하고 인망 높은 수도사임이 입증된 사람이다.[29] 그러나 조비오는 그가 젖은 짚을 태워서 나는 연기를 마셔 금욕적인 창백한 얼굴을 연출한다고 암시했다. 이런 말을 할 때의 조비오는 영락없는 교황청 사람이었다.[30] 그는 보통 어떤 일화를 이야기할 때 자신은 그것을 믿지 않는다고 덧붙였지만, 그래도 끝에선 아니 땐 굴뚝에 연기 날 리 있겠느냐고 암시했다.

그러나 로마가 내뱉은 조롱의 진정한 희생양은 뭐니 뭐니 해도 경건하고 도덕적이었던 교황 하드리아누스 6세(재위 1522~23)였다. 사람들은 이 교황을 철저히 우스꽝스럽게 보겠다고 뜻을 모은 것 같았다. 이 교황은 사람들이 말하는[31] 파스퀴노 조각상[32]이 아니라 풍자문의 작가들을 테베레강에 던져버리겠다고 위협했기 때문에, 프란체스코 베르니와는 처음부터 사이가 좋지 않았다. 이 교황의 위협에 대한 복수가 바로 〈교황 하드리아누스에게 알림〉이라는 유명한 농담조의 풍자시이다. 이것은 증오라기보다는 네덜란드 태생의 그 아둔

---

28) 아르디치노 델라 포르타 추기경이 그러한 경우이다. 그는 1491년 관직에서 물러나 멀리 떨어진 수도원으로 피신하려 했다. Eccard II, Col. 2000에 수록된 Infessura 참조.

29) Anecd. *litt* IV, p.315에 수록되어 있는 그의 애도사를 보라. 그는 남쪽 변경 앙코나에서 농민군을 모집했으나 우르비노 공의 배신으로 뜻을 펼치지 못했다. 그의 아름답고 절망적인 사랑 노래는 Trucchi, *Poesie ined.* III, p.123에 실려 있다.

30) 조비오가 교황 클레멘스 7세의 식탁에서 어떻게 입심을 자랑했는지는, Giraldi, *Hecatommithi* VII, *Nov.* 5 참조.

31) Paul. Jov., *Vita Hadriani.* 파스퀴노 상을 물에 빠뜨리자고 의논한 이야기는 본디 하드리아누스가 아니라 식스투스 4세와 관련된 것이다. 파스퀴노는 성 마르쿠스의 축일에 특별한 축제를 열어 기리는 인물이었는데 교황이 이를 금지했다.

32) 오르시니 궁전 모퉁이에 있는 부서진 고대 로마의 조각상. 1501년 풍자에 뛰어난 구두 수선공 파스퀴노의 가게 곁에 세워졌다고 해서 이런 이름이 붙었다. 파스퀴노가 시사에 대한 풍자적인 글을 써서 몰래 이 조각상에 붙이자 곧 다른 사람들도 이를 따라 하기 시작했다. 특히 교황이나 추기경을 조롱하는 풍자시가 많이 붙었다. 관계 당국의 분노에도 불구하고 이 '말하는 조각상'의 글은 19세기까지 로마 문화에서 한 자리를 차지한다. 풍자시를 뜻하는 파스퀴로, 파스퀴나타라는 말도 여기서 유래했다.

한 야만인에 대한 익살스러운 경멸이었다. 한층 난폭한 위협은 이 교황을 선출한 추기경들에게 돌아갔다. 베르니와 그의 동료들은[33] 마치 오늘날 대도시 신문의 연예오락란에서 사건의 진상을 변조하거나 없는 것을 있는 듯 다루는 것처럼, 야유가 섞인 거짓으로 교황의 신변을 묘사해냈다. 파올로 조비오가 토르토사의 추기경에게서 명을 받고 편찬한 교황의 전기도 본디는 송덕문이어야 했지만, 숨은 뜻을 읽는 사람이라면 누구나 이 글이 더할 나위 없는 조롱의 전형임을 알아챌 것이다. 그 내용은, 교황 하드리아누스가 사라고사 대성당 참사회에서 성 람베르트의 턱뼈를 얻으려고 얼마나 애썼으며, 신앙심 깊은 에스파냐 사람들이 그를 '성장(盛粧)한 교황답게 보일 때까지' 얼마나 많은 장신구와 옷을 마련해 주었는지에 대한 것, 그리고 오스티아에서 로마까지 떠들썩하고 괴상한 행렬을 벌이고, 파스퀴노 상을 불태울까 물에 빠뜨릴까 의논하고, 아무리 중요한 협상을 하다가도 식사 시간이 되면 황급히 중지시키고, 결국 불행한 통치 끝에 맥주를 너무 많이 마셔서 목숨까지 잃었다는 이야기이다. 특히 교황이 죽은 뒤, 한밤에 술꾼들이 교황 주치의의 집을 화환으로 장식하고 거기에 '조국의 해방자에게, 로마 원로원과 시민(Liberatori Patriae S.P.Q.R.)'이라는 글을 걸어놓은 장면들을 읽으면(특히 그 무렵 이탈리아인에게는) 웃음이 절로 날 것이다. 연금제가 폐지되었을 때 조비오의 연금도 당연히 사라졌지만 그는 대신 성직록을 받았다. 그 까닭은 그가 '시인이 아니기' 때문에, 바꾸어 말하면 이교도가 아니기 때문이었다. 그러나 하드리아누스가 이런 비방의 마지막 희생양이 되리란 것은 이미 정해진 운명이었다. 1527년 로마의 대재난 뒤 아주 방종한 생활이 자취를 감추자 모독적인 언사도 눈에 띄게 줄어들었다.

다시 이런 비방이 무성하던 무렵으로 돌아가자면, 이때 로마에서는 근대 최고의 독설가인 피에트로 아레티노가 활동하고 있었다. 이 인물만 살펴보아도 그와 같은 부류의 잔챙이 독설가들을 하나하나 들출 필요가 없어진다.

우리가 아레티노에 대해 아는 내용은, 그가 유일한 피난처였던 베네치아에서 보낸 마지막 30년간(1517~1556)의 행적이 대부분이다. 베네치아에서 그는 온 이탈리아의 유명인들을 말하자면 포위하고 있었다. 그의 문필이 필요하거나

---

33) Firenzuola, *Opere*, vol. I, p.116, *Discorso degli animali*.

피에트로 아레티노(1492~1556)
이탈리아의 시인·극작가·풍자문학가. 티치아노 작 (1545). 피렌체 피티 미술관 소장.

혹은 그것을 두려워하는 외국 군주들의 선물도 바로 이곳으로 흘러들어왔다. 독일 황제 카를 5세(재위 1519~1556)와 프랑스 왕 프랑수아 1세(재위 1515~1547)는 아레티노가 상대의 기분을 상하게 해주리라 기대하며 둘이 동시에 그에게 연금을 주었다. 아레티노는 양쪽에 모두 아첨했지만 아무래도 이탈리아에서 권력을 쥐고 있는 카를에게 더 마음을 쏟았다. 1535년, 카를이 튀니스와 싸워 이기자 그의 아부는 마치 신에게 바치는 찬양 조로 급변하는데, 이를 보면 아레티노가 카를의 후원으로 추기경이 되려는 희망을 줄곧 놓지 않았음을 알 수 있다. 또 아레티노는 에스파냐의 정보요원으로서 특별한 보호를 받았던 것 같다. 그의 말이나 침묵으로 이탈리아의 군소 군주와 세론을 압박할 수 있었기 때문이다. 그가 교황청을 철저히 경멸했던 까닭은 그곳 사정을 훤히 꿰뚫고 있어서라기보다는 로마가 그에게 보수를 줄 생각도 능력도 없었기 때문이다.[34] 그는 머물 곳을 제공해 준 베네치아에 대해서는 현명하게 입을 다물었다. 그러나 그 밖의 권력자들에 대한 그의 태도는 순전히 구걸이나 야비한 강탈과 다를 바 없었다.

공공성을 이런 목적으로 철저히 남용한 예는 아레티노가 처음이다. 100년 전쯤 포조와 그의 적대자들이 주고받은 논쟁문도 그 의도와 논조가 이와 똑같이 저열하지만, 이것은 출판을 목적으로 한 것이 아니라 반쯤은 비밀로 부

---

34) 아레티노가 1536년 1월 1일 페라라 공에게 보낸 편지. "전하는 이제 로마에서 나폴리로 여행하실 것입니다. 교황의 궁핍함을 보며 언짢았던 기분을 황제의 위풍당당함으로 위로받으며."

쳐 은밀히 공개하기 위한 것이었다. 그러나 아레티노는 자신의 글을 아무 제한 없이 공개하여 이익을 보았다. 어떻게 보면 저널리즘의 창시자라고 볼 수 있다. 자기 편지와 논문을 여러 사람에게 돌려 읽게 한 뒤 이를 모아 정기적으로 간행했으니 말이다.[35]

18세기의 신랄한 논객에 비하면 아레티노는 계몽주의나 박애주의 같은 도덕이나 학문의 원리와 주의에 전혀 구속받지 않는 유리한 입지에 있었다. 그를 구속했던 것은 '진리는 증오를 낳는다(Veritas odium parit)'는 유명한 표어뿐이었다. 따라서 볼테르처럼 《처녀》가 자기 작품이 아니라고 부인하고 다른 작품들도 평생 숨겨야 했던 것 같은 거짓 태도는 보이지 않았다. 아레티노는 모든 작품에 자기 이름을 썼으며, 뒷날에는 악평 높은 《대화》도 공공연히 자랑했다. 예술작품의 개념, 이를테면 희극의 참된 극적 구상 같은 것이 그의 글에는 전혀 없었다 하더라도, 그의 문학적 재능, 밝고 신랄한 문체, 인간과 사물에 대한 풍부한 관찰은 그를 어떤 상황에서도 주목할 만한 인물로 만들었을 것이다. 더구나 그는 무례하고 세련된 악의 말고도 기괴한 재치를 발휘하는 훌륭한 재능을 지녔는데, 이 점에서는 라블레에게도 뒤지지 않았다.[36]

이런 상황에서 아레티노는 이와 같은 의도와 수단을 가지로 자기 포획물에게 덤벼들든가 그 주위를 어슬렁거렸다. 짓밟힌 로마의 비탄 소리가 교황 클레멘스 7세가 감금되어 있는 성 안젤로 성까지 퍼졌을 때, 교황에게 슬픔을 거두고 적을 용서하라고 권고한[37] 아레티노의 말은 그저 악마나 원숭이의 조롱일 뿐이었다. 때때로 사례를 받을 희망이 없어지면 그는 살레르노의 공작에게 보낸 시에서 그랬듯이 마치 성난 야수처럼 사납게 울부짖었다. 공작은 한동안 그에게 돈을 주었지만 더는 그럴 마음이 없었던 것이다. 그러나 무시무시한 파르마 공작 피에르루이지 파르네제는 한 번도 그를 개의치 않았던 것 같다. 호평 따위는 애초에 단념한 이 군주를 괴롭히기란 쉽지 않았다. 아레티노는 공

---

35) 이로써 아레티노가 특히 예술가들에게 어떻게 두려움을 심어주었는지는 다른 곳에서 논할 것이다. 독일 종교개혁 시대에 시사를 논하던 도구는 주로 특정 사건과 관련해서 쓰인 소책자였다. 이와 달리 아레티노는 지속적인 발표 동기를 품고 있었다는 뜻에서 저널리스트였다.

36) 알비칸테라는 엉터리 시인에게 보낸 시가 그러하지만 유감스럽게도 여기서 인용하기엔 부적절하다.

37) *Lettere*, ed. Venez. 1539. Fol. 12, 1527년 5월 31일.

작의 외모를 경관이나 방앗간 주인 또는 빵장수에 빗대어 목적을 이루려고 했다.[38]

아레티노의 글은 프랑수아 1세에게 보낸 시처럼 솔직하고도 처량하게 구걸할 때 가장 희극적이다. 그러나 협박과 아첨이 뒤섞인 그의 편지와 시는 아무리 골계미가 담겨 있어도 깊은 혐오감 없이는 읽기 힘들다.

1545년 11월 그가 미켈란젤로에게 보낸 편지[39] 같은 글은 두 번 다시 볼 수 없을 것이다. 그는 〈최후의 심판〉에 아낌없는 찬사를 보내면서도, 믿음이 없고 외설스러우며 율리우스 2세의 유산을 도둑질했다고 미켈란젤로를 협박한 다음 그의 기분을 달래기 위해 이렇게 덧붙였다. "나는 다만 당신이 신적인(divino : 포도주로 만들어진) 인간이라면 나 역시 물로 된(d'aqua) 인간이 아님을 알려주고 싶었을 뿐입니다." 아레티노는 광적인 자부심 때문인지 아니면 모든 명사들을 풍자하고 싶은 욕망 때문이었는지 모르나, 아무튼 자기도 신으로 불리기를 바랐다. 실제로 그는 대단한 명성을 얻어 아레초에 있는 그의 생가는 명소가 되기도 했다.[40] 한편 베네치아에서 그는 스트로치 같은 광분한 피렌체인에게 습격당할까 겁이 나서 몇 달 동안 집 안에만 틀어박혀 있기도 했다. 칼에 찔리거나 흠씬 두들겨 맞는 일이 없진 않았지만,[41] 베르니가 유명한 소네트에서 예언한 아레티노의 운명을 실현한 이는 결국 나오지 않았다. 아레티노는 그의 집에서 뇌졸중으로 세상을 떠났다.

아레티노는 아첨하는 방법에도 눈에 띄게 차이를 두었다. 이탈리아인이 아닌 사람에게는 노골적으로 아첨했으나,[42] 피렌체의 코시모 공작 같은 사람에게는 다른 태도를 보였다. 아레티노는 그 무렵 아직 젊었던 코시모 공작의 준

---

38) 코시모에게 보낸 첫 번째 해학시.

39) Gaye, *Carteggio* Ⅱ, p.332.

40) *Lettere Pittor.*, Ⅰ, Append., 34에 수록된 1536년의 뻔뻔스러운 편지 참조.

41) 아레티노는 신의 은혜로 건강하게 살아 있지만
　　얼굴에는 훌륭한 장식을 달았네.
　　한 손 손가락보다 많은 상처 자국으로.
　　(Mauro, Capitolo in lode delle bugie)

42) 로렌의 추기경에게 보낸 편지(*Lettere*, ed. Venez. 1539, vom 21. November 1534)나 카를 5세에게
　　보낸 편지 참조.

수함을 칭찬했는데, 실제로 코시모 공작은 외모가 준수하다는 점에서 아우구스투스 황제(재위 BC 27~AD 14. 초대 로마 황제)와 많이 비슷했다. 아레티노는 코시모의 도덕적 행실을 칭찬하는 한편 그의 어머니 마리아 살비아티의 돈놀이를 슬쩍 언급하고, 마지막으로 요새 물가가 얼마나 비싼지 모르겠다며 애처롭게 구걸하는 말로 끝맺었다. 늘 검소하던 그답지 않게 코시모가 아레티노에게 고액의 연금(만년에는 해마다 160두카토)을 준[43] 까닭은 아마도 에스파냐 정보요원인 아레티노의 위험성을 어느 정도 고려했기 때문일 것이다.

아레티노는 쉴 새 없이 코시모를 조롱하고 욕설을 퍼부으면서도 피렌체 대리공사에게는 그가 당장 본국으로 소환되도록 자기가 대공에게 말하겠다고 거침없이 협박했다. 메디치 가문의 군주 코시모는 자기 속셈이 카를 5세에게 들킨 사실을 알아챘다 하더라도, 자기를 조롱하는 아레티노의 재담과 풍자시가 황제의 궁정에 퍼지는 것을 바라지 않았다. '무소의 성주(城主)'로서 자신의 국가를 세우려고 했던 악명 높은 마리냐노 후작에게 보낸 아레티노의 아첨에도 조건이 붙어 있었다. 그는 100스쿠디를 받은 답례로 편지에 이렇게 써서 보냈다. "당신은 군주가 지녀야 할 모든 자질을 이미 갖추고 계십니다. 다만 무릇 일을 시작할 때 생기기 마련인 강압적인 태도 때문에 당신이 난폭한 인물로 보이는 점만 아니면, 누구나 다 그렇게 생각할 것입니다."[44]

아레티노는 세상만 욕했을 뿐 신까지 모독하지는 않았다는 점이 이따금 특이 사항으로 강조된다. 하지만 그가 어떤 신앙을 가졌는지는 평소 그의 행동으로 볼 때 조금도 중요하지 않으며, 또한 표면적인 이유만으로[45] 쓴 신앙에 관한 저작도 마찬가지이다. 그렇지 않다면 당연히 신을 모독해도 이상할 것 없는 그가 왜 그러지 않았는지를 나로서는 도저히 알 수 없다. 그는 교사도 아니고, 이론적인 사상가도 아니고, 문필가도 아니었다. 또한 위협하고 아첨한들 신에게 돈을 받아낼 수도 없으므로 거절당하여 모독하고 싶을 만큼 신에게 화가 날

---

43) 이하 내용은 Gaye, *Carteggio*, II, p.336, 337, 345 참조.

44) *Lettere*, ed. Venez. 1539. Fol. 15., vom 16. Juni 1529.

45) 아레티노의 이러한 행동은 그가 추기경의 붉은 모자를 쓰고 싶어 했기 때문이거나 아니면 막 시작된 종교재판의 사형선고에 대한 공포 때문인지도 모른다. 아레티노는 1535년까지만 해도 이런 사형선고를 신랄하게 비난할 용기를 가지고 있었지만(a. a. O., Fol. 37 참조) 1542년에 재판기관이 재조직되어 사형선고가 급격히 증가하자 모든 사람들이 침묵하고 말았다.

리도 없었다. 대체로 이런 사람들은 부질없는 일로 기력을 낭비하지 않는다.

　이런 성격이나 행동이 더 이상 통하지 않는다는 사실은 오늘날 이탈리아 정신의 좋은 징후이다. 그러나 역사적 고찰 면에서 보면 아레티노는 언제까지나 중요한 자리를 차지할 것이다.

제3편
고대의 부활

머리글

이탈리아 문화사를 여기까지 훑어보았으니 이제 고대를 돌아보아야 한다. 고대의 '부활(르네상스)'이 이 시대를 아우르는 이름이기 때문이다.[1] 지금까지 서술해 온 상황들은 굳이 고대와 엮지 않더라도 이탈리아를 뒤흔들고 성숙시켰을 것이며, 앞으로 살펴볼 사상적 경향도 대부분은 고대와 상관없이 설명할 수 있을 것이다. 그러나 지금까지 이야기한 바나 앞으로 이야기하려는 바도 모두 고대 세계의 영향을 받아 다양한 색채로 채색되어 있다. 이 시대 현상들의 본질은 고대 세계가 없어도 이해되고 또 존재할 수 있다 해도, 그 현상이 삶속에 나타나는 방식은 고대를 통해야만, 고대가 있어야만 이해할 수 있다. 만약 고대의 영향을 간단히 무시할 수 있다면, '르네상스(고대의 부활)'는 세계사에서 그토록 중요한 사건이 되지 못했을 것이다.

그러나 이 책의 근본 명제는 고대 부활만으로 충족되지 않는다. 유럽을 정복한 것은 고대 부활 운동만이 아니라 그것과 밀접하게 연합한 이탈리아의 민족정신도 한몫했다. 이때 이탈리아 민족정신의 자주성은 어느 방면에서나 한결같지만은 않았다. 이를테면 근대 라틴어 문학 방면만 놓고 본다면 그 자주성이 아주 미미했지만 조형예술을 비롯한 다른 영역에서는 놀라우리만치 컸기 때문이다. 또한 멀리 떨어진 두 문화시대를 한 민족이 결합시킨 그 힘은 매우 독자적인 것이어서 두 문화가 각각 동등한 권한을 가지고, 이로써 정당하

---

1) 14세기 후반에서 16세기 전반에 걸친 이탈리아 문화 번성기를 고대문화의 부흥에 초점을 두고 보는 사고방식이 르네상스 시대 이탈리아 문화인들의 머릿속에 뿌리내리고 있다. 고대 시민적 자유가 몰락하고 그리스도교와 게르만족이 침투하여 사라져버린 고대 문화의 광휘를, 그들은 자신들이 맡은 문학·미술 분야에서 새로운 풍조를 전개함으로써 다시 밝히고자 했다. 바사리가 이러한 생각을 '부활(Rinascita)'이라는 말로 정의했고, 이 개념은 그 뒤 여러 사람에게 전해져 마침내 부르크하르트가 문화와 시대 개념으로서 르네상스관을 확립하기에 이른다.

고 생산적인 결합임을 증명한다.[2]

다른 유럽 나라들은 이탈리아에서 밀려들어오는 강력한 자극을 방어하거나 일부 또는 전체를 흡수했다. 이 흡수로 중세문화의 형태와 관념이 너무 빨리 쇠퇴한 것을 슬퍼할 이유는 없다. 중세의 그것이 자기방어를 할 만큼 충분히 강력했다면 오늘날까지도 살아남았을 것이기 때문이다. 중세가 되살아나길 바라는 감상적인 사람도 중세에서 한 시간만 보내 보면 근대 공기를 사무치게 그리워할 것이다. 이러한 역사의 대전환기에 시가나 전승의 형태로 영원히 남지 못한 꽃은 아무리 아름다울지라도 사라지기 마련이다. 하지만 그렇다고 해서 대전환이 일어나지 않기를 바랄 수도 없는 노릇 아닌가.

이러한 대전환으로(비록 오래 가진 않았지만) 지금까지 유럽을 결속해 온 교권 외에 새로운 정신적 매개체가 등장하여 이것이 이탈리아를 시작으로 퍼져나가 많은 유럽 지성인의 마음에 더욱 싱싱한 기운을 불어넣었다. 여기에 던질 수 있는 가장 심한 비난은, 그것이 대중적이지 못하며 그로 인해 온 유럽에서 지성인과 비지성인이 선명하게 구분되었다는 점이다. 그러나 오늘날까지도 지성인과 비지성인의 분리를 여전히 해결하지 못한 점을 볼 때 이런 비난은 전혀 근거가 없다. 더욱이 이탈리아에서 이루어진 이런 구분은 다른 곳에서처럼 잔인하지도 절대적이지도 않았다. 이탈리아의 위대한 시인 타소의 시는 가난한 자의 손에도 들려 있지 않았던가.

문화의 토대이자 원천으로서, 생존의 목표이자 이상으로서, 부분적으로는 전 시대에 대한 의식적인 반동으로서 14세기 이래 이탈리아인의 삶을 강력하게 사로잡았던 그리스와 로마의 문화는 이미 오래전부터 이탈리아뿐만 아니라 중세 유럽 전체에 그 영향을 미치고 있었다. 카를 대제가 대표했던 문화는 본질적으로 7, 8세기의 야만성에 대한 일종의 르네상스이며, 그 이상도 그 이하도 아니었다.[3] 또한 북유럽의 로마네스크 건축양식에서 고대로부터 이어져

---

2) 부르크하르트의 이 견해에 대해서는 여러 가지 이론이 있지만, 르네상스의 시작을 더 거슬러 올라가 중세에 두고 그 근본 특징을 개성의 발전에서 찾으려 한 견해를 지지하지 않았다는 데는 의미가 있다. 그러나 중세로부터 르네상스가 나왔다는 것, 즉 한 시대가 다른 시대로 끊임없이 발전한다는 점을 소홀이 여겼다는 점만큼은 반박할 수 있을 것이다.

3) 카를 대제(768~814)는 각지에서 학자들을 초청하여 왕족과 귀족 자제들의 교육을 맡기고 수도원에 고등교육을 위한 학교를 설치하는 등 학문의 부흥에 힘썼다. 이로써 고대 끝머리 이

온 보편적인 기초형식 말고도 눈에 띄게 직접적인 고대 형식이 나타나듯이, 수도원의 학자들도 로마의 저서에서 많은 자료를 들여왔을 뿐만 아니라 문체에서도 아인하르트[4] 이래 로마 모방을 멈추지 않았다.

이탈리아에서 고대는 북유럽과 전혀 다른 방식으로 부활했다. 야만성이 이탈리아에서 자취를 감추자마자 아직도 절반은 고대적인 이 민족의 마음속에 자신들이 지내온 시대에 대한 인식이 싹트기 시작했다. 그들은 고대를 찬미하며 되살리고자 했다. 이탈리아에서 고대란 과거의 위대함을 상징하는 것이었다. 따라서 다른 나라들이 고대문화의 각 요소를 학문과 성찰의 도구로 이용했던 것과 달리, 이탈리아에서는 학자들뿐만 아니라 일반 대중까지도 고대 전반에 관심을 기울였다. 라틴어를 쉽게 이해할 수 있다는 점과 기념물과 기록이 많이 남아 있다는 점이 과거로의 복귀를 좀 더 수월하게 했다. 이런 흐름과 더불어 시간이 지나는 동안 크게 변화한 민족정신,[5] 게르만족과 롬바르드족의 국가 구조, 유럽 전반에 걸친 기사도, 북유럽에서 유입한 문화의 영향, 종교 및 교회에 대한 반발 속에서 하나의 새로운 기운이 싹트기 시작한다. 바로 온 유럽의 본보기가 될 운명을 짊어진 근대 이탈리아 정신이 태어난 것이다.

야만 시대가 끝난 뒤 조형예술에서 고대 요소가 얼마나 활기를 띠었는지는 12세기의 토스카나 건축양식과 13세기의 조각에 분명히 나타난다. 시 분야에도 이런 사례가 없진 않다. 12세기 최고의 라틴어 시인일 뿐만 아니라 그 시절 라틴어 문학 전반의 기조가 된 시인이 이탈리아인이었다고 추정할 수 있기 때문이다. 그는 《카르미나 부라나 *Carmina Burana*》(중세의 방랑하는 학생과 성직자의 노래를 모은 책)에서 가장 탁월한 작품의 작가이다. 현세의 자유로운 향락을 즐

래 침체해 있던 여러 라틴 학문이 부흥되었으며, 특히 라틴어 순화가 회복되었다. 카를 대제의 뒷받침을 통한 학문의 부흥을 '카롤링거 르네상스'라 한다.

4) Einhard(770?~840). 프랑크 왕국의 역사가, 건축가. 카를 대제의 신임을 받아 《카를대제전》을 썼다.

5) 6세기 로마를 침공한 랑고바르드족이 로마화됨에 따라 로마 주민과 융합되어 새로운 이탈리아인이 태어난다. 그리고 이들을 축으로 이탈리아 민족정신이 재정비되었다. 또한 신성로마제국의 지배에 대항해 시민 자치가 승리해 가는 과정은 새로운 이탈리아 민족정신을 발흥시켰다. 그리고 이 신민족정신이 도시의 경제적 발전과 더불어 상공시민의 자각과 손잡고 르네상스의 정신적 기반을 준비한다.

기고 그런 향락의 수호자로서 고대 이교의 신들을 다시금 불러들였는데, 이런 기쁨이 압운(押韻)된 시구를 통해 현란하게 흐른다. 이 작품을 단숨에 읽어 보면 여기서 노래하는 인물이 이탈리아인, 특히 롬바르디아인이라는 생각을 어느 누구도 떨쳐낼 수 없을 것이다. 여기에는 몇 가지 확실한 근거가 있다.[6] 이들 12세기의 '방랑하는 성직자들(clerici vagantes)'이 쓴 라틴어 시는 놀라운 외설스러움을 포함하여 어느 정도까지는 유럽 공통의 산물이었다. 〈필리데와 플로라 *Phyllide et Flora*〉와 〈가슴 깊은 곳에서 타오르며 *Aestuans interius*〉의 작자는 북유럽 사람이 아닐 것이다. 〈밝은 달빛이 뒤늦게 오르기까지 *Dum Dianae vitrea serolampas oritur*〉를 쓴 섬세하고 향락적인 관찰자도 그렇다. 이러한 시에는 고대 세계관의 부활이 나타나 있으며, 중세풍의 압운형식을 만나 보다 뚜렷하게 눈길을 끈다. 12세기 이래 몇 세기에 걸쳐서 6각운(脚韻)이나 5각운을 세심하게 모방하고 내용에서도 여러 가지 고대적이고 특히 신화적인 소재를 가미한 작품이 여럿 나왔으나, 고대적인 인상을 주기에는 아직도 역부족이었다. 귈리엘무스 아풀루스[7] 이후(대체로 1100년 무렵)의 6각운으로 쓰인 연대기 및 다른 작품에서는 종종 베르길리우스, 오비디우스, 루카누스,[8] 스타티우스[9] 그리고 클라우디아누스[10]를 열심히 연구한 흔적을 찾아볼 수 있다. 그러나 고대 형식은 단순한 학문적인 수준에 머물렀으며, 보베의 뱅상 같은 편찬가나 신화학자 겸 우화작가 알랭 드 릴 같은 사람이 끌어다 쓴 고대의 자료들 역시 마

---

6) *Carmina Burana*, Bibliothek des literrarischen Vereins in Stuttgart 16권.—파비아 체류(p.68, 69), 이탈리아의 지방색, 올리브나무 그늘에 양치기 소녀(pastorella)가 있는 정경(p.145), 넓은 그늘을 드리운 초원의 '소나무(pinus)'. (p.156)와 이따금 나오는 '승리의 포상(bravium)'이라는 말(p.137, 144), 특히 'Maji(5월의)' 대신에 쓰인 'Madii'(p.141) 등이 우리의 추측을 돕는다.—시인이 자신을 발테르(Walther)라 부르는 것은 그 출신과 아무 관련이 없다. 일반적으로 이 시인은 12세기 말 솔즈베리 주교좌성당 참사회원이며 영국왕의 예배당 소속 사제였던 구아르테루스 데 마페스와 동일 인물로 알려져 있다. 요즘에는 발테르 폰 릴, 또는 폰 샤티용이 그 사람이라고 믿는 추세이다. Wattenbach: *Deutschlands Geschichtsquellen im Mittelalter*, 431 이하의 Giesebrecht 참조.

7) Guillielmus Appulus(11, 12세기 무렵). 〈로베르 기스카르의 무훈〉이라는 시의 작자.

8) Marcus Annaeus Lucanus(39~65). 로마의 서사시인. 케사르와 폼페이우스의 내분을 그린 서사시 《내란기》로 유명하다.

9) Pullius Papinius Statius(60년경~100년경). 로마의 시인. 주저로는 《테바이스》《아킬레우스》 등이 있다.

10) Claudius Claudianus. 4, 5세기에 걸쳐 활동한 로마의 시인. 비방시·서사시 등을 많이 썼다.

찬가지였다. 그러나 르네상
스는 단편적 모방이나 수
집이 아니라 고대의 부활
이었다. 그 부활은 이미 12
세기 이름 모를 성직자가
쓴 시 속에도 나타나 있다.

그러나 이탈리아 사람들
이 본격적으로 고전적 고
대에 열중한 것은 14세기
에 이르러서였다. 이를 위
해서는 도시 생활의 발달
이 필수적이었다. 귀족과
시민이 평등한 조건에서
함께 살고, 모자란 교양을
채우기 위해 여가와 경제
적 여유가 있는 사회가 형
성되어야 했는데(2편 3장 참
조), 그 시절 이러한 발달은
오직 이탈리아에서만 볼
수 있었다.

그러나 교양이 중세의
공상 세계에서 벗어난다고
해서 경험에서 얻은 지식
만으로 곧장 물질적·정신
적 세계의 인식에 도달하
진 못했다. 교양에는 지도
자가 필요했고, 고전 시대
가 모든 정신 영역에 걸쳐
객관적이고도 명백한 진리

〈다비드 청동상〉 도나텔로 작(1433). 피렌체 바르젤로 미
술관 소장.

를 풍부하게 지닌 지도자로 등장했다. 사람들은 고대의 형식과 소재를 고마운 마음으로 감탄하며 받아들였다. 고대는 한동안 교양의 중심이 되었다.[11] 더욱이 이탈리아의 일반적 정세도 퍽 유리하게 작용했다. 중세의 제국(帝國)은 호엔슈타우펜 가문이 몰락한 뒤 이탈리아를 단념하지 않으면 존속을 보장받을 수 없었다. 교황권은 아비뇽으로 옮겨갔고, 현존하는 강국들은 대부분 전제적이고 불법적이었다. 그러나 의식에 눈뜬 민족정신은 하나의 새롭고 안정된 이상을 찾기 시작했다. 이리하여 로마와 이탈리아의 세계 지배라는 꿈과 환상이 사람들의 마음을 휘어잡았으며, 콜라 디 리엔치(1313?~54. 민중운동 지도자)는 그 실현을 도모하기도 했다. 특히 그가 처음 호민관이 되었을 때 세계 지배라는 과제를 풀려고 한 방식은 당연히 기묘한 희극으로 끝날 수밖에 없었다. 그러나 민족감정 차원에서 고대 로마에 대한 추억은 결코 무가치한 것이 아니었다. 고대 로마의 문화로 새롭게 무장한 이탈리아 사람들은 머지않아 세계에서 가장 진보한 국민을 자처하게 되었다.

그러나 우리의 과제는 이런 정신운동을 폭넓게 살펴보는 것이 아니라 초창기 모습을 중심으로 그 외적 윤곽을 그려내는 것이다.[12]

---

11) 고대가 삶의 모든 고상한 영역에서 스승과 지도자로서 어떤 역할을 했는지에 대해서는 아에네아스 실비우스가 쉽게 개괄적으로 묘사했다.(*Opera*, p.603, 지기스문트 대공에게 보낸 편지 105편.)

12) 자세한 내용은, Roscoe : *Lorenzo magnif.*,와 Leo X., Voigt : *Enea Silvio*, Papencordt : *Geschichte der Stadt Rom in Mittelalter* 참조.—16세기 초의 지성인들이 어느 범위까지 학문을 넓히려 했는지 알고 싶은 사람들은 Raphael Volaterranus, *Commentarii urbani* 를 보라. 고대가 모든 인식 영역의 입문이자 주요 내용이었음을 알 수 있다. 즉 이 책은 지리학과 지역사에서 출발하여 모든 권력자와 저명인의 전기·통속철학·도덕론 및 특수과학을 지나 아리스토텔레스의 모든 저서를 해설하는 것으로 끝을 맺는다. 교양의 원천으로서 이 책의 의의를 이해하려면 이 책과 그 이전에 나온 모든 백과전서를 비교할 필요가 있다. 이상 이야기한 문제를 상세하고 다면적으로 다룬 뛰어난 저작으로는 Voigt : *Die Wiederbelebung des klassischen Altertums* 가 있다.

1. 폐허의 도시 로마

폐허의 도시 로마는 이제 《로마의 기적》이나 맘즈베리 수도원 사서인 윌리엄(1090~1143. 영국의 역사가)의 역사서가 쓰인 시대와는 전혀 다른 경건함을 불러일으킨다. 신실한 순례자나 마법을 믿는 자, 매장된 보물을 찾는 자들의 상상력은 애국자나 역사가의 공상에 밀려 기록에서 차츰 자취를 감추었다. "로마 성벽은 경외받아 마땅하며, 로마시를 떠받치고 있는 땅은 사람들이 말하는 것보다 더욱 귀중하다"는 단테의 말은[1] 그런 뜻으로 해석되어야 할 것이다. 끊임없이 거행된 로마기념제도 정식 문헌에는 거의 경건한 추억을 남기지 못했다. 1300년 기념제의 가장 큰 수확은, 조반니 빌라니(1275~1348. 피렌체 상인·역사가. 《피렌체 연대기》 저술)가(1편 6장 참조) 로마의 폐허를 보고 크게 깨달아 역사서를 저술하겠다는 결의를 품고 고향에 돌아갔다는 사실이다. 페트라르카는 고전적 고대와 그리스도교적 고대로 나뉘었던 그 시절 풍조를 우리에게 분명히 보여준다. 그는 조반니 콜론나와 함께 가끔 디오클레티아누스 목욕탕의 거대한 반구 지붕에 올라갔던 유명한 이야기를 들려준다.[2] 그들은 지붕 위에서 상쾌한 공기와 깊은 정적에 싸여 사방을 둘러보며, 업무나 가정사나 정치가 아니라 역사에 대해서 많은 이야기를 나눴다. 그때 페트라르카는 고전적 고대를, 조반니는 그리스도교적 고대를 지지했다. 그리고 그들은 철학과 여러 예술적 창조자에 대해 논했다. 그 뒤로 기번(1737~94. 영국 역사가. 《로마제국 쇠망사》 저술)이나 니부어(1776~1831. 독일의 고대역사가. 《로마사》)의 시대에 이르기까지 이 폐허는 얼마나 많은 이들을 명상에 잠기게 했는지 모른다.

고전적 고대와 그리스도교적 고대로 나뉜 정서는 1360년 무렵 쓰인 파치

---

1) Dante, *Convito*, Tratt. IV, Cap. 5.
2) *Epp. familiares* VI, 2(p.657) ; 페트라르카가 로마를 보기 전에 로마에 대해 서술한 내용은 같은 책 II, 9(p.600)와 II, 14 참조.

오 델리 우베르티의 《디타몬도 *Dittamondo*》에서도 엿볼 수 있다. 이 책은 꾸며 쓴 환상적 여행기로, 《신곡》에서 베르길리우스가 단테를 안내했듯이 고대 지리학자 솔리누스가 저자와 동행한다. 두 사람은 성 니콜라우스에게 참배하기 위해 바리를 방문하고, 대천사 미카엘을 경배하기 위해 가르가노산을 올랐으며, 로마에서는 아라첼리의 전설과 트라스테베레에 있는 성 마리아 교회의 전설을 이야기한다. 그러나 이보다는 고대 로마의 세속적인 장엄함을 보다 중점적으로 다루었다. 남루한 옷을 입은 고귀한 노파가—그 노파가 바로 로마였다—그들에게 영광스러웠던 과거의 역사를 이야기하고, 그 옛날 개선행진을 하던 광경을 자세히 들려준다.[3] 이어서 노파는 이 이방인들을 데리고 로마시의 일곱 언덕과 많은 폐허를 돌며 설명한다. "내가 얼마나 아름다웠는지 그대들이 이해할 수 있도록."

그러나 불행하게도 교황권이 로마와 아비뇽으로 분열된 시대의 로마는 고대 유적으로 보자면 이미 몇 세대 전의 옛 모습을 잃었다. 1258년, 원로원 의원 브랑칼레오네가 로마 귀족들의 견고한 저택 140채를 부수어 그 무렵 남아 있던 중요 건물들의 특색을 없앰으로써 이 도시를 치명적으로 파괴했다. 귀족들은 당연히 가장 잘 보존된 최상급 폐허에서 살고 있었던 것이다.[4] 그래도 그때는 지금보다 훨씬 많은 유적이 남아 있었다. 특히 오늘날에는 벽돌로 된 뼈대만 남아 있는 많은 유적이 옛날에는 대리석 외장이나 전면에 세운 원주 등으로 장식되어 있었을 것이다. 이 옛 도시를 진지하게 탐구하는 지지학(地誌學)은 이런 배경에서 시작되었다.

포조가 로마를 탐방함에[5] 따라 비로소 유적 연구가 고대 작가와 비문—그

---

3) *Dittamondo*, II, cap. 3. 이 여행은 부분적으로 세 동방박사와 그 종자들의 소박한 모습을 떠올리게 한다.—그 도시 묘사(II, cap. 31)는 고고학적으로도 가치가 있다.—Polistore(Murat. XXIV, Col. 845)의 말에 따르면 1366년에 에스테 가문의 니콜로와 우고가 "지금 로마에서 볼 수 있는 고대의 장관을 보고자" 로마를 여행했다.

4) 참고로 외국에서도 중세의 로마를 채석장으로 보았다는 증거가 있다. 유명한 수도원장 수게리우스는 1140년 무렵 생드니 성당을 신축하기 위해 거대한 기둥을 물색할 때 처음에는 디오클레티아누스 목욕탕의 화강암을 점찍었으나 나중에 다른 것으로 바꾸었다. Duchesne, *Scriptores,* IV, p.352에 수록된 *Sugerii libellus alter.*—카를 대제는 당연히 이보다 더욱 조심스럽게 행동했다.

5) Poggii *opera*, fol. 50, s. *Ruinarum urbis Romae descriptio.* 1430년 무렵 마르티누스 5세가 죽기 직전

는 묘비들을 찾아 덤불을 샅샅이 뒤졌다[6]—연구와 더욱 밀접하게 연결되었다. 그는 상상력을 억제하고 그리스도교적 로마라는 관념도 일부러 배제했다. 포조가 좀 더 폭넓게 연구하고 삽화까지 넣어 그 노작을 완성했더라면 얼마나 좋았으랴! 그는 80년 뒤에 본 라파엘로보다 훨씬 많은 유적을 보았다. 그가 카이킬리아 메텔라의 묘비와 카피톨리노 언덕(로마의 일곱 언덕의 하나)에 있는 신전의 주열을 처음 보았을 때는 상태가 온전했지만, 다음 번에 찾았을 때는 이미 반쯤 허물어져 있었다. 대리석은 불에 타면 쉽게 석회로 변질하는 안타까운 성질이 있기 때문이다. 미네르바 신전의 웅대한 주랑현관도 차츰 같은 운명을 맞이했다. 1443년의 한 보고자는, 이러한 현상이 아직도 이어지고 있음을 알리며 이렇게 썼다. "참으로 수치스러운 일이다. 요새 건축물은 너무도 보잘것없으며, 로마의 아름다움은 폐허 속에 있기 때문이다."[7] 그 시절 주민들은 농민이 입는 외투를 두르고 장화를 신고 있었으므로 외국인의 눈에는 영락없이 소기르는 사람으로만 보였다. 실제로도 소들은 반키에까지 들어와 풀을 뜯었다. 또한 어느 특정한 면죄를 위해 교회 예배에 참석하는 것이 유일한 사교모임이었는데, 그때는 아름다운 여인들도 볼 수 있었다.

교황 에우게니우스 4세(1447년 사망)의 만년에 포를리의 블론두스는 프론티누스(1세기 로마의 정치가·문인, 주요 저서 《로마 수도론》)와 고대의 지지서(地誌書)들과 (어쩌면) 아나스타시우스의 책을 참고로 《로마의 부흥》을 썼다. 그가 이 책을 쓴 목적은 단순히 지금 남은 것만을 서술하려는 것이 아니라 오히려 사라진 것들을 발견하려는 데 있었다. 교황에게 바친 헌사에 걸맞게 이 책에서 그는 로마에 성자들의 귀중한 유물이 보존되고 있다는 점을 위안으로 삼았다.

교황 니콜라우스 5세(재위 1447~1455)와 함께 르네상스 특유의 웅대한 정신이 교황의 자리에 올랐다. 그 결과, 로마를 새롭게 단장하고 미화하는 일 때문에

에 쓰였다. 그 무렵 카라칼라와 디오클레티아누스의 목욕탕에는 아직 대리석 외장과 기둥이 남아 있었다.

6) 비명 수집의 선구자인 포조에 대해서는 Murat. XX, Col. 177의 *Vita Poggii*에 수록된 그의 편지 참조. 흉상 수집가인 포조에 대해서는 같은 책 Col. 183 참조.

7) Fabroni, *Cosnus*, Adnot. 86. 알베르토 델리 알베르티가 조반니 메디치에게 보낸 편지.—교황 마르티누스 5세 치하의 로마에 대해서는 Platina, p.277 참조. 교황 에우게니우스 4세가 부재중이던 때 로마의 상태는 *Vespasiano* Fiorent., p.21 참조.

폐허에 대한 위협이 증가했지만, 한편으로는 로마의 영광을 증명하는 표시로서 폐허를 존중하는 마음도 커졌다.

교황 피우스 2세는 고고학에 관심이 많았다. 그는 로마의 유적에 대해서는 거의 글을 남기지 않았지만, 그 대신 이탈리아 전역의 유적을 면밀하게 연구하고 로마 주변에 흩어져 있는 유적을 정확하게 알고 기술한 첫 번째 사람이었다.[8] 성직자이자 지지학자인 교황은 고대와 그리스도교의 기념물은 물론 자연의 경이에도 똑같이 관심을 보였다. 한데 교황이 "놀라 지방은 고대 로마의 추억이나 마르켈루스 장군의 용감한 싸움보다도 성 파울리누스를 기념하여 더욱 큰 명예를 얻었다"고 쓴 것이 정말 그의 솔직한 심정이었을까? 성유물에 대한 교황의 믿음을 의심하는 것은 아니다. 다만 그의 관심은 자연과 고대에 대한 연구자적 흥미, 기념물 보호, 삶에 대한 명민한 관찰에 더욱 많이 쏠려 있었다. 피우스 2세는 재위 만년에 다리 통풍으로 고생하면서도 유쾌한 기분으로 가마를 타고 투스쿨룸, 알바, 티부르(오늘날의 티볼리), 오스티아, 팔레리, 오크리쿨룸의 산과 계곡을 가리지 않고 다니며 자신이 본 모든 것을 기록했다. 또한 교황은 고대 로마의 도로와 수로의 흔적을 더듬고 로마 부근에 살았던 고대 여러 민족의 경계를 확인하고자 했다. 교황이 우르비노의 대(大) 페데리코를 데리고 티부르에 갔을 때 두 사람은 고대의 군대제도, 특히 트로이 전쟁에 대해 시간 가는 줄 모르고 유쾌하게 이야기를 나누었다. 만토바 종교회의(1459년)에 가는 도중에도 결국 헛수고로 끝나기는 했으나 플리니우스(《박물지》의 저자)가 언급한 클루시움의 미로를 찾아보았으며, 민치오에서는 베르길리우스의 별장으로 알려진 곳을 방문했다. 이런 교황이 자기 비서들에게도 고전 라틴어를 쓰라고 요구한 것은 어쩌면 당연했다. 무엇보다 교황이 나폴리와의 전쟁에서 아르피노 시민들에게 특별사면을 베푼 것도, 그들이 키케로와 마리우스의 동향인이고 지금도 많은 사람이 그와 같은 이름을 쓴다는 이유에서였다. 따라서 블론두스가 처음으로 고대 로마를 총체적으로 서술한 《승리의 로마》를 바칠 수 있고 또 바치고 싶었던 사람은 로마를 연구하고 보호했던 교황 피우스 2세뿐이었다.

---

8) 이어지는 내용은 Muratori III, II, Col. 980 이하에 수록된 Jo. Ant. Companus : Vita Pii II에서 발췌.–Pii II. *commentarii*, p.48, 72, 206, 248, 501.

시인 베르길리우스와 여신들 왼쪽은 서사시를 관장하는 여신 칼리오페, 오른쪽은 비극을 관장하는 여신 멜포메네가 서 있다. 베르길리우스 무릎에 놓여 있는 두루마리는 《아이네이스》 제8권이다. 이것은 그가 학문과 예술의 여신 뮤즈에게 바친 것이다. 기원후 4세기의 모자이크화.

이 무렵 이탈리아의 다른 도시에서도 로마의 고대 유물에 대한 열정이 눈을 떴다. 보카치오는 이미 바이아(나폴리에서 가까운 고대 유람지)의 폐허를 가리켜 "오래된 성벽, 그래도 오늘날 사람들에게는 새롭게 느껴지는 곳"이라고 말했는데,[9] 그 뒤 이곳은 나폴리 근방 최고의 명소가 되었다. 아울러 모든 고대유물도 수집되었다. 앙코나의 치리아코(1390~1455. 이탈리아 상인, 고대유물 수집가)는 이탈리아뿐만 아니라 고대 세계의 여러 나라들을 돌며 수많은 비명(碑銘)과 스케치를 가지고 돌아왔다. 왜 그렇게 애를 썼느냐는 물음에 그는 "죽은 자들을

---

9) Boccaccio, *Fiammetta*, cap. 5.

소생시키기 위해"라고 대답했다.[10]

이탈리아 각 도시의 역사서들은 예부터 실제로 그렇든 아니든 간에 자기네가 로마와 관련이 있다고 주장했다. 로마가 자기네 도시를 개척했다거나 식민지로 삼았다는 것이다.[11] 호의적인 계보학자들도 일찍부터 여러 가문의 뿌리를 로마의 유서 깊고 유명한 혈통에서 찾았다. 이런 구별은 무척이나 근사했기 때문에 비판정신의 빛이 비치기 시작한 15세기에도 근절되지 않았다. 비테르보에 있던 교황 피우스 2세는 속히 로마로 돌아오라는 로마의 연설가들에게 태연히 이렇게 말한다. "로마는 시에나와 마찬가지로 나의 고향이다. 내가 태어난 피콜로미니 가문은 옛날 로마에서 시에나로 이주한 가문이기 때문이다. 이는 나의 가문에 에네아스나 실비우스라는 이름이 많은 것을 보아도 알 수 있다."[12] 그 교황은 할 수만 있다면 자신이 율리우스 가문(율리우스 카이사르, 아우구스투스를 배출한 가문)의 자손이라고 말하고 싶었을 것이다. 베네치아의 바르보 가문 사람인 교황 파울루스 2세도 실은 독일계였지만, 자신이 파르마 식민지를 개척하고 당쟁 때문에 베네치아로 옮겨온 로마의 아헤노바르부스 가문 출신이라고 말했다.[13] 마시미 가문이 퀸투스 파비우스 막시무스 가문에서, 코르나로 가문이 코르넬리우스 가문에서 유래했다는 주장은 별로 놀랍지도 않다. 그러나 16세기에 소설가 반델로가 자기의 뿌리를 동고트의 명문가와 결부시킨 것은 아주 드문 일이었다.

---

10) Leandro Alberti, *Descriz. di tutta l'Italia,* fol. 285.
11) 많은 예 가운데서 둘만 들어본다. Manipulus(Murat. XI. Col. 552)에 나와 있는 밀라노의 터무니없는 기원사와 Ricordano Malaspini의 연대기 첫머리, 그리고 조반니 빌라니의 피렌체 고대사이다. 빌라니는 피렌체가 친로마적이므로 반로마적인 피에솔레에 대항한 것은 당연한 일이라고 했다(I, 9, 38, 41, II, 2). 단테《신곡》〈지옥편〉 15곡 76 참조.
12) *Commentarii,* p.206, 4권.
13) Murat. III, II. Col. 993에 수록된 Mich. Cannesius, *Vita Pauli* II. 도미티우스 아헤노바르부스의 아들 네로가 교황의 친척이므로 저자는 그에게 무례하게 굴지 않으려 했다. 그는 네로에 대해 단지 다음과 같이 언급했다. "저자들은 그에 대해 여러 가지 사실을 전한다."―더욱 심한 것은, 밀라노의 플라토 집안 사람들이 위대한 플라톤의 자손이라며 으스대고, 필렐포가 법학자 테오도르 플라토에게 바치는 결혼 축사에서 이런 내용을 단언하고, 조반안토니오 플라토가 1478년 자신이 조각한 철학자 부조상(밀라노 마젠타 궁전의 뜰에 있는)에 '내 조상이자 내 재능의 원천인 플라톤에게 바치다'라고 써 넣은 것이다.

이야기를 다시 로마로 되돌리겠다. '그 무렵 자신을 스스로 로마인이라 부른' 주민들은 다른 이탈리아 도시들이 바치는 경의를 마음껏 받아들였다. 우리는 교황 파울루스 2세, 식스투스 4세 그리고 알렉산데르 6세 때 거행된 장대한 사육제 행렬을 보게 될 것이다. 그 축제는 그 시절 가장 인기 있었던 공상의 정경인 고대 로마 황제들의 개선행진을 재현한 것이었다. 무릇 어떤 격정을 표현하기 위해서는 반드시 그런 형식이 필요했다.

이런 정서가 흘러넘치는 가운데 1485년 4월 18일, 고대 로마의 아름다운 소녀의 시체가 완전히 보존된 채로 발견되었다는 소문이 퍼졌다.[14] 롬바르디아 석공들이 카이킬리아 메텔라의 묘 바깥쪽, 아피아 도로에 있는 성 마리아 누오바 수도원 영내에서 고대 묘를 발굴하다가 '클라우디우스의 딸 율리아'라는 비문이 새겨진 대리석 관을 발견한 것이다. 지금부터의 이야기는 상상에 속하는 것이다. 롬바르디아 석공들은 정교하게 장식된 석관 속에서 부장품인 장신구와 보석을 챙겨 재빨리 사라졌다. 시체는 방부제 처리가 되어 있어 이제 막 숨을 거둔 15세 소녀같이 생기가 있었고 금방이라도 움직일 것 같았다. 눈과 입을 반쯤 벌리고 있었고 얼굴빛도 아직 산 사람 같았다고 한다. 사람들은 시체를 카피톨리노 언덕에 있는 콘세르바토리 궁전으로 옮겼다. 그러자 그 시체를 보기 위한 순례가 시작되었다. 순례자 가운데는 그녀를 그리려고 오는 사람도 많았다. "그녀는 글과 혀로 형용할 수 없을 만큼 아름다우므로 아무리 말과 글로 설명해봤자 제 눈으로 직접 보기 전에는 믿지 못할 것이기 때문이다." 그러나 교황 인노센트 8세(재위 1484~92)의 명령으로, 그녀는 어느 날 저녁 몰래 핀치아나 문 밖의 어느 비밀 장소에 매장되었다. 콘세르바토리 궁전의 홀에는 빈 석관만이 남았다. 아마도 시체의 얼굴에는 밀랍이나 그 비슷한 것으로 만든 이상적인 모습의 채색 가면이 씌워져 있었을 것이다. 여기에 소문에 자주 언급됐던 금박 머리카락이 무척이나 어울렸을 것이다. 이 사건에서 감동적인 점은, 그 사실 자체가 아니라 사람들이 마침내 눈으로 직접 보았다고 믿은 고대의 육체가 지금 살아 있는 모든 사람들보다도 반드시 더 아름답다는 뿌리 깊은 선입견이었다.

---

14) Murat. III, II, Col. 1049에 수록된 Nantiporto ; Eccard, *Scriptores,* II, Col. 1951에 수록된 Infessura ; –Arch. stor. XVI, II, p.180에 수록된 Matarazzo 참조.

라파엘로(1483~1520) 자화상(1506).

그동안에도 고대 로마에 대한 객관적 지식이 발굴을 통해 증가했다. 교황 알렉산데르 6세 시대에 이미 사람들은 그로테스크 양식,[15] 즉 고대인의 벽면과 둥근 천장 장식을 알았고, 안초항(港)에서는 벨베데레의 아폴로 상을 발견했다. 교황 율리우스 2세 치하에서는 라오콘 군상, 바티칸의 베누스 상, 클레오파트라의 토르소 등 놀라운 발견이 계속되었다.[16] 귀족이나 추기경들의 저택에는 고대 조각상과 유물 조각들이 가득 차기 시작했다. 라파엘로(혹은 카스틸리오네의)의 유명한 편지(1518년 혹은 1519년)를 통해 알 수 있듯이, 그는 교황 레오 10세를 위해서 고대 로마 도시 전체를 이상적으로 복원하는 일을 계획했다.[17] 라파엘로는 특히 교황 율리우스 2세 시대에도 여전히 계속되던 파괴를 통렬히 개탄한 뒤, 장엄한 고대 정신의 위대함과 능력을 나타내는 얼마 남지 않은 고적을 보호해 달라고 교황에게 호소했다. 고상한 업적을 이룰 수 있는 사람들은 지금도 그 고대 사람들을 떠올리며 영감을 얻기 때문이다. 또한 라파엘로는 날카로운 판단력으로 비교예술사의 기초를 다지고, 마지막으로 뒷날까지 통용된 '측량' 개념을 확립해 유적마다 평면도와

---

15) 르네상스 시대에 발견된 로마의 폐허 가운데 매장돼 있던 건축물의 돔이 동굴(grotta)과 비슷했는데, 그 벽에는 기괴한 무늬가 있었다. 덩굴식물인 아라베스크에 공상의 생물, 괴상한 인간, 과일, 촛대 등을 복잡하게 결합시킨 것이었다. 이것이 사람들의 흥미를 끌어 라파엘로를 중심으로 그로테스크라는 일종의 괴기스러움에 대한 취향이 유행했다.

16) 이미 율리우스 2세 시대에 사람들은 조각상을 찾으려고 발굴을 했다. Vasari XI, p.302, *V. di Gio. da Udine.*

17) Quatremère, *Stor. della vita etc. di Rafaello,* ed Longhena, p.531.

정면도 및 단면도를 요구했다. 그 뒤로 고고학이 신성한 세계적 도시의 연구에 얼마나 공헌했으며 어떻게 특별한 학문으로까지 발달했는지, 그리고 비트루비우스파[18]의 아카데미가 어떻게 위대한 계획[19]을 세웠는지에 대해서는 이이상 자세히 논하지 않겠다.

여기서 교황 레오 10세 시대를 조금 살펴보도록 한다. 그가 다스리는 동안 고대 찬미는 다른 모든 향락과 뒤얽혀 로마의 삶을 고상하게 만드는 신비로운 인상을 만들어 냈다. 바티칸에는 노래와 현을 타는 소리가 넘쳐흘렀다. 그리고 그 소리는 생의 기쁨을 외치듯 온 로마시로 퍼졌다. 그러나 정작 레오 자신은 이것으로도 불안과 고통을 쫓아버리지 못했고, 유쾌한 나날을 보냄으로써 장수하려는 계획도[20] 일찍 죽는 바람에 이루지 못했지만 말이다. 파올로 조비오가 묘사한 레오 시대의 빛나는 정경을 사람들은 결코 거부할 수가 없었다. 물론 그의 묘사에는 어두운 면도 똑같이 증언되어 있었다. 출세를 바라는 자의 노예와 같은 비굴함, 빚에 시달리면서도 신분에 맞게 생활해야 하는 고위 성직자들의 남모르는 비참함,[21] 요행과 우연에 기댄 레오의 문예보호정책, 마지막으로 파탄 직전인 재정상태 등이 그것이다.[22]

이런 사정을 잘 아는 아리오스토는 이를 조롱했다. 그러나 그의 여섯 번째 풍자시에는, 자기에게 폐허를 안내해 줄 교양 높은 시인들과의 교제, 자신의 시작(詩作)을 도울 학식 풍부한 조언 그리고 바티칸 도서관에 소장된 보배로운 책들에 대한 동경 가득한 묘사가 나온다. 덧붙여 그는 페라라의 사절로서 다시금 로마에 간다면 바로 이런 유혹들 때문이지, 옛날에 단념한 메디치 가

---

18) Marcus Vitruvius Pollio. 기원전 1세기 무렵의 로마 건축가, 건축 이론가. 고대의 유일한 건축이론서인 《건축서》가 르네상스 건축에 큰 영향을 주었다.

19) *Lettere Pittoriche* II, I. 1542년 11월 14일 톨로메이가 란디에게 보낸 편지.

20) 교황 레오 10세는 "마음의 괴로움과 걱정을 어떻게든 물리치려고" 했다. 유쾌한 농담과 음악은 레오의 마음을 사로잡았고, 그는 이런 방법으로 수명을 연장시키고자 했다. Roscoe, ed. Bossi VII, p.169에 수록된 *Leonis X. Vita Anonyma*.

21) 아리오스토의 풍자시 가운데 I편(Perc' ho molto etc.)과 IV편(Poiche, Annibale etc.)이 여기에 속한다.

22) Ranke, *Päpste*, I, 408 이하.—*Lettere de' Principi* I. 1522년 9월 1일 네그리의 편지 "……교황 레오에게 착취당해 파산한 모든 궁정 대신들……."—그들은 레오가 죽은 뒤 비명에 풍자적인 시를 넣어 복수했다.

문의 보호에 미련이 남아 그러는 것은 아니라고 말했다.

　로마 안팎의 폐허는 고고학적 열정과 숭고한 애국심 말고도 구슬프고 감상적인 고독을 사람들 마음에 불어넣었다. 이미 페트라르카와 보카치오에게서 이런 종류의 감정을 엿볼 수 있다(3편 1장 초반부 참조). 포조는 종종 베누스와 로마(로마시를 상징하는 여신)의 신전을 찾았다. 그곳이 그 옛날 원로원회의가 자주 열렸던 카스토르와 폴리데우케스의 신전이라고 여겼기 때문이다. 거기서 그는 크라수스, 호르텐시우스, 키케로 같은 위대한 웅변가들을 추억한다. 교황 피우스 2세도 특히 티부르에 대한 기록에서[23] 무척이나 감상적인 필치를 선보인다. 그리고 이윽고 폴리필로의 이야기[24]에 최초로 이상적인 폐허의 모습이 나온다.[25] 다시 말해 플라타너스와 월계수, 사이프러스, 수풀에 반쯤 가려진 거대한 반구형 지붕과 주랑의 폐허가 묘사되어 있다. 어찌 된 일인지 성경 이야기에서 그리스도의 탄생을 그릴 때에는 되도록 화려한 궁전의 폐허를 배경으로 삼는 것이 관례가 되었다.[26] 나중에 인공적인 폐허가 호화로운 정원의 필수 소도구가 된 것은 이러한 정서가 실용화된 것일 뿐이다.

---

23) Pii Ⅱ, *Commentarii,* p.251, 5권 및 2권에 있는 Sannazaro, *Elegie in ruinas Cumarum* 참조.
24) 도미니코수도회의 수도사 프란체스코 콜로나가 쓴 철학적 연애이야기 《폴리필로의 꿈》. 1499년 출판.
25) Polifilo, *Hypnerotomachia*, 페이지 번호 없음. Temanza, p.12에서 발췌.
26) 반면 모든 교부(教父)와 순례자들은 동굴밖에 몰랐다. 시인들도 궁전 없이 창작하기도 했다. Sannazaro, *De Partu Virginis*, L. Ⅱ.

2. 고대의 저작자

그러나 고대 건축과 고대 미술품보다 더욱 중요한 것은 당연히 그리스어와 라틴어로 된 고문서였다. 사람들은 그것이 두말할 필요 없는 절대적 모든 지식의 원천이라고 믿었다. 대발견 시대였던 이때의 문헌에 대해서는 많은 기록이 전해지므로 여기서는 덜 알려진 몇 가지 사실만 덧붙이겠다.[1]

고대 저작가들은 이미 오래전부터 이탈리아에 영향을 미쳐왔고, 특히 14세기에는 그 영향력이 더욱 커졌다. 그러나 이는 새로운 책이 발견되어서라기보다 예부터 알려져 있던 작품이 보다 많은 사람들에게 보급되었기 때문이었다. 가장 널리 알려진 라틴어 시인·역사가·웅변가·서간작가 및 아리스토텔레스와 플루타르코스 그리고 몇몇 그리스인이 쓴 라틴어 번역본이 보카치오와 페트라르카의 시대를 열광시킨 중요한 책이었다. 페트라르카가 읽지도 못하는 그리스어판 호메로스를 애지중지하며 간직했던 것은 잘 알려진 사실이다. 보카치오는 칼라브리아 출신인 한 그리스인의 도움을 받아 최초로 《일리아스》와 《오디세이아》를 라틴어로 번역했다. 15세기에 이르자 새로운 발견이 잇따르고, 필사본 덕분에 도서관이 체계적으로 정리되고, 그리스어 저작의 번역이 활발하게 진행되기 시작했다.[2]

지독한 가난에 시달리면서도 책을 모은 몇몇 수집가의 열성이 없었더라면 우리는 분명 오늘날까지 전해지는 그리스 저작 가운데 일부밖에 소유하지 못했을 것이다. 교황 니콜라우스 5세는 수도사 시절부터 고사본(古寫本)을 사

---

1) 주로 Vepasiano Fiorentino(Mai, *Spicileg. romanum* 10권)를 참고했다. 저자는 15세기 중엽부터 그 이후까지 피렌체의 서적 상인이자 필사본 공급상이었다.

2) 잘 알려진 바와 같이 고대에 대한 열렬한 욕망을 이용해 탐욕을 채우려는 자들이 있었다. 이들은 사기를 치기 위해 위작까지 만들었다. 문학사 관련 위작은 비테르보의 안니우스 편 참조.

고 그것을 필사하기 위해 거액의 빚까지 졌지만, 그때부터 그는 르네상스의 2대 정열이었던 책과 건축에 몸 바치겠노라고 공언했다.[3] 그는 교황이 되자 그 약속을 지켰다. 그를 위해 필사가들은 책을 옮겨 적었고, 도서 수집가들은 세계의 절반을 헤집고 다녔다. 페로토는 폴리비우스[4]를 라틴어로 번역하여 500두카토를 받았고, 구아리노는 스트라보[5]를 라틴어로 번역하여 금화 1000굴덴을 받았는데 교황이 일찍 죽는 바람에 약속한 나머지 5백 굴덴은 받지 못했다. 교황 니콜라우스는 모든 교황청 사람들이 볼 수 있도록 5000권, 다른 계산에 따르면 9000권의 장서를 남겼는데,[6] 이것이 바티칸 도서관의 바탕이 되었다. 이 책들은 과거 프톨레마이오스 필라델푸스왕이 알렉산드리아에서 그랬듯이[7] 궁전에서 가장 고귀한 장식으로 꾸며져 진열되었다. 흑사병(1450년) 때문에 교황이 궁신들과 함께 파브리아로 피신할 때 그는 번역자와 편찬자들도 살아야 한다며 모두 이끌고 갔다.

피렌체 태생의 니콜로 니콜리는[8] 선대(先代) 코시모 메디치(1389~1464) 주위에 모여 있던 학자 가운데 하나로, 재산을 몽땅 털어 책을 수집하는 데 쓴 사람이다. 그가 끝내 빈털터리가 되자 메디치 가문은 그에게 책을 사기 위한 돈을 얼마든지 대주었다. 암미아누스 마르켈리누스의 저작이나 키케로의 《웅변술》 등이 오늘날 완본으로 남아 있는 것은 모두 니콜리 덕분이다. 그는 코시모

3) Vespas. Fior., p.31. "토마소 다 세레자나(뒷날 교황 니콜라우스 5세)는 이런 말을 입에 달고 살았다. '내가 돈을 쓸 수 있게 된다면 두 가지 일을 할 것이다. 바로 책을 사고 건물을 짓는 일이다.' 그는 교황이 되자 이 두 가지 일을 했다."—그의 번역자에 대해서는 Aen. Sylvius, De Europa, cap. 58, p.459 및 Papencordt, Gesch, der Stadt Rom, p.502 참조.

4) Polybius(BC 205?~BC 135?). 그리스 역사가. 기원전 266년부터 기원전 146년까지를 다룬 《역사》는 로마의 발전을 축으로 삼아 서술한 세계역사서이다.

5) Strabo(BC 63?~BC 24?) 그리스의 지리학자·역사학자. 그의 《지리지》는 유럽·아시아·아프리카의 전설과 정치적인 사건 및 주요 인물 같은 역사적 서술도 있어 중요한 사료로 평가받는다.

6) Vespas. Fior., p.48, 658, 665. Murat. III, II, Col. 925 이하에 수록된 J. Manetti, Vita Nicolai V 참조. 칼릭스투스 3세가 이 장서의 일부를 없애버렸는지 여부와 그 방법에 대해서는 Vespas. Fior., p.284 및 Mai의 주석 참조.

7) 알렉산더 대왕이 죽은 뒤 이집트를 다스리던 프톨레마이오스 왕조는 학술을 장려했다. 왕실 부속 연구소인 무세이온에서는 각지에서 초청받은 백 명이 넘는 연구원들이 자연과학과 문헌학을 연구하고 강의했다. 알렉산드리아 도서관의 장서는 50만 권에서 70만 권에 달했다.

8) Vespas. Fior., p.617, s.

를 설득해 뤼베크의 수도원에서 폴리니우스의 가장 좋은 사본을 사들이게 했다. 니콜리는 자기의 장서를 믿고 빌려 주었으며, 원하는 사람이 있으면 자신의 집에서 책을 읽도록 자리를 내주었고, 그들이 읽은 내용에 대해 이야기를 나눴다. 그가 수집한 책은 800권으로 금화 6000굴덴에 상당했는데 이는 그가 죽은 뒤 코시모의 알선을 통해 공개한다는 조건으로 성 마르코 수도원에 소장되었다.

사장된 도서를 발굴하여 재평가함으로써 유명해진 구아리노와 포조 가운데, 포조는[9] 널리 알려졌다시피 콘스탄츠의 종교회의를 이용해 부분적으로는 니콜리의 대리인으로서 남독일의 여러 수도원에서까지 활약했다. 그때 포조는 키케로의 연설 여섯 편과 퀸틸리아누스[10]의 최초 완본, 오늘날의 취리히 사본인 장크트갈렌 사본을 발견했다. 그리고 32일 동안에 이것들을 완전하고 더욱 아름답게 필사했다. 포조는 실리우스 이탈리쿠스, 마닐리우스, 루크레티우스, 발레리우스 플라쿠스, 아스코니우스 페디아누스, 콜루멜라, 아울루스 겔리우스, 스타티우스 등의 사본도 보완했다. 아울러 레오나르도 아레티노의 도움으로 플라우투스의 마지막 희극 12편과 키케로의 《베레스 탄핵》 연설도 세상에 내놓았다.

고대를 사랑한 사람으로 유명한 그리스인 추기경 베사리온은[11] 막대한 희생(금화 3천 굴덴)을 치르며 이교 및 그리스도교적 내용을 담은 사본 600권을 수집했다. 그리고 자기의 불행한 조국이 언젠가 자유를 되찾을 때 그 잃어버린 문헌을 재생시킬 수 있도록 책을 안전하게 맡겨둘 장소를 찾았다. 베네치아 시의회가(1편 6장 참조) 기꺼이 필요한 장소를 짓겠다고 제안했으며, 오늘날에도 성 마르코 도서관이 그 보물의 일부를 보관하고 있다.[12]

유명한 메디치 도서관이 설립된 바탕에는 아주 특별한 역사가 있지만 여기서는 다루지 않기로 한다. 로렌초 마니피코를 위해 주로 수집하는 일을 맡았

---

9) Vespas. Fior., p.547, s.

10) Marcus Fabius Quintilianus(30~100?). 로마의 수사학자. 교황의 최고 목적이 웅변가의 양성이라고 한 그의 저서 《웅변가교육론》은 르네상스 인문주의자들에게 큰 영향을 미쳤다.

11) Vepas. Fior., p.193. Murat. XXII, Col. 1185 이하에 수록된 Marin Sanudo 참조.

12) 사람들이 그 책들을 어떻게 다루었는지는 Malipiero, *Ann. Veneti, Arch. stor.* VII, II, p.653, 655 참조.

던 사람은 요한네스 라스카리스였다. 잘 알려진 바와 같이 그가 수집한 도서들은 1494년의 약탈 때 분실되어 뒷날 추기경 조반니 메디치(뒤에 교황 레오 10세)가 다시 조금씩 사들여야 했다.

현재 바티칸에 보관되어 있는 우르비노 도서관은[13] 몬테펠트로의 대(大)페데리코가 처음 건립한 것이다(1편 2장 참조). 그는 어려서부터 책을 수집하기 시작하여 나중에는 30에서 40명의 사본가를 각지에 보내 활동하게 했으며, 그동안 3만 두카토가 넘는 돈을 썼다. 우르비노 도서관은 주로 베스파시아노의 도움을 받아 무척 체계적으로 진행되고 완성되었다. 여기에 관한 베스파시아노의 보고는 르네상스 시대의 이상적인 도서관을 나타내는 것으로서 특히 눈여겨볼 만하다. 예를 들면 우르비노에는 바티칸 도서관, 피렌체의 성 마르코 도서관, 파비아의 비스콘티 도서관, 심지어 옥스퍼드 도서관의 도서목록까지 갖추어져 있었다. 더욱이 우르비노는 각 저자의 작품을 빠짐없이 완비하고 있어 다른 도서관보다 몇 배나 뛰어남을 자랑으로 삼았다. 양적인 면에서는 대체로 아직도 신학과 중세에 관한 것이 가장 많았고, 토마스 아퀴나스, 알베르투스 마그누스, 보나벤투라 같은 사람들의 저서를 빠짐없이 갖추고 있었다. 이 도서관은 그 밖에도 아주 다양한 분야의 책을 갖춰놓았다. 의학서는 그 시절 구할 수 있는 것이라면 모두 소장하고 있었으며, '현대 저작자' 갈래에서는 14세기의 문호 가운데 단테와 보카치오의 전집이 맨 앞을 차지하고, 이어 엄선된 인문주의 학자 25명의 라틴어·이탈리아어 저작과 번역서가 모두 꽂혀 있었다. 그리스어 고사본에는 교부(敎父)들의 작품이 많은 비중을 차지했으나, 그리스 고전 작가 갈래에는 소포클레스 전집, 핀다로스 전집, 메난드로스[14] 전집이 진열되었다. 메난드로스의 고사본은 일찍이 우르비노에서 없어진 것 같다.[15] 그렇지

---

13) Vespas. Fior.. p.124, s.
14) Menandros(BC 342~BC 291). 그리스의 후기 희극작가. 백여 편의 작품을 썼으나 현재 남아 있는 것은 단편 몇 가지뿐이다.
15) 어쩌면 우르비노가 체사레 보르자의 군대에 점령당했을 때인지도 모른다.—마이는 그 사본의 존재를 의심했다. 그러나 나는 베스파시아노가 몇 백 줄의 시구만 알려진 메난드로스의 잠언을 발췌하여 다른 '전집'과 나란히 그 방대한 고사본—오늘날 남아 있는 소포클레스와 핀다로스뿐이라고 하더라도—사이에 놓았다고는 생각지 않는다. 따라서 메난드로스의 고사본이 언젠가 다시 나타날 가능성도 있는 것이다.

않다면 문헌학자들이 재빨리 출판했을 것이기 때문이다.

그 시절 사본과 도서관이 어떻게 생겨났는지에 대해 또다른 몇 가지 보고가 있다. 고대 저작가의 희귀한, 혹은 완전한 것으로서 유일한, 혹은 유일무이한 원본이 담긴 오래된 사본을 직접 산다는 것은 무척이나 드문 행운이어서 쉽사리 기대할 수 없는 일이었다. 필사가들 가운데 그리스어를 해독하는 사람은 가장 높은 위치를 차지했으며 특별히

성 마르코 도서관 미켈로초 설계, 피렌체.

'스크리토리(Scrittori, 사본가)'라는 경칭을 얻었다. 그들은 어느 시대에나 몇 명밖에 없었고, 받는 보수도 높았다.[16] 그 밖의 단순한 '코피스티(Copisti, 필사생)'들 가운데 일부는 필사로 먹고사는 노동자였으며, 일부는 부수입이 필요한 가난한 학자였다. 이상한 점은 교황 니콜라우스 5세 시대 로마의 코피스티들이 대개 독일인과 프랑스인이었다는 사실이다.[17] 그들은 아마도 교황청의 혜택에 기대

---

16) 책을 아꼈던 헝가리 왕 마티아스 코르비누스가 죽었을 때, 피에로 데 메디치는 이렇게 예언했다. "스크리토리들은 앞으로 보수를 적게 받아야 할 것이다. 그렇지 않으면 우리들 말고는 아무도 일을 의뢰하지 않을 것이기 때문이다." 여기서 가리키는 대상은 그리스 사람들이다. 명필가를 두고 한 말이라고 생각하기 쉬우나, 명필가라면 이탈리아에서는 언제나 넘쳐났다.—Fabroni, *Laurent. magn.* Adnot. 156. Adnot. 154 참조.

17) Gaye, *Carteggio*, I, p.164. 교황 칼릭스투스 3세 시대인 1455년에 쓰인 한 편지. 우르비노의 유명한 소형 성서도, 베스파시아노가 고용한 어느 프랑스인이 필사한 것이다. D'Agincourt, *Malerei*, Tab. 78 참조.

어 생활을 꾸리는 사람들이었을 것이다.

코시모 메디치는 자신이 좋아하는 피에솔레 남쪽의 바디아 수도원에 서둘러 도서관을 세우려고 했을 때 베스파시아노를 불러 의논했다. 베스파시아노는, 원하는 책은 구하기 힘드니 사려는 생각은 버리고 대신 그것들을 필사하라고 충고했다. 그래서 코시모는 일당을 지불하기로 약속했고, 베스파시아노는 필사가 45명을 고용해 22개월 동안 사본 200권을 완성했다.[18] 필사할 책 목록은 교황 니콜라우스 5세[19]가 코시모에게 친히 써주었다. (당연히 교회 관련 문헌과 합창에 필요한 책이 다른 것들보다 훨씬 많았다.)

이 시대의 서체는 책을 보기만 해도 즐거워지는 아름다운 신이탈리아 서체로서 이미 14세기부터 쓰였다. 교황 니콜라우스 5세, 포조, 잔노초 마네티, 니콜로 니콜리를 비롯한 다른 유명한 학자들은 본디 명필가로 아름다운 서체만 추구했으며 그렇지 않은 것은 참지 못했다. 또한 장정(裝幀)도 세밀화는 들어 있지 않았지만 운치가 가득했다. 특히 첫 글자와 마지막 글자를 경쾌한 선으로 장식한 라우렌치아나 도서관의 사본들을 보면 이를 잘 알 수 있다. 재료도 좋은 것만 썼다. 고귀하거나 부유한 사람을 위해 필사할 때는 언제나 양피지만 썼고, 바티칸과 우르비노 도서관의 필사본 표지는 모두 은장식이 달린 진홍색의 벨벳이었다. 책 내용에 대한 경외심을 되도록 격식을 갖춰 나타내려 했던 이때의 정서를 생각하면 느닷없이 출현한 활자본이 처음에 사람들의 저항에 부딪혔던 것도 이해할 수 있다. 우르비노의 페데리코도 활자본을 갖고 있는 것을 '부끄러워'했을 것이다.[20]

그러나 필사에 지친 사람들, 다시 말해 필사로 먹고사는 사람들이 아니라 책을 갖기 위해 어쩔 수 없이 필사해야 하는 사람들은 이 독일의 발명을 크게 반겼다.[21] 인쇄술은 곧 이탈리아에서 로마 고전과 그리스 고전을 복제하기 위

---

18) Vepas. Fior., p.335.
19) 우르비노 도서관과 페사로 도서관(알렉산드로 스포르차의 도서관)에도 교황은 똑같은 호의를 베풀었다.
20) Vespas. Fior., p.129.
21) Robertus Ursus는 1470년 무렵에 쓴 시에서 말한다. "기술—얼마만한 노고가 지친 손가락에서 사라졌는가." *Rerum ital. scriptt. ex codd.* Florent., Tom. II, Col. 693. 우르수스는 고전문학이 빠르게 보급될 것을 기대하며 일찍부터 기뻐했다. Libri, *Hist. des sciences mathématiques* II, 278 참

해 쓰였고 그 뒤로 오랫동안 이탈리아에서만 쓰였다. 그러나 이런 고전작품에 보내는 사람들의 열광과 달리 이 발명은 그리 빨리 전파되지 못했다. 어쨌든 얼마 뒤에는 저자와 출판업자 사이에 현대와 같은 관계가 성립되었다.[22] 그리고 교황 알렉산데르 6세 때는 출판 검열이 시작되었다. 전에는 코시모가 필렐포에게 저서를 폐기하도록 요구할 수 있었던 것과 달리[23] 이제는 책을 없애기가 더 이상 쉽지 않았기 때문이다.

언어와 고대 연구가 진보함에 따라 차츰 원전 비판이 일어난 것은 학문의 역사이므로 이 책에서 다룰 내용이 아니다. 우리가 살펴볼 부분은 이탈리아인의 지식이 아니라 문학과 실생활에서 일어난 고대의 부활이다. 그러나 이러한 연구에 관해 한마디 하고 넘어가겠다.

그리스 학문 연구는 주로 15세기에서 16세기 초 피렌체에서 이루어졌다. 페트라르카와 보카치오가 준 자극은[24] 열광적인 몇몇 아마추어들의 관심만 이끌어내는 데 그쳤던 것 같다. 한편 학식 있는 그리스인 망명자 집단이 사망하자 그리스어 연구도 1520년대에 끊기고 말았다.[25] 아그리콜라, 로이힐린, 에라스무스, 스테파니, 바데우스와 같은 북유럽 사람들이 이 그리스어를 계승한 것은 정말 다행한 일이었다.

그리스인 망명자 집단은 마누엘 크리솔로라스와 그의 친척 요하네스 그리고 트라브존의 게오르기오스로부터 시작한다. 그다음 콘스탄티노플 정복을 전후하여 요하네스 아르기로풀로스, 테오도로 가차, 두 아들 테오필로스와 바

조.―로마의 인쇄소에 대해서는 Murat. III, II, Col. 1046에 수록된 Gaspar. *Veron. Vita Pauli* II 참조. 베네치아 최초의 출판면허에 대해서는 Murat. XXII, Col. 1189의 Marin Sanudo 참조.
22) 이러한 관계는 필사본 시대에도 이미 있었다. Vespas. Fior., p.656. 피스토이아의 《세계연대기》에 대한 부분 참조.
23) Fabroni, *Laurent. magn.* Adnot. 212. '유배에 대하여'라는 비방글 때문에 벌어졌던 일이다.
24) Sismondi VI, p.149 참조.
25) 이 그리스 학자들의 사멸은 발레리아누스가(Pierius Valerian, *De infelicitate literat*) 라스카리스에 대해 말하는 부분에서 확인할 수 있다. 그리고 파울로 조비오는 *Elogia Literaria* 끝머리에서 독일인에 대해 이렇게 말했다. "우리의 수치긴 하지만, 라틴 학문만이 아니라 그리스와 히브리 학문도 영원히 그들 나라로 보내고 말았다."―그보다 60년 전쯤(1482년) 요하네스 아르기로풀로스는 로마의 강의실에서 젊은 로이힐린이 투키디데스를 번역한다는 말을 듣고 이렇게 주장했다. "그리스는 우리를 떠나 알프스 너머로 사라질 것이다."

실리오스를 훌륭한 그리스인으로 기른 데메트리오스 칼콘딜라스, 안드로니코스 칼리스토스, 마르코스 무수로스 그리고 라스카리스의 일가를 비롯한 많은 사람들이 이를 이어 이탈리아로 건너왔다. 그러나 튀르크인이 그리스를 완전히 정복한 뒤로는 망명자들의 자손 및 소수의 크레타인과 키프로스인을 제외하고는 학문을 이어받을 사람이 아무도 없었다. 레오 10세의 죽음과 더불어 그리스 연구가 쇠퇴하기 시작한 원인 일부는 일반적인 지적 태도 변화와[26] 그 무렵 이미 느끼기 시작한 고전 문학의 내용에 대한 포만감 때문일 것이다. 그러나 이 쇠퇴가 학식 있는 그리스인의 죽음과 때를 같이했다는 사실은 분명 우연으로 돌릴 수 없다. 1500년 무렵 이탈리아에서는 그리스어 배우기 열풍이 거세게 불었다. 이때 그리스어를 배운 청년들은 교황 파울루스 3세와 파울루스 4세처럼 반 세기가 지나 노인이 된 뒤에도 그것을 활용할 수 있었다.[27] 물론 그리스어를 이처럼 유창하게 구사하려면 반드시 그리스 원어민과의 교제가 바탕이 되어야 했다.

피렌체 말고도 로마와 파도바에는 거의 언제나 그리스어 교사가 있었고, 볼로냐, 페라라, 베네치아, 페루자, 파비아를 비롯한 여러 도시도 이따금 그리스어 교사를 채용했다.[28] 그리스 연구는 베네치아의 알도 마누치의 인쇄소에 힘입은 바가 컸다. 이곳에서 가장 중요하고 방대한 고전 저작들이 처음으로 인쇄되었기 때문이다. 알도는 이 일에 자신의 재산을 아낌없이 쏟아부었다. 참으로 보기 드문 편집자 겸 출판인이었다.

고전 연구와 더불어 동방 연구도 아주 중요한 비중을 차지했다. 유대인에 대한 교리상 논쟁과 관련하여 히브리어와 유대 학문을 처음으로 완전히 연구한 사람은 피렌체의 위대한 정치가이자 학자였던 잔노초 마네티(1459년 사망)였다.[29] 그의 아들 아뇰로도 어려서부터 라틴어, 그리스어, 히브리어를 배웠다. 교

---

26) Ranke, *Päpste*, Ⅰ, 486. 이 책 3편 끝부분 참조.

27) Tommaso Gar, *Relazioni della Conte di Roma*, Ⅰ, p.338, 379.

28) 트라브존의 게오르기오스는 1459년 베네치아에서 수사학 교수로 고용되어 연봉 150두카토를 받았다. Malipiero, *Arch. stor.* Ⅶ, Ⅱ, p.653.–페루자의 그리스어 강좌는, *Arch. stor.* ⅩⅥ, Ⅱ, p.19 서문 참조.–리미니에서 그리스어를 가르쳤는지 여부는 아직도 분명치 않다. *Anecd. Litt.* Ⅱ, p.300 참조.

29) Vesp. Fior., p.48, 476, 578, 614.–암브로시우스 카말돌레제 수도사도 히브리어를 잘 했다.

황 니콜라우스 5세는 잔노초에게 성서를 전부 새로 번역하게 했는데, 그 시절의 문헌학의 흐름이 불가타 성서(표준 라틴어역 성서)를 폐기하는 방향으로 흘렀기 때문이다.[30] 이 밖에도 로이힐린 이전에 히브리어를 자기 연구에 수용했던 인문주의 학자들이 몇 명 있었다. 피코 델라 미란돌라(1455~1522. 독일의 고전학자·인문학자)는 유대교 율법학자들 못지않게 탈무드와 철학 지식을 두루 갖추고 있었다.

이탈리아의 아라비아어 연구는 아마도 의학 분야에서 시작되었을 것이다. 위대한 아라비아 의사들의 의학서는 해묵은 라틴어 번역본으로만 있었는데 더는 이에 만족할 수 없었던 것이다. 여기에 이탈리아 의사들을 고용하고 있던 동방 주재 베네치아 영사관이 외적인 계기를 제공했다. 베네치아의 의사 히에로니모 라무시오는 아라비아 의서 번역에 힘쓰다가 다마스쿠스에서 죽었다. 벨루노의 안드레아 몬가요[31]는 아비세나[32]를 연구하기 위해 오랫동안 다마스쿠스에 머물면서 아라비아어를 배우고 아비세나의 저작을 교정(校訂)했다. 그 뒤 베네치아 정부는 이 특수한 분야를 연구하기 위해 몬가요를 파도바대학 교수로 임명했다.

인문주의를 전체적으로 논하기에 앞서 잠시 피코 델라 미란돌라에 관해 이야기하고자 한다. 피코는 고전적 고대의 일방적인 편중에 대항하여 유일하게 모든 시대의 학문과 진리를 옹호한 사람이었다.[33] 그는 아베로에스[34]와 유대인

Ibid., p.320.

30) 교황 식스투스 4세는 바티칸 도서관 건물을 세우고 도서를 대량으로 구매하여 장서를 늘리고, 라틴어와 그리스어 및 히브리어 필사가(librarios)들에게 봉급도 주었다. Platina, *Vita Sixti IV*, p.332.

31) Pierius Valerian., *De infelic. lit.* 몬가요 편.—라무시오에 대해서는 Sansovino, *Venezia,* Fol. 250 참조.

32) 본명은 이븐 시나(Ibn Sīnā, 980~1037). 아라비아의 철학자·의사. 그의 《의학규범》은 아라비아 의학의 집대성으로서 서구 의학의 기본이 되었다. 그 밖에도 일종의 철학전서인 《치유의 서》가 있다. 그는 20세가 되기 전에 아리스토텔레스의 《형이상학》을 마흔 번이나 정독했다고 한다. 이븐 시나는 중세 라틴 세계에서도 권위 있는 의학자로 통했으며, 철학에서도 토마스 아퀴나스에게 영향을 끼쳤다. 대부분의 저서를 아랍어로 썼다.

33) 특히 1485년 에르몰라오 바르바로에게 보낸 중요한 편지 참조. Ang. Politian. Epistolae, L. IX 수록.—Jo. Pici *oratio de hominis dignitate* 참조.

34) 본명은 이븐 루슈드(ibn Rushd). 에스파냐 태생의 중세 이슬람 철학자·의학자(1126~1198). 의

학자뿐만 아니라 중세의 스콜라 학자들도 존중했다. 피코에게는 그들이 이렇게 말하는 소리가 들리는 듯했다. "우리는 문자에 구애받는 학교가 아니라 성자들의 사회에서 영원히 살 것이다. 그곳에선 안드로마케의 어머니와 니오베의 아들에 대해서가 아니라 인간과 신의 근본 관계에 대해 의논한다. 누구든지 이 사회로 다가가는 자는 야만인이라 해도 혀가 아니라 가슴속에 영혼을 지녔음을 깨닫게 될 것이다." 무척이나 아름답고 박력 넘치는 라틴어를 쓰면서 명확한 표현력을 자랑했던 피코는, 사소한 용어에 집착하거나 널리 쓰이는 형식이라면 무조건 받아들이는 태도를 멸시했다. 더욱이 그러한 태도가 편협하거나 사물의 위대한 진실을 손상할 때는 더욱 그랬다. 만약 반종교개혁이 이 차원 높은 정신 생활을 파괴하지 않았더라면 이탈리아 철학이 얼마나 훌륭한 전환을 맞이했을지 우리는 피코를 보고 짐작할 수 있다.

학, 철학, 자연과학 등 여러 분야의 저작을 남겼으나, 무엇보다 아리스토텔레스의 저서에 대한 주석으로 가장 유명하다. 《상해(詳解)》《요해(要解)》《약해(略解)》 이렇게 대·중·소 세 가지인 그의 주석은 서구 세계에 지대한 영향을 미쳤으며, 새로운 철학적 기반을 마련했다. 13세기 라틴 세계에 아베로에스파가 등장해 15~16세기 파도바대학을 중심으로 번성했다. 단테는 그를 일컬어 '위대한 주석자(註釋者)'라고 했다

3. 14세기의 인문주의

열렬하게 존경받던 고대와 지금 이 시대를 연결하고 나아가 고대를 현재 교양의 핵심으로 끌어올린 사람들은 과연 누구였을까?

바로 날마다 그 면모를 달리하는 다양한 인물들의 집단이었다. 그들이 시민사회의 새로운 구성요소라는 점은 그 시대 사람들 스스로도 잘 알고 있었다. 그들의 선구자를 꼽는다면 앞서 그 시를 소개했던(3편 1장 참조) 12세기 방랑 성직자들일 것이다. 그들에게서도 똑같이 불안정한 생활, 똑같은 자유, 아니 자유를 초월한 인생관과 시에서 드러나는 똑같은 고대적인 경향의 싹을 엿볼 수 있다. 그런데 성직자들이 키워내 본질적으로 종교에 뿌리를 둔 중세 문화에 대항해, 중세 저편에 있는 것에 바탕을 둔 새로운 문화가 나타났다. 그 문화를 적극적으로 이끌어 간 사람들이 중요한 인물로 대두되었다.[1] 고대인들이 알던 것을 알고, 고대인들이 쓴 대로 쓰고자 애썼으며, 고대인들이 생각하고 느낀 대로 그들이 생각하고 느끼기 시작했기 때문이다. 그 사람들이 몸 바치는 전통이 곳곳에서 재현되고 있었다.

1300년 무렵 피렌체에 나타난 독자적이고 이탈리아 색채가 짙은 문화의 싹이 그 뒤 인문주의자의 활동 때문에 완전히 짓밟혔다며[2] 근대작가들은 종종 개탄한다. 그들은 이렇게 주장한다. 그 무렵 피렌체에서는 모든 시민이 글자를 읽을 수 있고, 나귀를 끄는 사람까지도 단테의 시를 읊었다고 한다. 또한 현재 남아 있는 최상의 사본도 본디 피렌체 직공들이 만든 것이며, 그 시절에는 또 브루네토 라티니(Brunetto Latini)의 《보감 *Tesoro*》 같은 대중적인 백과사전도 편

---

1) 그들이 스스로의 가치를 어떻게 평가했는지는 포조(*De Avaritia*, fol. 2)에 나타나 있다. 포조의 주장에 따르면, 학식 높은 유려한 라틴어 책을 쓰거나 그리스어를 라틴어로 번역한 사람들만이 "나는 살아 있다"고 말할 자격이 있었다.

2) 특히 Libri, *Histoire des sciences Mathém.* II, 159, s. 258, s.

찬할 역량이 있었다. 이러한 모든 것의 뿌리에는 정치 참여와 상업과 여행으로 다듬어졌으며 특히 모든 안일함을 철저히 물리침으로써 꽃피운 피렌체인의 탁월한 정신이 있었다. 그 무렵 피렌체인은 존경받았으며 온 세계에 영향을 미칠 수 있는 사람들이었다. 교황 보니파티우스 8세가 그들을 제5원소[3]로 부른 데에는 다 이유가 있었다는 것이다. 그러나 1400년부터 인문주의가 기운차게 일어나면서 이 이탈리아 고유의 정신이 성장을 멈추었다. 그때부터 사람들은 여러 가지 문제의 해답을 고대에서만 찾고자 했다. 그 결과 문학은 단순한 고대의 인용문으로 추락했고, 아울러 학문은 고대의 권위에 달게 굴복했다. 도시의 자치권은 로마법에 희생되었고 이로써 전제군주의 은총을 구하는 지경에 이르러 결국 시민의 자유가 쇠퇴했다는 것이다.

이러한 근대 사람들의 비난은 나중에 그 진가와 인문주의의 이해득실을 따질 때 다시 논하겠다. 여기서는 단지 융성했던 14세기 문화가 자연스럽게 인문주의의 완전한 승리를 향해 내달렸다는 것과 이탈리아 특유의 정신 세계에서 가장 위대했던 인물들이 오히려 15세기의 무제한적인 고대 숭배에 문을 열어주었다는 점만 확인하겠다.

그 위대한 인물들 가운데 으뜸은 바로 단테이다. 만약 단테와 같은 천재들이 잇따라 나타나 이탈리아 문화를 발전시켰다면, 비록 그 문화에 고대 요소가 가득할지언정 뚜렷한 특색이 있는 민족적 인상을 심어주었을 것이다. 그러나 이탈리아는 물론이요 서유럽 어느 곳에서도 제2의 단테를 배출하지 못했다. 그 결과 단테는 처음으로 고대 문화를 문화생활 전면에 힘 있게 내세운 사람이 되었다. 《신곡》에서 그는 고대 세계와 그리스도교 세계를 동등한 자리에 두지는 못했으나 줄곧 나란히 다루었다. 중세 초기의 사람들이 《구약》과 《신약》의 이야기나 인물 가운데서 다양한 유형과 그에 대항하는 유형을 찾아냈듯이, 단테도 한 가지 사실에 그리스도교의 예와 이교(異敎)의 예를 나란히 연결해 서술했다.[4] 그런데 여기서 기억해 둘 것이 있다. 그리스도교의 역사와 전

---

3) 1300년의 로마기념제에서 피렌체의 부강함을 본 보니파티우스 8세는, 피렌체 시민은 공기·물·흙·불의 4원소에 이은 제5원소로서 이 세계에 빠뜨릴 수 없는 존재라고 칭찬했다.

4) 《신곡》 〈연옥편〉에서 뚜렷한 증거를 볼 수 있다. "마리아는 서둘러 산으로 가셨고, 카이사르는 에스파냐로 달려갔다(18곡)", "마리아는 가난하고, 파브리키우스는 미덕과 청빈을 두루 갖

설은 사람들에게 익숙하지만, 고대는 비교적 덜 알려졌으며 많은 것을 기대하게 해주는 흥미로운 시대란 사실, 따라서 두 시대의 균형을 잡아주던 단테 같은 사람이 사라졌을 때 일반인의 관심은 자연스럽게 고대 쪽으로 흐를 수밖에 없었다는 점이다.

페트라르카는 많은 사람들의 기억 속에 이탈리아의 위대한 시인으로 남아 있다. 하지만 그가 그 시절에 이름을 떨칠 수 있었던 까닭은 고대문화의 살아 있는 대표자였기 때문이다. 그는 다양한 라틴어 시체(詩體)를 모방하고, 고대의 여러 대상을 다룬 논문 형식의 편지를 썼다. 지금의 우리로서는 이해할 수 없지만, 고대 안내서가 없던 그 시대에는 이 편지가 어마어마한 가치를 지녔다.

보카치오도 이와 비슷했다. 그는 《데카메론》으로 알프스 이북 사람들에게 잘 알려지기 이미 200년 전부터 라틴어로 쓴 신화·지리·전기에 관한 문집만으로 온 유럽에서 유명했다. 그 일부인 《신들의 계보》 14권과 15권의 주목할 만한 부록에 신흥 인문주의가 이 시대에 어떤 위치에 있었는가를 설명한 부분이 나온다. 그런데 그가 언제나 '시'에 대해서만 말한다고 해서 혼동하면 안 된다. 그의 글을 자세히 살피면 '시'란 시인과 문헌학자의 정신 활동 전부를 뜻하기 때문이다.[5] 보카치오는 이런 활동의 적대자들을 신랄하게 공격했다. 그 적대자들은 미식과 방탕 외엔 관심이 없는 경박하고 무식한 사람들, 헬리콘산이나 카스탈리아 샘과 아폴론의 숲을 애초에 무시하는 궤변가 신학자들, 돈이 되지 않는 시는 쓸데없는 것이라고 생각하는 욕심 많은 법률가들, 그리고 이교와 부도덕에 대해 불만을 늘어놓는—에둘러 얘기하지만 분명히 알아듣게 말하는—탁발수도사들이다.[6] 그다음에는 의미 깊은 시에 대한 옹호와 찬미가 뒤따른다. 그는 시에는 언제나 우의(寓意)가 있어야 하며, 무지한 인간들의

___

추었다(20곡)."—이 기회에 주의해 둘 것은 1360년 무렵 우베르티가 그의 《디타몬도》(Ⅰ, Kap. 14, 15)에서 그랬듯이, 시빌(신탁을 전하는 무녀)들이 고대의 세속사 연대순으로 편찬되어 있다는 점이다.

5) '시인(poeta)'이란 단테에게는(Vita nuova, p.47) 라틴어로 시를 쓰는 사람만을 뜻했다. 이탈리아어로 시를 쓰는 사람을 일컫는 말은 'Rimatore(운문가)', 'Dicitore per rima(운으로 말하는 사람)'이었다. 그러나 시간이 흐르면서 이 용어와 개념이 뒤섞인다.

6) 명성이 절정에 달했던 페트라르카도 마음이 우울할 때는 자기의 악운 때문에 만년에는 악당들 틈에서 살게 되리라고 한탄했다. 리비우스에게 보낸 가공의 편지. Opera, p.704 seq.

둔한 감각을 일깨울 잘 계산된 아취가 있어야 한다고 했다.

마지막으로 보카치오는 자기 시대와 이교의 새로운 관계를 자신의 학술적인 저작과 관련하여 변호한다.[7] 지금은 초대교회가 이교에 맞서 자신을 지켜야만 했던 시대가 아니다, 이제는 그리스도의 은혜로 참된 종교가 힘을 얻고 모든 이교가 절멸했으며, 승리한 교회는 적의 진영을 차지하고 있다, 따라서 오늘날에는 이교를 아무런 위험 없이 연구하고 활용할 수 있다는 것이다. 이는 훗날 사람들이 르네상스를 옹호하기 위해 펼친 것과 똑같은 주장이었다.

이리하여 이 세계에 하나의 새로운 사조가 생겨났고 그것을 이끌어갈 새로운 인간 집단이 탄생했다. 이 새로운 것이 과연 승리를 향해 달리다가 멈춰 서서 구태여 스스로를 억제하고 순수한 민족문화에 어느 정도 우선권을 주어야 했는지 아닌지는 논쟁할 필요가 없다. 고대야말로 이탈리아 국민의 최고 명예라는 확신보다 굳은 것은 없었기 때문이다.

시인이자 고전학자들의 첫 세대에는 그들 고유의 상징적인 의식인 월계관을 씌워주는 대관식이 있었다. 그 의식은 15, 16세기에도 여전히 남아 있었지만 그 고상한 감정은 이미 사라진 뒤였다. 중세로 거슬러 올라가도 이 의식이 언제 시작되었는지는 분명하지 않거니와 정식 행사로 고정된 경우 역시 한 번도 없었다. 그것은 공공연한 과시이자 문학적 명성의 외적 발현이었고,[8] 따라서 불안정한 것이었다. 단테는 이 의식이 절반은 종교적인 의미를 지닌 것이라고 해석한 듯하다. 그는 일찍이 수십만의 다른 피렌체 어린이들과 마찬가지로 자신도 세례를 받은 곳인 성 조반니 교회의 세례반(洗禮盤) 위에서 스스로 관을 쓰기를 바랐다.[9] 그의 전기 작가가 말하길, 단테는 명성이 높아 어디에라서도 월계관을 쓸 수 있었지만 오로지 고향에서만 받기를 바랐기에 결국 살아서 대관하지 못했다고 한다. 또 이전까지는 이런 관습이 별로 없었으며, 그리

---

7) 보카치오는 야코부스 피칭가에게 보낸 만년의 편지(*Opere volgari*, Vol. XVI)에서 더 한층 엄밀하게 본디의 시를 지키려 했다. 그러나 여기서도 그는 고대의 영향을 받은 것만을 시로 인정하고 음유시인은 무시한다.

8) Boccaccio, *Vita di Dante*, p.50. "월계관은 지식을 늘리는 데는 도움이 되지 않으나, 이미 얻은 지식의 보다 확실한 증명서이자 장식이다."

9) 《신곡》〈천국편〉 25곡. Boccaccio, *Vita di Dante*, p.50. "성 조반니의 세례반에서 월계관을 쓰고자 했다." 〈천국편〉 1곡 25 참조.

스인에게서 고대 로마인에게 전해진 것이라고 여기는 분위기였다는 점도 이 전기 작가를 통해 알 수 있다. 이 대관식에 대한 가장 최근의 기억은 그리스를 흉내 낸 카피톨리노 언덕에서 열기 시작한 경연으로, 음악가와 시인을 비롯한 예술가들이 각축을 벌였다. 경연은 도미티아누스 황제(재위 81~96년) 이래 5년마다 거행되었고, 아마도 로마제국이 멸망한 뒤에도 얼마 동안 존속했던 것 같다. 그러나 그 뒤 어느 시인도 단테와 달리 대관하기를 바라지 않게 되면서 어느 기관이 계관을 수여할 것인가 하는 문제가 생겼다. 알베르티누스 무사투스(2편 3장 참조)는 1310년 파도바에서 주교와 대학총장에게서 월계관을 받았다. 페트라르카가 대관할 때(1341년)는, 피렌체 사람이 총장으로 있던 파리대학과 로마시청이 대관 권한을 둘러싸고 다투었다. 그뿐만 아니라 페트라르카가 직접 선정한 심사위원 앙주 가문의 로베르왕(재위 1309~43)은 나폴리에서 그 의식을 거행하고 싶어 했으나, 페트라르카는 그 무엇보다도 카피톨리노 언덕에서 로마 원로원 의원을 통해 대관하기를 바랐다. 대관식은 한동안 공명심의 목표였기 때문에, 시칠리아섬의 유명한 관리 야코부스 피칭가 같은 사람도 이 유혹에 넘어갔다.[10]

　이러한 가운데 황제 카를 4세(신성로마 황제. 재위 1346~78)가 이탈리아에 나타나, 어리석은 사람들과 분별없는 대중에게 이 의식을 통해 위세부리는 것을 둘도 없는 기쁨으로 삼았다. 황제는, 시인의 대관은 일찍이 고대 로마 황제의 임무였으므로 이제는 자기가 맡아야 한다는 말도 안 되는 근거를 내세워, 피사에서 피렌체의 학자 차노비 델라 스트라다에게 월계관을 주었다(1355년 5월 15일).[11] 보카치오는 이를 아주 불쾌하게 여겨, 이 '피사의 월계관'을 정당한 것으로 인정하지 않았다. 사실 슬라브의 피가 흐르는 이 황제가 어떻게 이탈리아 시인의 진가를 평가하는 자리에 앉을 수 있느냐 하는 의문이 일어날 법도 했다. 그러나 어쨌든 그 뒤로 황제는 이탈리아를 돌아다니며 이곳저곳에서 시인

---

10) 피칭가에게 보낸 보카치오의 편지, *Opere Volgari*, vol. XVI : "하느님이 허락해 주신다면 원로원도 로물루스의 자손에게 월계관을 수여하도록 동의했다."

11) Matt. Villani, V, 26. 성대한 기마행렬이 거리를 가로지르고 황제를 수행하는 귀족들이 시인의 뒤를 따랐다.―파치오 델리 우베르티도 월계관을 받았으나 어디서 누구에게 받았는지는 알려지지 않았다.

에게 월계관을 씌웠고, 15세기에는 교황과 군주들도 동일한 권리를 주장함으로써 드디어 장소와 상황을 불문하고 대관식을 하기에 이르렀다. 로마에서는 교황 식스투스 4세 시대에 폼포니우스 라에투스의 아카데미가[12] 스스로 월계관을 썼다. 피렌체 사람들은 자기 도시 출신의 유명한 인문주의자들에게 월계관을 주되 그가 죽은 뒤에 한다는 절도를 보였다. 카를로 아레티노와 레오나르도 아레티노가 그렇게 해서 월계관을 썼다. 종교회의 의원들이 줄지어 앉은 가운데 시민들을 마주하고, 카를로를 위해서는 마테오 팔미에리가, 레오나르도를 위해서는 잔노초 마네티가, 비단에 싸인 그들의 시체가 누워 있는 관 머리에서 찬사를 읊었다.[13] 그뿐만 아니라 카를로 아레티노는 르네상스 시대를 통틀어 가장 화려한 묘의 하나인 성 크로체 교회에 묻히는 영광을 얻었다.

---

12) Murat. XXIII, Col. 185에 수록된 Jac. Volaterran.

13) Vespas. Fior., p.575, 589.–Murat. XX, Col. 543에 수록된 Vita *Jan. Manetti*.–레오나르도 아레티노는 생전에도 명성이 매우 높아 그를 보기 위해 여러 지방에서 사람들이 모여들었으며, 어느 에스파냐인은 그의 앞에 무릎을 꿇고 경배했다. Vesp., p.568.–1461년 페라라시 당국은 구아리노의 기념비를 위해 그때로서는 막대한 금액인 100두카토를 내놓았다.

4. 대학과 학교

고대가 교육에 미친 영향을 논하려면, 먼저 인문주의가 대학을 지배했다는 전제를 깔아야 한다. 물론 사실이 그러했지만 우리가 생각했던 만큼 그 정도나 영향력이 대단하진 않았다.

이탈리아의 대학들은[1] 대부분 13, 14세기에 들어서서 생겨났다. 그때는 생활이 풍요로워지면서 교육에 대한 관심이 한층 깊어지던 시기였다. 초기의 대학 강좌는 주로 세속법·교회법·의학으로 한정되어 있었으나, 시대가 흐름에 따라 수사학과 철학, 천문학이 추가되었다. 천문학은 반드시 그런 것은 아니었으나 보통 점성술과 동일시되었다.

교수들이 받는 급료는 천차만별이어서 때로는 거금이 지불되기도 했다. 교양 수준이 높아지면서 대학들 사이에 유명 교수 초빙 경쟁도 치열해졌다. 볼로냐는 국가 세입의 절반(2만 두카토)을 대학에 쏟아 부은 적도 있다고 한다. 교수직은 종신직도 있었으나 보통 기간제였고,[2] 때로는 한 학기 단위로 계약했다. 따라서 교수들은 배우들과 마찬가지로 떠돌이 생활을 해야 했다. 이따금 한

---

1) Libri, *Histoire des sciences mathém.* II, p.92 이하 참조. 잘 알려진 바와 같이 볼로냐대학은 다른 대학보다 역사가 깊다. 반면 피사대학은 14세기에 크게 번영했으나 그 뒤 피렌체와 여러 차례 싸우는 과정에서 파괴되었는데, 조비오에 따르면(Giovio, *Vita Leonis X.,* L. I) 이것을 로렌초 마니피코가 "잃어버린 옛 자유를 위로하기 위해" 재건했다. 피렌체대학은 (Gaye, *Carteggio,* I, p.461~560, Matteo Villani I, 8 ; VII, 90) 이미 1321년에 존재했으며 자국 학생들에게 입학을 강요했지만 1348년 흑사병이 창궐한 뒤 새로 설립되었고 국가에서 해마다 금화 2500굴덴을 지급했다. 그러나 그 뒤 또 쇠퇴하여 1357년 다시 세워졌다. 1373년 많은 시민의 청원으로 개설된 단테 해석 강좌는 그 뒤 대체로 문헌학 교수나 수사학 교수가 맡았다. 필렐포도 겸임 교수로서 이 강좌를 맡았었다.

2) 교수의 수를 셀 때 이 점에 주의해야 한다. 1400년 무렵 파비아대학의 교수 명단을 보면 (Corio, *Storia di Milano,* fol. 290) 다른 교수들도 그렇지만 특히 법학 교수의 이름이 20개나 올라 있다.

곳에서 가르친 내용을 다른 곳에서 되풀이해 강의하지 않는다는 약속도 오갔다. 그 밖에 급료를 받지 않고 강의해주는 교수들도 있었다.

앞서 이야기한 교수직 가운데 수사학 교수의 지위가 인문주의자들의 목표였다. 또한 법학·의학·철학·천문학 분야에서도 교편을 잡으려면 고대에 대한 지식을 얼마나 습득했는지가 관건이었다. 그 시절 학문의 내적 사정과 교사의 외적 상황은 무척 융통성이 있었다. 게다가 몇몇 법학자와 의학자는 높은 보수를 받고 초빙되기도 했으며, 특히 법학자들은 자신을 고용한 국가의 권리나 소송 문제의 고문으로 활약해 막대한 보수를 받았다. 15세기에 파도바는 한 법학자에게 연봉으로 1000두카토를 지불했고,[3] 이제까지 피사에서 금화 700굴덴을 받던 어느 유명한 의사를 고용하기 위해 연봉 2000두카토와 개업 권한을 제시하기도 했다.[4] 피사의 교수이며 법학자인 바르톨로메오 소치니는 베네치아 정부로부터 파도바의 교수직을 제안받고 그곳으로 부임하려고 했으나, 피렌체 정부는 그를 구속하고 보석금으로 금화 1만 8000굴덴을 내야 석방하겠다고 했다.[5] 이런 학과들이 이렇게 높이 대접받았다는 사실을 알면 유명한 문헌학자들이 법학자나 의학자로서 세상에 이름을 떨치려 했던 까닭도 이해할 수 있을 것이다. 한편 어느 학과에서든 두각을 나타내려면 인문주의적 색채를 띠어야 했다. 인문주의 학자들의 또 다른 실제 활동에 대해서는 조만간 살펴보기로 한다.

때로 상당한 급여가 보장되고[6] 부수입까지 따른다고는 하나 문헌학자의 교수직은 전체적으로 불안정하고 일시적인 것이었으므로 한 사람이 여러 대학에서 강의하기도 했다. 사람들은 교수가 바뀌는 것을 환영했고, 새로운 교수들에게 늘 새로운 지식을 기대했다. 학문이 성장하던 시기였으므로 학자들의 자질에 크게 의존하는 것은 자연스러운 일이었다. 또한 고대 저작자에 대해 강의하는 사람이 실제로 그가 가르치는 도시의 대학에 반드시 소속되어 있을

---

3) Mur. XXII, Col. 990에 수록된 Marin Sanudo.

4) Fabroni, *Laurent. magn.* Adnot. 52, 1491.

5) Murat. XXIII, Col. 824에 수록된 Allegretto, *Diari sanesi.*

6) 필렐포는 신설된 피사대학에 초빙되었을 때 적어도 금화 500굴덴을 요구했다. Fabroni, *Laurent. magn.* Adnot. 41 참조. 교섭은 깨졌지만 많은 봉급을 요구했기 때문만은 아니었다.

필요도 없었다. 교통이 편리하고 자유롭게 강의할 수 있는 장소(수도원 등)가 많다면 사적으로도 초빙할 수 있었다.

피렌체대학이 전성기를 누리면서 교황 에우게니우스 4세와 교황 마르티누스 5세(재위 1417~1431)의 신하들이 대학 강당으로 몰려들었고, 카를로 아레티노와 필렐포 등이 경쟁하며 강의하던 15세기 초에는[7] 산토 스피리토 교회의 아우구스티누스회 사람들이 거의 완전한 또 하나의 대학을 세웠다. 또 이 시기에 안젤리 수도원의 카말돌리회에는 학자들로 구성된 협회가 있었고, 유명한 개인들은 홀로 혹은 다른 사람과 더불어 철학이나 문헌학 강의를 열었다. 한편 로마에서 문헌학과 고미술 연구는 오랫동안 대학(Sapienza)과 아무런 관계를 맺지 못하고, 교황이나 고위 성직자의 특별한 개인적 보호를 받거나 교황청이 고용한 학자들을 통해 유지되었다. 교황 레오 10세 시대(1513년)에 비로소 이탈리아 최고의 저명한 고대학 학자를 포함한 88명의 교사를 초빙하여 대학을 대대적으로 재편성했다. 그러나 이 새로운 영광은 그리 오래 가지 못했다. 이탈리아의 그리스어 강좌에 대해서는 이미 간단히 말한 바 있다(3편 2장 참조).

그 시절 학문 전파 방법을 그려 보려면 오늘날의 대학제도에서 되도록 멀리 눈을 떼야 한다. 사제지간의 개인적인 교류와 토론, 라틴어 상용, 적지 않은 사람들의 그리스어 사용, 교사의 잦은 교체, 책의 희소성 따위가 오늘날 우리로서는 쉽게 상상하기 어려운 특색을 당시의 대학 공부에 부여했다.

라틴어 학교는 조금이라도 이름 있는 도시라면 어디에나 있었으나, 결코 고등학문을 위한 예비학교가 필요했기 때문은 아니었다. 이곳에서는 라틴어가 읽고 쓰고 셈하는 데에 이어 필요한 지식이었으며 그다음으로 중요한 것이 논리학이었다. 이런 학교들이 교회가 아니라 시 관할이었다는 점도 짚고 넘어가야 한다. 물론 사립학교도 여럿 있었다.

이런 학교들은 몇몇 뛰어난 인문주의자들의 지도 아래 향상되고 개선되어 합리적이고 완벽한 교육기관이 되었을 뿐만 아니라 고등 교육을 위한 장으로 발돋움했다. 북부 이탈리아의 두 후가(侯家) 자제들의 교육은 이러한 교육기관

---

7) Vespasian. Fior., p.271, 572, 590, 625 참조.—Murat. XX, Col. 531의 *Vita Jan. Manetti.*

가운데 유일무이한 학교가 많았다.

만토바의 조반 프란체스코 곤차가(재위 1407~1444년)의 궁정에 비토리노 다 펠트레(1378~1446년)라는[8] 유명한 선생이 나타났다. 그는 자신의 일생을 한 가지 목적에 바치고, 그것을 이루기 위해 최고의 역량과 식견으로 무장한 사람이었다.

비토리노는 먼저 군주 가문의 아들딸들을 교육했는데, 그 가운데 한 여성을 참된 학자로 길러내기까지 했다. 그의 명성이 온 이탈리아에 퍼지고 독일 같은 먼 나라에서까지 명문부호의 자제가 찾아오자 곤차가는 비토리노가 그들도 가르칠 수 있도록 허락해 주었다. 곤차가는 자신의 궁정이 상류사회의 교육을 담당하게 된 것을 명예롭게 생각했다. 그리고 이곳에서 처음으로 학문 수업과 더불어 전교생에게 체조 및 고상한 체육 교육이 실시되었다. 그 밖에 비토리노는 가난하지만 재능이 있는 학생들도 가르쳤다. 이들을 교육하는 것이 그의 인생 최대의 목표였다. 비토리노는 그들을 '신의 사랑으로(무료로)' 자기 집에서 명문가 자제들과 함께 가르쳤던 것이다. 명문가 자제들은 재능 말고는 아무것도 없는 학생들과 한 지붕 아래에서 함께 사는 습관을 들여야 했다. 곤차가는 비토리노에게 해마다 금화 300굴덴을 지불하기로 했었다. 그러나 그는 '라 지오코사'라는 훌륭한 저택을 지어 스승과 제자들이 지낼 곳을 마련해 주고, 가난한 학생들 때문에 생기는 손실액까지 메워 주었다. 그 금액은 이따금 연봉과 맞먹기도 했다. 곤차가는 비토리노가 자신을 위해서는 한 푼도 쓰지 않는다는 사실을 알았고, 가난한 학생들을 함께 교육하는 것이 이 탁월한 인물이 자신의 궁정에 있는 암묵적인 조건임을 분명히 이해하고 있었다. 비토리노의 이 학교는 수도원 못지않게 엄격하고 종교적이었다.

베로나의 구아리노(1370~1460년)[9]는 학문에 더욱 중점을 두었다. 그는 1429년 에스테 가문의 니콜로가 자신의 아들 리오넬로의 교육을 맡기기 위해 페라라로 초빙한 인물이었다. 리오넬로가 성장하자 1436년부터 구아리노는 대학에서 웅변술과 그리스·라틴어 고전 과목을 가르쳤다. 그는 리오넬로 말고도 곳곳에

---

8) Vespas. Fior., p.640.―나는 로스미니가 쓴 비토리노와 구아리노의 특별한 전기를 읽어보지 못했다.

9) Vesp. Fior., p.646.

서 찾아온 수많은 학생들을 제자로 삼았으며, 가난한 아이들을 선발해 자기 집에서 비용의 일부 혹은 전부를 대주며 가르쳤다. 저녁 시간은 밤늦게까지 학생들의 복습을 도와주는 데 바쳤다. 그의 집 또한 엄격한 종교와 도덕의 연마장이었다. 이 시대 대부분의 인문주의자가 도덕과 종교 면에서 거의 칭송받지 못했지만, 그것은 구아리노나 비토리노와는 상관없는 일이었다. 또 구아리노가 그의 본분을 다하면서도 쉼 없이 그리스어 작품을 번역하고 자신의 저작을 집필한 것은 정말 놀라운 일이다.[10]

이 두 궁정에서뿐만 아니라 대부분의 이탈리아 군주 가문의 교육은 적어도 일부 혹은 일정 기간 동안 인문주의자들의 손에 맡겨졌으므로, 인문주의자는 그 덕에 한 걸음 더 가까이 귀족사회에 진출할 수 있었다. 군주 자제의 교육에 관한 논문을 쓰는 일도 본디는 신학자의 임무였으나 이제는 당연하게 그들 몫으로 돌아갔다.

에네아스 실비우스(1405~64. 뒷날의 교황 피우스 2세)는 합스부르크 왕가의 두 젊은 독일 군주[11]에게, 그들이 받아야 할 교육에 대해 상세한 논문을 써 보냈다. 여기에는 물론 이탈리아 고유의 인문주의를 계발·육성하라는 호소가 담겨 있었다. 그러나 실비우스는 자기가 허공에 대고 말하는 격이란 사실을 알아채고, 자신의 논문이 다른 사람의 손으로 넘어가도록 대책을 세웠다. 군주와 인문주의 학자의 관계는 나중에 따로 논하겠다.

---

10) 구아리노와 비토리노는 친구로서 서로의 연구를 도왔다. 그 시대 사람들은 이 둘을 곧잘 비교했는데, 그때에는 보통 구아리노가 앞서 있었다. '완전화'를 존중하는 구아리노의 태도는 주목할 만하다. 이들 두 선생은 식사하거나 술을 마실 때 유별나게 절제했다(물을 타지 않은 술은 절대로 마시지 않았다). 또한 두 사람의 교육은 본질적으로 똑같았다. 둘 다 육체적 처벌은 허용치 않았으며, 비토리노가 내린 가장 가혹한 벌은 다른 학생들 앞에서 무릎을 꿇게 하거나 눕게 하는 것이었다.

11) 지기스문트 대공에게 보낸 편지(*Epist*. 105, p.600)과 라디슬라우스 왕에게 보낸 편지(p.695). 후자는 〈왕가 자제 교육에 대한 논문〉이다.

5. 인문주의의 후원자들

먼저 고대 연구를 평생의 목표로 삼아 위대한 학자가 되거나 학자들을 지원하는 후원자가 된 피렌체의 시민들을 주목할 필요가 있다(3편 2장 참조). 그들은 특히 15세기 초의 과도기에 아주 중요한 역할을 했다. 그들을 통해 처음으로 인문주의가 일상생활에 꼭 필요한 요소로서 활약하기 시작한 것이다. 이들의 뒤를 따라 군주와 교황들도 앞을 다투어 인문주의에 열을 올리기 시작했다.

니콜로 니콜리와 잔노초 마네티에 대해서는 이미 여러 번 이야기했다. 베스파시아노는 니콜리가 고대 정신과 조화되지 않는 것은 자기 주변에 일체 허용하지 않는 인물이라고 묘사했다. 단정한 긴 옷을 입은 모습, 친절한 말씨, 고상한 골동품으로 가득한 그의 집은 무척이나 특이한 인상을 주었다. 니콜리는 무슨 일에나 극단적으로 깔끔했는데, 식사 때는 그 정도가 더욱 심했다. 그의 앞에는 언제나 새하얀 마포 위에 고대의 그릇과 수정 술잔이 놓여 있었다.[1] 니콜리가 피렌체의 어느 방탕한 젊은이를 자기의 지적인 세계로 끌어들인 방법은[2] 너무도 고상하기 때문에 도저히 빼놓을 수가 없다.

어느 지체 높은 상인의 아들인 피에로 데 파치는 아버지의 뒤를 잇기로 앞날이 정해져 있었다. 그는 외모가 수려했고, 세상의 쾌락에 빠져 학문에는 조금도 흥미를 보이지 않았다. 어느 날 그가 포데스타 궁전[3] 앞을 지나는데 니콜로가 그를 불러 세웠다. 젊은이는 이제까지 니콜로와 한 번도 이야기를 나눈 일이 없었지만 이 인망 높은 학자가 손짓하는 대로 그에게 다가섰다. 니콜로가

---

1) 베스파시아노의 다음 글은 번역이 불가능하다. "A vederlo in tavola cosi antico come era, era una gentilezza."
2) Vesp. Fior., p.485.
3) Vesp., p.271에 따르면 그곳은 학자들의 모임 장소로 토론도 벌어졌다.

물었다.

"자네 아버지는 누구신가?"

"메세르 안드레아 데 파치입니다."

니콜로는 다시 물었다.

"자네의 직업은 무엇인가?"

피에로는 젊은이답게 대답했다.

"인생을 즐기는 것입니다."

니콜로는 말했다.

"그런 훌륭한 아버지의 아들로 태어나 이토록 훌륭한 모습을 갖추었으면서도, 자네에게 큰 도움이 될 라틴어 지식을 모른다는 것이 부끄럽지 않은가? 지금 그 학문을 배우지 않으면 자네는 아무 가치도 없는 인간이 되어버릴 걸세. 그리하여 머잖아 젊음의 꽃마저 시들어버리면 아무 짝에도 쓸모없는 사람이 되겠지."

피에로는 이 말을 듣자마자 그것이 옳음을 깨닫고 대답했다.

"좋은 선생님을 만나기만 하면 즐거이 배우겠습니다."

니콜로는 말했다.

"선생은 내가 주선하겠네."

그리고 실제로 니콜로는 폰타노라는 라틴어와 그리스어에 능통한 사람을 소개해 주었다. 피에로는 이 사람을 가족과 같이 대우하며 연봉으로 금화 100 굴덴을 주었다. 그리고 이제까지의 방탕한 생활에서 벗어나 밤낮을 가리지 않고 열심히 공부하여 모든 지성인들의 친구가 되고, 도량 넓은 정치가가 되었다. 그는 《아이네이스》 전체와 리비우스의 많은 연설들을 주로 피렌체와 트레비오의 별장을 오가며 암기했다.[4]

잔노초 마네티(1393~1459년)[5]는 그와는 다른 더 고상한 정신으로 고대를

---

4) 사실 니콜리의 품격에는 그다지 호감이 가지 않는 측면이 있다. 그는 자기 형제의 애인 벤베누타를 빼앗았으며, 이런 행동으로 레오나르도 아레티노의 분노를 샀다. 또 구아리노가 자기에게 책을 빌려주길 거절한 것을 악의로 해석해 그와 심하게 싸웠다. 하찮은 시기심 때문에 크리솔로라스, 포조, 필렐포를 피렌체에서 추방하려 한 적도 있었다.

5) Murat. XX, Col. 532에 수록된 마네티 전기 참조.

대표한다. 조숙했던 그는 어려서 이미 상인 수업을 마치고 어느 은행가의 부기원이 되었는데, 곧 이 일이 무의미하고 허무함을 깨닫는다. 그는 학문에 열정을 쏟으며, 예로부터 사람은 학문을 통해서만 영원히 이름을 남길 수 있다고 믿었다. 그리하여 피렌체의 귀족으로서 처음으로 책 속에 파묻혀 살았으며, 앞서 이야기한 바와 같이 그 시대 최고의 학자 가운데 한 사람이 되었다.

그러나 정부가 그를 대리공사와 세무관, 페시아와 피스토이아의 총독으로 임명하자 그는 마치 인문주의적 연구와 종교심이 하나가 되어 고상한 이상에 눈뜬 것처럼 그 직무를 맡아 보았다. 그는 피렌체 정부가 정한 세금은 아무리 악명이 높아도 거두어 들였으며, 그 일로 아무런 보수도 받지 않았다. 지방 장관이 된 다음에는 모든 선물을 거절하고 곡물 수송의 편리를 도모했으며, 쉬지 않고 소송을 조정해 민심의 격정을 선의로 다스리는 데 온 힘을 다했다. 피스토이아 사람들은 자기네 두 당파 가운데 그가 어느 쪽에 마음을 두었는지 끝내 판단할 수 없었다. 마치 만인 공통의 운명과 권리를 상징하듯, 그는 여가 시간을 쪼개어 그 도시의 역사를 썼는데, 그 책은 나중에 붉은색 표지로 장정되어 성물과도 같이 시청에 보존되었다. 그가 떠날 때 시는 그에게 시의 문장이 그려진 깃발과 찬란하게 빛나는 은제 투구를 선사했다.

그 시절 피렌체에서 활동한 다른 학식 있는 시민들을 살펴보고 싶다면 그들 모두와 알고 지냈던 베스파시아노를 참조해야 한다. 베스파시아노의 글에 나타난 논조라든가 분위기, 그들과 교제하게 된 내막 등이 그가 기록한 사실보다 더 중요하기 때문이다. 번역하거나, 우리가 여기서 제한된 지면 안에서 짧게 언급하는 것만으로는 베스파시아노의 책이 지닌 최고의 가치가 사라지고 만다. 그는 결코 위대한 저술가는 아니었으나, 그들의 활동 내역을 남김없이 알고 있었고 또 그 활동의 정신적 의의에 대해서도 깊이 통찰할 수 있는 능력을 갖추고 있었다.

다음으로 15세기의 메디치 가문 사람들, 특히 선대 코시모(1464년 사망)와 로렌초 마니피코(1492년 사망)가 피렌체와 그 시대 사람들에게 영향을 끼칠 수 있었던 매력은 무엇일까. 이를 분석하자면, 모든 정책과 더불어 그들이 문화 영역의 지도자였다는 사실이 무엇보다도 강력한 요소로 떠오른다. 상인으로서 또 지역 파벌의 당수로서 모든 사상가와 저술가와 연구자를 자기편으로

끌어들인 코시모, 신분으로
는 피렌체에서 으뜸이요 교
양으로는 온 이탈리아에서
으뜸이었던 그는 사실상 군
주나 다름없었다.

또한 코시모는 특별한 명
예를 얻었다. 플라톤철학[6]에
서 고대 사상계의 가장 아름
다운 정수를 발견하고, 주변
사람들에게 이 지식을 보급
함으로써 마침내 인문주의
안에서 고대의 보다 고귀한
부활을 촉진했기 때문이다.
그 과정은 아주 자세한 기록
으로 남아 있다.[7] 모든 것은
석학 요하네스 아르기로풀로
스 초빙과 코시모의 만년에

코시모 데 메디치(1389~1464)
본트르모 작(1519). 피렌체 우피치 미술관 소장.

타오른 개인적인 열성 때문이었다. 오죽했으면 플라톤철학의 위대한 학자 마
르실리오 피치노까지 스스로 자신을 코시모의 사상적 아들이라고 했을까. 피
에트로 메디치 밑에서 피치노는 이미 한 학파의 우두머리가 되어 있었다. 피에
트로의 아들이며 코시모의 손자인 유명한 로렌초도 아리스토텔레스학파에서

---

6) 이전까지 사람들은 플라톤 철학에 대해 단편적으로만 알고 있었던 것 같다. 1438년 페라라에
  서는 종교회의 때문에 온 그리스인과 시에나의 우고 사이에서 플라톤과 아리스토텔레스의
  상반성에 관한 이상한 논쟁이 있었다. Aeneas Sylvius, *De Europa*, Cap. 52(*Opera*, p.450) 참조.
7) 니콜로 발로리가 쓴 로렌초 마니피코 전기에 나와 있다. —Vespas. Fior., p.426 참조. 아르기로
  풀로스의 첫 번째 후원자는 아차유올리 가문 사람들이었다. 같은 책 p.192 : 추기경 베사리온
  및 그의 플라톤과 아리스토텔레스 비교. 같은 책 p.223 : 플라톤 학자로서의 쿠사누스. 같은
  책 p.308 : 카탈루냐 사람인 나르치소가 아르기로풀로스와 벌인 논쟁. 같은 책 p.571 : 플라톤
  의 각 대화편은 레오나르도 아레티노가 이미 번역했다. 같은 책 p.298 : 이미 시작된 신플라
  톤주의의 영향.

옮겨와 피치노를 스승으로 섬겼다. 로렌초의 동문 가운데 가장 저명한 사람으로는 바르톨로메오 발로리, 도나토 아차유올리, 피에르필리포 판돌피니 등을 들 수 있다. 열성적인 스승인 피치노는 그의 저서 여러 곳에서, 로렌초가 플라톤철학의 심오한 부분을 모두 탐구했으며 그 철학 없이는 좋은 시민과 좋은 그리스도 교도가 될 수 없다는 그의 신념을 밝혔다고 적어 놓았다.

로렌초를 중심으로 모인 학자들의 이 유명한 집회는 이상주의적인 철학의 고상한 성향으로 결합되어 있었으므로 이와 비슷한 다른 집단보다 훨씬 특출했다. 피코 델라 미란돌라와 같은 사람은 이런 환경에서만 행복을 느꼈다. 한데 무엇보다도 뛰어난 것은 이곳이 고대의 숭배지인 동시에 이탈리아 문학의 성지였다는 점, 그리고 로렌초의 인격이 내뿜는 다채로운 빛 가운데 가장 강력한 빛줄기는 바로 로렌초 자신이었다는 사실이다. 정치가로서의 로렌초에 대해서는 저마다 나름대로 판단하면 될 것이다(1편 6장, 7장 참조). 피렌체가 그의 죄와 운명을 어떻게 결산하든 어쩔 수 없는 상황이 아니라면 외국인은 간섭하지 않는 편이 좋다. 그러나 로렌초가 정신 영역에서 일부러 평범한 사람들을 비호했고, 레오나르도 다빈치와 수학자 프라 루카 파촐로가 국외에 머문 것, 토스카넬리, 베스푸치 등 많은 인재가 원조를 받지 못해 날개를 펴보지도 못한 것 모두가 로렌초 때문이라며 그에게 책임을 씌운다면, 이보다 터무니없는 공격이 없을 것이다. 물론 로렌초는 만능은 아니었으나, 재능 있는 이들을 발굴하고 후원하려 했던 모든 귀족 가운데 가장 광범위하게 활동한 인물의 하나이며, 더욱이 깊은 내면에서 우러나온 마음으로 이런 노력을 기울인 사람이었다.

우리가 살고 있는 19세기에도 교양의 가치, 특히 고대문화의 가치를 소리 높여 외친다. 그러나 열정적으로 문화에 헌신하고 문화야말로 가장 먼저 추구해야 할 대상이라고 인식하는 사람은 15세기와 16세기 초의 피렌체 사람들 말고는 어디에도 없다. 여기에는 누구도 의심할 수 없는 간접적인 증거가 있다. 만약 학문을 이 세상에서 가장 고귀한 보물이라고 여기지 않았더라면 그 많은 사람들이 자기 딸들에게 공부를 허락하지 않았을 것이고, 팔라 스트로치[8]처럼 망명을 행복한 외국유학이라고 생각한 사람도 없었을 터이며, 평소 하고 싶

---

8) 1373?~1462. 피렌체 정계를 대표하는 정치가. 인문주의자. 1434년 메디치가가 추방했다.

은 대로 하고 살던 필립포 스
트로치와 같은 사람이[9] 플리
니우스의 《박물지》를 비판적
으로 논하는 데 모든 기운과
흥미를 바치지도 않았을 것이
다. 우리는 여기서 그들을 칭
찬하거나 비난하려는 것이 아
니라 왕성한 독자성을 발휘하
는 그 시대정신을 인식하려는
것이다.

이탈리아에서는 피렌체 말
고도 여러 도시에서 개인 및
사교단체가 때로는 모든 힘
을 다해 인문주의를 위해 활
동하고, 자기 도시에 사는 학
자들을 후원했다. 그때의 서
간집을 읽어보면 이런 사람들

로렌초 데 메디치(1449~1492) 코시모의 손자. '위대한 로렌초'. 바사리 작(1534). 피렌체 우피치 미술관 소장.

의 인간관계를 충분히 살펴볼 수 있다.[10] 조금이라도 교양이 있는 사람의 공공
연한 성향은 거의 예외 없이 위에서 말한 쪽으로 흐르고 있었다.

이제는 이탈리아 궁정에서 펼쳐진 인문주의를 살펴보도록 한다. 저마다 자
기의 인격과 재능에만 의존하던 전제군주와 고전학자의 긴밀한 유대에 대해
서는 이미 앞에서 서술한 바 있다(1편 1장 참조). 학자들은 높은 봉급 때문에라
도 자유도시보다 궁정을 좋아했다. 아라곤 가문의 대 알폰소(알폰소 1세. 나폴리
왕(1443~58))가 온 이탈리아를 지배할 것처럼 보였던 무렵, 에네아스 실비우스
는 한 시에나 사람에게 다음과 같은 편지를[11] 써 보냈다. "만약 알폰소의 치하

---

9) Varchi, *Stor. fiorent.* L. IV, p.321. 스트로치에 대한 매우 훌륭한 전기.
10) 로스미니의 《비토리노와 구아리노의 전기》와 셰퍼드(Shepherd)의 《포조 전기》 등은 이러한
    주제에 대해 많은 것을 포함하고 있다.
11) *Epist.* 39 ; *Opera,* p.526, 마리아노 소치노(Mariano Socino)에게 보낸 편지.

에서 이탈리아에 평화가 온다면 자유도시의 통치하에 평화가 오는 것보다 나을 듯싶습니다. 성품이 고귀한 왕은 모든 재능 있는 사람들을 후하게 대접하기 때문입니다."[12] 그 옛날 사람들이 인문주의자들의 예찬에 홀려 자기 군주를 칭송하기에 급급했듯이, 요즘에는 추한 면, 즉 매수된 아첨이라는 점을 너무 크게 부각시키고 있다. 하지만 전체적으로 볼 때, 군주들이 그 시대와 국가에서 교양의 선두에—그 교양이 아무리 편향적이라 하더라도—서야 한다고 생각했다는 사실은 군주들에게 매우 유리한 증언이다. 더구나 몇몇 교황이[13] 새로운 지식이 초래할 결과에 대해 조금도 두려워하지 않았다는 점은 사람들을 경탄케 한다. 교황 니콜라우스 5세는 수많은 학자가 교회를 옹호하고 원조해줄 것이라고 생각하며 교회의 운명을 낙관했다. 교황 피우스 2세는 니콜라우스 5세처럼 인문주의를 위해 그리 큰 희생을 치르지 않았으며 그의 궁정 시인들도 지극히 평범해 보였으나, 교황 자신은 니콜라우스 5세보다도 확고하게 학자 사회의 우두머리가 되었으며 자신 있게 그 명성을 누렸다.

파울루스 2세는 그의 비서들이 표방한 인문주의를 두려워하고 불신한 최초의 인물이었다. 그의 뒤를 이은 세 교황 곧 식스투스, 인노켄티우스, 알렉산데르는 헌사를 받고 시인들 좋을 대로 송시도 짓게 했지만—6각운으로 쓰인 〈보르자의 노래〉(알렉산데르 6세는 보르자 가문 출신)까지 있었다[14]—다른 일에 너무 바빴고, 자기들의 권력을 지탱해주는 기둥으로는 다른 것을 생각했기 때문에 시인 겸 고전 문헌학자들을 극진히 대우할 수가 없었다. 교황 율리우스 2세는 그 스스로가 큰 시재(詩才)였던 까닭에(1편 9장 참조) 많은 시인의 찬양을 받

---

12) 이와 더불어 군주들이 문예 보호에 소홀하다든가 명성에 무관심하다는 불평도 끊임없이 터져 나왔지만, 이에 넘어가서는 안 된다. 15세기의 Bapt. Mantuan, *Eclog.* V 등에 그런 불만이 나와 있지만, 예로부터 모든 사람을 만족시키기란 불가능한 일이다.

13) 15세기 말까지 역대 교황의 학술 보호에 대해서는 Padencordt, *Geschichte der Stadt Rom im M. A* 끝부분 참조.

14) Lil. Greg. Gyraldus, *De Poetis Nostri Temporis*에 있는 카메리노의 스페룰루스 부분. 이 선량한 인물은 이 시를 적당한 시기까지 완성하지 못해 40년이 지난 뒤에도 그 작품을 책상 위에 펼쳐놓고 있었다.—교황 식스투스 4세가 시인에게 빈약한 사례를 한 내용은 피에리오 발레르의 *de Infelic. Lit.*에 있는 Theodorus Gaza 부분 참조.—교황 레오 이전의 여러 교황이 인문주의자들을 추기경 자리에서 일부러 제외시킨 것은 추기경 에지디오에 대한 Lor. Granas의 조사(弔辭) 참조. *Anecd. Litt.* IV. p.307.

앉으나 그들에게 그다지 마음을 쓴 것 같지는 않다.

그다음에 교황 레오 10세가 "로물루스 뒤에 누마가 나타났듯이" 등극했다. 사람들은 싸움으로 소란스러웠던 전대 교황 시대를 뒤로 하고 무사이 신(학예의 여신. 뮤즈)을 섬기는 교황을 기대했다. 아름다운 라틴어 산문과 시를 즐기는 것이 레오 10세의 하루 일과 가운데 하나였다. 그러한 점에서 레오의 문예보호는 어느 정도 좋은 성과를 거두었다. 그의 궁정에 머무는 라틴어 시인들은 수많은 비가, 송시, 잠언시, 연설 등을 통해 레오 시대의 즐겁고

교황 레오 10세(재위 1513~1521)
라파엘로 작(1518). 피렌체 우피치 미술관 소장.

도 찬란한 정신을 선명하게 표현했다.[15] 온 유럽 역사를 통틀어 일생 동안 시재가 될 만한 업적이 적었던 데 비해 이렇게까지 여러 모로 찬양되었던 군주는 찾아볼 수 없을 것이다. 시인들은 대개 정오 무렵 현악 연주자들의 연주가 끝난 다음에 레오 10세의 곁에 모였다.[16] 그들 가운데에서 아주 특출한 어느 시인이 전하는 바에 따르면,[17] 그들은 그 밖에도 교황이 정원을 산책할 때나 궁정의 깊은 내실에 있을 때에도 언제나 접근하려고 했으며, 그래도 목적을

---

15) 그중 으뜸은 *Deliciae poetarum italorum* ⊠ *Roscoe, Leo X*의 여러 간행본에 딸린 부록에 있다.—몇몇 시인과 작가들은 레오를 칭찬함으로써 자신이 불후의 인물이 되려 했다고 솔직하게 고백한다.

16) Paul. Jov. *Elogia*, Guido Posthumus 부분.

17) 발레리아노(Pierio Valeriano)의 《*Simia*》.

이루지 못한 사람은 올림피아의 모든 신들을 등장시킨 비가 형식의 구걸 편지를 써 올렸다고 한다.[18] 그도 그럴 것이 교황 레오는 돈을 모아두지 못하는 사람인 데다 쾌활한 얼굴들을 보길 좋아했으므로, 그 뒤에 닥쳤던 궁핍한 시대에는 전설로 생각되었을 정도로 아낌없이 돈을 퍼주었던 것이다.[19] 레오가 대학을 재정비한 일은 앞에서 이미 이야기했다(3편 4장 참조).

레오가 인문주의에 미친 영향을 과소평가하는 폐단에 빠지지 않으려면 거기에 섞인 온갖 유희적인 놀음에서 눈을 떼야 한다. 레오가 그런 것들을 다룰 때 이따금 썼던 풍자적 태도(2편 4장 참조)에 속아서는 안 된다. 이러한 것을 판단할 때는 여러 큰 정신적 가능성에서 출발해야 한다. '자극'이라는 말로 표현되는 그러한 가능성은 대충 살펴보기만 해선 결코 산정할 수 없지만 자세히 연구해 보면 여러 개별적인 사례를 실제로 증명할 수도 있다. 이탈리아의 인문주의자가 1520년 이래 유럽에 미친 영향은 어떤 형태이든 교황 레오가 끼친 자극에서 비롯되었다. 그는 새로 발견된 타키투스(55~120. 로마제정시대의 역사가. 《게르마니아》《연대기》 저작) 저서의 인쇄면허장에서[20] 이런 말을 했다.

위대한 작가는 생활의 규범이요 불행할 때의 위안이다. 나는 이제껏 학자를 후원하고 양서를 보유하는 것을 최대 목적으로 생각해왔다. 시금도 이 책의 출판을 도움으로써 인류의 이익에 공헌할 수 있음을 하느님께 감사하는 바이다.

1527년 '로마 약탈'로 예술가들이 그러했듯 학자들도 사방으로 흩어졌다. 그러나 이 불행한 사건으로 이제는 사라진 이 위대한 문예보호자의 명성이 처음으로 이탈리아 구석구석까지 전파되었다.

15세기의 세속 군주 가운데 고대에 가장 열광한 사람은 아라곤 왕조의 나

---

18) *Deliciae poet. ital*의 Joh. Aurelius Mutius의 비가 참조.
19) 교황 레오가 여러 금화 꾸러미가 든 붉은 벨벳 돈주머니에 손을 넣어 잡히는 대로 꺼내주었다는 이야기는 유명하다(Giraldi, *Hecatommithi* VI, Nov. 8). 대신 레오의 식탁에서 어설픈 시를 짓는다고 매질을 당하는 라틴 즉흥시인들도 있었다.
20) Roscoe, *Leone X*, ed. Bossi IV, 181.

폴리 왕 알폰소였다(1편 4장 참조). 왕의 열성은 참으로 순수했다. 그는 이탈리아에 들어온 이래 접한 고대의 기념비와 책들에서 강력한 인상을 받아 그것을 삶의 지표로 삼았던 것이다. 그는 반항적인 아라곤 지방과 그 부속 영토를 형제들에게 믿을 수 없을 만큼 선뜻 넘겨주고, 자신은 오로지 새 영지에만 전념했다. 트라브존의 게오르기오스, 소(小) 크리솔로라스, 로렌초 발라, 바르톨로메오 파치오, 안토니오 파노르미타 등이 차례로 또는 동시에 알폰소왕에게 고용되어[21] 왕의 역사편수관이 되었다. 파노르미타는 출정 중에도 날마다 진영에서 알폰소왕과 그의 신하에게 리비우스를 강의했다. 왕은 이런 사람들의 급여로 해마다 금화 2만 굴덴을 썼다. 파노르미타에게는 1000두카토를 주었고, 파치오에게는 《알폰소의 역사》를 집필하는 데에 500두카토가 넘는 연봉을 주고, 그것이 완결되자 금화 1500굴덴을 더 주며 이렇게 말했다. "이것은 보수로서 주는 것이 아니다. 경의 저작은 도저히 돈으로 가치를 매길 수 없기 때문이다. 설령 내가 가장 좋은 도시 하나를 내주더라도 충분치 않겠지만, 그래도 언젠가는 자네가 만족하도록 해 줄 생각이다." 잔노초 마네티를 더 바랄 수 없이 좋은 조건으로 비서로 채용했을 때도 알폰소왕은 "내 마지막 빵도 그대와 나누리라"고 말했다. 일찍이 잔노초 마네티는 왕자 페란테의 혼례 때 피렌체 정부의 축하 사절로 온 적이 있었다. 그때 왕은 그에게 어찌나 대단한 인상을 받았던지 '동상처럼' 꼼짝 않고 왕좌에 앉아 모기를 쫓을 생각조차 하지 못했다.

왕이 가장 좋아하는 곳은 나폴리성 도서관이었다. 그는 도서관 창가에 앉아 아름다운 바닷가 경치를 바라보며 학자들이 삼위일체설 같은 주제로 토론하는 것에 귀를 기울였다. 왕은 독실한 그리스도 교도이기도 해서, 리비우스나 세네카[22] 말고도 자신이 거의 외우다시피 한 성경을 강론하게 했다. 한편 왕이 파도바에 있는 리비우스의 유골(2편 3장 참조)에 어떤 감정을 바쳤는지를 그 누가 정확하게 표현할 수 있을까? 베네치아에 간청해서 리비우스의 팔뼈 하나

---

21) Vepas, Fior., p.68 이하. 알폰소가 지시한 그리스어 번역작업은 p.93 참조.−Murat. XX. Col. 541 이하. 550 이하. 595에 수록된 *Vita Jan. manetti.*−Panormita : *Dicta et facta Alphonsi* 및 에네아스 실비우스의 주석.

22) Lucius Annaeus Seneca(BC 5?∼AD 65?). 로마 제정시대의 스토아파 도덕철학자. 종교적·시적인 그의 대화편은 처세철학으로서 애독되고 있다.

를 얻어 엄숙하게 나폴리에서 맞아들였을 때 왕의 마음속에는 그리스도교적인 감정과 이교적 감정이 얼마나 착잡하게 뒤섞였겠는가. 아브루치 지방에 출정했을 때 누군가가 멀리 펼쳐진 술모나를 가리키며 오비디우스의 고향이라고 말하자 왕은 그 도시에 경의를 표하고 그곳의 수호신에게 고마움을 표했다. 왕이 미래에 얻을 명성에 대해 그 대시인이 한 예언을[23] 자기가 지금 이룬다는 생각에서 무한히 기뻤던 것이다. 또한 그는 완전히 정복한 나폴리에 고대풍으로 차려입고 나타나 즐거워했는데, 그것이 바로 그 유명한 나폴리 입성(1443년)이다. 시장에서 그리 멀지 않은 성벽에 폭 40엘(1엘은 50센티미터 정도)의 문을 만들어 그곳으로부터 로마의 개선장군같이 황금마차를 타고 들어왔다.[24] 이 일은 카스텔 누오보에 있는 화려한 대리석 개선문으로 영원히 기념되고 있다. 그러나 알폰소왕의 뒤를 이은 나폴리 왕가(1편 4장 참조)는 이 같은 고대에 대한 감격은 물론 왕의 탁월한 성품도 거의 혹은 전혀 이어받지 못했다.

그러나 그 알폰소도 우르비노의 페데리코[25]의 학식에는 미치지 못했다. 페데리코는 곁에 학자들을 그다지 많이 두지 않았고 낭비도 몰랐으며 모든 다른 일에서 그렇듯 고대 연구도 계획적으로 했다. 대부분의 그리스 고전 번역과 많은 중요한 주석이나 개정 작업은 자기 자신과 교황 니콜라우스 5세를 위한 것이었다. 페데리코도 학자들에게 많은 돈을 지불했지만 모두 합당한 목적에 따라 그가 필요로 하는 사람에게만 주었다. 우르비노에는 궁정시인이 없었지만 그것은 아무 문제도 되지 않았다. 군주 자신이 으뜸가는 학자였기 때문이다. 고대문화는 그가 갖춘 교양의 일부에 지나지 않았다. 그는 완벽한 군주이자 장군이며 신사로서 그 시절의 학문을 대부분 습득했으니 그것은 모두 실용을 위해서였다. 그는 아퀴나스와 스코투스[26]를 비교 연구했고, 동양과 서양의 옛 교부들에 대해서도 잘 알고 있었다. 특히 동방의 교부들은 라틴어 번역을 통해 알고 있었다. 철학에서는 플라톤을 그와 같은 시대 사람인 코시모에게 완

---

23) Ovid. *Amores* III, 15, vs. 11.–Jovian, Pontan., *De principe*.
24) Murat. XXI, Col. 1127에 수록된 *Giorn. napolet.*
25) Vespas, Fior., p.3, 119 이하. 그는 "신성한 것과 이교적인 것을 빠짐없이 모두 알고자 했다."–이 책 1편 4장 참조.
26) Johannes Duns Scotus(1266~1308). 영국의 스콜라철학자. 아우구스티누스주의를 대표하며, 토마스학파와 대립했다.

전히 내맡긴 듯했다. 그러나 아리스토텔레스에 대해서라면 《윤리학》과 《국가론》은 물론이고 《자연론》을 비롯한 많은 저서들을 환히 꿰고 있었다. 그 밖에 그가 읽은 책 가운데에는 그가 소장한 고대 역사가들의 기록이 많았고, "그가 되풀이하여 읽고 사람들에게 낭독하게 한" 것도 시가 아니라 역사책이었다.

스포르차 가문 사람들[27]은 모두 저마다 학식이 있었고 문예 보호자로 활동했다(1편 3, 4장 참조). 이에 대해서는 기회가 있을 때마다 이야기했다. 프란체스코 스포르차는 정치적 이유에서만 보더라도 당연히 자기 자녀들이 인문주의 교양을 쌓아야 한다고 생각한 듯싶다. 군주가 고명한 교양인들과 어깨를 나란히 하고 교제하면 무척 이로우리라고 여긴 것이다. 또한 뛰어난 라틴어 학자이기도 했던 루도비코 일 모로(재위 1481~59. 프란체스코 스포르차의 둘째 아들)는 모든 정신적인 분야에 흥미를 보였는데, 그의 관심 영역은 이미 고대를 훌쩍 뛰어넘고 있었다(스포르차 가문에 대해서는 제1편 4장 참조).

작은 나라의 군주들도 이런 능력을 지니려고 노력했다. 그러나 지배자들이 단지 찬양받기 위해 궁정문학가를 후원했다고 생각한다면 큰 오산이다. 페라라의 보르소(재위 1450~71) 같은 군주는(1편 4장 참조) 허영심이 강해 시인들이 〈보르소의 노래〉 따위를 지어 열심히 그의 비위를 맞추려 했지만, 보르소가 그들로부터 불후의 이름을 기대한 흔적은 전혀 없다. 그러기에는 보르소의 지배자 의식이 너무 발달해 있었다. 그러나 학자와의 교제, 고대에 대한 관심, 우아한 라틴어로 편지를 쓰려는 욕구는 그 시대 군주에게서 떼려야 뗄 수 없는 것이었다. 실용 분야에서 학식이 높았던 페라라의 알폰소 공작도(1편 4장 참조) 청년 시절 유약한 체질 때문에 수공(手工)으로만 위안을 삼은 것을 얼마나 안타까워했던가![28] 아니면 이를 구실 삼아 오히려 문학자들을 멀리하려 했을 수도 있지만 말이다. 알폰소 공작의 속마음은 그때 사람들도 도저히 헤아릴 수 없었을 것이다.

---

27) 비스콘티 가문의 마지막 군주 때에도 단테나 페트라르카와 더불어 리비우스 및 프랑스 기사소설이 군주의 관심을 끌기 위해 서로 다투었다. 그 군주를 찾아가 그를 "유명하게" 만들려고 한 인문주의자들을 그는 며칠 만에 다시 내쫓아 버렸다. Murat. XX, Col. 1014에 수록된 Deccembrio 참조.

28) Paul. Jov. *Vita Alfonsi Ducis*.

아주 약소한 로마냐의 전제군주들까지도 궁정에 인문주의자 한둘 정도는 꼭 두어야 했다. 여기서는 보통 교육 담당자인 동시에 비서였으며 때로는 궁정 집사까지 겸임했다.[29] 사람들은 대개 이런 약소 궁정을 얕잡아보는 경향이 있는데, 이는 고귀한 정신적 자산이야말로 크고 작음과 무관하다는 사실을 잊은 데서 나온 생각이다.

대담한 이교도이자 용병대장이었던 시지스몬도 말라테스타[30]의 리미니 궁정은 특수한 기풍이 흐르고 있었던 것 같다. 말라테스타는 많은 문헌학자들을 곁으로 불러들여 그 가운데 몇몇에게는 영지 하사 같은 융숭한 대접을 하고 다른 학자들도 장교로 임명하여 적어도 생활비 정도는 대주었다.[31] 그의 궁인 '시지스몬도의 성(arx sismundea)'에서는 학자들이 그들의 이른바 '왕(rex)' 앞에서 때때로 악의에 찬 토론을 벌였다. 학자들은 라틴어로 시를 지을 때는 당연히 시지스몬도를 찬양했고 또 그와 아름다운 이소타와의 사랑을 노래했다. 리미니에 있는 성 프란체스코 교회의 유명한 재건 공사도 본디는 이소타를 위한 기념비로서 '이소타의 성소'로 삼기 위해 시행한 것이었다. 또한 고전학자들은 죽으면 이 교회 양쪽 바깥벽의 벽감을 장식하고 있는 석관 속이나 그 아래에 눕혀졌다. 그리고 비명에는 '아무개, 판돌푸스의 아들 시지스문두스의 치세에 여기 묻히다'라고 쓰였다.[32] 이런 괴물 같은 군주도 학자들과의 교류와 교양을 추구했다는 사실이 오늘날의 우리로선 쉽게 믿어지지 않을 것이다. 그러

---

29) 페사로의 조반니 스포르차(알렉산드로의 아들, 1편 2장 참조)의 궁정에 있던 콜레누초에 대해서는 2편 2장 주 4) 참조. 조반니 스포르차는 1508년 결국 콜레누초를 사형에 처했다.—포를리의 오르델라포 가문의 마지막 군주 때는 코드루스 우르케우스(1477~80)가 그 역할을 맡았다.—교양 있는 전제군주 가운데는 1488년 아내에게 살해된 파엔차의 갈레오토 만프레디와 볼로냐의 벤티볼리오 가문 출신의 몇몇 군주가 있다.

30) 1417~68. 부도덕하고 냉혹하다고 비난받았지만 군사과학에 대한 관심이 깊은 박식한 지성인이었다.

31) *Anecdota literar.* II, p.305, 405. 파르마의 바시니우스는 포르첼리오와 톰마소 세네카를 다음과 같이 비웃었다. "그들은 배고픈 식객이라 나이가 들었음에도 여전히 병사 흉내를 내야만 한다. 반면 나는 '토지'와 '별장'을 받았다."(이 자료는 1460년 무렵에 씌었으며, 가리키는 바가 매우 많다. 이를 통해 우리는 그때 위의 두 학자와 같이 그리스어가 대두하지 못하도록 노력한 인문주의자가 있었음을 알 수 있다).

32) 묘지에 대한 자세한 내용은 Keyßler, *Neueste Reisen,* S. 924 참조.

나 시지스몬도를 파문하고 그의 형상을 만들어 화형에 처한 교황 피우스 2세
는 이렇게 말했다. "시지스몬도는 여러 나라의 역사에 통달했고 철학에 조예
가 아주 깊었다. 그는 손을 대는 모든 일에 나면서부터 소질을 지닌 것처럼 보
였다."[33]

---

33) Pii II. *Comment*. L. II, p.92. 여기서 말하는 역사는 고대 전체를 총괄하는 것이다.

6. 고대의 부활―라틴어 서간문과 연설

공화주의자든 군주든 교황이든 두 가지 목적 때문에 인문주의자가 반드시 필요하다고 여겼다. 바로 정부의 공식적인 서간(書簡) 작성과 의식 때의 공개연설이다.

비서는 단지 문장력이 뛰어난 라틴어 학자여야 하는 것이 아니라, 인문주의자여야만 교양이나 재능 면에서 비서의 자격이 충분하다고 여겨졌다. 따라서 15세기에는 최고의 학자들 대부분이 적지 않은 세월 동안 국가에 봉사했다. 출생지나 가문은 문제가 되지 않았다. 1427년에서 1465년까지 재임한 피렌체의 위대한 비서관 넷 가운데[1] 세 사람, 레오나르도 브루니, 카를로 마르수피니, 베네데토 아콜티가 피렌체의 종속도시인 아레초 출신이었다. 포조도 피렌체의 영지인 테라 누오바 출신이었다. 아무튼 일찍부터 도시의 최고 관직은 원칙적으로 타국인들 차지였다. 레오나르도, 포조, 잔노초 마네티는 한때 교황의 비서였고, 카를로 아레티노도 비서로 임명받을 예정이었다. 포를리의 블론두스와 여러 곡절은 있었으나 결국에는 로렌초 발라도 같은 자리에 올랐다. 니콜라우스 5세와 피우스 2세[2] 이래 교황의 궁정은 아주 우수한 인재들을 점점 더 사무국으로 끌어들였고, 이 분위기는 문예에 거의 관심이 없던 15세기 마지막 교황들 통치 아래서도 이어졌다. 플라티나의 《교황사》에 그려진 파울루스 2세의 생애 부분은 사무국의 비서들, 곧 "교황청에서 받은 은혜에 충분히 보답한 시인과 연설가들"을 대접할 줄 몰랐던 유일한 교황에게 가한 인문주의자의 유쾌한 복수였다. 서열 다툼이 벌어질 때, 이를테면 교황청 법률가들

---

1) Fabroni, *Cosmus,* Adnot. 117.―Vespas. Fior.―피렌체 사람들이 비서들에게 요구한 자격에 대해 기술한 주된 내용은 Aeneas Sylvius, *De Europa,* cap. 54(*Opera,* p.454) 참조.
2) 3편 5장 및 교황 피우스 2세가 신설한 속기사 단체에 대해서는 Papencordt, *Gesch. d. stadt Rom,* p.512 참조.

이 비서들과 동등함을 주장하거나 심지어 우위를 요구할 때 이 자부심 강한 학자들은 분노했다.[3] 이때 그들은 '천상의 비밀'을 계시받은 사도 요한, 무키우스 스카에볼라(기원전 6세기 고대 로마의 전설적 인물)가 왕으로 오인한 포르센나의 비서, 아우구스투스의 비서였던 마에케나스, 독일에서 재상이라고 불리는 대주교를 증거로 내세웠다.[4] "교황의 비서는 이 세상에서 가장 중요한 임무를 장악하고 있다. 가톨릭 신앙, 이단 배격, 평화 수호, 열강 군주들 사이의 중재 등의 문제를 펜으로 처리하는 사람이 누구인가? 그리스도교 세계 전체의 통계적 전망을 내놓는 사람이 누구인가? 교황에게서 나오는 말로 왕과 영주와 국민들을 경탄케 만드는 사람이 이들 말고 누가 있는가? 그들이 교황 사절에게 내리는 지령을 작성한다. 더욱이 이들은 교황의 명령만 받으며 이를 위해 밤낮없이 교황 곁에서 대기한다." 처음으로 최고의 명성을 차지한 학자는 교황 레오 10세의 유명한 비서이자 문장가였던 피에트로 벰보(1470~1547. 시인·문학이론가. 추기경)와 야코포 사돌레토(1477~1547. 인문주의 학자. 추기경) 두 사람이었다.

사무국의 비서라고 모두 세련된 문장을 구사한 것은 아니었다. 난삽한 라틴어에 딱딱한 관청식 문체도 있었는데, 사실 그런 것이 더 많았다. 코리오(1459~1512? 밀라노의 역사가)가 전하는 밀라노의 공문서 가운데는 이런 것들뿐만 아니라 이와 대조를 이루는 몇몇 편지가 눈에 띈다. 공작 가문의 누군가가 위급한 순간이었을 터인데도 정통 라틴어 어법에 맞춰 쓴 편지가 그것이다.[5] 고난의 순간에도 문체가 흐트러지지 않는다는 좋은 교육과 습관의 결과일 것이다.

그 시대에 키케로나 플리니우스 같은 사람의 서간집을 얼마나 열심히 연구

---

3) *Anecdota lit.* I, p.119. 야코부스 볼라테라누스가 비서들을 대신하여 했던 변호 연설. 의심할 여지없이 교황 식스투스 4세 시대의 것이다.—교황청 변호사들은 웅변술에 기초하여 인문주의자로서의 권리를 요구했고, 비서관들은 서간문 작성 능력에 기초해 요구했다.
4) 프리드리히 3세 치하의 황궁 사무국의 실상은 에네아스 실비우스가 가장 잘 알고 있었다. *Epp.* 23, 105 및 *Opera*, p.516, 607 참조.
5) 아라곤의 이사벨라가 아버지인 나폴리 왕 알폰소에게 보낸 편지(Corio, *Storia di Milano*, fol. 449). 루도비코 일 모로가 샤를 8세에게 보낸 두 통의 편지(fol. 451, 464).—'로마 약탈' 때 교황 클레멘스 7세가 학자들을 성 안에 모아놓고 저마다 카를 5세에게 편지를 쓰게 했다는 이야기와 비교해 보라. *Lettere pittoriche* III, 86(Sebast. del Piombo an Aretino).

했을지는 쉽게 상상할 수 있다. 15세기 초에는 이미 라틴어로 편지 쓰기를 위한 안내서와 예문집들이 쏟아져 나왔다. 여러 도서관에 오늘날까지 보관돼 있는 산더미 같은 양을 보면 놀라움에 입이 떡 벌어진다. 상황이 이렇다 보니 교양이 부족한 사람들까지도 안내서의 도움을 빌려 라틴어 편지를 써보려는 분위기가 일었고, 그럴수록 이 분야의 전문가들은 더욱더 정진했다. 폴리치아노(1455~94. 인문주의자·시인)와 16세기 초 피에트로 벰보가 쓴 편지는 라틴어 문체로서뿐만 아니라 편지 자체로도 더할 나위 없는 최고의 걸작이다.

이와 더불어 16세기가 되자 고전적인 이탈리아어 서간체도 나타나기 시작하는데 이 분야에서도 벰보가 선두에 섰다. 이 문체는 라틴어를 의식적으로 멀리하는 아주 근대적인 것이었지만, 정신면에서는 고대에 완전히 잠식되어 있었다.

이러한 편지들의 일부는 순전히 사적인 것이나, 대부분은 그 문체의 우아함 때문에라도 사람들에게 공개되리란 속내가 엿보이는 것이었다. 1530년 이래 이미 서간집이 인쇄되기 시작하지만, 일부는 여러 사람의 편지를 잡다하게 나열한 것이었으며 일부는 개인 사이에 오간 편지를 모아놓은 것이었다. 벰보는 라틴어에서와 마찬가지로 이탈리아어에서도 서간문학가로 유명해졌다.[6]

그러나 연설가는 서간문학가보다 더 화려하게 등장했다.[7] '듣는 것'을 최상의 즐거움으로 생각하고 로마의 원로원과 그 연설가에 대한 환상이 만인의 마음을 지배하던 시대였기 때문이다. 웅변술은 중세 때 피난처가 되어주었던 교회에서 완전히 해방되어 이제는 모든 고상한 생활의 필수 요소이자 장식이 되었다. 오늘날 음악으로 채워지는 축제의 많은 시간들이 그 시절에는 라틴어 또는 이탈리아어 연설에 할애되었다. 이에 대해서는 독자들이 나름대로 상상해 보기 바란다.

연설가가 어떤 신분의 사람이냐는 아무런 문제가 되지 않았다. 오직 대가의 경지에 이를 만큼 갈고닦은 인문주의적 재능만 있으면 충분했다. 페라라의 보르소 궁정에서는 궁정의사인 예로니모 다 카스텔로가 황제 프리드리히 3세

---

6) 아레티노의 서간집에 대해서는 2편 4장 참조. 라틴어 서간집은 10세기에 이미 인쇄되었다.
7) 필렐포와 사벨리코, 노(老) 베로알두스 등의 작품집에 나오는 연설 및 잔노초 마네티와 에네아스 실비우스 등의 전기 참조.

(재위 1440~93)와 교황 피우스 2세가 왔을 때 환영사를 맡았다.[8] 결혼한 평신도가 축제나 초상 때는 물론이요 성축일 때도 교회의 설교단상에 섰던 것이다. 성인 암브로시우스의 축일을 맞아 밀라노의 대주교가 아직 서품을 받지 않은 에네아스 실비우스를 단상에 세웠을 때, 이탈리아 밖에서 온 바젤종교회의 의원들은 일찍이 듣도 보도 못한 일이라고 생각했다. 그러나 신학자들이 이러쿵저러쿵 불만을 터트리는 와중에도 종교회의 의원들은 열성을 다해 연설에 귀기울였다.[9]

먼저, 공식 연설이 자주 있었던 중요한 상황들을 훑어보겠다.

한 나라에서 다른 나라로 파견된 사절을 연설가(oratóre)라고 부른 데에는 까닭이 있었다. 그들은 비밀협상뿐만 아니라 여러 가지 화려한 의식 때에는 대중 앞에 나서서 공개연설도 해야 했기 때문이다.[10] 보통은 수많은 일행 가운데 한 사람이 대표연설을 했다. 그러나 교황 피우스 2세와 같은 그 방면의 대가 앞에서는 누구나 연설을 하고 싶어 했으므로, 그는 사절단 모두의 연설을 다 들어야 했던 적도 했다.[11]

다음으로, 학식도 있고 웅변에도 뛰어난 군주들은 훌륭한 라틴어 혹은 이탈리아어로 즐겨 연설했다. 특히 스포르차 가문의 자녀들이 이 방면에 훈련이 잘 되어 있었다. 아직 어린 소년이던 갈레아초 마리아는 1455년에 이미 대회의에서 유창한 연설을 했고,[12] 그의 누이 이폴리타는 1459년 만토바 회의석상에서 화려한 연설로 교황 피우스 2세를 환영했다.[13] 피우스 2세도 자기의 최종

---

8) Murat. XXIV, Col. 198, 205에 수록된 *Diario Ferrarese*.

9) Pii II. *Comment.* L. I, p.10.

10) 운이 따른 연설가는 큰 성공을 거두었지만, 귀빈들이 가득히 모인 집회에서 말이 막히는 것은 상당히 무서운 일이었다. 그런 공포스러운 실례를 모은 것이 Petrus Crinitus, *De homesta disciplina* V, Cap. 3이다. Vespas. Fior., p.319, 430도 참조.

11) Pii II. *Comment.* L. IV, p.205. 더욱이 비테르보에는 피우스 2세를 기다리는 로마인들도 있었다. "그들은 연설 수준이 비슷했으므로 서로 비교당하지 않으려고 단독으로 대담하려 했다."—아레초 주교가 새로 선출된 교황 알렉산데르 6세를 위해 이탈리아 각국 사절단을 대표해 연설하지 못한 것이 1494년의 이탈리아 불행을 초래한 원인의 하나라고, 귀차르디니는 아주 진지하게 지적했다.

12) Murat. XXII, Col. 1160에 수록된 Marin Sanudo가 전하고 있다.

13) Pii II. *Comment.* L. II, p.107 및 p.87 참조.—군주 가문 여성으로서 라틴어로 연설한 또 한 여

목표였던 교황 자리에 오르기 위해 일생 동안 연설을 활용한 사람이다. 교황청의 가장 위대한 외교가이자 대학자였던 그도 웅변의 명성과 매력이 없었더라면 아마도 교황은 되지 못했을 것이다. "그의 감격 어린 연설보다 숭고한 것은 일찍이 없었기 때문이다."[14] 이 점만으로도 그는 이미 선거 전부터 많은 사람들에게 최고의 교황감으로 지목되었다.

군주들은 성대한 알현식이 있을 때마다 환영사를 들었는데 그 연설은 때로 몇 시간에 걸쳐 이어졌다. 물론 이는 연설을 좋아한다고 알려졌거나 혹은 그렇게 보이길 원하는 군주를 상대할 때의 이야기이며,[15] 또한 궁정문사든 대학교수든 관리든 의사든 성직자든 간에 연설가가 넉넉해야 가능한 일이었다.

그 밖에 모든 정치적인 행사도 연설의 기회가 되었다. 연설자의 명성이 높고 낮음에 따라 교양을 중시하는 청중도 많거나 적었다. 해마다 관리들이 바뀔 때는 물론이고 새로운 주교가 취임할 때도 반드시 한 인문주의자가 나서서 육각운(六脚韻)이나 사포풍(風)의 시구로 연설했다.[16] 새로 취임한 관리들도 자기 전문 분야에 대해, 이를테면 '정의란 무엇인가' 같은 주제로 길든 짧든 연설해야 했다. 미리 그러한 훈련이 되어 있는 사람은 다행이었다. 피렌체에서는 용병대장까지도—그들이 어떤 사람이며 무슨 생각을 하고 있든 간에—이 나라의 연설 열기에 끌려들어갔다. 그들은 학식 높은 국가 서기관에게서 지휘봉을 건네받을 때 민중 앞에서 장광설을 해야 했다.[17] 정부 관계자가 국민 앞에 모습을 나타내던 그 장중한 발코니인 로지아 데 란치의 아래나 곁에는 전용 연

성은 말라테스타 가문으로 시집간 마돈나 바티스타 몬테펠트로이다. 그녀는 지기스문트왕과 교황 마르티누스 앞에서 연설을 했다. *Arch. stor.* IV, I, p.442, Nota 참조.

14) Murat. XXIII, Col. 68에 수록된 *De expeditione in Turcas*. Nihil enim Pii concionantis maiestate sublimius(라틴어 원문).—교황 피우스 자신이 자기의 성공을 묘사한 소박한 만족 외에 Campanus, Vita Pii II(Murat. III, II, 여러 곳)도 참조.

15) 카를 5세도 제노바에서 어느 라틴어 연설가의 미사여구를 이해하지 못하자 조비오의 귀에다 대고 이렇게 탄식했다. "아, 예전의 나의 스승 하드리아누스가 예언했지요. 내가 라틴어 공부에 게으르니 벌을 받게 될 것이라고. 확실히 그 말이 들어맞았소."—Paul. Jov. *Vita Hadriani* VI.

16) Lil. Greg. Gyraldus, *De poetis nostri temp.*, Collenuccio 부분.—결혼한 속인인 필렐포는 1460년 코모 대성당에서 스카람비 주교를 소개하는 연설을 했다.

17) Fabroni, *Cosmus*, Adnot. 52.

단(rostra, ringhiera)이 설치되어 있었던 듯하다.

기념제 가운데서 특히 군주의 기일(忌日)에는 추도연설이 있었다. 장례식 조사도 주로 인문주의 학자가 맡았으며, 그들은 교회에서 세속적 복장을 한 채 군주의 관뿐 아니라 관리나 다른 유명인들의 관 앞에서 조사를 낭독했다.[18] 약혼식이나 혼인식 때의 연설도 마찬가지였다. 다만 이때는 교회가 아니라 궁전에서 낭독했다. 안나 스포르차(밀라노 공 갈레아초 마리아 스포르차의 딸)와 알폰소 에스테의 약혼 때는 필렐포가 밀라노성에서—아마도 성 안에 있는 예배당에서—연설했다. 명망 있는 일반인들도 고상한 사치라고 생각하며 혼인연설을 할 연설가를 초청했다. 페라라 사람들은 이런 일이 있으면 구아리노에게 제자 한 사람을 보내달라고 부탁했다.[19] 교회는 혼인식과 장례식 때 본디 의식만 거행해 주었다. 대학에서 신임교수의 취임연설과 개강식 연설은[20] 교수 자신이 수사 효과를 최대한으로 구사하며 했다. 평상시의 강의도 연설과 별반 다르지 않았다.[21]

법정에서의 연설은 청중의 수준에 따라 그 양식이 결정되었다. 상황에 따라 이 연설은 완전히 문헌학적·고증학적인 미사여구로 장식되기도 했다.

아주 독특한 연설은, 싸우기 전후에 병사들에게 이탈리아어로 하는 것이었다. 이 분야의 훌륭한 본보기는 우르비노의 페데리코[22]의 연설이다. 그는 무장하고 서 있는 부대를 차례로 돌며 병사들의 자긍심을 일깨우고 사기를 고무했다. 포르첼로[23] 같은 15세기 전쟁역사가들이 전하는 연설 가운데에는 허구도 있겠으나 일부는 실제 연설을 바탕으로 했을 것이다. 1506년 이후 주로 마키아벨리의 영향을 받아 조직된 피렌체 민병을 대상으로[24] 처음에는 열병식

---

18) 이 때문에 플라티나 추모제 때 볼라테라누스는 불쾌감을 느꼈다(Murat. XXIII, Col. 171).

19) *Anecdota lit.* I, p.299. 로도비코 포도카타로에 대한 페드라의 조사(弔辭). 구아리노는 이런 일을 주로 페드라에게 맡겼다.

20) 이러한 입문 강의는 사벨리코, 노(老) 베로알두스, 코드루스 우르케우스 등의 저서에 많이 보존되어 있다.

21) 폼포나초의 강연의 빼어난 명성은 Paul. Jov. *Elogia* 참조.

22) Vespas. Fior., p.103. 잔노초 마네티가 페데리코의 진영으로 찾아오는 이야기는 p.598 참조.

23) 1편 8장에서 나폴리 알폰소 왕이 전쟁 보고서 작성을 위임한 사람.

24) *Archiv. stor.* XV, p.113, 121, 카네스트리니의 서문 p.32 이하. 병사들에게 했던 두 가지 연설을 복제한 것. 첫 번째는 알라만니의 연설로, 그 시기(1528년)에 맞는 훌륭하고 가치 있는 것이다.

때 나중에는 특별한 연례축제 때 한 연설은 약간 종류가 다르다. 그 내용은 보통 애국에 호소하는 것으로서, 각 지구의 교회에 모인 민병들 앞에서 갑옷을 입고 검을 든 한 시민이 연설했다.

끝으로, 15세기에는 많은 성직자들이 고대 문화 애호에 동참하며, 이로써 인정받으려 하는 바람에 이따금 설교인지 연설인지 구별할 수 없게 되기도 했다. 생전에 이미 성자로서 민중의 숭배를 받았던 거리의 설교자 베르나르디노 다 시에나조차 자신은 이탈리아어만으로 설교했음에도 유명한 구아리노의 수사학 수업을 얕보지 않는 것을 의무로 여겼다. 설교자, 특히 사순절 설교자에 대한 사람들의 기대는 이전과 마찬가지로 여전히 대단했다. 청중 가운데는 단상의 철학적 연설을 얼마든지 알아들을 뿐 아니라 교양을 위해 오히려 그런 내용을 바라는 이들이 많았다.[25]

그러나 여기서는 라틴어로 즉석에서 설교하는 지체 높은 설교자들을 살펴보겠다. 앞에서도 말한 바와 같이 그들은 학식 있는 속인들 때문에 많은 설교 기회를 잃고 있었다. 성자의 축일, 혼인식이나 장례식, 신임 주교 취임식, 심지어는 친구 성직자가 처음으로 하는 미사 때의 연설이나 수도회 참사회의 축사까지도 속인에게 돌아갔다.[26] 그러나 적어도 교황의 궁정에서만은 15세기에도 보통 수도사가 모든 축제의 설교를 맡았다. 교황 식스투스 4세 시대에 자코모 다 볼테라는 이러한 축제 설교자를 설교기법의 원칙에 따라 꼼꼼히 기록하고 비판했다.[27] 교황 율리우스 3세 시대에 축제일 연설가로 유명했던 페드라 잉기라미는 적어도 서품을 받은 성직자였고 라테란궁의 참사회원이었다. 그 밖에도 이 무렵엔 고위 성직자 가운데 우아한 라틴어 연설가가 상당히 많았다. 일반적으로 16세기에 들어서면 이 분야에서 속인 인문주의자가 누렸던 이전의

---

25) 이에 대해서는 Faustinus Terdoceus의 풍자시 *De Triumpho Stultitiae, lib.* Ⅱ 참조.

26) 이 두 가지 놀라운 사례는 사벨리코의 책에 나온다(*Opera*, fol. 61~82. 베로나의 맨발 수도사들의 성당 참사회 앞 연단에서 한 종교의 기원과 성장(*De origine et auctu religionis*)과 베네치아에서 한 성직의 공적(*De sacerdotii Laudibus*)이라는 연설).

27) Mur. ⅩⅩⅢ(여러 곳)에 수록된 Jac. Volaterrani *Diar. roman.* -Col. 173에는 아주 주목할 만한 설교가 나와 있다. 우연히 교황 식스투스 4세가 자리에 없을 때 교황궁 앞에서 신부 파올로 토스카넬로가 교황과 그 가족 및 추기경들을 호통하며 설교한 것인데, 이를 전해들은 식스투스는 다만 어이없다는 듯이 웃었다 한다.

과대한 특권도 줄어드는 것 같이 보인다. 이 점에 대해서는 나중에 다시 이야 기하겠다.

이런 연설의 내용과 특성은 무엇일까? 중세에도 이탈리아에는 타고난 달변 가가 부족하지 않았으며, 웅변술인 수사학도 일찍부터 일곱 학예[28]의 하나였다. 그러나 고대 웅변술을 부활시키는 데 공헌한 사람은, 필립포 빌라니의 말에 따르면,[29] 1348년 젊은 나이에 흑사병으로 죽은 피렌체인 브루노 카시니였다. 카시니는 피렌체 사람들이 공개 집회에서 쉽고 효과적인 연설을 하도록 돕는다는 실용적 목적에서, 고대인을 본보기로 삼아 착상·연설·태도·몸짓을 종합적으로 논했다. 그 밖에도 우리는 이탈리아에서 일찍부터 활용을 목적으로 한 웅변술 교육이 이루어졌음을 알고 있다. 연설 가운데 무엇보다도 높이 평가받은 것은 즉석에서 우아한 라틴어를 구사해 그 자리에 알맞은 이야기를 하는 것이었다. 키케로의 연설과 이론서 연구, 퀸틸리아누스와 황제 찬양 연설가들의 탐구, 새로운 교과서 출간,[30] 진보한 문헌학 이용, 쏟아져 나오는 고대의 발상과 사물을 통해 자신의 사고를 풍요롭게 해야 한다는 생각, 이런 것들이 결합해 새로운 웅변술의 특성이 완성되었다.

하지만 웅변의 성격은 연설자 개개인에 따라 무척 달랐다. 주제에 맞는 연설은 참다운 웅변이 무엇인지 알려 주었다. 지금 남아 있는 교황 피우스 2세의 연설 대부분이 그렇다. 또한 잔노초 마네티[31]가 이룩한 기적 같은 연설 효과를 통해 우리는 그가 불세출의 연설가임을 알 수 있다. 그가 교황 니콜라우스 5세의 사절로서 베네치아 총독과 의회 앞에서 한 공식 연설은 후세에 오래도록 남을 큰 사건이었다. 그러나 많은 연설가들은 이런 기회를 틈타 고귀한 청중에게 무익한 아첨을 하거나 고대에서 빌려온 표현과 사건들을 조잡하게 늘

---

28) 중세에는 자유인이 습득해야 할 학예로서 문법·수사학·변증법·음악·천문학·산수·기하학이 있었다.

29) Fil. Villani, *Vite*, p.33.

30) Georg. Trapezunt. *Rhetorica*, 최초의 완전하고 체계적인 학설.—Aen. Sylvius : *Artis rhetoricae praecepta(Opera*, p.992)는 의도적으로 문장구조와 구문만을 다루고 있으나, 어쨌든 이 부분을 완벽히 습득할 수 있는 독특한 책이다. 저자는 다른 이론가들의 이름도 거론했다.

31) Murat. X X에 수록된 마네티의 전기는 그의 웅변 효과에 관한 내용으로 가득 하다.—Vespas. Fior. 592 이하 참조.

어놓았다. 어떻게 이런 연설을 두세 시간씩 참고 들을 수 있었을까. 그때에는 고대에 대한 관심과 흥미가 강했던 반면 인쇄술이 보급되기 이전이라 고대 서적의 편집과 출판이 드물었다는 사실을 생각하면 이해할 수 있을 것이다. 이런 연설들은 앞에서 페트라르카의 많은 고대 관련 편지들을 변호하면서 말했듯이[32] 그때는 가치가 있었다.

개중에는 너무나 극단적인 연설가도 있었다. 필렐포의 연설 대부분은 고전과 성서의 내용을 진부한 문구로 볼품없게 얽어맨 지루한 것이었다. 그는 연설을 하면서 찬양하고자 하는 귀인의 인품을 기본 도덕 같은 일정한 기준에 맞춰 칭찬했다. 필렐포 같은 사람들의 연설에서 조금이나마 가치 있는 시대사적 요소를 발견하기란 여간 어려운 일이 아니었다. 1467년 피아첸차의 어느 교수 겸 문학자는 갈레아초 마리아 공작을 환영하는 연설에서, 율리우스 카이사르로 시작해 많은 고대 이야기와 자신의 우의적 작품에서 인용한 내용을 뒤섞어 공작에게 무례하지만 유익한 교훈을 던짐으로써 끝맺었다.[33] 천만다행으로 밤이 깊은 덕에 연설자는 그 찬사를 공작에게 서면으로 바치는 것으로 만족해야 했다. 필렐포는 또 어느 약혼식에서 "저 소요학파 아리스토텔레스는……"으로 축사를 시작했고, 또 어떤 사람은 입을 열자마자 "푸블리우스 코르넬리우스 스키피오는……" 하고 외쳤다. 마치 연설자나 청중이나 인용구가 나오길 목 빠지게 기다렸다는 투였다. 그러나 15세기 끝 무렵에는 주로 피렌체 사람들 덕택에 취향이 갑자기 순화되어, 인용할 때 아주 조심스럽게 절도를 지키기 시작한다. 그동안 온갖 참고서가 많이 쏟아져 나와 이제까지 군주와 민중을 놀라게 했던 내용을 누구나 찾아볼 수 있게 되었기 때문이다.

연설문은 대부분 서재에서 만들어졌으므로 그 원고가 그대로 배포되고 출판되는 데 쓰였다. 반면 위대한 즉흥연설가는 속기사를 고용해야 했다.[34] 그런데 오늘날 우리가 가진 모든 연설문이 실제 연설을 위해 작성된 것은 아니었

---

32) 3편 3장 참조. 고대를 주제로 한 페트라르카의 서간문은 오늘날엔 그렇지 않지만 당시에는 귀중한 가치가 있었다.
33) Murat. XX, Col. 918에 수록된 *Annales Placentini*.
34) 사보나롤라의 연설이 그러했다. Perrens, *Vie de Savonarole*, I, p.163 참조. 그러나 속기사들이 사보나롤라를 비롯한 흥분한 즉흥연설가들의 속도를 따라잡지 못할 때도 있었다.

다. 예컨대 베로알두스가 루도비코 일 모로에게 바친 찬양 연설은 단지 서면으로 보내진 것이다.[35] 뿐만 아니라 세계 각지의 온갖 가상인물에게 보낸 편지가 연습용이나 서식용 또는 비평 형식으로 쓰였듯이, 연설에서도 가상의 상황에서[36] 고위관리나 군주, 주교 같은 사람들을 상대로 환영사 형식으로 쓰인 것이 있었다.

다른 예술과 마찬가지로 웅변술도 교황 레오 10세의 죽음(1521년)과 로마 약탈(1527년)을 기점으로 쇠퇴기에 접어든다. 영원의 도시를 휩쓴 재난에서 겨우 빠져 나온 조비오는[37] 이 쇠퇴의 원인을 한쪽으로 편중된 점은 있지만 진실성 있게 다음과 같이 기록한다.

한때 로마 상류 인사들에게 라틴어 표현의 교과서였던 플라우투스와 테렌티우스[38]의 희극은 이탈리아 희극에 밀려나고 말았다. 우아한 연설가는 이제 옛날과 같은 존경도 보수도 받지 못한다. 따라서 교황청 변호사들도 변론할 때 말머리만 겨우 준비하고 나머지는 그 자리에서 생각나는 대로 읊으니 그야말로 어수선하고 엉망진창이다. 즉흥연설이나 설교도 형편없이 추락했다. 추기경이나 세속의 귀족들을 위한 장례 연설을 할 때, 이제 유언집행인은 사례비가 많이 드는 도시의 일류 연설가를 부르지 않는다. 대신 험담이라도 좋으니 사람들 입에 오르내리길 바라는 낯 두껍고 수다스러운 뜨내기를 고용한다. 상복을 입은 원숭이가 단상에 서서 울먹이는 쉰 목소리로 중얼거리다가 점점 큰 소리로 울부짖더라도 죽은 사람은 아무것도 모르리란 생각에서다. 교황이 주관하는 축제일의 설교도 이미 정당한 보수를

---

35) 게다가 결코 훌륭한 연설도 아니었다. 가장 주목할 만한 부분은 마지막의 다음과 같은 화려한 문구이다. "당신이 당신 자신의 원형이자 모범이므로 스스로를 모방하도록 하셔야……."
36) 알베르토 디 리발타가 이런 편지와 연설을 썼다. Murat. XX, Col. 914 이하에 그가 쓴 *Annales Placentini* 참조. 여기에서 이 박식하고 융통성 없는 학자는 자기의 문필상의 경력을 아주 교훈적으로 기술했다.
37) Pauli Jovii *Dialogus de viris litteris illustribus.* Tiraboschi, Tom. VII, Parte IV 수록.─그러나 조비오는 10년 뒤에도 *Elogia litteraria* 끝부분에서 이렇게 말한다. 문헌학에서 우위를 독일에 빼앗겼지만 "우리는 아직 순수하고 불변한 웅변술의 견고한 요새를 지키고 있다."
38) 두 사람 다 로마의 희극작가.

보장하지 않는다. 각지의 수도회에서 온 수도사들이 다시 이 직무를 맡아 무지한 청중에게 설교하듯 떠들어 댄다. 겨우 몇 년 전까지만 해도 교황이 참석한 자리에서 하는 설교는 주교 자리에 오를 수 있는 등용문이었다.

7. 라틴어 논문과 역사

　인문주의자들의 서간문과 웅변술에 이어, 이번 장에서도 다소나마 고대의 부활이라 할 수 있는 그들의 다른 작업에 대해 이야기하고자 한다.

　먼저 일반적인 형식 또는 대화 형식의 논문[1]이 있는데, 대화식 논문은 키케로가 직접 전한 것이다. 논문을 어느 정도 정당하게 평가하려면, 요컨대 지루함의 근원이라며 처음부터 배척하지 않으려면 두 가지 사실을 고려해야 한다. 중세의 영향에서 벗어난 이 시대에는 많은 도덕적·철학적 문제에서 당대와 고대를 이어줄 무언가 특별한 매개체가 필요했다. 그리고 그 역할은 논문과 대화를 쓴 작가들이 맡았다. 우리 눈에는 진부해 보이는 그들의 저서도 그 시절에는 고대 이래 언급된 적 없는 것을 고생 끝에 되살린 새로운 견해였다. 또한 이탈리아어든 라틴어든 논문에 쓰인 언어도 역사서나 편지 및 연설보다 한층 자유롭고 다면적이어서 그 자체가 특별한 즐거움의 원천이 되었다. 몇몇 이탈리아어 논문은 오늘날까지도 산문의 모범으로 꼽힌다. 이런 역작 중에는 앞에서 이미 이야기한 것도 있고 앞으로 인용될 것도 많다. 그러나 여기서는 다만 한 분야로서 논문을 살펴보고자 한다. 페트라르카의 편지와 논문에서 시작하여 15세기 말에 이르기까지 논문도 연설에서처럼 고대 소재를 모으는 일을 가장 중요하게 생각했다. 그뒤 논문, 특히 이탈리아어 논문은 잘 다듬어져 드디어 벰보의 《아솔라니》와 루이지 코르나로의 《절도 있는 생활》에 이르러 고전적 완성을 이룩한다. 여기서도 결정적인 요인은, 그동안 온갖 고대 소재가 백과사전 같은 전집으로 인쇄되고 소장되기 시작해 논문을 집필할 때 아무 걸림돌이 없었다는 점이다.

---

1) 콜레누초와 특히 폰타노가 루키아노스를 모방해 지은 반(半) 풍자적인 대화가 하나의 특별한 장르를 형성하고 있다. 그뒤 에라스무스와 후텐이 이들에게서 자극을 받았다.—정식 논문으로는 일찍이 플루타르코스가 쓴 《윤리학》의 각 편들이 본보기가 되어 왔다.

역사를 쓰는 것도 자연스럽게 인문주의자의 몫이 되었다. 그러나 이 시대의 역사서를 이전의 연대기, 특히 빌라니 가문 사람들이 쓴 연대기처럼 찬란하고 다채로우며 생생한 저작과 조금이라도 비교해 보면 누구나 개탄할 수밖에 없을 것이다. 빌라니의 연대기에 비하면 인문주의자들이 쓴 모든 역사서, 심지어 피렌체의 역사 편찬에서 그들의 바로 뒤를 이은 유명한 레오나르도 아레티노와 포조의 역사서조차도 얼마나 진부하고 평범해 보이는가. 파치오, 사벨리코, 폴리에타, 세나레가, 《만토바 연대기》를 쓴 플라티나와 《베네치아 연대기》를 쓴 벰보, 《역사》의 조비오까지도 리비우스와 카이사르풍의 문체 때문에 개성 있고 지방적인 색체와 진지한 관심이 희미해졌다고 독자들은 하염없이 괴로워할 것이다. 본보기로 삼은 리비우스의 가치를 전혀 엉뚱한 점에서, 곧 "메마르고 생명 없는 전통 문체를 우아하고 풍요롭게 바꾸었다"는 점에서 찾았다는 사실을 알면[2] 이런 불신은 더욱 커진다. 그뿐만 아니라 역사가의 역할이—마치 시와 대체될 수 있다는 듯이—문체를 통해서 독자의 흥미를 불러일으키고 자극하고 감동시켜야 한다는 우려스러운 고백까지도 만나게 되는 것이다. 결국 이런 인문주의자들이 때때로 공공연하게 고백하는 근대적인 것에 대한 경시풍조가[3] 자연스럽게 근대적 사건을 다루는 데 불리하게 작용했을 수 있다는 생각에까지 이르게 된다. 따라서 독자는 볼로냐와 페라라의 연대기 작가들처럼 옛날 방식을 고수하여 이탈리아어나 라틴어로 담담하게 써 나간 연대기 작가들에게 저절로 좀 더 많은 관심과 믿음을 쏟게 된다. 특히 이탈리아어로 쓴 연대기 작가들 가운데 마린 사누도(Marin Sanudo),[4] 코리오(Corio), 인페수라(Infessura)와 같은 뛰어난 사람들에게 더 큰 고마움을 느낀다. 그리하여 16세기로 접어들자 모국어로 글을 쓰는 위대한 이탈리아 역사가들이 잇따라 등장하게 된다.

사실 그 시대의 역사는 라틴어보다 그 나라 말로 자유롭게 쓰는 편이 좋다

---

2) Eccard, *Scriptt.* II, Col. 1577에 수록된 Benedictus : *Caroli* VIII, Hist.

3) 페트루스 크리니투스가 이런 경시풍조를 한탄했다. Petrus Crinitus, *De honesta discipl.* L. XVIII, cap. 9. 이 점에서 인문주의 학자들도 자기 시대에서 벗어난 고대 후기의 저작자들과 비슷하다.—Burckhardt, *Die Zeit Constantins d. Gr.* S. 195 u. f. 참조.

4) 마린 사누도는 1496년 5월 21일에서 1535년 9월에 이르기까지, 폴리오 판으로 된 책 58권을 자필로 쓴 정력적인 작가이다.

는 것은 말할 필요도 없는 사실이다. 그러나 먼 과거사나 역사 연구를 기록하는 데도 이탈리아어가 더 알맞은지 여부는 그 시대에 여러 답변이 나올 수 있는 문제였다. 라틴어는 그 시대 학자들의 공통어였다. 영국인, 프랑스인, 이탈리아인 사이에서 공통어였을 뿐만 아니라 이탈리아 국내의 각 지역 사이에서도 그러했다. 롬바르디아인, 베네치아인, 나폴리인은 저마다 자신들만의 이탈리아어를 썼는데—이미 오래전부터 토스카나어에 흡수되어 토착 방언은 흔적만 남았음에도—피렌체 사람들은 이를 인정하지 않았다. 이는 확실한 독자층이 있는 지방의 당대사에서는 큰 문제가 아니었으나, 광범한 지역의 독자를 확보해야 하는 과거사의 경우에는 그리 간단치 않은 문제였다. 여기서는 학자들의 일반적인 관심에 지방 민중의 관심이 희생되어야 했다. 만약 포를리의 블론두스가 그의 방대한 대작을 로마냐 방언으로 썼다면 독자를 얼마나 확보할 수 있었을까. 아마 피렌체 사람들 때문에라도 일찌감치 망각의 심연으로 가라앉아 버렸을 것이다. 그러나 이것은 라틴어로 쓰였기 때문에 온 유럽 학계에 어마어마한 영향을 미쳤다. 피렌체 사람들도 15세기에는 라틴어로 책을 썼다. 그들이 인문주의적으로 생각했기 때문이라기보다는 그로써 책이 더욱 쉽게 전파되리라 기대했기 때문이다.

　라틴어로 저술한 당대사 중에도 이탈리아어로 된 최고의 역사서 못지않은 가치를 지닌 것이 있다. 프로크루스테스[5]의 침대처럼 리비우스를 억지스럽게 모방하는 서술법을 버리자 역사가들은 확 달라졌다. 꼭 필요할 때가 아니면 손이 가지 않는 방대한 분량의 역사서를 쓴 플라티나와 조비오는 갑자기 탁월한 서술을 선보인다. 트리스탄 카라촐로(15세기 나폴리의 저술가)나 파치오의 전기 작품, 사벨리코의 베네치아 지지서(地誌書) 등에 대해서는 이미 이야기했고, 다른 사람들에 대해서는 다음에 다루겠다.

　라틴어로 서술된 과거 역사는 당연히 고전적 고대와 관계가 있었다. 그런데 의외로 인문주의자들이 쓴 역사서 중에는 중세를 다룬 중요한 저서도 몇 가지 있다. 이러한 저서 가운데 최초의 것은 프로스페르 아퀴타누스가 붓을 놓은 곳에서부터 쓰기 시작한 마테오 팔미에리의 《연대기》(449~1449년)이다. 또

---

5) 그리스 신화에 나오는 강도. 지나가는 나그네를 집으로 데려와 자기 쇠침대보다 작은 사람은 다리를 잡아 늘이고 큰 사람은 그만큼 잘라버렸다.

포를리의 블론두스가 집필한 《로마제국 쇠망역사》를 우연히 펼쳐본 사람은 이 책의 '로마제국 쇠망 이후의' 세계사가, 에드워드 기번이 쓴 것처럼 각 시대 역사가들의 저술을 충분히 연구한 뒤에 집필되었다는 사실에 적잖이 놀랄 것이다. 그 가운데 폴리오 판의 처음 300페이지는 중세 초기부터 프리드리히 2세의 죽음까지를 다룬다. 이것은 아직도 북유럽 사람들이 유명 교황이나 황제의 연대기 혹은 《시대의 묶음 *Fasciculus temporum*》(제노바의 성빅토르의 연대기)에 사로잡혀 있을 때 쓰인 것이었다. 블론두스가 어떤 저작을 활용하고 그 자료를 어떻게 종합했는지를 비판적으로 증명하는 일은 여기서 풀어낼 문제가 아니다. 그러나 근대사학의 역사에서 언젠가는 이 명예를 블론두스에게 표창해야 할 것이다.[6]

블론두스의 이 책 하나만으로도 우리는 이렇게 말할 수 있다. 고대 연구가 중세 연구를 가능하게 했으며, 처음으로 정신을 객관적인 역사적 관점에 익숙해지게 했다고 말이다. 게다가 그때 이탈리아에서 중세는 이미 지나간 과거였으며 그들 정신의 외부에 있었기 때문에 잘 인식되었던 것이다. 하지만 정신이 단번에 그것을 공정하게 판단하고 경건하게 다루었다고는 당연히 말할 수 없다. 예술 분야에서는 중세의 소산을 진한 색안경을 끼고 대했으며, 인문주의자들은 자신들을 기점으로 새로운 시대가 문을 열었다고 생각했다. 보카치오는 이렇게 말한다.[7]

이탈리아 사람들이 폭력이나 강탈과는 다른 방법으로, 즉 우리의 이름을 불후하게 만드는 시가를 통해 명성을 추구하는 한 하느님의 위대한 자비심은 이탈리아 사람들의 마음속에 고대인과 똑같은 용감함을 다시금 지니게 한다. 나는 이것을 본 뒤부터 하느님이 이탈리아라는 이름에 자비를 내려주실 것을 바라고 또 믿기 시작했다.

---

6) 뒷날 이 작업은 알프레드 마시우스(Alfred Masius)의 플라비우스 비온두스(Liepzig, 1879)가 완수했다.

7) *Opere volgari* vol. XVI에 있는 피칭가에게 보낸 편지 참조.―Raph. Volaterranus, L. XXI에서도 정신적인 세계는 14세기에 이르러 시작된다. 즉 그의 초기 저작은 모든 나라의 역사에 대한, 그 시대로서는 탁월한 역사적 개관을 많이 포함하고 있다.

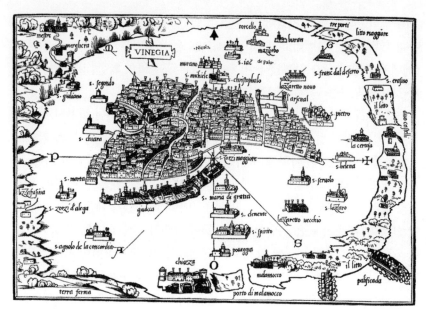

1528년 베네치아 지도

그러나 이런 편협하고 부당한 신념도 재능이 뛰어난 사람들의 연구를 막을 수는 없었다. 더욱이 그때는 유럽 어느 나라에서도 이런 연구를 생각조차 못 하던 시대였다. 이탈리아에서 중세사에 대한 비평이 일게 된 까닭은, 모든 주제를 합리적으로 처리하는 인문주의자의 정신이 역사 분야에서도 한껏 발휘되었기 때문이다. 15세기에는 그 정신이 각 도시 역사에까지 침투한 결과, 피렌체, 베네치아, 밀라노 등의 태고사에 나온 황당무계한 이야기가 자취를 감추게 된다. 이와 반대로 북유럽의 연대기는 대체로 문학적으로도 가치가 없는 13세기 이래 꾸며낸 가공의 이야기들을 오랫동안 간직하고 있었다.

지역 고유의 역사와 명예의 밀접한 관계는 앞서 피렌체를 다룰 때(1편 6장 참조) 이야기한 바 있다. 이 점에서는 베네치아도 뒤지지 않았다. 피렌체 사람이 연설에서 큰 성과를 올리자[8] 베네치아 사절이 곧바로 본국에 편지를 보내 이에 지지 않을 연설가를 파견해 달라고 요청한 것처럼, 베네치아인은 레오나르

8) 교황 니콜라우스 5세를 비롯한 교황청 사람 전부와 각지에서 온 수많은 외국인이 참석한 자리에서 잔노초 마네티가 한 연설. Vespas, Fior, p.592 및 *vita Jan. Man.* 참조.

도 아레티노나 포조의 저작에 비견할 수 있는 역사가 꼭 필요했다. 이런 상황 아래 15세기에는 사벨리코의 《10권사(卷史)》가, 16세기에는 피에트로 벰보의 《베네치아 연대기》가 탄생했다. 이 두 책 모두 공화국의 확실한 주문을 받아 쓴 것인데, 후자는 전자의 속편이다.

16세기 초 피렌체의 위대한 역사가들은(1편 6장 참조) 라틴어 학자인 벰보나 조비오와는 전혀 달랐다. 그들이 이탈리아어로 글을 쓴 까닭은 단지 키케로 추종자들의 세련된 우아함에 도저히 대항할 수 없었기 때문만이 아니다. 그보다는 마키아벨리와 같이 생생한 현실 관찰을 통해[9] 소재를 얻은 만큼 자기들의 삶과 밀접하게 연관된 이탈리아어로 표현하려고 했기 때문이다. 또한 귀차르디니나 바르키 같은 사람들이 그랬듯이 사태의 진행에 대한 자기의 견해가 되도록 넓고 깊게 세상에 작용하는 것이 무엇보다도 중요하다고도 생각했기 때문이다. 프란체스코 비토리(F. Vettori)처럼 몇몇 친구들을 위해서만 집필한 역사가들도 내면의 요구에 따라 사람과 사건에 대해 보도하고, 그에 대한 관심을 정당화하고자 했다.

그런데 그 문체와 언어가 독특했음에도 이들 또한 고대의 영향을 깊게 받았다. 그들은 이미 인문주의자가 아니었다. 다만 인문주의를 가로질러 왔으며 리비우스파의 라틴 학자들보다 훨씬 많이 고대 역사학의 정신을 흡수했을 뿐이다. 즉 그들은 고대인이 그러했듯이 시민을 위해 붓을 든 시민들이었다.

---

9) 마키아벨리는 과거도 관찰했다.

8. 교양의 라틴화

　나머지 전문 분야에서까지 인문주의의 영향을 추적하지는 않겠다. 각 학문들은 저마다 고유한 역사가 있으며, 그 속에서 이 시대의 이탈리아 연구자들은 새로 발견한 고대의 내용을 통해[1] 신기원을 열었고, 그로써 해당 학문의 근대기가 시작되었다. 철학도 그와 관련된 특별한 역사적 서술을 참조해야 한다.

　고대 철학자들이 이탈리아 문화에 미친 영향은 보기에 따라 때로는 터무니없이 커 보이기도 하고, 때로는 아주 작아 보이기도 한다. 커 보일 때는, 주로 일찍이 보급된 아리스토텔레스의 《윤리학》[2]과 《정치학》의 개념이 어떻게 온 이탈리아 교양인들에게 공유하는 재산이 되었으며 또한 아리스토텔레스가 어떻게 추상적 사고의 모든 방법을 지배했는지 검토하는[3] 경우이다. 이와 반대로 고대 철학자들과 열광적인 피렌체의 플라톤학자들까지도 그 나라 국민의 정신에 교리적으로는 크게 영향을 주지 못한 점을 생각하면 고대 철학자들의 영향력은 아주 미미했다고 할 수 있다. 외견상 고대의 영향으로 보이는 것도 대개는 이탈리아 정신이 발전한 결과에 지나지 않았다. 이 점에 대해서는 종교를 이야기할 때 좀 더 깊이 있게 논하겠다. 사실 우리가 다루는 것은 대부분 일반적인 문화가 아니라 몇몇 개인이나 학자들의 말이다. 더욱이 여기에서도 고대의 학설에 정말로 심취하는 것과 단지 유행을 좇는 것은 구별해야 한다. 많은 사람들, 그 방면에 조예가 깊은 사람들에게조차 고대는 한낱 유행에

---

1) 그 시절 사람들은 호메로스 하나만으로도 모든 예술과 학문의 총체를 알 수 있다고 여겼다. 호메로스를 백과사전이라고 생각했던 것이다. *Codri Urcei Opera*, Sermo XIII 끝부분 참조. 물론 고대에 이미 유사한 의견이 있었다.
2) 교황 파울루스 2세 시대의 한 추기경은 자기 요리사들에게까지 아리스토텔레스의 《윤리학》을 강의했다. Muratori III, II, Col. 1034에 수록된 Gasp. Veron. *Vita Pauli II* 참조.
3) 아리스토텔레스의 연구 전반을 알고자 할 때는 특히 에르몰라오 바르바로의 한 연설이 아주 유익하다.

지나지 않았기 때문이다.

　그러나 우리 시대에 허식으로 보인다고 해서 그때에도 모두 허식이었다고 는 말할 수 없다. 한 예로, 그리스나 로마식 이름을 세례명으로 쓰는 일은, 오 늘날 사람들이 소설에서 본 이름—특히 여성 이름—을 쓰는 유행보다 훨씬 아름답고 존경할 만하다. 귀족들이 아들에게 아가멤논, 티데우스, 아킬레우스 같은 이름을 붙이고[4] 화가가 아들에게 아펠레스, 딸에게 미네르바라는 이름 을 주는 일은,[5] 성자보다 고대세계에 대한 열광이 커진 그때에는 아주 당연하 고 자연스러운 행위였다. 처음부터 마음에 들지 않았던 성을 버리고 듣기 좋 은 고대풍 이름으로 바꾸는 것도 이런 맥락에서 충분히 변호할 수 있다. 같 은 지역에 사는 주민 전체가 태어난 고향의 이름을 공통으로 쓰고 있지만 아 직 성으로 굳어지기 전이며, 그것이 우연히 성인의 이름과 같아 불편할 때는 거침없이 그 고향 이름을 포기해버렸다. 성 제미냐노의 필리포(Filippo da San Gemignano)는 칼리마쿠스로 이름을 바꿨다. 가족들의 눈 밖에 나 모욕을 당 하다가 외국에서 학자로 성공한 사람은 산세베리노라는 이름을 버리고 자랑 스럽게 율리우스 폼포니우스 레투스로 개명했다. 이름을 라틴어나 그리스어 로 번역하는 것도(그 뒤 독일에서는 이것이 거의 관습으로 굳어졌다), 라틴어로 말하고 쓰는 세대나 단순히 어미변화가 가능할 뿐만 아니라 산문과 시문에도 잘 어울리는 이름이 필요했던 세대에게는 트집 잡을 일이 아니었다. 정말 손가 락질당할 만하고 우스운 짓은 세례명이든 성이든 반만 바꾸어 고전적인 울 림과 새로운 의미를 부여하는 것이었다. 이리하여 조반니가 요비아누스 또는 야누스로, 피에트로는 페트레이우스 또는 피에리우스로, 안토니오는 아오니 우스로, 산나차로는 신케루스로, 루카 그라소는 루키우스 크라수스가 되었다. 이런 세태를 크게 비웃었던 아리오스토도[6] 생전에 그가 쓴 소설의 남녀 주인

---

4) Murat. XXIII, Col. 898에 수록된 Bursellis, *Ann. Bonon*.
5) Vasari XI, p.189, 257, *Vite di Sodoma e di Garofalo*—당연하지만 로마의 방탕한 여자들도 줄리아, 루크레티아, 카산드라, 포르티아, 비르지니아, 펜데질레아 같은 듣기 좋은 고대 이름을 멋대로 썼다. 이런 이름은 아레티노의 작품에도 나온다.—반면 유대인들은 로마를 적대했던 셈족의 위인 이름인 한니발, 하밀카르, 하스드루발 등을 썼던 것 같으며, 오늘날에도 로마의 유대인 들은 여전히 이러한 이름을 쓰고 있다.
6) "마치 이름이 훌륭한 심판관을 속이고,

공 이름을 사람들이 자기 아이들에게 붙이는 것을 직접 봐야 했다.[7]

라틴 작가들의 저작에서 많은 관직명, 행사, 의식 같은 생활상이 고대풍으로 바뀐 것도 무조건 혹평할 일은 아니다. 즉 페트라르카부터 에네아스 실비우스에 이르는 작가들이 쓰는 단순하고 유려한 라틴어에 만족하던 동안에는 이런 일이 그리 눈에 띄지 않았다. 그러나 순수한, 특히 키케로풍의 라틴어를 갈구하게 된 뒤로는 고대풍으로의 변화를 피할 수 없었다. 근대 문물은 이름을 인위적으로 바꾸지 않는 한 문장 전체의 흐름에 어울리지 않게 되었다. 현학자들은 시회의 의원을 모두 '원로원의원(patres conscripti)'이라 불렀고, 수녀들은 모두 '베스타 여신의 처녀들(virgines Vestales)', 성인은 모두 '신성한 사람(divus)' 또는 '신(deus)'이라 부르며 기뻐했다. 그러나 파올로 조비오처럼 세련된 취향을 가진 사람들은 어쩔 수 없을 때가 아니면 이런 일을 하지 않았던 것 같다. 조비오는 그런 것을 조금도 중요시하지 않았다. 따라서 그가 유려한 문장에서, 추기경들을 '원로원의원(senatores)'이라 하고, 수석 추기경을 '원로원의 우두머리(princeps senatus)', 파문을 '저주(dirae)',[8] 사육제를 '목신 판의 제사(Lupercalia)'라고 불러도 그다지 거슬리지 않는다. 문체로 작가의 사고방식을 성급히 결론짓지 말아야 한다는 사실은 조비오의 예에서 분명히 알 수 있다.

지금 여기서 라틴어 문체의 역사를 추적할 생각은 없다. 다만 인문주의자들은 꼬박 2세기 동안 라틴어만이 가치 있는 유일한 언어이며 어디까지나 그래야 한다는 태도를 보였다. 포조[9]는 단테가 그의 위대한 시편을 이탈리아어로 쓴 것을 무척이나 애석하게 여겼다. 사실 잘 알려진 바와 같이 단테는 그 작품

오랫동안 고생해도 되지 못했건만 그 이름이

당신을 뛰어난 시인으로 만들어줄 수 있다는 듯이!"

—아리오스토는 《풍자시》 7편 64절에서 이렇게 조롱했다. 물론 아리오스토 처음부터 듣기 좋은 이름을 가지고 있었다.

7) 또는 이미 보이아르도의 작중 이름을 쓰고 있었는데 그 일부는 아리오스토의 것이었다.

8) 1512년 프랑스 군대는 "온갖 저주에 걸려 지옥의 부름을 받았다." 저주를 정말로 믿어, 외국 군대에게 마크로비우스의 주문을 퍼부은 선량한 성당참사회원인 티치오에 대해서는 나중에 다시 말하겠다.

9) Poggii opera, fol. 152에 수록된 *De infelicitate principum*. "단테의 시는 라틴어로 쓰였더라면 고대 시인들과 겨루어도 결코 뒤지지 않을 것이다." Boccaccio, *vita di Dante*, p.74에 따르면 그 시절 "많은 현자들"까지도 왜 단테는 라틴어로 시를 쓰지 않았을까 하는 의문을 품었다.

을 라틴어로 쓰려 했기 때문에 〈지옥편〉 첫머리를 6각운으로 시작했다. 그러나 단테가 이 방식을 고수하지 않았기에[10] 이탈리아어 시문학의 운명이 달라진 것이다. 페트라르카도 자기의 소네트나 칸초네보다 라틴 시를 의지했고, 아리오스토도 라틴어로 시를 쓰라는 요구를 받았다. 문학에서 이보다 심한 강요는 일찍이 없었다.[11] 그러나 문학은 이러한 횡포를 대부분 잘 피했다. 오늘날에 와서 볼 때 이탈리아 시가 라틴어와 그리스어라는 두 가지 수단을 가졌던 것이 잘된 일이었다고 해도 지나친 낙관론은 아닐 것이다. 이탈리아 시는 이 두 언어를 통해 위대함과 독자성을 표현할 수 있었기 때문이다. 게다가 완성된 결과물을 보면, 이것은 왜 이탈리아어로 썼고 저것은 왜 라틴어로 썼는지를 알 수 있었다. 산문도 마찬가지일 것이다. 이탈리아 문화가 세계적인 지위와 명성을 얻은 것은 라틴어로—urbi et orbi(로마의 도시와 세계에서, 곧 어디서나)—쓰인 덕택이었다.[12] 한편, 이탈리아어 산문은 라틴어를 쓰지 않기 위해 고민한 사람들의 손에서 최고의 성과를 거두었다.

14세기 이후 순수한 산문의 원천으로서 많은 사람들에게 인정받았던 사람은 키케로였다. 이는 그의 어휘 선택이나 문장 구성, 문학적 구성 방식이 뛰어나다는 추상적인 믿음에서만 비롯된 것이 아니다. 바로 키케로가 서간문 작가로서 보여준 친근함, 연설가로서의 탁월함, 철학 저술가로서의 명석하고 정관적인 태도가 이탈리아 사람들의 마음에 크게 파문을 일으켰기 때문이다. 페트라르카는 이미 키케로의 인간으로서, 정치가로서의 약점을 잘 알고 있었다.[13] 그러나 그것을 기뻐하기에는 키케로를 너무도 존경했다. 페트라르카 이후 서간 문학은 키케로를 표준으로 형성되었다고 해도 과언이 아니며, 설화를 뺀 나머지 문학도 그의 영향을 받았다. 그러나 키케로의 원전에 나오지 않는 표

---

10) 단테의 《속어론 *De vulgari eloquia*》은 오랫동안 세상에 알려지지 않았다. 우리에게는 아주 귀중한 저작이지만, 사실 이 논문이 《신곡》의 압도적인 영향력을 따라올 수는 없었을 것이다.

11) 이 점에 관한 열광적인 태도를 알려면 Lil. Greg. Gyraldus, *De poetis nostri temporis* 참조.

12) 물론 공인된 문체 연습도 있다. 노(老) 베로알두스의 *Orationes* 등에 있는 보카치오의 두 작품을 라틴어로 번역한 단편소설과 페트라르카의 칸초네를 번역한 것이 이에 해당한다.

13) 지상에서 고귀한 혼령들에게 보내는 페트라르카의 편지 참조. Opera, p.704 이하 및 *De rep. optime administranda*, p.372에 페트라르카는 이렇게 적었다. "키케로의 이러한 점은 슬프지만 사실이다."

현은 무조건 배제하는 엄격한 키케로주의는 15세기 말에 이르러서야 시작되었다. 로렌초 발라의 문법서가 온 이탈리아에 영향을 미치고, 로마 시대 문학사가의 의견이 정리되고 비교된 다음이었다.[14] 그때 비로소 사람들은 고대인의 산문에 담긴 문체상의 미묘한 차이를 좀 더 면밀하고 정확하게 연구한다. 그리하여 키케로만이, 모든 문학 분야를 포괄해 말하자면 "저 영원하고 성스러운 키케로 시대"[15]만이 절대적인 모범이라는 결론에 도달한다. 이제 피에트로 벰보, 피에리오 발레리아노 같은 사람들이 그 목표를 향해 전속력으로 달리기 시작했다. 오랫동안 여기에 반대하며 그보다 더 이전 시대의 작가들에게서 고풍스러운 문체를 얻고자 했던 사람들도[16] 마침내 키케로 앞에 무릎을 꿇었다. 롱골리우스는 벰보의 권유에 따라 5년 동안 키케로만 읽기로 결심하고, 키케로의 책에 나오지 않는 말은 한마디도 쓰지 않기로 맹세했다. 이런 분위기는 이윽고 에라스무스와 노(老) 스칼리제르가 이끄는 학자 간의 대논쟁으로 폭발한다.[17]

그러나 키케로 숭배자들 모두가 언제까지나 키케로를 언어의 유일한 원천으로 여길 정도로 편협하지는 않았다. 15세기에도 폴리치아노와 에르몰라오 바르바로는 의식적으로, 물론 "흘러넘칠 듯 풍부한" 학식을 바탕으로 독자적이고도 개성적인 라틴 문체를 가지려고 노력했다.[18] 그리고 이 사실을 우리에게 전해주는 파올로 조비오의 목표 또한 그것이었다. 조비오는 특히 풍부한 심미적인 성질을 지닌 근대적 사상을 엄청난 노력 끝에 처음으로 라틴어로 표현했다. 물론 그 시도가 언제나 성공했다고는 볼 수 없으나 때로는 예사롭지 않

---

14) 조비아노 폰타노는 《안토니우스》에서 로마의 광신적인 라틴어 순화주의를 우스꽝스럽게 그렸다.

15) *Hadriani(Cornetani) Card. S. Chrysogoni De sermone latino liber.* 주로 서문 참조.—저자는 키케로와 그의 동시대 사람들에게서 모범적인 라틴어 '자체'를 발견한다.

16) Paul. Jov. *Elogia doct. vir.* Bapt. Pius에 대한 부분.

17) 절대적인 고전주의가 그리스도교 신앙을 위협한다고 느낀 에라스무스는 엄격한 키케로주의자를 공격하며, 1528년 《키케로주의자》를 썼다. 그 책이 큰 반향을 일으켜, 특히 이탈리아의 문헌학자인 Giulio Cesare Scaligero(1484~1558)의 맹렬한 반격을 받았다.

18) Paul. Jov. *Elogia*, Naugerius 부분 참조. 그들의 이상은 "마음의 특수한 모습을 명확한 표징으로 재현하는 문체로, 독자적인 것을 자연의 본질로부터 표현하는 것"이었다.—폴리치아노는 급할 때 라틴어로 편지 쓰는 자신을 못마땅해 했다. Raph. Volat. comment. urbon. L. XXI.

은 힘과 우아함이 가득했다. 조비오가 그 시대의 위대한 화가와 조각가의 특성을 라틴어로 묘사한 글은[19] 빼어난 통찰과 지독한 오해가 뒤섞인 것이었다. "라틴어가 내 재위 동안 더욱 번성했다는 말을 듣는 것"에 자기의 명성을 건 교황 레오 10세도[20] 배타적이지 않고 자유로운 라틴 문체에 힘을 기울였다. 향락에만 마음을 쏟았던 이 교황으로선 마땅한 일이었을 것이다. 레오 10세는 자신이 듣고 읽는 라틴어가 활기차고 우아하게 여겨지기만 하면 충분했다.

끝으로 라틴어 회화에서는 키케로가 아무런 본보기가 되지 못했기 때문에, 사람들은 그 말고 다른 신들을 숭배해야 했다. 그 결핍은 로마시 안팎에서 자주 열렸던 플라우투스와 데렌티우스의 희극 공연으로 메워졌는데, 무대 배우들에게는 그 공연이 일상적인 라틴어를 연습할 아주 좋은 기회였다. 교황 파울루스 2세 시대에 테아눔의 박식한 추기경(아마도 피스토이아 출신의 니콜로 포르테구에라)이 이 분야에서 유명했다.[21] 플라우투스의 작품이라면 심하게 훼손되어 등장인물의 목록조차 없어져 버린 것이라도 연구했고, 그 문체에 매료되어 이 작가의 모든 작품에도 온 정신을 쏟았다. 플라우투스의 희곡이 공연되는 데 자극제가 된 사람도 어쩌면 이 추기경일 것이다. 그 뒤에는 폼포니우스 레투스가 이 일을 이어받아 권세 있는 고위 성직자들의 주랑으로 둘러싸인 안뜰에서 플라우투스의 작품을 직접 무대에 올렸다.[22] 이런 공연은 1520년 무렵부터 내리막길을 걸었고, 앞서 말한 바와 같이(3편 6장 참조) 조비오는 이를 웅변술 쇠퇴의 한 원인으로 보았다.

---

19) Tiraboschi, ed. Venez. 1796, Tom. VII. parte IV에 수록된 Paul Jov. *Dialogus de viris literis illustribus*. 잘 알려진 바와 같이 조비오는 한때 이 대대적인 작업을 자기가 해보려고 생각했지만 뒷날 바사리가 이를 이룩했다.—위의 《대화》에서도 그는 라틴어로 글을 쓰는 풍조가 나중에는 쇠퇴할 것이라고 예감하며 개탄했다.

20) 사돌레토가 작성하여 프란체스코 데 로지에게 보낸 1517년의 편지. Roscoe, *Leo X*, ed. Bossi VI, p.172 수록.

21) Murat. III, II, Col. 1031에 수록된 Gasp. Veronens. *Vita Pauli II*. 그 밖에 세네카의 작품이나 라틴어로 번역된 그리스극 등이 상연되었다.

22) 페라라에서는 대개 콜레누초와 젊은 구아리노 같은 사람들이 이탈리아어로 개작한 플라우투스의 극을 무대에 올렸는데, 이는 그 내용이 흥미로웠기 때문이다. 이사벨라 곤차가는 이것이 지루하다고 말했다.—폼포니우스 라에투스에 대해서는 *Sabellici Opera*, Epist. L. XI, fol. 56 이하 참조.

마지막으로 미술 분야에서 문학의 키케로주의와 어깨를 나란히 하는 건축가들의 비트루비우스주의를 살펴보겠다. 교양에서 먼저 어떤 움직임이 일어나면 뒤따라 미술에서 그와 비슷한 움직임이 일어난다는 르네상스의 일반 법칙이 여기서도 적용된다. 이 경우 추기경 아드리아노 다 코르네토(1505?)로부터 초기의 완전한 비트루비우스주의에 이르기까지를 계산하면 이 두 운동 사이의 간격은 약 20년에 이른다.

9. 새로운 라틴어 시

인문주의자들의 가장 큰 자랑은 새로운 라틴어 시였다. 이 시가 인문주의의 성격을 규정하는 데 도움이 되므로 여기서 일단 짚고 넘어가겠다.

이 새로운 라틴어 시가 얼마나 편파적인 호의를 입었으며, 결정적인 승리를 눈앞에 두고 있는지는 앞에서 이야기했다(3편 8장 참조). 그 시절 세계에서 가장 재능 있고 가장 발전한 국민이 시문학에서 이탈리아어를 포기한 것은 단순히 어리석어서가 아니라 무엇인가 의미 있는 것을 이루려 했기 때문이라고 확신해도 좋을 것이다. 틀림없이 그렇게 하게 만든 중요한 이유가 있었던 것이다.

그것은 바로 고대에 대한 경탄이었다. 모든 순수한 경탄이 그렇듯이 이것도 자연스럽게 모방을 낳았다. 다른 시대, 다른 민족도 이를 목표로 저마다 여러 시도를 했으나, 새로운 라틴어 시의 지속과 발전에 필요한 두 가지 주요 조건을 갖춘 나라는 이탈리아뿐이었다. 바로 교양 계층이 이를 환영했다는 것과 태곳적 현악기의 경이로운 여운이 울려 퍼지듯 시인들의 마음속에 고대 이탈리아의 창조적 정신이 부분적으로나마 다시금 눈을 뜬 것이었다. 그리하여 생겨난 최상의 것은 이미 단순한 모방이 아니라 자유로운 창조였다. 예술에서 빌려온 형식을 참지 못하는 사람, 고대에 전혀 가치를 두지 않거나 반대로 고대에는 마력이 있어서 접근이나 모방이 불가능하다고 여기는 사람, 수많은 음절을 새로 찾아내거나 추측해야 하는 시인이 규칙에 어긋나는 것을 용서하지 못하는 사람이라면 이런 종류의 문학은 당장 버리는 게 좋다. 이들의 걸작은 어떤 절대적인 비판에 대항하기 위해서가 아니라 시인 자신과 수많은 동시대 사람들을 기쁘게 하기 위해 태어난 것이었기 때문이다.[1]

가장 빛을 보지 못했던 분야는 고대 역사나 전설을 소재로 한 서사시였다.

---

1) 이하의 내용에 대해서는 *Deliciae poetarum italor* : ,–Paul Jovius, *Elogia* ; –Lil. Greg. Gyraldus, *De poetis nostri temporis* ; –Roscoe, *Leone X.*, ed. Bossi의 부록 참조.

살아 움직일 듯한 서사시의 본질적인 조건은, 알다시피 고대 로마의 대표 시인들은 물론이요 호메로스를 제외한 그리스 시인들도 갖추지 못했다. 하물며 그것이 르네상스의 라틴어 시인에게 있었겠는가. 그러나 페트라르카의 《아프리카》[2]는 그 어떤 근대 서사시보다도 많은 열혈 독자와 청중을 얻었던 것 같다. 이 시가 탄생한 목적과 유래는 무척 흥미롭다. 14세기 사람들은 합당한 역사적 안목으로써 제2차 포에니 전쟁 시대를 고대 로마 정신과 문화의 전성기라고 생각했다. 페트라르카는 이 시대를 글로 표현하고 싶어서 어쩔 줄 몰랐다. 실리우스 이탈리쿠스[3]가 좀 더 일찍 발견되었더라면 페트라르카는 다른 소재를 선택했을지도 모른다. 그러나 그렇지 못했기 때문에 스키피오 아프리카누스를 찬양하는 것이 14세기 사람들에게는 당연한 일이었다. 차노비 디 스트라다란 시인은 이미 이 주제로 시를 쓰고 있었다. 그러나 차노비는 페트라르카를 깊이 존경했으므로 이미 상당히 진행된 자기 시를 중단했다.[4] 이 《아프리카》라는 작품을 평가할 타당한 이유가 있다면, 그것은 그 시대와 후대에도 사람들이 스키피오에게 아직 살아 있는 인물을 대하는 듯한 흥미를 느꼈으며 그를 알렉산더 대왕이나 폼페이우스 및 카이사르보다도 위대한 인물로 생각했다는 점이다.[5] 근대 서사시 가운데 그 시대에 이토록 인기가 있고, 역사에 바탕을 두면서도 신화적인 모습을 갖춘 소재를 자랑할 수 있는 작품이 과연 몇이나 될까? 하지만 이 시는 오늘날에는 아주 읽기 어렵다. 그 밖의 역사적 사건을 다룬 작품에 대해서는 문학사를 참조하기 바란다.

더 풍부하고 생산적인 작업은 고대 신화를 시로 재해석하거나 고대 신화에서 시적으로 구멍 난 부분을 채우는 일이었다. 이탈리아 시문학은 여기에

---

2) 대체로 1338년부터 43년까지 집필했으며, 로마 영웅 스키피오 아프리카누스가 제2차 포에니 전쟁에서 세운 위업을 노래했다.

3) 26?~101? 로마의 서사시인. 포조가 그의 서사시 《포에니 전쟁》을 1417년에 발견했다.

4) Filippo Villani, *Vite*, p.5.

5) Murat. XXV, Col. 384에 수록된 Franc. Aleardi *oratio in laudem Franc. Sfortiae*—스키피오와 카이사르를 비교하면서 구아리노는 카이사르를, 포조(*Opera, epp.* fol. 125, 134 이하)는 스키피오를 위대하다고 한다.—아타반테의 세밀화에 그려진 스키피오와 한니발에 대해서는 Vasari IV, 41, *vita di Fiesole* 참조. 이 두 사람의 이름이 피치니노와 스포르차와 관련해 사용된 예는 이 책 1편 9장 참조.

도 일찌감치 손을 댔다. 보카치오가 그의 최고 걸작인 《테세우스 이야기》를 쓴 것을 시작으로, 교황 마르티누스 5세 시대에 마페오 베조는 베르길리우스의 《아이네이스》의 속편격인 13권[6]을 라틴어로 썼고, 그 밖에 《멜레아그로스 *Meleagris*》, 《헤스페리스 *Hesperis*》 같은 클라우디아누스를 모방한 작은 시도들도 나왔다.

그러나 우리의 눈길을 가장 끄는 것은 새로 만든 신화였다. 이 신화들은 이탈리아에서 가장 아름다운 지방을 신과 님프와 정령과 목동으로 가득 채우는데, 여기서는 서사적인 것과 목가적인 것이 구별되지 않았다. 페트라르카 이후로 등장한 이야기체와 대화체의 목가에서 목동의 생활은 아주 전형적인 형태를 띠며,[7] 자유로운 공상과 감정의 그릇으로 다루어졌다는 점은 다음에 다시 논할 것이다. 여기서는 오직 새로운 신화만을 이야기하려고 한다. 이런 신화들을 보면 르네상스 때 고대의 신들이 이중의 의미를 지녔다는 사실을 가장 뚜렷하게 알 수 있다. 즉 고대 신들은 한편으로는 보편 개념 대신에 쓰임으로써 우의적인 인물을 쓸모없게 만들었고, 다른 한편으로는 시의 자유롭고 독자적인 요소, 중립적인 미적 요소로서 어떤 시와도 뒤섞이고 언제나 새로이 조합될 수 있었다. 보카치오가 이탈리아어로 쓴 《아메토의 요정 이야기 *Il ninfale d'Ameto*》와 《피에졸레의 요정 이야기 *Il ninfale fiesolano*》는 피렌체 교외를 배경으로 신들과 목자의 공상 세계를 다루어 여기서 대담하게 앞장선 작품이다. 그러나 이 분야의 걸작은 피에트로 벰보의 《사르카 *Sarca*》(가르다 호수로 흘러드는 강의 이름)[8]일 것이다. 여기에는 강의 신 사르카가 요정 가르다에게 구혼하고 발도산 동굴에서 성대한 혼인잔치를 벌인 이야기와 예언가 티레시아스의 딸 만토가 둘 사이에서 민키우스라는 아이가 태어나 만토바를 건설할 것이며, 민키우스와 안데스의 요정 마야 사이에서 태어날 베르길리우스가 뒷날 명예를 얻으리라고 예언한 이야기가 들어 있다. 이 찬란한 인문주

6) 《아이네이스 *Aeneid*》는 트로이의 영웅 아이네이스의 방랑과 로마 건국을 그린 베르길리우스의 대서사시로, 모두 12권이다.

7) 전원생활을 사실적으로 묘사한 아주 예외적인 작품은 나중에 언급하겠다.

8) Mai, *Spicilegium romanum*, Vol. VIII에 나와 있다(6각운으로 약 500행). 피에리오 발레리아노는 이 신화의 속편을 썼는데, *Deliciae poet. ital.*에 있는 《*Carpio*》가 그것이다.―베로나의 무라리궁에 있는 브루자조르치의 프레스코화는 이 사르카의 내용을 그리고 있다.

베르길리우스의 작품집 사본 오른쪽 위에는 영감을 얻은 베르길리우스가, 왼쪽 끝에는 아이네이아스가 있다. 아래에 있는 목자(오른쪽)와 농부(왼쪽)는 〈목가〉와 〈농경시〉를 나타낸다. 르네상스 시인 페트라르카가 소장했던 책. 밀라노, 암브로시아나 도서관 소장.

의의 로코코 작품을 위해 벰보는 아름다운 시구와 베르길리우스에게 보내는 끝맺음 말을 생각해 냈는데, 이런 시구를 읽다보면 어느 시인이든 벰보에게 질투를 느낄 것이다. 이런 작품을 단순한 미사여구라며 멸시하는 사람도 많지만, 취향 문제이니 누가 뭐라 할 수 있겠는가.

그 밖에 성서와 그리스도교의 내용을 담은 6각운(脚韻)의 서사시도 나타났다. 그러나 그런 서사시 작가들이 반드시 교회의 후원이나 교황의 은총을 바랐던 것은 아니다. 최고의 작가들뿐만 아니라 〈동정녀 마리아의 노래〉를 쓴 바티스타 만토바노처럼 별 재능 없는 작가들도, 유려한 라틴어 시로 성인에게 봉사하려는 아주 솔직한 소망이 다분했다고 볼 수 있다. 물론 이 소망은 그들의 반쯤 이교적인 가톨릭주의와도 아주 잘 어우러졌다. 지랄디는 이런 작가들을 여럿 언급하는데, 그 가운데 〈그리스도의 노래〉를 쓴 비다(1485~1566. 주교·라틴어시인)와 세 편으로 된 〈동정녀 마리아의 분만〉의 작가 산나차로(1458~1530년. 목가시인)를 으뜸으로 꼽았다. 산나차로는 이교적인 것과 그리스도교적인 것을 대담하게 뒤섞어 강인하고 힘찬 흐름, 균형잡힌 묘사, 완전한 아름다움이 돋보이는 작품으로 독자들을 압도한다. 산나차로는 비교당하는 것도 두려워하지 않고 베르길리우스의 네 번째 〈목가〉에 나오는 시구를 구유 앞에 모인 목자들의 노래에 엮어 넣었다. 저승을 묘사한 부분에서는 여기저기서 단테를 연상시키는 대담한 필치를 보여주었다. 예를 들면 다윗왕이 이스라엘 조상들이 있는 림보(원죄는 있으나 스스로 지은 죄가 없는 사람이 죽은 뒤 천국에도 지옥에도 가지 못하고 머무는 곳)에서 노래와 예언을 하거나, 모든 근원적인 존재의 형상을 만들며 빛을 발하는 외투를 입은 영원한 신이 옥좌에서 천상의 영혼들에게 설교하는 부분 등이 그렇다. 또한 다른 작품에서는 두려움 없이 고대 신화를 성경의 소재와 결합했는데, 이것이 전혀 이상하게 보이지 않는 까닭은 이교 신들을 틀로 이용했을 뿐 결코 중심에 두지 않았기 때문이다. 그 시대 예술의 저력을 낱낱이 알고자 하는 사람은 이런 작품들도 빼놓아서는 안 된다.

그리스도교와 이교 요소의 혼합은 본디 조형예술보다 시에서 훨씬 더 골치 아프기 때문에 산나차로의 업적이 더욱 커 보이는 것이다. 조형예술에서의 혼합은 색채와 형태의 아름다움으로 끊임없이 우리의 눈을 만족시켜 주며, 표현

대상의 실제적 의미에 의존하는 경향이 시보다 훨씬 적다. 상상력이 조형예술에서는 형식을 통해, 시에서는 사실을 통해 작용하기 때문이다.

선량한 바티스타 만토바노는 그의 《축제 달력》[9]에서 다른 기법을 썼다. 즉 신들이나 반신(半神)들을 성경 이야기의 조연으로 쓴 것이 아니라, 교부들이 그랬던 것처럼 신들을 성경 인물에 대립시켰던 것이다. 천사 가브리엘이 나자렛에서 동정녀 마리아에게 인사하는 동안 메리쿠리우스가 가브리엘의 뒤따라 카르멜산에서 날아와 창가에서 엿듣는다. 메르쿠리우스는 돌아가 들은 바를 소집된 신들에게 말해 주고, 그들을 선동하여 엄청난 일을 꾸미게 한다. 물론 바티스타의 다른 작품에서는[10] 테티스(그리스 신화에 나오는 바다의 여신), 케레스(로마 신화에서 농경의 여신), 에올루스(그리스 신화에서 바람의 신)를 비롯한 여러 이교의 신들이 성모 마리아와 그의 영광을 위해 기꺼이 복종한다.

산나차로의 명성, 수많은 그의 모방자, 권력자들이 그에게 바친 열광적인 경의, 이 모든 것이 바티스타가 그 시대에 얼마나 필요하고도 귀중한 존재였는가를 보여 준다. 종교개혁 초기에 교회를 위해 이 시인은 완전히 고전적이면서도 그리스도교적인 시를 짓는 문제를 해결했다. 이에 대해 교황 레오와 클레멘스도 그에게 크게 고마움을 표시했다.

마지막으로 그 시대에는 역사도 6각운이나 2행시 형태로 쓰였다. 때로는 이야기체나 찬가풍으로 쓰인 그 역사들은 대개 한 군주나 군문을 명예롭게 포장하는 내용이었다. 이리하여 〈스포르차의 노래〉, 〈보르소의 노래〉, 〈로렌티우스의 노래〉, 〈보르자의 노래〉, 〈트리불치오의 노래〉 같은 작품들이 태어났다. 하지만 어느 것도 기대했던 목적을 이루지는 못했다. 세상에서 유명해지고 불후의 명성을 떨친 사람은 이런 시의 도움을 받아 그렇게 된 것이 아니기 때문이다. 이런 시는 혹 뛰어난 시인이 썼다 해도 세상 사람들의 지울 수 없는 반감을 사기 마련이다. 이와는 전혀 다른 효과를 낸 것은, 교황 레오 10세의 사냥을 노래한 아름다운 시나[11] 아드리아노 다 코르네토의 〈율리우스 2세의 여

---

9) *De sacris diebus.*

10) 예를 들어 여덟 번째 목가.

11) Roscoe, *Leone X.,* ed. Bossi Ⅷ, 184 및 Ⅶ, 130에 나와 있는 비슷한 양식의 또 다른 시.–카를 대제의 궁정을 그린 앙길베르트의 시가 이 르네상스에 아주 근접해 있다. Pertz, *monum.* Ⅱ

행)(1편 9장 참조)과 같은 유명인의 생활을 작은 풍속화처럼 묘사한 단순하고 꾸밈없는 시였다. 이처럼 화려한 사냥을 묘사한 시는 에르콜레 스트로차나 지금 말한 아드리아노 등이 여러 편 남겼다. 근대 독자들이 그런 시에 숨겨진 아첨을 보고 놀라거나 분개한다면 무척 애석한 일이다. 그러나 그 교묘한 수법과 무시할 수 없는 역사적 가치 때문에 이런 아름다운 시는 현대의 어느 유명한 시보다도 긴 생명을 보장받고 있다.

요컨대 이런 시는 격정적인 감정이나 일반적인 내용의 혼입을 절제할수록 더욱 훌륭해진다. 저명한 대작가들의 서사시 가운데에도 신화적인 요소를 알맞게 조합하지 못해 어느새 아주 우스꽝스러운 인상을 주는 변변치 못한 작품들도 여럿 있다. 에르콜레 스트로차가 체사레 보르자를 위해 쓴 애도시(1장 9편 참조)[12]가 대표적인 예이다. 이 시에서 우리는 에스파냐 출신의 교황 칼릭스투스 3세(재위 1455~58. 보르자 가문)와 알렉산데르 6세(체사레의 아버지)에게 모든 희망을 걸었고, 나중에는 체사레를 신이 선택한 사람이라고 생각했던 로마 여신(로마라는 지명의 기원이 된 인물)의 탄식을 듣는다. 그리고 1503년의 파국(아버지 알렉산데르 6세가 갑자기 죽고 아들 체사레는 병상에 눕게 된 일)에 이르기까지 체사레가 걸어온 삶이 길게 서술된다. 그런 다음 시인이 뮤즈들에게 그때 신들의 뜻은 어떠했는가를 묻자[13] 에라토(서정시·연애시를 관장하는 여신)는 다음과 같이 대답한다. "올림포스산에서는 팔라스(아테네의 별명)가 에스파냐 쪽에, 베누스가 이탈리아 쪽에 섰다. 두 신은 유피테르의 무릎을 끌어안고 탄원했으나 유피테르는 그들에게 키스하고 위로하길, 자기로서도 파르체(운명의 여신)들이 정한 운명은 거스를 수 없으나, 신들의 약속은 에스테—보르자 가문의 아이[14]를 통해 실현될 것이라고 말했다." 이어 유피테르는 에스테와 보르자 두 가문의 파란만장한 유래를 말한 뒤, 간절히 바랐음에도 멤논이나 아킬레스에게 불멸을 줄 수 없었던 것처럼 체사레에게도 그것을 선사할 수 없다고 단언한다. 그리고

참조.

12) Strozii, *poetae*, p.31 이하. *Caesaris Borgae ducis epicedium*.

13) "온몸의 더러움을 속죄의 불길로 씻기 위해 유피테르는 교황을 신들에게 보냈다."

14) 그는 뒷날 페라라의 에르콜레 2세로, 이 시가 지어지기 바로 전이나 후인 1508년 4월 4일에 태어났다. 시의 끝에 "탄생하라, 어머니와 아버지가 고대하는 위대한 아들이여"라고 되어 있다.

체사레가 죽기 전에 싸움터에서 많은 적을 죽일 것이란 말로 위로하며 이야기를 끝맺는다. 이에 군신 마르스는 나폴리로 가서 전쟁을 준비하고, 팔라스 여신은 네피로 달려가 병석에 누워 있는 체사레 앞에 아버지 알렉산데르 6세의 모습으로 나타난다. 그리고 운명에 순응하고 자기 이름의 명예로 만족하라고 권고한 뒤, 교황의 모습을 한 여신은 '새처럼' 사라져 버린다.

훌륭하든 그렇지 않든 간에 고대 신화가 들어간 것을 모두 기피한다면 쓸데없이 큰 즐거움을 포기하는 짓이 된다. 이제까지 문학은 회화나 조각과 마찬가지로 이런 전통적인 요소를 아주 존중해 왔다. 게다가 이 분야의 문학애호가라면 마카로니의 시(2편 4장 참조) 같은 것에서 패러디의 시초도 발견할 수 있다. 미술 분야에서 이런 역할을 한 것은 조반니 벨리니의 익살스러운 그림 〈신들의 축제〉였다.

6각운의 서사시는 상당수가 단순한 습작이나 산문체의 보고서를 운문으로 개작한 것으로, 독자가 산문체의 원작을 찾아서 볼 수 있다면 틀림없이 그 편을 더 좋아했을 것이다. 어쨌든 투쟁이건 의식이건 모든 것이 시로 포장되었다. 종교개혁 시대의 독일 인문주의자들도 마찬가지였다.[15] 그러나 단지 게으르거나 시를 짓기가 더 쉽기 때문에 그랬다고는 볼 수 없다. 적어도 이탈리아 사람들의 경우에는 문체 감각이 지나치게 남달랐기 때문이었다. 그 시절 이탈리아어 보고서나 역사서, 소책자 등의 많은 책들이 3행운으로 되어 있다는 점이 그 사실을 뒷받침한다. 니콜로 다 우차노가 새로운 헌법의 초안을, 마키아벨리가 당대사의 개요를, 어떤 사람이 사보나롤라의 전기를, 누군가가 알폰소 대왕의 피옴비노 포위를[16] 강렬하게 표현하기 위해 어려운 이탈리아어 시체로 쓴 것처럼, 다른 많은 작가들도 대중의 마음을 사로잡기 위해 6각운의 힘을 빌렸다.

이 시 형식에서 독자들이 무엇을 받아들이고 어떤 것을 원했는지는 그 시대의 교훈시에 가장 잘 나타나 있다. 교훈시는 16세기에 연금술·체스·양잠·천

---

15) 스카르디우스나 프레에르 같은 사본가의 수집 참조.
16) 우차노에 대해서는 *Arch.* IV, I, 296 참조.—Macchiavelli : *i Decennali.*—사보나롤라의 전기는 프라 베네데토가 *Cedrus Libani*라는 제목으로 썼다.—Murat. XXV에 수록된 *Assedio di Piombino.*—이에 대응하는 것으로는 북유럽의 Teuerdank를 비롯한 여러 압운시가 있다.

문학·성병 등을 6각운의 라틴어로 노래한 것으로, 그 밖에도 많은 이탈리아어 시가 여기에 합세해 아주 놀라운 융성을 보였다. 오늘날 사람들은 보통 이런 시는 읽지도 않고 무시해 버리지만, 사실 이런 교훈시가 어느 정도 읽을 가치가 있는지는 우리도 확실히 모른다.[17] 다만 한 가지 분명한 점은 미적 감각이 현대보다도 빼어나게 뛰어났던 그리스 말기나 로마 시대 및 르네상스 때는 이런 시가 꼭 필요했다는 사실이다. 여기에 이의를 제기하는 목소리도 있다. 오늘날 이런 시를 배제하는 것은 미적 감각이 부족해서가 아니라 교훈적인 내용을 한층 진지하고 보편적으로 다루기 때문이라는 것이다. 이렇게 생각하는 사람에게 굳이 다른 의견을 내세울 필요는 없겠다.

이 교훈시 가운데 하나는 오늘날에도 가끔 출판된다. 1528년 페라라의 은둔 신교도 마르켈루스 팔링게니우스(Marcellus Palingenius)가 쓴 《삶의 황도십이궁 Der Zodiacus des Lebens》이 그것이다. 그는 신, 미덕, 불멸 등 고차원적인 문제를 실생활의 수많은 상황과 연결해 논했고, 이로써 풍속사에서 무시할 수 없는 권위자가 되었다. 그런데 그의 시는 진지한 교훈적 목적에 따라 우의를 신화보다 중시하므로, 이미 르네상스의 틀을 벗어났다고 할 수 있다.

그러나 시인과 문헌학자들이 고대에 가장 접근한 분야는 서정시이며, 그 가운데서도 특히 비가(悲歌)와 격언시였다.

가벼운 서정시 분야에서는 카툴루스가 이탈리아인에게 아주 매혹적인 영향을 주었다. 우아한 라틴어로 쓰인 서정 단시, 짧은 비방시, 악의에 찬 서간시들은 순전히 카툴루스의 시를 따라한 것이었다. 또 죽은 개와 앵무새를 추도하는 시들은 《레스비아의 참새》(레스비아는 카툴루스의 애인 이름)에서 한 단어도 따오지 않았지만 그 시의 분위기를 완전히 모방하고 있다. 이런 종류의 짧은 시들 가운데는 15세기나 16세기의 것으로 분명히 판명나지 않으면 전문가라도 고대의 작품이라고 오해하기 쉬운 것들도 있었다.

이와 반대로 사포풍이나 알카이오스풍 송시들은 어떤 식으로든 근대에 쓰인 티가 나게 마련이었다. 왜냐하면, 고대에는 스타티우스 이후 등장한 수사적인 수다와 이런 시에 꼭 필요한 서정적인 집약이 눈에 띄게 부족하기 때문이

17) 루이지 알라만니가 쓴 이탈리아어 '무운시(無韻詩)'인 〈경작(耕作, coltivazione)〉은, 시로서 맛을 풍기는 모든 부분을 고대 시인들로부터 직·간접적으로 빌려 왔다고 주장할 수 있다.

다. 한 송시의 부분 부분이나 두세 연을 모아놓고 보면 고대시의 조각처럼 보이지만, 긴 시 전체를 보면 이런 느낌은 곧 사라진다. 안드레아 나바제로가 베누스를 노래한 아름다운 송시처럼 고대 색채가 분명한 경우에는 그것이 고대 걸작을 단순히 개작한 것일 뿐임을 쉽게 알 수 있다.[18]

몇몇 송시 작가는 성인 숭배를 주제로 호라티우스와 카툴루스의 송시를 아주 우아하게 모방하여 기도시를 썼다. 대천사 가브리엘을 찬양한 나바제로의 송시와 이교풍 신앙을 그리스도교식으로 바꿔 노래한 산나차로의 시가 그것이다. 산나차로는 특히 자기와 이름이 같은 성자를 찬미하여,[19] 그를 예배할 곳을 "파도가 바위틈의 물을 삼키고 작은 성당의 벽에 부딪치는" 포실리포 해변의 경치 좋은 시인의 작은 별장에 마련했다. 해마다 돌아오는 성 라자로의 축일이 이 시인의 기쁨이었다. 이날 성당을 장식하는 푸른 나뭇가지와 화환이 시인에게는 제물로 보였다. 추방된 아라곤의 페데리코 1세와 함께 머나먼 루아르강 하구에 있는 성 나제르에서 망명 생활할 때도 시인은 깊은 슬픔에 잠긴 채 자기 수호성인의 축일에 회양목과 떡갈나무 잎으로 만든 화환을 바쳤다. 그리고 포실리포 젊은이들은 그 축일에 꽃다발로 장식한 작은 배를 타고 왔던 지나간 일을 떠올리며 귀향할 날이 오길 기도했다.[20]

고대의 것으로 오해받기 십상이었던 형식은 비가나 6각운으로 쓰인 시들로, 그 내용은 엄격한 비가에서부터 격언시까지 다양했다. 인문주의자들은 고대 로마의 비가를 누구보다 자유롭게 다룰 수 있었던 만큼 모방에도 어색함이 없었다. 나바제로가 노래한 밤의 비가는 그 시대에 나온 이런 종류의 시들이 다 그렇듯 고대의 형식을 뒤밟는 데 불과하지만 그래도 무척 아름다운 고대의 여운을 지니고 있다. 나바제로는[21] 언제나 가장 먼저 시적인 내용을 고려했다. 그리고 그것을 그대로 모방하지 않고 노련한 자유로움으로 사화집이나 오

---

18) 루크레티우스의 서시와 Horat. *Od.* IV, I를 개작했다.
19) 주로 이교적인 시를 쓸 때 수호성인을 끌어들이는 것은 이 책 1편 5장에서 살펴보았다.
20) 바람과 소나기와 운명의 위협과
   사람들의 거짓을 잘 견뎌낸다면
   주여, 조상의 지붕에서 피어오르는 연기를 보게 하소서.
21) Andr. Naugerii, *oratiomes duae carminaque aliquot*, Venet. 1530 in 4.−그 얼마 안 되는 시들 대부분 또는 전부가 *Deliciae*에도 실려 있다.

비디우스나 카툴루스나 혹은 베르길리우스의 목가 문체를 표현했다. 그는 신화의 사용을 극도로 자제해, 케레스 등 농촌의 신들에게 올리는 기도에서 아주 소박한 생활을 표현할 때만 이용했다. 대사 임무를 마치고 에스파냐에서 돌아오는 길에 고향을 노래한 아래의 시는 앞머리만 쓰인 채 완성되지 못했는데, 나머지 부분도 앞머리처럼 훌륭한 것이었다면 아주 완벽한 작품이 되었을 것이다.

> 잘 있었는가, 신들이 사랑한 땅, 축복 받은 강변이여,
> 잘 있었는가, 사랑스러운 베누스의 즐거운 은신처여,
> 그 많던 노고 끝에 그대들을 다시 보니 반갑기 그지없구나.
> 그대들의 품에 안기니 불안과 근심이 말끔히 사라지는구나!

비가나 6각운의 형식은 모든 품위 있고 감상적인 내용을 담는 그릇이 되었다. 고상한 애국적 흥분(《율리우스 2세에게 바치는 비가》)[22]이나 지배자 가문에 대한 빼어난 찬미뿐만 아니라[23] 티블루스 같은 시인의 아주 섬세한 우울도 이 형식으로 표현되었다. 교황 클레멘스 7세(재위 1523~34)와 파르네제 가문에 아첨하는 시로 고대의 스타티우스나 마르티알리스(40?~104? 로마의 풍자시인)와 어깨를 나란히 한 마리아 몰차(1489~1544. 로마의 시인)는 병상에서 쓴 〈벗에게〉라는 비가에서, 고대의 어떤 비가와 비교해도 손색이 없는 아름답고 진지한 고대풍의 생사관을 말하는데, 여기에서 본질적인 부분은 고대에서 조금도 빌려오지 않았다. 그런데 로마 시대 비가의 본질과 범위를 가장 완전하게 인식하고 모방한 사람은 산나차로였다. 이런 형식의 시를 이토록 많고 다양하게 남긴 시인은 그 말고 또 없을 것이다. 이런 비가에 대해서는 그 내용과 관련해 앞으로 종종 다룰 것이다.

---

22) 1편 9장 참조. 조반 안토니오 플라미니오는 그의 아름다운 비가에서 교황의 자리에 있는 애국자(율리우스 2세)에게 이탈리아 보호를 탄원했다.

23) 교황 레오 10세가 어떤 찬사를 받았는지는, 구이도 포스투모 실베스트리가 그리스도와 성모와 모든 성자에게 올리는 기도를 보면 알 수 있다. 그는 이들에게 이렇게 말한다. "부디 천국에는 레오와 같은 존재가 얼마든지 있사오니, 이 교황의 '존엄'이 인류 곁에 오래도록 머물게 해주옵소서." Roscoe, *Leone X.*, ed. Bossi V, 237.

끝으로, 라틴어의 격언시는 그 시대에 무시할 수 없는 큰 사건이었다. 정밀하게 짜인 두세 줄의 시가 기념비에 새겨지거나 박장대소와 함께 입에서 입으로 전해지면 그 학자의 명성은 하루아침에 달라졌기 때문이다. 이런 풍조는 이탈리아에서 일찍부터 있었다. 구이도 다 폴렌타(1275?~1330. 라벤나 영주)가 단테의 묘에 기념비를 세운다는 소문이 퍼지자, "이름을 날리려는 자, 죽은 시인을 기리려는 자, 폴렌타의 총애를 얻으려는 자"들이 쓴 묘비명이 사방에서 쏟아져 들어왔다.[24] 밀라노의 대성당에 있는 대주교 조반니 비스콘티(1354년 사망)의 묘비에는 36행의 6각운 시 아래 "파르마 사람, 법학박사 가브리우스 디 차모레이스가 이 시를 바치다"라고 새겨져 있다. 격언시는 주로 마르티알리스와 카툴루스의 영향으로 점점 확대되어 갔다. 고대의 것으로 보이거나, 고대 비명에서 따온 것 같거나,[25] 혹은 벰보의 몇몇 시처럼 온 이탈리아 사람이 암송할 만큼 뛰어난 것을 최고의 격언시로 꼽았다. 베네치아 정부가 산나차로의 2행시 찬가 세 편에 대한 사례로 600두카토를 지불한 것도 결코 큰 낭비가 아니었다. 그 시대에는 모든 교양인들이 격언시를 명예의 절정으로 평가했기 때문이다. 한편 비꼬는 격언시에 찔려 아픔을 느끼지 않을 정도로 강한 권력자는 한 명도 없었다. 그리고 권력자도 비명을 쓸 때는 언제나 신중하고 박식한 학자의 조언을 구했다. 우스꽝스러운 묘비명을 썼다간 우스갯소리 모음책에 실릴 위험이 있었기 때문이다.[26] 고대 비문의 성실한 연구를 바탕으로 한 비명(碑銘)문학과 격언시는 서로 손을 잡고 발전했다.

격언시와 비명(碑銘)의 도시는 예나 지금이나 로마이다. 세습제가 없는 이 나라에서는 저마다 스스로 자기 이름을 영원히 남길 방법을 생각해야 했다. 또한 짧은 조롱시는 출셋길의 경쟁자에게 대항할 무기였다. 교황 피우스 2세는 그의 수석 궁정시인인 캄파누스가 그의 통치 기간 중 특별한 일이 있을 때마다 지어 바친 2행시들을 만족스럽게 꼽아 보았다. 그의 뒤를 이은 교황들 치하에서는 풍자적인 격언시가 유행했으며, 교황 알렉산데르 6세와 그의 가문

---

24) Boccaccio, *Vita di Dante*, p.36.

25) 산나차로는 그런 모작을 내세워 그를 괴롭힌 사람을 비웃으며 이렇게 말했다. "다른 사람에게는 이런 비명이 오랜 옛적 것이겠지만, 내게는 새로운 것이다."

26) *Lettere de' principi*. I, 88, 91.

(보르자 가문)에 던지는 악랄하고 무례한 조롱은 절정에 이르렀다. 산나차로는 비교적 안전한 곳에서 풍자시를 썼으나, 다른 이들은 궁정 가까이에서 위험을 무릅쓰고 그 일을 감행했다(2편 4장 참조). 바티칸 도서관 문에 협박성 2행시 여덟 편이 붙은 것 때문에[27] 알렉산데르 6세가 호위병 800명을 늘린 일도 있었다. 그 시를 쓴 작가를 붙잡았다면 교황이 어떻게 처리했을지 어렵지 않게 상상할 수 있다. 교황 레오 10세 시대에는 라틴어 격언시가 그날그날의 양식이었다. 교황을 찬미하든 모독하든, 적과 희생자를 징벌하는 데 실명을 거론하든 익명으로 하든, 기지·비방·비애·명상과 같은 주제를 실제로 다루든 허구로 만들어 내든 이보다 적당한 형식은 없었다. 안드레아 산소비노가 성 아고스티노 교회를 위해 성모 마리아와 성 안나와 어린 예수를 조각한 유명한 군상에는 120명이나 되는 사람들이 라틴 시를 지어 바쳤다. 이는 물론 신앙심 때문이 아니라 조각 의뢰인의 환심을 사기 위해서였다.[28] 의뢰인은 교황의 청원 중재인이던 룩셈부르크 태생의 요한 고리츠로, 성 안나 축일에 예배를 주관했을 뿐만 아니라 카피톨리노 언덕의 중턱에 있는 자기 정원에서 문학자들을 모아놓고 성대한 잔치를 베풀었던 것이다. 그 시절 교황 레오의 궁정에서 행운을 찾아 다니던 시인 무리를 프란체스코 아르실루스처럼[29] 《도회의 시인에 대해서 De poetis urbanis》 같은 장편시를 통해 살펴보는 것도 수고할 가치가 있는 일이다.

---

27) Malipiero, *Ann. veneti, Arch. stor.* VII, I, p.508. 이 풍자시 끄트머리에 보르자 가문의 문장인 황소를 두고 이렇게 노래했다.
   테베레강이여, 이 사나운 송아지들을 너의 파도로 삼켜라.
   어미 소는 유피테르의 큰 제물로 지옥에 떨어트려라.

28) 이 일의 전모는, Roscoe, *Leone X.*, ed. Bossi VII, 211, VIII, 214 이하 참조. 1524년 인쇄되어 오늘날에는 쉽게 구할 수 없는 시집 《코리키우스의 노래 *Coryciana*》에는 라틴어로 된 시만 실려 있다. 바사리는 아우구스티누스회 수도원에서 소네트 등도 실려 있는 특별한 책을 보았다. 이 조각상에 시를 새겨넣는 일이 크게 유행했기 때문에, 결국에는 조각상에 울타리를 쳐서 보이지 않게 막아야 했다. 고리츠를 '노(老) 코리키우스'라고 바꿔 부른 것은 Virgil, *Georg.* IV, 127에 나와 있다. 로마 약탈 뒤 그의 비참한 최후에 대해서는 Pierio Valeriano, *de infelic. literat.* 참조.

29) Roscoe, *Leone X.*의 부록 및 *Deliciae*에 실려 있다. Paul. Jov. *Elogia, Arsillus* 대목 참조. 또한 수많은 격언시 작가들에 대해서는, Lil. Greg. Gyraldus, *De poetis nostri* 참조. 가장 신랄한 작가 가운데 하나는 마르칸토니오 카사노바였다.—그다지 알려지지 않은 사람 중에는 Joh. Thomas Muscanius(*Deliciae* 참조)를 꼽을 만하다.

무덤에 새겨진 라틴어 묘비명 '아르카디아에도 나는 있다'를 보고 푸생은 '나도 한때 살아 있었지만 지금은 죽어서 이곳에 있다'라는 뜻으로 받아들여 목자의 죽음을 애도하는 그림으로 표현했다. 니콜라 푸생 작 〈아르카디아의 목자들〉(1938~39). 파리 루브르 미술관 소장.

아르실루스는 교황이나 군주의 비호를 원하지 않았고, 동료 시인들에게도 필요하면 거침없이 펜을 겨누던 사람이었다. 격언시는 파울루스 3세 이후 간신히 명맥을 이어갔으나, 비명문학(碑銘文學)은 오랫동안 번성하다가 17세기에 이르러서야 이윽고 과장된 문체에 밀려 소멸하고 말았다.

베네치아에도 비명문학의 특별한 역사가 있다. 우리는 프란체스코 산소비노가 쓴 《베네치아》를 통해 그 자취를 좇을 수 있다. 총독 궁전의 넓은 홀에 걸린 역대 총독의 초상화에 짧은 글을 지어 붙이는 것이 시인들의 고정 임무였다. 그 글은 2행 내지 4행의 6각운 시로 그 인물의 재임 중 주요 업적을 노래하는 것이었다.[30] 14세기 총독의 묘에는 사실만을 기록한 간결한 산문체 비문이 적혀 있지만, 아울러 과장된 6각운 시구나 레오니우스 시형(詩形)도 보인다. 15세기가 되면 문체에 더 세심하게 신경을 쓰고, 16세기에는 그것이 절정에 달하여 마침내 쓸데없는 대구(對句), 의인법, 과잉 감정, 관념적인 찬양 등 한마디로 허식과 과장이 시작된다. 죽은 사람을 노골적으로 칭찬함으로써 은근히 다른 사람을 신랄하게 비난하는 표현도 아주 빈번해졌다. 또다시 두세 줄의 간결한 비명이 나타난 것은 훨씬 뒷날의 일이다.

건축과 장식품은 일반적으로 비명을—때로는 몇 번씩—넣을 준비가 완벽하게 갖추어져 있었다. 그러나 북유럽의 고딕양식에는 비명을 넣을 자리를 마련하기가 여간 힘들지 않았으며, 대체로 묘비의 비명은 가장 파손되기 쉬운 가장자리에 파 넣었다.

지금까지의 설명으로 이탈리아인에게 라틴 시가 얼마나 특별한 가치를 지니는지 정확히 이해시켰다고 생각하지는 않는다. 여기서는 다만 그 시의 문화사적인 위치와 필연성을 암시했을 뿐이다. 게다가 그 시대에 이미 라틴 시를 희화한 글도 등장했는데,[31] 이른바 '마카로니 시'가 그것이다. 그 대표작인 《마카로니 시 모음 Opus macaronicorum》은 메를리누스 코카유스, 즉 만토바의 테오필로 폴렝고가 쓴 것이다. 그 내용은 나중에 따로 다루기로 하고 여기서는 형식만 잠깐 살펴보겠다. 마카로니 시는 라틴어와 라틴어 어미를 붙인 이탈리아어를 뒤섞어 쓴 6각운 및 그 밖의 다른 형식의 시를 말한다. 마카로니 시의 우스꽝스러운 묘미는 이 뒤섞임 때문에 흥분한 라틴어 즉흥시인의 입에서 두서없이 튀어나온 잘못된 말처럼 들린다는 데에 있다. 독일어와 라틴어를 뒤섞어 이를 모방한 시들은 전혀 이런 맛이 나지 않는다.

---

30) *Vite de' duchi di Venezia*(Murat. XXII.)에서 마린 사누도가 이러한 글을 잘 전하고 있다.

31) Scardeonius, *de urb. Patav. antiq.*(Graev. thes. VI, III, Col. 270)는 마카로니 시의 실제 창안자로 15세기 중엽 파도바에 살았던 오다조(Odaxius)라는 사람을 꼽았다. 그러나 라틴어와 이탈리아어를 섞어 쓴 시는 그보다 훨씬 전부터 곳곳에 존재했다.

10. 16세기 인문주의자들의 몰락

14세기 초부터 빛나는 시인 겸 문헌학자들이 여러 세대에 걸쳐 일어났다. 그들은 이탈리아와 온 세계를 고대 예찬으로 가득 채웠고, 문화와 교육의 형식을 규정했으며, 때로는 정치에서도 중심을 차지했고, 온 힘을 다해 고대 문헌을 모방했다. 그러나 16세기가 되면서 세상 사람들은 그들을 불신하기 시작한다. 아직은 그들의 가르침과 지식이 영향력 있었으므로 사람들은 연설할 때나 글을 쓰고 시를 지을 때도 여전히 그들을 본보기로 삼았으나, 개인적으로는 아무도 그들처럼 되려고 하지 않았다. 인문주의자들은 교만하고 파렴치하다는 두 가지 주된 비난과 더불어 세 번째 비난의 소리가 들려왔다. 막 시작된 반종교개혁에서 나온, 그들에게 신앙심이 없다는 목소리가 그것이었다.

그런 비난이 참이든 아니든 간에 왜 진작 일어나지 않았는가. 사실 이런 비난의 소리는 꽤 일찍부터 있었지만 단지 힘을 얻지 못했던 것뿐이다. 그 이유인즉, 고대 지식에 관해서는 오로지 이런 문인에게 의지해야 했고, 이 문인들이 아주 사적인 감각으로 그것을 소유하고 유지하고 보급시켰기 때문이다. 그런데 고전작가의 인쇄본[1]이나 보기 쉬운 안내서와 참고서가 많이 보급되자 민중은 인문주의자들과 개인적으로 끊임없이 교류하지 않아도 되었다. 그리하여 그들의 도움을 끊을 수 있게 되자 이내 위에서 말했듯이 여론이 달라진 것이다. 이 변화 때문에 인문주의자들은 좋은 사람이든 나쁜 사람이든 똑같이 고통받게 되었다.

이런 비난의 시초는 인문주의자들 자신이었다. 한 계층을 이룬 사람들끼리 이토록 단결심이 부족하기는 이들이 처음이었다. 혹여 단결심이 일어날라치면 이들은 유례없이 그것을 무시했다. 더욱이 그들은 다른 인문주의자를 능가할

---

1) 이런 고전 인쇄본은 아주 일찍부터 고대의 주석과 새로운 주석을 병기하여 출판되었다.

기회를 잡으면 수단과 방법을 가리지 않았다. 그들의 학문적 토론은 눈 깜짝할 새에 인신공격과 극단적인 비방으로 변했다. 그들은 상대의 논거를 반박하는 게 아니라 모든 면에서 말살하려 했던 것이다.

인문주의자들의 환경이나 지위를 보면 그들이 이러는 것도 얼마쯤은 이해할 수 있다. 우리는 그들의 목소리로 대변된 시대가 명성과 조롱으로 얼마나 심하게 요동쳤는지를 보았다. 사실 현실 생활에서 그들은 끊임없이 생존을 위해 싸워야 하는 처지였다. 이런 분위기 속에서 그들은 글을 쓰고 연설하고 서로가 서로를 공격적으로 묘사했던 것이다.

포조의 작품만 보더라도, 그 안에는 그들 전체에 대한 선입관을 불러일으키기에 충분한 추한 말이 섞여 있다. 그럼에도 이 '포조 작품집'은 알프스 이북과 이남에서 가장 많이 간행된 책이었다. 15세기 인문주의자들 가운데서 아무런 오명에 물들지 않은 인물을 발견했다 하더라도 성급히 기뻐할 일이 아니다. 조금만 찾아보면 여기저기서 그에 관한 불쾌한 내용들이 눈에 들어오고, 설령 그 비방을 믿지 않는다 하더라도 그것이 그 인물의 인상에 어두운 그림자를 드리우기 때문이다. 수많은 외설적인 라틴어 시나 폰타노의 대화편 《안토니우스》에 나와 있는 자기 가족들에 대한 빈정거림도 여기에 속한다.

16세기 사람들은 누구나 이런 추한 기록을 잘 알고 있었을 뿐만 아니라 인문주의자라는 부류에 아주 질려 있었다. 인문주의자들은 이제 자신들이 저지른 과실과 지금까지 누렸던 과도한 명성에 합당한 대가를 치러야 했다. 결국 그들의 얄궂은 운명은, 이탈리아 최고의 시인 아리오스토에게서 차디찬 경멸의 말을 듣기에 이른다.[2]

그들에게 등을 돌리게 만든 갖가지 비난은 유감스럽지만 대부분 꽤 근거 있는 것들이었다. 하지만 인문주의자들 가운데에는 엄격한 도덕성과 종교성이라는 두드러진 성향을 변함없이 지니고 있는 사람들도 많았다. 그러므로 인문주의자 계층 전체를 비난하는 것은 그 시대의 사정을 잘 모르는 증거라 하겠다. 그러나 많은 인문주의자들, 특히 가장 목소리가 큰 사람들에게는 분명 죄가 있었다.

---

2) Ariosto, *Satira* VII. 1531년 풍자시.

그들의 죄를 설명하고, 나아가 그 죄를 가볍게 해줄 수도 있는 세 가지 사정이 있다. 첫째, 행운이 그들 편일 때 그들은 지나치게 교만했다. 둘째, 영예와 치욕이 후원자의 호방함이나 적의 악의에 좌우되어 그들의 외적 생활은 확실하게 보장된 것이 없었다. 셋째, 고대의 영향은 그릇된 생각에 빠지기 쉽게 만든다. 고대는 그들의 윤리를 어지럽혔을 뿐 그들에게 고대 자체의 윤리를 전하지는 않았다.

종교에서도 고대는 주로 회의적이며 부정적인 측면에서 영향을 주었다. 인문주의자들이 고대 신들에 대한 신앙을 긍정적으로 받아들이지 않았기 때문이다. 그들은 고대를 교리―모든 사고와 행동의 모범으로서 파악했기 때문에 불리한 처지로 내몰린 것이다. 그러나 고대세계와 그 산물을 극단적으로 숭배한 시대가 있었다는 사실은 어느 누구의 죄가 아니라 보다 높은 역사적 섭리였다. 그 이후 시대의 모든 문화는, 그런 일이 있었다는 사실과 그런 일이 한때 그처럼 철저하고 일방적으로 다른 모든 삶의 목표를 무시하고 번영했다는 사실에 뿌리내리고 있다.

인문주의자의 생애는 대체로 아주 확고하고 뛰어난 도덕성을 갖춘 인물만이 상처 입지 않고 감당해낼 수 있는 길이었다. 첫 위험은 대개 부모였다. 부모들은 그 시절 가장 대우 받았던 이 계급에서 자기 아이가 오르게 될 자리를 기대하며 조숙한 자녀를 신동으로 만들었다.[3] 그러나 보통 신동들은 어느 단계가 되면 발전을 멈추었고, 그렇지 않으면 고된 시련과 싸우며 좀 더 나은 발전과 명예를 쟁취해야 했다.

야망에 불타는 청년에게도 인문주의자의 빛나는 자리와 명성은 위험한 유혹이었다. 청년들은 자기들도 "고결함을 타고났으니 평범하고 비천한 일은 무시해도 된다"[4]고 생각했다. 이리하여 사람들은 변덕스럽고 파란만장한 생활

---

3) 이런 신동은 여럿 있었다. 그러나 실제 사례를 증명하는 일은 잠시 접어두고자 한다. 줄리오 캄파뇰라는 공명심 때문에 무리하게 키워진 신동이 아니었다. Graev. *thesaur.* VI, III, Col. 276에 수록된 Scardeonius, *de urb. Patav. antiq.* 참조.―1544년에 15세로 죽은 체키노 브라치라는 신동에 대해서는 Trucchi, *poesie ital. inedite* III, p.229 참조.―카르다노의 아버지가 '인위적인 기억을 주입시키고자' 카르다노에게 아직 어릴 때부터 아라비아 점성술을 가르친 것에 대해서는, Cardanus, *de propria vita,* cap. 34 참조.

4) 필리포 빌라니가 한 말(Filippo Villani, *Vite* p.5).

속으로 빠져들었다. 그것은 뼈를 깎는 공부, 가정교사, 비서, 대학교수, 군주 시중, 목숨을 내건 적대관계와 그에 따른 위험, 사치와 빈곤, 감격적인 경탄과 비오듯 쏟아지는 비웃음 등이 어지러이 뒤엉킨 삶이었다. 때로는 가장 견고한 지식이 천박한 호사가의 지식에 밀리는 수도 있었다.

그러나 가장 나쁜 점은, 그들이 어느 한곳에 진득이 정착할 수 없다는 현실이었다. 그들은 주거지를 옮길 수밖에 없는 상황에 부닥치거나, 어딜 가든 오랫동안 안주할 수 없을 것 같은 기분이 들었기 때문이었다. 인문주의자들은 그 지방 사람들에게 질려버리거나 적대관계를 쌓아 편히 살 수 없었고, 사람들은 끝없이 새로운 것을 갈구했다.[5] 이를 보면 필로스트라투스[6]가 묘사한 제정시대의 그리스 소피스트들이 떠오르겠지만, 그래도 소피스트들의 상황이 훨씬 나았다. 소피스트들은 대부분 부자였고, 또 학자라기보다는 직업 연설가였으므로 생활하기가 더 수월했고 자유로웠기 때문이다. 그러나 르네상스의 인문주의자는 방대한 지식을 갖추는 동시에 변화무쌍한 상황과 일에 대처할 줄도 알아야 했다. 게다가 그들은 시름을 달래기 위해 방종에 빠져들기도 했고, 사람들에게 파렴치한의 오명을 쓰게 되자 이내 일반적인 도덕법칙에 무관심해졌다. 이런 성격은 어지간히 오만하지 않고서야 결코 나올 수 없는 것이다. 그들은 높은 곳에 머무르기 위해서라도 오만해야 했다. 또한 세상에서 증오와 칭찬을 번갈아 받음으로써 이런 근성을 견고히 다졌다. 그들은 해방된 주체성의 대표적인 실례이자 희생자였다.

인문주의자에 대한 비난과 풍자적 묘사는 앞서 살펴본 바와 같이 일찍이 시작됐다. 발달한 모든 개인주의와 모든 명성에는 일정한 조소라는 징벌이 따랐다. 이때 가장 지독한 비난의 자료를 제공한 사람은 본인이었으므로 사람들은 그것을 이용만 하면 되었다. 이미 15세기에는 바티스타 만토바노가 일곱 괴물을 열거할 때,[7] 인문주의자를 다른 많은 사람들과 함께 '오만'이라는 항목에 넣었다. 만토바노는, 아폴론의 아들이라며 우쭐대는 인문주의자들이 심술

---

5) 3편 4장 참조. 사람들은 교수가 바뀌는 것을 환영했고, 새로운 교수들에게 늘 새로운 지식을 기대했다.

6) Philostratus(170?~245). 로마제정시대의 그리스 소피스트. 소피스트들의 전기를 썼다.

7) Bapt. Mantuan., *De calamitatibus temporum*, L. I.

굳은 얼굴로 제 딴에는 엄숙한 척 걷는 모습과 낱알을 쪼아 먹는 두루미처럼 자기 그림자를 내려다보다가 명예를 갈망하며 초조해하는 모습을 묘사했다.

그러나 16세기는 그들에게 정식으로 심판을 내렸다. 아리오스토 말고도 문학사가 지랄디가 이 사실을 증명한다. 그의 논문은[8] 교황 레오 10세 시절에 쓴 것을 1540년 무렵에 수정한 듯 보인다. 논문에는 문인들의 도덕적 무절제와 비참한 생활에 대한, 고대와 근대의 경고성 실례가 수두룩하게 나온다. 그리고 그 사이사이에 격렬한 비난을 곁들이고 있다. 그 주요

아리오스토(1474~1533) 르네상스기 이탈리아 최고의 시인. 피렌체 우피치 미술관 소장.

한 비판 대상은 분노, 허영, 아집, 자기 숭배, 방종한 사생활, 온갖 부도덕, 이단, 무신론, 확신 없는 능변, 정부에 끼치는 악영향, 현학적인 언어, 스승에 대한 망은(忘恩), 학자들을 미끼로 유혹한 뒤 굶기는 군주들에 대한 비굴한 아부 등이다. 마지막으로 그는 아직 학문이 없던 황금시대를 논하며 끝을 맺는다. 이런 비난 가운데 가장 위험한 부분은 이단에 대한 내용이었다. 따라서 지랄디도 전혀 해롭지 않은 자신의 젊은 시절 책을[9] 뒷날 다시 펴낼 때 페라라 공작 에르콜레 2세(재위 1534~59. 에스테 가문)의 비호를 청해야만 했다.[10] 이미 그때는 신

8) Lil. Greg. Gyraldus : *Progymmasma adversus literas et literatos*.
9) Lil. Greg. Gyraldus : *Hercules*. 이 책의 헌사는 종교재판의 섬뜩한 초기 움직임을 잘 보여준다.
10) 에르콜레 2세는 학자들의 마지막 비호자였다.

화 연구보다 그리스도교 문제로 시간을 보내는 편이 좋다고 생각하는 사람들이 여론을 지배하고 있었기 때문이다. 이와 반대로 지랄디는, 신화 연구야말로 이러한 시대에 거의 유일하게 무해한, 다시 말해 중립적인 학문적 서술의 대상이라고 주장했다.

그러나 책망뿐만 아니라 인간적인 동정을 중요시하는 증언을 찾는 것이 문화사가의 의무라고 한다면, 이따금 인용했던 피에리오 발레리아노의 《학자들의 불행》[11]보다 훌륭한 자료가 없다. 이 책은 '로마 약탈'이라는 암담한 배경 속에서 쓰인 것이다. 이 사건은 학자들에게도 재앙이었으나, 피에리오에게는 이미 오랫동안 그들을 괴롭혀온 비운의 종말로 여겨졌다. 피에리오는 대체로 올바르고 거짓 없는 감정으로 이를 기록했다. 그는 재능 넘치는 사람을 천재라는 이유로 박해하는 특별하고 고귀한 악마성 따위를 내세우지 않고, 단지 불행한 우연이 때로는 결정적인 것으로 나타날 수 있다는 사실을 확인하는 정도로 그친다. 비극을 쓰려는 것도 아니고, 모든 사실을 한층 높은 힘의 갈등으로 설명하려 한 것도 아니므로, 일상에서 벌어지는 여러 사건을 제시하는 것으로 만족한다. 여기서 우리는 동란 때 먼저 수입을 잃고 이어서 지위를 잃은 사람들, 두 지위를 놓고 저울질하다가 결국 둘 다 놓친 사람들, 돈을 옷 속에 넣고 꿰매어 언제나 지니고 다니다가 강탈당하고 미쳐 죽은 인간 불신에 빠진 구두쇠들, 교회의 봉록을 받은 뒤로 이전의 자유를 그리워하며 우울증에 빠져 말라가는 사람들을 보게 된다. 또한 열병이나 흑사병에 걸려 많은 학자들이 젊은 나이로 죽으면 그들이 고심하여 쓴 저작도 옷과 이불과 함께 불태워 버리는 것을 슬퍼한다. 살아남은 사람들은 동료에게 생명을 위협받아 괴로워하고, 어떤 사람은 욕심 많은 하인에게 죽임을 당하는가 하면, 또 어떤 사람은 여행 중에 괴한에게 붙잡혔다가 몸값을 내지 못해 감옥에서 굶어 죽는다. 그동안 받은 모욕과 멸시 때문에 말할 수 없는 괴로움 속에서 죽은 사람도 적지 않았다. 어느 베네치아인은 신동이었던 어린 아들의 죽음을 비관한 나머지 죽었고, 그러자 죽은 아이가 식구들을 모두 데려가는 듯 그의 어머니와 그

---

11) *De infelicitate literatorum*(피에리오 발레리아노는 로마를 떠난 뒤 파도바에 머물며 오랫동안 교수로서 명예로운 지위를 누렸다. 이 책 끝에서 발레리아노는, 카를 5세와 클레멘스 7세가 학자들에게 최고 대우를 해줬어야 했다고 원망한다).

형제도 뒤따라 죽었다. 수많은 사람들, 특히 피렌체 사람들이 스스로 목숨을 끊었고,[12] 어떤 이들은 전제군주의 비밀재판에 얽혀들어 목숨을 잃었다. 그렇다면 여전히 행복한 사람은 누구이며, 그들은 어떻게 행복을 얻었는가? 이런 비참한 현실에 아주 무신경해짐으로써?

피에리오가 대화 형식으로 엮은 이 논문의 한 등장인물이 이 물음에 훌륭하게 대답한다. 그는 바로 훌륭한 가스파로 콘타리니 추기경인데, 우리는 이 이름을 통해 그 시절 이런 문제에서 도출된 가장 심오하고도 진실한 의견을 들을 수 있을 것이다. 추기경의 눈에는 벨루노의 수도사 우르바노 발레리아노가 행복한 학자의 전형으로 보였다. 이 수도사는 오랜 세월 베네치아에서 그리스어 교사로 지냈고, 그리스와 동방을 여행했으며, 만년에도 결코 말을 타는 법 없이 걸어서 여러 나라를 돌아다녔다. 재산은 한 푼도 소유하지 않았고, 명예와 높은 지위는 모두 물리쳤으며, 사닥다리에서 떨어진 일 말고는 병치레한 번 없이 84세라는 고령까지 편히 살다가 세상을 떠났다. 이 수도사와 인문주의자들과의 차이는 무엇일까. 인문주의자들은 자유로운 의지와 해방된 주체성의 소유자로서 단순히 행복 추구로는 만족하지 못했다. 그러나 어려서부터 수도원에서 살아온 이 탁발수도사는 한 번도 자기 마음대로 식사하거나 잠을 자본 적이 없으므로 어떤 부자유도 부자유라고 느끼지 못했다. 이런 습관 덕에 그는 크나큰 괴로움 속에서도 내면적으로는 더없이 평안한 생활을 했고, 이런 인상은 제자들에게 그가 가르치는 그리스어보다도 더 큰 영향을 미쳤다. 제자들은 불행 속에서 슬퍼하느냐 스스로 극복하고 일어서느냐는 오직 자기 자신에게 달린 문제임을 확신하게 되었다. "그는 가난과 괴로움 속에서도 행복했다. 행복하기를 바랐기 때문이며, 안일에 젖지 않고, 공상에 빠지지 않았고, 절조를 가벼이 여기지 않고, 불만을 품지 않았으며, 언제나 적은 것은 물론 빈손이어도 만족했기 때문이다." 만일 콘타리니가 하는 말을 직접 듣는다면 여기에 종교적 동기까지도 엿볼 수 있을 것이다. 어쨌든 이 샌들을 신은 실천철학자는 우리에게 아주 의미심장한 말을 해주었다.

---

12) 단테의 《신곡》〈지옥편〉 13곡 참조(여기서 황제 페데리코 2세의 신하 피에르 델라 비냐가 자살에 대해 이야기한다).

히포크라테스의 해설자인 라벤나의 파비오 칼비[13] 역시 그와는 다른 환경에 있었음에도 그와 비슷한 성격을 보여 준다. 그는 노년에는 로마에서 "옛날 피타고라스학파처럼" 채소만 먹었고, 디오게네스의 통보다 더 낫다고 할 수도 없는 폐허에서 살았다. 교황 레오 10세가 주는 연금도 그는 꼭 필요한 만큼만 받고 나머지는 다른 사람에게 주었다. 그러나 우르바노 수도사처럼 건강하지 못했고, 그처럼 생의 마지막에 웃으면서 숨을 거두지도 못했다. '로마 약탈' 때 90세를 바라보는 이 노인을 에스파냐 사람들이 몸값을 노리고 납치하는 바람에 양로원에서 굶어죽었던 것이다. 그러나 그의 이름은 불멸의 왕국의 부름을 받아 오늘날까지 살아 있다. 라파엘로가 이 노인을 아버지와 같이 사랑하고 스승과 같이 존경하며, 모든 일에서 그의 조언을 구했기 때문이다. 아마도 그 조언은 주로 고대 로마의 고고학적 복원에 대해서였을 것이고(3편 1장 참조), 어쩌면 그보다 더 고상한 일에 대한 것이었는지도 모른다. 파비오가 라파엘로의 '아테네학원' 사상이나 다른 중요한 구상에 얼마나 기여했을지 그 누가 알겠는가.

이제 고상하고 평온한 삶을 살았던 인물 폼포니우스 레투스를 묘사하는 것으로 이 이야기를 마치고자 한다. 레투스에 대해서는 그의 문하생 사벨리코의 편지[14]를 통해 어느 정도 알 수 있는데, 다만 여기서 레투스는 고의로 다소 고대적인 인물이 되어 있다. 그래도 그 가운데 두세 가지 특징을 추려낼 수 있다.

레투스는 살레르노의 군주인 나폴리의 산세베리노 가문의 서자였다.[15] 그러나 자신의 가문을 인정하지 않았고, 함께 살자는 그들의 권유에는 다음과 같이 유명한 짧은 편지를 보냈다. "폼포니우스 레투스가 친척 여러분께 인사드립니다. 여러분의 희망은 이뤄 드릴 수 없습니다. 안녕히 계십시오." 작고 생기 있는 눈에 볼품없이 왜소한 사나이로 옷도 기이하게 입고 다닌 그는 15세기의 마지막 수십 년을 로마대학 교수로 지내면서, 에스퀼리누스 언덕(로마의 일곱 언

---

13) Coelii Calcagnini, *Opera*, ed. Basil. 1544, p.101. 서간 7권. Pierio Val. de *inf. lit.* 참조.

14) M. Ant. Sabellici *opera*, *Epist*. L. XI, fol. 56과 Paolo Giovio, *Elegia*에 나와 있는 그의 전기 참조.

15) 3편 8장 참조. 레투스는 가족들의 눈 밖에 나 모욕을 당하고 외국으로 떠나 그곳에서 학자로 성공한다.

덕 가운데 하나) 위에 있는 정원 딸린 작은 집에서 지내기도 하고 퀴리날루스 언덕(역시 로마의 일곱 언덕 중 하나) 위의 포도밭에서 살기도 했다. 집에서는 오리 같은 날짐승을 기르고, 포도밭에서는 카토, 바로,[16] 콜루멜라[17]의 가르침을 철저하게 따르며 농사를 지었다. 축제일에는 밖에서 물고기나 새를 잡기도 하고, 샘 곁이나 티벨레 강변의 나무 그늘에서 술판을 벌이며 시간을 보냈다. 그는 부(富)와 영화(榮華)를 멸시했다. 질투나 비방도 몰랐으며 자기 주변에서 그런 일이 일어나는 것조차 참지 못했다. 단지 성직계급에 대해서만은 솔직하게 비판했는데, 사실 레투스는 만년을 빼놓고는 종교 경멸자로 통할 정도였다. 교황 파울루스 2세의 인문주의자 박해에 연루된 그는 베네치아에서 교황에게 넘겨졌으나, 어떤 수단에도 자신의 품위를 떨어뜨릴 고백은 하지 않았다. 그 뒤로 교황과 고위 성직자들은 그를 곁으로 불러들여서 후원해 주었다. 또한 교황 식스투스 4세 때 일어난 동란으로 그의 집이 약탈당하자 사람들은 그가 잃어버린 것보다 더 많은 의연금을 모아 보냈다. 교사로서도 레투스는 매우 양심적이었다. 사람들은 아직 해도 뜨기 전에 그가 등불을 들고 에스퀼리누스 언덕을 내려가는 모습을 볼 수 있었다. 강당은 언제나 송곳 하나 세울 곳 없이 가득 차 있었다. 그는 말더듬이였기 때문에 강단에서는 무척 조심스럽게, 품위 있고 고르게 말했다. 그의 몇 안 되는 저서도 신중하게 기록된 것이다. 레투스보다 면밀하고도 세심하게 고대의 문장을 다룬 사람은 없었다. 또 레투스는 고대의 다른 유물에 대해서도 진심으로 존경을 표시하고, 그 앞에 서서 황홀함에 취해 눈물을 흘리곤 했다. 다른 사람을 돕기 위해서는 자신의 연구까지도 중단했으므로 사람들은 그를 크게 존경했다. 그가 죽자 교황 알렉산데르 6세조차 신하를 보내어, 신분 높은 성직자들이 운구하는 그의 유해를 따르게 했다. 아라첼리에서 거행된 그의 장례식에는 주교 40명과 모든 외국 사신들이 참석했다.

---

16) Marcus Terentius Varro(BC 116~BC 37). 로마 최초의 도서관장. 역사, 문학, 농업, 법률, 종교, 의학, 건축 등 갖가지 분야를 연구해 저술로 남겼다. 그러나 지금까지 남아 있는 것은 《라틴어론》 일부와 《농업론》뿐이다.

17) Lucius Junius Moderatus Columella. 1세기 중엽 로마의 작가. 주로 농업에 관한 저술을 남겼다. 그의 《농업론》(12권)은 일반 농사, 과수, 목축, 가금과 양어, 양봉, 조원술로 구성되어 있다.

레투스는 로마에서 고대의 희곡 중에서도 주로 플라우티우스의 희곡을 상연하고 보급하고 지휘했다(3편 8장 참조). 또 해마다 로마시 건설 기념일에 축제를 열어 그의 친구와 제자들에게 연설을 하든가 시를 낭독하게 했다. 이 두 가지 행사를 계기로 로마 아카데미라는 모임이 탄생해 그 뒤로도 이어진다. 이 아카데미는 완전히 자유로운 단체로 어떤 학회와도 관련이 없었다. 아카데미는 위에서 말한 행사 말고도 후원자의 초대를 받든가, 플라티나처럼 이미 작고한 회원을 추도할 때도 개최되었다.[18] 이런 행사에서는 오전에 먼저 아카데미 소속의 고위 성직자가 미사를 올렸다. 이어서 폼포니우스 레투스가 단상에 올라 자리에 어울리는 연설을 했고, 그다음 다른 회원이 올라가 2행운(行韻)의 시를 낭송했다. 추모식이든 축제든 마지막에는 토론이나 낭독으로 연회를 장식하는 것이 관례였다. 또한 이들 아카데미 회원은 일찍부터 식도락가로 알려져 있었는데, 특히 플라티나가 그랬다.[19] 때로는 손님들 몇몇이 아텔란풍[20] 웃음극을 공연하기도 했다. 회원 규모가 끊임없이 바뀌던 자유로운 이 아카데미는 시작할 때의 특성을 '로마 약탈' 때까지 이어갔으며, 안겔루스 콜로키우스나 요한 고리츠[21] 같은 사람들의 환대를 받기도 했다. 이 아카데미가 국민의 정신생활에서 얼마나 높이 평가받았는지는, 이와 비슷한 여러 사교단체들과 마찬가지로 정확히 점수 매기기 어렵다. 그러나 어쨌든 사돌레토[22] 같은 사람까지도 이 아카데미를 그의 젊은 시절 가장 즐거웠던 추억으로 꼽았다.

그 밖에도 많은 아카데미가 여러 도시에서 그곳에 사는 인문주의자의 수와 세력 또는 부자나 유력자의 후원 정도에 따라 만들어지고 해체되었다. 예를 들어 나폴리 아카데미는 조비아노 폰타노를 중심으로 모인 단체로 뒷날 회원 일부가 레체로 이주했으며,[23] 포르데노네 아카데미는 아비아노 장군의 궁정을

---

18) Murat. XXIII, Col. 161, 171, 185에 수록된 Jac. Volaterran. *Diar. Rom.-Anecdota liter.* II, p.168 이하.

19) Paul. Jov. *de romanis piscibus,* cap. 17, 34.

20) 캄파냐의 아텔란에서 로마로 전해진, 가면을 사용하는 웃음극.

21) 3편 9장 참조. 여기서 성모 마리아와 성녀 안나의 조각상 제작을 안드레아 산소비노에게 의뢰했던 인물. 요한 고리츠의 환심을 사기 위해 무수한 시인이 이 조각상에 라틴 시를 붙이려고 몰려들었다.

22) Sadoleti, *Epist.* 106, 1529년 서간.

23) Mai, *Spicileg. rom.* vol. VIII에 수록된 Anton. Galatei, *epist.* 10, 12.

구성했다. 루도비코 일 모로의 아카데미와 이 군주에게 그것이 어떤 의미였는지에 대해서는 이미 이야기했다.[24]

16세기 중엽에는 이런 단체들이 크나큰 변화를 겪은 듯하다. 지배적인 자리에서 밀려났을뿐더러 반종교개혁(가톨릭 종교개혁)의 영향으로 의심을 사게 된 인문주의자들은 점차 아카데미에서도 주도권을 잃었다. 라틴어 시도 이탈리아어 시에 자리를 내주었다. 이윽고 조금이라도 이름 있는 도시에서는 되도록 희한한 이름을 단 아카데미들이 생겨났으며,[25] 저마다 기부와 유산으로 형성된 자산을 보유하고 있었다.

시 낭독 말고도 과거 라틴어 시대의 전통을 이어 정기적으로 연회가 열렸고 희곡도 상연되었다. 희곡은 아카데미 회원들이 직접 상연하거나, 회원 감독의 지휘 아래 젊은이들이나 보수를 받는 전문 배우들이 공연하기도 했다. 이탈리아 연극의 운명과 뒷날 오페라의 운명은 오랫동안 이런 단체의 손 안에 있었다.

---

24) 1편 4장 참조. 많은 학자와 예술가의 후원자였던 루도비코 일 모로는 무엇보다 자신의 정신적 욕구를 채우기 위해 아카데미를 설립한다.
25) 이런 현상은 이미 16세기 중엽부터 나타났다. Lil. Greg. Gyraldus, *de poetis nostri temp.* II 참조.

제4편

세계와 인간의 발견

1. 이탈리아인의 여행

유럽의 다른 나라들이 수많은 제약으로 발전을 방해받던 때, 이탈리아 정신은 여기서 해방되어 고도의 개성적인 발전을 이룩했다. 나아가 고대 그리스와 로마의 문화를 배운 그들은 이제 바깥 세계의 발견에 눈을 돌려 그것을 말과 형식으로 표현하려 했다. 미술이 이 과제를 어떻게 해결했는가는 다음 기회에 논하겠다.

이탈리아 사람들이 세계의 먼 곳으로 떠난 여행에 관해서는 일반적인 사실만 훑어보겠다. 십자군원정은 모든 유럽 사람들에게 머나먼 곳에 나라들이 있음을 알렸고, 여행과 모험에 대한 열정을 불러일으켰다. 이런 모험심이 어떻게 지식욕과 이어지고 결국 지식욕의 노예가 되었는지를 설명하기는 쉽지 않다. 어쨌든 이 변화를 가장 빠르고 완전하게 이룬 것은 이탈리아 사람들이었다. 십자군원정도 그들은 다른 나라 국민과는 다른 생각을 가지고 참여했다. 그들은 이미 함대를 가지고 있었고, 동방에서의 상업적 이해도 고려했기 때문이다. 또한 지중해가 전부터 연안주민을 길러온 방법은 내륙이 그 주민을 길러온 방법과는 달랐다. 따라서 이탈리아인은 천성적으로 북유럽에서 말하는 의미의 모험가는 될 수 없었다. 그들이 지중해 동부의 모든 항구에 정착했을 때 그 가운데 가장 진취적인 자들은 그곳으로 모여든 이슬람 사람들의 광범위한 유랑생활에 자연스레 합류했다. 그러자 세계의 커다란 한 면이 말하자면 새로 발견된 것처럼 그들 눈앞에 고스란히 드러났다. 그들은 베네치아의 마르코 폴로처럼 몽골 세계의 파도에 휩쓸려 위대한 칸의 왕좌 앞까지 밀려갔다.

이탈리아 사람들은 대서양 발견에도 일찍부터 참여했으며, 13세기에는 제노바 사람이 이미 카나리아 제도를 발견했다.[1] 그리스도교의 영향이 남아 있는

---

[1] Luigi Bossi, *Vita di Cristoforo Colombo*. 여기에는 일찍부터 이탈리아인이 여행하고 발견한 것에 대한 개관이 있다. p.91 이하 참조.

동방의 마지막 도시 프톨레마이스가 멸망한 해인 1291년에 제노바 사람들이 동인도 항로를 찾고자 처음으로 시도했다는 것은 잘 알려진 사실이다.[2] 콜럼버스는 서유럽 민족을 위해 먼 바다를 항해한 수많은 이탈리아인 가운데 가장 위대한 사람일 뿐이다. 진정한 발견자란 우연히 처음으로 어느 곳에 도달한 사람이 아니라 스스로 찾아 헤맨 끝에 발견하는 사람이다. 이런 사람만이 선구자의 사상과 관심을 이어가며, 이에 걸맞은 보고를 쓸 수 있는 것이다. 이런 점에서 볼 때, 비록 이탈리아 사람들은 이곳저곳의 해안에 맨 처음 도착한 사람이라는 명예를 얻지 못했지만, 여전히 그들은 중세 후기에 특별한 의미에서 근대적 발견을 한 민족이었다.

이 명제를 자세히 논증하는 것은 발견의 역사가 맡아야 할 일이다. 그러나 바다 저편의 신대륙이 있을 것이라고 믿고 찾으러 나가 발견하고는 "세계는 작다", 지구는 사람들이 생각하는 것처럼 그렇게 크지 않다고 처음으로 외친 그 위대한 제노바 사람에게 우리는 언제나 감탄한다. 에스파냐가 이탈리아에 교황 알렉산데르 6세와 같은 인물을 보냈다면, 이탈리아는 에스파냐에 콜럼버스를 보냈다. 이 교황이 세상을 떠나기 불과 몇 주일 전(1503년 7월 7일)에, 콜럼버스는 자메이카에서 후세의 어느 누구도 감동 없이는 읽을 수 없는 훌륭한 편지를 고마움 모르는 가톨릭 왕들에게 쓰고 있었다. 1506년 5월 4일 콜럼버스는 발라돌리드에서 유언을 추가로 작성해 "교황 알렉산데르에게서 받았으며, 자신에게는 감옥과 전투와 불행 가운데서 가장 큰 위안이 되었던 기도서를 사랑하는 고향 제노바공화국에" 기증했다. 이로써 그 끔찍한 보르자(알렉산데르 6세)의 이름에도 한 가닥 은총과 자비의 빛이 비치지 않았나 싶다.

여행의 역사와 마찬가지로, 이탈리아인이 지리 기록을 발전시키고 우주현상지(宇宙現狀誌, cosmographie, 17세기까지는 지리학과 같은 용어)에 공헌한 점도 간단히 서술하고자 한다. 이탈리아 사람들의 업적을 다른 민족의 업적과 대충만 비교해도 그들이 얼마나 일찍부터 두드러지게 활약했는지 알 수 있다. 15세기 중엽, 이탈리아가 아닌 어디에서 에네아스 실비우스(뒷날 교황 피우스 2세)의 지리

---

2) Pert, *Der älteste Versuch zur Entdeckung des Seewegs nach Ostindien*, 1859 참조. 불충분하나마 Aeneas Sylvius, *Europae status sub Frederico* III. *Imp.* cap. 44(특히 Frehers *Scriptores*, Ausg. v. 1624, vol. II, p.87)에도 이에 대한 내용이 있다.

적·통계적·역사적 관심이 하나로 결합된 글을 찾아볼 수 있었겠는가. 어디에서 이렇게 균형 잡히고 완성된 서술을 발견할 수 있겠는가. 실비우스는 우주형상지에 관한 그의 대표작에서뿐만 아니라 편지와 주석에서도 능란한 필치를 선보이며 풍경, 도시, 풍속, 산업과 생산품, 정치적 정세와 헌법 등을 자신의 관찰을 바탕으로 서술한다. 실비우스가 책에만 의지해 쓴 것은 여기에 비하면 많이 뒤떨어진다. 그는 한때 티롤의 알프스 골짜기에서 프리드리히 3세로부터 성직록을 받았는데, 이 지역을 묘사한 짧은 스케치[3]에서도 모든 본질적인 생활상을 다루었으며, 고대를 배운 콜럼버스와 같은 나라 사람만이 할 수 있는 객관적 관찰과 비교의 재능을 보여 준다. 그가 보았던 것을 보고 그가 알았던 것을 일부분이나마 알았던 사람은 수없이 많았다. 그러나 그들은 이것을 묘사하려는 욕구가 없었고, 세상이 그런 묘사를 원한다는 생각도 하지 못했다.

우주형상지[4]에서도, 어디까지가 고대인의 연구 결과이고 어디까지가 이탈리아 사람 고유의 창조적인 열매인지 정확히 구별하려 해봤자 헛수고일 뿐이다. 그들은 고대인을 잘 알기 전부터 이미 이 세계의 사물을 객관적으로 관찰하고 연구했다. 그들 자체가 반쯤 고대적인 민족이고, 그때의 정치 상황이 그런 자질을 요구했기 때문이다. 그러나 고대 지리학자들이 그들에게 길을 보여주지 않았다면 그들도 그렇게 빨리 발전하지는 못했을 것이다.

끝으로 기존의 이탈리아 우주형상지가 여행자와 탐험가의 정신과 성향에 얼마나 영향을 주었는지는 가늠할 수 없다. 이를테면 에네아스 실비우스를 단순히 아마추어로 낮추어 평가하더라도, 그런 사람조차 대중의 관심을 확산시킬 수 있었다. 이런 관심은 새로운 개척자들에게 꼭 필요한 여론이나 유리한 선입견을 마련해 주었다. 어느 분야에서나 진정한 발견자는 자기들이 이런 중개자에게 얼마나 많은 덕을 보았는지 잘 알 것이다.

---

3) Pii II. *comment*. L. I, p.14.—실비우스가 언제나 올바른 관찰을 했던 것은 아니다. 때로는 자신이 본 풍경에 이것저것 함부로 덧붙이기도 했는데, 바젤을 서술한 부분을 보면 이를 분명히 알 수 있다. 그러나 전체적으로 그의 글은 높은 가치를 잃지 않는다.

4) 대서양 연안 국가들이 신세계 발견을 독점하다시피 한 16세기에도 이탈리아는 아직 지리학 관련 문헌의 중심지였다. 이탈리아의 지리학은 16세기 중반에 Leandro Alberti : *Descrizione di tutta l'Ialia* 라는 위대한 저작을 선보였다.

2. 이탈리아의 자연과학

　자연과학 분야에서 이탈리아인이 차지하는 위치를 알려면 전문서적을 참조해야 하지만, 그러한 전문서로는 아주 피상적이고 독단적인 리브리의 저술[1]만이 우리에게 알려져 있다. 어떤 발견을 누가 먼저 했느냐는 우리의 논쟁거리가 아니다. 지극히 평범한 사전 지식을 가지고 저항하기 힘든 충동에 이끌려 자신을 경험에 내맡기고서, 타고난 재능으로 가장 놀라운 성공을 이룩하는 사람은 어느 시대, 어느 문화 민족에서든 나올 수 있기 때문이다.

　랭스의 제르베르[2]와 로저 베이컨[3]이 그런 사람이었다. 그들이 자기 전문분야에서 그 시절의 모든 지식에 정통했던 점은 어디까지나 노력의 당연한 결과였다. 망상의 덮개가 벗겨지고, 전통과 책에 대한 예속이 끊기고, 자연에 대한 두려움이 사라지자 그들의 눈앞에는 갖가지 문제가 가로놓여 있었다. 그러나 어느 민족 전체가 자연의 관찰과 연구에 다른 민족보다 특별한 관심을 기울이고 먼저 익힌다면, 다시 말해 발견자가 위협이나 묵살을 당하지 않고 같은 취향의 사람들에게서 환영을 기대할 수 있다면 또 문제가 달라진다. 이탈리아가 바로 그런 나라였다.[4]

　이탈리아의 자연과학자들은 《신곡》에서 단테의 경험적 자연연구의 증거와 여운을 보고 자랑스럽게 생각했다.[5] 그들이 단테의 공으로 돌리는 발견과 말

---

1) Libri, *Histoire des sciences Mathématiques en Italie*, IV vols., Paris, 1838.
2) Gerbert(940?~1003). 라벤나의 대주교였다가 뒤에 프랑스인 최초로 교황이 되어 실베스테르 2세로 불린다. 본디 학자인 그는 학문을 널리 장려했고, 학문의 이론과 실용성을 특히 강조했다. 수학·논리학에 관한 저서를 펴냈다.
3) Roger Bacon(1214?~1294). 영국의 신학자·철학자이며, 연금술·광학 등을 연구했다. 중세에서 최초로 철학에 경험론을 도입하여 관찰과 실험의 가치를 강조했다.
4) 이를 정확히 판단하려면, 수학적인 여러 과학과는 달리 관찰 결과를 수집하는 일이 늘었다는 점을 확인해야 하지만, 그것은 우리가 다룰 문제가 아니다.
5) Libri, a. a. O. II, p.174 이하.

을 정말 단테가 가장 먼저 했는지는 우리가 판단할 수 없다. 그러나 단테의 여러 묘사나 비유에서 보이는 외부 세계에 대한 충실한 관찰을 보면 문외한마저 감동하게 된다. 자연이든 인간 생활이든 간에, 단테는 근대의 어느 시인보다도 현실을 바탕으로 묘사와 비유를 한다. 단순히 장식으로서가 아니라 자신이 말하려는 바를 가장 적절하게 표현하기 위한 수단으로 그것들을 활용했던 것이다. 단테는 특히 전문적인 천문학 학자처럼 보인다. 물론 오늘날 우리에게는 이 위대한 신곡에 나오는 천문학 지식들이 대단히 학구적인 것으로 보이지만, 그때는 누구나 알고 있는 상식이었음을 잊지 말아야 한다. 단테는 자신의 학식을 자랑하려는 것이 아니라, 그 시절 이탈리아인이 항해자로서 고대인과 공유했던 통속적인 천문학을 소개했던 것이다. 그러나 시계와 달력이 나오면서 별자리가 떠오르고 지는 데 대한 지식은 몰라도 되는 것으로 여겨졌고, 그와 더불어 사람들이 한때 품었던 다른 천문학적 흥미도 사라지고 말았다. 오늘날에는 안내서나 학교 수업 덕택에 아이들까지도 지구가 태양 주위를 돈다는, 단테가 전혀 몰랐던 사실을 알지만, 전문가가 아니고서야 천문학에는 완전히 무관심해지고 말았다.

별을 믿는 망상적 학문(점성술)은 당시 이탈리아인의 경험적 감각을 조금도 증명하지 못한다. 다만 미래를 알려는 강렬한 소망이 경험적 감각을 압도했을 뿐이다. 점성술에 대해서는 이탈리아 사람들의 윤리적·종교적 성격을 말할 때에 다시 이야기하겠다.

교회는 이러한 미신적 학문에는 대체로 너그러웠다. 그리고 순수한 자연 연구에 대해서도, 참이든 아니든 간에 이단과 주술이라는 고발이 들어올 때가 아니면 간섭하지 않았다. 이와 관련해서 중요한 것은, 이탈리아의 도미니크회와 프란체스코회의 종교재판관들이, 허위 고발임을 알면서도 고발한 사람을 생각해서 혹은 자연 연구와 특히 그 실험에 대한 은밀한 증오에서 유죄 판결을 내리는 일이 있는지, 있다면 어떤 경우인지를 밝히는 일이다. 자연관찰이나 실험에 대한 증오 때문에 유죄를 선고하는 일이 아마 있었을 테지만 그 사실을 증명하기란 쉽지 않다. 북유럽에서는 스콜라 철학자들이 공인한 자연학 체계가 혁신자들을 거부한 사실이 박해를 일으키는 데 일조했지만, 이탈리아에서는 이런 일이 그리 문제가 되지 않거나 전혀 상관없었다.

14세기 초 아바노의 피에트로는 질투의 희생양이 되어 종교재판에 회부되었다가 목숨을 잃었다. 동료 의사로부터 이단자요 마법사라는 죄목으로 고발당한 것이다.[6] 또한 의사로서 실천하는 개혁자로 알려진 동시대 파도바 사람 조반니노 상귀나치(Giovannino Sanguinacci)도 비슷한 일을 당한 듯하지만, 그는 추방당하는 것으로 끝났다.

끝으로, 이탈리아에서는 종교재판관으로서 도미니크회 권력이 북유럽에서처럼 일관되게 행사되지 않았다는 사실도 잊어서는 안 된다. 14세기에는 전제군주와 자유국가가 때때로 성직자라면 경멸부터 하고 보았기 때문에, 자연 연구와 거리가 먼 것까지도 처벌되지 않고 허용되었다.

그러나 15세기에 접어들어 고대가 힘차게 전면에 나타나자 옛 체계로 열린 돌파구는 모든 세속적 연구에 유리한 공동의 돌파구가 되었다. 다만 인문주의가 우수한 인재를 자기 쪽으로 끌어 들이면서 경험적 자연 연구에 타격을 주기도 했다.[7] 그러는 동안에도 이곳저곳에서 끊임없이 종교재판이 열려 의사가 신성모독이나 주술의 혐의를 받고 처벌당하거나 화형당했으나, 이들이 정말 무엇 때문에 처형당했는지 그 은밀한 동기가 제대로 조사된 적은 한 번도 없었다. 그럼에도 15세기 말의 이탈리아는 파올로 토스카넬리, 루카 파촐리, 레오나르도 다빈치 덕분에 수학과 자연과학에서 유럽 제일의 자리를 차지했다. 그리고 다른 여러 나라의 학자들은, 레기오몬타누스[8]나 코페르니쿠스까지도 자신들이 이탈리아인의 제자임을 인정했다.

박물학에 대한 관심이 일반으로까지 확대되었음을 보여 주는 중요한 단서는 일찍부터 나타난 수집가 기질과 동식물 비교 관찰 욕구이다. 우선 이탈리아는 세계 최초의 식물원을 자랑하는데, 이곳은 그저 실용적인 목적 위주의 장소였고 더욱이 최초라는 수식어도 문제가 될 수 있다. 이보다 훨씬 중요한 것이 바로 군주와 부호들이 정원을 만들면서 자연스럽게 힘닿는 데까지 갖가

---

6) Graevii *Thesaur. ant. Ital.* Tom. VI, pars III에 수록된 Scardeonius, *de urb. Patav antiq.* 참조.
7) Libri, a. a. O. II, p.258 이하에 있는 리브리의 과장된 탄식 참조. 재능을 타고난 국민이 그 재능을 자연과학에 쏟지 않은 것은 몹시 애석한 일이지만, 우리는 그들이 그보다 더 중요한 목표를 바라보았으며 그것에 어느 정도 도달했다고 믿는다.
8) Regiomontanus(1436~1476). 독일의 천문학자, 수학자. 독일에서 처음 천문대를 세웠다.

지 색다른 식물들과 변종 수집에 나섰다는 사실이다. 15세기 메디치가의 카레지 별장에 있는 호화로운 정원은 나무 종류가 아주 많아 마치 식물원 같았다고 한다.[9] 16세기 초, 티볼리를 향해 뻗은 로마 평야에는 추기경 트리울치오의 별장이 있었는데,[10] 여러 종류의 장미로 울타리가 쳐져 있고, 온갖 특이한 과일나무를 비롯한 다양한 나무들이 있었으며, 20종의 포도나무들과 큰 채소밭을 갖추고 있었다. 이곳의 식물은 서유럽 성이나 수도원의 정원 어디서나 볼 수 있는 수십 종의 흔한 약초들과는 달랐다. 식탁에 올릴 개량된 과일을

레오나르도 다빈치(1452~1519) **자화상**(1510) 토리노 왕궁 소장.

재배하기도 했고, 단지 눈을 즐겁게 하기 위한 식물에도 흥미를 기울였다. 정원이 언제부터 수집가적 흥미에서 벗어나 건축학적, 회화적 설계에 합류하게 되었는지는 미술사를 통해 알 수 있다.

외국의 동물을 사육하는 것도 관찰 욕구와 분명히 관련이 있었다. 지중해 남동부 여러 항구를 통한 편리한 수송과 이탈리아의 좋은 풍토 덕분에 남국의 집채만 한 동물도 쉽게 사들일 수 있었고 술탄에게서 선물로 받기도 했다.[11]

9) Alexandri Braccii *descriptio horti Laurentii Med.* 로스코의 《로렌초전》 부록 58로 수록되어 있다. Fabroni의 《로렌초전》 부록에도 있다.

10) *Mondanarii Villa, Poemata aliquot insignia illustr. poetar. recent.*

11) 하인리히 6세 치하의 팔레르모의 동물원에 대해서는 Otto de S. Blasio ad a. 1194. Böhmer,

피렌체처럼 문장에 사자가 들어간 국가가 아니더라도 여러 도시나 군주는 특히 사자를 즐겨 길렀다. 사자 굴은 페루자와 피렌체에서는 궁정 안이나 그 곁에 있었고, 로마에서는 카피톨리노 언덕 중턱에 있었다. 사자는 때때로 정치적 판결의 집행자 역할을 했으며,[12] 언제나 민중의 공포심을 불러일으켰다. 그 밖에 사자의 움직임은 여러 전조로 여겨졌다. 특히 사자의 번식력은 번영의 징조였다. 조반니 빌라니 같은 사람들도 아무 거리낌 없이 암사자가 새끼 낳는 광경을 목격하고 기록했다.[13] 태어난 새끼 가운데 몇 마리는 우호관계인 도시국가와 군주에게 선물하거나 용병대장에게 무용에 대한 포상으로 주었다.[14] 피렌체 사람들은 훨씬 일찍부터 표범도 길렀으며, 이를 위해 특별히 표범 사육사도 고용했다.[15] 페라라의 보르소는[16] 자기가 기르는 사자를 수소나 곰, 멧돼지와 싸우게 했다.

15세기 말에는 군주의 궁에 신분에 걸맞은 사치로서 진짜 동물원(serragli)이 있었다. "말, 개, 노새, 매를 비롯한 각종 새, 궁정 광대, 가수 그리고 외국 동물

Fontes III, 623 참조.(영국 헨리1세의 동물원(Guliel. Malmesbur., p.638)에는 사자·표범·낙타·고슴도치가 있었는데, 모두 외국 군주들에게서 기증받은 것이다.)

12) Papencordt, Gesch. der Stadt Rom im Mittelalter, S. 367의 주석에서 1328년의 한 사건에 관한 에지디오 다 비테르보의 글을 발췌한 부분 참조.—맹수와 맹수 혹은 맹수와 개 싸움은 큰 행사 때마다 민중의 오락거리였다. 1459년 피렌체에서는 교황 피우스 2세와 갈레아초 마리아 스포르차를 맞을 때 의사당 앞 광장에 소, 말, 산돼지, 개, 기린을 사자와 함께 풀어놓았다. 그러나 사자는 옆으로 드러누운 채 다른 동물들에게 덤비려 하지 않았다. Ricordi di Firenze, Rer. Ital. scriptt. ex Florent. codd. T. II, Col. 741 참조. Vita Pii II, Murat. III, II, Col. 976에는 이와 다른 내용이 실려 있다. 그 뒤 맘루크 왕조의 술탄 케이트베이는 로렌초 마니피코에게 두 번째 기린을 선물했다. Paul. Jov. Vita Leonis X., L. I. 참조. 그 밖에 로렌초의 동물원에서는 훌륭한 사자 한 마리가 특히 유명했다. 그 사자가 다른 사자에게 물려 죽은 일은 로렌초가 죽음을 알리는 전조라고 생각했다.

13) Gio. Villani X, 185. XI, 66. Matteo Villani III. 90, V, 68.—사자끼리 싸우거나 서로 죽이거나 하면 나쁜 전조로 받아들였다. Varchi, Stor. fiorent. III, p.143 참조.

14) Cron. di Perugia, Arch. stor. XVI, II, p.77. 1497년 항목.—한번은 페루자에서 사자 한 쌍이 도망친 일이 있었다. 같은 책 XVI, I, p.382, 1434년 항목.

15) Gaye, Carteggio, I, p.422, 1291년 항목.—비스콘티 가문은 조그만 개가 몬 토끼를 훈련시킨 표범이 사냥하게 했다. v. Kobell, Wildanger, S. 247 참조. 여기에는 뒷날에도 표범으로 사냥하는 예가 여럿 나와 있다.

16) Strozzii poetae, p.146. 188 및 사냥터에 대해서는 p.193 참조.

들이 군주의 사치품 목록에 들어 있다"고 마타라초는 말했다.[17] 페란테왕 시대에 나폴리의 동물원에는 바그다드의 군주가 선물한 기린과 얼룩말이 한 마리씩 있었던 것 같다.[18]

필리포 마리아 비스콘티(밀라노 공. 재위 1412~47)는 금화 500냥, 1000냥을 주고 산 말과 값비싼 영국산 개뿐만 아니라 널리 동양 여러 나라에서 모아들인 많은 표범을 소유하고 있었다. 또 북유럽에서 수소문해 들여온 사냥새를 돌보는 데 매달 금화 3000냥을 쏟아 부었다.[19] 포르투갈의 마누엘 대왕(마누엘 1세. 재위 1495~1521)은 그가 교황 레오 10세에게 코끼리 한 마리와 코뿔소 한 마리를 보냈을 때 그것이 얼마나 큰 효과를 낼지 잘 알고 있었다.[20] 그러는 사이 식물학에서와 마찬가지로 동물학에서도 과학적인 기초가 마련되었다.

그 뒤 동물학의 실용적인 측면은 종마소에서 발달했다. 그중에서도 프란체스코 곤차가 시대의 만토바에 있었던 종마소는 유럽에서 으뜸이었다.[21] 말의 품종을 품평하는 것은 아마도 승마와 마찬가지로 오랜 역사를 가지고 있고, 유럽 말과 아시아 말과의 이종교배는 특히 십자군원정 이래 시행되었을 것이다. 그러나 이탈리아에서 한 걸음이라도 더 빠른 말을 생산하려 했던 가장 큰 동기는, 명성 있는 도시에서 열리는 경마대회에서 우승하기 위함이었다. 만토바의 종마소에서는 우승마들을 키워냈고, 그 밖에도 혈통 좋은 군마와 권력자들에게 바치는 모든 선물 가운데 가장 귀한 선물로 꼽히던 말들을 사육했다. 곤차가는 에스파냐, 아일랜드, 아프리카, 트라키아와 특히 킬리키아 등지에서 수말과 암말을 들여왔는데, 이를 위해 술탄과 교류하며 우정을 나눴다. 여기서는 가장 우수한 말을 탄생시키기 위한 모든 시도가 이루어졌다.

---

17) Cron. di Perugia, l. c. XVI, II, p.199.–비슷한 이야기가 Petrarca, *de remed. utriusque fortunae*, I, 61에 나오지만 분명하게 언급하지는 않았다.

18) Jovian. Pontan. *de magnificentia*.–1463년 알바노의 아퀼레이아 추기경의 동물원에는 공작과 인도 닭 그리고 귀가 긴 시리아 산양도 있었다. Pii II. *comment*., L. XI, p.562 이하.

19) Decembrio, ap. Murat, XX, Col. 1012.

20) 자세한 내용은 Paul. Jov. *Elogia*의 Tristanus Acunius 관련 부분에 재미있게 씌어 있다. 피렌체의 스트로치 궁전의 호저와 타조에 대해서는 라블레의 《팡타그뤼엘》 4권 11장 참조.

21) Paul Jov. *Elogia*, 프란체스코 곤차가 관련 부분.–말의 품종과 관련된 밀라노의 사치는 Bandello, Parte II, *Nov*. 3, 8 참조.–서사적인 시에서도 우리는 이따금 말 전문가들의 이야기를 들을 수 있다. Pulci, il *Morgante*, c. XV, str. 105 이하 참조.

그런데 인간 동물원도 있었다. 느무르 공작 줄리아노의 서자인 유명한 추기경 이폴리토 메디치[22]는 자신의 별난 궁에 야만인 무리를 데리고 있었다. 그들은 20여 종의 다른 언어를 썼으며, 저마다 자기 인종 가운데서 뛰어난 사람들이었다. 그들 가운데는 고귀한 북아프리카 무어인의 고귀한 혈통을 이었으며 타의 추종을 불허하는 곡예사, 타타르인 궁수, 흑인 투사, 인도인 잠수부, 주로 사냥할 때 추기경을 수행하던 터키인 등이 있었다. 추기경이 운명에 따라 일찍 세상을 떠나자(1535년) 이 다양한 인종의 사람들은 주인의 관을 어깨에 메고 이트리에서 로마까지 갔다. 그리고 너그러운 주군을 애도하며 애통해하는 시민들과 함께 그들도 격렬한 몸짓과 저마다의 언어로 슬픔을 표현했다.[23]

자연과학과 이탈리아인의 관계와 자연의 다양하고도 풍부한 산물에 보인 그들의 관심을 적은 이 산만한 서술이 크게 부족하다는 점은 나도 잘 알고 있다. 그러나 이 결함을 보완해 줄 전문서가 있는지조차 잘 모르겠다.

---

22) Paul Jov. *Elogia*, 이폴리토 데 메디치 관련 부분.

23) 이 기회에 르네상스 때 이탈리아에 있던 노예에 관한 몇 가지 자료를 살펴보겠다. Jovian. Pontan. *De obedientia L.* III의 짧막한 핵심 부분을 보면 이렇다. 북부 이탈리아에는 노예가 없었다. 그 밖의 곳에서는 투르크의 그리스도교도, 불가리아인, 사카시아인을 사들여 그 대금을 갚을 때까지 부렸다. 흑인은 평생을 노예로 지냈다. 그러나 적어도 나폴리 왕조에서는 그들을 거세하는 일이 허락되지 않았다.—검은 피부의 인종은 모두 '모로(moro)'라 불렀고, 흑인은 '모로 네로(moro nero)'라 불렀다.—Fabroni, *Cosmus*, Adn. 110 : 사카시아의 여자 노예 매각 기록(1427년),—Adn 141 : 코시모의 여자 노예 목록.—Murat. III, II, Col. 1106에 수록된 Nantiporto : 교황 인노켄티우스 8세는 가톨릭 왕 페르난도 2세로부터 모로 100명을 선물 받아 그것을 추기경을 비롯한 저명인사들에게 나누어 주었다(1488년).—Massuccio, *Novelle* 14 : 노예 매매에 대한 내용.—24, 26 : 주인의 이익을 위해 열심히 일하는 흑인 노예,—48 : 카탈로니아 사람들이 튀니지의 모로 48명을 붙잡아 피사에서 판 내용.—Gaye, *Carteggio*, I. 360 : 피렌체의 어느 유서(1490년)에는 한 흑인 노예를 해방하고 그에게 선물을 주라고 적혀 있었다.—Paul. Jov. *Elogia*, sub Franc. Sfortia,—Porzio, *congiura*, III, 194 및 Comines, *Charles* VIII., chap. 17 : 나폴리의 아라곤 가문에서는 간수와 사형집행인으로 흑인을 고용했다.—Paul Jov. *Elogia*, sub Galeatio : 갈레아초는 외출할 때 수행인으로 흑인을 데리고 다녔다.—Aeneae Sylvii, *opera*, p.456 : 악사로 일한 흑인 노예.—Paul Jov. *de piscibus*, cap. 3 : 제노바의 수영 교사이자 잠수부로 일한(자유로운?) 흑인.—Eccard, *scriptores*, II, Col. 1608에 수록된 Alex. Benedictus, *de Carolo* VIII. : 베네치아의 고급관리였던 흑인(Aethiops). 이를 보면 오셀로도 흑인일 수 있다.—Bandello, Parte III. *Nov.* 21 : 제노바에서는 노예가 죄를 지으면 발레아레스 제도, 특히 이비사섬에 팔려가 소금 나르는 일을 해야 했다.

3. 자연미의 발견

자연과 친해지는 데에는 과학적인 조사로 지식을 얻는 것 말고도 다른 특별한 방법이 있었다. 이탈리아 사람들은 자연의 풍경을 아름다움으로 인식하고 즐긴 근대 최초의 민족이었다.[1]

풍경의 아름다움을 인식하는 능력은 길고도 복잡한 문화발전의 결과여서 그 기원을 찾기가 쉽지 않다. 이런 종류의 감정은 오랫동안 은밀한 형태로 숨어 있다가 시나 회화를 통해 나타남으로써 비로소 자각되기 때문이다. 고대 사람들은 미술과 시로 인간 생활 전반을 다룬 뒤에야 자연을 표현하기 시작했지만, 자연 묘사는 어디까지나 제한적이고 부수적인 자리에 머물렀다. 그러나 호메로스 이후로는 자연이 인간에게 준 강한 인상이 수많은 시구와 말을 통해 나타난다. 그 뒤 로마제국의 폐허 위에 나라를 세운 게르만 민족은 자연 풍경에 깃든 영혼을 인식하는 데 특출한 능력을 타고난 사람들이었다. 그들이 한동안 그리스도교의 강요 때문에 그때까지 숭배하던 샘과 산, 호수나 숲에서 사악한 영들을 느끼게 되었다 하더라도 그런 과도기는 곧 극복되었다.

중세 전성기였던 1200년 무렵에는 또다시 자연에 대한 소박한 그리움이 일어, 각국의 음유시인들이 이를 생생하게 표현한다.[2] 그들은 꽃 피는 봄, 푸른 들과 숲과 같은 모든 단순한 자연현상에 가장 강한 공감을 나타냈다.

그러나 그것은 배경이 없는 그림 같았다. 먼 길 떠나온 십자군 기사의 노래 속에 그가 정말 먼 여행을 왔는지 나타내는 것은 없었다. 의복이나 무기를 더없이 세밀하게 묘사하는 서사시 또한 장소 묘사에 이르면 스케치 수준을 벗

---

1) 훔볼트(Humboldt)의 《코스모스》 2권에 나오는 이 문제에 관한 유명한 서술을 굳이 참조하지 않아도 될 것이다.
2) 앞선 훔볼트의 책에 나오는 빌헬름 그림의 보고가 여기에 속한다.

어나지 못했다. 저 위대한 볼프람 폰 에셴바흐[3]까지도 그의 주인공이 활동하는 배경에 대해서는 거의 만족할 만한 서술을 내놓지 못했다. 하물며 그들의 시를 본들 이런 고귀한 출신의 시인이 높은 산 위에서 먼 경치가 내려다보이는 성에 살았다든가 혹은 그런 성을 찾아갔다든가 알았다든가 하는 것을 누가 알 수 있겠는가. 방랑하는 성직자들의 라틴어 시[4]에도 아직 먼 경치, 즉 진정한 의미의 풍경은 서술되어 있지 않았다. 그러나 눈앞의 풍경만은 어떤 기사 계급의 음유시인도 쓰지 못할 만큼 휘황찬란하게 묘사되어 있다. 12세기 이탈리아 시인의 작품으로 보이는, 이 사랑의 숲을 묘사한 작품에 필적할 만한 시가 달리 또 있을까.

> 여기 사는 사람은
> 죽지 않을 것이다.
> 어느 나무라도 여기서는
> 탐스러운 열매를 맺는다.
> 길목마다 유향과 육계나무와
> 향기로운 관목 향기가 가득하고—
> 집에서는 주인의
> 따뜻한 인품이 흘러나온다.[5]

어쨌든 이탈리아인에게 자연이란 오랜 옛날부터 죄악을 씻고 모든 악령의 작용에서 해방된 것이었다. 아시시의 성 프란체스코(1181~1226. 아시시 출신의 수도사. 프란체스코수도회 창립자)는 그의 〈태양찬가〉에서 별과 4대 원소(만물을 이룬다고 생각한 네 가지 원소—땅·물·불·바람)를 창조하신 하느님을 찬양한다. 그러나 자연의 위대한 경치가 인간의 마음에 깊이 영향을 미친 확실한 증거를 보여준 이는 단테가 처음이다. 단테는 멀리 대양 위에 흔들리는 햇빛 찬란한 아침

---

3) Wolfram von Eschenbach(1170년경~1230년경). 중세 독일의 서사시인. 대표작으로는 최초의 교양 소설로 보이는 대작 《파르치팔 *Parzival*》이 있다.
4) '3편 머리글' 중후반 참조.
5) *Carmina Burana*, p.162, *de Phyllide et Flora*, str. 66.

의 산들바람과 숲속의 폭풍을 단 몇 줄 속에 힘차게 묘사한다. 그뿐만 아니라 전망을 즐기려는 유일한 목적 때문에 높은 산에 오른다.[6] 아마도 그는 고대 이래 등산을 한 최초의 한 사람일 것이다. 보카치오는 자기가 얼마나 자연에 감동했는가를 묘사하기보다는 독자의 추측에 맡기고 있다. 그럼에도 그의 전원소설[7]을 읽고 시인의 상상력 속에 있는 장대한 자연 무대를 찾지 못하는 사람은 아무도 없을 것이다. 최초의 완전한 근대인 가운데 한 사람인 페트라르카는 자연이 감수성 강한 사람에게 미치는 힘을 유감없이 완벽하게 증명했다. 모든 문헌 가운데 회화적인 자연 감각의 발단과 그 진보의 기록을 처음으로 모아 《자연의 경관》이라는 자연 묘사의 최고 걸작을 완성한, 명석한 정신의 소유자 알렉산데르 폰 훔볼트도 페트라르카에 대해서는 완전히 정당하게 판단했다고 할 수 없다. 그리하여 이 위대한 수확자의 뒤를 좇는 우리도 약간의 이삭을 주울 수 있는 것이다.

페트라르카는 뛰어난 지리학자 겸 지도제작자—그가 처음으로 이탈리아지도[8]를 만들었다고 한다—였을 뿐만 아니라, 고대인이 이미 말한 바를 따라 하는 데 그치지 않고[9] 자연 경관에 직접 감동한 사람이었다. 그가 볼 때 자연을 즐기는 것은 모든 정신 활동의 가장 바람직한 반려였다. 그가 보클뤼즈(프랑스의 남동부 지방)를 비롯한 몇몇 곳에서 은둔 학자로 살고, 시대와 세계로부터 주기적으로 도피한 행동의[10] 바탕에는 이 둘, 즉 정신 활동과 자연을 즐기

---

6) 그 목적이 아니라면 단테가 왜 레조 영내에 있는 비스만토바 정상(1047미터)에 올랐는지 알수 없다. 《신곡》 〈연옥편〉 4곡 26행. 단테가 저승의 모든 부분을 분명히 구성할 때 보여준 그치밀함은 그의 공간 감각과 형태 감각의 풍부함을 증명한다.(—이전에는 산정이 그곳에 있는 보물에 대한 욕망과 더불어 미신적 공포와 연결되었다는 사실은 Pertz, *Scriptt.* Ⅶ 및 *Monumenta. hist. patriae, Script.* Ⅲ에 수록된 *Chron. Novaliciense*, Ⅱ, 5에 뚜렷이 나타나 있다.)

7) 《피암메타 비가》에서 바이아 지방을 묘사한 부분이나 《아메토의 요정 이야기》에서 숲을 묘사한 부분 및 《신들의 계보 *de Genealogia Deor*》, ⅩⅣ. 11도 중요하다. 여기서 보카치오는 나무, 풀밭, 실개천, 가축 떼, 아담한 집 등 자연 풍경을 열거하면서 이것들이 "마음을 안정시켜준다"고 덧붙였다. 이로써 "정신을 집중시키는" 효과가 나타난다고도 했다.

8) Libri, *Hist. des Sciences math.* Ⅱ, p.249.

9) 물론 페트라르카는 고대인들의 말을 즐겨 인용하곤 했다. 특히 *de vita solitaria* p.241에 포도나무 덩굴로 뒤덮인 정자 묘사를 성아우구스티누스에서 인용하고 있다.

10) *Epist. famil.* Ⅶ, 4. p.675. "그러나 내가 얼마나 즐겁게 혼자 자유로이 산과 숲, 샘과 내 사이를 걸으며, 책과 위대한 사람들의 재능에서 양분을 얻는지, 그리고 얼마나 사도 바울 처럼 눈

는 것의 결합이 있었다. 그의 자연 묘사력이 빈약하고 거의 발달하지 못한 까닭이 감수성 부족 때문이라고 보는 것은 부당한 평가이다. 물론 고대인에게도 근대인에게도 일찍이 노래된 일이 없었다는 이유로[11] 《아프리카》 제6곡 끝에 집어넣은 스페치아만과 아름다운 베네레항(둘 다 베네치아 가까이 있음) 이야기는 단순한 나열에 불과하다. 그러나 페트라르카는 이미 암벽의 풍경미를 알았고, 자연의 실용성과 회화성을 완전히 구별할 수 있었다.[12] 레조 숲 속에 머무는 동안 느닷없이 맞닥뜨린 장대한 경치는 그를 감동시켜 오랫동안 중단했던 시를 다시 쓰게 하기에 충분했다.[13]

그러나 가장 가슴 벅찬 감동을 느낀 것은 아비뇽에서 그리 멀지 않은 방투산(해발 1912미터)에 올랐을 때였다.[14] 광활한 경치를 바라보겠다는 막연한 소망이 그의 마음속에서 부풀대로 부풀어 올랐을 때, 비우스의 작품 속에서 로마의 적 필리포스왕이 하이모스산에 오르는 대목을 우연히 읽고 페트라르카는 드디어 결심한다. 노왕이 비난받지 않은 일이라면 평민인 젊은이가 해도 용서받을 것이라고 생각했기 때문이다. 그가 있던 환경에서 아무 목적 없이 등산한다는 것은 터무니없는 일이었으므로, 그는 친구나 지인을 동반한다는 것도 생각할 수 없었다. 페트라르카는 단지 자기 남동생 하나만 데리고 출발해 마지막 휴게소에서 현지인 두 명을 더 데리고 갔다. 산 중턱에 이르자 한 늙은 양치기가 그들에게 돌아가라고 간곡히 권했다. 자기도 50년 전에 똑같은 일을 시도했으나 후회와 지친 몸뚱이와 너덜너덜해진 옷 말고는 아무것도 얻지 못했으며, 그 이전에도 이후에도 누구 한 사람 이 길을 오르지 않았다고 했다. 그래도 페트라르카 일행은 말로 표현할 수 없는 어려움을 무릅쓰면서 한 발짝 한 발짝 올라가 마침내 발 아래로 구름이 흐르는 정상에 도달한다. 정상에

앞에 존재하는 것에 몸을 맡겨 과거를 잊고 현재를 보지 않고자 애쓰는지 당신이 이해한다면 얼마나 좋으랴." VI, 3. p.665 참조.

11) "시로 불멸을 얻지 못하고 버려져 있었다."−*Itinerar. syriacum*, p.558 참조.

12) 페트라르카는 *Itinerar. syr.* p.557에서, 레반트 동쪽 해안에 대해 "우아하고 아름다운 험준함이 두드러진 언덕과 비옥함이 두드러지는 언덕"으로 구별했다. 가에타 해안에 대해서는 *de remediis utriusque fort.* I. 54 참조.

13) *De orig. et vita*, p.3: "뜻하지 않게 그곳의 경관에 깊은 감명을 받았다."

14) *Epist. famil.* IV, 1, p.624.

서의 풍경 묘사를 기대해 봤자 부질없다. 그것은 시인이 무감각해서가 아니라, 오히려 그 인상이 매우 압도적이었기 때문이다. 시인의 마음에는 어리석은 행동으로 가득한 자신의 과거가 선명하게 떠올랐다. 젊은 날 볼로냐를 떠난 지어언 10년이 지났음을 떠올리고 그리운 눈으로 멀리 이탈리아 쪽을 바라보았다. 그때 그는 늘 가지고 다니던 작은 책 성 아우구스티누스의 《고백록》을 펼쳤다. 그러자 그의 눈길이 10장의 "그리고 사람들은 밖으로 나와 높은 산과 넓은 바다와 힘차게 흐르는 거센 강과 대양과 천체의 운행에 감탄하며 자신을 잊어버린다"는 대목에 머물렀다. 페트라르카가 이 구절을 읽는 것을 듣던 그의 동생은 형이 무엇 때문에 책을 덮고 침묵해 버렸는지 이해할 수 없었다.

그로부터 수십 년 뒤인 1360년 무렵, 파치오 델리 우베르티는 그의 운문체 지리서[15](3편 1장 참조)에서 알베르니아산맥의 드넓은 전망을, 지리학자 겸 고미술학자로서의 흥미만으로 이끌어 가기는 하나, 틀림없이 자기 눈으로 본 대로 묘사하고 있다. 그런데 그는 실제로 그보다 훨씬 높은 산봉우리에도 올라갔음에 틀림없다. 해발 3000미터 이상의 높은 곳에서나 일어나는 충혈·압박성안통·심계항진 같은 현상을 알고 있었을 뿐만 아니라 그것을 가공의 동반자 솔리누스(3세기 로마의 작가, 지리학자)가 어떤 약품을 적신 해면으로 그를 치료해 주기도 했기 때문이다. 그러나 우베르티가 파르나소스산과 올림포스산에 올랐다는 것은[16] 만들어 낸 이야기일 것이다.

15세기는 플랑드르파의 거장인 후베르트와 얀 반 에이크 형제가 자연을 화폭에 담았다. 그들이 그린 풍경화는 단순히 현실을 재현한 것이 아니라 인습적이기는 해도 독자적인 시적 내용, 즉 영혼을 지니고 있다. 서유럽 예술 전체가 그들의 풍경화에 영향을 받았으며, 이탈리아의 풍경화도 예외가 아니다. 그러나 풍경에 독자적인 눈을 뜬 이탈리아인의 세련된 감성은 그들만의 길을 걸어간다.

우주현상지(宇宙現狀誌)에서와 마찬가지로 이 영역에서도 에네아스 실비우

---

15) *Il Dittamondo*, III, cap. 9.

16) *Dittamondo*, III, cap. 21. IV, cap. 4.—Papencordt, *Geschichte der Stadt Rom*, S. 426에서 황제 카를 4세가 아름다운 경치를 느낄 줄 아는 감성을 가지고 있었다고 말하며, Pelzel, *Karl* IV. S. 456을 인용하고 있다. 황제는 인문주의자와 교류하면서 이런 기호를 얻었는지도 모른다.

스(뒷날의 교황 피우스 2세)가 그 시대를 대표하는 가장 중요한 발언자 가운데 한 사람이다. 에네아스라는 인물을 완전히 배제할 수도 있겠으나, 그 시대와 정신문화를 완벽하고 생생하게 반영한 사람이 그 말고는 없었으며 초기 르네상스의 표준인에 가까운 사람도 에네아스밖에 없었음을 인정해야 한다. 하지만 그의 변덕 때문에 종교회의가 흐지부지되었다는 교회의 불평에만 초점을 맞춘다면 도덕적인 면에서도 그를 공정하게 판단할 수 없을 것이다.[17]

여기서 우리의 관심을 끄는 것은 그가 단지 아름다운 이탈리아의 풍경을 즐겼을 뿐만 아니라 감격하여 처음으로 세밀히 묘사한 사람이라는 점이다(3편 1장 참조). 그는 교회령과 투스카나 남부(그의 고향)를 특히 잘 알고 있었다. 그리고 교황이 되자 좋은 계절이 오면 주로 여행과 전원생활로 여가를 보냈다. 그는 오랫동안 다리 통풍을 앓아 왔지만 이제는 적어도 가마를 타고 산과 골짜기를 다닐 정도의 재력이 있었다. 이를 후대 여러 교황들의 향락과 비교하노라면, 자연과 고대 문물 그리고 소박하지만 품위 있는 건축물을 최고의 기쁨으로 삼았던 피우스 2세가 마치 성인처럼 보인다. 《비망록》에서 그는 아름답고 생기 있는 라틴어로 매우 솔직하게 자신의 행복을 기록했다.[18]

피우스의 안목은 어느 근대인에게도 지지 않을 만큼 다방면에 발달되어 있었던 것 같다. 그는 알반산맥의 최고봉 카보산에서 내려다보이는 장대한 전망을 황홀하게 바라보았다. 치르체곶에서 아르젠타로산에 이르는 테라치나 해안의 물결치는 파도를 보았고, 폐허가 된 태곳적 도시들, 중부 이탈리아의 산들, 주위의 저지에 펼쳐진 녹음 짙은 숲과 산 가까이에서 빛나는 호수를 보았다. 또 포도밭과 올리브나무 언덕이 내려다보이는 토디 지방의 아름다움을 감상하고, 멀리 펼쳐진 숲과 테베레 계곡, 수많은 성채와 작은 마을들, 구불구불

---

17) Platina, *Vitae Pontiff.*, p.310의 내용도 들어보는 것이 좋겠다. "그(피우스 2세)는 성실하고 결백하고 솔직했다. 어떤 거짓도, 어떤 가장도 없었다." 그는 위선과 미신을 혐오하고, 용기가 있어 믿는 바를 끝까지 관철했다.

18) 가장 중요한 대목은 다음과 같다. Pii II. P. M. *Commentarii*, L. IV, p.183 : 고향의 봄. L. V, p.251 : 여름에 티볼리 체류. L. VI, p.306 : 비코바로 샘에서의 식사. L. VIII, p.378 : 비테르보 근교. p.387 : 성 마르티노 수도원. p.383 : 볼세나 호수. L. IX, p.396 : 아미아타 산의 눈부신 묘사. L. X, p.483 : 몬테 올리베토의 경치. p.497 : 토디에서 보는 전망. L. XI, p.554 : 오스티아와 포르토. p.562 : 알반산맥 묘사. L. XII, p.609 : 프라스카티시와 그로타페라타 지방.

교황 피우스 2세(재위 1458~1464)　이탈리아 코르시냐노 출생. 터키로 십자군 파견을 추진했으나 호응이 없자, 스스로 나섰다가 앙코나항에서 죽었다.

흐르는 강물을 보며 아름다움을 느꼈다. 고지마다 별장이나 수도원이 있는 시에나 주변의 매혹적인 구릉지는 그의 고향이므로 그곳에 대한 묘사에는 특별한 애정이 드러난다.

아울러 좁은 뜻에서 그림 같은 풍경을 묘사하는 것도 피우스의 마음을 즐겁게 했다. 이를테면 볼세나 호수로 뻗어 나온 카포 디 몬테곶의 묘사가 그것이다. "포도나무 잎으로 그늘진 바위 계단이 거칠게 파도치는 물가까지 내려와 있다. 그 벼랑 사이에는 언제나 푸른 떡갈나무가 서 있으며 주변은 쉴 새 없이 지저귀는 지빠귀의 노랫소리로 생기가 가득 차 있다." 네미 호수를 둘러싼 길의 밤나무와 과일나무들 밑에서 실비우스는 만약 시인의 정서를 불러일으키는 곳이 있다면 바로 '디아나의 은신처'일 것이라고 생각했다. 그는 이따금 큰 밤나무 밑이나 올리브나무 그늘, 푸르른 풀밭, 콸콸 솟아나는 샘 곁에서 추기경회의와 재판을 열거나 사절을 알현했다. 점점 좁아지는 협곡 위를 대담하게 가로지르는 다리를 바라보면, 그는 거기에 담긴 깊은 뜻을 찾아냈다. 아주 사사로운 것조차도 그 아름다움이나 완벽함 혹은 그것다운 모양을 보고 그는 기뻐했다. 물결치는 푸른 아마밭, 언덕을 가득 덮은 황금 금작화, 야생 떨기나무들 그리고 나무와 샘 하나하나가 그에게는 자연의 기적처럼 보였다.

그의 자연 탐미가 절정에 이른 것은 흑사병과 찌는 듯한 무더위가 맹위를 떨치던 1462년 여름, 아미아타산(시에나 가까이에 있는 화산, 해발 1735미터)에 머물 때였다. 오랜 옛날 롬바르드 시대 때부터 이어져온 산 중턱의 성 살바토레 수도원에서 그는 교황청 신하들과 함께 묵었다. 그곳의 가파른 산허리를 덮고 있는 밤나무 사이로 투스카나 남부지방 전체가 바라다보였고 멀리 시에나 탑도 보였다. 산 정상까지 올라가는 것은 그의 수행원들에게 맡겼는데 그 일행에는 베네치아의 연설가도 끼어 있었다. 그들은 정상에서 원주민의 제단이었는지도 모를 거대한 돌 두 개가 포개진 것을 발견했다. 바다 저편에서 코르시카와 사르데냐섬도[19] 볼 수 있으리라 생각했다. 발을 찌르는 가시도 없고, 귀찮은 벌레나 위험한 뱀도 없는, 떡갈나무와 밤나무에 둘러싸인 푸른 잔디 위에서 교황은 상쾌한 여름 바람을 맞으며, 크나큰 행복을 느꼈다. 정해진 요일에 열리는

---

19) 시칠리아섬이라고 나와 있지만 사르데냐섬이 맞을 것이다.

교황재판을 위해 피우스는 그때마다 새로운 나무 그늘을 찾았다.

"골짜기에서 새로운 샘과 나무 그늘을 찾아내어 선택을 어렵게 했다." 그런 곳에선 가까운 보금자리에서 있던 큰 수사슴이 개떼에 쫓기며 발톱이나 뿔로 방어하다가 산 위로 도망치는 광경이 눈에 띄기도 했다. 저녁이면 교황은 수도원 앞의 팔리야의 골짜기가 내려다보이는 곳에 앉아 추기경들과 담소를 나누는 습관이 있었다. 사냥을 하기 위해 언덕을 내려간 교황청 신하들은 견딜 수 없이 무더운 언덕 아래가 불타는 생지옥처럼 여겨졌으나, 반대로 언덕 위의 수도원은 녹음이 우거지고 주위가 선선하여 마치 천국과도 같았다.

이런 것들은 모두 본질적으로 근대의 향락이지 고대의 영향을 받은 것이 아니다. 물론 고대 사람들 역시 똑같은 감정을 느꼈을 테지만, 이런 풍경을 묘사한 기록 가운데 교황 피우스가 알았던 내용은 얼마 없었을 터이므로 그의 마음을 감격으로 불태우기엔 몹시 부족했을 것이다.[20]

15세기 말부터 16세기 초에 걸쳐 제2의 전성기를 맞은 이탈리아어 시와 그 시대의 라틴어 시는, 자연 환경이 시적 정취에 얼마나 큰 영향을 미치는지에 대한 실례를 풍부하게 제공한다. 이는 그때의 서정시인들만 훑어보아도 알 수 있다. 그러나 정력적인 시대의 서정시와 서사시 그리고 단편소설은 관심이 다른 데 쏠려 있었기 때문에 진정한 자연 풍경 묘사를 거의 찾아볼 수 없었다. 보이아르도와 아리오스토가 자연 풍경을 꽤 정확히 묘사하긴 했으나 너무 간결하여, 원경이나 전망으로 전체적인 분위기를 돋우려는 의사는 전혀 없어 보인다.[21] 분위기는 모두 인물이나 사건에서 비롯된다고 생각했기 때문이다. 시인보다는 오히려 명상적인 대화문 작가나[22] 서간문 작가들이 실은 자연을 더 사랑한다는 확실한 증거가 있다. 반델로는 자신의 문학 장르에 통용되는 법칙을 의식적으로 고집했다. 즉 단편소설에서는 자연환경에 대해 꼭 필요한 말이 아

---

20) 레온 바티스타 알베르티와 자연 경치와의 관계는 이 책 2편 2장 참조.

21) 아리오스토의 이런 작품 가운데 가장 완성도가 높은 여섯 번째 노래는 처음부터 끝까지 전경만 묘사한다.

22) 실비우스(교황 피우스 2세)와 같은 시대 사람인 아뇰로 판돌피니(*Trattato del gov. della famiglia*, p.90)는 시골에서 "딸기나무가 우거진 언덕, 마음을 이끄는 평원, 졸졸 흐르는 개울"을 즐긴다. 그런데 아마도 이 판돌피니라는 이름에는 위대한 알베르티의 이름이 숨어 있는지도 모른다. 알베르티는 앞서 말했듯이, 자연 경치에 대해 전혀 다른 견해를 가지고 있었다.

니면 한마디도 하지 않았지만,[23] 대신 작품 앞에 반드시 들어가는 헌사에서는 소설 속 대화나 사교의 배경이 되는 자연환경을 아주 경쾌하게 묘사하는 모습을 수없이 볼 수 있다. 서간문 작가 가운데서는 유감스러우나 아레티노[24]의 이름을 들어야겠다. 그는 장엄한 석양과 구름이 빚어내는 아름다운 효과를 말로 묘사한 첫 번째 사람일 것이다.

또한 시인들도 이따금 그들의 감성을 아름답고 풍속화적인 자연 묘사로 애착을 담아 표현했다. 1480년 무렵 티토 스트로차는 라틴어 비가에서[25] 연인이 사는 곳을 서술한다. 나무에 반쯤 가려져 있으며 담쟁이덩굴로 뒤덮인 낡은 집, 벽에 그어진 성자의 프레스코화는 비바람에 지워져 있다. 바로 옆을 흐르는 포강의 거친 물결로 파손된 예배당이 가까이 있으며 멀지 않은 곳에서 수도사가 몇 뙈기의 거친 땅을 빌린 소로 갈고 있다. 이것은 로마 시대 비가시인(悲歌詩人)의 영향이 아니라 그 자신의 근대적 감각이다. 이와 비슷한 묘사, 기교 없는 목가적인 전원생활의 참된 묘사는 이 편 끝에서 다시 다룰 것이다.

'탕아'의 동판화를 만든 알브레히트 뒤러 같은 16세기 초 독일 미술계의 거장들도 때로는 전원생활의 사실적 풍경을 완벽한 노련미로 표현했다고 이의를 제기할 수도 있다. 그러나 사실주의파로 성장해온 화가가 이런 풍경에도 붓을 댄다는 것과 평생 이상적·신화적인 옷으로 몸을 장식한 시인이 내면의 충동에 못 이겨 현실생활 속으로 내려오는 것은 전혀 다른 이야기이다. 더욱이 전원생활 묘사에서와 마찬가지로 이 경우에도 이탈리아 시인 쪽이 시기적으로 앞서 있다.

---

23) 반델로는 건축 환경에 대해서는 다른 견해를 가지고 있다. 이런 점에서 장식예술은 여전히 그에게서 배우는 바가 있다.

24) *Lettere Pittoriche* III, 36. 1544년 5월 티치아노에게 보낸 편지.

25) Strozzii *poetae*, *Erotica*, L. VI, p.182 이하.

4. 인간의 발견―시에 나타난 정신 묘사

르네상스 문화는 세계의 발견 말고도 커다란 업적이 있다. 처음으로 인간의 완전한 실체를 있는 그대로 발견한 것이다.[1]

먼저 이 시대는 우리가 아는 바와 같이 개인주의를 가장 강력하게 발전시켰고, 이 발전된 개인주의를 통해 모든 형태의 개성을 가장 열렬하고 다양하게 인식하도록 이끌었다. 개성의 발전은 기본적으로 자신과 다른 사람의 개성을 인식하는 것과 연결되어 있다. 우리가 이 두 가지 커다란 현상 사이에 고대 문화의 영향을 끼워 넣어야만 했던 까닭은, 개성과 인간의 보편적인 인성을 인식하고 묘사하는 방법이 본질적으로 고대문학이라는 매개체를 통해 채색되고 규정되기 때문이다. 그러나 인식하는 힘은 처음부터 이 시대와 국민 안에 깃들어 있었다.

이를 증명하기 위해 우리가 들 수 있는 현상은 그리 많지 않다. 이 책을 쓰면서 내가 추측이라는 위험한 영역에 빠져든다고 느끼고, 나에게는 분명히 보이는 14, 15세기 정신사의 미묘한 이행이 다른 사람에게는 쉽사리 이해되지 않으리라 느낀 곳이 있다면 바로 이 장이다. 한 민족의 정신이 차츰 명료하게 보이는 현상은 사람마다 다른 방식으로 나타나기 마련이다. 이를 판가름하는 것은 시간이 할 일이다.

다행히도 인간 정신의 본질을 인식하는 것은 이론심리학을 연구함으로써가 아니라―그것은 아리스토텔레스만으로 충분했다―관찰과 묘사의 재능과 더불어 시작되었다. 꼭 필요한 이론적인 바탕은 그 무렵 유행했던 행성의 영향 이론과 결부된 네 가지 기질[2] 이론에 국한된다. 이 고정된 요소들은 예부터 개

---

[1] 이 적절한 표현은 Michelet, *Histoire de France* 7권 머리글에서 차용했다.

[2] 사람에게는 네 가지 체액이 있다는 그리스 의사 히포크라테스의 이론을 바탕으로, 2세기 로마 의사 가레누스는 사람의 기질이 다혈질·점액질·담즙질·우울질의 네 가지로 결정된다고

인의 기질을 판단할 때 더 이상 분해할 수 없다고 생각되어온 것인데, 그렇다고 일반적인 발전을 방해하지는 않았다. 인간의 깊은 본질과 외면의 특징을 정밀하게 묘사하고 불후의 문학과 시로 표현하게 된 이 시대에 이런 이론이 끼어들었다는 것은 분명 이해하기 힘든 현상이다. 평소에 유능한 관찰자가 교황 클레멘스 7세를 우울성으로 판단하다가, 교황이 다혈질에 담즙질(膽汁質 : 흥분·감동이 느려 침착·냉정하고 인내력이 강한 반면 고집이 세고 거만한 태도가 있는 기질)이라고 본 의사의 판단에 자신의 주장을 버린 이야기는 우스꽝스럽기 그지없다.[3] 또 조르조네의 그림과 밤바야의 조각에 등장하고, 모든 역사가가 기록으로 남긴 라벤나의 승리자 가스통 드 푸와(1489~1512. 프랑스 군사령관. 루이 12세의 조카)가 토성적인 기질의 소유자라고 하는 것도 마찬가지다.[4] 물론 이런 말을 하는 사람들은 이로써 사람의 특징을 명확하게 구분하려 했지만, 그들이 자신들의 이론을 뒷받침하기 위해 사용한 분류는 시대에 뒤떨어진 이상한 것으로 보인다.

정신의 자유로운 묘사로 우리를 가장 먼저 맞이하는 사람들은 14세기의 위대한 시인들이다.

그에 앞선 두 세기 동안 온 유럽에서 일어난 궁정문학과 기사문학(騎士文學)의 주옥같은 작품들을 모아 보면 인간 내면에 대한 뛰어난 통찰이 수없이 눈에 띄어, 언뜻 보면 그것들이 이탈리아 문학의 명성까지도 위협할 수 있을 듯싶다. 서정시는 내버려 두고, 고트프리트 폰 슈트라스부르크[5]의 《트리스탄과 이졸데》만 보아도 불후의 정열이 묘사되어 있다. 그러나 이런 주옥들은 단지 인습과 기교의 바다에 흩어져 있는 것으로서, 인간의 내면과 풍요로운 정신을 완전히 객관화한 작품과는 여전히 거리가 멀다.

이탈리아에서도 13세기에는 음유시인들이 궁정문학과 기사문학을 주도했다. '칸초네'는 이들에게서 비롯된 것으로, 그들은 그것을 북방의 어느 연애시

보았다. 다혈질인 사람은 명랑, 점액질은 무정, 담즙질은 격렬함, 우울질은 수심에 빠지기 쉽다고 했다. 이들 네 기질에는 각각 대응하는 행성이 있다.

3) Tomm. Gar, *Relaz. della Corte di Roma* Ⅰ, p.278, 279. 1533년 Soriano의 보고 중에서.

4) Prato, *Arch. stor.* Ⅲ, p.295 이하.―토성적 기질을 지녔다는 말은 곧 '불행하다' 혹은 '불행을 가져온다'는 뜻이다.―인간의 성격과 행성의 관계는 Corn. Agrippa, *De occulta philosophia*, c. 52 참조.

5) Gottfried von Strasburg. 13세기 독일의 서사시인. 《트리스탄과 이졸데》는 중세 궁정 기사문학의 수작.

인 못지않게 어렵고 교묘하게 구성했다. 시인이 시민이든 학자든 그 내용과 사고의 양식은 전통적인 궁정문학을 벗어나지 않았다.

그런데 이탈리아 시문학 앞에 독자적인 미래로 이어지는 두 가지 길이 열렸다. 오로지 형식에 관련된 것이기는 하나 그래도 그 중요성을 무시할 수 없는 부분이다. 브루네토 라티니(단테의 스승)는 칸초네 문학에서 음유시인의 일반적인 기법을 대표하는 사람이며, 가장 오래된 유명한 11음절의 무운시(Versi sciolti)도 그 시인이 지었다.[6] 언뜻 형식이 없어 보이는 이런 시를 통해 그는 자신이 체험했던 진실한 정열을 한꺼번에 쏟아냈다. 내용의 힘을 믿고 외적인 수단을 의식적으로 제한하는 이러한 양식은, 몇십 년 뒤에 등장한 프레스코화와 그보다 뒷날 나타난 판화에서 색을 쓰지 않고 명암만으로 그리는 기법과 아주 유사하다. 시문학에서 대체로 기교에 중점을 두던 그 시대에 브루네토의 시는 새로운 반향을 불러일으켰다.[7]

그러나 같은 시기에, 아니 그보다 이른 13세기 전반에는 유럽이 낳은 엄격한 각운을 지키는 많은 시형 가운데 하나가 이탈리아의 지배적인 표준 형식으로 굳어졌다. 바로 소네트[8]이다. 지난 100년 동안 운의 배열이나 시구의 수까지도 들쭉날쭉했는데,[9] 마침내 페트라르카에 이르러 영속적인 표준형이 완성되었다. 처음에는 좀 더 고상한 서정적·명상적 주제를 다루었지만, 나중에는 묘사할 수 있는 모든 주제를 담게 되면서, 목가나 6행시는 물론 칸초네조차도 이 양식에 밀려 뒷전으로 물러났다. 뒷날 이탈리아 시인들은 감정과 사상을 모두 14행에 맞춰 넣는 이 프로크루스테스의 침대[10] 같은 시형에 대해 때로는 익살스럽게 불평하고 때로는 불만을 성토했다. 반면 어떤 시인들은 이 형식을 아주 만족스러워하며 그다지 필연성이나 진지함도 없이 회상과 무가치한 노래를

---

6) Truchi, *Poesie italiane inedite*, Ⅰ, p.165 이하 참조.

7) 잘 알려진 대로 무운시는 그 뒤 희곡에서 널리 쓰였다. 트리시노는 교황 레오 10세에게 바치는 〈소포니스바〉의 헌사에서, 교황이 이런 형식을 있는 그대로, 즉 보기보다 훌륭하고 고상하며 그다지 쉽지 않은 것임을 알아주길 바랐다. Roscoe, *Leone X.*, ed. Bossi Ⅷ, 174.

8) 1행을 10음절로 구성하며, 4행·4행과 3행·3행의 14행으로 이루어진 짧은 정형시.

9) Dante, *Vita nuova*, p.10, 12에 나타난 아주 특이한 형식 참조.

10) 그리스 신화에 나오는 도적 프로크루스테스는 여행자를 잡아다가 자기 침대 길이에 맞춰 여행자의 다리를 잡아 늘리거나 잘라버렸다.

쓰기 위해 몇 번이고 이를 가져다 썼다. 따라서 좋은 소네트보다는 쓸데없고 형편없는 소네트가 훨씬 많았다.

그럼에도 소네트는 이탈리아 시에 내린 더할 나위 없는 축복이었다. 그 구조의 명쾌함과 아름다움, 생생하게 짜 맞춘 후반부에서 내용에 깊이를 더하는 기교, 그리고 암송하기 쉽다는 점은 최고의 시인조차도 언제나 새롭게 소네트를 사랑하게 되기에 충분했다. 그 거장들이 소네트의 높은 가치를 확신하지 않았다면 그것이 오늘날까지 이어질 수 있었을까? 물론 위대한 시인들은 다른 어떤 형식을 통해서도 똑같은 힘을 발휘할 수 있었을 것이다. 그러나 이들이 소네트를 서정시의 표준으로 끌어올림으로써 장황한 서정시에 파묻혀버렸을 시인들, 썩 훌륭하다 하더라도 한정된 재능밖에 없는 다른 많은 시인들도 자신의 감정을 짧은 형식 안에 응축시켜야만 했다. 소네트는 어떤 근대 민족의 시에도 찾을 수 없는 보편타당한 사상과 감정의 응축기가 되었던 것이다.

이리하여 이탈리아의 감성 세계는 가장 결정적이고 분명하며 간결하기 때문에 더할 나위 없이 효과적인 그림이 되어 우리 앞에 나타난다. 만약 다른 민족에도 이런 관습적인 시형이 있었다면 우리는 그들의 정신 세계에 대해서도 보다 많은 것을 알 수 있었을 것이다. 아마도 그들의 외적·내적 상황의 완전한 표현이나 솔직한 감정을 꽤 많이 보았을 것이며, 대부분 참다운 마음으로 읽기 힘든 14, 15세기의 유명무실한 서정시에 의지할 이유도 없었을 것이다. 이탈리아 사람들에게서는 소네트가 탄생한 뒤부터 확실한 진보의 흔적을 찾을 수 있다. 13세기 후반에는, 오늘날 '과도기의 음유시인'이라고 불리는 사람들이[11] 실제로 음유시인에서 고대의 영향을 받은 시인으로 넘어가는 과도기를 형성했다. 그들의 시와 소네트의 단순하고 강렬한 감각, 힘차고 생생한 상황 묘사, 정확한 표현과 깔끔한 마무리는 단테와 같은 시인의 출현을 예고한다. 교황당과 황제당의 당파적인 소네트에는(1260~1270) 이미 단테의 정열과 흡사한 음조가 있으며, 그 밖의 시들은 단테의 서정시 가운데 가장 감미로운 맛을 생각나게 한다.

단테가 소네트를 이론적으로 어떻게 평가했는지 우리로선 알 도리가 없다.

---

11) Trucchi, a. a. O. Ⅰ, 181, s.

단테가 발라드와 소네트를 논한 《속어론》의 마지막 몇 권이 쓰이지 않았거나 사라졌기 때문이다. 어쨌든 그는 소네트와 칸초네 형식으로 가장 훌륭한 심정 묘사를 남겼다. 더구나 그 시들은 얼마나 아름다운 틀에 맞추어져 있는가! 《신생》에서 단테가 시 하나하나마다 창작 동기를 설명한 산문은 시 못지않게 감탄스러운 글로, 시와 더불어 영혼의 깊은 데서 우러나는 정열로 작품 전체에 생기를 더한다. 단테는 자기의 기쁨과 슬픔의 모든 음영을 솔직하고 진지하게 드러내어 예술의 엄격한 형식으로 결연히 나타냈다. 단테의 소네트와 칸초네 그리고 그 사이에 있는 젊은 시절 일기를 가만가만 읽노라면, 중세 시인들은 모두 자신으로부터 도피했고 단테에 이르러 처음으로 자기 탐구가 시작된 것처럼 보인다. 정교한 시는 단테 이전에도 수많은 사람들이 써왔다. 그러나 단테는 의식적으로 불후의 내용을 불후의 형식으로 담아냈으므로, 완전한 의미에서는 그가 최초의 시인이라 할 수 있을 것이다. 여기서는 주관적 서정시가 완전히 객관적인 진실과 위대함을 지니고 있다. 그 시의 대부분은 어느 시대, 어느 민족도 이해하고 감상할 수 있도록 가다듬어져 있다.[12] 그러나 단테는 〈이토록 사랑스러운……〉이나 〈샅샅이 보는……〉과 같은 장대한 소네트처럼, 완전히 객관적으로 써서 그 감성을 외부 사실을 통해서만 추측할 수 있는 시들은 그 나타내는 바를 독자들에게 설명해야 한다고 믿었다.[13] 그의 시 가운데 가장 아름다운 시, 〈생각에 잠겨 걸어가는 순례자여……〉로 시작하는 소네트도 여기에 속한다.

《신곡》이 없었어도 단테는 젊은 날의 시들만으로 중세와 근대의 경계석이 되었을 것이다. 인간의 정신과 영혼은 여기서 갑자기 가장 비밀스러운 내면 인식을 향해 힘찬 발걸음을 내딛는다.

《신곡》에 담긴 이런 계시는 도저히 헤아릴 수 없을 정도이다. 그 점에 대한 이 작품의 충분한 가치를 논하려면 그 위대한 시편 전부를 한 줄 한 줄 살펴보아야만 할 것이다. 다행히 《신곡》은 이미 오랫동안 온 유럽 국민의 양식이었으

---

12) 대장장이나 나귀몰이꾼까지도 단테의 소네트와 칸초네를 즐겨 노래하고 개작했고, 단테는 그들이 자신의 시를 망가뜨린다며 몹시 화냈다(Franco Sac chetti, *Nov.* 114, 115 참조). 이런 시들은 그만큼 빨리 민중들에게 널리 퍼졌다.

13) 《신생 *Vita nuova*》 p.52.

므로 그럴 필요가 없다. 이 작품의 구상과 근본 이념은 중세의 것이므로 우리의 의식에는 역사적인 흥미만 주는 데 그쳤다. 그러나 이 시는 어떤 단계 어떤 형태의 인간 정신이든 풍부하고 집약적으로 묘사했으므로 본질적으로는 모든 근대시의 시작이다.[14]

그 뒤로 근대시는 불안정한 운명에 이끌려 반세기 동안 퇴보하기도 했지만, 좀 더 높은 생명 원리는 영원히 구조되었다. 그리하여 14, 15세기를 거쳐 16세기 초에 이탈리아에서 독창적 정신을 지닌 인물이 나타나 시에 몸을 바치자—물론 확인할 수는 없지만 재능이 같다고 전제할 때—다른 나라의 어떤 시인보다도 출중한 능력을 드러냈다.

이탈리아에서는 모든 면에서 교양이 조형예술에 선행할뿐더러 조형예술에 본질적으로 활기를 불어넣어 주었는데, 이는 시문학에서도 마찬가지였다. 조각과 회화에서 정신적 요소와 내적 삶의 표현이 단테에 필적할 정도가 되려면 아직 1세기는 더 기다려야 했다. 이런 경향이 다른 민족의 예술 발전사에도 나타났는지,[15] 또한 그들에게 얼마나 가치 있었는지는 우리가 상관할 바 아니다. 그러나 이탈리아 문화에서서는 결정적으로 중요한 문제였다.

이런 점에서 페트라르카가 어떤 위치에 있는가는 인기 많은 이 시인의 독자들이 결정해야 한다. 심문자 같은 태도로 이 시인에게 접근해, 인간 페트라르카와 시인 페트라르카 사이의 모순이나 입증할 수 있는 연애관계 및 그 밖의 약점들을 열심히 찾아내고자 하는 사람은 그런 고생을 한 끝에 그의 소네트에 흥미를 완전히 잃을 수 있다. 그런 태도로 살펴볼 때 맞닥뜨리는 것은 시적인 즐거움이 아니라 한 인간의 '전모'이기 때문이다. 다만 유감스럽게도 페트라르카의 편지에는 그를 이해하는 자료가 될 만한 아비뇽시대의 잡담이 거의 없으며, 페트라르카의 지인과 그 지인의 친구들이 주고받은 편지도 사라져버렸든가 아예 처음부터 없었다. 사람들은 한 시인이 얼마나 분투하며 자신의 열악한 삶에서 불멸의 것을 얻어냈는지 탐구할 필요가 없는 것을 고마워하기

---

14) 단테의 이론심리학에 대해서는 〈연옥편 *Purgat*〉 4곡의 앞머리가 가장 중요한 부분이다. 그 밖에 《향연 *Convito*》의 해당 부분 참조.

15) 반 에이크파의 초상화를 보면 북유럽에서 이와 정반대의 경향이 나타났음을 알 수 있다. 이들 그림은 오랫동안 말로 된 모든 묘사보다 뛰어났다.

단테의 《신곡》 〈연옥편〉 제4곡 귀스타브 도레 그림.

는커녕, 오히려 몇 없는 '유물'을 짜 맞추어 공소장처럼 보이는 전기를 내놓았다. 그러나 페트라르카가 낙담할 이유는 없다. 독일이나 영국에서 유명한 사람들이 주고받은 편지의 인쇄나 편집이 앞으로 50년 동안 계속된다면 페트라르카가 앉아 있는 사형수의 의자도 차츰 고귀한 사람들이 모이는 자리가 될 것이기 때문이다.

페트라르카가 모방과 타성에 젖어 쓴 시는 작위적이고 기교가 흐른다는 점을 모른 체할 수야 없지만, 우리는 그의 시에서 놀랍도록 깊은 영혼의 모습과 풍부한 기쁨과 슬픔 묘사에 경탄한다. 이는 그 전에는 없었던 것이므로 페트라르카의 독자적인 것임에 분명하며, 그 점이 이탈리아뿐 아니라 세계에 대한 페트라르카의 가치를 증명한다. 그러나 그의 표현이 어디서나 한결같이 명쾌한 것은 아니다. 비할 데 없이 아름다운 시구에 낯선 표현과 우의적인 장치와 장난스러운 궤변들이 곧잘 뒤섞이기도 했다. 그러나 탁월한 점들이 훨씬 더 많았다.

보카치오도 거의 주목받지 못한 그의 소네트에서[16] 이따금 자기 감정을 무척이나 감동 깊게 표현하는 데 성공했다. 사랑으로 정화된 곳을 다시 방문한 일(소네트 22), 봄철의 우울함(소네트 33), 늙어가는 시인의 비애(소네트 65) 같은 시는 아주 뛰어났다. 또한 《아메토의 요정 이야기》에는 사람을 고귀하게 하고 거룩하게 하는 사랑의 힘이 《데카메론》의 저자가 썼다고는 상상할 수 없는 필치로 묘사되어 있다.[17] 마지막으로 《피아메타》는 전반적으로 고르지 못하고 군데군데 쓸데없이 미사여구가 많으며 신화와 고대의 인용이 부적절한 흠이 있긴 하지만, 날카로운 통찰로 인간의 영혼을 세밀하게 그린 그림이다. 내 생각이 옳다면 《피아메타》는 단테의 《신생》과 대응하는 여성적인 짝이거나 적어도 《신생》에 자극받아 태어난 작품이다.

고대의 시인, 특히 비극작가들과 베르길리우스의 《아이네이스》 제4권이 페트라르카와 보카치오 및 그 뒤를 이은 이탈리아 시인들에게 영향을 미친 것은[18] 분명한 사실이지만, 감정의 원천만큼은 그 이탈리아 시인들의 내면에서

---

16) *Opere Volgari* 16권 참조.
17) 베누스 축제 뒤에 양치기 테오가펜이 부르는 노래 가운데, *Parnasso teatrale*, Lipsia 1829, p. VIII.
18) 15세기 초 인문주의의 중심인물로 유명한 레오나르도 아레티노는 이렇게 말했다. "고대 그

힘차게 끓어오른 것이었다. 이탈리아 시인들을 같은 시대의 다른 나라 시인들과 비교해 보면, 바로 이들이 근대 유럽의 감성 세계를 처음으로 완벽하게 표현했음을 알게 될 것이다. 여기서 중요한 점은, 다른 민족의 뛰어난 시인들도 똑같이 깊고 아름답게 감동을 느꼈는가가 아니라, 누가 처음으로 인간 정신의 풍부한 지식을 문학으로 표현했느냐는 것이다.

그런데 왜 르네상스기의 이탈리아 사람들은 비극에서 이류에 머물렀는가? 비극은 인간의 성격과 정신과 열정을 인간의 성장과 전투와 패배를 통해 여러 가지 모습으로 보여줄 수 있는 분야가 아닌가. 바꾸어 말해 보자. 왜 이탈리아에서는 셰익스피어를 한 명도 낳지 못했는가? 사실 16, 17세기에 영국이 아닌 다른 북유럽 나라들의 연극과 비교할 때 이탈리아 연극은 그다지 뒤지지 않았으며, 에스파냐 연극은 애초에 경쟁거리도 되지 않았다. 이탈리아인은 종교에 깊이 빠져들지 않았고, 기사도 시대의 절대적인 명예 관념은 형식으로만 받아들였으며, 전제적이고 정당성 없는 군주 앞에 허리를 굽히기에는 너무 영리하고 도도했기 때문이다.[19] 결국 문제가 되는 것은 오직 영국 연극의 짧은 전성기만이라고 하겠다.

이에 대해서는 온 유럽을 통틀어 셰익스피어 같은 인물이 단 한명밖에 없었으며, 이런 천재는 아주 드문 하늘의 선물이기 때문이라고 대답할 수 있겠다. 더욱이 이탈리아 연극이 막 전성기에 접어들려던 무렵 반종교개혁이 일어나 나폴리, 밀라노 나아가 간접적으로는 온 이탈리아를 에스파냐가 지배하게 되면서, 환하게 꽃피던 이탈리아 정신이 꺾여 시들어 버렸을지도 모른다. 에스파냐의 섭정 통치를 받는 나라나 로마의 종교재판소 근처에서 셰익스피어가 나올 수 있었겠는가? 혹은 영국에서도 몇십 년 뒤의 혁명 시대였다면 셰익스피어가 능력을 발휘했겠는가? 무릇 완성된 희곡은 문화의 늦깎이 산물이므로 시대와 행운이 따라주어야 하는 것이다.

이 기회에 이탈리아 희곡이 활짝 꽃피는 것을 막았거나 늦춰 결국 시기를

리스 사람들은 인간성과 착한 심성에서 우리 이탈리아인보다 훨씬 나았다." 그런데 아레티노는 이 말을 병약한 왕자 안티오쿠스와 계모 스트라토니케의 모호한 이야기를 다룬, 동양적인 색체가 묻어나는 소설 앞머리에서 서술하고 있다(《옛이야기 백선》의 부록).
19) 물론 특별한 행사 때 고용된 시인과 극작가들은 궁정과 군주에게 맘껏 아첨을 했다.

놓치게 만든 몇몇 사정을 알아보겠다.

이런 사정 가운데 가장 중요한 것은, 주로 신비극과 다른 종교극 때문에 사람들의 호기심이 다른 데 쏠려 있었다는 점이다. 유럽에서 희곡은 본디 극화된 성경 이야기나 성자 전설에서 나온 것이었다. 그러나 이탈리아는, 다음 편에서도 다루겠지만, 지나치게 장식적인 화려한 신비극에 몰두해 있었으므로 자연히 희극적 요소는 소홀한 취급을 받을 수밖에 없었다. 그리하여 그 숱한 호화스러운 공연을 통해서도 칼데론[20]을 비롯한 에스파냐 시인들의 '성찬신비극(聖粲神秘劇)'과 같은 시적인 예술분야는 결코 발전하지 못했으며, 본격적인 희곡을 위한 발판이나 기초도 마련하지 못했다.

그럼에도 본격적 희곡이 세상에 나타나자 그것은 재빨리 신비극 이래 어느 정도 익숙해져 있었던 화려한 무대장치에 온 힘을 기울였다. 북유럽에서는 무대 배경을 아주 간단하게 암시하는 데 그쳤던 시대에 이탈리아에서는 그것이 얼마나 야단스럽고 호화로웠는지 들으면 사람들은 놀란 입을 다물지 못할 것이다. 그러나 화려한 의상이나 잡다한 막간극이 작품의 문학적 내용으로부터 관객의 관심을 빼앗은 것에 비하면 무대의 호화로움은 오히려 아무것도 아니었다. 곳곳에서, 특히 로마와 페라라에서 플라우투스와 테렌티우스 및 고대 비극작가들의 작품이 라틴어나 이탈리아어로 상연되고,[21] 그 수많은 아카데미가[22] 이런 공연을 정식 과제로 삼은 것, 그리고 르네상스 때 작가들이 고대극에 지나치게 의존한 점은 수십 년 동안 이탈리아 희곡에 불리하게 작용했다. 그러나 내가 볼 때는 이런 사정도 어디까지나 부차적인 것이다. 만약 반종교개혁과 외세의 지배가 개입하지 않았더라면 그런 불리한 상황도 분명 유리한 과도기적 단계로 탈바꿈했을 것이다. 무엇보다 인문주의자들은 크게 불만스러워했지만,[23] 이미 1520년 직후에는 비극과 희극에서 이탈리아어가 라틴어를 누르고 승리를 거두었기 때문이다. 그러므로 유럽에서 가장 발전한 나라가 가장

---

20) Calderon de la Barca(1600~1681). 에스파냐의 극작가. 기교가 뛰어났으며, 약 80편의 성찬신비극을 썼다.

21) 3편 6장 마지막에 나온 조비오의 기록 및 3편 8장 마지막 부분 참조.

22) 3편 10장 끝부분에 나오는 레투스의 아카데미 등 참조.

23) Tiraboschi, Tom. VIII, IV에 수록된 Paul. Jovius, *Dialog. de viris lit. illustr.* —Lil. Greg. Gyraldus, *de poëtis nostri temp.*

뜻 깊은 희곡을 인간 삶의 정신적 무대로까지 끌어올리는 데 방해가 될 걸림돌은 아무것도 없었다. 이탈리아인의 정신을 위축시키고, 위대하고 진실한 극적 묘사를, 특히 민족의 추억과 관련된 대부분의 극적 묘사를 불가능하게 만든 것은 종교재판관들과 에스파냐 사람들이었다. 하지만 그와 더불어 우리는 연극에 실로 해독을 끼쳤던 요인으로서, 관객의 주의를 흐트러뜨렸던 막간극에 대해 알아보아야 한다.

페라라의 공작 알폰소(에르콜레 1세의 아들)와 루크레치아 보르자의 혼인 축제 때, 에르콜레 공작은 귀한 손님들에게 플라우투스의 희극 공연 다섯 편에 쓸 110벌의 무대의상을 손수 보여주었다. 어느 것도 두 번 쓰지 않음을 알려주기 위해서였다.[24] 그러나 이런 비단과 천의 사치도 플라우투스 작품의 막간극으로 상연된 발레와 무언극의 무대장치에 비하면 아무것도 아니었다. 이사벨라 곤차가(에르콜레 1세의 딸)처럼 발랄한 젊은 여성에게 플라우투스 따위는 참을 수 없이 지루했다는 점과 누구나가 연극이 상연되는 내내 막간극을 기다렸다는 점은, 막간극의 눈부신 장관을 생각하면 충분히 이해할 수 있다. 막간극에서는 고대 무기를 음악에 맞추어 현란하게 휘두르는 로마 시대 전사들의 싸움, 무어인의 횃불춤, 불을 뿜는 뿔을 든 야만인들의 격렬한 춤을 보여주었다. 이런 것들이 발레와 용으로부터 소녀를 구해내는 내용의 무언극을 구성했다.

다음은 어릿광대들이 나와 춤을 추면서 돼지 방광으로 서로를 때렸다. 페라라의 궁정에서는 어느 희극에나 '그 희극의' 춤(moresca, 무어풍 춤)이 곁들여지는 것을 당연하게 생각했다.[25] 1491년 알폰소가 안나 스포르차와 첫 번째 결혼식을 올렸을 때 공연된 플라우투스의 〈암피트루오〉를 희극으로 보아야 할지 음악이 딸린 무언극으로 보아야 할지는 여전히 확실하지 않다.[26] 어쨌든 본극보다 그 사이에 끼어 있는 것이 극보다 더 중요하게 다루어졌다. 담쟁이덩굴을 두른 젊은이들이 웅장한 오케스트라 반주에 맞추어 기교적인 춤사위를 자랑

---

24) 이사벨라 곤차가가 1502년 2월 3일에 남편에게 보낸 편지. *Arch. stor.* Append. II, p.306 이하.— 프랑스 신비극에서는 먼저 배우들이 의상을 보여주기 위해 행렬을 지어 관중 앞을 행진했는데, 그것을 라 몽트르(la montre)라 했다.

25) Murat. XXIV, Col. 404에 수록된 *Diario Ferrarese*. 페라라의 연극에 대한 다른 부분은 Col. 278, 279, 282~285, 361, 380, 381, 393, 397.

26) Tito Strozza, *Aeolosticha* 4권에 수록된 Strozzii *Poetae*, p.232.

하며 합창하면, 뒤이어 아폴론이 나타나 채로 리라를 두드리면서 에스테 가문을 찬양하는 노래를 불렀다. 이어서 막간극 속의 막간극으로서 전원풍 익살극이 공연되고, 그다음 다시 고전신화가 무대를 점령해 베누스와 바쿠스와 그 시종들이 나오는 무언극 파리스의 심판이 진행되었다. 그 뒤에야 비로소 〈암피트루오〉 후반부가 이어졌는데, 앞으로 에스테 가문에서 헤라클레스와 같은 인물이 태어나리란 노골적인 암시를 담은 내용이었다. 그보다 앞선 1487년에 이 작품이 궁전 뜰에서 상연되었을 때는 '별과 바퀴 모양으로 꾸며진 천국'이 공연 내내 빛나고 있었다.[27] 아마도 불꽃장치가 된 조명이었던 듯싶은데, 틀림없이 관중의 관심을 한 몸에 받았을 것이다. 이런 곁들임 공연은 차라리 독자적으로 상연하는 편이 더 나았을 것이고, 실제로 다른 궁전에서는 그렇게 했다. 피에트로 리아리오 추기경이나 볼로냐의 벤티볼리오 가문이 개최한 공연은 뒤에서 축제를 논할 때 다루겠다.

이렇게 보편화된 화려한 무대장치는 이탈리아의 창작 비극에 불행한 결과를 초래했다. 1570년 무렵 프란체스코 산소비노는 이렇게 기록했다.[28]

지난날 베네치아에서는 희극뿐만 아니라 고대와 현대 시인의 비극들도 종종 아주 화려하게 상연되었다. 놀라운 무대장치의 소문을 듣고 가깝고 먼 곳에서 관중이 몰려들었다. 그러나 요즈음 일반인들이 여는 축제 공연은 그들의 저택에서 이루어지며, 얼마 전부터는 사육제 기간에도 희극을 비롯한 여러 활기차고 재미있는 오락거리로 시간을 보내는 풍조가 자연스럽게 자리 잡았다.

다시 말해 이 화려함이 비극을 죽이는 데 도움이 된 것이다.

이런 근대의 비극작가들—트리시노의 〈소포니스바〉(1515년)가 가장 큰 명성

---

27) 전쟁의 여신 에리스는 '가장 아름다운 여신에게'라고 쓰인 황금 사과를 던진다. 이를 둘러싸고 헤라(주노), 아테나(미네르바), 아프로디테(비너스)가 다툰다. 이다산의 양치기 트로이의 왕자 파리스가 이 판정을 맡게 되고, 그는 아프로디테를 선택한다. 이것이 트로이전쟁의 발단이 된다.

28) Franc. Sansovino : *Venezia*, fol. 169. 이 글에 나오는 'parenti(친척)'는 'pareti(벽)'일 것이다. 이 밖에도 그가 말하고자 하는 바가 명확하지 않은 곳이 있다.

을 누렸다—이 저마다 어떻게 출발하고 어떤 시도를 했는지는 문학사에서 다룰 문제이다. 플라우투스나 테렌티우스를 모방해 창작한 걸출한 희극도 마찬가지이다. 아리오스토 같은 인물도 이 분야에서는 그다지 좋은 작품을 남기지 못했다. 반면 마키아벨리, 비비에나, 아레티노 등이 활약한 통속적인 산문 희극은 만약 그 내용 때문에 스스로 몰락하지만 않았더라면 눈부신 미래가 보장되었을 것이다. 그 내용은 몹시 부도덕하거나 아니면 특정 사회계급을 공격하는 것이었는데, 그 계급 사람들은 1540년 무렵부터 그런 공공연한 공격을 용납하지 않았다. 성격 묘사가 〈소포니스바〉에서는 유창한 연설조에 밀려났다면, 산문 희극에서는 그 이복형제인 풍자와 더불어 지나치게 남발되었다. 어쨌든 내 생각이 옳다면, 이탈리아의 산문 희극은 아주 사실적인 양식을 지닌 최초의 작품이다. 그러므로 유럽 문학사를 살펴볼 때 이런 작품들을 빼놓을 수는 없다.

비극과 희극의 창작은 끊임없이 이어지고 고대와 근대 작품의 상연도 그치지 않았다. 그러나 그것은 다만 축제 때 신분을 과시하기 위한 수단에 불과했으므로, 이탈리아 국민의 천재성은 생동감 없는 그것에 등을 돌리고 말았다. 그 뒤 오페라나 목가극이 등장하자 비극과 희극에 대한 시도조차 이내 쓸모없어졌다.

이에 국민적 장르로 남은 단 하나가, 대본 없이 무대에 맞추어 즉흥적으로 공연하는 가면 희극인 코메디아 델라르테(Commedia dell'Arte)였다. 이 극에는 가면을 쓴 소수의 인물만 고정적으로 등장하는 데다 그 성격도 이미 누구나가 아는 까닭에 고상한 성격 묘사에는 불리한 면이 있었다. 그러나 대본 있는 희극을 상연할 때에도 이따금 배우가 즉흥연기에 빠져들 정도로 이탈리아인의 재능이 이 형식을 매우 선호했기 때문에,[29] 형식이 혼합된 새로운 극이 여기저기서 공연되었다. 베네치아에서 부르키엘로가 연출한 희극과 그 뒤 아르모니오, 발데리오 추카토, 로드비코 돌체가 무대에 올린 희극도 이 덕분에 지속되었을 것이다.[30] 부르키엘로는 베네치아 방언에 그리스어와 슬라보니

---

29) 산소비노는 배우들이 엉터리같은 생각과 인물을 첨가해 희극을 망쳐놓는다고 탄식했는데 (*Venezia*, fol. 168), 아마도 즉흥연기를 두고 한 말일 것이다.

30) Sansovino, a. a. O.

아어를 섞어 넣어 웃음의 효과를 배가시켰다고 한다. 거의 완벽한 수준의 코메디아 델라르테를 무대에 올린 인물은 일 루찬테라고 불렸던 안젤로 베올코(1502~1524)였다. 그의 공연에 언제나 등장하는 가면 배역은 파도바의 농부들(메나토, 베초, 빌로라)이었는데, 이를 위해 그는 자신의 후원자인 루이지 코르나로의 코데비코 별장에서 여름 동안 등장인물들의 사투리를 연구했다.[31] 그 뒤로 차츰 각 지방을 대표하는 유명한 배역들이 나타났다. 판탈로네(베네치아의 호색한 늙은 상인), 도토레(볼로냐 출신의 의사이자 변호사), 브리겔라(베르가모의 영악한 하인), 풀치넬라(나폴리의 어릿광대 역), 아를레키노(즉흥 희극의 어릿광대 역) 등인데, 그들은 오늘날까지도 이탈리아 사람들을 즐겁게 해주고 있다. 이들은 대부분 오랜 옛날부터 존재했으며 고대 로마의 웃음극과도 관련이 있었을 수 있으나, 어쨌든 16세기에 이르러서야 하나의 작품 안에 모이게 되었다. 오늘날 이러한 일은 그리 쉽게 일어나지 않지만, 그래도 대도시들은 그 지방 특유의 가면 배역을 보존하고 있다. 나폴리는 풀치넬라를, 피렌체는 스텐테렐로를, 밀라노는 훌륭한 메네키노를 말이다.[32]

자기의 최고 모습을 희곡이라는 거울에 비쳐보아 객관적으로 묘사하고 바라보는 재능을 지닌 이 위대한 국민에게 코메디아 델라르테는 희곡의 옹색한 대용품이었다. 하지만 이탈리아인이 희곡의 재능을 발휘하기까지는 그 뒤로도 수 세기 동안 여러 적대 세력의 방해를 받아야 했다. 이런 세력의 출현에 대한 이탈리아인의 책임은 조금밖에 없었다. 그러나 이들에게 보편적으로 있는 극적 표현의 재능이 근절될 기미도 보이지 않았다. 게다가 이탈리아는 음악에서 온 유럽을 장악하고 있었다. 앞길이 막힌 희곡에 대한 보상을, 혹은 감추어진 극적 표현을 이 음악 세계에서 구한 사람들은 큰 위로를 받았을 것이다.

희곡이 이루지 못했던 것을 서사시에서 기대할 수 있을까? 안타깝게도 이탈리아의 영웅서사시는 등장인물의 성격묘사와 일관된 전개가 가장 취약하다

---

31) Graevius, *Thes.* VI, III, Col. 288 이하에 수록된 Scardeonius, *de urb. Patav. antiq.* 방언문학에 대해서도 중요한 곳이다.

32) 메네키노가 이미 15세기 초에 존재했다는 사실은 *Diario Ferrerese* 를 통해 추정할 수 있다. 1501년 페라라에서 상연된 프라우투스의 〈메나에크미(Menaechmi)〉가 실수로 〈메네키노(Menechino)〉라고 적혀 있기 때문이다. Murat. XXIV, Col. 393에 수록된 *Diar. Ferr.*

는 날카로운 비난을 받았다.

그러나 장점도 물론 여럿 있다. 특히 다른 민족의 서사시가 거의 문학사적 골동품이 되어버린 데 반해, 이탈리아의 그것은 지난 3세기 반 동안 실제로 읽히고 끊임없이 판을 거듭해왔다는 점을 들 수 있다. 북유럽 사람들과는 다른 것을 요구하고 찬양하는 독자의 기호 때문이었을까? 이런 작품에서 그 고유한 가치를 찾아내기 위해서는 우리도 이탈리아적인 감성을 어느 정도 몸에 익혀두어야 한다. 그런데 아주 출중한 사람들 가운데도 그래봐야 소용없다고 단언하는 이들이 있다. 하기야 풀치, 보이아르도, 아리오스토, 베르니의 작품을 순전히 사상적인 관점에서만 분석하려 든다면 아무리 이탈리아적인 감성을 익힌들 반드시 실패할 것이다. 그들은 예술적 감각을 지닌 국민을 위해 창작했던 아주 특수한 부류의 예술가들이었기 때문이다.

중세의 여러 전설은 기사문학(騎士文學)이 차츰 소멸하자, 일부는 운문으로 개작되고 일부는 산문소설로 만들어져 명맥을 이어왔다. 14세기 이탈리아의 상황은 후자였다. 그러나 새로 일깨워진 고대에 대한 추억은 거인처럼 자라나 중세의 모든 공상적 창작을 깊은 그늘 속으로 밀어 넣어버렸다. 보카치오는 《사랑의 환상》에서 마법의 궁전에 등장하는 영웅의 이름으로 트리스탄, 아서왕, 갈레오토 등을 들었지만, 마치 부끄러운 듯 아주 간단하게 언급하고는 퇴장시켰다. 그 뒤의 문인들은 중세의 인물을 전혀 거론하지 않거나 웃음거리로 삼을 때만 끄집어 냈다. 그러나 민중은 그들을 기억했고, 중세 인물들은 민중을 통해 15세기 시인들에게로 전해졌다. 15세기 시인들은 그 소재를 전혀 새로운 태도로 받아들여 표현했을뿐더러 나아가 그 이상의 성과를 올렸다. 중세 전설의 소재를 충실하게 살리거나, 처음부터 끝까지 완전히 새롭게 창작했던 것이다. 그러나 우리는 시인들이 이렇게 이어받은 소재에 중세 때의 조상들이 보였던 것과 똑같은 존경을 바치길 기대할 수는 없다. 15세기 작가들이 국민적 관심에 힘입어 중세의 환상세계를 재창조할 수 있었던 일은 다른 모든 유럽 나라들이 부러워할 만한 사건임에 틀림없다. 그러나 그들이 이 중세 세계를 신화 대하듯 숭배했다면 그야말로 위선자라는 오명을 피하지 못했을 것이다.[33]

---

33) 풀치는 장난기가 발동해, 거인 마르구테 이야기를 위해 장엄한 옛이야기를 만들어 냈다.(*Morgante*, canto XIX, str. 153 이하).—Limerno Pitocco의 비판적인 머리글은 더욱 우스꽝스럽

대신 그들은 시문학을 위해 새롭게 확보한 이 영역에서 자유롭게 활보했다. 그들의 주요 목적은 낭독할 때 단락들이 되도록 아름답고 낭랑하게 들리도록 하는 데 있었던 듯하다. 실제로 이런 시는 소리와 몸짓에 가벼운 익살을 가미해 한 토막씩 솜씨 좋게 읊을 때 빼어난 효과를 발휘했다. 한결 깊고 치밀한 성격 묘사를 담았다 하더라도 이런 효과를 높이는 데는 별 도움이 되지 못했을 것이다. 읽는 사람이야 그것을 바라겠지만 듣는 사람은 언제나 일부분만 들으므로 성격 묘사 따위는 생각지도 않게 마련이다. 중세의 전형적인 인물에 대해서 시인은 이중적인 느낌을 받았다. 시인의 인문주의적 교양은 그들의 중세적인 성격에 저항했지만, 그 시대 무술경기나 전쟁에 비견되는 중세의 전투 장면은 시인의 모든 전문적 지식과 헌신을 요구했고, 아울러 낭독자들도 최고 기량을 발휘해야 하는 부분이었다.

따라서 풀치[34]도 작품에서 기사들의 야비하고 익살스러운 말투로 중세기사도의 패러디 냄새를 풍기면서도 진정한 패러디에는 이르지 못했다. 여기서 풀치는 싸움을 좋아하는 인물의 전형으로서 종(鐘)의 추를 가지고 전군을 통솔하는 익살스럽고 사람 좋은 모르간테를 그리고, 맞은편에 바보스러우면서도 아주 특색 있는 괴물 마르구테를 대치시킴으로써 모르간테를 미화하는 교묘함까지 보여준다. 그러나 거칠고 힘차게 묘사한 두 인물에 특별한 중점을 두었던 것은 결코 아니다. 이 이야기는 그들 두 사람이 자취를 감춘 뒤에도 이상한 진행을 계속해 나간다. 보이아르도[35]도 의식적으로 인물들을 지배하면서 그들을 진지하게 혹은 우스꽝스럽게 만들었다. 악마까지도 우스갯거리로 삼아 때때로 그들을 일부러 우둔한 존재로 묘사했다. 그러나 보이아르도가 풀치 못지않게 아주 진지하게 추구했던 예술적 과제가 있다. 바로 모든 줄거리를 더할 나위 없이 생생하게, 기교적이고 정밀하게 묘사하는 것이다.

풀치는 시 한 편을 완성하면 지체 없이 로렌초 마니피코 앞에서 낭독했다. 마찬가지로 보이아르도도 자기 시를 페라라의 에르콜레 궁정에서 읊었다. 이

다(*Orlandino*, cap. I, str. 12~22).

34) 《모르간테 *Morgante*》는 1460년 무렵부터 수년에 걸쳐 집필되었으며, 1481년 베네치아에서 처음으로 인쇄되었다.—마상창(馬上槍) 시합은 5편 1장 참조.

35) 《사랑에 빠진 오를란도 *Orlando inamorato*》는 1496년에 처음 인쇄되었다.

런 자리에서 어떤 구절이 사람들의 열광을 얻었으며, 치밀한 성격 묘사에는 아무도 관심이 없었다는 것을 우리는 쉽게 추측할 수 있다. 상황이 이렇다 보니 시는 전체적으로 완성된 느낌을 주지 못했고, 실제 분량의 절반 정도에 그치거나 두 배로 늘어날 때도 있었을 것이다. 시의 구성은 큼직한 역사화가 아니라 프리즈(건축물이나 기구에 붙였던 띠 모양의 장식물)나 오밀조밀하고 화려한 꽃줄 장식과 같은 구도였다. 프리즈에 담긴 인물이나 덩굴무늬에서는 전체적으로 다듬어진 개성 있는 형태와 깊은 원근법, 풍부한 구상을 기대할 수 없을뿐더러 허락되지도 않듯이, 사람들은 이런 시에서 그런 것들을 바라지 않았다.

특히 보이아르도가 늘 청중의 허를 찌르면서 선보였던 다채롭고 풍요로운 창안은 오늘날 통용하는 서사문학의 본질에 대한 교과서적 정의를 모두 비웃는다. 그 시절 이 형식은 고대 연구에서 가장 유쾌하게 방향을 전환할 수 있으며, 독자적인 서사문학에 도달하기 위한 유일한 수단이었다. 고대역사를 시로 재구성하면, 결국 페트라르카가 라틴어 육각운으로 《아프리카》를 썼을 때, 그리고 한 세기 반 뒤에 트리시노가 나무랄 데 없는 말과 작시법으로 방대한 무운시 《고트인에게서 해방된 이탈리아》를 썼을 때처럼 잘못된 길로 빠지기 때문이다. 역사와 시가 불행한 결합을 했을 때 어느 쪽이 더 많이 손해를 보는가는 우리가 판단하기 어렵다.

단테는 자기를 모방한 사람들을 어디로 이끌어 갔는가? 페트라르카의 환상적인 《승리》는 단테를 모방했으면서도 우리의 기호를 만족시킨 마지막 작품이었다. 보카치오의 《사랑의 환상》은 사실 역사적 인물과 허구 인물을 암시적으로 늘어놓은 것에 지나지 않는다. 다른 시인들도 무엇인가를 쓰려고 할 때에는 먼저 단테의 《신곡》 1곡을 과장되게 모방해 앞머리를 장식한 뒤 안내자로서 베르길리우스의 역할을 대신할 우의적인 인물을 배치하길 잊지 않았다. 예를 들어 우베르티는 지지학(地誌學) 내용을 담은 시 《디타몬도》에서 솔리누스(3세기 로마의 지지학자)를, 조반니 산티는 우르비노의 페데리코를 찬양하는 시에서 플루타르코스를 등장시켰다.[36] 이런 잘못된 길에서 유일한 구원은 풀치와

---

36) 같은 맥락에서, 오늘날 잣대에 맞지 않는다며 《일리아드》조차 소홀히 보는 사람이 얼마나 많은가. 하지만 그렇다고 해서 우리가 진저리내는 것이 가짜이며 후세에 추가한 것이라는 말은 아니다.

페트라르카의 《승리》 제1장 〈사랑의 환희〉 부분

보이아르도가 대표했던 서사시뿐이었다. 아마도 세상 끝 날까지 두 번 다시 쏟아지지 않을 호기심과 감탄이 그 서사시에 쏟아졌던 사실을 보면,[37] 사람들이 얼마나 그것을 바랐는가를 잘 알 수 있다. 오늘날 호메로스나 《니벨룽겐의 노래》에서 추려낸 진정한 영웅시의 이상(理想)이 이런 작품들에서 실현되었는지의 여부는 전혀 문제가 되지 않는다. 어쨌든 이 서사시들은 그 시대의 이상을 실현했다. 게다가 그들은 우리에게 가장 지루한 대목이 되어버린 전투 묘사로, 앞에서도 말한 바와 같이 사건에 대한 사람들의 흥미를 만족시켰다. 하지만 그 시대 사람들이 이런 내용에 흥미를 기울였고, 생생한 순간 묘사에 높은 점수를 주었다는 사실도 오늘날 우리로서는 이해하기가 쉽지 않다.

그러므로 아리오스토의 《광란의 오를란도》[38]에서 인물의 성격 묘사가 얼마나 잘됐는가를 따지는 것보다 잘못된 잣대는 없다. 여기에도 주인공들의 성격을 애정 담아 묘사한 부분이 있지만, 이 작품은 그런 인물의 성격에 조금도 의지하지 않는다. 만약 성격 묘사를 더 강조했다면 득보다 실이 더 많았을 것이다. 사실 이런 요구는 아리오스토가 만족시켜 주지 못한 우리 시대의 일반적인 욕구와 결합해 있다. 즉, 그처럼 재능 있고 명성 있는 시인이라면 오를란도의 모험보다 훨씬 훌륭한 작품을 써야 한다고 생각하는 것이다. 마음의 갈등

---

37) Vasari Ⅷ, 71, *Vita di Rafaello* 의 주석 참조.
38) 초판은 1516년.

아리오스토의 《광란의 오를란도》 삽화

이나 인간과 신에 대한 그 시절의 고매한 견해 같은 것, 한마디로 《신곡》이나
《파우스트》가 보여 준 궁극의 세계상을 그의 작품에서 보고 싶다는 뜻이다.
그러나 그는 그렇게 하지 않고 그 시절 조형예술가와 똑같은 방식으로, 오늘날
중요시하는 독창성은 무시하고 이미 유명한 조상들을 모방하여, 도움만 된다

면 익히 세상에 알려진 줄거리까지 다시 우려내는 식으로 글을 썼다. 이런 방식으로도 걸작이 만들어진다는 점을 예술가적 자질이 없는 사람들에게 이해시키기란 그들의 학식과 재능이 풍부할수록 더욱 어려운 일이다.

아리오스토의 예술 목표는 위대한 시 전체에 두루 뻗어 있는 생생한 '사건'이었다. 따라서 그는 너무 심각한 성격 묘사를 자제하고 이야기의 엄격한 관련성에도 초연할 필요가 있었다. 그는 잃어버리거나 잊고 있던 실을 뒤에 가서 마음대로 다시 연결하는 것도 허락해야 했다. 그의 등장인물들은 강렬한 성격 때문이 아니라 작품의 요구에 따라 나타나거나 사라져야 했다. 하지만 이처럼 언뜻 보기에 비합리적이고 제멋대로인 구성 속에서도 그는 법칙에 들어맞는 아름다움을 전개한다. 아리스토오는 절대로 생각 없이 서술의 늪에 빠져들지 않았고, 언제나 사건 진행과 어울리는 정도로만 배경과 인물을 묘사했으며, 대화나 독백에 몰두하는 일은 더더욱 적었다.[39] 그는 모든 것을 생생한 사건으로 엮어내는 진정한 서사시의 존귀한 특권을 누렸다. 그의 열정은 결코 말 속에 있지 않으며,[40] 오를란도의 광란을 묘사한 23곡과 그 이하에 있지도 않다. 이 영웅시의 사랑 이야기가 조금도 서정적이지 않다는 것은 도덕적인 면에서는 인정할 수 없더라도, 오히려 장점이었다. 때로 사랑 이야기는 아무리 마법이나 기사도에 둘러싸여 있어도 그 뛰어난 진실성과 현실성 덕분에 마치 시인이 직접 겪은 일을 듣는 듯한 느낌을 준다. 또한 아리오스토는 자기의 비범한 창조적 재능을 알고 있었기에 당대의 온갖 사건을 주저 없이 그 대작에 짜 넣었고, 에스테 가문의 명성도 여러 환상이나 예언 형태로 찬양했다. 그의 놀라운 8행시에는 그런 모든 것들이 탄탄하고 장엄하게 흐르고 있다.

테오필로 폴렝고 또는 필명 리메르노 피토코 덕분에 기사도 패러디는 오랫동안 바라던 권리를 얻게 된다.[41] 그러나 패러디의 사실주의와 함께 필연적으로 더 엄격한 성격 묘사가 요구되었다. 소년 오를란도는 로마의 작은 시골 도시 수트리에서 난폭한 악동들의 주먹다짐과 돌팔매 속에서 용감한 영웅, 수도사의 적, 논쟁가로 자라났다. 폴치 이래 서사시의 틀로 통용되어 온 전통의 환

---

39) 삽입된 연설은 이야기에 지나지 않았다.
40) 반면 폴치는 대화를 중요하게 생각했다. *Morgante, Canto* XIX, Str. 20 이하.
41) 《오를란디노 *Orlandino*》. 초판은 1526년에 나왔다.—이 책 2편 4장 참조.

상세계는 여기서 산산조각 나버린다. 기사의 출신과 인품은, 기사들이 우스꽝스러운 갑옷과 무기로 무장한 채 당나귀를 타고 시합을 벌이는 2곡에서 공공연한 웃음거리가 되었다. 때때로 이 시인은 마인츠의 가노 가문에서 대대로 나타난 이해하기 힘든 불충과 두린다나 검을 손에 넣기 위해 감수해야 하는 갖은 고생에 해학적인 동정을 던졌다. 그는 우스운 발상, 에피소드, 시사 풍자(그 중에는 6장 끝부분처럼 아주 뛰어난 것도 있다), 음담패설을 위해서만 전통적인 것을 활용했다. 이러한 모든 것과 더불어 아리오스토에 대한 조소도 내비쳤다. 따라서 폴렝고의 《오를란디노》가 루터파에 빠지는 바람에 종교재판에서 이단 판결을 받고 사람들의 기억에서 잊혀버린 것이 《광란의 오를란도》로서는 다행스러운 일이었다. 《광란의 오를란도》에서는 콜론나 가문이 오를란도의 후손이고, 오르시니 가문이 리날도의 후손이며, 에스테 가문이 루지에로의 후손이라는 판국이니, 곤차가 가문이 기사 귀도네의 후손이라는 대목(《오를란디노》 6장 28절)에서 폴렝고의 패러디는 절정을 이룬다. 이 시인의 보호자인 페란테 곤차가는 에스테 가문에 대한 이 야유를 모르지 않았을 것이다.

끝으로, 토르콰토 타소의 《해방된 예루살렘》에서 성격 묘사가 작가의 최고 관심사였다는 점은 그 시인의 사고방식이 반세기 전 유행했던 관념과 얼마나 달랐는가를 증명한다. 타소의 탁월한 작품은 그동안 일어난 반종교개혁과 그 경향의 기념비인 것이다.

5. 전기문학

이탈리아인은 시인의 재능뿐 아니라 다른 영역에서도 유럽 최초로 역사 인물의 내외적 특성을 정확하게 묘사하는 성향과 능력을 갖추고 있었다.

이미 중세에 이런 주목할 만한 시도가 있었음은 사실이다. 전기문학의 영원한 과제인 성인전설을 쓰려면 그런 묘사에 대한 관심과 재능을 어느 정도 유지해야 했다. 수도원과 대성당의 연대기에는 파더본의 마인베르크라든가 힐데스하임의 고데하르트 같은 많은 성직자가 눈에 보일 듯 생생하게 묘사되어 있다. 그리고 특히 수에토니우스(70~150 무렵. 로마의 전기작가. 대표작 《황제전》)같은 고대 작가를 본보기 삼아 쓴 몇몇 독일 황제의 전기에는 아주 귀중한 특징이 나타나 있다. 그뿐만 아니라 이런 세속적인 '전기(vitae)'는 차츰, 인물을 차례차례 서술하는 성인전기(聖人傳記)와 유사한 형태를 띠게 된다. 그러나 성왕(聖王) 루이를 묘사한 주앵빌[1]과 아인하르트나 라데비쿠스를[2] 나란히 들 수는 없다. 주앵빌의 성왕 루이 전기는 근대 유럽인의 정신을 처음으로 완벽하게 묘사한 독보적인 작품이기 때문이다. 성왕 루이는 보기 드문 인품의 소유자였다. 더욱이 소박하고 성실한 관찰자가 그의 모든 생활과 행동에 대한 신념을 포착하여 이를 설득력 있게 표현해 주는 보기 드문 행운을 얻은 왕이었다. 반면 프리드리히 2세(신성로마 황제. 재위 1212~50. 관료적 정치기구 정비, 학문과 예술 장려)나 미남왕 필리프 4세(재위 1270~85. 최초로 국가 통일을 실현하여 절대왕정 준비) 같은 사람의 내면적 본질은 빈약한 역사자료를 통해 추측할 수밖에 없다. 그 뒤 중세 말기에 이르기까지 전기 형태로 존재하는 대부분은 그 시대의 이야기에 지나

---

1) Jean Joinville(1224?~1317). 프랑스의 연대기 작가. 루이 9세의 친구로서, 제7차 십자군 원정에 그와 동행한 경험을 바탕으로 《성왕 루이 연대기》를 저술했다.
2) Radevicus, *de gestis Friderici imp.* . 특히 II, 76─아주 뛰어난 전기인 《하인리히 4세전》에는 인물 묘사가 별로 없다. Wippo, *Vita Chuonradi imp.*도 마찬가지이다.

지 않으며, 무엇이 칭찬할 만한 개성인가에 대한 감각도 없이 집필된 것이었다.

반면 이탈리아에서는 유명인의 개성을 찾아내는 경향이 지배적이었다. 이 점이야말로 이탈리아인과 다른 유럽인을 구별하는 요소로, 다른 유럽인에게는 이런 경향이 좀처럼 보기 드문 일이거나 특별한 상황에서만 있는 일이었다. 개성적인 것을 알아보는 이런 예리한 눈은 종족이라는 틀에서 벗어나 스스로 개성적인 인간이 된 자만이 지닐 수 있는 것이었다.

명예 관념이 널리 유행하면서(2편 3장 참조) 저명한 인사들을 한자리에 모아 비교하는 전기문학이 일어났다. 아나스타시우스[3]와 아그넬루스(Agnellus)[4] 및 그 후계자들, 그리고 베네치아 총독의 전기작가들이 왕통과 성직자의 서열을 중시했던 것과 달리 이 전기문학 저자들은 유명한 인물들만 골라 집필할 수 있었다. 그 본보기가 되었던 인물이 수에노티우스와 네포스(《위인전 *viri illustres*》)였고, 플루타르코스의 저서도 알려지고 번역된 범위 안에서 영향을 미쳤다. 문학가에 대한 기술로는 널리 읽힌 도나투스의 《베르길리우스전》과 더불어 수에토니우스의 '부록'에 있는 문법학자·연설가·시인들의 열전[5]이 본보기로 활용되었다.

14세기에 전기 모음 책—유명 인사나 유명 부인의 전기들—이 나오기 시작했다는 점은 앞서 설명했다(3편 6장 참조). 전기의 서술 대상이 동시대인이 아닐 때는 당연히 기록에 의존해야 했다. 아무 제약도 받지 않고 쓰인 최초의 주요 전기는 보카치오의 《단테전》일 것이다. 경쾌하고 역동적인 이 책은 자의적인 해석도 많으나 단테의 본질에 있는 비범한 특색을 생생히 전달해 준다. 이어서 14세기 말에는 필리포 빌라니가 피렌체 명사들의 '열전(Vite)'을 펴냈다. 시인·법률가·의사·문헌학자·예술가·정치가·군인을 다룬 그 전기에는 현존했던 사람들도 포함되어 있었다. 여기서 피렌체는 재능을 타고난 가족처럼 그려졌으며 그 위인들은 가문의 정신을 빛낸 가족 구성원이었다. 인물 묘사는 간

---

3) 여기서는 사서(司書) 아나스타시우스(9세기 중엽)를 말한다.
4) 아나스타시우스와 비슷한 시대 사람으로 라벤나 주교들의 역사를 썼다.
5) 필로스트라투스의 전기집이 언제부터 이런 식으로 사용되었는지 나로선 말할 수 없다.(수에토니우스의 저서는 물론 일찍부터 본보기가 되었다. 12세기의 것으로는 아인하르트가 쓴 《카를대제전》 말고도 Guilielm. Malmesbur.의 정복왕 윌리엄 1세(p. 446 ss., 452, ss), 윌리엄 2세(p. 474, 504) 및 헨리 1세(p. 640)의 묘사를 예로 들 수 있다.)

단하지만 특징을 잘 잡아내는 재능이 돋보이며, 특히 외적 인상과 내적 성격을 아울러 묘사한 점이 특색 있다. 그 이래[6] 투스카나 사람들(피렌체는 투스카나에 있다)은 줄곧 인물 묘사를 자기들의 특별한 능력으로 생각하게 되었다. 우리가 보는 15, 16세기 이탈리아의 가장 중요한 개성 묘사들은 모두 그들의 손에서 만들어진 것이다. 조반니 카발칸티는 1450년 이전에 쓴 《피렌체사》의 부록에서 모든 피렌체 사람들이 보여준 시민의 미덕과 헌신, 정치가의 통찰력, 군인의 무용 등의 실례를 집성했다. 교황 피우스 2세는 그의 《비망록》에서 동시대 유명인들의 생활상을 그렸다. 최근에 그 책의 습작으로 보이는 교황의 젊은 시절 저작이[7] 새로 인쇄되었는데 여기서도 독특한 색채가 묻어난다. 볼테라의 야코포 덕택에 우리는 피우스 2세 이후의 로마 교황들에 대한 신랄한 인물평을 볼 수 있다.[8] 베스파시아노 피오렌티노는 앞에서 이따금 언급했는데, 그의 역사서는 우리가 보유한 가장 중요한 사료 가운데 하나이다. 그러나 그의 인물 묘사 재능은 마키아벨리, 니콜로 발로리, 귀차르디니, 바르키, 프란체스코 베토리에 비하면 크게 부족하다. 고대인 못지않게 유럽의 역사기술에 인물 묘사라는 방법을 널리 전파한 사람들이 바로 이들이었다. 다시 말해 우리는 이들의 저작이 라틴어로 옮겨져 북유럽에도 전파되었던 사실을 잊어서는 안 된다. 그리고 아레초의 조르지오 바사리(1511~74. 화가·건축가·미술가·전기작가)와 그의 귀중한 저작이 없었더라면 북유럽 예술사와 근대 유럽 예술사는 여전히 성립하지 못했을 것이다.

15세기 북이탈리아의 전기작가 가운데는 스페치아의 바르톨로메오 파치오(1400~57. 인문주의자)가 높은 자리를 차지한다(2편 3장 참조). 크레모나 지방 출신인 플라티나는 《교황 파울루스 2세전》을 통해 전기문에서 인물을 어떻게 희화할 수 있는지를 보여주었다. 특히 중요한 글은 피에르칸디도 데쳄브리오가 쓴, 비스콘티 가문의 마지막 군주(필리포 마리아)에 대한 전기로[9] 이는 수에토니

---

6) 이 책 2편 2장에서 발췌한 알베르티의 전기 및 Muratori, *Archivio storico*에 있는 수많은 피렌체 사람들의 전기 참조.
7) *Die Schriften des Stuttgarter literarischen Vereins* 에 있는 *De viris illustribus*.
8) Murat. XXIII에 수록된 그의 *Diarium*.
9) Murat. XX에 수록된 Petri Candidi Decembrii *Vita Philippi Mariae Vicecomitis*.

우스를 대대적으로 확대 모방한 것이다.

시스몽디(1773~1842. 스위스의 경제학자·역사가)는 그런 인물을 위해 지나치게 많은 노력을 소비했다며 한탄했다. 하지만 그보다 위대한 인물을 다루기에는 데 쳄브리오의 힘이 부쳤을 것이다. 어쨌든 그는 필리포 마리아 비스콘티의 종잡을 수 없는 성격을 기술하고, 그가 펼친 특별한 전제정치의 여건과 형식과 결론을 놀랍도록 정확하게 묘사할 수 있는 능력이 충분히 있었다. 대상의 특성을 아주 세밀한 부분까지 간파한 이 특색 있는 전기문이 없었더라면 15세기의 시대상은 불완전하게 남았을 것이다. 그 뒤 역사가 코리오(1459~1512? 루도비코 스포르차의 명령으로 밀라노 역사를 썼다)가 등장함으로써 밀라노는 유능한 전기적 초상화가를 보유하게 되었다. 이어서 코모 사람인 파올로 조비오가 나와 방대한 분량의 전기문과 짧은 송사를 써서 세계적 명성을 떨치고, 모든 나라 후진들의 본보기가 되었다.

조비오가 얼마나 피상적이며 불성실한가를 지적하기는 어렵지 않다. 그에게서 진실하고 고상한 의도는 애초에 기대할 수 없었다. 그러나 그의 글 속에는 시대의 숨결이 맥맥이 흐르고 있다. 그가 서술한 레오 10세와 알폰소와 폼페오 콜론나는 비록 그들의 영혼 깊숙이 파고들 수는 없지만 더없이 진실하고 사실적으로 우리 앞에서 살아 숨쉰다.

나폴리의 전기작가 가운데서는—엄밀히 따지면 전기문이 아니지만—분명 트리스탄 카라촐로(1편 4장 참조)[10]가 으뜸일 것이다. 그가 우리 앞에 선보이는 인물들의 모습에는 죄악과 운명이 이상하게 얽혀 있다. 사실 그는 무의식적 비극작가라고 불러도 좋을 것이다. 그 시절 무대 위에서는 설 땅을 찾지 못했던 진짜 비극이 궁전과 길거리와 광장에서 열정적으로 활개치고 다녔다. 알폰소가 아직 살아 있을 때 안토니오 파노르미타가 쓴 《알폰소 대왕 언행록》은 현명하고도 재치 있는 말들과 일화를 모은 최초의 책으로서 주목할 만하다.

그 밖의 유럽에서는 정치와 종교의 큰 격동으로 수많은 속박이 끊겨 사람들이 새로운 정신 생활에 눈뜨고 있었음에도, 정신적인 개성 묘사 영역에서

---

10) Tristano Caracciolo의 《나중에 아라곤 왕이 된 페르디난도와 그 후손 *De Ferando qui postea Aragonnm fuit ejusque posteries*》.

는 이탈리아인의 선례를 느릿하게 뒤따를 뿐이었다.[11] 그 무렵 유럽 세계 주요 인물의 성격에 대해 우리가 알고 있는 최상의 정보를 제공한 소식통은 문헌학자든 외교관이든 간에 대체로 이탈리아인이었다. 최근에는 16, 17세기 베네치아 사절의 보고서가 인물 묘사 분야에서 이의의 여지없이 으뜸 자리를 차지했다.[12] 이탈리아에서는 자서전도 곳곳에서 대담하고 활기차게 비약했으며, 외면 생활의 다채로운 사건과 더불어 인간 내면도 깊이 있게 다루었다. 다른 나라의 자서전은 종교개혁시대의 독일에서조차 외적 경험에만 치중하고 정신은 오로지 서술 방식을 통해 추측하게 한다. 이탈리아 사람들에게는 냉정한 진실을 담은 단테의 《신생》이 그러한 길을 제시해 준 것이 아닐까 싶다.

자서전의 시작은 14, 15세기에 나온 가문의 역사서였다. 이것들의 필사본이 피렌체 도서관에 꽤 많이 소장되어 있는데, 그 가운데는 부오나코르소 피티의 책처럼 자신이나 가문을 위해 쓴 소박한 전기들도 있다.

교황 피우스 2세의 《비망록》에서는 심도 있는 자기비판을 찾아볼 수 없다. 여기서 인간 피우스 2세에 대해 알 수 있는 것이라고는 한눈에 봐도 그가 이야기하는 자신의 출세 과정뿐이다. 그러나 다시 깊게 생각해 보면, 이 주목할 만한 책에 대한 다른 결론을 내릴 수 있을 것이다. 세상에는 자기 주변의 환경을 비춰주는 거울 같은 사람이 있다. 이런 사람들의 신념 및 내면의 갈등과 삶의 결론 따위가 무엇이었는지 집요하게 캐는 것은 무례한 행위이다. 에네아스 실비우스(교황 피우스 2세)가 바로 그런 거울 같은 사람이었다. 그는 주위의 사물에 완전히 동화되어 있었지만 삶에 대한 문제나 모순으로 괴로워하지 않았다. 그의 가톨릭 신앙이 이런 모든 문제에 도움을 주었던 것이다. 그는 그 시대를 이끌었던 모든 정신적 움직임에 참여하고 그것을 뚜렷하게 진행시킨 뒤에도,

---

11) 프랑스의 정치가이자 연대기 작가인 코민(1447~1511)의 관찰력과 판단력이 어느 이탈리아인에게도 뒤지지 않았던 까닭은 그가 이탈리아 사람들, 특히 안젤로 카토와 교제했기 때문일 것이다. 반면 독일의 몇몇 인문주의자와 정치가들은 이탈리아에 오랜 기간 머물고 고대 세계를 부지런하고 성공적으로 연구했음에도 전기적 묘사나 성격 분석에 대한 재능이 별로 혹은 전혀 없었다. 15세기에서 16세기 초 독일 인문주의자들의 여행기·전기·역사서는 대부분 무미건조한 나열이나 웅변에 지나지 않는다.

12) 1편 7장 마지막 부분 참조. 이탈리아는 '지령'과 '보고'의 나라였고 그것들을 일찍부터 기록으로 남겨왔다.

말년에 투르크에 대항에 십자군원정을 계획할 정도로 여유가 있었으며, 그것이 수포로 돌아가자 괴로워하며 죽었다.

벤베누토 첼리니[13]의 자서전도 자기 내면을 관찰하지는 않았지만, 이따금 뜻하지 않게 놀라운 진실함과 완전함으로 한 인간의 전모를 묘사한다. 벤베누토의 가장 중요한 작품들은 구상에 머물다 소멸되었고, 미술가로서는 작은 장식품 분야에서만 알려졌으며, 그 밖의 영역에서도 현존하는 그의 작품을 볼 때 위대한 동시대 예술가들에게 미치지 못한다. 그러나 그가 인간으로서 세상이 끝날 때까지 인류의 흥미를 끌리란 점은 절대 가볍게 여길 문제가 아니다. 그의 허풍이나 거짓말이 의심되는 대목이 곳곳에 보이지만 그것이 그의 인상을 해치지는 않는다. 벤베누토는 활력 넘치는 인물, 완전히 갈고닦인 인격의 소유자란 인상이 두드러지게 강하기 때문이다. 그에 비하면 북유럽 전기작가들은 성향이나 도덕적 태도 면에서는 높은 점수를 얻어도, 그 표현에서는 훨씬 불완전해 보인다. 벤베누토는 모든 것을 할 수 있고, 모든 것을 감행하며, 자기 안에 자신의 잣대를 지닌 인간이었다.[14] 이렇게 말하면 그가 어떻게 생각할지 모르겠지만, 벤베누토에게는 틀림없이 근대적 인간의 원형이 생동하고 있었다.

마찬가지로 진실성으로 따지자면 언제나 신뢰할 수는 없는 또 한 명의 인물, 밀라노의 지롤라모 카르다노(1500년 출생)에 대해 이야기하겠다. 그의 소책자 《전기(傳記)의 본질》[15]은 그가 철학과 자연과학의 역사에 남긴 위대한 자취보다도 오랜 명성을 누릴 것이다. 이는 책의 가치야 다르지만, 벤베누토의 자서전이 그의 미술 작품을 능가하는 것과 마찬가지이다. 카르다노는 의사로서 자신의 맥박을 짚고, 자기의 정신적·윤리적·지적 특성과 그것이 발달해온 조건을 최선을 다해 성실하고 객관적으로 묘사했다. 또 스토아 철학의 덕목에 얽매이지 않았던 만큼, 그가 본보기로 삼았던 마르쿠스 아우렐리우스의 《명상록》도 넘어설 수 있었다. 그는 자기 자신이든 타인이든 포용할 마음이 없었다. 그

---

13) 1700~71. 조각가·금속공예가·문학가. 메디치 가문의 코시모 1세의 비호를 받으며 많은 조각과 장식을 만들었다. 《첼리니 자서전》이 있다.

14) 북유럽의 자서전 중에서 아주 개성적이고 표현이 훌륭한 것으로는 아그리파 도비네(Agrippa d'Aubigné)의 후기 자서전을 들 수 있다.

15) 노년인 1576년에 집필한 것. 연구자이자 발견(발명)가인 카르다노에 대해서는 Libri, *Hist. des sciences mathém.* III, p. 167 이하 참조.

의 삶은 어머니가 자신을 낙태하려 했으나 실패한 데서부터 시작된다. 그가 자기 운명과 지적인 재능만을 자신의 탄생 시각에 영향을 끼친 별자리 덕으로 돌리고, 도덕적 특성은 별자리와 상관없이 따로 생각했다는 것만으로도 대단한 일이었다. 그는 마흔 살, 잘해야 마흔다섯은 넘기기 어려울 것이라는 점성술을 믿는 바람에 젊은 시절에 자신을 많이 괴롭혔다고 솔직하게 인정한다(10장). 널리 보급되어 어느 도서관에서나 찾아볼 수 있는 책을 하나하나 인용할 수는 없지만, 어쨌든 이 책을 한 번 펼친 사람은 누구든 마지막 페이지를 넘길 때까지 손을 놓을 수 없을 것이다. 카르다노는 자신이 사기 노름꾼이었으며 복수심이 강하고, 후회하는 법이 없고, 일부러 남에게 상처 주는 말을 했다고 고백한다. 이는 뻔뻔스러워서라거나 경건한 회한에 휩싸여, 아니면 사람들의 흥미를 끌 생각으로 실토한 것이 아니었다. 단지 자연과학자의 정신에 따라 단순하고 객관적으로 진실을 추구한 것이었다. 가장 충격적인 대목은 그가 일흔여섯의 늙은 나이에 몸서리나는 일[16]을 겪은 뒤 인간에 대한 신뢰를 거의 잃었으면서도 여전히 자신은 아직 꽤 행복한 사람이라고 생각하는 부분이다. 자기에게는 아직 손자가 하나 남아 있으며, 많은 지식, 저작을 통해 얻은 명성, 상당한 재산과 지위와 명예, 권력 있는 친구들, 여러 가지 비밀스러운 지혜 그리고 무엇보다 하느님에 대한 신앙이 있을 뿐만 아니라, 자기 입속에는 치아가 아직 15개나 남아 있기 때문이라는 것이다.

그러나 카르다노가 이런 사실을 쓰고 있을 때 이미 이탈리아의 종교재판관과 에스파냐인은 그와 같은 사람이 더는 나오지 못하게 가로막거나, 어떤 방법으로든 제거하려고 애쓰고 있었다. 그래서 이 책과 알피에리[17]의 《회상록》 사이에는 기나긴 공백이 있다.

마지막으로, 행복하고 존경할 만한 사람의 자서전 작가를 들지 않고 이 이야기를 마무리한다면 바람직한 일이 아닐 것이다. 그 주인공은 바로 유명한 인

---

16) 그의 장남이 바람피운 아내를 독살한 죄로 처형당한 일. Kap. 27, 50.
17) Vittorio Alfieri(1749~1803). 18세기 후반 이탈리아 최고의 비극작가. 젊은 날 유럽 곳곳을 여행하며 이탈리아에 비극이 드문 것을 통감했고, 마키아벨리, 세르반테스, 셰익스피어 같은 작가들의 작품을 두루 섭렵했다. 그가 남긴 비극들은 주로 영웅적 행위를 찬양한 것이었다. 죽기 수개월 전까지 자신의 파란만장한 삶을 돌아보며 《회상록》을 집필했다.

생철학자 루이지 코르나로였다. 파도바에 있는 그의 저택은 고전적인 건물로서 모든 뮤즈들의 고향이었다. 그는 《절도 있는 생활》[18]이라는 유명한 논문에서, 먼저 자신이 젊은 날 병약했음에도 83세까지 장수하고 있는 건강의 비결로 엄격한 섭생을 들었다. 그리고 65세가 넘은 노인을 산송장 취급하는 사람들에게 말하길, 자신의 삶은 결코 죽은 것 같지 않고 활기로 넘쳐난다고 했다.

와서 나의 건강함을 보고 놀라라. 내가 남의 도움 없이 말을 타고 계단과 언덕을 뛰어오를 수 있을 뿐만 아니라, 내가 얼마나 쾌활하고 즐거우며 만족에 차 있으며, 얼마나 마음의 근심이나 불쾌한 생각에서 자유로운가를 두 눈으로 직접 보라. 기쁨과 평화는 내 곁을 떠나지 않는다……. 내 친구들은 현명하고 학식 있으며 탁월하고 지체 높은 사람들이다. 그들이 오지 않을 때면 나는 책을 읽고 글을 쓰며, 또한 어떻게든지 힘닿는 대로 다른 사람들을 도우려 한다. 이런 일들 하나하나를 적당한 때에 나의 아름다운 집에서 여유롭게 한다. 내 집은 파도바에서 가장 멋진 곳에 자리하며, 모든 건축술을 동원해 여름과 겨울에 대비한 설비를 두루 갖추었고, 집 안에는 내가 흐르는 정원도 있다.

봄과 가을에는 에우가네이산에서도 가장 경치 좋은 나의 언덕에 올라 며칠을 지낸다. 분수와 정원과 머물기 좋은 깨끗한 별장이 있는 그곳에서 내 나이에 맞게 가볍고 즐거운 사냥도 한다. 때로는 평지에 있는 나의 아름다운 별장을 찾는다.[19] 여기서는 모든 길이 광장으로 이어지며, 광장 중앙에는 우아한 교회가 서 있다. 브렌타강의 지류가 이곳의 비옥한 땅을 가로질러 흐른다. 잘 개간된 풍요로운 농장은 지금이야 집들이 많이 들어섰지만, 전에는 늪과 거기서 나오는 독한 기운으로 가득차서 사람 사는 곳이라기보다는 뱀들의 서식지였다. 그 늪을 개간한 사람이 바로 나였다. 그러자 공기가 좋아져서 사람들이 모여들더니 그 수가 불어나 오늘날 보는 바와 같이

---

18) *Discorsi della vita sobria*. 이 책은 '논문'과 '개요'와 '훈계' 그리고 다니엘 바르바로에게 보내는 '편지'로 구성된다.—여러 번 인쇄되었다.

19) 바로 앞의 4장에서, 코메디아 델라르테 작가 일 루찬테는, 코데비코에 있는 자신의 후원자 루이지 코르나로의 별장에서 사투리를 연구한다고 했다. 혹시 이것이 그 별장일까?

이 땅은 훌륭한 경작지가 되었다. 그러므로 나는 진실로 이렇게 말할 수 있다. "내가 이 땅에서 제단과 신전과 그곳에서 기도하는 사람들을 신에게 바쳤노라."

이것이 내가 이곳에 올 때마다 느끼는 위안이요 행복이다. 봄과 가을이면 나는 이웃 마을들을 방문해 친구들과 만나 담소를 나누고, 그 친구들을 통해 다른 훌륭한 사람들, 건축가·화가·조각가·음악가·농경학자들과 친분을 맺는다. 나는 그들이 만든 새로운 것들을 감상하고, 이미 만들어진 것을 다시 음미하며, 궁전과 정원과 고적과 도시 시설과 교회와 성벽에서 도움이 되는 많은 것을 배운다.

그러나 여행할 때 나의 가장 큰 기쁨이 되는 것은 평야, 언덕, 강과 냇가 주위로 펼쳐진 별장과 정원이 어우러진 그 지역의 아름다움이다. 나의 이런 즐거움은 눈과 귀가 약해지더라도 줄어드는 일이 없다. 더구나 고맙게도 나의 모든 감각은 더없이 건강한 상태이며, 미각도 무뎌지지 않았다. 지금 내가 알맞게 섭취하는 소식은 지난날 무질서하게 먹었던 미식보다 더 맛있다.

그다음 코르나로는 자신이 공화국을 위해 진행한 늦지 간척사업과 자신이 끈질기게 제안한 개펄 보존 계획을 언급한 뒤 이렇게 글을 끝맺는다.

이것이 신의 도우심으로, 수많은 젊은이들과 병약한 노인들이 겪는 정신적, 육체적 고통에서 벗어나 건강한 노년을 보내는 한 늙은이의 진정한 즐거움이다. 그리고 만약 큰일 다음에 사소한 일을, 진실한 이야기 뒤에 익살스러운 이야기를 덧붙이자면, 내가 현재 83세라는 고령으로 여전히 품위 있고 해학 넘치며 무척 재미있는 희극을 썼다는 것도 나의 절도 있는 생활의 열매이다. 비극이 노인의 일인 것처럼 희극은 보통 젊은이들의 영역이다. 저 유명한 그리스인이 73세의 나이에 비극을 썼다는 것(소포클레스와 에우리피데스)을 그의 명예로 여긴다면, 그보다 열 살이나 많은 나는 그보다 더 건강하고 활기찬 사람이라고 해야 하지 않겠는가? 또한 내가 나이가 찾아도 위안 삼을 수 있는 것은 내 자손들을 통해 일종의 육체적 불멸을 볼 수 있기 때문이다. 내가 집으로 돌아오면 하나나 둘이 아니라 11명의 손자가 눈

앞에 모여든다. 두 살에서 열여덟 살까지의 그 아이들은 모두 한 아버지와 어머니에게서 태어났으며, 참으로 건강하고, 지금까지 본 바로는 훌륭한 삶과 학문을 위한 기질과 재능을 타고났다. 그 가운데 어린 녀석 하나를 나의 어릿광대 삼아 늘 데리고 다닌다. 세 살부터 다섯 살까지의 아이들은 타고난 재롱둥이이기 때문이다. 머리가 굵어진 녀석들은 내 이야기 상대로 삼는다. 게다가 목소리가 좋은 이 아이들이 노래하고 갖가지 악기도 연주하는 것을 듣노라면 이 또한 참 즐겁다. 나도 더불어 노래를 부르느라 목소리가 전보다 맑고 커졌다. 이런 것들이 내 노년의 기쁨이다. 나의 생활은 생기에 차 있으며, 결코 죽음과 같지 않다. 또한 내 노년을 정념에 빠져 허우적대는 젊음과 바꾸고 싶지도 않다."

이보다 한참 뒤인 95세 때 코르나로는 《훈계》에서 자신의 즐거움에 하나를 덧붙였는데, 바로 이 《절도 있는 생활》이 많은 추종자를 얻었다는 것이다. 그는 파도바에서 백 세가 넘도록 생을 즐기다가 1565년 세상을 떠났다.

6. 국민과 도시의 성격 묘사

개인의 성격을 묘사하는 재능과 더불어 전체 주민을 판단하고 묘사하는 능력도 생겨났다. 중세 때 온 유럽에는 도시와 종족과 국민이 서로를 험담하고 조롱하는 풍조가 만연했는데, 그것들은 아주 비뚤어진 형태였지만 진실을 담고 있었다. 그러나 이탈리아인은 예부터 그들의 각 도시나 지방의 정신적 차이를 누구보다도 확실하게 의식하고 있었다. 중세 때부터 어느 민족과도 비교할 수 없었던 그들의 애향심은 일찍부터 문학에 드러났고, 이것이 '명예' 관념으로 이어지면서 전기문학과 더불어 지지학(地誌學)이 생겨났다(2편 3장 참조). 조금이라도 큰 도시들이 저마다 산문이나 운문으로 자화자찬을 시작하자,[1] 문필가들도 주요 도시와 지역을 비교하고 풍자하며, 때로는 조롱인지 진심인지 구별하기 어려운 방식으로 서술했다.[2]

《신곡》의 유명한 몇몇 대목 말고도 우베르티의 《디타몬도》(1360년 무렵)에 이런 부분이 있다. 이 책에서는 주로 사람들의 눈길을 끄는 현상과 기념물만을 언급했다. 이를테면 라벤나의 성 아폴리나레에서 열리는 까마귀 축제, 트레비소의 샘, 비첸차 근처의 거대한 동굴, 만토바의 높은 관세, 숲처럼 빽빽한 루카의 탑들이 그것이다. 그 사이사이에는 예찬이나 풍자적인 비평도 있다.

아레초는 주민들의 까다로운 성질로, 제노바는 여성들이 눈과 치아(?)를 일

---

1) 일부 지역에서는 이런 자화자찬이 이미 오래전부터 있었으며, 롬바르디아의 도시들에서는 일찍이 12세기부터 시작되었다. Landulfus senior, Ricobaldus 및 14세기의(Murat. X 수록) 주목할 만한 무명씨의 *De laudibus Papiae* 참조.—또한(Murat. I, b 수록) *Liber de situ urbis Mediol* 참조.
2) 이런 인물로 먼저 브루네토를 들 수 있다. 그는 고국을 떠나 7년 동안 프랑스에 머물면서 그 나라를 알게 되자, 프랑스인과 이탈리아인의 생활 습관 및 방식의 차이점과 프랑스 군주제와 이탈리아 공화제의 차이점을 관찰하여 서술한 긴 목록을 발표했다.

부러 검게 물들인 것으로, 볼로냐는 돈 낭비로, 베르가모는 거친 방언과 영리함으로 묘사되었다.[3] 15세기가 되자 사람들은 너 나 할 것 없이 다른 도시를 깎아내리면서까지 자기 고향을 자랑했다. 미켈레 사보나롤라는 그의 고향인 파도바보다 훌륭한 도시는 베네치아와 로마뿐이라며, 피렌체는 고작해야 좀 더 즐거운 도시에 지나지 않는다고 깎아내렸다.[4] 물론 이런 비평은 객관적인 인식에 별 도움이 되지 않았다. 15세기 말에 조비아노 폰타노는 《안토니우스》에서 상상의 이탈리아 여행을 하는데 이는 순전히 심술궂은 비평을 하기 위한 도구일 뿐이었다.

그러나 16세기에 들어서자 다른 민족에게서는 도저히 찾아볼 수 없는 정확하고 깊이 있는 성격 묘사가 잇따라 나타난다.[5] 마키아벨리는 귀중한 몇몇 논문에서 독일인과 프랑스인의 성격과 정치 상황을 묘사했는데, 북유럽에서 태어나 자국 역사에 밝은 사람조차 이 피렌체 현자의 통찰을 보고 얻는 바가 클 것이다. 또한 피렌체 시민들은(1편 6장 참조) 자신을 표현하길 좋아했고,[6] 자기들이 노력해서 쌓아 올린 빛나는 정신적 명성을 즐겼다. 온 이탈리아에서 토스카나 예술이 최고의 명성을 얻은 것은 결코 특별한 재능을 타고났기 때문이 아니라 부단한 노력의 결과라고 보는 것이[7] 그들이 느끼는 자부심의 절정인 듯하다. 그래서 아리오스토의 16번째 풍자시처럼 다른 이탈리아 지역 유명인이 바치는 존경을 당연한 공물로 받아들였던 것이다.

이탈리아 여러 지방 사람들의 차이점을 아주 뛰어나게 기록한 자료에 대해

---

3) 《디타몬도》에는 중세 때부터 이탈리아인이 파리를 좋아했으며, 100년 뒤보다 이때가 훨씬 더 그랬다는 이야기도 있다. *Dittamondo* IV, cap. 18 참조.

4) Murat. XXIV, Col. 1186에 수록된 Savonarola.—베네치아에 관해서는 이 책 1편 6장 참조.

5) 쉬지 않고 활동하는 정력적인 베르가모 사람들의 시기심과 호기심에 찬 성격은 Bandello, parte Ⅰ, *Nov.* 34에 아주 잘 나타나 있다.

6) 바르키(Varchi)의 저서 *Storie Fiorentine* 9권(Vol. Ⅲ, p. 56 이하) 참조.

7) Vasari, XII, p. 158, *v. di Michelangelo* 첫머리. 때로는 어머니인 자연 덕분이라고 큰 소리로 찬양하는데, 이를테면 알폰소 데파치(Alfonso de Pazzi)가 토스카나 사람이 아닌 안니발 카로(Annibal Caro)에게 바친 소네트가 그러하다((Trucchi, l, c. Ⅲ, p. 187 수록).
　가련한 바르키! 그리고 그보다 더욱 불행한 우리들
　만일 그대의 우연한 능력과
　우리 속에 있는 천성을 더할 수만 있다면!

서는 그 이름만 언급해 두겠다.[8] 레안드로 알베르티는 창조적 정신을 지닌 사람들을 도시별로 서술했지만,[9] 기대한 만큼의 성과는 올리지 못했다. 익명으로 쓴 짧은 회상록에는[10] 어처구니없는 수많은 기사 가운데 이 세기 중반에 일어난 불행한 붕괴상태에 대한 적지 않은 암시도 담겨 있다.[11]

주로 이탈리아의 인문주의를 통해 이루어진 각 지역 사람들에 대한 비교연구가 다른 유럽 나라에 어떤 영향을 미쳤는가는 여기서 자세히 이야기할 수 없다. 그러나 어쨌든 이탈리아는 지리학에서 그랬듯이 이 분야에서도 다른 나라보다 앞서 있었다.

---

8) Landi : *Quaestiones Forcianae*, Neapoli 1536. Ranke, *Päpste* I, S. 385에 참고 자료로 이용되었다.

9) *Descrizione di tutta l'Italia*.

10) *Commentario delle più notabili et mostruose cose d'Italia etc.*, Venezia 1569(아마도 1547년 이전에 저술된 것 같다).

11) 여러 도시를 풍자적으로 열거하는 저술은 그 뒤에도 종종 있었다. *Macaroneide, Phantas.* II.─ 프랑스에서는 그뒤 라블레가 나타났다. 라블레는 이런 지방과 시골에 대한 익살과 야유와 심술궂은 암시의 커다란 원천인 마카로니 시법(Macaroneide)을 알고 있었다.

7. 인간 외면의 묘사

그러나 인간의 발견은 단지 개인과 민족의 정신 묘사에만 그치지 않았다. 인간의 외면도 이탈리아에서는 북유럽 여러 민족과는 전혀 다른 방법으로 고찰 대상이 되었다.[1]

생리학의 진보에서 이탈리아의 위대한 의사들이 차지한 위치에 대해서는 굳이 말하지 않겠다. 또 인간 모습을 예술적으로 탐구하는 일도 예술사에 속하는 일이지 여기서 다룰 문제가 아니다. 그러나 신체의 아름다움과 추함에 대한 객관적이고 보편적인 판단이 가능했던 이탈리아인의 안목 형성에 대해서는 짚고 넘어가야 한다.

그 시절 이탈리아 작가들의 책을 주의 깊게 읽다 보면, 외면적 특징을 날카롭고 세밀하게 파악해 인물 묘사가 완벽함에 놀랄 것이다.[2] 오늘날에도 이탈리아인, 특히 로마인은 이야기에 나오는 인물을 두세 마디로 묘사하는 재능이 있다. 특징을 재빨리 파악하는 것이 아름다움을 인식하고 묘사하는 데 꼭 필요한 전제조건인 것이다. 시인에게는 구구절절한 묘사가 장점은커녕 단점이 된다. 깊은 정열에서 비롯된 단 하나의 묘사가 독자의 마음에 한층 강렬한 인상을 심어줄 수 있기 때문이다. 단테는 베아트리체의 인품이 주위 전체에 미치는 영향을 묘사하는 대목에서 그녀를 가장 훌륭하게 찬미했다. 그러나 여기서 다룰 주제는 그 자체의 고유한 목적을 추구하는 시가 아니라 객관적인 형식이든 환상적인 형식이든 언어로 표현하는 능력이다.

---

1) 물론 쇠퇴하고 있는 문학이라도 면밀한 기술에 힘쓰는 경우도 있다. 15세기 로마 시인 Sidonius Apollinaris의 어느 서고트족 왕에 대한 묘사라든가 개인적인 원수를 묘사(*Epist.* III, 13)한 부분, 또는 시에 나오는 게르만민족의 개별적인 유형 등을 보라.
2) 이 책 4편 5장에, 필리포 빌라니의 재능이 이렇게 묘사되어 있다. "인물 묘사는 간단하지만 특징을 잘 잡아내는 재능이 돋보이며, 특히 외적 인상과 내적 성격을 아울러 묘사한 점이 특색 있다."

이 분야의 거장은 보카치오였다. 다만 단편소설에서 긴 서술은 금물이므로 《데카메론》이 아니라 여유가 있는 장편소설에서 그 능력을 펼쳤다. 《아메토의 요정 이야기》에서 보카치오는[3] 100년 뒤의 화가가 그림직한 필치로 금발 미인과 갈색머리의 미인을 묘사했다. 여기서도 문학이 미술을 훨씬 앞서갔던 것이다. 갈색머리—실은 조금 짙은 금발—의 여성에게서는 벌써 고전적이라고 불러도 좋을 여러 특징이 나타난다. 즉 '널찍한 머리'라는 말에는 단지 귀엽다는 의미를 넘어서 훌륭한 외모를 은연 중에 느끼게 하려는 의도가 담겨 있다. 눈썹은 비잔틴 사람들의 이상형처럼 두 자루의 활이 아니라 하나의 물결치는 선이다. 코는 이른바 매부리코에 가까운 것을 생각한 듯하다.[4] 넓은 가슴, 알맞게 긴 팔, 자줏빛 옷 위에 놓인 아름다운 손의 효과—이런 특징은 모두 본질적으로 장차 올 시대의 미적 감각을 가리키는 동시에 무의식 중에 고전 고대의 아름다움으로도 다가서 있다. 다른 묘사에서 보카치오는 평평한(중세풍처럼 둥글지 않은) 이마, 진지하고 기다란 갈색 눈, 움푹 들어가지 않은 포동포동한 목, 아주 근대적인 "자그마한 발"도 언급했으며, 검은 머리의 님프에 대해서는 벌써 "바삐 움직이는 장난꾸러기의 두 눈"[5]까지 묘사했다.

15세기의 이상적인 아름다움에 관한 기록이 남아 있는지 어떤지 나는 알지 못한다. 화가나 조각가의 작품이 있다고는 해도, 언뜻 생각하듯이 문헌 보고가 전혀 필요 없는 것은 아니다. 사실주의를 추구하는 미술가와 달리 어떤 작가는 특별한 미적 기준을 기록했을지도 모르기 때문이다.[6]

16세기에는 피렌추올라가 여성미에 관한 꽤 주목할 만한 글을 선보였다.[7]

---

3) *Parnasso teatrale,* Lipsia 1829. Introd., p. VII.

4) 이 부분은 원문에 오류가 있는 것이 분명하다.

5) "바삐 움직이는 장난꾸러기의 두 눈(Due occhi ladri nel loromovimento)." 글 전체가 온통 이런 표현으로 가득 차 있다.

6) Giusto de' Conti의 아주 아름다운 가요집 《아름다운 손 *La bella Mano*》에서 작가는 자기 애인의 그 유명한 손에 대해 이야기하지만, 보카치오가 《아메토의 요정 이야기》의 열 곳에서 요정들의 손에 대해 말한 것만큼 특별한 내용은 없다.

7) *Opere* di Firenzuola, Milano 1802 1권의 *Della bellezza delle donne.*—육체의 아름다움이 정신의 아름다움의 증거라고 생각하는 그의 견해는 vol. II, p. 48~52에 있는 그의 단편소설 머리글(ragionamenti) 참조.—고대인의 방식을 일부 빌려 이 견해를 변호하는 다른 많은 사람들 가운데 대표로 카스틸리오네를 들 수 있다(Castiglione, *il Cortigiano,* L. IV, fol. 176).

우리는 먼저 그가 고대 작가와 예술가들에게서 배운 데 지나지 않은 것—머리 길이를 잣대 삼아 신체 부위를 측정한 것이나 몇몇 추상적인 개념들을 배제해야만 한다. 그런 다음 남은 것이 프라토(토스카나 피렌체 근교의 마을) 태생의 부인과 처녀들의 예에서 보이는 그의 실제 관찰이다. 이 책은 그가 프라토의 부인들, 즉 가장 엄격한 심판자들 앞에서 이야기한 일종의 강연이므로 진실을 충실하게 말하고 있음에 틀림없다. 그는 제욱시스와 루키아노의 원리를 따라, 각각의 아름다운 부분만을 모아 최고의 아름다움을 만들어 냈다.

피렌추올라는 피부나 머리색을 정의하면서 금발이 가장 아름다운 머리색이라고 했다.[8] 여기서 말하는 금발이란 갈색에 가까운 부드러운 노란색을 뜻한다. 또한 머리털은 풍성하고 길게 물결치며, 이마는 훤하여 높이의 두 배 되게 넓고, 피부는 생기 없는 흰빛이 아니라 밝고 빛나는 우윳빛이어야 한다. 눈썹은 진하며 비단같이 부드럽고, 가운데가 가장 도톰하고 귀와 코 쪽으로 갈수록 가늘어져야 한다. 눈의 흰자위는 조금 푸른 빛깔을 띠어야 한다. 홍채는, 모든 시인이 검은 눈을 베누스의 선물이라며 찬양하지만 정말 검은 것은 아름답지 못하다. 애초에 여신들의 눈은 하늘의 푸른빛이며, 가장 사랑스러운 것은 부드럽고 즐겁게 바라보는 암갈색 눈이다. 눈은 크고 생기가 있어야 한다. 눈꺼풀은 희되 붉고 가는 혈관이 보일 듯 말 듯 투명해야 가장 아름답다. 속눈썹은 숱이 너무 많아도 안 되고 길거나 진해도 안 된다. 우묵한 눈언저리는 뺨과 같은 빛깔이어야 한다.[9] 귀는 중간 크기로 맵시 있고 굳게 자리잡고 있어야

---

8) 이 점에 대해서는 색채효과를 고려한 화가들뿐 아니라 모든 사람이 그렇게 생각했다.

9) 이 기회에 페라라의 궁정시인 에르콜레 스트로차의 2행시(*Strozzii poetae*, p. 85~86)에서 루크레치아 보르자의 눈을 묘사한 두세 부분을 살펴보자. 그녀 눈빛의 매력은 예술의 시대에는 이해되었겠지만 오늘날에는 꺼려질 듯싶게 표현되었다. 그녀의 눈은 때로는 사람을 불타오르게 했다가 때로는 돌로 만든다는 것이다. 태양을 오래 보면 눈이 멀고, 메두사를 보면 돌이 되지만, 루크레치아의 얼굴을 보면 "첫눈에 눈이 멀고, 이어서 돌이 된다." 그녀 방에 놓인 잠자는 큐피드 대리석상도 그녀의 눈빛에 돌이 되었다고 한다. "보르자 여인의 눈길에 사랑의 신은 돌이 되어버렸다." 그런데 그 큐피드상이 프락시텔레스의 것인지 미켈란젤로 것인지는 불분명하다. 그녀는 둘 다 소유하고 있었기 때문이다. 한편 이 눈빛은 다른 시인 마르첼로 필로센에게는 다만 "부드럽고 위엄 있게(mansueto ealtero)" 보였다(Roscoe, *Leone X.*, ed. Bossi, VIII, p. 306). 그 시절에는 이상적인 고대인과 비교하는 일도 흔했다(이 책 1편 3장, 3편 1장 참조). 《오를란디노》에서는 열 살짜리 소년을 두고 "그는 로마인의 머리를 지녔다"고 표현했다((II, Str. 47).

미인의 전형 라우라 눈부신 금발과 그 머리칼을 감싼 베일, 화려한 꽃과 보석들. 이는 시인 페트라르카가 마음속에 그리던 이상의 여인 라우라를 노래하면서 묘사한 것이다. 르네상스 시대의 미녀 묘사는 라우라를 모범으로 삼고 있다. 프랑크푸르트, 슈타델 미술연구소.

하며, 굽은 부분이 편편한 부분보다 생기가 있고, 언저리는 석류처럼 투명한 붉은빛을 띠어야 한다. 관자놀이는 희고 평평하여 너무 좁지 않은 것이 가장 아름답다.[10] 뺨은 둥글고 붉은 기가 돌아야 한다. 옆얼굴의 가치를 결정하는 코는, 위로 올라가면서 부드럽게 낮아지되 연골 끝나는 부분이 좀 올라간 것이 좋으나 정도가 지나쳐서 매부리코가 되면 부인에게 어울리지 않는다. 얼굴 아래쪽은 귀보다 빛깔이 엷어야 하지만 창백해서는 안 된다. 입술 위 인중은 장밋빛이 연하게 도는 것이 좋다. 입은 작되 뾰족하거나 평평하지 않아야 하고 입술이 너무 엷지 않으며 위아래가 모양 좋게 합쳐져야 한다. 우연히 입을 열 때(웃거나 이야기할 때가 아니라) 윗니가 여섯 개까지는 보여도 된다. 윗입술을 패이게 하고 아랫입술을 풍만하게 하여 왼쪽 입꼬리로 지어보이는 미소는 특히 매력적이다. 이는 너무 작지 않고 치열이 고르며 상아색을 띠어야 한다. 잇몸 빛은 붉은 우단처럼 색이 너무 짙어서는 안 된다. 턱은 뾰족하거나 구부러지지 않고 둥

---

10) 머리 땋는 방법에 따라 관자놀이가 달라 보일 수 있었다는 이야기에서 피렌추올라는, 머리에 꽃을 너무 많이 꽂는 것에 대해 익살스러운 공격을 했다. 꽃이 지나치면 얼굴이 "패랭이꽃을 가득히 꽂은 꽃병이나, 쇠꼬챙이에 꿴 양고기처럼" 보인다는 것이다. 피렌추올라는 무엇이든 희화하는 데 탁월했다.

글어야 하며, 솟은 쪽에
는 연한 붉은빛이 돌아야
좋다. 턱의 보조개는 특히
자랑할 만하다. 목은 희
고 둥글며, 짧은 것보다는
차라리 긴 편이 낫고, 목
덜미의 움푹 들어간 곳과
목젖은 겨우 눈에 띨 정
도가 좋다. 목을 돌릴 때
면 살갗에 아름답게 주름
이 잡혀야 한다. 피렌추올
라는 어깨도 가슴도 넓은
것이 아름다움의 으뜸 조
건이라고 생각했다. 특히
가슴뼈가 드러나 보여서
는 안 되고, 기복이 거의
없이 완만해야 하며 빛깔
은 '눈부신 하얀빛'이어야
한다. 다리는 길고 아래쪽
이 가늘어야 하지만, 정강
이에는 약간 살이 오르고
장딴지는 희고 통통해야
한다. 발은 작지만 오동보

여성의 몸매와 항아리 왼쪽 천사가 들고 있는 항아리는 그
림 속 주인공인 성모마리아의 가녀린 몸매를 암시하고 있다.
여성의 체형을 항아리에 빗대어 표현하는 수법은 피렌추올
라의 저작에서도 볼 수 있다. 파르미자니노 작품(1534~1540)
제작. 피렌체 우피치 미술관.

동하며 발등이 높고, 빛깔은 설화석고(雪花石膏)와 같이 희어야 한다. 팔은 희
면서도 위쪽은 살짝 붉은 기를 띠고, 통통하고 근육이 발달하되 이다산의 목
자들 앞에 선 팔라스(아테나)의 팔처럼 부드러워야 한다. 한마디로 촉촉하고 싱
싱하고 탄탄해야 한다. 손은 희어야 하는데 특히 손목 쪽이 크고 포동포동하
며 감촉은 부드러운 비단과 같고, 장밋빛 손바닥은 작기는 하지만 손금이 선
명하고 얽히지 않아야 하며 지나치게 울퉁불퉁하지 말아야 한다. 엄지손가락

과 집게손가락 사이는 빛깔이 밝고 주름이 없어야 하며, 손가락은 길고 섬세하여 끝으로 갈수록 가늘어지는 게 좋다. 손톱은 너무 굽거나 길거나 모나지 않아야 하며, 자란 쪽의 흰 부분이 작은 칼등 폭만큼 보이도록 다듬어야 한다.

이런 특수 미학에 비하면 일반 미학은 오로지 종속적인 위치만 차지했을 뿐이다. 눈은 '누가 시키지 않아도' 스스로 판단한 가장 궁극적인 원리에 따라 아름다움과 추함을 구분하는데, 그 원리는 피렌추올라가 솔직하게 고백하는 바와 같이 하나의 신비이다. 그리고 아름다움, 우아함, 애교, 매혹, 외모, 위엄에 대한 그의 정의는, 앞서 이야기한 대로 일부는 문헌에서 얻은 것이며 일부는 표현할 수 없는 것을 표현하려는 헛된 수고일 뿐이다. 또 그는 웃음을—아마도 어떤 고대 저자를 흉내 내—영혼의 반짝임이라고 아주 적절하게 정의했다.

중세 말기의 모든 미학 관련 문헌은 저마다 미를 이론적으로 설명하려고 시도했다.[11] 그러나 피렌추올라에 필적할 만한 저자는 쉽게 찾을 수 없을 것이다. 반세기 뒤에 등장한 브랑톰은 미적 감각이 아니라 욕정에 지배되어 움직인 인물이므로 피렌추올라에 비해 식견이 모자란다.

---

11) 중세 연애시인이 생각하는 이상적인 아름다움은 Falke, *Die deutsche Trachten-und Modenwelt*, I, S. 85 이하 참조.

8. 동적 생활의 묘사

인간의 발견에서 마지막으로 살펴볼 것은 현실의 동적인 삶에 대한 묘사이다.

중세의 희극적이고 풍자적인 문학은 그 목적상 일상생활을 묘사할 수밖에 없었다. 그러나 르네상스 때 이탈리아인이 일상 자체를 목적으로 삼아 묘사한 것은 차원이 다른 이야기이다. 그들은 일상 자체에 흥미가 있었을 뿐만 아니라 또한 일상이 그들을 신비로운 힘으로 둘러싸고 있는 듯한 위대하고 보편적인 세계의 한 부분이기 때문에 그렸던 것이다.

시민과 농부와 신부들을 비꼬기 위해 집과 길거리와 마을들을 돌아다니는 풍자희극 대신에, 혹은 그와 더불어 진정한 풍속 묘사가 문학에서 시작되었다. 회화에서 풍속화가 나타나기 훨씬 전의 일이었다. 그 뒤로 풍속회화와 풍자문학이 종종 결합되었으나 그 둘이 전혀 다른 분야라는 사실은 변함이 없었다.

단테가 죽음 뒤의 세계를 그토록 손에 잡힐 듯 생생하게 묘사하기까지 얼마나 많은 현실의 사건을 주의와 관심을 기울여 관찰했을까.[1] 베네치아 조선소의 활기, 교회 문 앞에서 서로 기대어 앉은 맹인들의 모습을 그린 유명한 대목은[2] 그러한 대목이 한둘이 아님을 나타낸다. 심리상태를 외부적인 몸짓으로 표현하는 단테의 기술은 인간의 삶을 끊임없이 두루 연구하지 않고서는 구사할 수 없는 것이다.

이런 면에서 단테의 뒤를 이은 시인 가운데 그의 수준에 다다른 사람은 드물었다. 단편소설 작가들도 단편문학의 으뜸 법칙에 따라 세밀한 묘사에 매달

---

1) 단테의 공간감각의 진실성에 대해서는 4편 3장 주4 참조-단테는 단지 경치를 보기 위해 만토바 정상에 올랐다. 단테가 저승의 모든 부분을 분명히 구성할 때 보여준 그 치밀함은 그의 공간감각과 형태감각의 풍부함을 증명한다.

2) 《신곡》 〈지옥편〉 21곡 7, 〈연옥편〉 13곡 61.

려 있을 수는 없었다(4편 3장, 8장 참조). 그들은 저희 좋을 대로 서론을 장황하게 늘어놓거나 이야기를 마음대로 벌여놓을 수는 있지만 풍속화처럼 그려낼 수는 없었다. 그래서 우리는 고대 모방자들이 이러한 묘사에 관심을 보이고 그 기회를 찾아낼 때까지 가만히 기다려야 했다.

여기서 다시 모든 것에 관심을 보였던 에네아스 실비우스(교황 피우스 2세)를 만나게 된다. 실비우스를 자극하여 표현 욕구를 불러일으킨 대상은 단지 풍경과 지리학과 고미술학에 대한 흥미만이 아니라(3편 1장, 4편 1장 및 3장 참조), 생동하는 모든 일상이 그러했다.[3] 그 시절 아무도 글로 쓸 만한 것이 못 된다고 생각했을 수많은 풍경이 그의 《비망록》 곳곳에 담겨 있다. 이를테면 볼세나 호수에서 벌어진 보트 경기 장면이 그것이다.[4] 이런 생기 가득한 풍경을 표현하도록 만든 특별한 자극이 고대의 어느 서간문 작가와 산문 작가에게서 비롯되었는지는 자세히 알 수 없다. 고대와 르네상스의 정신적 접촉은 이처럼 아주 미묘하고 불가사의한 것으로 가득 차 있다.

앞서 말한(3편 9장 참조) 사냥·여행·의식 등을 다룬 라틴어 서사시도 이런 풍속 묘사에 속한다. 폴리치아노나 루카 풀치가 메디치가의 유명한 마상(馬上) 시합을 다룬 서사시처럼 이탈리아어로 된 것도 있다. 본디 서사시인인 루이지 풀치, 보이아르도, 아리오스토는 이야기를 빠르게 진행시키지만, 그럼에도 이들의 동적 행위 묘사에서 역시 거장다운 경쾌함과 정확함이 묻어남을 인정해야 할 것이다. 프랑코 사케티는 숲속에서 소나기를 만난 미녀들이 나눈 짤막한 대화를 흥겹게 그리기도 했다.[5]

그 밖에 역동적인 현실 묘사는 특히 전쟁을 다룬 작가들에게서 많이 볼 수 있다(1편 8장 참조). 오래된 한 장편시에는[6] 14세기 용병들의 충실한 전투모습이

---

3) 실비우스가 자신의 궁정에 "그 누구의 모습과 성격과 말도 쉽게 흉내 내 듣는 모든 이들을 웃게 만드는" 피렌체 사람 그레코를 일종의 익살광대로 두었다는 점은 너무 진지하게 다룰 필요가 없다. Platina, *Vitae Pontiff*. p. 310.

4) Pii II. *Comment*. Ⅷ, p. 391.

5) 이 〈사냥〉이라는 시는 카스틸리오네의 목가에 달린 주에 실려 있다.

6) Trucchi, *Poesie italiane inedite*, II, p. 99에 수록되어 있는 잔노초의 시 〈Serventese〉를 보라. 이 시의 일부분은 전혀 이해할 수가 없다. 진짜이든 아니든 간에 타국 용병들의 말을 빌려 썼기 때문이다.─1527년 흑사병이 유행하던 피렌체를 묘사한 마키아벨리의 글도 어느 정도 이런 부류

주로 전투 중의 함성과 명령과 회화 형태로 생동감 있게 그려져 있다.

그러나 이런 종류의 저작 가운데 가장 눈길을 끄는 것은 로렌초 마니피코와 그의 주변 시인들이 묘사한 농촌생활의 참다운 모습이다.

페트라르카 이래[7] 허울뿐이고 틀에 박힌 목가와 전원시가 유행했는데, 라틴어로 쓰였든 이탈리아어로 쓰였든 대개 베르길리우스를 모방한 것이었다. 이와 비슷한 장르로 보카치오부터(3편 9장 참조) 산나차로의 《아르카디아》에 이르는 목가소설이 등장했으며, 더 늦게 타소와 구아리니의 목가극도 나왔다. 이들 작품은 더없이 아름다운 산문과 완벽한 운율 구조를 갖추고 있지만, 거기에 그려진 전원생활은 전혀 다른 교양 환경에서 태어난 감정에 덧입혀진 옷에 지나지 않았다.[8]

그러나 15세기 말에는 이상적인 전원생활을 진짜 풍속화처럼 다룬 시들이 나타났다. 오직 이탈리아에서만 가능한 일이었다. 소작농이든 지주든 간에, 때로는 그 생활이 비참했다 하더라도 이 나라에서만 농민이 인간으로서의 품위와 개인적인 자유와 이주권을 누렸기 때문이다.[9] 도시와 농촌의 차이는 북유럽 나라들처럼 그렇게 두드러지지 않았다. 수많은 소도시에는 오로지 농민들만 살아서 저녁이면 그들이 바로 시민이었다. 코모의 석공은 거의 온 이탈리아를 누비고 다녔으며, 소년 조토[10]는 양 떼 곁을 떠나 피렌체의 동업조합(同業組合)에 가입할 수 있었다. 시골 사람들은 도시로 끊임없이 흘러들었으며, 어느 산지의 주민들은 애초에 그러기 위해 태어난 것처럼 보였다.[11]

에 속한다. 그 글에는 소름 끼치는 끔찍한 광경들이 눈에 보일 듯 생생하게 묘사되어 있다.

7) 보카치오에 따르면(*Vita di Dante*, p. 77) 단테는 이미 라틴어로 된 목가를 두 편 썼다고 한다.

8) 보카치오는 《아메토의 요정 이야기》에서 일종의 신화로 분장한 《데카메론》을 썼으며, 때로는 우스꽝스러운 방법으로 그 분장을 벗어버린다. 그 글에 나오는 한 요정은 독실한 가톨릭교도인데, 로마 고위 성직자들로부터 음란한 눈길을 받는다. 또 한 요정은 결혼한다. 《피에졸레의 요정 이야기》에서는 임신한 요정 멘솔라가 "나이 들고 어진" 요정에게 조언을 구한다.

9) 일반적으로 이탈리아 농부는 유럽 다른 나라의 어떤 소작인보다도 훨씬 부유했다.

10) Giotto di Bondone(1266?~1337). 피렌체 출신 화가. 양치기였지만 치마부에가 그의 재능을 알아보고 제자로 삼았다고 한다. 조토는 미술사에서 새로운 장을 연 미술가로 칭송받았다.

11) 바티스타 만토바노는(Ecl. Ⅷ) 무슨 일이든 척척 해내는 발도 산 주민과 사시나 주민에 대해 이렇게 말한다. "그들보다 도시생활에 알맞은 사람들은 없다." 알다시피 오늘날에도 일부 시골사람들은 대도시의 특정 직업에서 우선권을 가지고 있다.

물론 교양인의 자부심과 도회인의 오만함은 여전했기 때문에 시인과 단편 작가들은 끊임없이 '촌놈'을 조롱하는[12] 글을 썼고, 그들이 미처 하지 못한 일은 즉흥희극 작가들이 맡아서 했다(4편 5장 참조). 그러나 프로방스의 귀족시인과 프랑스의 일부 연대기 작가까지도 표출한 '촌놈'에 대한 잔인하고도 경멸에 찬 인종적인 반감을 이탈리아 저서에서는 찾아볼 수 없다. 오히려[13] 이탈리아 작가들은 농민의 삶에 담긴 중요하고 위대한 면을 기꺼이 인정하고 찬양했다. 조비아노 폰타노는 거친 아브루치 주민의 강인함을 찬탄하며 이야기한다.[14] 전기를 모은 책이나 단편작가의 작품 가운데는 목숨을 걸고 자기의 결백과 가족을 지키려는[15] 용감한 농부의 딸[16] 이야기도 빠지지 않는다.

농촌 생활에 대한 문학적인 관찰은 이러한 전제조건이 있었기에 가능했다. 여기서 먼저 살펴볼 것은, 전에도 널리 읽혔고 오늘날에도 여전히 읽을 가치가 있는 바티스타 만토바노의 전원시—1480년 무렵 쓰인 그의 초기작—이다. 이 작품들은 아직 참된 전원 묘사와 진부한 전원 묘사 사이를 왔다 갔다 하지만 그래도 전자 쪽으로 훨씬 기울어 있다. 이 전원시에는 마음씨 좋은 시골 신부의 심성이 담겨 있으며, 계몽의 정열도 어느 정도 드러나 있다. 그는 카르멜회

---

12) 아마도 가장 심한 곳의 하나는 *Orlandino*, cap. V, str. 54~58일 것이다.

13) 16세기 초 롬바르디아의 귀족들은 농민들과 춤추고 씨름하고 뛰고 시합하길 조금도 꺼리지 않았다. *Il Cortigiano*, L. II, fol. 54.—아뇰로 판돌피니는 *Trattato del governo della famiglia*, p.86에서 소작인의 탐욕과 기만에 괴로움을 당하면서도 그들에게 적응하는 법을 배울 수 있다며 스스로를 위로한 지주였다.

14) Jovian. Pontan. *de fortitudine*, lib. II.

15) 그 시절 이탈리아 농민들의 일반적인 운명과 각 지방별 운명에 대해서는 여기서 자세히 설명할 수 없다. 자유로운 토지 소유와 소작의 관계는 어떠했으며, 양자의 계약관계가 오늘날의 그것과 어떠한 차이가 있는지를 살펴보려면 따로 전문서를 펼쳐봐야 한다. 한편 동란 시대에는 농민들이 걷잡을 수 없이 사나워지기도 했지만(*Arch. stor.* XVI. I, p. 451 이하.—Corio, fol. 259.—Murat. XXII, Col. 227에 수록된 *Annales Foroliv.*), 어디에서도 큰 농민전쟁으로 번지지는 않았다. 그러나 1462년 피아첸차 지방에서 일어난 농민봉기는 중요한 의미가 있으며 그 자체로 상당히 흥미로운 사건이다. Corio, *Storia di Milano*, fol. 409. Murat. XX, Col. 907에 수록된 *Annales Placent.* Sismondi, X, p. 138 참조.

16) 용병대장 피에트로 브루노로의 아내였던 발텔리나 지방의 유명한 시골아낙인 보나 롬바르다의 이야기는 Murat. XXV, Col. 43에 수록된 Jacobus Bergomensis와 Porcellius의 글을 통해 알려졌다.—이 책 2편 3장 참조.

의 수도사로서 시골 사람들과 자유롭게 교제했던 것 같다.

로렌초 마니피코는 이와는 전혀 다른 활력으로 농민 세계에 파고들었다. 그의 《넨차 다 바르베리노 *Nencia da Barberino*》는[17] 피렌체 근교에서 모은 민요의 정수만을 뽑아 8행시의 큰 흐름 속에 아로새겨 넣은 듯하다. 시인의 태도는 무척 객관적이어서, 화자—넨차에게 사랑을 털어놓는 시골 젊은이 발레라—를 동정하는지 경멸하는지 독자로선 판단하기 어려울 정도이다. 또 목신 판(Pan)과 요정이 나오는 상투적인 전원시와는 누가 보더라도 의식적으로 분명하게 선을 긋고 있다. 로렌초는 질박한 농민들의 생활을 일부러 거친 사실주의로써 표현했지만, 그의 작품은 전체적으로 순수한 시적 인상을 풍긴다.

《넨차 다 바르베리노》와 짝을 이루는 작품은 루이지 풀치의 《베카 다 디코마노 *Beca da Dicomano*》[18]임을 누구나 다 인정한다. 그러나 여기에는 깊이 있는 객관적인 진실성이 없다. 《베카 다 디코마노》는 농민 생활을 묘사하려는 내면의 충동보다는 피렌체의 교양인들에게 칭찬받으려는 욕구에서 나온 작품이었다. 그러다 보니 풍속 묘사는 좀 더 작위적이고 노골적이며, 군데군데 외설적인 이야기들도 나온다. 하지만 농촌을 사랑하는 사람으로서의 눈길만큼은 여전히 날카롭게 살아 있다.

이러한 시인들 중 세 번째 인물은, 6각운(脚韻)의 라틴어 시 《농부 *Rusticus*》의 작가 안젤로 폴리치아노이다.[19] 그는 베르길리우스의 《농경시》를 모방하지 않고 토스카나 농민의 사계절을 묘사했는데, 시는 농부가 새 쟁기를 마련하고 겨울에 뿌릴 종자를 준비하는 늦가을부터 시작한다. 봄의 들판 묘사는 풍요롭고 아름다우며 여름에 대한 묘사도 곳곳이 훌륭하지만, 가을철 포도 수확제를 그린 부분은 근대 라틴어 시 가운데 백미라 하겠다. 폴리치아노는 라틴어뿐만 아니라 이탈리아어로도 시를 몇 편 썼으며, 이러한 작품을 통해 우리는 로렌초의 동료들 사이에서 이미 하층민의 열정적인 생활상을 사실

---

17) *Poesie di Lorenzo Magnif.*, I, p. 37 이하. Neithard von Reuenthal이 지었으며 독일 연가시대에 나온 아주 주목할 만한 이 시는, 기사가 자기 즐거움을 위해 농민들과 어울릴 때에만 농민생활을 그리고 있다.

18) *Poesie di Lorenzo. Magnif.*, II, p. 149.

19) 특히 *Deliciae poetar. ital.* 및 폴리치아노의 작품집에 들어 있다.—대체로 비슷한 내용을 담고 있다는 루첼라이와 알라만니의 교훈시는 구하지 못했다.

적으로 묘사하는 일이 가능했음을 알 수 있다. 폴리치아노가 쓴 《집시의 노래 *Canzone zingaresca*》는[20] 한 인간 계층의 삶을 시적인 감수성으로써 체험하는 근대적인 경향이 처음 나타난 시 가운데 하나이다. 물론 이전에도 풍자적인 관점에서 이런 시도가 많았으며[21] 피렌체에서는 사육제 때마다 가장행렬 노래가 그 기회를 제공했다. 그러나 다른 계층의 감정을 이해한다는 것은 지금까지 없던 시도였고, 그런 의미에서 《넨차 다 바르베리노》와 《집시의 노래》는 문학 역사에서 새로운 장을 연 시였다.

여기서도 결국 문학이 미술보다 앞서 있었음을 지적해야겠다. 《넨차 다 바르베리노》가 나온 뒤로 야코포 바사노와 그 화파의 전원 풍속화가 나오기까지는 80년의 세월이라는 간격이 있으니 말이다.

다음 편에서는, 이탈리아에서 신분 차별이 어떻게 그 의미를 잃게 되었는가를 살펴볼 것이다. 그렇게 된 데에는 이 나라에서 인간과 인간성의 본질이 처음으로 철저하고 깊이 이해되었다는 사실이 기여한 바가 크다. 이 하나의 성과만으로도 우리는 이탈리아 르네상스에 영원히 고마워해야 한다. 인간성이라는 논리 개념은 이미 오래전부터 존재했으나 르네상스는 그 핵심을 실제로 이해했던 것이다.

어렴풋하나마 이에 관한 최고의 관념은 피코 델라 미란돌라(1463~94. 철학자·인문주의자)의 〈인간의 존엄성〉[22]이란 연설에 나온다. 이 연설은 르네상스 시대 가장 귀중한 유산의 하나라 해도 좋을 것이다. 신이 천지창조의 마지막 날에 인간을 만든 것은 인간에게 우주의 법칙을 인식하게 하고 그 아름다움을 사랑하고 그 위대함을 찬양케 하기 위해서이다. 신은 인간을 고정된 자리나 일정한 행위, 어떤 필연성으로도 구속하지 않고 인간에게 행동의 자유와 의지의 자유를 주었다. 창조주는 아담에게 다음과 같이 말했다.

"네가 주위를 좀 더 쉽게 돌아보고 그 안에 있는 모든 것을 볼 수 있도록, 나는 너를 세계 한가운데 세웠노라. 네가 스스로의 자유로운 창조자요 극복자가 되도록, 나는 너를 천상의 존재도 지상의 존재도 아니며 죽는 존재도 영생하

---

20) *Poesie di Lorenzo m.* II, p. 75.
21) 시골 사람들의 사투리나 행동거지를 흉내 내는 식으로. 이 책 2편 4장 참조.
22) Jo. Pici *oratio de homini dignitate.* 그의 작품집 및 특별 간행본에 실려 있다.

는 존재도 아닌 피조물로 만들었노라. 너는 동물로 타락할 수 있고, 신성한 존재로 부활할 수도 있다. 동물은 모태에서부터 제가 지녀야 할 모든 것들을 가지고 나온다. 고귀한 영혼들은 나면서부터 또는 창조된 뒤 곧바로[23] 영원한 존재가 된다. 오로지 너만이 자유의지에 따라 발전하고 성장한다. 네 안에는 온갖 생명의 싹이 깃들어 있다."

---

23) 루시퍼(악마의 우두머리)와 그 추종자들의 타락을 암시한다.

제5편
사교와 축제

1. 신분의 평등화

 그 자체로 완전한 하나의 총체를 이루는 문화기는 정치, 종교, 예술, 과학 분야뿐만 아니라 사교생활에도 그 특유의 각인을 찍는다. 중세에도 나라마다 비슷비슷한 궁정 양식과 귀족의 풍속 및 예절, 그리고 그 시대 고유의 시민 기질이 있었던 것 역시 그 때문이다.

 이탈리아의 르네상스 풍속은 가장 중요한 부분에서 중세와 아주 뚜렷한 대조를 보였다. 르네상스는 그 기반부터가 전혀 달랐다. 고급 사교생활에서는 이미 계급적인 차별이 없고 근대적인 의미의 교양계층만이 있었다. 출생이나 혈통 따위는 상속된 부와 안정적인 여가와 관련된 부분에서만 이 계층에 영향을 끼칠 뿐이었다. 물론 이런 주장을 전적으로 받아들여서는 안 된다. 단지 이탈리아 이외의 유럽 상류사회와 계급상의 관계를 유지하려는 이유만으로도 중세의 신분 의식이 때로는 강하고 때로는 약해도 여전히 위력을 떨쳤기 때문이다. 그러나 시대의 대체적인 흐름은 의심할 여지없이 근대적인 의미의 신분 융합이라는 방향으로 점차 나아가고 있었다.

 이런 발전의 으뜸가는 기반은, 12세기 이래 여러 도시에서 귀족과 시민이 더불어 살았다는 점이다.[1] 이로써 그들은 운명과 즐거움을 같이했으며, 귀족들이 산 위의 성에서 아래를 굽어보는 태도는 처음부터 생겨날 수 없었다. 그리고 이탈리아에서는 교회가 북유럽에서처럼 젊은 귀족 자제들의 주머니를 채우는 데 이용되지 않았다. 주교·대수도원장·성당 참사회원 직분은 종종 이상한 이유로 주어지기는 했으나, 혈통에 따라 주어진 적은 없었다. 또한 이탈리아 주교들은 북유럽에 비해 그 수가 아주 많고 생활이 어려우며 세속적 권력을 쥐기도 힘들었으나, 대신 그들은 대성당이 있는 도시에서 살며 참사회원들

---

1) 피에몬테의 귀족들이 시골의 성에 살았던 것은 이례적인 일이어서 사람들은 이상하게 생각했다. Bandello, Parte II, *Nov.* 12.

과 더불어 도시의 교양층을 이루었다. 이어서 절대군주와 전제군주들이 등장하자 대다수 도시의 귀족들은 모든 기회와 여가를 활용해 사생활을 즐겼다(2편 1장 참조). 그 사생활은 정치적인 위험이 없는 세련된 향락으로, 이 점에서는 부유한 시민들의 삶과 그다지 다를 바가 없었다.

그리고 단테 이래 새로운 시와 문학이 만인의 것이 되었으며,[2] 고대 문화와 인간 자체에 대한 관심이 일어났다. 한편에서는 용병대장이 군주가 되는가 하면 왕족이나 적통조차 왕위에 오르는 필수조건이 아닌 세상이 되자(1편 2장 참조), 사람들은 이제 귀족 개념이 완전히 사라지고 평등 시대가 열리리라 믿게 되었다.

이론적으로는, 고대를 증거로 삼는다면 아리스토텔레스 한 사람만 보아도 귀족의 권력을 긍정할 수도 부정할 수도 있다. 예를 들어 단테는[3] 아리스토텔레스의 정의 "귀족은 탁월한 성질과 상속받은 부(富)를 바탕으로 한다"에서 "귀족은 자신 또는 조상의 우수함을 바탕으로 한다"라는 명제를 끌어냈다. 그러나 다른 글에서는 이런 결론에 불만족을 표시한다. 《신곡》의 〈천국편〉에서 단테는 자기의 조상인 카차구이다와 이야기할 때 자신의 고귀한 혈통을 들먹였다고 자책하며,[4] 혈통이란 날마다 새로운 가치를 더해주지 않으면 시간에 잘려나가고 마는 망토에 불과하다고 말한다. 그리고 《향연》[5]에서는 '고귀한(nobile)'과 '고귀함(nobiltà)'이라는 개념을 출생의 모든 조건에서 완전히 떼어내 모든 도덕적·지적 능력과 동일시했다. 이때의 '고귀함'은 '철학'의 자매여야만 한다며, 높은 수준의 교양을 특히 강조했다.

이어서 인문주의가 이탈리아인의 사고방식을 단단히 지배할수록 사람들은 혈통이 인간의 가치를 결정짓지 못한다는 생각을 더욱 굳혀갔다. 15세기에는 이것이 이미 지배적인 이론이었다. 포조는 대화편 《귀족에 대하여》에서,[6] 스스

---

2) 이것은 책이 인쇄되기 훨씬 전부터 있던 일이다. 수많은 필사본과 그중에서도 최고의 것들이 피렌체 노동자들의 손에서 만들어졌다. 사보나롤라가 그 책들을 불태운 사건이 없었더라면 아직도 꽤 많은 필사본이 보존되었을 것이다. 이 책 3편 3장 참조.

3) Dante, *de monarchia* L. Ⅱ, cap. 3.

4) 《신곡》 〈천국편〉 16곡 첫머리.

5) Dante, *Convito, Trrattato* Ⅳ 거의 대부분과 그 밖의 여러 대목.

6) Poggii *opera, Dial. de nobilitate.*

로의 공적으로 귀족이 된 사람이 아니라면 귀족이라고 할 수 없다는 점에서 대화 상대자들—니콜로 니콜리, 대 코시모의 형제 로렌초 메디치—과 의견의 일치를 보았다. 또 일반의 편견에 따라 귀족적인 생활이라고 여겨졌던 여러 행동에 신랄한 조소를 퍼부었다.

조상이 뻔뻔스러운 범죄에 물들어 있던 기간이 길수록 그의 자손들은 참된 귀족과 거리가 멀다. 매사냥과 동물사냥에 취미를 두는 것만으로 귀족의 냄새가 풍긴다면 그 동물의 둥우리나 굴에서는 더 좋은 향기가 날 것이다. 쓸데없이 산과 들을 쏘다니면 동물과 다를 바 없으니, 고대인처럼 논밭을 가는 게 훨씬 고상한 일이다. 사냥은 오락으로는 괜찮을지 모르나 생업으로 삼을 만한 일은 아니다.

또한 포조는 교외나 숲속 성에서 사는 프랑스와 영국 기사들과 약탈을 일삼는 독일 기사들의 생활은 전혀 귀족적이지 않다고 했다. 이에 메디치는 어느 정도 귀족 편을 든다. 그러나—아주 특징적이라고 할 수 있는데—타고난 감정에 호소한 것이 아니라, 아리스토텔레스가 《정치학》 5권에서 귀족의 존재를 인정하고 그들을 정의하길 탁월함과 상속받은 부를 바탕으로 하는 계층이라고 했기 때문이다. 그러자 니콜리는 이렇게 반박한다. 아리스토텔레스는 자신이 믿는 바가 아니라 단지 일반적인 의견을 말했을 뿐이며, 그의 생각을 서술한 《윤리학》을 보면 참된 선을 추구하는 사람을 일컬어 귀족이라 한다고 말했다. 그러자 메디치는 귀족이라는 그리스어 단어 에우게네이아(Eugeneia)는 고귀한 가문 태생이라는 뜻이라고 말해보지만 헛된 외침으로 끝났다. 니콜로 니콜리는 로마어의 '노빌리스(nobilis)' 즉 우월한 존재라는 뜻의 단어가 귀족을 이룩한 업적에 따라 결정하므로 좀 더 옳다고 말한다.[7]

이런 토론과는 별개로, 이탈리아 각지에서 귀족들이 어떤 위치를 차지하고 있었는지 훑어보겠다. 나폴리 귀족들은 게을러서 자기 영지도 관리하지 못하

---

7) 세습귀족에 대한 경멸은 그 뒤 인문주의자들 사이에서 종종 보인다. Aen. Sylvius, *Opera*, p.84(*Hist. bohem.* cap. 2)와 640(루크레티아와 에우리알루스 이야기)에 나오는 신랄한 비판 참조.

고 수치스럽다며 상업에도 종사하지 않았다. 그들은 집에서 빈둥거리든가[8] 말이나 타면서 나날을 보냈다. 로마 귀족도 마찬가지로 상업을 멸시했으나 그래도 자기 땅은 자기가 경영했다. 뿐만 아니라 땅을 경작하는 사람에게는 귀족이 될 수 있는 길이 저절로 열렸다.[9] 그들은 "비록 농사를 짓지만 그래도 어엿한 귀족인 것이다." 롬바르디아 귀족은 상속한 토지의 수입으로 생활했다. 명문가에서 태어났다거나 생업과는 거리가 먼 사람이라는 것만으로도 여기서는 귀족이었다.[10] 베네치아에서는 지배계급인 귀족들이 모두 상업에 종사했다. 제노바에서는 귀족이든 아니든 간에 모두가 상인이자 항해자였고, 귀족은 다만 출신에 따라 구별되는 존재였다. 물론 산 속의 외딴 성에 살면서 여행자를 상대로 산적질을 하는 귀족도 더러 있었다. 피렌체에서는 유서 깊은 귀족의 일부가 상업에 전념했고, 이보다 훨씬 적은 수의 다른 일부 귀족들은 자기 신분에 만족하며 매사냥을 비롯한 사냥으로 소일거리를 삼아 살았다.[11]

그런데 결정적인 사실은, 자기 가문을 자랑스럽게 생각하는 귀족이라도 교양이나 부의 문제로 오만해질 수 없었고, 정치권이나 궁정에서 누리는 특권에 의지해 교만한 계급의식을 드러내는 일도 결코 없었다는 점이다. 거의 온 이탈리아에서 그러했다. 물론 조금의 명예도 특권도 누리지 못하고 시민들과 똑같이 생활했던 베네치아 귀족들은 이 점에서 예외였다. 반면 나폴리는 사정이 전혀 달랐다. 이곳 귀족들의 엄격한 신분 구별과 허영심은 나폴리를 르네상스 정신에서 차단시킨 가장 큰 요인이 되었다. 중세 롬바르드인·노르만인의 전

---

8) 수도에 사는 귀족들이 그랬다. Bandello, parte Ⅱ, Nov. 7 참조.—Joviani Pontani *Antonius*(여기서는 귀족세력의 쇠퇴가 아라곤가 시대부터 시작되었다고 보았다).

9) 지대(地代) 수입이 많은 사람은 귀족이나 다름없다는 사고방식이 온 이탈리아에 퍼져 있었다.

10) 북부 이탈리아 귀족을 살펴볼 때는, 반델로가 귀족들의 어울리지 않는 결혼(신분이 낮은 사람과의 결혼)을 여러 번 공격한 일이 중요한 부분이다. Parte Ⅰ, *Nov.* 4, 26. Parte Ⅲ, 60. Ⅳ, 8. 상인이었던 밀라노의 귀족은 예외이다. Parte Ⅲ, Nov. 37. 롬바르디아 귀족들이 농민과 어울리길 조금도 꺼리지 않았다는 점은 4편 8장 주11에서 이미 말했다.

11) *Discorsi* Ⅰ, 55에 나와 있는 마키아벨리의 신랄한 판단은 아직도 영주권을 쥐고 놀고먹으며 정치를 망가뜨리는 귀족에게만 이르는 말이다. 아그리파 폰 네테스하임(Agrippa von Nettesheim)은 그의 가장 주목할 만한 사상을 이탈리아 생활을 통해 얻었는데도, 이 나라의 귀족과 후국(侯國)에 대해 그 누구보다도 신랄하게 논하면서 본질적으로 북유럽 정신의 격앙 상태에 속하는 글을 썼다(*de incert. et vanitate scient.*, cap. 80).

통과 훗날 프랑스 귀족의 영향이 뿌리를 내린데다가, 15세기 중엽이 되기 전에 아라곤 가문의 지배가 시작되면서, 다른 이탈리아 도시들에서는 백 년 뒤에야 활개쳤던 에스파냐식 생활방식이 나폴리에서는 일찍부터 널리 퍼졌다. 그 풍조의 대표적인 경향은 노동 천시와 귀족 칭호에 대한 강렬한 동경이었다.

이 영향은 1500년이 채 되기도 전에 소도시에서조차 뚜렷하게 드러난다. 카바시에서는 이런 한탄이 흘러나왔다. 이전에 벽돌공과 직조공들만 살던 때는 소문 그대로 부유한 도시였지만, 이제는 베틀이나 흙손 대신에 박차와 등자와 금을 입힌 허리띠만 눈에 띄고, 너도나도 법학자와 의학박사, 공증인, 장교, 기사가 되려고 하는 바람에 말할 수 없이 가난해졌다.[12] 피렌체에서는 이와 비슷한 흐름이 초대 토스카나 대공 코시모 치하에 이르러 확실히 드러난다. 코시모는 상공업을 멸시하던 청년들을 자기의 성 스테파노 기사단으로 받아들여 사람들에게 감사를 받았는데,[13] 이는 아들에게 직업이 없으면 유산을 상속하지 않겠다던[14] 지난날 피렌체인의 사고방식과는 정반대되는 것이었다.[15]

피렌체 사람들의 유별난 지위욕은 만인의 평등을 가져올 예술과 교양 숭배에 때때로 우스꽝스러운 방식으로 훼방을 놓았다. 바로 기사 작위를 받으려는 노력으로서, 옛날의 영광이 그림자조차 사라진 뒤에 유행한 어리석은 짓이었다.

14세기 말 프랑코 사케티는 이렇게 말했다.[16]

몇 년 전만 해도 빵 굽는 사람 같은 수공업자들을 비롯해 양털 빗질하는 사람, 고리대금업자, 환전상, 불량배들까지 기사 대열에 끼었던 것을 누구나

---

12) Massuccio, *Nov.* 19.

13) Jac. Pitti가 코시모 1세에게 보낸 편지. Jacopo Pitti to Cosimo I. *Archiv. stor.* IV, II, p.99.—북부 이탈리아에서도 에스파냐의 지배와 더불어 똑같은 경향이 나타나기 시작했다. Bandello, parte II, *Nov.* 40은 이 무렵에 나왔다.

14) 1편 6장 참조. 한 피렌체인 아버지는 제대로 일을 하지 않는 자식에게 금화 1000굴덴의 벌금을 물리라고 국가에 청원하는 유언을 남겼다.

15) 15세기에 베스파시아노 피오렌티노는(p.518, 632), 부자들은 상속한 재산을 늘리지 말고 해마다 모든 수입을 지출해야 한다고 말했는데, 그것은 한 피렌체 사람의 의견으로서 대지주에게만 해당되는 말이다.

16) Franco Sacchetti, *Nov.* 153. *Nov.* 82와 150 참조.

볼 수 있었다. 관리가 지방장관으로 부임하는 데 무엇 때문에 기사 작위가 필요한가? 일상적인 생업에 종사하는 데 이런 칭호가 어울리기나 한단 말인가. 오, 불행한 작위여, 어쩌다 그 지경까지 몰락했느냐! 이 기사들은, 본디 기사들이 해야 할 수많은 임무와는 전혀 관계없는 일을 수행하고 있다. 내가 이런 말을 하는 까닭은 이제 기사제도가 없어졌음을[17] 독자에게 알리고자 함이다. 오늘날에는 죽은 사람에게도 기사 작위를 주는 판이니 나무토막이나 돌덩이나 황소라고 기사로 봉하지 말란 법이 있겠는가.

사케티가 실례를 들면서 하는 이 이야기는 그때의 실상을 충분히 전해 준다. 또한 여기에는 베르나보 비스콘티[18]가 술 마시기 대회에서 먼저 승자에게, 다음으로 패자에게 조롱하는 뜻으로 기사 작위를 내린 이야기와 훌륭하게 장식한 투구를 쓰고 휘장을 찬 독일 기사들이 비웃음을 산 이야기가 담겨 있다. 뒷날에는 포조가[19] 말도 없고 전투 훈련도 받은 적 없는 많은 기사들을 조롱했다.[20] 이제 피렌체에서 깃발을 펄럭이며 말을 타고 달려 나가는 등 기사 계급의 특권을 행사하려는 자는 정부는 물론 조롱하는 사람들까지도 상대해야 한다는 사실을 알게 되었다.[21]

그런데 자세히 살펴보면, 세습귀족과는 전혀 관계없이 뒤늦게 나타난 이 기사제도는 허황된 명예욕의 결과이기도 했지만, 그 이면에는 또 다른 원인이 있었다. 그 시절에도 마상(馬上) 창시합은 여전히 이어졌는데, 여기에 참가하려는 사람은 형식상 당연히 기사여야 했다. 그러나 기사 전용 경기장 안에서 치르는 본격적인 싸움이자, 경우에 따라서는 매우 위험할 수도 있는 창시합이야말로 개인의 역량과 용기를 표시할 절호의 기회였기 때문에, 출생이 어떻든 간

---

17) Che la cavalleria è morta.
18) 밀라노 영주. 재위 1355~85. 잔인하고 포악하며 책략이 비상한 군주로서, 그 시대 설화문학에 아주 좋은 이야깃거리를 제공했다.
19) Poggius, de nobilitate, fol. 27.
20) 에네아스 실비우스는 프리드리히 3세가 기사 작위를 남발한다고 비난했다(1편 2장 참조—페라라에 들른 프리드리히 3세는 종일 실내에 틀어박혀 기사, 백작, 박사, 공증인 등 80건에 이르는 증서를 발행해 주고 대가를 요구했다).
21) Vasari III, 49와 각주, Vita di Dello.

〈산 로마노 전투〉 파올로 우첼로 작(1456). 피렌체 우피치 미술관 소장.

에 뛰어난 기량을 자랑하는 사람이라면 도저히 놓칠 수 없는 것이었다.

　일찍이 페트라르카도 마상 창시합을 위험하고 어리석은 짓이라며 강하게 반대했으나 아무 소용없었다. "스키피오나 카이사르가 마상 창시합을 했다는 기록은 어디에도 없다!"[22]는 페트라르카의 비장한 외침에도 사람들은 마음을 돌리지 않았다. 이 어리석은 시합은 특히 피렌체에서 큰 인기가 있었다. 시민들은 마상 창시합을—물론 한층 위험이 덜한 형식으로 바꾸어—일종의 정식 오락으로 보기 시작했다. 프랑코 사케티[23]는 일요일의 마상 창시합에 나간 한 기사의 포복절도할 이야기를 우리에게 들려준다. 이 기사는 염색업소에서 빌린 야윈 말을 타고 적은 돈으로 시합할 수 있는 페레톨라로 향한다. 그러나 얼마 가기도 전에 장난꾸러기들이 말꼬리에 엉겅퀴를 붙들어매자 말이 놀라서 투구를 쓴 기사를 태운 채 한달음에 마을로 되돌아온다. 이런 이야기의 당연한 결말은, 위험한 일을 저지른 남편의 어리석음에 화가 머리끝까지 난 아내가

---

22) Petrarca, *epist. senil.* XI, 13, p.889. *Epist. famil.*에 있는 다른 곳에서 페트라르카는, 나폴리의 마상 창시합에서 낙마한 기사를 보고 느꼈던 두려움을 서술했다.
23) Nov. 64.—《오를란디노》(II, Str. 7)에도 카를 대제 때 마상 창시합에서 싸운 사람들은 요리사나 주방 허드레꾼이 아니라 왕과 후작과 변경의 공작이었다고 분명히 쓰여 있다.

침실에서 잔소리를 늘어놓는다는 것이다.[24]

끝으로, 초기 메디치 가문 사람들도 이 경기에 열정적인 관심을 나타냈다. 마치 평민 출신이라도 사교 범위는 어느 궁정 못지않다는 것을 과시하려는 듯 보였다.[25] 코시모 시대(1459년)와 피에트로 시대(1416~1469)에도 유명한 대시합이 피렌체에서 열렸다. 소(小) 피에트로(피에트로 2세. 1472~1503)는 이 시합 때문에 정무까지 뒷전으로 미루었고, 화가에게는 갑옷을 입은 모습만 그리게 했다. 교황 알렉산데르 6세의 궁정에서도 마상 창시합이 열렸다. 추기경 아스카니오 스포르차가 오스만튀르크의 왕자 젬[26]에게 창시합이 마음에 드느냐고 묻자, 왕자는 아주 현명하게, 자기 나라에서는 이런 일을 시합 중에 죽어도 상관없는 노예에게만 시킨다고 대답했다. 그 동양인은 이런 중세적 풍속에 대해 무의식적으로 고대 로마인과 견해를 같이했던 것이다.

기사 작위를 유지시켰던 이런 특수한 상황과는 별개로, 페라라 같은 곳에는 (1편 4장 참조) 기사(cavaliere) 칭호를 받는 진정한 궁정기사단이 있었다.

그러나 귀족이나 기사 개개인의 야심과 허영심이 어떠했든지 간에 어쨌든

---

24) 이것은 마상 창시합을 패러디한 초기 작품이다. 그로부터 60여 년 뒤 샤를 7세의 평민 출신 재무대신 자크 쾨르는 부르주에 있는 자기 궁 정원에 당나귀 시합 조각상을 세우게 했다 (1450년 무렵). 이런 패러디 가운데 가장 훌륭한 것은 바로 앞에서 인용한 《오를란디노》 2곡 으로, 1526년에야 비로소 출판되었다.

25) 앞서 인용한 폴리치아노와 루카 풀치의 시 참조. 또한 Paul. Jov. *Vita Leonis X*, L. I.도 참조.—Macchiav. *Storie Fiorent*. L. VII.—Paul Jov. *Elogia*. Pietrus Medices(그는 마상 창시합에 빠져 공무를 게을리했다) 및 Franc. Borbonius(그는 마상 창시합을 하다 생명을 잃었다) 관련 대목.—Vasari IX, 219, *v. di Granacci*.—로렌초의 비호 아래 집필된 풀치의 《모르간테(Morgante)》에서 기사들의 말과 행동은 우스꽝스럽지만 창을 내리치는 기술은 뛰어났다. 보이아르도도 마상 창시합과 전술을 잘 아는 사람들을 위해 시를 썼다. 이 책 4편 4장 참조.—1464년 페라라에서 열린 마상 창시합은 *Diario Ferrar. Muratori* XIV, Col. 208 참조.—베네치아에서의 시합은 Sansovino, *Venezia*, fol. 153 이하 참조.—1470년 이후 볼로냐에서 열린 시합은 Bursellis *Annal. Bonon.*, Murat. XXIII. Col. 898, 903, 906, 908, 909 참조. 여기에는 그 시절 로마풍의 개선식 거행에 따르기 마련인 감동이 뒤섞여 있다.—우르비노의 페데리코(이 책 1편 4장)는 어느 마상 창시합에서 창에 맞아 오른쪽 눈을 잃었다.—그 시절 북유럽 나라들의 마상 창시합에 관해서는 Olivier de la Marche, *Mémoires*의 여러 곳과 특히 cap.8, 9, 14, 16, 18, 19, 21 등 참조.

26) 1편 9장 참조. 형 바예지드 2세에게 쫓기던 오스만튀르크의 왕자. 교황들은 그를 억류해두는 대가로 바예지드에게서 연금을 받았다. 알렉산데르 6세가 샤를 8세에게 젬을 넘기기 전에 그의 음료에 독을 타서 죽였다.

이탈리아 귀족은 사회의 변두리가 아닌 중심부에 자리잡고 있었다. 그들은 언제나 다른 계급 사람들과 평등하게 교류했고 재능과 교양 있는 사람들을 저택에 머물게 했다. 물론 군주의 정식 신하가 되려면 귀족이란 배경이 있어야 했지만,[27] 그것은 오로지 '사람들의 편견' 때문이었으며, 귀족이 아닌 사람은 귀족과 똑같은 내면적 자질을 지니지 못한다는 망상은 엄격히 금지되어 있었다. 따라서 귀족이 아니라도 군주를 가까이 모실 길이 완전히 막힌 것은 아니었다. 문제는 다만 신하란 완벽한 인간이어야 하므로 어떤 장점 하나도 결핍되어선 안 된다는 것뿐이었다. 모든 일에 어느 정도 절도를 지키는 것이 궁정 신하의 법도이지만, 이는 그들이 귀족 출신이기 때문이 아니라 섬세한 개인적인 완성이 그것을 요구했기 때문이다. 여기서 우리는 교양과 부에 기반을 둔 근대적인 기품을 보게 된다. 부는 인간으로 하여금 생활을 교양에 바치도록 하고, 교양에 대한 관심을 증폭시킨다는 의미에서만 중요하게 여겨졌다.

---

27) Bald. Castiglione, *il Cortigiano*, L. I, fol. 18.

2. 세련된 외적 생활

가문의 차이가 결정적인 이점으로 작용하지 못할수록 사람들은 자신의 장점들을 발휘하기 위해 애썼고, 사교생활 또한 스스로 정한 범위 안에서 세련미를 높여야만 했다. 이로써 개인의 태도와 수준 높은 사교 형식은 자유롭고 의식적인 예술작품이 되어갔다.

이탈리아에서는 남녀의 외모와 일상의 풍속부터가 다른 나라 국민들보다 훨씬 완전하고 아름다우며 세련된 모습이었다. 상류계급의 주거생활은 예술사에서 다룰 문제이므로, 여기서는 이탈리아의 집들이 편리성·조화·합리성 면에서 북유럽 귀족들의 성과 저택 및 궁정보다도 우수했다는 점만을 지적하겠다. 의복은 변화가 너무나 심했을뿐더러, 특히 15세기 말부터는 외국의 유행을 모방하느라 바빴기 때문에 애초에 다른 나라의 유행과는 견줄 수가 없다. 이탈리아 화가들이 그린 그 시절 의상은 당대 유럽에서 가장 아름답고 돋보이지만, 그것이 그때 유행했던 옷차림이며 더욱이 정확히 묘사되었는지는 명확히 알 수 없다. 그러나 분명한 사실은 이탈리아만큼 의상에 큰 비중을 두었던 나라는 없었다는 점이다. 이탈리아 국민은 예나 지금이나 겉치레를 중시한다. 그뿐만 아니라 점잖은 사람조차도 되도록 아름답고 자신에게 어울리는 옷차림하는 것을 인격 완성의 한 요소로 꼽고 있다. 한때 피렌체에서는 저마다 자신만의 의상으로 개성을 자랑하던 시기가 있었으며(2편 1장 주2 참조), 16세기 말에 이르기까지도 여전히 그런 용기를 지닌 저명인사가 있었다.[1] 그 밖의 사람들 또한 적어도 지배적인 유행에 나름의 개성적인 요소를 더하는 정도의 감각은 충분히 갖추고 있었다. 조반니 델라 카사가 독자들에게 희귀한 것을 좇거나 지배적인 유행에서 벗어나지 말라고 경고한 것은 쇠퇴의 징조였다.[2] 오늘날 적어

---

1) Paul. Jovii. *Elogia*, Petrus Gravina, Alex. Achillinus, Balth. Castellio 같은 사람들에 대한 부분.
2) Casa, *il Galateo*, p.78.

보카치오 아디마리와 리자 리카솔리의 결혼식(일부) 15세기 전반 토스카나 지방 의상을 걸친 사람들의 온 퍼레이드. 호화로운 천, 선명한 색채 대비, 젊은이들이 입는 짧은 망토, 여성은 머리를 정성들여 꾸미고 긴 옷자락을 끌고 있다. 피렌체 아카데미아 미술관 소장.

도 남자의 복장에 관해서는 지나치게 화려하지 않은 것을 으뜸 원칙으로 삼지만, 이로써 우리는 생각보다 큰 것을 포기하고 있다. 덕분에 시간이 절약되어 (바쁜 현대인의 기준으로 볼 때) 다른 모든 손실을 메울 수야 있지만 말이다.

르네상스 시대 베네치아[3]와 피렌체에는 남자의 복장과 여자의 사치에 관련된 법이 있었다. 나폴리처럼 옷차림이 자유로운 곳에서는 도덕가들이 비통한 표정으로 귀족과 일반시민이 구분되지 않는다고 혀를 찼다.[4] 또한 급속히 변

---

3) 이 점에 관해서는 베네치아의 복장 문서나 Sansovino : *Venezia*, fol. 150 이하 참조. 티치아노의 〈플로라〉에 나오는 옷-하얀 옷을 입고 머리는 풀어서 어깨 위로 늘어뜨리는 것-은 약혼식 때 신부의 복장이다.

4) Jovian. Pontan. *de principe* : "복장과 그 밖의 장식에서 상인과 귀족이 구별되지 않을 만큼 몰염치한 것은 바람직하지 못하다. 그러나 그러한 자유를 비난할 수는 있으되 억제할 수는 없다. 복장은 날마다 변화해 겨우 넉 달 전에 감탄하며 좋아하던 것을 오늘은 흉보며 고물이라고 내다버린다. 또 참기 힘든 사실은 프랑스에서 온 옷이 아니면 인정받지 못한다는 것이다. 하

천하는 유행을 한탄하고, 프랑스에서 들어온 것이면 무엇이든 숭배하는 어리석음에 한숨지으며 그것들이 대개 이탈리아에서 유행하던 것을 프랑스에서 역수입한 데 지나지 않는다고 말했다. 이런 의상 형태의 잦은 변화와 프랑스와 에스파냐의 유행을 받아들인 것이[5] 일상적인 치장 욕구에 어떤 영향을 미쳤는지는 여기서 살펴볼 바가 아니다. 그러나 이것은 1500년 전후의 수십 년 동안 이탈리아에서 벌어진 급속한 생활 변화를 알려주는 문화사적인 증거들이다.

특히 주목할 것은, 여자들이 할 수 있는 모든 화장술을 동원해 자기 외모를 근본적으로 바꾸려고 노력했다는 점이다. 로마제국이 몰락한 이래, 그 무렵 이탈리아 사람들처럼 얼굴과 피부색과 머리카락 때문에 그토록 고심한 민족은 유럽 어디에도 없었다.[6] 누구나가 눈에 빤히 보이는 속임수를 써서라도 남 못지않은 외모를 가지려고 애썼다. 우리는 여기서 14세기에[7] 극단적으로 화려하고 장식적이었다가 그 뒤로 세련미를 찾은 의류는 제외하고, 좁은 의미의 화장에 대해서만 살펴보겠다.

먼저, 하얀색 노란색 비단실로 만든 가발[8]이 널리 유행했다가 금지되었다가 다시 유행했다. 그러나 참회설교사가 사람들의 마음을 움직이자 광장에 화형대가 세워졌다. 그 위로 류트·주사위통·가면·부적·가요집 및 다른 온갖 사치품과 함께 가발이 올라갔고,[9] 정화의 불꽃이 그 모든 것을 곧 잿더미로 만들어 버렸다. 어쨌든 자기 머리카락이든 가짜 머리카락이든 간에 그 시절 사람들

<hr />

지만 그것들은 대개 프랑스에서 값이 싼 옷들이고, 본디 우리나라 사람들이 창안한 유행과 모양새인 경우가 매우 많다."

5) Murat. XIV, Col. 297, 320, 376, 399에 수록된 *Diario Ferrarese* 참조. 독일의 유행에 대한 내용도 있다.

6) 이곳과 Falke : *Die deutsche Trachten-und Modenwelt* 의 해당 부분을 비교해 보라.

7) 피렌체 여성들에 대해서는 Giov. Villani X, 10 및 150(복장과 용모에 관한 법규)의 주요 대목 참조. Matteo Villani, I, 4 참조. 1330년에 나온 유행에 관한 대포고에서는, 특히 여성복에 무늬를 수놓은 것만 허락하고 그려 넣는 것은 금지했다.

8) 진짜 머리털로 만든 것은 '죽은 모발(capelli morti)'이라 불렀다.―이탈리아의 어느 고위 성직자가 발음을 분명히 하려고 상아로 만든 의치를 끼워 넣은 이야기는 Anselm, *Berner Chronik*, IV, S. 30(1508) 참조.

9) Eccard, *scriptores* II, Col. 1874에 수록된 Infessura.―Murat. XXIII, Col. 823에 수록된 Allegretto.― 그 밖에, 사보나롤라에 관한 여러 저서에 대해서는 아래 참조.

이 선망한 이상적인 머리털은 금발이었다. 햇빛이 금발로 만드는 데 효력 있다는 속설 때문에[10] 날씨가 좋은 날에는 종일 볕이 드는 곳을 떠나지 않는 부인들도 많았다.[11] 그 밖에 염색약이나 머리털이 빨리 자라게 하는 약품을 쓰기도 했다. 그뿐만 아니라 눈꺼풀부터 치아에 이르기까지 얼굴의 모든 부위를 위한, 오늘날에는 상상도 할 수 없는 화장수, 크림, 연지, 가루분 등 온갖 화장품이 등장했다. 시인의 비웃음[12]도, 참회설교자의 분노도, 피부에 나쁘다는 경험담도 여자들이 얼굴의 색을 바꾸고 부분적으로 모양까지 바꾸려는 노력을 말릴 수는 없었다. 그 무렵 수백 명이 분장하고 등장하는 화려한 신비극이 자주 공연되었던 것이[13] 이런 악습을 조장했는지도 모른다. 어쨌든 이 악습은 널리 퍼져 이윽고 시골 처녀들까지 앞다투어 흉내 내게 되었다.[14] 그런 분장은 창녀들이나 하는 짓이라고 아무리 타일러도 허사였다. 일 년 내내 화장품에는 손도 안 대던 행실 바른 가정주부도 축제일에는 얼굴에 화장을 짙게 하고 남들 앞에 모습을 드러냈다.[15] 이 악습은 미개인이 얼굴에 색을 칠하는 야만스러운 풍속과 같다고 할 수도 있고, 혹은 아주 섬세하고 다양한 화장술이 대변해 주듯 얼굴과 피부색에서 완전한 청춘의 아름다움을 찾으려는 노력의 결과라고도 할 수 있다. 어찌 되었든 남자들은 이런 행위를 중지시키기 위해 어떤 수고로움도 마다하지 않았다.

마찬가지로 향수도 도가 지나치게 쓰여서, 주변 물건에까지 뿌리는 지경이었다. 축제일에는 노새한테도 향유와 향수를 발랐다.[16] 피에트로 아레티노는

---

10) Sansovino, *Venezia*, fol. 152 : "태양의 힘으로 황홀한 금빛이 된 머리카락."—이 책 4편 7장 참조.

11) 독일에서도 같은 일이 있었다.—*Poesie satiriche*, p.119, Bern. Giambullari의 풍자시 *Per prender moglie* 참조. 여기에는 미신이나 마술에 크게 의지하는 화장화학개념의 전형이 나타나 있다.

12) 시인들은 이런 화장이 얼마나 보기 흉하고, 위험하고, 어리석은 짓인가를 지적하는 데 온 힘을 기울였다. Ariosto, *Satira* Ⅲ, vs. 202 이하 참조.—Aretino, *il marescalco*, Atto Ⅱ, scena 5 및 *Ragionamenti* 의 여러 곳. 또한 Giambullari a. a. O.—Phil. Beroald. sen. *Carmina*.

13) Cennino Cennini는 *Trattato della pittura* 161장에서 신비극과 가면극에서 얼굴을 어떻게 분장하는지 설명하고, 162장에서는 모든 지분(脂粉)과 화장수 사용을 진지하게 경고했다.

14) *La Nencia di Barberino, Str.* 20과 40 참조. 여기서 남자는 애인에게 시내에서 삼각 봉투에 든 지분과 백연(白鉛)을 사오겠다고 약속한다. 이 책 4편 8장 참조.

15) Agn. Pandofini, *Trattato del governo della famiglia*, p.118.

16) Murat. ⅩⅩⅡ, Col. 87에 수록된 Tristan. Caracciolo.—Bandello, parte Ⅱ, *Nov.* 47.

돈에 향수를 뿌려 보내준 일로 코시모 1세에게 감사인사를 했다.[17]그 시절 이탈리아인은 자기들이 북유럽 사람들보다 더 깨끗하다고 굳게 믿었다. 실제로 일반적인 문화사적 근거에 따르자면 이런 주장은 부인하기보다는 시인해야 할 듯싶다. 청결은 근대적인 품격의 완성에 속하는 관념이고, 이 근대적인 품격이 가장 먼저 형성된 나라가 이탈리아이기 때문이다. 또 이탈리아인이 그 무렵 세계에서 가장 부유한 국민 가운데 하나였다는 사실도 이 주장에 신빙성을 더한다. 그러나 이에 대한 자세한 증거를 댈 수는 없다. 청결 규정이 어디서 먼저 나왔느냐를 문제로 삼는다면, 중세의 기사문학이 좀 더 오래되었다고 할 수 있다. 어쨌든 틀림없는 사실은, 르네상스의 몇몇 출중한 대표자들은 인품과 더불어 청결함, 특히 식탁에서의 청결함을 강조했으며,[18] 이탈리아에서 '독일인'은 온갖 불결함의 대명사였다는[19] 점이다. 마시밀리아노 스포르차(밀라노 공. 재위 1512~15. 루도비코 일 모로의 아들)가 독일 유학을 마치고 돌아오면서 얼마나 불결한 습관도 함께 가져왔는지, 또 그 때문에 얼마나 사람들의 눈초리를 받았는지는 조비오의 글[20]을 통해 알 수 있다. 여기서 특이한 것은, 적어도 15세기에는 숙박업을 독일인이 독점하다시피 했으며,[21] 그들은 주로 로마 순례자를 대상으로 영업했다는 점이다. 그러나 이는 아마도 지방의 이야기일 것이다. 대도시에서 이탈리아의 호텔이 일류였다는 것은 잘 알려진 사실이기 때문이다.[22] 시골에 그럭저럭 지낼 만한 여관이 부족했다는 것은, 그 시절이 뒤숭숭

---

17) 코시모에게 바친 시. "지난번 제게 보내주신, 새로운 향기를 머금은 100스쿠디." 그 시대의 물건 가운데에는 지금까지도 향기가 나는 것들이 있다.

18) 베스파시아노 피오렌티노(Vespasiano Fiorent)의 《도나토 아차유올리(Donato Acciajuoli)전》과 《니콜리(Niccoli)전》 참조.

19) Giraldi, *Hecatommithi*, Introduz., *Nov.* 6. (이탈리아인들은 일반적으로 독일인에게 악의를 품고 있었으며, 그것을 조소로 나타냈다는 점도 고려해야 한다.)

20) Paul. Jov, *Elogia*, p.289. (그러나 조비오는 독일 교육에 대해서는 전혀 언급하지 않는다.)

21) 에네아스 실비우스(*Vitae Paparum*, ap. Murat. III, II, Col. 880)는 Baccano 관련 대목에서 이렇게 말했다. "여관은 거의 없다. 그리고 그 여관들을 경영하는 사람은 독일인이다. 거의 온 이탈리아의 여관이 그들 것이다. 그들이 없는 곳에서는 여관도 찾아볼 수 없다."

22) Franco Sacchetti, *Nov.* 21.—1450년 무렵 파도바는 '황소'라는 이름의 궁전 같은 대형 여관을 자랑했다. 거기에는 말 200마리를 넣을 수 있는 마구간도 있었다. Michele Savonar., ap. Murat. Michele Savonarola, in Murat. XIV, Col, 1175.—피렌체의 성 갈로 문 앞에는 이제까지 보지 못했던 크고 아름다운 여관이 있었다. 그러나 그것은 도시 사람들의 휴양소로만 쓰였던 것 같

했던 점으로도 설명할 수 있다.

16세기 초 순수한 피렌체 태생인 조반니 델라 카사가 《예법 *Il Galateo*》이라는 제목으로 간행한 예절 교육서가 전해지고 있다. 이 책은 좁은 의미의 청결함을 가르칠 뿐만 아니라, 이른바 '불손'한 모든 습관을 버려야 한다는 것을, 도덕가가 최고의 도덕률을 설교할 때처럼 확신에 차서 규정짓고 있다. 반면 다른 나라의 책에서는 이런 예법을 체계적으로 설명하기보다는 불결한 사례를 자극적으로 묘사함으로써 간접적으로 가르친다.[23]

《예법》은 훌륭한 생활 습관, 세심한 배려와 절도 있는 삶에 대해 품격 있고도 재치 있게 써놓은 지침서이므로, 오늘날 사람들도 이 책에서 배울 점이 많을 것이며, 아마 옛 유럽의 예법도 여기서 이야기하는 내용을 뛰어넘기는 어려울 것이다. 예법이 마음의 움직임이라면 모든 민족, 모든 문화가 시작될 때부터 그것을 지니고 태어난 사람이 있을 것이고, 몇몇 사람은 의지의 힘으로 그것을 체득했을 것이다. 그런데 이것을 사회의 의무이자 문화와 교육의 지표로서 처음으로 인식한 민족이 이탈리아인이었다. 이탈리아는 앞선 200년 동안 큰 변화를 겪었다. 악의를 담은 익살과 농담과 조롱을 서로 주고받는 풍조(2편 4장 참조)가 상류사회에서는 막을 내렸다는 것,[24] 시민들이 도시의 성벽 밖으로 나와 세계 시민적인 예절과 배려를 배웠다는 것을 분명히 느낄 수 있다. 좀 더 좁은 의미의 사교에 대해서는 뒤에 다시 이야기하겠다.

15세기와 16세기 초 이탈리아인의 외적인 생활은 세계 어느 민족에게서도 찾아볼 수 없을 만큼 세련되고 아름다웠다. 근대의 쾌적하고 편리한 생활을 가능하게 한 크고 작은 물건들 가운데 일부는 이탈리아에서 가장 먼저 등장했다.

이탈리아 여러 도시의 잘 포장된 거리에서는 마차를 타는 것이 일반화되어

다. Varchi, *Stor. fiorent.* III, p.86.

23) Sebastian Brant, *Narrenschiff*, Erasmus, *Colloquia*, 라틴어 시 *Grobianus* 등의 해당 대목 참조.—고대의 것으로는 Theophrastos, *Charakteres*.

24) 조롱하는 풍조가 잠잠해진 것은 *Cortigiano*, L. II, fol. 96 이하의 사례를 통해 알 수 있다. 그러나 피렌체에서는 악질적인 조롱이 집요하게 존속했다. Lasca(Ant. Franc. Grazini, 1503~82)의 단편소설이 그 증거이다.

있었다.[25] 그러나 다른 나라에서는 보통 걷거나 말을 탔으며, 마차를 이용하더라도 즐거움을 위해 타지는 않았다. 다른 나라에서는 아직 듣도 보도 못한 부드럽고 탄력 있는 침대와 값비싼 양탄자, 화장도구들이 이탈리아 단편소설에는 나와 있다.[26] 특히 흰색 리넨이 많이 쓰이고 그 우아함이 자주 강조된다. 그밖에도 많은 것들이 이미 예술 영역에 이르러 있었다. 예술은 온갖 분야에서 사치를 고귀한 것으로 만들었다. 육중한 식기장과 날렵한 선반을 훌륭한 그릇들로 장식하고, 아주 화려한 융단을 걸어 벽면을 꾸미고, 끊임없이 나오는 감각적인 모양의 과자들로 탁자를 채울 뿐만 아니라, 목수의 작업까지도 뛰어난 솜씨로 예술 영역에 끌어들인 것을 보면 감탄을 금할 수 없다. 중세 후기에 다른 유럽 나라들도 재력이 넉넉해지자 이러한 시도를 했다. 그러나 일부는 어린애 장난 같은 미숙한 수준에 그쳤고, 일부는 고딕양식에 외곬으로 빠져들었다.

반면 르네상스는 자유롭게 행동하고 어떠한 과제의 의도에도 순응하여 좀더 많은 예술애호가와 주문자를 위해 일했다. 16세기 이탈리아가 북유럽 장식예술을 쉽게 이길 수 있었던 것은, 더 크고 보편적인 원인도 물론 있지만, 바로 이런 상황과 관련되어 있다.

---

25) 밀라노의 모습을 말해주는 주요 자료는 Bandello, Parte I, *Nov.* 9 참조. 밀라노에는 사두마차가 60대 이상 있었고 이두마차도 무수히 많았는데, 이 가운데 꽤 많은 마차에 조각을 새기거나 화려하게 금박을 입히거나 비단 술을 달기도 했다. 같은 책 *Nov.* 4 참조.—Ariosto, *sat.* III, vs. 127.

26) Bandello, parte I, *Nov.* 3. III, 42, IV, 25.

3. 사교의 기초로서의 언어

예술품으로서의 사교, 인간 생활이 낳은 최고의 창조물이자 의식의 산물인 고급 사교의 가장 중요한 전제조건이자 기반은 언어이다.

중세 전성기에 유럽 여러 나라의 귀족들은 사교계와 문학에서 '궁정어(宮廷語)'를 확립하려고 노력했다. 일찍부터 각지의 방언 차이가 컸던 이탈리아에서도 13세기에는 이른바 '교황청어(curiale)'가 있어, 이것이 각 궁정과 궁정시인들 사이에서 공통으로 쓰였다. 그런데 결정적인 사실은, 이탈리아 사람들이 이것을 모든 교양인의 언어이자 문장 언어로 삼기 위해 의식적으로 애썼다는 점이다. 1300년 전에 편집된 《옛이야기 백선》의 서문은 이것이 목표임을 공공연하게 인정했다. 더구나 여기서는 언어를 시(詩)의 속박에서 해방시켜 다룬다. 최상의 언어는, 짧은 연설과 격언과 대답에서의 간단명료하고 지적인 표현이다. 이런 표현은 과거 그리스인과 아라비아인의 전유물이었다. "얼마나 많은 사람들이 그 기나긴 평생 아름다운 말 한마디 못 한 채 죽어갔는가!"

그런데 언어는 여러 측면에서 열심히 연구하면 할수록 더욱더 복잡해졌다. 이 논쟁 한가운데로 우리를 끌어들인 사람은 단테이다. 그의 저서 《속어론》[1]은 이 문제에서 중요한 저서일 뿐만 아니라 근대어 전반을 다룬 최초의 이론서였다. 단테의 사고 과정과 결론은 언어학 역사에 속하며, 그 분야에서 언제까지나 중요한 자리를 차지할 것이다. 여기서는 다만 《속어론》이 집필되기 훨씬 전부터 언어는 일상의 아주 중요한 문제였다는 점, 모든 방언은 당파에 휩쓸려 편애와 혐오로 연구되어 왔다는 점, 그리고 보편적인 이상어(理想語)의 탄생은 극심한 진통 끝에 나왔다는 점을 확인하는 데 그치겠다.

---

1) *De Vulgari Eloquio*, ed. Corbinelli, Parisiis, 1577. 보카치오의 《단테전》(p.77)에 따르면 《속어론》은 단테가 죽기 바로 전에 완성했다고 한다.—단테는 자기 언어의 갑작스럽고 두드러진 변화를 《향연》 앞머리에서 이야기했다.

물론 단테는 그의 웅대한 시편 《신곡》을 통해 여기에 가장 큰 공헌을 했다. 토스카나 방언(단테가 태어난 피렌체는 토스카나 지방에 있다)이 새로운 이상어(理想語)의 기초가 된 것이다.[2] 만약 이런 주장이 지나친 비약이라면 부디 너그럽게 용서해 주길 바란다. 외국인인 나로서는 견해 차이가 심한 이런 문제에서는 일반적인 설에 따를 수밖에 없기 때문이다.

그런데 이 이상어 관련 논쟁과 국어 순화운동이 문학과 시에서 그 순기능 못지않은 해악을 초래하고, 재능 있는 많은 작가들에게서 표현의 소박함을 빼앗았을 수도 있다. 언어에 통달한 다른 작가들도 내용과 무관하게 언어의 부드러운 흐름과 아름다운 울림에 기대어 글을 썼다. 별 볼일 없는 선율도 이 악기로 연주되면 훌륭한 소리를 냈기 때문이다. 어쨌든 이상어는 사교계에서 크나큰 가치가 있었다. 예법에 맞는 고상한 행동을 보충해주고, 교양인에게 일상에서는 위엄과 특별한 상황에서는 외면적 품위를 지키게 해 주었던 것이다. 옛날 가장 순수한 그리스의 아티카 언어가 그랬듯이 이 고상한 옷도 저속함과 악의를 감추는 데 대대적으로 쓰였지만, 동시에 가장 고귀하고 가장 세련된 것을 그에 어울리게 표현해 주는 도구이기도 했다. 그러나 이 이상어가 중요한 까닭은 무엇보다도 그것이 조각조각 나뉜 이탈리아 각국 교양인들의 이상적인 고향이었기 때문이다.[3] 게다가 이상어는 귀족이나 특정 계급의 전유물이 아니라, 아무리 가난하고 천한 사람이라도 마음만 먹으면 시간과 방법을 찾아 배울 수 있는 언어였다. 오늘날에도—어쩌면 옛날보다도 더—외국인들은, 평소에 도통 알아듣기 어려운 방언을 쓰는 지역의 농민과 천민들까지도 이따금 아주 순화된 이탈리아어를 정확하게 구사하는 것을 보고 놀란다. 교양인조차 자기 지역 방언을 고수하는 독일과 프랑스에서도 하층민에게서 이런 예를 볼 수 있을까 생각해보아도 헛일이다.

물론 이탈리아에서 글을 읽을 수 있는 능력은, 교회국가와 같은 여러 상황

---

2) 이 새로운 이상어가 문헌과 사교에 점차 진출하는 양상은, 그 지역 사정에 밝은 현지 학자라면 쉽게 개관적으로 서술할 수 있을 것이다. 14, 15세기에 각 방언이 얼마나 오랫동안 일상적인 통신문·정부서류·역사물·일반 문헌에 전체 또는 부분적으로 사용되었는지 확인해야 한다. 또한 당시 공용어로서 쓰이던 순수한 혹은 빈약한 라틴어와 이탈리아의 여러 방언과의 관계도 살펴보아야 할 것이다.
3) 단테도 이미 그렇게 느꼈다. *De vulgari eloquio* I, c. 17. 18.

들을 보고 추측할 수 있는 것보다 훨씬 널리 퍼져 있었다. 그러나 더 중요한 것은 일반 대중이 순화된 말과 발음을 고귀한 재산으로서 무조건 존중했다는 점이다. 각 지방은 차례로 그 이상어를 공식적으로 받아들이게 되었다. 베네치아, 밀라노, 나폴리도 이탈리아 문학의 전성기에 이것을 받아들였고, 한편으로는 전성기였기 때문에 받아들인 점도 있다. 피에몬테[4]는 국민의 가장 중요한 재산인 이 순수한 언어를 채택한 19세기에야 비로소 자유의지에 따라 참된 이탈리아 국토가 되었다.[5] 한편 문학에서는 이미 16세기 초부터 일부러 방언으로 익살스러운 것뿐 아니라 진솔한 주제도 표현했다.[6] 이 방언문학에서 발전한 문체는 어떠한 과제도 충분히 수행할 수 있었다. 다른 나라에서는 훨씬 나중에서야 비로소 방언문학을 의식적으로 구분하기 시작했다.

고급 사교의 매개체로서 언어의 가치에 대한 교양인의 의견은 발다사레 카스틸리오네의 《궁정인》[7] 속에 남김없이 서술되어 있다. 《궁정인》이 쓰인 16세기 초에는 단지 오래되었다는 이유만으로 단테를 비롯한 토스카나 작가들의 케케묵은 어법을 고집하는 사람들이 있었다. 그러나 발다사레는 이런 어법을 대화에서는 무조건 거부했고, 결국 글은 대화의 한 형식에 지나지 않는다는 이유로 문장에서도 그것을 인정하지 않았다. 따라서 아름다운 문장에 가까울수록 가장 아름다운 대화체라는 결론이 자연스럽게 나온다. 또한 중요한 말을 하려는 사람은 스스로 자기의 언어를 만들어 내야 하며, 언어란 살아 있는 것이므로 유동적이고 변화한다는 생각이 아주 뚜렷하게 드러난다. 사람들이 널리 쓰

---

4) 이탈리아 북서부, 알프스 동쪽 기슭에 자리한 주. 11세기 이래 사보이 가문의 영지로, 프랑스와 독일 사이에 끼어 있어서 양국의 침략에 자주 시달렸으며, 프랑스령이 된 때도 있었다. 19세기에는 이탈리아 통일의 선두에 섰다.

5) 피에몬테에서는 오래전부터 토스카나 방언으로 읽고 썼지만, 애초에 글을 읽거나 쓰는 일 자체가 거의 없었다.

6) 또한 사람들은 일상생활에서 어떻게 방언을 가려 써야 하는지를 잘 알고 있었다. 조반니 폰타노는 나폴리 왕세자에게 방언을 절대로 쓰지 말라고 당부했다(Jov. Pontan. *de principe*). 잘 알려진 바와 같이, 부르봉 왕가의 마지막 군주들은 이 점에서 그렇게 엄격하지 않았다.—로마에서 자기 고장 방언을 고집하던 어느 밀라노 추기경에 대한 조롱은 Bandello, parte II, *Nov.* 31 참조.

7) Bald. Castiglione, *il cortigiano*, L. Ⅰ, fol. 27 이하. 대화체 형식이지만 곳곳에서 발다사레의 독자적인 의견을 접할 수 있다.

고 있다면 아무리 수사적인 표현이라도 쓸 수 있으며, 토스카나 말이 아니라 프랑스어나 에스파냐어라도 그것이 특정 사물을 나타내는 표현으로 굳어졌다면 써도 상관없다는 것이다.[8] 이렇게 재능과 세심한 주의를 기울인 결과 하나의 언어가—순수한 고대 토스카나어는 아니지만 꽃과 열매가 가득 찬 정원과도 같이 풍성한 이탈리아어가—탄생한다. 이 완벽한 의복으로 감싸지 않으면 자기의 세련된 작법과 정신과 시적 정취를 드러내지 않는다는 것도, 다른 모든 일에서 나타나는 '궁정인'의 노련미를 이루는 아주 중요한 요소라 할 수 있다.

언어는 살아 있는 사회의 산물인 까닭에 고전 신봉자와 국어순화론자는 어떤 노력으로도 자신들의 주장을 관철할 수 없었다. 토스카나 지방에도 그들의 노력을 무시하거나 조롱하는 뛰어난 작가와 담화가들이 넘치도록 있었다. 특히 웃음거리가 되는 것은 타지에서 온 학자가 자기네 말도 이해 못한다며 토스카나 사람들을 가르치려 드는 경우였다.[9] 마키아벨리 같은 작가의 존재와 영향력은 거미줄과 같이 엉겨 있는 이런 속박을 제거하기에 충분했다. 마키아벨리의 강력한 사상과 간단명료한 표현 양식은 14세기의 장점과는 다른 장점을 두루 지녔던 것이다. 한편 문장이나 대화에서 표현의 순수성을 지나치게 요구하지 않는 것을 기뻐한 북부 이탈리아인, 로마인, 나폴리인들도 꽤 많았다. 그들은 자기들 방언의 어형과 표현을 완전히 부정했다. "나에게는 아무런 문체도 없다. 나는 피렌체식이 아닌 파격적인 형식으로 글을 쓴다. 나는 말에 새로운 장식을 할 마음이 없다. 나는 리구리아 국경에서 태어난 롬바르디아인일 뿐이다"[10]라는 반델로의 항변은 외국인에게 거짓된 겸손으로 비칠 수도

---

8) 그러나 지나쳐선 안 되었다. 풍자시인이 에스파냐어를, 폴렝고가(리메리노 피토코라는 필명으로 펴낸 《오를란디노》에서) 프랑스어를 이따금 섞어 쓴 것은 조롱할 때뿐이었다. 희극에서는 에스파냐 사람 등이 에스파냐어와 이탈리아어가 뒤섞인 우스꽝스러운 말을 쓴다. 1500년에서 1512년까지, 그리고 1515년에서 1522년까지 프랑스의 이탈리아 지배 시대에 'Rue Belle(아름다운 거리)'로 불리던 밀라노의 한 거리가 오늘날까지 'Rugabella(Ruga는 거리, bella는 아름답다는 뜻이다)'라고 불리는 것은 아주 특이한 현상이다. 오랜 에스파냐 지배의 흔적도 언어에는 거의 남지 않았다. 고작해야 건물이나 거리에 드물게 에스파냐 왕의 이름이 붙은 정도이다. 18세기에 이르러서야 프랑스문학의 사상과 더불어 많은 프랑스식 말과 표현이 이탈리아어에 침투했다. 19세기의 국어순화론자들은 그런 것들을 다시 한 번 떨쳐내려고 노력했다.

9) Firenzuola, opera Ⅰ, 여성미에 대한 서론 및 Ⅱ, 단편소설 앞에 써놓은 '논의'.

10) Bandello, parte I. Proemio 및 Nov. 1, 2.—마찬가지로 롬바르디아인인 테오필로 폴렝고는 《오를

있겠다. 그러나 엄격한 국어순화론자들에 맞서, 사람들은 고도의 요구를 깨끗이 단념하고, 그 대신 강력하고 보편적인 말을 채용함으로써 자기들의 입장을 주장했다. 베네치아 태생이면서도 외국어나 다름없는 순수 토스카나어를 평생 썼던 피에트로 벰보나, 나폴리인이면서 같은 일을 해냈던 산나차로의 행적은 아무나 따라갈 수 있는 것이 아니었다. 어쨌든 중요한 것은, 말에서든 문장에서든 언어를 소중히 다루어야 한다는 점이었다. 따라서 이때에는 언어순화회의 따위를 개최한[11] 국어순화론자들의 광신도 그다지 해롭지 않았다. 그들이 나쁜 영향을 미친 것은 그보다 훨씬 뒤의 일로, 이탈리아 문학에서 독창성이 쇠퇴하고 다른 악영향들을 받기 시작한 때였다. 결국 크루스카의 아카데미[12]마저 이탈리아어를 죽은 말로 치부하기에 이르렀다. 그러나 이 아카데미는 너무 무력한 나머지 18세기에 이탈리아어가 정신적으로 프랑스화하는 것조차 막지 못했다(5편 3장 주7 참조).

온갖 방식으로 유연성을 획득하고 사랑받으며 육성된 이 언어가 바로 회화라는 사교 전체의 기반을 이루었다. 북유럽에서 군주와 귀족들이 그 여가를 고독하게 보내거나 혹은 전투와 사냥과 술잔치 및 의식(儀式)으로 여가를 보내고, 시민들은 오락과 운동, 이따금 시작(詩作)이나 축제 따위로 소일할 때, 이탈리아에는 이런 것 말고도 중립적인 사교의 영역이 있었다. 신분에 상관없이 재능과 교양만 있으면 세련된 작법에 따라 진담이든 농담이든 솜씨 좋게 주고받을 수 있는 대화의 장이 있었던 것이다. 여기서 향응은 부차적인 것이었으므로,[13] 음식 욕심 때문에 교제하려고 애쓰는 사람들을 멀리하기는 어렵지 않았다. 대화편 작가들의 말을 그대로 받아들인다면, 고차원적인 인생 문제도

란디노)에서 이 문제를 유쾌하게 조롱했다.

11) 그런 회의의 하나가 1531년 말 볼로냐에서 벰보의 사회로 열렸다. Firenzuola, *Opera*, vol. Ⅱ, 부록에 있는 Claud. Tolomei의 서간 참조. (그러나 이 회의는 국어순화 문제보다는 롬바르디아인과 토스카나인 사이의 오랜 싸움을 위한 자리에 불과했다.)

12) 1583년, 피렌체에서 메디치가의 원조로 창립된 아카데미. 이 아카데미의 목적은 이탈리아 국어의 순화와 피렌체식 어법을 보존하는 데 있었다.

13) 1550년 무렵 루이지 코르나로는 《절도 있는 생활》 앞머리에서, 요사이 이탈리아에는 에스파냐식 예식과 사탕발림, 루터교와 식도락이 활개치는 반면, 자유롭고 가벼운 사교와 중용은 찾아볼 수 없게 됐다고 한탄했다.

교양인들의 대화거리였으며, 숭고한 사상의 창조도 북유럽에서처럼 고독한 한 창조자의 몫이 아니라 몇몇 사람의 공동작업이었을 것이다. 그러나 우리는 여기서 유희를 위해 존재했던 사교만을 살펴볼 생각이다.

4. 고급 사교 형식

사교는 적어도 16세기 초에는 무언의 약속이나 공인되고 규정된 합의에 기초한 것이었다. 이 약속과 합의는 목적과 품위에 맞는 태도를 지향했기 때문에 단순한 예절과는 상반된 것이었다. 지속적인 단체의 성격을 띠었던 서민층의 사교에는 규약과 형식적인 입회식이 있었다. 바사리가 말하는[1] 피렌체 예술가들의 광신적인 집회가 그러했는데, 이런 모임들 덕분에 그 무렵 가장 중요한 희극들이 상연될 수 있었다. 반면 일시적인 가벼운 사교모임에서는, 그들 중 가장 유명한 여성이 제안하는 규정을 기꺼이 받아들였다. 누구나가 보카치오의 《데카메론》이 어떻게 시작됐는지 잘 알고 있었고, 팜피네아가 모임을 이끌어 가는 것을 재미있어했다. 《데카메론》은 분명 허구이지만, 이 허구는 흔히 보는 현실을 바탕으로 한 이야기였다. 그로부터 약 200년 뒤에(1523년) 보카치오와 같은 형식으로 단편소설집의 도입부를 쓴 피렌추올라는 확실히 현실에 더 가까웠다. 그는 이제부터 시작하는 공동 전원생활의 일정을 모임의 여왕에게 공표하게 한다. 먼저 아침에는 언덕을 산책하면서 철학을 논한다. 이어서 음악과 노래를 들으며 아침 식사를 하고,[2] 그다음 시원한 방으로 자리를 옮겨 전날 저녁에 주어진 주제를 가지고 지은 칸초네를 읊는다. 저녁에는 샘으로 산책을 나가 그곳에 자리를 잡고는 저마다 단편을 하나씩 이야기한다. 끝으로 만찬을 즐기며 "우리 여자들이 듣기에 민망하지 않고, 당신네 남자들도 술의 도움을 받았다고는 생각되지 않는" 유쾌한 이야기를 나누며 하루를 마무리한다.

---

1) Vasari XII, p.9, 11, *Vita di Rustici*.—험담을 즐긴 몰락한 예술가 집단에 대해서는 XI, 216 이하. *Vita d'Aristotile* 참조.—오락 위주의 모임을 위해 지은 마키아벨리의 해학시(*opere minori*, p.407)는 반대로 뒤집힌 세계를 그려 이러한 사교회칙을 희화화했다.—벤베누토 첼리니(Benvenuto Cellini, I, cap. 30)가 로마예술가들의 저녁 집회를 묘사한 유명한 글에는 누구도 따를 자가 없다.

2) 식사 시간은 오전 10시에서 11시 무렵이었을 것이다. Bandello, parte II, *Nov.* 10 참조.

반델로는 그의 단편소설집 앞머리나 헌사에서 이런 개회사는 언급하지 않았다. 자신이 이야기를 들려주는 모임들이 이미 존재하는 사교모임이었기 때문이다. 그는 다른 방식으로 이 모임들이 얼마나 풍요롭고 다양하며 우아했는가를 암시한다. 그토록 부도덕한 이야기에 귀 기울이는 사람들이 모인 곳이라면 잃을 것도 얻을 것도 없는 모임이겠다고 생각하는 독자도 적지 않을 것이다. 그러나 그런 이야기를 들으면서도 외적인 형식을 벗어나지 않고 질서를 문란하게 하는 일 없이 신중한 토론과 협의를 할 정도라면 그 기초가 얼마나 탄탄했는지를 증명한다고 보아야 할 것이다. 그 시절에는 좀 더 고상한 사교에 대한 욕구가 무엇보다도 강했다. 그렇다고 해서 카스틸리오네가 우르비노의 귀도발도 궁정을 배경으로, 피에트로 벰보가 아솔로의 성을 배경 삼아 최고의 감정과 인생의 목적을 성찰한 모임처럼 이상적인 사교 단체를 잣대로 삼을 필요는 없다. 반델로가 그린 사교모임이야말로 그들이 허용했던 외설스러움까지 포함해서, 품위 있고 편안한 예법, 상류사회의 친절함, 참된 자유사상, 그리고 모임에 활기를 불어넣는 우아하고 기지 있는 아마추어 예술정신을 대표하는 최상의 기준인 것이다.

이런 사교가 얼마나 가치 있었는지 암시하는 중요한 사실은, 그들의 구심점이었던 여성들이 명예를 잃기는커녕 그 모임 덕분에 유명해져 존경을 받았다는 점이다. 반델로의 후원자 가운데 하나인 이사벨라 곤차가[3]가 그랬다. 그녀가 험담을 들었던 것은 그 궁정에 있던 방종한 여자들 때문이었지,[4] 결코 그녀 잘못 때문은 아니었다. 줄리아 곤차가 콜론나, 벤티볼리오와 결혼한 이폴리타 스포르차, 비앙카 랑고나, 체칠리아 갈레라니, 카밀라 스카람파 등도 전혀 비난받을 점이 없거나, 있더라도 사교상의 명성 때문에 다른 행실 따위는 문제가 되지 않았다. 특히 이탈리아에서 가장 유명한 부인 비토리아 콜론나(1490~1547)[5]는 거의 성녀 대접을 받았다.

---

3) 프란체스코 곤차가와 혼인한 이사벨라 데스테. 제1편 4장 중반 참조. 우르비노궁이 사라진 뒤 만토바궁보다 더 세련되고 자유로운 사교계는 없었다. 특히 예술 전문가였던 그녀가 엄선한 수집품 목록은 어떤 예술애호가라도 감동할 수준이었다.

4) Prato, *Arch. stor.* III, p.309.

5) 그녀는 카스틸리오네와 미켈란젤로의 친구였으며, 가톨릭교회의 개혁에 뜻을 같이해 많은 사람들의 존경을 받았다.

도시와 온천장과 별장
에서 열린 이들 모임의 자
유로운 교제에 대한 세부
적인 내용을 설명하여 다
른 유럽 나라들보다 이탈
리아의 사교모임이 뛰어
났음을 밝히기란 어려운
일이다. 그보다는 차라리
반델로의 말에 귀를 기
울이고,[6] 반델로 같은 사
람이 이런 사교를 이탈리
아에서 프랑스로 전파하
기 전에도 그곳에 그런 모
임이 이미 있었는지 여부
를 살펴보는 편이 나을 것
이다. 물론 그 시절 가장
위대한 정신적 성과는 그
런 살롱의 도움 없이, 그
런 살롱과 전혀 상관없이

체칠리아 갈레라니 르네상스 시기 스포르차 군주 루도비코 일 모로의 애첩. 시인이자 당시 절세 미인으로 상류 사교계를 풍미했다. 일명 〈흰 담비를 안은 여인〉. 레오나르도 다빈치 작(1483~1490). 폴란드 차르토리스키 미술관 소장.

완성되었다. 그러나 살롱이 다른 어느 나라에도 없었던 예술적 창조물에 대한
지적인 평가와 관심을 조성했다는 이유 하나만으로도, 미술이나 문학운동에
대한 살롱의 영향을 과소평가하는 것은 부당한 일이다. 그게 아니라도 이런
사교는 그 자체로 이탈리아 고유의 문화와 생활방식이 자연스레 피워낸 꽃이
었으며, 그 뒤 유럽 전역으로 퍼져갔다.

피렌체에서는 사교생활이 문학과 정치의 강한 제약을 받았다. 로렌초 마니
피코는 일반에게 알려진 바와 달리, 군주의 지위가 아니라 비범한 자질로 주
위를 완전히 지배했던 인물이다. 그는 자신을 둘러싼 다양한 사람들에게 자유

6) 비교적 중요한 대목은 Parte I, *Nov.* 1. 3. 21. 30. 44. II, 10. 34. 55. III, 17 etc.

로운 행동을 허용했다.[7] 로렌초가 자신의 위대한 가정교사인 폴리치아노를 얼마나 극진히 대우했던가. 또한 이 학자이자 시인인 폴리치아노의 왕 같은 태도는, 군주 가문이 될 준비를 하던 메디치 가문의 규정이나 예민한 부인을 배려하여 만들어진 규칙을 얼마나 아슬아슬하게 넘나들었던가. 그러나 대신 폴리치아노는 메디치가의 명성의 전달자였으며 살아 있는 상징이었다.

로렌초는 참으로 메디치가 사람답게 사교에서 얻은 즐거움을 스스로 찬양하고 예술적으로 묘사하면서 기뻐했다. 그의 훌륭한 즉흥시 〈매사냥〉에서는 동료들을 농담섞어 묘사하고, 〈술잔치〉에서는 그들을 아주 우스꽝스럽게 그려내지만, 그 모임이 진지한 사교모임이었음을 확실히 느끼게 해준다.[8] 로렌초와 친구들과의 교제에 대해서는, 그의 편지와 학문적·철학적 대화에 관한 보고에서 풍부한 정보를 얻을 수 있다. 그 뒤 피렌체에서 생긴 사교모임 가운데 일부는 정치 이론을 논하는 곳이었는데 여기서는 문학과 철학도 다루었다. 로렌초가 죽은 뒤 루첼라이 가문의 정원에서 열린[9] 플라톤 아카데미가 그런 모임 가운데 하나였다.

군주의 궁정에서 열리는 사교의 성격은 당연히 그 지배자의 인품에 따라 좌우되었다. 그러나 궁정 사교는 16세기 초 이래 그 수가 많지 않았고, 그것들도 그다지 힘을 쓰지 못했다. 로마에는 유일하게 교황 레오 10세의 궁정이 있었는데, 이곳은 세계 역사에서 유례를 찾아볼 수 없는 아주 특별한 사교계였다.

---

7) Lor. Magnif. de'Medici. *Poesie* I. 204(향연), 291(매사냥).—Roscoe, *Vita di Lorenzo*, III, p.140 및 부록 17~19.

8) 사실 〈술잔치〉보다는 〈포도를 따고 돌아오는 길〉이 제목으로 더 알맞을 것이다. 로렌초는 단테의 〈지옥편〉을 패러디하는 아주 재미난 형식으로, 술에 취해 시골에서 돌아오는 자기 친구들을 파엔차 거리에서 차례차례 만나는 광경을 묘사했다. 그중에서도 가장 익살스러운 장면은 피오바노 아를로토가 나오는 8장이다. 그는 자신의 잃어버린 갈증을 찾아 말린 고기, 청어 한 마리, 치즈 한 덩이, 소시지 하나, 정어리 네 마리를 몸에 매달고 길을 나섰는데, "그것들은 모두 땀으로 요리되고 있었다."

9) 16세기 초, 이 사교 모임의 중심인물이었던 코시모 루첼라이에 대해서는 Macchiavelli, *Arte della guerra*. L. I 참조.

5. 완전한 사교인

카스틸리오네가 묘사한 '궁정인'은 궁을 위해 학업에 힘쓰지만 사실 그들은 스스로를 위해 자신을 갈고닦았다. 그들의 목적은, 르네상스 문화가 반드시 필요한 최고의 정수로 여겼던 이상적인 사교인이었다. 궁정인이 궁을 위해 존재했다기보다는 궁이 궁정인을 위해 존재했던 것이다. 사실 그런 인물은 어느 궁정에도 있을 필요가 없었다. 그 스스로가 완전한 군주의 재능과 자세를 갖추고 있으며, 외적으로나 정신적으로 풍기는 냉정하고 감정에 휘둘리지 않는 침착한 노련미는 독립적인 품격을 전제로 하기 때문이다. 카스틸리오네는 딱 집어 말하지 않았으나, 궁정인을 움직이는 내면적인 원동력은 군주에 대한 봉사가 아니라 자기완성이다. 예를 하나 들면 이 점이 명백해질 것이다. 전쟁 중에도 궁정인은 아무리 유익하고 위험과 희생이 따르는 임무라도, 그것이 가축 약탈처럼 보잘것없고 품위 없는 일이라면 수행하지 않는다.[1] 그를 전쟁터로 이끄는 것은 의무가 아니라 '명예심'이었다. 《궁정인》 4권에서 요구하듯이, 군주에 대한 도덕적 자세는 아주 자유롭고 자주적인 것이었다.

3권에 있는 고귀한 연애론은 미묘한 심리학적 관찰로 가득한데, 대부분은 일반적인 인간 본성에 관한 내용이다. 또 4권에서 관념적인 사랑을 장엄하게 찬미하고 서정적인 감정의 숭고함을 나타내는 부분은 이 책의 주제와는 전혀 관계가 없다. 그러나 여기서도 벰보의 《아솔라니》처럼 감정을 묘사하고 분석하는 방식을 통해 당시의 드높은 문화 수준을 가늠할 수 있다. 물론 카스틸리오네나 벰보가 하는 말을 무조건 그대로 받아들여서는 안 된다. 그러나 상류 사교계에서 이런 논의가 있었다는 점은 틀림없는 사실이며, 이 옷 아래 감추어진 것도 단순한 가식이 아니라 진정한 정열임을 차차 보게 될 것이다.

---

1) *Il Cortigiano*, L. II, fol. 53.—이 책 5편 1장, 3장 참조.

궁정인이 외적으로 갖추어야 할 소양 가운데 으뜸은 이른바 완벽하게 다듬어진 기사로서의 기량이다. 아울러 그 시절 이탈리아에서만 볼 수 있었던 고도로 조직화되고 개인적인 경쟁의식을 바탕으로 한 궁정에서만 기대할 수 있는 다른 많은 소양이 있었다. 이 소양들은 개인완성이라는 보편적이고 추상적인 관념에서 비롯된 것이었다. 궁정인은 모든 고상한 유희와 도약·경주·수영·격투기에 능해야 했다. 그중에서도 춤의 명수여야 하고, 당연히 품위 있는 기사여야만 한다. 아울러 수개 국어를 구사할 줄 알고 최소한 이탈리아어와 라틴어에 능해야 하며, 문학에 정통하고, 조형예술에 관한 안목도 있어야 한다. 음악에서는 어느 정도 연주 실력을 갖추어야 하지만 되도록이면 그 능력을 숨겨야 한다. 물론 무술을 빼고는 어느 것에도 지나치게 진지할 필요는 없었다. 온갖 재능이 서로 어우러져야 그 속에서 어느 한쪽으로 치우치지 않는 절대적 인간이 태어나는 것이다.

16세기 모든 고상한 체육과 고급 사교 예절에서, 이탈리아인은 이론이든 실기든 교사로서 온 유럽 국민을 가르쳤다. 승마·펜싱·무용에 관한 그들의 수업과 삽화책은 타국인들의 길잡이가 되었다. 체조는 군사훈련이나 단순한 유희와도 다른 것으로서 비토리노 다 펠트레[2]가 처음으로 가르친 뒤 고등교육에서 빼놓을 수 없는 과목이 되었다.[3]

여기서 중요한 사실은 체조가 전문적 수준에서 교육됐다는 점이다. 어떤 것을 연습했는지, 오늘날의 체조와 비슷한 동작이 그때에도 있었는지는 알 수 없다. 그러나 힘과 능숙함뿐만 아니라 우아함도 체조의 목표였다는 점은 이탈리아 국민의 일반적인 특성에서 이끌어내지 않아도 확실한 기록을 통해 알 수

---

2) 곤차가궁의 교사로, 군주 자제와 귀족들은 물론이고 가난한 학생들도 무료로 가르쳤던 인물. 그의 학교에서는 전교생에게 체조와 기품 있는 체육교육을 실시했다. 3편 4장 참조.

3) Coelius Calcagninus(*Opera,* p.514)는 Antonio Costabili에 대한 추모사에서, 1506년 무렵의 어느 신분 높은 이탈리아 젊은이의 교육을 다음과 같이 묘사한다. "먼저 일반학예와 신분에 걸맞은 학식을 갖춘 뒤, 청소년기에 군인으로서 심신을 단련하기 위한 여러 가지 훈련을 한다. 격투·달리기·수영·승마·사냥·새잡기 그리고 연습용 기둥이나 검술 선생을 상대로 찌르기와 막기를 연습하고, 상대를 치고 찔러 쓰러뜨리기, 창던지기를 하고, 겨울이나 여름에도 갑옷을 입은 채 지내며, 창 들고 돌진하는 등 진정한 공동의 군신 마르스를 닮으려고 노력한다." Cardanus(*de propria vita,* c. 7)는 체조 연습의 하나로 목마 뛰어넘기도 들었다.—Rabelais, *Gargantua,* Ⅰ, 23, 24 : 교육 전반. 35 : 체조 고사의 기술 참조.

있다. 우르비노의 대(大) 페데리고가 자신이 맡은 젊은이들의 저녁 수업을 어떻게 지도했는지 떠올려보면 될 것이다.[4]

이탈리아 민중이 즐긴 운동경기도 다른 유럽 여러 나라에 보급된 것과 본질적으로 같았다. 해안 도시들에서는 여기에 조정(漕艇) 경기가 추가되었으며, 베네치아의 보트 경주는 일찍부터 유명했다.[5] 이탈리아의 전통적인 경기는 예나 지금이나 공으로 하는 것인데, 이 구기 종목은 르네상스 시대에 이미 유럽 어느 나라보다도 활발하게 이루어졌던 듯하다. 그러나 이 추측을 증명할 증거를 얻기란 거의 불가능할 것이다.

음악[6]에 대해서도 한마디 해야겠다. 작곡은 1500년 무렵까지 주로 플랑드르파[7] 수중에 있었다. 이 파의 작품은 매우 독창성이 있고 솜씨가 절묘해 찬양

---

4) 1편 4장 참조. 그는 저녁이면 전망 좋은 초원에서 신체를 단련하는 젊은이들을 직접 지도했고, 그들이 몸동작 배우는 것을 주의 깊게 관찰했다.

5) Sansovino, *Venezia*, fol. 172 이하. 보트 경기는 석궁 연습을 하는 해안까지 배를 타고 나가면서 생겨났다고 한다. 성 바오로제의 공개적인 보트 경기는 1315년 이래 법규로 정해졌다. 도로가 포장되고 판판한 나무다리가 활 모양의 높은 돌다리로 변하기 전에는 베네치아에서도 승마가 크게 이루어졌다. 페트라르카(*Epist. Seniles*, IV, 2, p.782) 또한 산 마르코 광장의 화려한 마상창시합을 묘사했다. 총독 스테파노는 1400년 무렵 이탈리아 어느 군주에게도 뒤지지 않는 훌륭한 말들을 가지고 있었다. 그러나 산 마르코 광장 주변에서의 승마는 이미 1291년 이래 법규로 금지되었고, 그 뒤로 베네치아인들의 승마 솜씨는 자연히 보잘것없어졌다. Ariosto, Sat. V, vs. 208 참조.

6) 단테와 음악의 관계 및 페트라르카와 보카치오의 시에 붙여진 선율은 Trucchi, *Poesie ital. inedite* II, p.139 참조.—세기의 음악이론가는 Graev. *Theaur.* VI, III, Col. 297에 수록된 Filippo villani, vite, p.46 및 Scardeonius, *de urb. Patave. antiq.* 참조.—우르비노의 페데리고 궁정에서의 음악은 Vespasiano Fior., p.122에 자세히 기술되어 있다.—에르콜레 1세 궁정의 소년합창대(페데리코가 자기 집에서 교육하고 노래도 가르친 6세부터 8세까지의 어린이 10명)에 대해서는 Murat. XXIV, Col. 358에 수록된 *Diario Ferrarese* 참조.—이탈리아 이외의 나라에서는 신분 높은 사람들이 악기를 연주하는 일이 허용되지 않았다. 젊은 카를 5세의 플랑드르 궁정에서는 이 일로 심각한 논쟁이 일어났다. Hubert. Leod. *de vita Frid. II. Palat.*, L. III 참조.—음악에 대한 또 하나의 주목할 만한 기록은 뜻밖에도 *Maccaroneide, Phant.* XX에서 찾을 수 있다. 여기에는 4부합창이 해학적으로 묘사되어 있다. 이 책을 보면, 프랑스와 에스파냐의 노래도 불렸으며, 1520년 무렵에 이미 음악을 적대시하는 부류가 있었고, 교황 레오 10세의 합창대와 작곡가 조스캥 데 프레(Josquin des Pres)의 초기 작품이 최고 인기를 누렸음을 알 수 있다. 데 프레의 주요 작품도 열거되어 있다. 이 글을 쓴 폴렝고는 리메르노 피토코라는 필명으로 쓴 그의 다른 작품 《오를란디노》에서 근대적인 음악열을 발산했다.

7) 대략 1425년에서 1600년까지의 플랑드르 출신 작곡가들. 대위법적인 다성음악을 발전시켰다.

받았다. 그러나 이와 더불어 오늘날 우리의 음악적 감각에 틀림없이 더 가까운 이탈리아 음악도 있었다. 반세기 뒤에는 팔레스트리나[8]가 등장하는데, 그 강렬한 힘은 아직도 모든 사람들의 마음을 압도한다. 그가 위대한 혁신자였다는 것은 우리도 익히 들어 안다. 그러나 근대 음악으로 결정적인 한 걸음을 내디딘 인물이 그였는지 아니면 다른 이였는지는 이 문외한이 정확히 가려낼 수 없다. 따라서 작곡의 역사는 덮어두고, 그 시대 사회에서 음악이 어떤 위치를 차지했는지만 더듬어 보기로 한다.

르네상스와 이탈리아 음악의 가장 큰 특징은 오케스트라의 전문화, 새로운 악기 즉 새로운 음색 탐구, 그리고 이와 밀접하게 관련된 '거장'의 출현—다시 말해 특정 악기에 자신을 바친 개인의 등장—이었다.

완전한 화음을 표현할 수 있는 악기로 오르간뿐만 아니라 여기에 대응하는 현악기인 그라비쳄발로 또는 클라비쳄발로(쳄발로 또는 하프시코드라고도 함)도 일찍이 보급되어 발전해 왔다. 14세기 초에 만들어진 그러한 악기 가운데 몇 개는 당대 최고의 화가가 그림을 그려 넣었기 때문에 오늘날까지도 잘 보존되고 있다. 그 밖의 악기에서는 바이올린이 으뜸이었으며, 이미 위대하고 개성적인 유명 바이올리니스트들이 배출되었다. 교황 레오 10세는 추기경이었을 때부터 그의 저택에 가수와 연주자를 넘치도록 두었으며, 그 자신도 음악가요 연주자로서 명성이 높았다. 그의 치세 때 가장 유명했던 음악가는 유대인 조반 마리아와 야코포 산세콘도였다. 조반 마리아는 레오에게서 백작 칭호와 소도시 하나를 받았다.[9] 야코포 산세콘도는 라파엘로의 〈파르나소스〉에 나오는 아폴로의 모델이라고 한다. 16세기에는 음악의 각 부문에서 대가들이 나타난다. 로마 초(1580년 무렵)는 노래·오르간·류트·칠현금·비올라 다 감바(첼로와 비슷한 모양인데 그보다 좀 더 편편한 악기)·하프·치터(거문고와 비슷한 고대 그리스 기원의 악기)·호른 그리고 트럼펫으로 이름을 떨친 거장들을 세 명씩 들면서, 그 명인들의 초

8) Giovanni Pierluigi da Palestrina(1525~94). 로마 가톨릭 교회음악의 최고 작곡가. 100곡 이상의 미사곡과 300곡이 넘는 모테트를 남겼다. 예배와 음악을 절묘하게 조화시켰다.

9) Roscoe, ed. Bossi, VII, p.171에 수록된 *Leonis vita anonyma*. 이 조반 마리아가 시아라 화랑의 바이올린 연주자였을까?—《오를란디노》에 조반 마리아 다 코르네토라는 인물을 찬양하는 대목이 있다(이 책 1편 4장, 4편 4장 참조).

〈가나의 혼례〉 부분   종교화로서 16세기 풍속을 표현한 파올로 베로네세 작(1562~1563). 베로네세는 당시 베네치아 회화계에서 제일인자였다.

상이 악기에 그려지기를 바랐다.[10] 그 무렵에는 거의 같은 악기가 어느 나라에서나 쓰였을 텐데, 이탈리아 밖에서는 이렇게 여러 면에 걸쳐 비교하고 판단할

10) Lomazzo, *Trattato dell, arte della Pittura*, etc., p.347.–칠현금 부문에는 레오나르도 다빈치와 페라라의 알폰소(공작?) 이름이 나와 있다. 저자는 이 세기의 유명인을 모두 망라했으며, 그 가운데는 유대인도 여러 명 있다.–16세기의 유명한 음악가를 초기와 후기 세대로 나누어 가장 많이 거명한 것은 라블레 제5권에 있는 '신서문(新序文)'이다.–피렌체 음악계의 거장으로 맹인인 프란체스코(1390년 사망)는 일찍이 베네치아에서 그곳에 온 키프로스 왕이 주는 월계관을 받았다.

생각을 못했던 듯하다.

악기의 종류가 많았던 까닭은, 그것들이 호기심으로 수집할 만큼 가치가 있었기 때문이다. 유난히 음악을 사랑한 도시 베네치아[11]에는 악기를 수집하는 곳이 여러 군데 있었는데, 어쩌다 거기서 몇몇 거장들끼리 우연히 마주치기라도 하면 곧바로 즉석 연주회가 열렸다. (어떤 박물관에 가면 고대의 그림이나 설명을 바탕으로 만들어진 악기도 많이 볼 수 있었다. 다만 그것을 연주할 줄 아는 사람이 있었는지, 또 그런 악기가 어떤 음을 냈는지는 전해지지 않는다.) 악기 중에는 아름답게 장식한 것들도 있어서 종류별로 진열해 놓으면 썩 보기가 좋았다. 그래서 골동품이나 미술품을 모아놓은 곳에 전시품으로 나오는 일이 종종 있었다.

유명한 연주가 말고도 음악애호가나 혹은 그들이 '아카데미'처럼 결성한 관현악단도 연주 활동을 했다.[12] 조형예술가 가운데에도 음악에 정통해 거장의 경지까지 오른 인물이 많았다. 신분이 높은 사람들은 관악기를 불지 않는 것이 관례였는데, 옛날 알키비아데스와 팔라스 아테나가 거기서 손을 뗀 것과 같은 이유에서였다(피리 부는 얼굴이 보기 흉하기 때문. 플루타르코스 《영웅전》 '알키비아데스' 2 참조).[13] 상류 사교계에서는 무반주나 바이올린 반주의 독창을 좋아했다. 현악4중주[14]와 악곡의 폭이 넓다는 이유로 클라비쳄발로도 인기가 있었다. 그러나 노래에서는 "단성이 훨씬 잘 들리고 흥미로우며 평가내리기 쉽다"는 이유로 다성 합창이 인기가 없었다. 다시 말해 노래는 전통적인 겸손의 미덕에도 불구하고[15] 개인이 솜씨를 자랑할 수 있는 기회이므로, 한 사람 한 사람 따로따로 노래하는 것을 듣고 보아야 좋다는 것이다. 또한 노래를 듣는 여성들의

---

11) Sansovino, *Venezia*, fol. 138. 애호가들은 당연히 악보도 수집했다.
12) Vasari XI, 133의 《산미켈레전》에 이미 베로나의 '음악 애호가 아카데미'가 언급되어 있다.— 1480년에는 로렌초 마니피코를 중심으로 15명으로 구성된 '음악원'이 결성되었으며, 그 가운데에는 유명한 오르간 연주자인 스카르차루피도 있었다. Delécluze, *Florence et ses vicissitudes*, vol. II, p.256 참조. 교황 레오 10세의 음악에 대한 열정은 아버지 로렌초에게서 물려받은 것 같다. 로렌초의 맏아들 피에트로도 음악에 조예가 무척 깊었다.
13) *Il Cortigiano*, fol. 56 ; fol. 41 참조.
14) '활을 쓰는 네 개의 비올라(Quattro viole da arco),' 확실히 그 시절 이탈리아가 아닌 다른 나라에서는 거의 볼 수 없었던 애호가들의 수준 높은 교양을 나타낸다.
15) 5장 참조—"음악에서는 어느 정도 연주 실력을 갖추어야 하지만 되도록이면 그 능력을 숨겨야 한다."

마음에 더할 나위 없이 감미로운 감정을 불러일으키는 것이 필수조건이었으므로, 아무리 훌륭한 연주자나 성악가도 나이가 있는 사람은 딱 잘라 거절했다. 요컨대 음악가가 내는 소리와 모습이 어우러져 풍기는 인상이 중요했던 것이다. 이 상류사회에서는 작곡을 독립된 예술로 분류하지 않았지만, 노랫말로 가수의 우여곡절 많은 운명을 묘사한 작품은 있었다.[16]

이탈리아에서는 상류층뿐만 아니라 중류층에도 이런 음악 애호심이 다른 유럽 나라에 비해 널리 퍼져 있었고 진정한 예술에도 한층 가까이 다가서 있었다. 사교모임을 묘사할 때는 언제나 노래와 현악도 힘주어 언급했다. 수많은 초상화에는 다 함께 음악을 연주하는 사람들이나 류트 같은 악기를 든 남녀가 그려졌다. 교회 그림에까지 천사들의 합주 장면이 나오는 것을 보면 화가들이 음악을 연주하는 생동감 있는 모습에 얼마나 친숙했는가를 알 수 있다. 파도바의 류트 연주자 안토니오 로타(1549년 사망)는 류트 교습으로 부자가 되었고 류트 교본까지 출간했다.[17]

오페라가 음악 천재들을 끌어들여 독점하기 전인 이 시대의 음악 활동은 무척이나 다양하고 지적이며 독창적이었을 것이다. 그러나 오늘날 우리가 그것을 듣고 어디까지 공감할 수 있을지는 또 다른 문제이다.

---

16) Bandello, Parte I, *Nov.* 26. 이폴리타 벤티볼리오의 집에서 안토니오 볼로냐가 부른 노래(6편 1장에서 그 사연이 나온다. 의사인 안토니오 볼로냐는 한 공작의 미망인과 내연관계를 맺고 그녀의 오빠들에게 생명을 위협받는다. 그녀와 아이들이 이미 그들 손에 죽었다는 사실도 모른 채 그는 류트에 맞춰 자신의 신세를 한탄하다가 얼마 뒤 살해당한다). III, 26 참조. 오늘날과 같이 고상한 척하는 시대에는 가장 신성한 감정을 모독했다고 비난받을 일이다.—(브리탄니쿠스의 마지막 노래 참조. Tacit. *Annal.* XII I, 15)—류트나 비올라에 맞춘 낭송은, 여러 문헌으로 볼 때 정식 노래와 구별하기가 쉽지 않다.

17) Scardeonius, a. a. O.

6. 여성의 지위

끝으로, 르네상스의 고급 사교를 이해하기 위해서는 여성과 남성이 대등했다는 사실을 알아야 한다. 대화 작가들은 끊임없이, 때로는 악의를 담아 여성의 열등함을 억지스럽게 주장하지만 여기에 현혹돼서는 안 된다. 또한 여성은 겉모습만 성장한 위험스러운 어린아이와 같으므로 남성은 일정한 거리를 두고 여성을 잘 다스릴 줄 알아야 한다는 아리오스토의 세 번째 풍자시[1] 같은 것에 미혹되어서도 안 된다. 아리오스토의 생각은 어떤 면에서는 진실이다. 교육받은 여성은 남성과 대등했던 까닭에, 오히려 정신과 영혼의 교류나 상호보완이라고 불리는 것이 뒷날 북유럽의 세련된 사회에서처럼 꽃을 피우지 못했기 때문이다.

상류계급 여성은 남성과 본질적으로 같은 교육을 받았다. 르네상스 시대 이탈리아에서는 문학과 고전학 수업을 딸과 아들에게 똑같이 받게 하는 것이 보통이었다(3편 5장 참조). 그들은 고대 문화를 인생의 주요한 재산으로 보았기 때문에 딸에게도 이를 기꺼이 베풀었던 것이다. 군주 가문의 여성들이 라틴어로 말하고 쓰는 일에 얼마나 능숙했는지는 앞에서 이미 살펴보았다.[2] 다른 여자들도 주로 고전적인 주제로 채워지는 대화를 이해하려면 적어도 남자들이 읽는 책과 같은 것을 읽어야 했다. 나아가 그녀들은 칸초네와 소네트를 비롯해 즉흥시도 창작해 이탈리아 시단에 활발히 참여했다. 이로써 베네치아인 카산드라 페델레(15세기 말) 이래 많은 여성이 유명세를 떨쳤다.[3] 비토리아 콜론나

---

1) Annibale Maleguccio에게 보낸 것. 보통 다섯 번째 또는 여섯 번째 시라고도 한다.
2) 3편 6장 참조. 이폴리타 스포르차는 만토바회의 석상에서 화려한 라틴어 연설로 교황 피우스 2세에게 인사했다. 마돈나 바티스타 몬테펠트로는 지기스문트왕과 교황 마르티누스 앞에서 라틴어로 식사(式辭)를 담당했다.
3) 반면 조형예술 분야에서 활동한 여성은 극히 드물었다.

는 불후의 명성을 얻었다고도 할 수 있다. 위의 주장을 뒷받침하는 증거물로 는 완전히 남성적인 격조를 지닌 이 여성들의 시를 들 수 있다. 사랑의 소네트 나 종교적인 시도 그 표현이 매우 결단력 있고 정확하며, 일반적인 여성의 시 에서 보이는 섬약하고 몽롱한 감성이나 아마추어리즘과는 거리가 멀다. 따라 서 이름이나 외부 증거만 없다면 그 시들은 남성의 작품이라고 보아도 될 정도 이다.

상류층 여성들은 교육 수준이 높아지면서 남자들과 마찬가지로 개성이 발 전해 갔다. 반면 다른 나라에서는 심지어 군주 가문의 여성들조차 종교개혁 전까지는 개성을 별로 드러내지 못했다. 바이에른의 이사보[4]나 앙주의 마르그 리트,[5] 카스티야의 이사벨라[6] 같은 특이한 인물들은 아주 예외적인 상황에서 어쩔 수 없이 그렇게 된 여성들이었다. 이탈리아에서는 15세기 내내 지배자의 부인들, 특히 용병대장의 부인들이 거의 대부분 눈에 띄는 외모를 자랑했고, 저마다 평판이나 명성을 얻었다(2편 1장 주4 참조). 이어서 여러 부류의 유명한 부 인들이(2편 3장 참조) 차츰 등장했고, 그 가운데는 소질, 미모, 교양, 예절, 경건함 이 완벽하게 어우러진 여성들도 있었다.[7] 여권은 그 자체가 당연한 것이었기에 굳이 의식적으로 '해방'을 부르짖을 일도 없었다. 지체 높은 여성은 자연히 남 성 못지않게 모든 점에서 특징 있고 완전한 개성을 이룩하기 위해 노력해야 했 다. 남자를 완성해 주는 지성과 감성이 여자의 완성에도 필요하다고 여겨졌다. 하지만 사람들은 여성에게 적극적인 문학 활동을 요구하지는 않았다. 여성이 시인일 경우에는 힘찬 영혼의 울림을 들려주길 기대했을 뿐, 일기나 단편소설

---

4) 1370~1435. 바이에른 공 스테판 2세의 딸이며, 프랑스 왕 샤를 6세의 비. 정신 발작을 일으키 는 남편 대신 세력을 잡고 영국 편을 들어 프랑스를 배반한다.

5) Margaret d'Anjou(1430~82). 시칠리아 왕 레나트의 딸이며, 영국 왕 헨리 6세의 비. 장미전쟁 때 에 용맹을 떨쳐 유명해졌다.

6) Isabella Catolica(1451~1504). 카스티야의 여왕. 아라곤 왕 페르난도 2세와 결혼하여 함께 에스 파냐를 통일한다. 정치적 재능이 있었으며 신실한 가톨릭 교도였다. 콜럼버스의 계획을 지원 한 것으로 유명하다.

7) Vespasiano Fiorentino(Mai, *Spicileg. rom.* XI, p.593 이하)에 수록된 Alessandra de' Bardi의 전기는 이 런 뜻으로 풀이해야 한다. 참고로, 이 저자는 대단한 '과거 찬미자'이다. 우리는 그가 좋았던 옛날이라고 부르는 시대보다 약 100년 전에 이미 보카치오가 《데카메론》을 썼다는 사실을 기억해야 한다.

형식의 비밀스러운 이야기는 바라지 않았다. 이런 여성들은 일반 독자를 대상으로 글을 쓰지 않았다. 그녀들의 목표는, 힘있는 남성들에게 감명을 주어[8] 그들의 독선에 제동을 거는 것이었다.

그 시절 위대한 이탈리아 여성에게 바치는 최고의 찬사는 남성의 정신, 남성의 기상을 지녔다는 것이었다. 보이아르도와 아리오스토의 영웅시에 등장하는 여성들 대부분의 모습이 완전히 남성적이었다는 점만 보아도 이것이 그때의 이상이었음을 알 수 있다. 오늘날에는 이중적인 뜻을 지닌 '여장부(virago)'라는 호칭이 당시에는 순수한 칭찬이었다. 이런 눈부신 찬사를 받은 여성은 지롤라모 리아리오(1488 사망. 포를리와 이몰라의 영주)의 아내로, 나중에 미망인이 된 카테리나 스포르차였다. 그녀는 남편의 영지인 포를리시를, 처음에는 남편 살해자 일당에 대항해, 나중에는 체사레 보르자에게 맞서서 전력을 다해 지켰다. 끝내 패하기는 했지만, 그래도 그녀는 국민의 찬탄과 '이탈리아 제일의 여자(prima donna d'Italia)'[9]라는 명성을 얻었다. 여걸의 면모를 발휘할 기회가 없었다 하더라도 이런 영웅적인 기질은 르네상스의 많은 여성에게서 찾아볼 수 있다. 그 가운데 가장 눈에 띄는 인물이 이사벨라 곤차가(1편 4장 참조)이다.

이런 부류의 여성들은 사교모임에서 반델로의 단편소설 같은 것을 이야기하게 했지만, 그 때문에 모임의 분위기가 흐려지지는 않았다. 그 시대 사교의 지배적인 정신은 오늘날의 여성다움, 곧 상대의 마음을 헤아려 남모르게 배려하는 태도와 신비로운 감수성에 대한 존경이 아니라 정력, 미의식, 위험하고 파란에 찬 지금 사회에 대한 인식이었다. 따라서 정연하고 세련된 사교 형식과 아울러 오늘날에는 몰염치로 통하는 것이 한 자리를 차지하고 있었다.[10]

---

8) Ant. Galateo, *Epist.* 3. 뒷날 폴란드의 지기스문트의 아내가 된 젊은 보나 스포르차에게 보낸 편지. "당신은 남자들을 지배하기 위해 태어났으므로 그들에 관해 마땅한 지식을 갖추도록 하십시오. ……현명한 남자들의 마음에 들도록 하고, 신중하고 진중한 남자들에게 칭찬받도록 하고, 속되고 하찮은 여자들의 욕구나 판단은 경멸하는 것이 좋습니다." 이 밖에도 주목할 만한 편지가 있다(Mai, *Spicileg. rom.* Ⅷ, p.532).

9) Murat, XIV, Col. 128 이하에 수록된 그녀의 주요 기록인 *Chron. venetum* 에서 그렇게 불리고 있다. Eccard, *scriptt.* Ⅱ, Col. 1981에 수록된 Infessura 및 *Arch. stor.* Append. Ⅱ, p.250 참조.

10) 때로는 정말 몰염치했다.—그런 이야기를 들을 때 여성이 어떤 태도를 취해야 하는지는 《궁

그러나 오늘날에는 이 몰염치를 바로잡거나 균형 잡아줄 중심, 즉 그 시절 이탈리아 사교계를 주름잡았던 여성들의 당당한 풍격을 기대하기 어렵다.

많은 논문과 대화편을 보아도 이를 뒷받침할 만한 결정적인 증거는 없다. 그러나 여성들의 지위나 능력이나 연애에 대해서는 자유롭게 논의되었다.

이 사교계에 결핍된 것은 꽃다운 젊은 처녀들이었다.[11] 수도원에서 교육받지 않은 처녀라도 사교계에선 외면당했다. 처녀들이 없어서 한층 자유롭게 이야기할 수 있었는지, 아니면 이야기가 너

카테리나 스포르차(1463~1509)
죽은 남편의 영지인 포를리를 지켜내기 위해 전력을 다해 적과 싸운다. 끝내 패하기는 했지만 국민들로부터 여걸이라는 찬탄과 명성을 얻는다. 로렌초 디크레디 작. 포를리 시립미술관 소장.

무 개방적이었기 때문에 처녀들이 참여하지 못했는지는 쉽게 판단할 수 없다.

창부와의 교제도 고대 아테네인과 유녀의 관계를 생각나게 할 만큼 눈에

정인》 3권 17장에 나온다. 그리고 이런 모임에 참여하는 여성들이 스스로 처신하는 방식을 알고 있어야 했다는 내용은 《궁정인》 2권 69장에 나온다.—궁정인과 대응하는 궁녀(Donna di Palazzo)에 대해 전해지는 이야기는 그다지 중요하지 않다. 궁정인이 군주의 종인 이상으로 궁녀는 군주 부인의 종이기 때문이다.—Bandello, I, *Nov.* 44에서 비앙카 데스테는 자기 할아버지인 페라라의 니콜로와 파리지나가 나눈 오싹한 연애담을 이야기한다.
11) Bandello Ⅱ, *Nov.* 42, Ⅳ, *Nov.* 27. 이탈리아인 여행자는 영국과 네덜란드에서 사람들이 젊은 여성들과 자유롭게 교제하는 것을 보고 무척이나 감탄했다.

띄게 활기를 띠었다. 유명한 로마의 창부 임페리아는 지성과 교양을 갖춘 여자로, 도메니코 캄파나라는 사람에게서 소네트 작법을 배웠으며 음악적 소양도 있었다.[12] 에스파냐계 미인 이사벨라 데 루나는 재미있기로 유명했을 뿐 아니라, 지독하게 상스러운 독설과 선량함이 야릇한 조화를 이룬 여자였다.[13] 반델로는 밀라노에서 카테리나 디 산 첼소란 여자와 사귀었는데,[14] 그녀는 악기 연주와 노래와 시 낭송 솜씨가 탁월했다.

이 모든 점에서 분명한 사실은, 이런 여성들을 찾아가거나 때로 그녀와 잠깐 살기도 했던 재능 있는 명사들은 그녀들에게도 어느 수준의 지성을 요구했으며, 유명 창부들은 최고의 대우를 받았다는 것이다. 관계가 끊어진 뒤에도 그들은 지난날의 정열이 아주 인상적이었던 만큼, 그녀들에게도 좋은 기억으로 남고자 했다.[15] 그러나 일반적으로 이런 사귐은 공식적인 사교와 비교할 때 언급할 만한 것이 못 되며, 이런 교제가 시와 문학에 남긴 흔적도 대부분 난잡한 내용들뿐이다. 1490년—매독이 나타나기 전에 로마에서 이런 업종에 종사하는 여성 수는 6800명으로 집계됐는데[16] 그 가운데 뛰어난 재능과 지성으로 이름을 알린 사람이 하나도 없다는 점은 꽤 놀라운 일이다. 앞서 언급한 여성들은 이 바로 뒤의 시대에 겨우 등장한 이들이었다. 창부들의 생활양식과 도덕과 철학, 특히 향락과 탐욕과 타오르는 정열의 눈부신 변천, 그리고 몇몇 나이든 창부들이 드러낸 부실과 악덕을 가장 잘 묘사한 인물은 지랄디로, 그의 《백 가지 이야기 Hecatommithi》 서문을 이루는 단편소설에 잘 나타나 있다. 반면 피에트로 아레티노는 《대화》에서 그 불행한 계층의 실상을 그리기보다 자기 내면 묘사에 치중하고 있다.

---

12) Paul. Jov. *de rom. piscibus*, cap. 5–Bandello, parte III, *Nov.* 42.–아레티노는 *Ragionamento del Zoppino*, p.327에서 한 창부에 대해 이렇게 말한다. "그녀는 페트라르카와 보카치오의 작품 전부와 베르길리우스, 호라티우스, 오비디우스 및 다른 여러 작가의 아름다운 라틴어 시를 수없이 알고 있다."

13) Bandello II, 51. IV, 16.

14) Bandello IV, 8.

15) 이와 관련한 아주 독특한 사례는 Giraldi, *Hecatommithi*, VI, *Nov.* 7 참조.

16) Eccard, *scriptores*, II, Col. 1997에 수록된 Infessura.이것은 창부들 수이며, 첩은 계산되지 않았다. 당시 로마의 추정 인구로 볼 때 그 수가 상당히 많은데, 어쩌면 잘못 표기된 것일 수도 있다.

앞서(1편 4장 참조) 군주 정치를 이야기할 때 말했듯이, 군주의 첩들은 시인과 예술가들에게 좋은 이야깃거리였으므로 당대 및 후세에도 널리 알려졌다. 반면 앨리스 페리스(영국 에드워드 3세의 애인, 1400년 사망)와 클라라 데틴(프리드리히 전승왕(戰勝王)의 애인)은 겨우 이름만이 남았으며, 아그네스 소렐(프랑스 왕 샤를 7세의 애인)에 대해서는 진실보다는 허구의 연애담이 전해져 내려올 따름이다.

플로라 베네치아의 고급 창부로 추정되는 여성의 초상. 팔마 일 베키오(1522~24). 런던 내셔널 갤러리 소장.

그러나 르네상스 시대 프랑스 왕, 프랑수아 1세(재위 1515~47)나 앙리 2세(재위 1547~59) 같은 사람의 애첩은 이와 사정이 전혀 달랐다.

7. 가정

사교에 이어 르네상스 때의 가정도 살펴볼 가치가 있다. 그 시절 이탈리아 사회가 도덕적으로 문란했으므로 사람들은 그들의 가정생활 또한 손쓸 도리가 없는 것으로 보려는 경향이 있다. 그러나 이 문제는 다음 장에서 다루기로 하고, 여기서는 부부 사이의 부정이 한계를 넘지만 않으면 북유럽에서처럼 그렇게 가정에 파괴적으로 작용하지 않았다는 점만 지적해도 충분할 듯싶다.

중세 유럽의 가정생활은 일반적인 민간 풍습의 산물이었다. 다시 말하자면, 민족 발전의 추진력에 바탕을 둔, 그리고 신분과 재산에 따른 생활양식의 영향에 따른 고도의 자연 산물이었다. 기사제도(騎士制度)의 전성기 때 기사는 가정과 완전히 무관했으며, 궁정과 전장을 오가는 것이 기사의 일생이었다. 그들은 아내가 아닌 다른 여성에게 마음을 바쳤으며, 고향 성(城)에서 무슨 일이 벌어지든 신경 쓰지 않았다.[1] 르네상스 정신이 가정을 계획적인 창작물로 다루자 비로소 가정생활도 질서를 찾았다. 경제 발달(1편 6장 참조)과 합리적인 가옥 양식도 이 변화에 한몫했지만, 무엇보다 중요한 원동력은 사교, 교육, 시설, 하인과 같은 문제를 깊이 생각하기 시작한 것이었다.

이에 관한 가장 중요한 문헌은 아뇰로 판돌피니의 《가정생활》이라는 대화편이다.[2] 한 아버지가 장성한 자녀들에게 자신의 가정 다스리는 법을 전수하는 내용으로, 여기서 독자는, 합리적으로 절약하고 절도 있게 관리만 한다면 자손 대대로 행복과 번영을 누릴 수 있는 크고 부유한 한 가정을 들여다볼 수 있다. 가정의 식탁을 풍요롭게 해주고 살림의 기반을 이루는 광대한 소유지(所有地)는 견직업이나 모직업 같은 산업과 연결되어 있다. 집과 음식은 더할 나

---

1) 이런 편력기사가 결혼을 하긴 했는지조차 의심스럽다.
2) *Trattato del governo della famiglia*. 2편 1장 주6 참조. 아뇰로 판돌피니(1446년 사망)의 《가정생활》은 레온 바티스타 알베르티(1472년 사망)의 것이라는 견해도 있다. 4편 3장 주21 참조.

위 없이 풍족하다. 저택의 설비와 시설물은 모두 크고 견고하며 호화로워야
하나, 그 안에서의 생활은 되도록 간소해야 한다. 품격을 유지하기 위한 막대
한 소비에서부터 어린 자녀의 용돈에 이르는 모든 경비는 관습이 아니라 합리
적인 기준에 따라 지출된다. 그러나 무엇보다 중요한 것은 가장이 자식들뿐만
아니라 일가 전체에 실시하는 교육이었다. 가장은 먼저 세심한 보호 아래 자
란 내성적인 소녀였던 아내를 하인에게 단호한 명령을 내리는 안주인으로 만
든다. 이어서 자식들을 쓸데없이 엄격히 다루기보다[3] 주의 깊은 감독과 훈계
로, "권력보다는 권위로써" 교육한다. 끝으로, 고용인과 하인들을 뽑고 대우할
때도, 그들이 기꺼이 그 집에 봉사하고 충성할 수 있는 원칙에 따라 일을 처리
했다.

　물론 판돌피니의 책에만 나오는 내용은 아니지만, 여기서 특히 열성적으로
다루는 특징을 하나 지적해야겠다. 바로 교양 있는 이탈리아 사람들의 전원생
활에 대한 애착이다.[4] 북유럽 여러 나라에서는 당연히 시골 귀족은 산 위의
성에서, 고귀한 수도사는 굳게 닫힌 수도원에서, 그리고 부유한 시민은 일 년
내내 도시에서 살았다. 그러나 이탈리아에는 부유한 도시인의 시골집, 즉 별장
이 생겼다. 몇몇 도시 근교는[5] 정치적으로 안정되고 치안이 잘 유지되었을 뿐
만 아니라 전쟁이 일어날 때의 위험까지도 감수할 만큼 그들에게는 전원생활
을 하려는 마음이 강했던 것이다. 국민이 번영하고 문화가 충분히 발전하자 이
내 고대 로마의 귀중한 유산이 부활한 것이다.

---

3) 게르만 민족과 로만 민족의 체벌을 심리학적으로 철저하게 분석한 역사서가 있다면 틀림없
　이 사절의 급보나 의정서 몇 권에 필적하는 가치를 지닐 것이다. 언제, 무엇의 영향을 받아 독
　일 가정에서는 체벌이 일상화된 것일까? 아마도 발터 폰 데어 포겔바이데가 "어느 누구도 매
　를 가지고 어린아이의 버릇을 길들일 수는 없다"고 노래한 훨씬 뒤의 일일 것이다. 이탈리아
　에서는 적어도 체벌하는 시기가 아주 짧아서, 아이가 일곱 살이 되면 때리지 않았다. 소 오를
　란드는 이런 원칙을 세운다(*Orlandino*, cap. VII, str. 42).
　　　때려도 좋은 것은 나귀뿐이다.
　　　나도 그런 짐승이라면 참으련만.
4) 이런 기호가 일반적인 것은 아니었다. J.A. Campanus는 전원생활을 격렬하게 반대하는 글을
　썼다.
5) Giovanni Villani XI, 93. 14세기 중반 이전에 피렌체 사람들의 별장에 관한 주요한 기록이 있
　다. 그들은 도시의 집보다 아름다운 별장을 갖기 위해 무리한 노력을 했다고 한다.

판돌피니는 자신의 별장에서 행복과 평화를 보았다. 이에 관해서는 작가가 하는 말을 직접 들어봐야 할 것이다(S. 88). 여기서 문제가 되는 경제를 살펴보면(S. 84), 한 소유지가 되도록 모든 것, 즉 곡물·포도주·기름·목지(牧地)·숲을 갖추고 있어야 한다. 이런 토지라면 나중에 시장에서 무엇을 살 필요가 없으므로 기꺼이 많은 돈을 투자해야 한다. 최고의 기쁨은 이 글의 머리말에 나타나 있다. "피렌체 근교에서는 청명한 공기, 수려한 풍경, 훌륭한 전망을 자랑하는 많은 별장을 볼 수 있다. 안개도 적고 사나운 바람도 불지 않는다. 건강에 좋은 깨끗한 물을 비롯해 무엇 하나 나쁜 것이 없다. 수많은 건축물 가운데는 호화롭고 아름답게 꾸며진 궁전이나 성곽과 같은 것도 많다." 여기서 말하는 건축물의 대부분은 1529년에 피렌체 사람들이 도시를 방어하기 위해 헛되이 희생해 버렸다.

이런 별장들을 비롯해 브렌타 강변과 롬바르디아의 산기슭과 포실리포 해변과 보메로 언덕에 있는 별장에서는, 사교도 도시 궁전의 살롱에서보다 더 자유롭고 전원적인 성격을 띠게 되었다. 후한 대접을 받는 손님들이 함께 지내는 모습이나, 사냥을 비롯한 야외에서의 교류 등이 여기저기서 우아하게 묘사된다. 몇몇 심오한 정신적 노작과 가장 고귀한 시(詩)도 이따금 이런 전원생활에서 탄생하곤 했다.

8. 축제

　사교생활 다음에 축제 행렬과 행사를 다루는 것은 결코 아무 생각 없이 정한 순서가 아니다. 르네상스의 이탈리아가 자랑한 이런 행사의 정교함과 화려함은[1] 이탈리아 사회의 기초였던 모든 계층의 공동생활을 통해서만 가능했다. 북유럽에서도 수도원과 궁정과 시민사회에서 이탈리아와 마찬가지로 저마다 특별한 축제와 행사를 벌였지만, 그 양식과 내용으로 보아 서로 아무런 관련 없이 동떨어져 있었다. 그러나 이탈리아에서의 축제는 보편적인 문화와 예술을 통해 공동의 수준에 도달해 있었다. 이런 축제에 도움이 된 장식적인 건축양식을, 우리로서는 여러 기록을 모아 추측해 볼 뿐이지만, 예술사에서는 특별한 한 장을 차지할 만큼의 가치가 있다. 여기서 우리가 다룰 대상은, 이탈리아 국민의 삶이 고양된 순간으로서의 축제 그 자체이다. 이 축제에서 이탈리아 국민의 종교적·윤리적·시적인 여러 이상이 선명하게 드러나기 때문이다. 차원 높은 형식의 이탈리아 축제는 생활에서 예술로의 진정한 통과점인 것이다.

　축제의 두 가지 주요 형식은 다른 유럽 나라들과 마찬가지로, 성서 이야기와 성인 전설을 각색한 신비극과 교회에서 벌이는 화려한 행렬이었다.

　그런데 이탈리아에서는 신비극이 다른 어느 나라보다 더욱더 화려했고 또 자주 공연됐으며, 나란히 발전한 시나 다른 조형예술의 영향으로 품격을 한층 더했다. 그리고 유럽 다른 나라에서처럼 이 신비극에서 먼저 익살극이, 다음으로 세속극이 갈라져 나왔고, 아름답고 풍부한 볼거리를 노린 노래와 발레를 곁들인 무언극도 일찍이 등장한다.

---

1) 4편 4장 중반 참조(페라라의 에르콜레 공작은 자기 아들 결혼 축하연 때 공연할 희극 다섯 편에 쓰일 의상 110벌을 손수 자랑했다. 그러나 이것도 막간극의 무대장치와 내용과 구성에 비하면 아무것도 아니었다). 여기서 훌륭한 축제 장비들이 연극 발전에 방해가 되었음을 지적한 바 있다.

평지에 위치하며 넓고 잘 포장된 도로가 있는[2] 이탈리아 여러 도시에서는 행렬이 개선행렬로 발전했다. 가장한 인물들이 마차를 타거나 걸어서 행진하는 것인데, 이는 처음엔 종교적인 의미를 띠었으나 차츰 세속적으로 바뀌었다. 성체축일의 행렬과 사육제의 가장행렬은 모두 화려함을 자랑했으며, 곧 군주의 입성식(入城式)도 이를 따르게 되었다. 다른 나라에서도 이런 행렬에 많은 비용을 들이기는 했지만, 행렬을 의미 있는 하나의 행사로 구성하고 예술적으로 다룬 곳은 이탈리아뿐이었다.

이러한 행렬 가운데 오늘날까지 이어지는 것은 빈약한 잔해에 지나지 않는다. 교회 행렬이든 군주의 행렬이든 가장(假裝)이라는 극적인 요소를 완전히 없애 버렸기 때문이다. 그것은 비웃음을 두려워해서이기도 하고 또 과거 이런 일에 발 벗고 나서던 교양층이 여러 가지 이유로 흥미를 잃어서이기도 하다. 이제는 사육제 때조차 규모가 큰 가장행렬은 하지 않게 되었다. 오늘날까지 명맥을 유지하고 있는 것, 이를테면 종교단체가 개최하는 몇몇 가장행렬이나 팔레르모에서 열리는 호화로운 성 로잘리아 축제를 보면, 고도의 문화가 이런 행사에서 얼마나 멀어졌는가를 확실히 보여 준다.

축제의 전성기는 근대가 결정적으로 승리한 15세기에 이르러 시작된다.[3] 피렌체는 이 분야에서도 다른 이탈리아 도시들보다 앞서 있었다. 일찍부터 공개 행사를 목적으로 도시를 구획했고, 이런 행사에 예술적인 효과를 연출하기 위해 막대한 비용을 투입했다. 1304년 5월 1일에 아르노강의 가설무대와 배에서 공연한 지옥 장면을 예로 들 수 있는데, 그때 관중의 무게 때문에 카라야의 다리가 무너지는 사건이 있었다고 한다.[4] 나중에 피렌체 사람들이 축제 주최자(festaiuoli)로서 다른 이탈리아 도시들을 두루 돌았던 것도[5] 피렌체에서 축제가 일찍이 완성되었다는 증거이다.

---

2) 북유럽 여러 도시와 비교할 때.

3) 1395년, 비스콘티가 밀라노 공작이 되었을 때 열린 축제는(Corio, fol. 270) 무척이나 화려했음에도 아직 중세의 미숙함을 완전히 벗지 못했으며, 극적인 요소도 전혀 없었다. 14세기 파비아에서 거행된 행렬이 비교적 빈약했던 것도 아울러 생각해 보아야 한다. (Murat. XI, Col. 34에 수록된 *Anonymus de laudibus Papiae*.)

4) Gio. Villani, VIII, 70.

5) Eccard, *scriptt*. II, Col. 1896에 수록된 Infessura 참조.—Corio, fol. 417, 421.

바쿠스 축제 고대 로마에서 술의 신 바쿠스를 기리던 종교적 신비주의 축제. 초기에는 여성들만의 축제로 비밀리에 열렸으나 차츰 남자들도 참여하게 되었다. 티치아노 작(1520). 마드리드 푸라도 미술관 소장.

이탈리아의 축제가 다른 나라의 그것에 비해 어떤 면에서 본질적으로 뛰어났는지 살펴보면, 첫째, 성숙한 개인이 개성을 표현하는 감각을 갖고 있는 점, 다시 말해 완벽한 가면을 만들어 쓰고 연기하는 능력이다. 화가와 조각가는 무대장치뿐만 아니라 등장인물의 의상과 분장(5편 2장 참조)을 비롯한 온갖 준비 작업을 지시했다. 둘째, 모든 사람이 시문학의 소재가 되는 이야기를 이해하고 있었다. 성서 이야기나 성자 전설은 누구나 다 아는 것이므로 신비극은 유럽 어느 나라에서나 잘 이해했지만, 그 밖의 분야에서는 이탈리아가 유리했다. 성스러운 인물이나 이상적인 세속 인물의 이야기를 낭송하기 위해, 이탈리아에는 귀천의 구별 없이 모든 사람을 매혹시키는 훌륭한 서정시를 보유하고 있었다.[6] 또한 대부분의 도시 관중은 신화 속 인물을 이해하고, 다른 어느 곳보다 쉽게 우의적 혹은 역사적 인물을 알아챌 수 있었다. 그런 인물은 모두 일반적으로 보급된 교양 세계에서 따온 것이기 때문이다.

이 점은 좀 더 자세히 다룰 필요가 있다. 중세는 다른 어느 시대보다도 우의(寓意)의 시대였다. 중세의 신학과 철학은 그들이 다루는 여러 기본 개념을 독립된 것으로 보았기 때문에,[7] 그 개념을 인격화하는 데 모자라는 부분은 문학과 예술이 쉽게 보충할 수 있었다. 이 점에서는 유럽의 모든 나라가 같은 단계에 있었다. 어느 나라의 사상세계에서나 그 개념을 상징하는 여러 인물이 나올 가능성은 있다. 다만 그 분장과 속성이 보통 수수께끼와 같아서 대중이 이해하기 어려울 뿐이다. 이런 상황은 이탈리아도 마찬가지였으며, 르네상스 때뿐만 아니라 그 뒤에도 여전했다. 이것은 어느 우의적 인물의 명칭을 그릇된 속성으로 바꿔놓는 것만으로도 쉽게 일어날 수 있다. 단테조차도 이런 그릇된 대응에서 자유롭지 못했지만,[8] 잘 알려진 바와 같이 그는 자신의 난해한 우의를 도리어 자랑스럽게 생각했다.[9] 페트라르카는 《개선》에서 사랑·순결·죽음·명예 등을 나타내는 인물을 간단하나마 분명하게 묘사하고자 했다. 그러나 다른 작가들은 우의적(寓意的) 인물에 그릇된 속성을 함부로 덧입혔다. 예를 들어 안토니오 빈치구에라(1440~1503. 풍자시인)의 풍자시[10]에서 질투는 "날카로운 쇠 이빨"로, 식탐은 산발한 머리털에 입술을 깨물고 있는 모습으로 묘사되는데, 식탐은 아마도 먹는 것 말고는 전혀 관심이 없음을 나타내려 했나 보다. 이런 오해 때문에 조형예술이 얼마나 난처한 상황에 빠졌는지는 여기서 이야기할 내용이 아니다. 시와 마찬가지로 조형예술도 우의를 신화 속 인물을 통해, 즉 엉뚱한 우의를 막아주는 고대 예술형식을 통해 표현했더라면 참으로

---

6) 신비극에서 대화는 보통 8행운으로, 독백은 3행운으로 이루어졌다.
7) 이것을 스콜라학파의 실재론과 연결 지을 필요는 없다.
8) 단테가 은유를 사용해 장면을 묘사할 때 그렇다. 《신곡》에서 연옥 문 앞의 금이 간 중간계단은 마음의 회한을 뜻한다고 하지만(〈연옥편〉 9곡 97), 금 간 계단은 계단으로서의 가치를 잃은 것이다. 또 이승에서 게을렀던 사람은 연옥에서 달리는 것으로 속죄하지만(〈연옥편〉 18곡 94), 달리는 것은 도망을 뜻할 수도 있다.
9) 《신곡》 〈지옥편〉 9곡 61. 〈연옥편〉 8곡 19 참조.
10) *Poesie satiriche*, ed. Milan. p.70 이하.—15세기 말의 작품.

좋았을 것이다. 이를테면 전쟁 대신 마르스, 사냥의 즐거움 대신 디아나[11]를 표현했다면 말이다.

미술과 문학에서는 비교적 성공한 우의도 있었다. 관중은 이탈리아 축제 행렬에 등장한 우의적 인물들의 특색이 분명히 드러나길 요구했을 것이다. 그들은 평소에 쌓아둔 교양 덕분에 그런 것을 이해할 능력이 있었기 때문이다. 하지만 부르고뉴 궁정 같은 이탈리아 밖에서는 당시 무엇인지 알 수 없는 우의적 인물이나 단순한 상징도 불만 없이 받아들였다. 그 의미를 이해하거나 또는 이해하는 척하는 것이 귀족들의 고상함을 나타내는 기준이었기 때문이다. 1453년[12]에 부르고뉴에서 열린 유명한 '꿩의 맹세'에서는 환희의 여왕으로 분장하고 말을 타고 나타난 젊은 미녀가 유일하게 흡족한 우의였다. 자동인형과 진짜 사람들을 배치한 거대한 식탁 장식은 어린아이 장난이거나 아니면 무미건조한 도덕 교훈에 지나지 않았다. 진짜 사자가 지키고 있는 식기 선반 옆의 나체 여인상은 콘스탄티노플과 그 미래의 구원자인 부르고뉴 공을 형상화한 것이었다. 그 밖에 콜키스섬의 이아손을 묘사한 무언극을 제외하면 나머지는 쓸데없이 의미심장하든가 아니면 전혀 무의미했다. 이 축제 광경을 기록한 올리비에 자신도 '교회'로 분장하고 거인이 이끄는 코끼리 위에 놓인 탑에 앉아서 불신자들의 승리를 탄식하는 기나긴 노래를 불렀다.[13]

이탈리아의 문헌과 예술작품과 축제에 나타난 우의가 취향과 내용 면에서 다른 나라보다 뛰어났다 하더라도, 그것이 유일한 장점은 아니었다. 결정적인 장점[14]은, 이탈리아인이 보편적인 개념의 의인화를 이해했다는 것 말고도 이 보편성을 대표하는 역사적 인물을 많이 알았다는 것, 또한 많은 유명인들을

---

11) 후자는 추기경 아드리아노 다 코르네토의 〈사냥 Venatio〉에 나온다. 아스카니오 스포르차가 사냥의 즐거움으로 자기 집안의 몰락을 위로받았다고 한다.─이 책 3편 9장 참조.

12) 사실은 1454년. Olivier de la Marche, *mémoires,* chap. 29.

13) 그 밖의 프랑스 축제는 Juvénal des Ursins ad a. 1398(이자보 왕비의 입성) 참조.─Jean de Troyes ad a. 1461(루이 11세의 입성). 여기에도 하늘로 올라가는 장치, 살아 있는 사람이 연기한 조각상 따위가 있긴 하지만 하나같이 혼란스럽고 맥락이 없으며 우의를 이해하기 힘들었다. (가장 호화롭고 다채로웠던 것은, 1452년 리스본에서 엘레오노라 왕녀가 황제 프리드리히 3세와 결혼하기 위해 출발할 때 며칠에 걸쳐 열린 축제이다. Freher-Struve, *rer. german. scriptores,* II, fol. 51, Nic. Lanckmann의 보고 참조.)

14) 즉 우의를 사용해 원하는 바를 표현하는 방법을 알고 있는 위대한 시인과 예술가들의 이점.

시인이나 예술가가 묘사하는 데 익숙했다는 것이었다. 《신곡》, 페트라르카의 《개선》, 보카치오의 《사랑의 환상》처럼 이를 바탕으로 한 작품 및 고대의 부활을 통한 지식의 현저한 확대는 이탈리아 국민이 역사적 요소와 친해지게 해주었다. 그러하여 이런 인물은 축제행렬에 등장할 때에도 완전히 개성화된 특정한 가면인물로서 나타나거나 아니면 적어도 집단으로, 또는 우의적인 주요 인물이나 주요 사물의 특색을 보여주는 동행자로서 나타났다. 이처럼 이탈리아에서 집단으로 전체를 구성하는 것을 배울 동안, 북유럽에서는 가장 화려한 공연도 여전히 이해하기 어려운 상징적 표현이나 무의미한 놀이로 양분해 있었다.

이제 가장 오래된 것으로 보이는 신비극부터 살펴보겠다.[15] 이탈리아의 신비극은 대체로 다른 유럽 나라들의 그것과 크게 다르지 않았다. 이탈리아에서도 광장이나 교회나 수도원 회랑에 큰 무대를 세워 위에는 여닫을 수 있는 천국을, 밑에는 지옥을 만들었고, 본무대인 중간 부분에는 극중에 나오는 속세의 모든 장소를 나란히 표현했다. 또한 다른 나라와 마찬가지로 성서나 성인 전설에서 소재를 따온 극은 사도나 교부나 남녀 예언자나 덕망 있는 사람들의 신학적인 대화로 막을 열고, 그때의 상황에 맞는 춤으로 막을 내리는 것이 보통이었다. 조연들이 연기하는 반쯤 희극적인 막간극도 당연히 있었지만, 북유럽에서처럼 노골적이지는 않았다.[16] 정교한 기계장치로 배우를 들어 올렸다 내렸다 하는 것이 가장 흥미로운 볼거리였는데, 다른 어느 나라보다 이탈리아에서 이 기술이 뛰어났던 것 같다. 14세기 피렌체에서는 이런 특수효과가 조금이라도 부자연스러우면 웃음거리가 되었다.[17] 얼마 뒤 브루넬레스코(1377~1446, 피렌체의 건축가·조각가)가 성 펠리체 광장에서 열리는 수태고지 축제를 위해 이루

---

15) Bartol. Gamba, *Notizie intorno alle opere di Feo Belcari*, Milano 1808 및 *le rappresentazioni di Feo Belcari ed altre di lui poesie*, Firenze 1833 서문 참조.—이것과 대비를 이루는 것으로는 *Pathelin*을 출판할 때 애서가 Jacob이 덧붙인 서문이 있다.

16) 하지만 시에나의 어느 교회에서 공연된 베들레헴의 영아 학살을 담은 신비극은 처절한 절망에 빠진 어머니들이 서로 머리채를 쥐어뜯는 장면으로 끝났다. Della Valle, *lettere sanesi*, III, p.53.—이러한 불순물을 제거하여 신비극을 순화하는 것이 페오 벨카리(1484년 사망)가 가장 힘을 쏟았던 부분이다.

17) Franco Sacchetti, *Nov*, 72.

말할 수 없이 정교한 장치를 고안해냈다. 천사 두 무리가 둘러싼 천구(天球)에서 가브리엘 천사가 아몬드 모양의 기구를 타고 내려오게 한 것이다. 체카(1447~88. 피렌체 출신의 우수한 건축기사)도 이런 축제들을 위해 여러 새로운 발상과 장치를 제공했다.[18]

공연을 후원하거나 일부는 직접 상연까지 맡은 종교단체나 각 지구는 자신들의 재력이 감당하는 한 모든 기술을 동원했다. 군주의 성대한 축제에서 세속극이나 무언극과 아울러 신비극이 상연될 때도 마찬가지였을 것이다. 피에트로 리아리오의 궁과[19] 페라라궁 같은 곳에서는 사람이 상상할 수 있는 모든 화려함을 추구해 장관을 이루었다.[20] 배우들의 재능과 호화로운 의상, 그 시절 건축양식의 이상적인 장식이었던 잎 무늬와 양탄자로 표현된 무대, 더불어 전체 배경을 이루는 대도시 광장의 화려한 건축물 또는 궁정이나 수도원 뜰의 눈부신 주랑을 상상해보면 실로 감탄스러운 장관이 펼쳐진다. 그러나 세속극에서 이런 무대 장치가 오히려 걸림돌이 되었듯이, 신비극이 높은 차원의 문학적 발전을 이루는 데도 이 지나친 구경거리가 장애물로 작용했다. 현존하는 대본을 보면 대체로 극 구성이 허술하며 서정적이고 수사적인 대목이 몇 곳 있을 뿐, 칼데론(1600~81. 에스파냐의 극작가. 수많은 코메디아와 성찬신비극 18편을 남겼다)의 '성찬신비극(聖餐神秘劇)'이 보여주는 위대한 상징적 감흥은 전혀 느낄 수 없다.

소도시에서는 무대장치가 빈약했으나 그곳의 종교극이 오히려 사람들의 마음을 더 강렬하게 파고들었던 듯하다. 6편에서 설명할 위대한 참회설교사 가운데 한 사람인 로베르토 다 레체는 1448년 페루자에서 흑사병이 유행했을 때 그의 사순절 순회설교를 성 금요일의 그리스도 수난극으로 끝맺었다.[21] 출

---

18) Vasari III, 232, s. *Vita di Brunellesco*. V, 36, s. *Vita del Cecca*. V, 52, *Vita di Don Bartolommeo* 참조.

19) 1편 9장 참조. 교황 식스투스 4세의 니포테이자 그의 총애를 한몸에 받았던 추기경. 그의 극심한 사치에 온 이탈리아의 관심이 집중되었다.

20) *Arch. stor.* Append. II, p.310. 페라라에서 알폰소의 결혼식 때 공연된 성모 수태고지의 신비극에서는 하늘로 올라가는 정교한 장치와 불꽃놀이를 선보였다. 추기경 리아리오의 저택에서 상연된 수잔나, 세례자 요한 및 성인전 공연은 Corio, fol 417 참조. 1484년 사육제 때 교황 궁전에서 여린 콘스탄티누스 대제의 신비극은 Jac. Volaterran., Murat. XXIII, Col. 194 참조.

21) Graziani, *Cronaca di Perugia, Arch, stor.* XVI, I, p.598. 그리스도를 십자가에 못 박는 장면에서

연한 인물은 많지 않았지만 모든 관중이 소리내어 울었다. 물론 이런 연극에서 눈물샘을 자극하는 수단은 노골적인 사실주의에서 추출한 것이었다. 그리스도로 분장한 배우가 부르튼 채찍 자국에다 옆구리 상처에서 피를 흘리며 등장하는 광경은[22] 마테오 다 시에나의 그림이나 귀도 마초니의 점토 군상을 떠올리게 했다.

대규모 교회 축제나 군주의 결혼식 등이 아니더라도 신비극을 공연할 특별한 기회는 아주 많았다. 1450년 교황이 시에나의 S. 베르나르디노(1380~1444. 이탈리아의 프란체스코회 개혁자)를 성인으로 추대했을 때, 그의 고향 대광장에서는 시성식(諡聖式)을 모방한 극이 상연되었으며[23] 모든 관객에게 음식이 제공되었다. 또 어느 박식한 수도사는 자신의 신학박사 학위 취득을 축하하며 도시의 수호성인 전설을 무대에 올렸다.[24] 프랑스의 샤를 8세(재위 1483~98. 1494년에 이탈리아 원정)가 이탈리아로 남하하자, 토리노에서는 사보이 공작의 미망인 블랑카가 곧바로 그를 반쯤 종교적인 무언극으로 맞이했다.[25] 먼저 목가극 〈자연 법칙〉과 다음으로 대주교들의 행렬인 〈은총의 법칙〉을 상연했고, 호수의 랜슬롯 이야기와 〈아테네〉가 그 뒤를 이었다. 그리고 왕이 키에리에 도착하자 이번에는 산후조리 중인 여인이 귀한 사람의 방문을 받는 내용의 무언극이 공연되었다.

그러나 가장 많은 노력을 쏟아 붓는 교회 축제는 뭐니 뭐니 해도 성체 축일이었다. 에스파냐에서는 이 축제 때문에 특별한 시문학까지 생겨났다. 이탈리아에는 교황 피우스 2세가 1462년[26] 비테르보에서 거행한 성체 축일(Corpus Domini)의 화려함을 묘사한 기록이 남아 있다.[27] 성 프란체스코 교회 앞의 웅

는 준비해두었던 인형을 대신 썼다.

22) 후자는 Pii II, *Comment.*, L. VIII, p.383, 386.—15세기의 시도 때때로 이렇게 노골적이었다. Andrea da Basso의 한 칸초네에서는, 무정했던 애인의 사체가 부패하는 과정을 상세히 묘사한다. 12세기의 한 수도원 연극에서는 헤롯왕이 벌레에게 먹히는 모습을 무대에서 보여주기도 했다. *Carmina Burana*, p.80 이하.

23) Murat. XXIII, Col. 767에 수록된 Allegretto, *Diari sanesi*.

24) Matarazzo, *Arch. stor.* XVI, II, p.36.

25) Roscoe, *Leone X*, ed. Bossi, I, p.220, III, p.263에 수록된 *Vergier d'honneur*에서 발췌.

26) 부르크하르트는 1482년이라고 잘못 표기했다.

27) Pii. II., *Comment.*, L. VIII, p.382 이하.—이처럼 특히 화려한 성체축일 행사가 Murat. XXIII,

장하고 화려한 천막에서 출발하여 큰 거리를 지나 대성당의 광장으로 행진한 행렬은 이 행사의 가장 시시한 부분이었다. 추기경과 부유한 고위 성직자들은 행렬이 지나가는 길을 분담해 차양과 벽걸이 융단[28]과 화환으로 장식했을 뿐만 아니라, 저마다 무대를 설치해 행렬이 이루어지는 동안 짧은 역사적 장면이나 우의적인 장면을 공연하게 했다. 그 공연을 모두 사람이 연기했는지, 아니면 일부는 분장시킨 인형을 썼는지 기록만으로는 확실히 알 수 없지만,[29] 어쨌든 여기에 들어간 비용은 어마어마했다. 노래하는 아기 천사들에게 둘러싸인 수난받는 그리스도, 성 토마스 아퀴나스의 모습도 보이는 최후의 만찬, 대천사 미카엘과 악마들의 싸움, 포도주 샘과 천사들의 관현악, 부활 장면 전체를 담은 그리스도의의 무덤이 묘사되었다. 끝으로 대성당 광장에는 마리아의 무덤이 있었다. 장엄한 미사와 축복 다음에 그 무덤이 열리면, 성모는 천사들의 안내를 받아 노래하면서 천국으로 올라가 예수에게서 관을 받고 하늘 아버지께 영원히 인도되는 것이다.

큰 거리에 늘어선 장면 가운데는 추기경이자 상서원(尙書院) 부원장 로드리고 보르자—뒷날 교황 알렉산데르 6세—의 무대가 호화롭고 난해한 우의 때문에 특히 두각을 나타냈다.[30] 그 밖에 그 무렵 다시 인기를 끈 축포[31]가 눈에 띄는데 그것은 뒷날 보르자 가문의 고유한 상징이 되었다.

교황 피우스 2세는, 그리스에서 입수한 성 안드레아스의 두개골을 맞이하기 위해 같은 해 로마에서 열린 행렬에 대해 비교적 짧은 기록을 남겼다. 그때도 로드리고 보르자는 각별한 화려함을 자랑했다. 그러나 다른 점에서 이 축제는 세속적인 색채를 띠었다. 이런 축제에 어김없이 등장하는 천사들의 합주

Col. 911(1492년)에 수록된 Bursellis, *Annal. Bonon*에 언급되어 있다.

28) 이때에는 "벽에 빈틈이 보이지 않았다"고 표현해야 옳다.

29) 이와 비슷한 다른 묘사 역시 그렇다.

30) 무장한 병사를 거느린 다섯 왕, 사자와 싸우는 숲 속 사나이. 숲 속의 사나이는 교황의 이름 실비우스(실바는 숲이라는 뜻)와 관계가 있을 것이다.

31) 교황 식스투스 4세 때 축포가 쓰인 사례는 Murat. XXIII, Col. 134, 139에 수록된 Jac. Volaterran. 참조. 알렉산데르 6세의 교황 취임식에서도 많은 축포가 울렸다.—이탈리아 축제의 아름다운 발명품인 불꽃은 축제 장식과 더불어 이 책보다는 미술사에서 다룰 주제이다.—여러 축제에서 높은 평판을 받은 화려한 조명(이 책 4편 4장 참조)과 식탁 장식대와 사냥 상패도 마찬가지이다.

말고도 "용맹한 남자들", 즉 헤라클레스 같은 인물 가면을 쓴 괴력의 남성들이 다양한 체조술을 선보였던 것이다.

순수하게 세속적인 행사나 세속적 요소가 두드러지는 행사는 특히 큰 군주국의 궁에서 호화로운 볼거리를 제공하려는 목적 아래 상연되었다. 그 요소들 하나하나는 이해하기 쉽도록 신화 및 우의와 관련된 것들이었다. 이상스럽게 느껴지는 것도 빠지지 않았다. 거대한 동물 형상 안에서 갑자기 가장한 배우들 무리가 튀어나오기도 했는데, 시에나에서 어느 군주를 맞이할 때[32] 했던 공연(1465년)에서는 황금 암늑대에서 12명의 발레단이 튀어나왔다. 또 부르고뉴궁에서처럼[33] 그렇게 터무니없이 크진 않았지만 산 사람들로 꾸며진 식탁 장식대도 있었다. 어쨌든 이것들은 예술적이고 시적인 특징을 갖추고 있었다. 페라라 궁정에서 일반 연극과 무언극을 섞어서 상연한 것에 대해서는 이미 시를 논할 때[34] 이야기했다. 1473년 피에트로 리아리오가 로마에서 거행한 축제는 세계적으로 유명했다. 그 축제는 페라라 공의 아들 에르콜레의 신부로 결정된 아라곤 가문의 리아노라가 그곳을 지날 때 열린 것이었다.[35] 여기서 본극은 순수한 종교적 내용의 신비극이었으나, 무언극은 신화에서 제재를 따온 것이어서, 동물들을 거느린 오르페우스, 페르세우스와 안드로메다, 용에게 이끌려가는 케레스와 표범에게 이끌려가는 바쿠스와 아리아드네, 그리고 아킬레스의 교육 장면이 연출되었다. 그다음 오랜 옛날의 유명 연인들과 요정 무리가 발레를 추는데, 그것이 약탈자 켄타우로스의 습격으로 중단되면 이어서 헤라클레스가 나타나 그들을 무찌르고 추방한다. 다음 요소들은 비록 사소하지만 그때의 특징적인 형식을 잘 보여준다. 어느 축제에서나 살아 있는 사람들이 조각

---

32) Murat. XXIII, Col. 772에 수록된 Allegretto.—그 밖에 Col. 772에 수록된, 1459년의 교황 피우스 2세 환영회 참조.

33) 5편 8장 앞부분 참조—1453년에 부르고뉴의 '꿩의 맹세'에서 자동인형과 진짜 사람들을 배치한 거대한 식탁 장식.

34) 4편 4장 중반 참조. 알폰소와 루크레치아의 혼인 축제 때 플라우투스의 희극 막간에 화려한 무언극이 펼쳐졌다. 막간극에서는 고대 무기를 현란하게 휘두르는 로마 전사들의 싸움, 무어인의 횃불춤, 어릿광대들이 나와 춤추며 돼지 방광으로 서로 때리는 장면 등이 연출됐다.

35) Corio, fol. 417 이하.—Eccard, scriptt. II, Col. 1896에 수록된 Infessura.—Strozii *poetae*, p.193, *Aeolosticha*. 이 책 1편 4장 참조.

상으로 분장하고서 벽감(壁龕) 속이나 기둥이나 개선문 옆에 서 있다가 갑자기 노래하거나 낭송하여 자신이 살아 있음을 인식시키는 것이다. 그 살아 있는 조각상들은 얼굴빛과 의상이 자연스러워 이러한 동작을 해도 전혀 어색하지 않았다. 그러나 리아리오의 저택에서 열린 공연에서는 온몸에 금박을 입힌 소년이 샘물을 떠다가 여기저기에 뿌리는 모습이 특히 눈길을 끌었다.[36] 이런 현란한 무언극은 볼로냐에서 안니발레 벤티볼리오(안니발레 2세. 1469~1540)와 에스테 가문의 루크레치아가 혼인할 때도 상연되었다.[37] 관현악 대신 합창이 울리는 동안 디아나의 요정들 가운데 가장 아름다운 요정이 유노 프로누바 쪽으로 달려가고, 동시에 베눅스가 사자 한 마리—사자로 분장한 사람—를 거느리고 춤추는 야만인들 사이를 걸어다녔다. 이때 무대 장식은 마치 자연 그대로의 숲 같았다. 베네치아에서는 1491년에 에스테 가문의 리아노라와 베아트리체가 방문하자[38] 호화선으로 맞이했고, 조정 경기와 총독관저의 안뜰에서 화려한 무언극 〈멜레아그로스〉를 상연해 축하했다. 밀라노에서는 레오나르도 다빈치[39]가 밀라노 공작의 축제와 다른 권력자들의 축제를 지휘했다. 브루넬레스코의 장치[40]에 필적하는 레오나르도의 장치 가운데 하나는 운행하는 천체를 거대하게 재현한 것이었다. 행성 하나가 젊은 공작의 신부인 이사벨라에게 다가갈 때마다 그 별의 신이 행성 안에서 나타나[41] 궁정시인 벨린초니가 쓴 시를 읊는 것이었다(1489년). 다른 축제(1493년)에서는 프란체스코 스포르차의 기

---

36) Vasari XI, p.37, *Vita di Puntormo* 에 따르면, 1513년 피렌체에서 축제가 끝난 뒤 이 소년은 과로 또는 온몸에 입힌 금박 때문에 죽었다고 한다. 이 가엾은 소년이 상징하는 것은 '황금시대' 였다.

37) Phil. Beroaldi, *orationes ; nuptiae Bentivoleae.*

38) M. Anton. Sabellici, *Epist.* L. III, fol. 17.

39) Amoretti, *Memorie* etc. *su Lionardo da Vinci*, p.38 이하.

40) 피렌체의 건축가이자 조각가인 브루넬레스코는 성 펠리체 광장에서 열리는 수태고지 축제를 위해, 천사 두 무리가 둘러싼 천구(天球)에서 가브리엘 천사가 아몬드 모양의 기구를 타고 내려오게 하는 등 말할 수 없이 정교한 장치들을 고안해냈다.

41) 이 시대에 점성술이 축제에 포함될 정도로 유행했다는 사실은, 페라라에서 군주가 신부를 맞이할 때 벌인(막연하게 묘사된) 행성 행렬에도 나타나 있다. Muratori XIV, Col. 248. ad a. 1473. Col. 282, ad a 1491에 수록된 *Diario Ferrarese.*—만토바에서도 같은 것을 볼 수 있다. *Arch. stor.* append. II, p.233.

마상 모형이 성 앞 광장의 개선문을 지나 의기양양하게 행진했다. 이뿐만 아니라 레오나르도가 밀라노의 군주로 오는 프랑스 왕들을 환영하는 행사를 위해 얼마나 정밀한 자동 장치를 선보였는지 바사리의 기록을 보면 알 수 있다.

비교적 작은 도시에서도 때로는 어마어마한 노력이 동원되었다. 보르소 공작(1편 4장 참조)이 1453년 충성 서약을 받기 위해 레조에 왔을 때,[42] 시 입구에서 그를 맞이한 것은 커다란 기계장치였다. 시의 수호성인 프로스페로가 천사들이 받치고 있는 천개(天蓋) 아래 떠 있는 듯했으며, 그 아래에는 여덟 천사가 돌아가는 원판 위에서 음악을 연주했는데, 그들 가운데 두 천사가 수호성인에게서 도시의 열쇠와 왕홀을 받아 공작에게 주었다. 이어서 숨겨진 말이 끄는 수레 모양의 무대가 나타났다. 거기에는 빈 옥좌가 있고, 그 뒤로 수호 정령을 거느린 정의의 여신이 섰으며, 네 모퉁이에는 여섯 천사에게 둘러싸인 늙은 입법자 넷이 있었다. 그리고 양쪽에는 갑옷을 입은 기사가 기를 들고 서 있었다. 수호 정령과 여신이 환영인사 한마디 없이 공작을 보내줄 리 없었다. 두 번째로 나온 수레는 일각수가 끄는 것으로, 타오르는 횃불을 든 자애의 여신(Caritas)을 태우고 있었다. 두 수레 사이에 사람이 숨어서 밀고 가는 배 모양 수레도 등장시켜 고대풍의 장관을 이루었다. 이 배 모양 수레와 우의적인 두 수레의 행렬이 공작 앞에서 가다가 성 베드로 교회 앞에서 멈추었다. 그러자 후광에 싸인 성 베드로가 두 천사를 거느리고 교회 정면에서 내려오더니 공작에게 월계관을 씌워주고는 다시 올라갔다.[43] 이 교회의 성직자들은 순수하게 종교적인 우의도 마련해 두었다. 두 개의 높은 기둥 위에 '우상숭배'와 '믿음'이 나란히 서 있다. '믿음'을 상징하는 아름다운 소녀가 인사를 건네자 '우상숭배' 기둥과 그 위에 세워져 있던 인형이 와르르 무너지면서 산산조각 났다. 다시 행렬이 이어지고, 공작은 '카이사르'와 아름다운 일곱 여인을 만난다. 그 미녀들은 보르소가 추구해야 하는 일곱 가지 덕을 뜻한다. 드디어 일행이 대성당에 도착한다. 예배가 끝나자 보르소는 다시 밖에 있는 금빛의 높은 옥좌에 앉았고, 앞서 나왔던 인물들 일부에게서 다시 한 번 인사를 받았다. 그리고 가

---

42) Murat, XX, Col. 468 이하에 수록된 *Annal. Estens.* 기술이 분명하지 않을뿐더러 부정확한 사본을 바탕으로 인쇄되었다.
43) 기록에 따르면, 이 장치의 밧줄은 꽃으로 덮여 있었다고 한다.

까운 건물에서 세 천사가 내려와 마지막을 장식했는데, 그들은 부드럽게 노래하며 평화의 상징인 종려나무 가지를 보르소의 손에 건네주었다.

이번에는 행렬 자체가 주축인 축제를 알아보겠다.

교회 행렬은 중세 초기부터 가장행렬의 계기를 제공해왔다. 아기 천사들이 성찬식에 참석하고 성화(聖畵)나 성물을 운반할 때 따른다든가, 십자가를 진 그리스도나 그리스도와 함께 못 박힌 도적, 병졸과 성녀들 같은 수난극의 등장인물이 줄지어 행진하는 행렬이 그것이다. 그러나 일찍부터 큰 교회 축제는, 중세의 소박한 방식에 따라 세속적인 요소를 받아들인 도시 행렬과 더불어 벌어졌다. 특히 주목할 것은 이교에서 들여온 배 모양의 수레 '카루스 나발리스(carrus navalis)'[44]였다. 이것은 앞에서 보았듯이 여러 축제에 등장했고, 그 이름은 '카니발(Canival)'이란 단어에 흔적을 남겼다. 배 모양 수레의 본디 의미는 일찌감치 잊혔으나 그것은 보는 이의 눈을 즐겁게 하는 축제행렬의 일부로서 되도록 화려하게 꾸며졌다. 영국의 이사벨라가 남편인 황제 프리드리히 2세(신성로마 황제. 재위 1212~50)와 쾰른에서 만났을 때는, 숨겨진 말이 끄는 배 모양의 수레 몇 대가 음악을 연주하는 성직자들을 싣고서 이사벨라를 영접했다.

교회 행렬은 여러 종류의 부가물로 훌륭하게 거행될 수 있었을 뿐만 아니라, 종교적인 가장행렬로 완전히 대체될 수도 있었다. 신비극을 공연하려고 도시의 대로를 걸어가는 배우들의 행렬이 종교적인 가장행렬의 시초일 것이다. 그러나 종교적인 축제행렬은 애초에 이것과는 아무 관계없이 생겼는지도 모른다. 단테는 베아트리체의 '개선행렬'에 묵시록에 나오는 24인의 장로, 신비로운 동물 네 마리, 세 가지 그리스도교적인 덕(신앙·희망·사랑), 네 가지 기본 도덕(지혜·정의·용기·절도) 그리고 성 누가와 성 바울을 비롯한 사도들을 등장시킨다.[45] 그것을 보면 그런 행렬이 실제로 있었으리란 생각을 지울 수 없다. 특히 베아트리체가 탄 수레를 보면 알 수 있는데, 사실 환상적인 신비의 숲에서 그것은 전혀 필요치 않을뿐더러 오히려 이상하게 보일 정도이다. 아니면 단테는 그 수

---

44) 본디 이집트의 여신 이시스의 배로, 3월(또는 5월) 5일에 항해 재개의 상징으로 바다에 띄웠던 것이다.―독일 축제에서 이와 비슷한 예는 Jac. Grimm, *Deutsche Mythologie* 참조.
45) 《신곡》〈연옥편〉 29곡 43부터 끝부분까지. 30곡 첫머리.―29곡 115행에 따르면, 여기 나오는 수레는 스키피오나 아우구스투스의 수레는 물론 태양신의 수레보다도 훨씬 화려하다.

레를 개선의 본질적인 상징으로만 생각했던 것일까? 또는 단테의 시에 자극을 받아 로마황제의 개선행진에서 형식을 빌려온 그런 행렬이 생겨난 것일까.

어쨌든 문학과 신학은 상징을 특히 즐겨 썼다. 사보나롤라는 《십자가의 개선》에서 개선 수레에 탄 그리스도를 묘사했다.[46] 그 머리 위에는 삼위일체를 나타내는 빛나는 구체(球體)가 있고, 왼손에는 십자가, 오른손에는 신구약성서를 들고 있으며, 훨씬 아래에는 동정녀 마리아가 있다. 수레 앞에는 장로와 예언자와 사도와 설교자가 있고, 수레 양쪽에는 순교자와 책을 펴든 박사들, 그 뒤에는 그리스도교로 개종한 민중이 뒤따른다. 멀리 떨어진 곳에는 황제·권력자·철학자·이단자 같은 수많은 적의 무리가 뒤따르는데, 모두 정복당하여 우상이 파괴되고 책은 불에 타 버렸다(목판화로 유명한 티치아노의 큰 그림〈〈신앙의 승리〉〉하나가 이 서술에 무척 가깝다). 성모를 노래한 사벨리코(1편 6장 참조)의 비가 13편 가운데 9편과 10편은 기나긴 성모의 개선행렬을 담고 있다. 요컨대 이들 비가(悲歌)는 우의로 넘쳐나며, 특히 15세기의 사실적인 회화에서 볼 수 있는 환상을 거부한 사실적인 공간성으로 우리의 흥미를 자극한다.

그러나 이런 종교적인 개선행렬보다 훨씬 자주 열린 것은 세속적인 개선행렬이었다. 이런 행렬은 고대 부조에 새겨진 로마 황제들의 개선행렬을 작가들의 손에 맡겨 보충한 뒤 재현한 것이었다. 이와 관련한 그 시절 이탈리아인의 역사관은 앞에서(2편 3장 앞부분 참조) 이미 서술했다.

먼저, 승리하고 돌아온 정복자의 실제 입성식(入城式)이 여기저기서 열렸다. 사람들은 그 정복자의 의사를 거스르면서까지 되도록 고대를 그대로 재현하려 했다. 프란체스코 스포르차는(1450년) 밀라노 입성 때 준비되어 있었던 개선수레를 왕들의 미신이라면서[47] 거절할 만큼의 힘이 있었다. 대 알폰소는 나폴리에 입성할 때(1443년)[48] 적어도 월계관은 쓰지 않았다. 알다시피 나폴레옹은 노트르담에서 열린 그의 대관식에서 월계관 쓰기를 마다하지 않았다. 어쨌

---

46) Ranke, *Gesch. der roman. und german. Völker*, S. 119.

47) "이러한 것은 왕의 미신이다" Corio, fol. 401.–Cagnola, *Arch. stor.* III, p.127 참조.

48) 3편 5장 및 1편 1장 주8 참조.–Panormita(Antonio Beccadelli)의 *De Dictis et de Factis Alphonsi regis*의 부록으로 딸린 *Triumphus Alphonsi.*–너무 화려한 개선식을 꺼린 일은 용감한 콤네누스 가문의 군주들에게서도 볼 수 있다. Cinnamus I, 5. VI, 1 참조.

든 성벽의 돌파구를 지나 큰길을 따라 대성당에 이르는 알폰소의 개선행렬에는 고대적, 우의적, 순수 해학적 요소가 기막히게 뒤섞여 있었다. 알폰소의 옥좌를 실은 어마어마한 높이의 수레는 네 마리의 백마가 끌었으며 빈틈없이 도금되어 있었다. 그리고 귀족 20명이 금빛으로 장식한 천개(天蓋)의 장대를 받쳐 들어 마차를 탄 알폰소가 그 그늘 아래로 지날 수 있게 했다. 이 축제에서 피렌체 사람들이 맡은 부분은, 훌륭하게 창을 휘두르는 우아한 젊은 기사들과 행운의 여신을 태운 수레와 말을 타고 일곱 가지 덕으로 분장한 기사들이었다.

행운의 여신[49]은 그 시절 예술가들도 따랐던 단호한 우의적 표현법에 따라, 머리카락이 앞에만 있고 뒤는 대머리였다. 수레 아래쪽에 있는 수호 정령은 행운이 쉽게 사라진다는 것을 나타내느라 두 발을 물 담은 대야에 넣고 서(?) 있어야 했다. 이어서 역시 피렌체 사람들이 연기한, 여러 민족의 의상을 입은 말 탄 무리가 타나났으며, 그 가운데는 외국 군주나 권력자로 분장한 이도 있었다. 이어서 높은 수레에 실은 회전하는 지구 위에서 월계관을 쓴 율리우스 카이사르가 나타나,[50] 왕에게 이탈리아어 시로 이제까지의 우의를 낱낱이 설명해 준 뒤 다시 행렬 안으로 돌아갔다. 그리고 자줏빛과 진홍빛 옷을 입은 60명의 피렌체 사람들이 축제의 본고장 출신답게 이 화려한 눈요기에 종지부를 찍었다. 그 뒤로 카탈루냐 사람들이 나왔다. 그들은 모형 말을 몸 앞뒤에 달고서 투르크인으로 분장한 사람들과 모의전을 연출했는데, 그 모습이 마치 피렌체 사람들의 장중함을 비웃기라도 하는 것 같았다. 이어서 칼을 든 천사가 입구를 지키는 거대한 탑이 나타났다. 그 위에는 네 가지 덕으로 분장한 인물들이 서서 한 사람씩 왕을 환영하는 노래를 불렀다. 이 행렬의 나머지 부분에는 이렇다 할 큰 특징이 없었다.

1507년 루이 12세(프랑스 왕. 재위 1498~1515. 밀라노·나폴리·제노바·베네치아 원정에

---

49) 행운의 여신에게 이런 지위를 부여한 것이 바로 르네상스의 진정한 소박함이었다. 마시밀리아노 스포르차가 밀라노에 입성했을 때(1512년) 행운의 여신은 개선문의 주요 인물로서 '명예' '희망' '용기' '회오'의 위쪽에 서 있었다. 이것들은 모두 실제 사람이 연기했다. Prato, *Arch. stor.* III, p.305 참조.

50) 앞에서 말한 에스테 가문의 보르소가 레조에 입성했을 때 광경은 알폰소의 개선식이 온 이탈리아에 어떤 인상을 남겼는지 알려준다.

실패)가 밀라노에 입성했을 때에는,[51] 덕(德)을 실은 수레가 빠질 수 없는 항목으로 등장했으며, 그 밖에 유피테르와 마르스 및 큰 그물에 붙잡힌 이탈리아를 표현한 사람도 있었다. 그 뒤에는 여러 전리품을 실은 수레가 따랐다.

개선행렬을 거행할 수 없을 때에는 시(詩)가 군주를 위해 나섰다. 페트라르카와 보카치오는 온갖 명성을 대표하는 이들을 우의적 인물의 수행자나 측근으로 열거했는데, 덕분에 이제는 모든 시대의 유명인들이 군주의 시종이 되었다. 구비오의 시인 클레오페 가브리엘리도 이런 방식으로 페라라의 보르소를 찬양했다.[52] 그녀는 일곱 가지 학예를 상징하는 일곱 여왕을 보르소의 시녀로서 함께 수레에 태웠고, 알아보기 쉽도록 이마에 이름을 써서 두른 수많은 영웅들에게 그의 뒤를 따르게 했다. 그 뒤를 명성이 드높은 시인들이 하나도 빠짐없이 뒤좇았고, 신들도 수레에 타고 따랐다. 이 무렵에는 대체로 신화 속 인물이나 우의적 인물을 수레에 태우고 달리는 일이 끊이지 않았다. 보르소 시대의 가장 중요한 예술작품으로서 지금까지 남아 있는 스키파노야 궁전의 프레스코 연작 벽화에도 전체가 이런 내용인 띠장식이 붙어 있다.[53] 라파엘로가 '서명실'을 장식하는 일을 맡았을 때 이런 구상은 이미 생기와 신성함을 잃은 뒤였다. 그런데도 그가 거기에 전무후무한 새로운 존엄성을 불어넣은 점은 영원히 감탄을 불러일으킬 것이다.

정복자들의 본디 개선행렬은 사실 예외에 지나지 않았다. 축제행렬들은, 어떤 특별한 사건을 찬미하는 것이든 단지 행렬 자체를 위한 것이든 간에 정도의 차이가 있을 뿐 모두 개선식의 성격을 띠었으며 또 대부분 개선행렬이라 불렸다. 장례식을 이 영역으로 끌어들이지 않았던 것이 오히려 이상할 정도였다.[54]

---

51) Prato, *Arch. stor.* III, p.260.
52) 이 시인의 3행운 해학시. *Anecdota litt.* IV, p.461 이하.
53) 이런 내용을 담은 판화도 꽤 있으며, 대체로 실제로 있었던 가장행렬을 기념해 제작한 것이었다. 유력자들은 축제 때 수레를 타고 행렬하는 것에 익숙했다. 볼로냐 통치자의 맏아들 안니발레 벤티볼리오는 정규 무술시합의 심판으로서 '로마식 개선행렬'을 거느리고 궁전까지 수레를 타고 돌아왔다. Bursellis, l. c. Col. 909, ad a. 1490.
54) 1437년 페루자에서 열린 독살당한 말라테스타 발리오니의 주목할 만한 장례식은(Graziani, *Arch. stor.* XVI, I, p.413) 고대 에트루리아의 성대한 장례식을 떠올리게 한다. 그러나 장례식

먼저 사육제나 다른 여러 행사 때 특정한 고대 로마 장군의 개선식을 열었다. 피렌체에서는 로렌초 마니피코 치하에서 파울루스 에밀리우스의 개선식이, 교황 레오 10세가 방문했을 때는 카밀루스의 개선식이 거행되었는데, 둘 다 화가 프란체스코 그라나치의 지도하에 이루어졌다.[55] 로마에서 처음으로 완벽하게 재현된 이런 개선행렬은, 교황 파울루스 2세 때 거행된, 클레오파트라에게 승리한 아우구스투스의 개선식이었다.[56] 여기에는 우스꽝스럽고 신화적인 가장인물―그들은 고대의 개선식에도 빠지지 않았다―말고도 온갖 인물과 소도구들이 등장했다. 바로 포박당한 왕들, 민회와 원로원의 결정을 기록한 비단 문서, 고대풍 의상을 입은 원로원 의원과 감독관, 재판관, 대법관, 그리고 노래하는 가장인물을 태운 마차 네 대와 전리품을 실은 수레 등이었다. 그 밖의 행렬은 보통 고대 로마의 세계지배를 구체적으로 나타내는 것이었다. 또한 그때 실제로 있었던 튀르크의 위협에 맞서, 튀르크 포로들을 낙타에 태우고 행진해 크게 위세를 떨쳤다. 그 뒤 1500년의 사육제 때 체사레 보르자는 뻔뻔하게도 자신을 율리우스 카이사르에 빗대어 화려한 마차 11대를 동원해 개선식을 벌였다.[57] 그로써 체사레는 로마기념제에 찾아온 순례자들의 격분을 샀다(1편 9장 참조).

1513년 레오 10세의 교황 선출을 축하하며 피렌체에서 거행된 두 경쟁 단체의 개선식은 무척이나 아름답고 운치가 있었다.[58] 그 하나는 인생의 세 시기를 나타냈다. 다른 하나는 세계의 여러 시대를 표현했는데, 로마사에서 따온 다섯 장면과 사투르누스(로마 신화에 나오는 농경신. 백성에게 농경을 보급하고 법을 세워 이탈리아의 황금시대를 이룩했다)의 황금시대와 그다음에 도래한 부흥을 묘사한 두 가지 우의로 구성되었다. 피렌체의 위대한 예술가들이 공들여 만든 환상적인 수레 장식은 이러한 구경거리가 언제까지나 정기적으로 이어지길 바라게 할 만큼 감명 깊었다. 한편 이전에는 복속 도시들이 해마다 충성을 서약할 때

에 기사를 등장시키는 것은 유럽 귀족들의 일반적인 풍습이었다. Juvénal des Ursins, ad a. 1389에 수록된 Bertrand Duguesclin의 장례식 참조.―또한 Graziani, l. c. p.360 참조.

55) Vasari, IX, p.218, *Vita di Granacci.*

56) Murat. III, II, Col. 118 이하에 수록된 Mich. Cannesius, *Vita Pauli* II.

57) Tommasi, *Vita di Cesare Borgia,* p.251.

58) Vasari, XI, p.34 이하. *Vita di Puntormo.* 이런 종류의 축제를 기록한 주요 문헌.

값비싼 직물이나 양초 같은 상징적인 공물을 바쳤으나, 이제 상인조합은 공물을 운반하기 위해서라기보다 상징적인 차원에서 수레 열 대—뒷날 몇 대가 더 추가된다—를 만들어야 했다.[59] 그 가운데 몇 대에 장식을 단 안드레아 델 사르토가 가장 호화로운 수레를 만들었음은 말할 필요도 없다. 이러한 공물 수레나 전리품 수레는 비록 비용이 많이 들진 않지만 축제 때 반드시 필요한 것으로 떠올랐다. 1477년 시에나 사람들은 "평화의 여신으로 분장한 사람이 갑옷과 무기들 위에 서 있는" 수레를 행진시키면서 자기들도 참여한 페란테와 (아라곤의 페르디난도 1세. 나폴리 왕. 재위 1458~94) 교황 식스투스 4세(재위 1471~84)의 동맹을 선포했다.[60]

베네치아에서는 축제 때 수레 대신 배가 환상적인 행렬을 보여 주었다. 1491년 페라라의 공비를 맞아들이기 위해 총독의 호화선이 출항하는 광경은[61] 동화에나 나올 법한 장면으로 그려졌다.[62] 뱃머리를 양탄자와 화환으로 장식한 수많은 배가 호화로운 옷을 입은 젊은이를 태우고 나아갔다. 부유장치에 매달려 신들의 상징물을 든 정령들이 이리저리 움직이고, 밑에서는 트리톤과 요정으로 분장한 사람들이 떼 지어 있었다. 어디에나 노래가 울리고 향기가 어려 있었으며, 금실로 수놓은 기가 펄럭였다. 총독의 호화선 뒤로는 온갖 소형 배들이 1.5킬로미터 정도 이어져 있어 물이 보이지 않을 정도였다. 다른 축제에서는, 앞에서 말한 무언극 말고도 건강한 소녀 50명이 벌인 보트 경기가 특히 볼 만했다. 16세기에는 귀족들이 축제를 열기 위해 특정 단체로 나뉘어 있었다.[63] 그들의 주요 임무는 배에 실을 거대한 장치를 만드는 것이었다. 1541년 '셈피테르니'(영원한 것이라는 뜻) 축제 때는 대운하를 따라 둥근 '우주'가 떠다녔고, 그 열려진 내부에서 화려한 무도회가 열렸다. 베네치아에서는 사육제도 무도회

---

59) Vasri VIII, p.264, *Vita di A. del Sarto.*

60) Murat. XXIII, Col. 783에 수록된 Allegretto. 수레바퀴가 부서진 것을 흉조로 여겼다.

61) 5편 8장—베네치아에서는 1491년에 에스테 가문의 리아노라와 베아트리체가 방문하자 호화선으로 맞이했고, 조정 경기와 총독관저의 안뜰에서 화려한 무언극 〈멜레아그로스〉를 상연해 축하했다.

62) M. Anton. Sabellici *Epist. L. III, fol. 17.*

63) Sansovino, *Venezia,* fol. 151 이하.—이러한 단체의 이름은 '공작' '불꽃' '영원' '왕' '불멸' 등이었다. 이들이 뒷날 아카데미가 된 듯하다.

센사 축제(그리스도 승천제) 부활절 뒤 40일째 되는 날, 이날 보트클럽 멤버들을 비롯 수많은 이 지역 주민들이 보트를 타고 모여서, 리도섬의 산니콜로 성당 앞까지 이어지는 수상퍼레이드에 참가한다. 베네치아.

나 행렬이나 각종 행사로 유명했다. 사람들은 성 마르코 광장이 마상 창시합(5편 1장 및 5장 주2, 주3 참조)뿐만 아니라 내륙식으로 개선식을 할 만큼 공간이 넉넉하다고 생각했다. 평화 축하제 때는[64] 경건한 여러 종교단체(Scuole)가 저마다 행렬의 각 부분을 맡았다. 빨간 초를 끼운 황금빛 샹들리에, 황금 주발과 뿔을 든 날개 단 소년들 사이로 노아와 다윗이 옥좌에 나란히 앉은 수레가 있었다. 이어서 보물이 실린 낙타를 끄는 아비가일[65]과 정치적 내용을 상징하는 사람들을 실은 두 번째 수레가 뒤따른다. 그 수레에는 베네치아와 리구리아 사이에 이탈리아가 앉아 있고, 위쪽에는 동맹을 맺은 군주들(교황 알렉산데르 6세,

---

64) 아마도 1495년일 것이다. M. Anton. Sabellici *Epist.* L. V, fol. 28.
65) 나발의 아내였으나 나중에 다윗의 아내가 된다. 구약 〈사무엘상〉 25장 참조.

황제 막시밀리안, 에스파냐 왕)의 문장(紋章)을 든 세 여신이 서 있다. 다음에 이어지는 것 중에 가장 눈에 띄는 것은 주위에 성좌를 거느린 지구였다. 다른 마차에는, 문헌을 올바르게 해석했다면, 군주들이 직접 문장을 들고 시종을 거느린 채 타고 있었다.

이런 큰 행렬을 제외하면, 15세기의 사육제 가운데 로마에서 열린 것처럼 다채로운 축제는 아마 어디에도 없었을 것이다.[66] 로마에서는 경주가 여러 종목으로 나뉘어 있어서, 말·물소·나귀·노인·젊은이·유대인이 각각 따로 시합했다. 교황 파울루스 2세는 자신의 베네치아궁 앞에서 많은 사람에게 음식을 베풀기도 했던 것 같다. 고대 이래 한 번도 끊이지 않았던 나보나 광장에서의 경기는 화려하고 호전적인 것으로, 기마병들의 모의전과 무장한 시민들의 분열행진으로 이루어졌다. 가장행렬은 아주 자유로웠기 때문에 때로는 몇 개월씩 이어지기도 했다.[67]

교황 식스투스 4세는 인구가 가장 많은 지역인 캄포 피오레와 반키에서 북적대는 가장한 사람들 사이를 거침없이 헤치고 지나갔다. 그러나 이런 무리가 의도적으로 바티칸을 찾아왔을 때는 피했다. 교황 인노켄티우스 8세(재위 1484~92) 시절에는 그 전부터 횡행하던 추기경들의 부패가 극에 달해 있었다. 1491년의 사육제에서 그들은 가장한 인물들과 광대와 가수들을 가득 태운 수레를 서로 주고받았는데, 그 광대와 가수들은 낯부끄러운 노래를 큰 소리로 불러댔다. 물론 이런 수레는 기마병들이 호위했다.

사육제 말고도, 처음으로 대대적인 횃불행렬의 가치를 인식한 이들도 로마인이었던 것 같다. 1459년 교황 피우스 2세가 만토바회의에서 돌아왔을 때,[68] 민중은 궁전 앞에서 횃불을 든 채 말을 타고 원을 그리면서 그를 맞이했다. 그러나 식스투스 4세는 밤중에 횃불과 올리브나무 가지를 들고 찾아오는 사람

---

66) Eccard, *Scriptt.* II, Col. 1893, 2000에 수록된 Infessura.─Murat. III, II, Col. 1012에 수록된 Mich. Cannesius, *Vita Pauli* II.─Platina, *Vitae pontiff.* p.318.─Muratori. XXIII, Col. 163, 194에 수록된 Jac. Volaterran.─Paul. Jov. *Elogia,* sub Juliano Caesarino.─다른 도시에서는 여자들의 경주도 열렸다. Murat. XIV, Col. 384의 *Diario Ferrarese.*

67) 교황 알렉산데르 6세 시절에는 한때 10월부터 사순절까지 계속된 기록이 있다. Tommasi, l. c. p.322 참조.

68) Pii II. *Comment.* L. IV, p.211.

〈산 마르코 광장의 행렬〉 젠틸레 벨리니 작(1496). 수호성인 산 마르코의 축일(4월 25일)을 기리는 행렬(부분). 성물(聖物) '기적의 십자가'를 짊어지고 있다. 이 그림은 산 마르코 광장의 모습뿐만 아니라 그 무렵 베네치아 사회를 구성한 사람들의 모습을 충실히 재현하고 있다. 베네치아.

들을 받아들이지 않는 편이 좋겠다고 생각했다.[69]

그러나 피렌체의 사육제는 기록에도 남아 있는 특별한 행렬 덕분에 로마의 사육제를 뛰어넘었다.[70] 걷거나 말을 탄 가장인물들 사이로 환상적인 모양의 거대한 마차가 나타났는데, 그 위에는 우의적인 인물이나 군상이 저마다

69) Murat, III, II, Col. 1080에 수록된 *Nantiporto*. 그들은 식스투스 4세에게 강화조약 체결에 대한 감사의 뜻을 나타내려고 했다지만, 궁전 문은 닫혀 있었고, 광장 곳곳에는 군대가 배치되어 있었다.

70) "개선식도 수레도, 사육제의 노래도 모두 가장행렬을 하라." Cosmopoli 1750.–Machiavelli, *Opere minori*, p.505.–Vasari, VII, p.115 이하., *vita di Piero di Cosimo*. 피에로 디 코시모가 이런 행렬의 발전에 크게 기여했다.

적합한 수행자를 거느리고 타고 있었다. 그들은 머리 하나에 안경을 쓴 네 얼굴이 달린 '질투', 저마다 상응하는 행성을 지닌 '네 기질',[71] 운명의 세 여신, 묶여 쓰러져 있는 '희망'과 '공포' 위에 군림하는 '지혜', '4원소(땅·물·불·바람)', 다양한 '연령', '바람', '사계절' 등이었다. 유명한 죽음의 마차도 관을 싣고 나타나 관 뚜껑을 열었다. 때로는 바쿠스와 아리아드네, 파리스와 헬레나 같은 신들이 탄 화려한 수레도 나타난다. 끝으로 하나의 계급이나 부류를 상징하는 인물들이 모인 합창대가 등장하는데, 거지, 요정들을 거느린 사냥꾼, 생전에 무자비한 여자였던 불쌍한 망령, 세상을 버린 은자, 부랑자, 점성술사, 악마, 특정한 물건을 파는 상인 등이다. 그뿐만 아니라 한번은 민중이 수레를 타고 나타나 서로 상대방을 보고 악질이라고 욕하며 노래하기도 했다. 수집해 보존된 노래들은 때로는 장중하게, 때로는 즐겁게, 때로는 아주 외설적인 어조로 이 행렬을 설명한다. 그중에서 가장 지독한 몇 편은 로렌초 마니피코의 작품이라고 하지만, 아마도 진짜 작가가 감히 이름을 밝힐 용기를 못 냈기 때문일 것이다. 그러나 바쿠스와 아리아드네의 장면에 나오는 아주 아름다운 노래는 로렌초의 작품이 틀림없다. 르네상스의 짧은 영광을 예감한 듯한 슬픈 후렴이 15세기부터 우리의 귓전에 울리고 있다.

아름다워라 청춘이여
그러나 속절없이 지나는구나
즐거운 사람은 즐거워하라
내일 일을 누가 알랴.

---

71) 4편 4장 앞부분 참조. 다혈질, 점액질, 담즙질, 우울질을 뜻한다.

제6편

도덕과 종교

1. 도덕성

신, 도덕, 불멸 같은 궁극의 문제에 대한 각 민족의 관계를 어느 정도까지 밝힐 수는 있지만, 확실하게 비교 서술하기란 도저히 불가능하다. 이 문제에 대한 주장이 분명하면 할수록 우리는 비판 없이 수용하고 성급하게 일반화하는 과오를 피해야 한다.

특히 도덕성을 판단할 때 그렇다. 민족과 민족 사이의 두드러진 대조와 미묘한 차이를 지적할 수는 있겠지만, 전체의 절대적인 총화를 끌어내기에는 인간의 통찰력이 너무도 부족하다. 민족성과 죄과와 양심을 총체적으로 결산하는 일은, 결점이 민족적 특성이 될 뿐 아니라 나아가 미덕으로까지 나타날 수 있다는 이유만으로도 영원히 신비로운 것이다. 여러 민족에 대해 일반적인 평가를 내리고 때로는 신랄한 어조로 논술하길 좋아하는 저작자들은 멋대로 즐기도록 내버려두자. 유럽 사람들은 서로 상처를 낼 수는 있어도 다행히 서로 심판할 수는 없다. 문화와 업적과 체험을 통해 근대 세계와 연결돼 있는 위대한 민족은 누가 책망하든 변호하든 신경 쓰지 않는다. 그들은 이론가들이 인정하건 말건 아랑곳없이 계속 살아간다.

따라서 앞으로 서술할 내용도 판단이 아니라 오랫동안 이탈리아 르네상스를 연구하면서 자연스럽게 얻게 된 일련의 주석이다. 또한 이것은 대개 상류층 생활에 관한 내용이므로 그 타당성도 그만큼 제한적이다. 상류계급의 생활상은 좋은 점이든 나쁜 점이든 이탈리아가 다른 유럽 나라들과는 비교가 되지 않을 정도로 풍부한 자료를 보유하고 있다. 그러나 명성과 불명예가 다른 어떤 나라보다도 소리 높게 울려 퍼졌다 하더라도, 그들의 도덕성을 평가하는 데는 아무런 도움이 되지 않는다.

민족의 성격과 운명이 만들어지는 그 심연을 어느 누가 들여다볼 수 있겠는가? 선천적인 것과 후천적인 것이 결합하여 새로운 무언가가 되고 제2, 제3의 자질이 되는 곳, 얼핏 선천적으로 보이는 정신적 재능도 뒤늦게 새로이 만들어내는 깊숙한 심연을 그 누가 볼 수 있겠는가? 이를테면 13세기 이전의 이탈리아인도 저 가벼운 생동감과 확고함을 발산했을까? 뒤에 이탈리아인 고유의 특성이 된, 어떤 대상이라도 언어나 형태로 형상화하는 능력을 그때도 발휘했을까? 이런 것을 모르고도 정신과 도덕성이 끊임없이 넘나드는 풍부하고 섬세한 혈관을 어떻게 판단할 수 있겠는가? 물론 개인의 잘잘못은 따져볼 수 있으며, 그 판단의 소리가 바로 양심이다. 그러나 한 국민을 총체적으로 판결하는 일은 자제해야 한다. 얼핏 병들어 보이는 국민이 실은 건강할 수 있고, 겉보기에 건강한 국민이 죽음의 싹을 숨기고 있다가 위기에 닥쳤을 때야 드러내 보일 수도 있기 때문이다.

16세기 초 르네상스 문화가 절정에 달하고 동시에 정치가 돌이킬 수 없는 파국으로 치달았을 때, 이 불행을 만연한 부도덕과 연결 지어 생각한 진지한 사상가도 있었다. 그는 어느 민족, 어느 시대에서나 말세를 개탄하는 것을 의무로 삼는 참회설교사가 아니라 바로 마키아벨리였다. 그는 자신의 중요한 사상을 적어 놓은 글에서[1] "우리 이탈리아인은 무엇보다 신앙심이 없으며 사악하다"고 노골적으로 말한다.

다른 사람이라면 아마도 이렇게 말했을 것이다. "우리는 특히 개인주의가 강하다. 우리 민족은 도덕과 종교의 속박을 벗어던졌다. 그리고 외적인 법률을 하찮게 여긴다. 우리의 지배자들이 불법적으로 권력을 잡았으며, 그 관리와 재판관들도 정신이상자들이기 때문이다." 마키아벨리는 앞에서 한 말에 이렇게 덧붙인다. "교회와 그 대표자들이 가장 나쁜 본보기를 보여 주었기 때문이다."

우리는 여기에 또 "고대가 좋지 않은 영향을 끼쳤기 때문이다"라고 부언해야 할까? 어쨌든 이런 가정은 신중하게 제한해야 할 것이다. 인문주의자(제3편 10장 참조), 특히 그들의 방탕한 생활에 관해서는 그렇게 말해도 괜찮을 것이다. 그러나 나머지 사람들은 고대를 안 이래 그리스도교적인 삶의 이상인 경건함

---

1) *Discorsi* L. Ⅰ, c. 12, c. 55 참조. "이탈리아는 다른 어떤 나라보다도 타락했다. 그다음이 프랑스와 에스파냐이다."

대신 역사적 위대함을 추구했던 것 같다(제2편 3장 주28 참조). 위인은 과실이 있어도 위대했으므로 사람들은 곧잘 그 악덕을 문제 삼지 않는 오류를 범했다. 아마 이런 오류에는 무의식 중에 빠졌을 것이다. 왜냐하면 그에 관한 이론적인 증거를 대려면 이번에도 마땅히 파올로 조비오 같은 인문주의자에게서 찾아야 하기 때문이다.

조비오는, 잔 갈레아초 비스콘티가 선서를 위반하긴 했지만 이로써 한 나라가 건설되었다는 이유로 그를 율리우스 카이사르에 빗대어 변호했다.[2] 하지만 피렌체의 위대한 역사가와 정치가들은 그런 비굴한 선례를 절대로 끌어들이지 않았다. 그들의 판단과 행동이 고대적으로 보이는 부분이 있다면, 그것은 그들의 국가 체제가 필연적으로 고대와 비슷한 사고방식을 심어주었기 때문이다.

어쨌든 16세기 초 이탈리아는 도덕적으로 중대한 위기에 빠져 있어서, 양식이 있는 사람들은 거기서 빠져나올 길이 없다고 생각했다.

먼저 악을 강하게 막아서는 도덕적 힘이 무엇인지부터 살펴보겠다. 탁월한 재능을 타고난 사람들은 그 힘을 명예심이라고 보았다. 명예심은 양심과 이기심의 절묘한 혼합물로서, 현대인도 자기 잘못이든 아니든 믿음과 사랑과 희망을 잃어버린 뒤에도 명예심만은 잃지 않았다. 명예심은 이기주의나 큰 죄악과 손을 잡으면 엄청난 기만을 만들어낸다. 그러나 인격 속에 남아 있는 고귀한 것도 명예심과 하나가 되어 새로운 힘을 창조해낸다. 생각보다 훨씬 넓은 의미에서 명예심은 개인주의가 발달한 오늘날 유럽인들의 행동을 지배하는 결정적인 기준이 되었다. 또한 여전히 도덕과 종교에 충실한 많은 사람들도 무의식적으로 명예심에 따라 중대한 결정을 내린다.[3]

고대인들이 이 감정 특유의 성격을 이해했는지, 그 뒤 중세에는 특수한 의미를 갖는 명예심이 어떻게 특정 계급의 표시가 되었는지, 이를 지적하는 것은 우리의 과제가 아니다. 또한 명예심 대신 양심만이 인간 행동의 본질적인 원동력이라고 보는 사람들과 굳이 싸울 생각도 없다. 물론 양심만을 원동력으로

---

2) Paul. Jov. *viri illustres* ; Jo. Gal. *Vicecomes.*
3) 오늘날 세계에서 명예심의 위치는 Prévost—Paradol, *la France nouvelle*, Livre III, chap. 2(1868) 참조.

삼는 편이 보다 더 훌륭하고 고상할 것이다. 그러나 좋은 결의들이 '이기심으로 흐려진 양심'에서 출발한다는 점을 인정한다면, 이 혼합된 감정은 명예심이라고 부르는 게 더 적합할 것이다. 하지만 르네상스 이탈리아인에게서 명예심과 명예욕을 구별하기란 언제나 어려운 일이다. 명예심이 쉽게 명예욕으로 옮겨가기 때문이지만, 이 둘은 본질적으로 다르다.

명예심에 대한 기록은 여럿 인용하기보다는 아주 두드러진 것 하나만 들어보겠다. 다음은 최근 발간된 귀차르디니의 잠언집에 나오는 한 구절이다.[4]

명예를 귀하게 여기는 사람은 노고도 위험도 지출도 두려워하지 않으므로 무슨 일에서든 성공한다. 나는 스스로 이를 시험해 보았고, 그 결과 이렇게 말할 수 있다. 이 강한 충동에서 나오지 않은 인간 행동은 생명 없고 공허한 것이다.

물론 저자의 삶을 기록한 다른 문헌들을 보건대, 여기서 귀차르디니가 가리키는 것은 명성이 아니라 명예심임을 덧붙여야 할 것이다. 그러나 이 문제를 어떤 이탈리아인보다도 날카롭게 지적한 사람은 라블레였다. 사실 이 연구에 그를 결부시키고 싶진 않다. 이 강렬하고 기이한 프랑스인은 형식과 미를 상실한 르네상스가 어떤 모양일지를 어렴풋이 보여주기 때문이다.[5] 하지만 그가 묘사한 이상향 텔렘 수도원(라블레가 《가르강튀아》에서 이상적인 수도원으로 묘사한 곳)은 문화사적으로 결정적인 작품이며, 그의 비상한 상상력이 없었더라면 16세기는 불완전한 그림이 되었을 것이다. 라블레는 자유의지를 신조로 삼는 그 수도회에서 생활하는 신사 숙녀에 대해 이렇게 말한다.[6]

자기가 하고 싶은 것을 하라, 이것이 그들의 규칙이었다. 좋은 가문에서

---

4) Franc, Guicciardini, *Ricordi politici e civili*, N. 118.(Opere inedite, vol. Ⅰ.)
5) 그와 가장 닮은 사람은 메를리누스 코카유스(테오필로 폴렝고)이다. 라블레는 그의 《마카로니 시모음 *Opus Maccaronicrorum*》을 분명히 알고 있었으며 《팡타그뤼엘 *Pantagruel*》에서 몇 번 인용했다. 뿐만 아니라 《팡타그뤼엘》과 《가르강튀아》를 쓰고자 하는 마음도 메를리누스 코카유스의 작품을 읽고서 생겼을 것이다.
6) *Gargantua* L. Ⅰ, chap. 57.

태어나[7] 좋은 교육을 받고, 고상한 친구와 사귀는 자유로운 사람들은 나면서부터 덕을 행하고 악을 피하는 본능과 성향을 지니고 있기 때문이다. 이것을 그들은 명예심이라 불렀다.

그것은 18세기 후반에도 인간의 마음에 생기를 불어넣고 프랑스혁명의 불씨를 마련하는 데 도움이 된, 인간 본성의 선함에 대한 믿음이었다. 이탈리아 사람들도 저마다 자기 안에 있는 이런 고귀한 본능에 호소했다. 비록 국민 전체를 놓고 보자면—특히 국가적 불행의 결과—비관적인 판단과 감정이 압도적이라 하더라도, 이 명예심만은 여전히 높이 평가되어야 한다. 개성의 무한한 발전이 세계 역사의 섭리이며 그것이 개인의 의지보다 더 강했다면, 그 시절 이탈리아에 나타난 명예심이라는 이 반대 세력 또한 그에 못지않게 강력한 것이었다. 명예심이 맹렬하게 공격하는 이기심에 맞서 얼마나 자주 승리했는가는 우리로선 알 수 없다. 그렇기 때문에 이탈리아 국민의 절대적인 도덕적 가치를 올바르게 평가하기에는 우리의 판단력이 모자란 것이다.

그런데 르네상스기에 고도로 발전한 이탈리아인의 도덕성을 판단함에 있어 가장 중요하게 고려해야 하는 것은 상상력이다. 상상력은 이탈리아인의 미덕과 과오에 독특한 색채를 부여했다. 그리고 이탈리아인의 분방한 이기심은 상상력에 지배당하면서 비로소 가공할 만한 모습을 드러냈다.

상상력 덕분에 이탈리아인은 근대의 첫 대도박사가 되었다. 상상력이 미래의 부와 향락을 너무나 생생하게 묘사해 보이자 그들은 마지막 남은 것까지도 걸게 되었던 것이다. 만약 코란이 처음부터 도박을 금하는 계율을 이슬람 도덕의 가장 긴요한 방어물로 정하고 민중의 상상력을 숨겨진 보물 찾기로 돌리지 않았더라면, 도박에선 분명 이슬람 사람들이 이탈리아인보다 앞섰을 것이다. 도박이 널리 일반화되었던 이탈리아에서는 벌써부터 그것 때문에 개인의 목숨이 위협당하거나 파괴되는 일이 곧잘 일어났다. 피렌체에는 14세기 말에

---

7) 더 높은 의미에서의 좋은 가문이라는 뜻이다. 시농의 여인숙 집 아들인 라블레가 귀족들에게 특권을 양보할 이유가 없기 때문이다. 수도원 비명에 쓰인 복음 설교는 텔렘 수도원 사람들의 평소 생활과는 전혀 맞지 않았다. 그것은 오히려 로마교회에 대한 반항을 담고 있는 부정적인 뜻으로 해석해야 한다.

이미 베네치아의 카사노바 못지않은 부오나코르소 피티라는 사람이 있었다. 그는 상인, 당원, 투기가, 외교관, 직업도박사로서 쉴 새 없이 여행하면서 막대한 돈을 얻고 잃었으며, 브라반트, 바이에른, 사보이의 공작 같은 군주가 아니면 상대하지 않았다.[8] 로마교황청이라는 커다란 제비뽑기 상자도, 음모를 꾀하는 사이사이에 주사위 놀이로 욕구를 해소하지 않고는 견딜 수 없을 만큼 교황청 사람들에게 도박하는 습관을 들이게 했다. 프란체스케토 치보(교황 인노켄티우스 8세의 아들)는 추기경 라파엘레 리아리오와 두 차례 도박을 해서 1만 4천 두카토를 잃고는, 상대가 자기를 속였다며 교황에게 호소했다.[9] 그 이래 이탈리아는 복권의 본고장이 되어버렸다.

상상력은 이탈리아인의 복수심에도 특별한 성격을 부여했다. 물론 정의감은 예부터 유럽 어디에서나 동일한 감정이었고, 정의감이 훼손되었는데도 가해자가 아무런 벌을 받지 않으면 억울하게 생각하는 것도 어디서나 매한가지였다. 그러나 다른 민족들은 쉽게 용서하진 않는다 해도 쉽게 잊는 데 반해, 이탈리아인의 상상력은 부정적인 영상을 언제까지나 놀랍도록 선명하게 재생시켰다.[10] 동시에 혈연에 대한 보복이 민중의 도덕관에서 의무로 여겨져 때로는 아주 잔인한 방법으로 실행된 것이 이런 일반적인 복수욕에 또 하나의 특별한 근거를 제공한다. 정부와 재판소는 복수의 존재와 정당성을 인정하고 다만 최악의 사태를 방지하는 데 힘을 썼다. 농민들 사이에서도 티에스테스의 향연[11]이나 끝없는 살육행위가 광범하게 이루어졌다. 여기서 한 사람의 증언을 들어보자.[12]

아쿠아펜덴테 지방에서 세 목동이 가축을 치고 있었다. 그중 한 소년이 사

8) Delécluze, *Florence et ses vicissitudes*, vol. 2에 발췌되어 있는 그의 일기 참조.—이 책 4편 5장 참조.

9) Infessura, ap. Eccard, *scriptt.* II, Col. 1992. 이 책 1편 9장 참조.

10) 재치 있는 스탕달의 이 의견(*La chartreuse de Parme*, ed. Delahays, p. 335)은 깊은 심리적 관찰에서 비롯된 듯하다.

11) 그리스 신화에 나오는 이야기. 티에스테스는 형 아트레우스의 아내를 유혹해 왕위를 빼앗으려다가 추방된다. 이에 대한 복수로 자기가 키운 아트레우스의 아들을 보내어 아버지를 죽이게 하지만, 반대로 아들이 아버지의 손에 죽고 만다. 자기도 모르게 아들을 죽인 아트레우스는 화해를 가장해 티에스테스와 그의 두 아들을 초청한다. 그러고는 아들들을 몰래 죽인 다음 요리하여 아버지 티에스테스에게 대접했다.

12) Graziani, *Cronaca di Perugia*, 1437년 항목(*Arch. stor.* XVI, I, p. 415).

람은 어떻게 목을 매다는지 한 번 해보자고 말했다. 그래서 한 소년의 어깨에 다른 소년이 올라타고, 나머지 소년이 그 소년의 목에 두른 밧줄을 떡갈나무 줄기에 붙들어 맸다. 그때 늑대가 나타났다. 두 소년은 매달린 소년을 그대로 둔 채 달아났다. 나중에 돌아와 보니 그 소년이 죽어 있었으므로 두 소년은 그의 시체를 땅에 묻어 주었다. 일요일 날 죽은 아이의 아버지가 빵을 들고 찾아왔다. 두 소년 가운데 하나가 사건의 전말을 밝히고 무덤을 가리켰다. 그러자 아버지는 그 소년을 단도로 찔러 죽이고 배를 갈라 간을 떼어냈다. 그러고는 그것으로 그 아이의 아버지에게 식사를 대접한 뒤 그 간이 누구의 것인지 말해 주었다. 이로써 두 집안 사이에 서로 죽고 죽이는 살육이 벌어졌고, 한 달 만에 36명의 남녀가 살해되었다.

이런 피의 복수(vendetta)는 여러 대에 걸쳐 내려오면서 방계 친척과 친구에까지 이어졌고, 지위가 높은 사람에게로 확대되었다. 연대기나 단편소설집도 그런 실례, 특히 여자를 욕보인 자에게 복수하는 이야기들로 가득 차 있다. 예부터 복수의 땅으로 유명한 로마냐에서는 복수가 모든 당파와 깊게 얽혀 있었다. 전설은 때때로 이 대담하고 정력적인 국민이 야만인으로 타락한 모습을 무시무시한 상징을 통해 들려준다. 그 예로 라벤나의 귀족 이야기를 들 수 있다. 그 귀족은 자기 적을 탑 안의 감옥에 남김없이 몰아넣었으므로 그들을 태워죽일 수도 있었지만, 밖으로 끌어내어 그들을 포옹하고 성대한 잔치를 베풀어 주었다. 그러나 한층 더 맹렬한 수치심에 사로잡힌 그들은 더욱더 모반을 꾀한다.[13] 경건하고 신성한 수도사들은 끈질기게 화해를 권고했으나 이미 시작된 복수를 제한하는 것이 고작일 뿐 새로운 복수를 막기는 어려웠다. 단편소설 가운데는 이런 종교의 영향으로 아량과 관대한 감정이 일어나기도 하지만, 이미 움직이기 시작해 이제는 어떻게 해볼 수 없는 사건의 힘 때문에 이런 용서가 무력화되는 내용을 담은 작품이 꽤 있다. 교황도 조정자로서 언제나 성공한 것은 아니었다. "교황 파울루스 2세(재위 1464~71)는 안토니오 카파렐로와 알베리노 가문의 불화를 그치게 하려고 조반니 알베리노와 안토니오 카파렐로를 불러 서로 입맞춤하라고 명했다. 그러고는 두 집안

---

13) Giraldi, *Hecatommithi* I, *Nov.* 7.

이 다시 서로를 해친다면 벌금 2천 두가토를 물리겠다고 엄포했다. 그러나 이틀 뒤, 전에도 안토니오에게 상처를 입힌 적이 있는 조반니 알베리노의 아들 자코모가 안토니오를 다시 칼로 찔렀다. 불같이 노한 파울루스 2세는 알베리노의 재산을 몰수하고 그 저택을 헐고 알베리노 부자를 로마에서 추방했다."[14] 화해한 사람들이 앙숙 관계로 되돌아가는 것을 막기 위해 했던 맹세와 의식도 우리를 놀라게 한다. 1494년 섣달 그믐날 시에나 대성당에서[15] 노베당 사람들과 포폴라리당 사람들이 만나 둘씩 입맞춤을 할 때 서약문이 낭송되었다. 앞으로 이 서약을 위반한 자는 현세는 물론 내세에서도 영원히 구원받을 수 없다는 '전대미문의 놀랍고도 소름 끼치는 내용'이었다. 이를 위반하면 임종 때의 마지막 위로까지도 영겁의 벌로 변한다는 것이었다. 이런 서약은 사실 평화의 실제적 보증이라기보다는 중재자의 절망적인 기분을 나타낸 것이었다. 진실한 화해라면 이런 말이 어째서 필요하겠는가.

교양층과 상류층의 개인적인 복수욕은 민족적 관습이라는 견고한 기초에 바탕을 두고 여러 색채를 띠고 나타났으며, 소설을 통해 이야기되는 여론의 무조건적인 인정을 받았다.[16]

이탈리아 사법이 정의를 세워주지 않는 명예훼손이나 권리침해 및 벌할 만한 만족스러운 법률이 없고 또 앞으로도 없을 모욕과 침해에 대해서는 스스로 알아서 권리를 행사해도 된다는 것이 모든 사람의 생각이었다. 다만 복수에는 재치가 담겨 있어야 하고, 만족스러운 복수를 하려면 상대에게 물질적인 손해와 정신적인 모욕을 함께 입혀야 했다. 저속하고 졸렬한 방법이라도 상대를 해치우기만 하면 된다는 식으로는 명예를 회복할 수 없었다. 단지 주먹만으로 하는 것이 아니라, 명예심과 수치심을 갖춘 인격체 전체가 승리를 맛보아야 했던 것이다.

그 시절 이탈리아 사람들은 목적을 이루기 위해서는 어떤 기만도 서슴지 않았지만, 신념에서만큼은 다른 사람에게나 자기에게나 결코 위선을 부리지 않

---

14) Eccard, *scriptt.* II, Col. 1892, 1464년 항목에 수록된 Infessura.
15) Murat. XXIII, Col. 837에 수록된 Allegretto, *Diari sanesi.*
16) 보복을 신에게 맡기는 사람들은 Pulci, *Morgante,* canto XXI, Str. 83, s. 104, s에서 비웃음의 대상이 되고 있다.

았다. 따라서 이 복수도 아주 소박하게 인간의 욕구로 인정되었다. 냉정한 사람들은 격정에 사로잡혀서가 아니라, '자신은 당하고만 있을 인간이 아님을 상대에게 일깨워주기 위해'[17] 복수할 때 특히 칭찬했다. 그러나 격정을 배출하기 위한 복수에 비하면 이런 복수는 극소수였을 것이다. 이런 복수는 피비린내 나는 앙갚음과는 분명히 구별된다. 앙갚음은 보복권(jus talionis : 눈에는 눈 이에는 이 식의 대갚음)의 한계 안에 머무르는 데 반해, 이 복수는 보복권의 범위를 넘어서 정의감의 동의를 구할 뿐만 아니라, 이를 칭찬하는 사람들과 때로는 비웃는 사람들까지도 자기편으로 끌어들이기 때문이다.

때때로 복수를 이루기 위해 오랫동안 기다리는 이유도 여기에 있었다. '멋있는 복수(bella vendetta)'를 하기 위해서는 여러 사정이 맞아떨어져야 했기 때문이다. 소설가들은 그런 기회가 차츰 무르익는 것을 곳곳에서 쾌감을 느끼며 묘사하고 있다.

고소인과 판사가 동일인이라는 점의 도덕성 여부는 더 이상 시비를 가릴 필요가 없다. 만약 이탈리아의 복수심을 어떤 방법으로든 변호하려면, 여기에 대응하는 국민적 미덕, 즉 보은의 마음을 지적해야 할 것이다. 자기가 받은 부당한 대우를 생생하게 되살려 확대시킨 상상력은, 그들이 받은 호의도 언제까지나 기억할 것이 틀림없다.[18] 이를 이탈리아 국민의 이름으로 증명하기란 도저히 불가능하나, 오늘날 그들의 국민성 가운데는 이런 흔적이 남아 있다. 서민들이 후한 대접에 깊은 감사를 표시하는 것과 상류층 사람들이 사교생활에서 보여주는 탁월한 기억력이 그 예이다.

이탈리아 사람들의 도덕성과 상상력의 이러한 관계는 끊임없이 되풀이된다. 북유럽 사람들이 감정에 충실한 데 반해 이탈리아인들은 냉정하고 타산적인 것처럼 보인다면, 이는 이탈리아인이 좀 더 일상적으로, 더 일찍부터 개인적인 발달을 이루었기 때문이다. 이탈리아가 아니라도 이런 발달이 있었던 곳에서는 비슷한 결과가 나타난다. 예를 들어, 가정과 부권에서 일찌감치 이탈하는 것은 이탈리아와 북미 젊은이들에게서도 똑같이 볼 수 있는 현상이다. 그리고

---

17) Guicciardini, *Ricordi*, l. c. N. 74.

18) 지롤라모 카르디노(*de propria vita*, cap. 13)는 자신을 묘사할 때, 극단적으로 복수심이 강하지만, "진실을 사랑하고 은혜를 잊지 않으며 정의감이 넘치는" 사람이라고 말했다.

나중에야 관대한 성품의 사람들이 부모와 자식 사이의 한결 자유로운 애정 관계를 맺는다.

다른 나라 국민의 성격과 감정을 판단하기란 특히 어려운 문제이다. 한 국민의 특성이 고도로 발전했더라도 외국인이 인식할 수 없을 만큼 방식이 다를 수도 있고, 외부인의 눈에는 완전히 가려져 있을 수도 있다. 아마도 유럽의 모든 국민은 이런 점에서 똑같이 혜택을 받았다고 할 수 있을 것이다.

그런데 상상력이 폭력적이고 전제적인 영향을 도덕성에 끼친 경우는 불륜에서 찾을 수 있다. 잘 알려진 것처럼 중세에는, 그러니까 매독이 나타나기(대략 1493년 이후) 전까지는 매춘을 꺼리지 않았다. 그러나 그 시절 매춘에 대한 여러 비교 통계는 이 책에서 다룰 이야기가 아니다. 그런데 르네상스 이탈리아의 특징은 결혼과 그 권리를 다른 어느 나라보다도 더 많이, 의식적으로 짓밟았다는 것이다. 상류계급의 딸들은 철저히 격리되어 있었으므로 문제 삼을 것이 없다. 모든 정열은 결혼한 여성과 관련이 있었다.

여기서 주의해야 할 점은, 결혼이 눈에 띌 만큼 줄지 않았다는 것과 북유럽이라면 가정이 파탄 났을 상황인데도 그런 혼란을 겪지 않았다는 사실이다. 이탈리아 사람들은 자유분방하게 살고자 했지만, 가정만큼은 어떤 일이 있어도 지키려 했다. 혹 그것이 자기 가정이 아니라도 말이다. 이 민족이 육체적으로나 정신적으로나 쇠퇴하지 않은 까닭이 바로 여기에 있다. 16세기 중엽에 나타난 정신적 쇠퇴는, 르네상스가 이룩할 수 있는 창조적 위업이 거기까지였다는 것을 인정하고 싶지 않더라도, 어쨌든 정치와 교회 같은 외부 요인이 그 원인이었다. 이탈리아 사람들은 그 모든 방탕에도 육체적으로나 정신적으로 여전히 유럽에서 가장 건전하고 고결한 민족에 속하며,[19] 도덕성이 개선된 오늘날까지도 이 점에서 우위를 차지하고 있다.

그런데 르네상스의 애정관을 자세히 살펴보면, 여러 기록에서 나타나는 놀라운 대립에 당혹스러워진다. 단편소설가나 희극작가는 사랑이란 단지 관능적 향락에 지나지 않으며, 그 향락을 얻기 위해서라면 비극적이든 희극적이든 모든 수단이 허용될 뿐만 아니라, 그 방법이 대담하고 경박할수록 재미있다고

---

19) 에스파냐 지배가 확립되자 상대적으로 인구 감소가 시작된 것은 사실이다. 그러나 인구 감소가 풍기문란의 결과였다면 훨씬 전부터 그랬어야 했을 것이다.

여기는 듯하다. 그러나 뛰어난 서정시인과 대화편 작가의 걸작들을 읽어보면, 거기엔 가장 고귀하고 심오한 정신적 정열이 있다. 그뿐인가, 그들은 열정의 최고 최대의 표현을, 남녀의 영혼이 신성 안에서 본디 하나였다는 고대의 이상 속에서 찾는다. 그때는 이런 두 견해가 모두 진실이었고 한 사람 안에서 공존할 수 있었다. 근대의 교양인들 속에도 이런 극단적인 차원의 여러 감정이 무의식적으로 존재할 뿐만 아니라, 그것은 의식적으로, 때로는 예술적으로 표출된다. 이는 분명 자랑스러운 일은 아니나 엄연한 사실이다. 고대인과 같이 근대인도 이런 면에서 소우주(Mikrokosmos)이다. 중세인은 소우주가 아니었으며, 소우주가 될 수도 없었다.

먼저 단편소설 속 도덕성에 주목해 보자. 앞서 이야기했듯이, 대부분의 소설에서는 기혼 여성이 등장했고, 따라서 간통을 주제로 다루었다.

여기서 아주 중요한 것은 앞서 말한(5편 6장 참조), 여자와 남자가 동등하다는 관념이다. 교양 있고 개성이 발달한 이탈리아 여성은 북유럽 여성과는 전혀 달리 자유롭고 당당하게 일을 처리했다. 부정한 행위가 겉으로 드러나도 처신만 잘하면 일생을 망치는 무서운 파국으로 치닫지 않았다. 아내의 정절을 요구하는 남편의 권리도, 북유럽 남성들이 구혼과 약혼 시절에 시나 정열로 얻는 탄탄한 기반을 바탕으로 하지 못했다. 젊은 여성은 장차 남편이 될 사람과 아주 짧게 얼굴을 익힌 다음 곧바로 부모의 집이나 수도원에서 해방돼 세상으로 발을 내딛었다. 그리고 이때부터 비로소 그녀의 개성이 눈부신 속도로 성장한다. 남편의 권리가 아주 제한적인 것은 이 때문이며, 그것을 기득권(jus quaesitum)이라고 보는 남자도 마음이 아니라 외적인 행위에 대해서만 그 권리를 주장했다. 노인을 남편으로 둔 젊고 아름다운 아내는 젊은 애인이 보낸 선물과 편지를 자기의 정절을 지키려는 굳은 결심으로 되돌려보낸다. "그러나 젊은 아내는 그 청년이 훌륭한 사람이므로 그 사랑을 기쁘게 생각했으며, 고귀한 부인은 정절을 지키기만 한다면 훌륭한 사람을 사랑해도 된다고 생각했다."[20] 그러나 이렇게 선을 긋는 것에서 무분별한 부정까지는 몇 걸음 되지 않았다.

---

20) Giraldi, *Hecatommithi* III, *Nov.* 2.—비슷한 이야기가 *Cortigiano*, L. IV, fol. 180에도 있다.

또한 남편이 외도했을 때는 부정을 저지르는 것도 정당한 행위로 생각되었다. 자의식이 발달한 아내는 남편의 불륜을 단지 고통으로 느낄 뿐 아니라 모욕과 굴욕과 기만으로 받아들였으므로, 종종 아주 냉철하게 남편이 받아 마땅한 복수를 계획했다. 이때 어떤 처벌을 내리느냐는 아내의 재량에 달려 있었다. 따라서 아무리 깊은 모욕을 받았더라도 그 일이 밖으로 새어나가지만 않으면 화해와 평화로운 미래로의 길을 열 수도 있었다. 그런 비밀을 들었거나 혹은 시대의 분위기에 맞춰 작품으로 창작했던 단편작가들은 복수가 더할 나위 없이 적절해 하나의 예술작품이 될 때 칭찬해 마지않았다. 그러나 남편은 이런 보복권을 결코 인정하지 않았으며, 혹 인정한다 하더라도 다만 두렵거나 일을 어떻게든 잘 해결해 보려는 심산에서였다. 보복권을 인정할 마음이 없는데 남편이 아내의 부정 때문에 제삼자에게 비웃음을 사게 생겼다든가 적어도 그럴 걱정이 있을 때에는 사태가 심각해져, 무법적인 역복수나 살인도 심심찮게 일어났다. 한데 이런 행위로 치닫는 진짜 원인으로서 특징적인 것은, 남편뿐 아니라 아내의 남자 형제들과[21] 아버지까지도 복수하는 것을 당연한 권리이자 의무로 생각했다는 점이다. 이쯤 되면 질투는 이제 사건과 아무 상관이 없었으며 도덕도 별 걸림돌이 되지 못했다. 오로지 제삼자의 조소를 피하겠다는 것이 가장 큰 목적이었다. 반델로는 말한다.[22]

오늘날에는 자기 욕망을 채우기 위해 남편을 독살하는 여자를 볼 수 있다. 과부가 되면 제멋대로 살아도 괜찮다고 생각하는 것이다. 불륜이 들통날까봐 애인을 종용해 남편을 죽이는 여자도 있다. 그러면 그녀의 아버지와 형제와 남편은 독약과 칼을 비롯한 온갖 수단으로 눈앞의 수치를 제거하려고 한다. 그럼에도 수많은 아내들은 여전히 자기의 생명도 명예도 돌보지 않은 채 정열을 좇아 살아간다.

---

21) 1455년 페루자에서 형제의 손으로 복수가 이루어진 끔찍한 이야기가 Graziani의 연대기에 나와 있다(Arch. Stor. XVI, I, p. 629). 오빠는 누이의 애인에게 강제로 자기 여동생의 눈을 뽑게 한 뒤, 그 애인을 흠씬 패서 내쫓았다. 여성의 집안은 오디 가문의 친척이며, 그녀의 애인은 코도반 가죽끈 제조자에 지나지 않았다.
22) Bandello, Parte I, Nov. 9, 26. 이따금 아내의 고해신부가 남편에게 매수되어 그녀의 불륜 사실을 누설했다.

다른 곳에서는 좀 더 온건한 투로 이렇게 한탄했다.

이 남자는 부정한 짓을 했다며 아내를 죽이고, 저 남자는 몰래 정을 통했다며 딸을 목 졸라 죽이고, 어떤 남자는 자기가 정해준 혼처를 마다했다며 여동생을 죽인다. 하루라도 이런 이야기를 안 듣고 살 순 없을까! 우리 남자들은 하고 싶은 대로 거리낌 없이 하면서 가엾은 여자들에게는 그 권리를 인정해 주지 않다니 너무도 잔인한 일이다. 여자들이 우리 마음에 들지 않는 일을 하면 우리는 곧바로 노끈과 단도와 독약을 손에 든다. 자신과 집안의 명예가 한 여자의 욕망에 달려 있다고 생각하다니 얼마나 어리석은가!

그러나 유감스럽게도 이런 일의 결말은 언제나 정해져 있었으므로, 소설가는 위협받고 있는 애인이 아직 살아 활보하는데도 그를 죽은 사람으로 그려냈다. 의사인 안토니오 볼로냐[23]는 아라곤 가문 사람인 말피 공작의 미망인과 내연관계였다. 이 사실을 안 그녀의 형제들은 그녀와 그 아이들을 어느 성으로 데려가 죽여 버렸다. 그런 사실도 모른 채 희망에 들떠 있던 안토니오는 고용된 자객이 기다리고 있는 밀라노에 머물면서, 이폴리타 스포르차의 사교모임에서 자기의 기구한 이야기를 류트 선율에 맞춰 노래했다. 그 가문의 친구인 델리오는 "시피오네 아텔라노에게 여기까지의 이야기를 해주고, 안토니오는 살해될 것이 분명하므로 이 이야기를 자기 소설에서 다룰 생각이라고 덧붙였다." 그 말대로 안토니오는 델리오와 아텔라노의 눈앞에서 살해당했고, 그 광경은 반델로의 작품에(1, 26) 생생히 묘사되어 있다.

그러나 소설가는 간통과 더불어 나타나는 온갖 재치와 교활함과 익살스러움에 끌렸다. 그들은 집 안에서 벌어지는 은밀한 일, 의미심장한 눈짓과 온갖 방법으로 전해지는 편지, 애인을 숨겼다가 내보낼 수 있도록 미리 쿠션과 과자를 넣어 마련해 둔 큰 상자 등을 재미나게 묘사한다. 배신당한 남편은 상황에 따라 본디 희극적인 인물이거나 아니면 잔인한 복수자로만 그려졌다. 여자가

---

23) 5편 5장 주11 참조.

사악하고 잔인하여 남편이나 애인이 죄 없는 희생자로 그려질 때가 아니면 다른 유형이란 없었다. 그러나 이 마지막 이야기는, 소설이 아니라 현실생활에서 따온 무서운 실례라는 사실을 알게 될 것이다.[24]

16세기 들어 이탈리아인의 생활이 좀 더 에스파냐화하면서 질투 때문에 일어난 횡포도 꽤 늘어난 듯하다. 그러나 이러한 새로운 국면은 이탈리아 르네상스 정신에 바탕을 두고 전부터 있었던 불륜에 대한 보복과 구별해야 한다. 에스파냐 문화의 영향이 쇠퇴하면서, 절정에 달했던 질투도 17세기 말이 되자 정반대의 감정으로 변했다. 즉 '공공연한 아내의 애인(Cicisbeo)'을 가정에 꼭 필요한 인물로 보거나, 하나 혹은 여러 명의 애인(Patiti)도 묵인하는 무관심이 생겨난 것이다.

이제까지 묘사한 정황에서 보이는 엄청난 부도덕을 다른 나라의 것과 비교할 수 있을까? 이를테면 15세기 프랑스의 부부 생활은 이탈리아의 그것보다 신성했을까? 우화나 웃음극으로 보건대 그렇지 않을 것이다. 불륜은 프랑스에서도 똑같이 자주 일어났으나, 다만 자의식이 그리 발달하지 않았기 때문에 비극적인 결말이 이탈리아보다 적었던 것으로 보인다. 오히려 게르만 민족에게서 유리한 결정적 증거를 찾을 수 있다. 영국이나 네덜란드를 여행하는 이탈리아인은 그곳의 처녀와 부인들이 무척이나 자유롭다는 사실에 감탄했다(5편 6장 주7 참조). 그러나 이 점을 지나치게 중요시해선 안 된다. 불륜은 이곳에서도 똑같이 자주 일어났고, 자의식이 발달한 사람들은 어느 나라에서나 살벌한 보복으로 치달았다. 그 무렵 북유럽 군주들이 불륜 혐의가 있는 왕비들을 어떻게 다루었는지 떠올려보라.

그러나 그 시절 금단의 영역에 있던 것은 평범한 인간의 정욕이나 천박한 욕망만이 아니었다. 더없이 고귀하고도 선량한 남성들의 기혼 여성에 대한 정열도 그곳에 있었다. 이는 미혼 여성이 사교계 밖에 있었기 때문만이 아니라, 완벽한 남성일수록 부부생활을 통해 이미 무르익은 여성에게 더욱 강하게 끌렸기 때문이다. 서정시의 격조 높은 선율로 노래하고, 논문이나 대화편에서도 타오르는 정열을 숭고한 사랑(l'amor divino)으로 승화시켜 나타내고자 한 사람

---

24) Bandello, Parte I, *Nov.* 4에 한 예가 있다.

들도 그들이었다. 그들이 날개 달린 신(사랑의 신 에로스)의 잔혹함을 탄식한 것은 사랑하는 여자의 무정함이나 신중함 때문만이 아니라 그 관계가 부정하다는 의식이 있기 때문이었다. 그들은 플라톤의 영혼설을 바탕으로 사랑을 정신적인 것으로 만듦으로써 그 괴로움에서 벗어나려 했다. 그 대표자가 피에트로 벰보이다. 벰보의 말은 《아솔라니》 3권에서 직접 들을 수 있으며, 간접적으로는 《궁정인》 4권에서 벰보의 입으로 훌륭한 결론을 이야기하는 카스틸리오네를 통해 들을 수 있다. 이 두 작가는 금욕적인 생활을 하지는 않았다. 그러나 그 시대에는 유명하면서 선량한 사람이라는 것만으로도 대단한 일이었다. 우리도 두 사람에게는 이런 찬사를 바칠 수밖에 없다. 동시대 사람들은 두 사람이 하는 말을 진정에서 나온 것으로 받아들였다. 그러므로 우리도 그것을 단순히 진부한 나열로 무시해 버릴 수는 없다. 《궁정인》을 직접 읽어본 사람이라면, 여기서 일부를 발췌하는 것만으로는 그 개념을 전달할 수 없음을 잘 알 것이다. 그 시절 이탈리아에는 줄리아 곤차가, 베로니카 다 코레조, 비토리아 콜론나(1492~1547. 시인. 로마에서 많은 문인과 교제했다)처럼 주로 이런 관계 때문에 유명해진 귀부인들이 살고 있었다. 방탕아와 조소자의 나라에서 이런 사랑과 이런 여성이 존경받았던 것이다. 그녀들에게 이보다 더한 찬사가 있을까. 여기에 허영의 그림자가 드리워져 있었는지, 이탈리아에서 가장 유명한 남성들의 희망 없는 사랑의, 정신적으로 승화된 고백이 자기 주변에서 울리는 것을 비토리아가 즐겁게 들었는지는 알 수 없다. 이런 일이 곳곳에서 유행했다 하더라도 비토리아가 적어도 그 유행에서 밀려나지 않고 말년에 이르기까지 깊은 인상을 주었다는 사실은 결코 하찮은 일이 아니다. 다른 나라에서 이와 비슷한 일이 일어나기까지는 아직 오랜 세월이 필요했다.

다른 어느 국민보다 이탈리아인을 강하게 지배했던 상상력은, 모든 정열이 왜 점점 광포해지고, 때에 따라 정열을 충족시키는 데 쓰이는 수단이 왜 범죄가 되었는가 하는 일반적 원인의 하나가 되었다. 광포함은 스스로 통제하지 못하는 나약함 때문일 수도 있지만, 이탈리아에서는 힘의 타락 때문이었다. 때때로 이런 타락은 걷잡을 수 없이 심각해졌고, 범죄도 개인적인 확고함을 띠게 되었다.

이것을 억제할 방책은 거의 없었다. 일반 시민들조차도 마음속으로는 자신이 폭력을 통해 비합법적으로 구축된 국가나 그 경찰력의 제재에서 자유롭다고 생각했고, 누구도 법의 공정성을 믿지 않았다. 살인이 일어나면, 자세한 사정이 알려지기 전까지는 민중의 동정이 자동적으로 살인자에게 기울었다.[25] 또한 범죄자가 처형 전과 처형 때 보여주는 남자다운 의연한 태도는 이야기꾼이 그가 왜 유죄 판결을 받았는지 전하는 것도 잊을 정도로 찬사의 대상이었다.[26] 이렇게 법에 대한 경멸과 숱한 복수, 그리고 정치적 혼란기에는 면죄까지 등장한 것을 보면, 어떻게 국가와 시민사회가 해체되지 않았을까 싶다. 나폴리는 아라곤 가문의 지배에서 프랑스 왕조의 지배, 에스파냐 왕조의 지배로 옮겨가는 동안 그랬고, 밀라노도 여러 번에 걸친 스포르차 가문의 추방과 복귀 때에 그런 시기를 거쳤다. 그런 때에는 사법과 사회를 인정하지 않는 부류가 일어나 살인과 약탈의 본능을 마음껏 표출하기 마련이다. 비교적 작은 범위 안에서 이런 상황의 실례를 들어보고자 한다.

1480년 무렵 밀라노 공국이 갈레아초 마리아 스포르차가 죽은 뒤 일어난 내정 위기로 흔들리자 지방 도시들에서는 치안이 마비되었다. 파르마에서는[27] 밀라노공국 총독이 암살 협박에 넘어가 흉악범들을 석방하는 데 동의하고 말았다. 그러자 가택 침입과 건물 파괴, 공공연한 살인이 날마다 일어났다. 처음에는 복면한 범죄자가 홀로 범행을 저질렀으나, 나중에는 무장한 무리가 매일 밤 마을 곳곳을 거침없이 누비고 돌아다녔다. 동시에 고약한 농담과 풍자와 협박문이 유포되고, 관청을 조롱하는 소네트가 나돌았다. 그것은 놀랄 만한 사태이기 전에 관청을 격분시키는 일이었다. 많은 교회에서 성찬용 빵을 담은 그릇이 도난당한 것은 이런 무법 세상의 독특한 색채와 방향을 말해준다. 정부와 경찰이 활동을 중단했는데도 어쨌든 여전히 그것이 존재하므로 임시통치권을 수립할 수 없다면, 오늘날에도 세계 어느 나라를 막론하고 어떤 일이 일어날지 감히 상상도 할 수 없을 것이다. 그런데 그 시절 이탈리아에서는 여

---

25) Giraldi III, *Nov.* 10. 살인자가 그 죄 때문에 참수될지도 모른다는 이야기를 들으면 가정주부들은 "하느님, 제발 그 사람이 붙잡히지 않기를!" 하고 말했다.

26) 조비아노 폰타노(*De Fortitudine*, L. II.)도 그런 이야기꾼 가운데 하나였다. 처형 전날 밤을 춤과 노래로 지새운 담대한 아스콜리 사람이나, 형장으로 가는 아들에게 용기를 북돋워주는 아브루치의 어머니는 도둑 집안 사람인데도 폰타노는 그 점을 빠트리고 이야기하지 않았다.

27) Murat. XXII. Col. 330부터 349까지 곳곳에 나온다. *Diariun Parmense.*

기에 복수까지 더해져서 아주 특별한 상황을 연출했다.

일반적으로 르네상스기의 이탈리아는 큰 범죄가 다른 나라들보다 더 자주 일어났던 것처럼 보인다. 이탈리아가 다른 어느 나라보다 범죄 기록을 풍부하게 남겨놓았고, 더욱이 실제 범죄에 영향을 끼친 상상력이 일어나지 않은 범죄까지 생각해냈으므로 그런 인상을 받을 수도 있다. 그러나 범죄 발생 건수는 다른 나라들과 크게 다르지 않았다. 1500년 무렵 아주 부강했던 독일에는 뻔뻔스러운 부랑자와 난폭한 거지, 노상강도로 변한 기사들이 넘쳐났는데, 그런 사회가 과연 전반적으로 다른 곳보다 안전했는지, 생활이 본질적으로 더 보장되었는지는 확신할 수 없다. 그러나 이탈리아에서 제삼자에게 돈을 주고 의뢰해 벌이는 계획범죄, 직업으로까지 발전된 범죄행위가 무섭도록 만연했단 사실만은 틀림없다.

먼저 도둑을 보면, 이탈리아가 다른 북유럽 나라들보다 더 도둑 때문에 괴로움을 당했던 것은 아니며, 토스카나처럼 운이 좋았던 지역에서는 그 정도가 한층 덜했다. 그러나 여기에는 이탈리아 특유의 인물들이 있었다. 정열 때문에 난폭해져서 차츰 도적 두목으로 전락한 성직자를 다른 어느 나라에서 찾아볼 수 있는가?

이와 관련해 다음과 같은 예가 전해진다.[28] 1495년 8월 12일, 페라라의 성 줄리아노 교회의 탑 옆 감옥에는 피가롤로의 사제 돈 니콜로 데 펠레가티가 갇혀 있었다. 그는 전에 두 번이나 미사를 집전한 인물이었다. 처음 미사를 집전한 날에 그는 살인을 저질렀으나 그 뒤 로마에서 사면받았다. 그다음에는 네 사람을 죽이고, 두 여자와 결혼했으며, 그 여자들을 데리고 여러 곳을 돌아다녔다. 그는 많은 살인사건에 관여했으며, 여자를 겁탈하거나 납치했고, 숱하게 강도질을 하면서 사람들을 죽였다. 똑같은 옷을 맞춰 입고 무장한 패거리를 거느리고 살인과 폭행을 일삼고 음식과 잠자리를 강탈하며 페라라 영내를 배회했다. 그 사이에 있었던 세세한 일들까지 열거하면 이 사제가 저지른 범죄 횟수는 실로 어마어마하다. 그 시절 지나치게 자유롭고 많은 특권을 누린 성직자나 수도사들 가운데에는 수많은 살인자와 범죄자가 있었지만 펠레가티

---

28) Murat. XXIV, Col. 312에 수록된 *Diario Ferrarese*. 이것을 보면 1837년이 되기 전 몇 해 동안 서부 롬바르디아를 노략질한 한 사제가 거느린 일당이 떠오른다.

같은 사람은 아주 드물었다. 마수초(Massuccio)가 나폴리의 한 수도원에서 알게 된 해적[29]처럼, 타락한 인간이 법망을 피해 수도복으로 몸을 가리는 것은 칭찬할 만한 일은 아니더라도 이와는 다른 이야기이다. 이와 관련해 교황 요한 23세가 어떤 일을 했는지는 잘 알려지지 않았다.[30]

개인적으로 유명한 도적 두목들이 출현한 것은 그 뒤 17세기에 이르러서이다. 이때는 교황당과 황제당, 에스파냐인과 프랑스인이라는 정치적 대립이 더는 이 나라를 뒤흔들지 못하던 시대였다. 도적이 당원을 대신한 것이다.

문화가 발달하지 못한 이탈리아의 어느 지방에서는 농민들이 자기 영역에 들어온 모든 외부인에게 살인자 행세를 했다. 특히 나폴리 왕국의 벽지가 그랬다. 거기에는 로마의 대소유지(Latifundia)에서 비롯된 야만스러운 풍속이 남아 있어서, 주민들은 외지에서 온 사람(hospes)과 적(hostis)을 완전히 같은 존재로 생각했다. 그렇다고 그들에게 신앙이 없었던 것은 아니다. 한 목동은 사순절 기간에 치즈를 만들다가 우유 몇 방울이 입 속으로 들어갔음을 고백하기 위해 두려움에 떨며 고해석에 앉았다. 그 지방 풍속에 밝은 고해신부는 그 기회에, 목동이 친구와 함께 종종 여행자를 약탈하고 살해하기도 했으나 그것은 이 지방의 풍속이므로 양심의 가책을 느끼지 않는다는 고백까지 받아냈다.[31] 정치적으로 불안한 시대에는 어느 곳에서나 농민이 야만인이 될 수 있음을 이미 언급한(제4편 8장 주13 참조) 바 있다.

도적질보다 더 악질적인 징후는 돈으로 매수된 제삼자가 저지른 범행이 잦았다는 점이다. 이 분야에서는 나폴리가 이탈리아의 여느 도시보다도 선두에 있었다. "여기 나폴리에서는 사람 목숨보다 싼 것이 없다"고 폰타노는 말했다.[32]

---

29) Massuccio, *Nov.* 29. 이런 남자는 연애에서도 빼어나게 운이 좋았다.

30) 이 교황이 젊은 시절 나폴리 점유를 두고 두 앙주 가문과 싸울 때 해적으로 나타난 것은 정치적 당원으로서 했던 일로 보이며, 그 시절의 관념상 조금도 수치스러운 일이 아니었다. 제노바의 대주교 파올로 프레고소는 15세기 후반에 이보다 더한 짓도 했다.

31) Poggio, *Facetiae* fol. 164. 오늘날의 나폴리를 아는 사람이라면 이런 촌극이 다른 생활권에서 이야기되는 것을 들어보았을 것이다.

32) Jovian, Pontani *Antonius* : "nec est quod Neapoli quam hominis vita minoris vendatur." 폰타노는, 앙주 가문이 지배했을 때는 아직 그렇지 않았다고 전한다. "암살 풍조는 그들, 아라곤 가문에게서 물려받은 것이다." 1534년 무렵의 상황은 Ben. Cellini I, 70에 묘사되어 있다.

운명의 수레바퀴 르네상스 시대 사람들은 인생을 주관하는 '운명'을 흔히 주제로 삼았다. 페트라르카의 대화편 《순경과 역경에 대처하는 방법》은 어떻게 '운명'에 대처해야 할지 구체적으로 논한 작품이다. 당시 이 책을 '지혜의 책'이라 부르면서 즐겨 읽었다. 이 삽화는 페트라르카 작품을 바탕으로 프랑스에서 제작된 것이다. 파리국립도서관 소장.

그러나 다른 지방에서도 이런 범행이 폭발적으로 발생했다. 이러한 범죄를 동기에 따라 구분하긴 힘들다. 저마다 정치적 목적, 파벌 간의 증오, 개인적인 악감정, 복수와 공포심 등이 어지러이 얽혀 있었기 때문이다. 그 무렵 이탈리아에서 가장 발전한 피렌체에서 이런 범죄가 가장 적었던 것은 피렌체 국민의 최대 명예였다.[33] 이는 아마도 피렌체에는 정당한 불만을 해소해 주는 일반적으로 인정된 사법권이 있기 때문이기도 하고, 고차원적인 문화 시민으로서 운명의 수레바퀴에 범죄로 간섭하는 태도를 보는 견해가 달랐기 때문이기도 하다. 특히 피렌체 사람들은 살인 행위가 얼마나 예측 불가능하며, 이른바 유익한 범죄의 주모자들도 압도적으로 유리한 입장을 계속 고수하기가 얼마나 어려운지 잘 이해하고 있었다.

피렌체 공화국이 붕괴된 다음에는 암살, 특히 청부살인이 급격히 증가한 듯 보이며, 이는 코시모 1세의 지배 아래 경찰이 모든 범행을 진압할 힘을 기를 때까지 이어졌다.[34] 그 밖의 이탈리아 지방에서는 지불 능력이 있는 고위층 주모자가 얼마나 있느냐에 따라 사주 범죄의 횟수가 결정됐다. 이를 통계 내려는 사람은 아무도 없었다. 다만 폭력으로 살해당했다고 보고된 사건 가운데 진짜 살인은 일부분에 지나지 않았지만 어쨌든 그 발생 건수는 엄청났다. 최악의 본보기를 만든 것은 군주와 정부로, 그들은 권력을 마음대로 휘두르기 위한 수단으로 거리낌 없이 살인을 일삼았다. 굳이 체사레 보르자까지 갈 것도 없다. 스포르차 가문, 아라곤 가문, 뒤에는 카를 5세의 신하들까지도 목적에 필요하다 싶으면 무슨 짓이든 저질렀다.

결국 국민의 상상력은 차츰 이런 현실에 익숙해져서 권력자가 죽으면 대부분 자연사로는 믿지 않는 지경이 되었다. 사람들은 독약의 효력에 대해서도 황당무계한 상상을 했다. 그래도 보르자 가문 사람들이 쓴, 정해진 시간에 효과를 나타낸다는 무시무시한 하얀 가루[35] 이야기는 어느 정도 사실일 것이다. 또

---

33) 누구도 이를 증명할 수는 없을 것이다. 그러나 피렌체에서 살인이 일어났다는 얘기는 어디에도 별로 나와 있지 않으며, 평화로운 시절 피렌체 작가들의 상상력은 그런 것으로 차 있지 않았다.

34) Albèri, *Relazioni serie* II, vol. I, p. 353 이하에 수록된 Fedeli의 보고 참조.

35) 1편 9장 참조. 교황 알렉산데르 6세와 체사레 보르자 부자는 비밀리에 제거해야 하는 사람에게 새하얀 가루 독약을 썼는데, 그것은 서서히 효력을 나타냈다.

살레르노 공이 아라곤의 추기경에게 "당신의 아버지 페란테왕이 우리 모두를 짓밟으려 했으니 당신은 며칠 안에 죽을 것이다"[36]라고 말하며 준 독약도 실제로 시한독약이었는지 모른다. 그러나 카테리나 리아리오가 교황 알렉산데르 6세에게 보낸 독이 묻은 편지는,[37] 교황이 그것을 읽었다 하더라도 그를 살해하진 못했을 것이다. 그리고 코시모 데 메디치가 보낸 《리비우스》를 읽지 말라고 의사에게 경고를 받았을 때, 대 알폰소가 "터무니없는 소리 말라"고 대답한 것도 마땅했다.[38] 피치니노의 비서가 교황 피우스 2세의 가마에 바르려고 했던 독약은 그저 기분풀이 정도에 그쳤으리라 본다.[39] 광물성 또는 식물성 독약이 어느 정도로 문제가 되었는지는 분명하지 않다. 화가 로소 피오렌티노(1541년)가 스스로 목숨을 끊을 때 쓴 액체는 강산[40]이 틀림없었다. 그것을 남몰래 다른 사람에게 먹일 수는 없었을 것이다. 밀라노와 나폴리 등지에서는 유력자가 비밀리에 사람을 해치는 무기, 특히 단도를 쓸 기회가 안타깝게도 끊이지 않았다. 그들이 자신의 안전을 위해 고용한 무장 병사들 사이에서 단지 한가하다는 이유로 살인욕이 생겼던 것이다. 죽이고 싶은 사람이 생기면 자기 종자들 몇몇에게 눈짓만 해도 충분하다는 것을 주인이 몰랐더라면 대부분의 잔학

---

36) Eccard, *scriptores* II, Col. 1956에 수록된 Infessura.

37) Murat. XXIV, Col. 131에 수록된 *Chron. venetum.*—북유럽에서는 이탈리아인의 독약 사용 기술에 대해 한층 엄청난 공상에 빠졌다. Juvénal des Ursins ad a. 1382(ed. Buchon p. 336)을 보면, 두러스(알바니아의 항구)의 왕 샤를이 고용한 독살자의 메스를 본 사람은 반드시 죽었다고 한다.

38) Petr. Crinitus, *de honesta disciplina*, L. XVIII, cap. 9.

39) Pii II. *comment.* L. XI, p. 562.—Murat. III, II, Col. 988에 수록된 Joh. Ant. Campanus : *vita Pii* II.

40) Vasari IX. 82, *vita di Rosso.*—불행한 부부 사이에서 실제 독살이 더 많았는지, 독살에 대한 걱정이 더 많았는지는 알기 힘들다. Bandello II, *Nov.* 5와 54 참조. II, *Nov.* 40에는 좀 더 불길한 내용이 씌어 있다. 자세히 기록되진 않았지만 서 롬바르디아의 한 도시에 독약제조사 두 사람이 살고 있었다. 어떤 남편은 아내의 절망이 진실인가 아닌가를 확인하려고 색소를 탄 물을 독약이라고 속이고 아내에게 마시게 했다. 그 뒤 부부는 화해했다.—카르다노의 집안에서만도 네 번의 독살 사건이 일어났다. *De Propria vita*, cap. 30, 50. (교황의 대관식 축하연에 조차 추기경들은 저마다 자신의 술 감독관을 대동하고 포도주를 가져갔다. "그렇게 하지 않으면 자기 술에 독을 탈 것임을 경험을 통해 알았기 때문이다." 그리고 이런 풍습은 로마에서 일반적인 것으로 자리잡았기 때문에 "초대자를 모욕하는 일이 아니었다."—Blas Ortiz, *Itinerarium Aadriani* VI., ap. Baluz. *Miscell.* (ed. Mansi) I, 380.)

행위는 일어나지 않았을 것이다.

상대를 파멸시키는 비밀 수단 가운데는—적어도 그 의도만으로는—마법도 있었다.[41] 그러나 이것은 단지 부수적으로 쓰였을 뿐이다. 주술(maleficii)이나 마법(malie) 같은 것들은 대개 적대하는 대상에게 온갖 두려움을 더하기 위한 수단이었다. 14, 16세기의 프랑스와 영국 궁정에서는 사람을 파멸시키고 죽음에 이르게 하는 마법이 이탈리아 상류계급에서보다 훨씬 큰 역할을 했다.

모든 분야에서 개성이 최고도로 발달한 이탈리아에서는 극단적이고 절대적으로 흉포한 인물도 몇 명 등장한다. 그들에게 범죄는 목적을 위한 수단이 아니라 목적 그 자체였다. 혹 목적을 위한 수단이라 하더라도, 그 목적은 심리학적 기준에서 벗어난 것이었다.

이런 무서운 인물로는 먼저 용병대장들을 들 수 있다.[42] 몬토네의 브라치오, 티베르토 브란돌리노, 그리고 자신의 은제 흉갑에 "신과 동정과 자비의 적"이라 써넣은 우르슬링겐의 베르너 등이 그들이다. 대체로 이런 용병대장들이 틀림없이 가장 일찍부터 완전히 해방된 무법자에 속했을 것이다. 그러나 그들의 죄악 가운데 가장 질 나쁜 종류가—기록자의 견해에 따르면—교회의 금기사항을 무시한 것이며, 그들이 음험한 분위기를 내뿜는 것도 바로 이 때문임을 생각하면, 그들에 대해 더 조심스럽게 판단을 내려야 할 것이다. 브라치오는 교회를 어찌나 증오했는지 찬송가 부르는 수도사들을 보고 격분하여 그들을 탑 위에서 던져버릴 정도였다.[43] 그러나 동시에 "자기 병사들에게는 참으로 성실하고 위대한 장군이었다." 용병대장들의 범죄는 주로 이익을 얻기 위해 저질러졌으며, 타락을 종용하는 그들의 지위에서 말미암은 것이었다. 그리고 얼핏 보기에 무분별한 잔학행위도 대개 목적이 있었다. 단순히 위협이 그 목적이었

---

41) 예를 들어, 페라라의 레오넬로에 건 마법은 Murat. XXIV, Col. 194 ad a. 1445에 수록된 *Diario Ferrarese* 참조. 광장에서 악명 높은 범죄자 베나토에게 내리는 판결문을 낭독할 때 갑자기 하늘에서 큰 소리가 나고 지진이 일어났다. 모여 있던 사람들은 도망가거나 쓰러졌다.—루도비코 일 모로가 조카 잔 갈레아초에게 건 악질적인 마법에 대해 귀차르디니가 한 말은 (L. I.)은 여기서 다루지 않겠다.

42) 만약에 에첼리노 다 로마노가 야심을 이루려는 목적과 점성술적인 터무니없는 망상에 지배되어 살지 않았다면, 누구보다도 이름을 빛낼 수 있었을 것이다.

43) Murat. XXI, Col. 1092, ad a. 1425에 수록된 *Giornali napoletani*.

다 해도 말이다. 아라곤 가문 사람들의 잔학행위는 앞서 보았듯이(1편 4장 참조) 복수심과 불안이 주요 원인이었다. 피에 굶주린 극도의 잔인함, 파괴에서 맛보는 악마적인 희열은 누구보다도 에스파냐 사람인 체사레 보르자에게서 찾아볼 수 있다. 그는 자신의 목적을 훨씬 웃도는 잔악함을 행사했다.(1편 9장 참조) 악에 물들어 쾌감을 느끼기는 리미니의 전제군주 시지스몬도 말라테스타(1편 3장, 3편 5장 끝부분 참조)도 마찬가지였다. 살인·강간·간통·근친상간·성물절취·위증·배신의 죄를, 더욱이 한 번이 아니라 되풀이해서 범한 죄를 물어 심판하는 것은 로마교황청뿐만 아니라 역사의 판단이기도 하다.[44] 그가 저지른 가장 흉악한 범죄는 뭐니 뭐니 해도 자신의 친아들인 로베르토에게 성교를 시도한 것이었는데, 로베르토는 단검을 빼들고 저항했다.[45] 한데 이 사건은 단순히 패륜이 아니라 점성술이나 마술에 대한 미신의 결과가 아닌가 싶다. 교황 파울루스 3세(재위 1534~49)의 아들인 파르마의 피에르루이지 파르네제가 파노의 주교를 강간한 사건[46]을 설명하는 데도 사람들이 이러한 추측을 하기 때문이다.

그 시절 상류계급의 삶을 통해 르네상스 이탈리아인의 특징적인 성격을 추려 보면 다음의 결론을 얻게 된다. 그들 성격의 근본적인 결함은 동시에 그들의 위대함을 이룬 조건이며, 이것이 바로 고도의 개인주의라는 것이다. 개인주의는 비합법적이고 전제적인 기존 국가권력에서 내면적으로 벗어났다. 따라서 그들이 생각하고 행동하는 것은 옳든 그르든 국가에 대한 반역으로 여겨졌다. 이기주의의 승리를 보면서 개인주의자들은 자신의 이익을 위해 권리를 지키려 했다. 그리고 그들은 내면의 평화를 얻었다고 믿으면서 자신이 저지른 복수 때문에 어두운 힘에 굴복했다. 그들의 사랑 역시 개인주의가 발달한 다른 사람, 즉 이웃의 아내에게로 향했다. 모든 객관적인 것, 온갖 제한이나 법칙에 대해서 자신의 감정을 최우선으로 두었고, 판단을 내려야 할 때는 내면에서 명예심과 이익, 현명한 생각과 정열, 체념과 복수심이 어떻게 타협하느냐에 따라 자주적으로 결정했다.

---

44) Pii II. *comment.* L. VII, p. 338.

45) Jovian. Pontan. *de immanitate*, cap. 17. 여기에는 시지스몬도가 자기 딸을 임신시켰다는 내용 등이 기술되어 있다.

46) Varchi, *Storie fiorentine* 끝부분(이 책이 밀라노 판처럼 무삭제판이라면).

그러므로 만약 이기심이 넓은 의미로나 좁은 의미로나 모든 악의 근원이라면, 그것만으로도 이미 르네상스의 이탈리아인은 다른 어느 민족보다도 악에 가까웠다고 할 수 있다.

그러나 이탈리아인의 이 개인적인 발달은 그들의 죄가 아니라 세계사적인 필연 때문이었다. 또한 개인적 발달은 이탈리아인에게만 일어난 것이 아니라 주로 이탈리아 문화를 다리 삼아 유럽의 다른 여러 국민에게도 이르렀으며, 그 뒤로도 유럽인들의 삶을 이어주는 고도의 매개체가 되었다. 개인주의의 발달은 그 자체로는 선하지도 악하지도 않으며, 단지 필연적인 산물이다. 이 개인적 발달 속에서 근대의 선악 개념, 중세의 그것과는 본질적으로 다른 윤리적 책임감이 성장한다.

르네상스의 이탈리아인은 힘차게 밀어닥치는 이 새로운 시대의 첫 번째 큰 파도를 견뎌야만 했다. 그들은 타고난 자질과 정열로 그 시대의 모든 높이와 깊이를 나타내는 가장 뚜렷하고 가장 특색 있는 대표자가 되었다. 심각한 부도덕과 더불어 가장 고귀한 인간성의 조화와 개인 생활을 찬양하는 화려한 예술이 발전했다. 그것은 고대도 중세도 바라지 않았거니와 바랐어도 이루지 못하는 것이었다.

2. 일상에서의 종교

한 민족의 도덕성과 가장 밀접하게 관련된 문제는 그 국민이 신을 의식하고 있는가, 즉 이 세계를 신이 지배한다고 믿는지 여부이다. 여기서 그 신앙이 세계가 행복해지리라 낙관하는지, 아니면 고난으로 점철되어 있으며 조만간 파멸이 닥치리라 비관하는지는 전혀 다른 문제이다.[1] 그 시절 이탈리아인의 무신앙은 악명이 자자했기 때문에, 누구든 증명하는 수고를 아끼지만 않는다면 그 실례를 얼마든지 모을 수 있다. 우리의 과제는 여기서도 마찬가지로 분류하고 구별하는 일이니, 절대적이고 확정적인 판단은 자제해야 할 것이다.

애초에 신에 대한 믿음의 원천이요 기둥이었던 것은 그리스도교와 그 권력의 외적 상징인 교회였다. 교회가 타락했을 때 사람들은 이를 분명히 인식하고 자기 신앙을 지켰어야 했다. 그러나 그렇게 말하긴 쉬워도 실행에 옮기기란 여간 어려운 일이 아니다. 하나의 원리와 그 외적인 표현 사이에 지속적인 모순이 있을 때, 모든 민족이 이 모순을 견딜 수 있을 정도로 충분히 냉정하거나 둔감한 것은 아니다. 한데 몰락해가는 교회만큼, 유사 이래 가장 무거운 책임을 져야 하는 곳은 없었다. 교회는 자기의 절대권에 유리하도록 왜곡된 교리를 온갖 폭력 수단을 이용해 절대적인 진리로서 내세웠고, 교회불가침의 이권을 이용해 더없이 심한 타락에 몸을 맡겼다. 또 이러한 상황을 유지하기 위해 여러 민족의 양심에 치명타를 가하고, 마음속으로 이미 등을 돌린 숱한 고귀한 영혼의 소유자들을 무신앙과 절망의 구렁텅이로 몰아넣었다.

이 시점에서 우리는 의문에 부딪힌다. 정신적으로 그처럼 위대했던 이탈리아가 어째서 교권에 좀 더 강력하게 반발하지 않았는가, 어째서 독일과 같은

---

1) 이에 대해서는 당연히 장소와 사람에 따라 다양한 의견이 나올 것이다. 르네상스 시대 각 도시들은 신선한 행복감에 취해 있었다. 그러나 16세기에 이르러 외국의 지배가 굳어지자 사려 깊은 사람들의 정서가 어두워지기 시작했다.

종교개혁을 독일보다 앞서 일으키지 못했는가 하는 물음이다.

여기에는 그럴 듯한 대답이 있다. 이탈리아의 정신은 교권을 부정하는 데에 그쳤지만, 독일 종교개혁의 원천과 활력은 긍정적인 교리, 특히 선행만 해서는 아무 소용이 없고 오직 믿음을 통해 구원을 얻을 수 있다는 교리에 있었기 때문이다.

독일에서 일어난 이러한 교리는 뒤에 이탈리아에도 영향을 미쳤다. 그러나 때가 너무 늦어, 에스파냐 세력이 직접 또는 교황과 그 앞잡이들을 이용해 모든 것을 뿌리 뽑을 수 있을 만큼 강대해진 뒤였다.[2] 물론 이보다 앞서, 13세기의 신비주의자로부터 사보나롤라에 이르는 비교적 초기의 종교운동 덕분에 이탈리아에도 많은 긍정적인 교리가 등장했다. 다만 그것이 성장하지 못했던 이유는, 실제적인 그리스도교 교리를 주장한 위그노파와 마찬가지로, 운이 없었기 때문이다. 종교개혁 같은 굵직한 사건은, 전체적으로 그 필연성을 명백하게 증명할 수 있다 하더라도, 그 발생과 경과 같은 세부 사항에 대해서는 어떤 역사철학적인 추론도 허락하지 않는다. 인간 정신의 활동이 느닷없이 빛을 내뿜으며 퍼져나가다가 갑자기 사라지는 모습은 우리의 눈에 하나의 신비로서 영원히 남을 것이다. 우리는 그 속에서 작용하는 힘을 부분적으로만 알 뿐 결코 전체를 이해할 수 없기 때문이다.

르네상스 전성기 때 이탈리아 상류층과 중류층이 교회에 품은 감정은, 지독한 경멸과 불만, 외면적 생활에 파고들어온 교권제도에 대한 순응, 그리고 성사(聖事)나 성별(聖別)에 대한 의존심이 뒤섞인 것이었다. 게다가 참으로 이탈리아다운 특징은 설교자들의 개인적인 영향력이 컸다는 사실이다.

특히 단테 이래 문학과 역사에서 이탈리아 사람들의 반교회적인 불만이 쏟아져 나왔는데, 이에 대한 전문서들도 많이 나와 있다. 여론에 대한 교황권의 태도는(1편 9장, 3편 7장 참조) 앞서 어느 정도 살펴보았다. 권위 있는 자료에서 유력한 증거를 찾길 원하는 사람은 마키아벨리의 《로마사론》이나 귀차르디니의

---

2) 우리가 반종교개혁의 정신이라고 일컫는 것은 에스파냐에서 종교개혁이 일어나기 훨씬 전부터, 주로 페르디난도와 이사벨라 치하에서 교회에 대한 철저한 감시와 부분적인 제도 개혁을 통해 발전해 있었다. 이와 관련된 주요 자료는 Rob. Belus, *Rer. Hispan. Scriptores* 에 수록된 Gomez, *Leben des Kard.* Ximenez이다.

저작 중에서 유명한 구절을 참조하면 된다.

로마교황청 밖에서는 비교적 뛰어난 주교들과[3] 몇몇 성직자들이 그 도덕성 때문에 어느 정도 존경받았다. 그러나 단순히 성직록을 받는 사람들, 성당 참사회원들, 수도사들은 거의 모두가 수상쩍다는 눈초리를 받았으며, 때로는 그 계층 전체가 치욕스러운 험담의 대상이 되었다.

수도사가 전체 성직자들을 대표해 희생양이 된 까닭은 그들을 아무리 조롱해도 위험할 일이 없었기 때문이라는 주장도 있다.[4] 그러나 이는 잘못된 생각이다. 첫째, 소설과 희극에 수도사들이 특히 자주 등장하는 이유는, 살짝만 암시해도 관객이 나머지를 상상력으로 채울 수 있는 익히 알려진 유형을 이 두 문학이 즐겨 썼기 때문이다. 둘째, 소설가들은 세속 성직자들에게도 관대함을 베풀지 않았기 때문이다.[5] 셋째, 그 밖의 문헌에서 보이는 수많은 기록이, 교황과 로마교황청에 대한 이야기가 얼마나 대담하고 공공연하게 입에 오르내리고 비판되었는가를 증명하기 때문이다. 상상력의 산물인 창작품에서는 이런 비판을 기대할 수 없다. 넷째로, 수도사들도 때로는 무시무시한 복수를 할 수 있었기 때문이다.

어쨌든 틀림없는 사실은, 수도사에 대한 불만이 무엇보다도 컸다는 점, 옳든 그르든 간에 추론을 확대시키다 보면 수도사가 수도원 생활, 종교 조직 전체, 신앙 체계, 나아가 종교 일반의 무가치성을 증명하는 살아 있는 증거로 여겨졌다는 점이다.

또 이렇게 가정할 수도 있겠다. 이탈리아가 2대 탁발수도회(프란체스코회와 도

---

3) 지명을 바꾸면 주교들도 다른 사람들처럼 얼마든지 깎아내릴 수 있는데도, 소설가나 비방가들이 그들을 거의 언급하지 않은 점에 주목해야 한다. 주교를 공격한 예가 Bandello II, *Nov.* 45에 나오지만, II, *Nov.* 40에서는 덕망 높은 주교도 묘사하고 있다. 조비아노 폰타노는 《카론》에서 뒤뚱뒤뚱 '오리걸음'을 걷는 뚱뚱보 주교의 망령을 소개했다.—그 시절 이탈리아 주교들이 얼마나 졸렬했는지는 Janus, s. 389 참조.

4) Foscolo, *Discorso sul testo del Decamerone.* "누구든지 고위 성직자에 대해서 이러쿵저러쿵했다간 위험에 노출되었다. 그런 까닭에 수도사는 누구나 이스라엘의 불운한 산양이 되었다……."

5) 반델로는 II. *Nov.* 1의 머리말을 이렇게 시작한다. "가족을 걱정할 필요가 없는 사제만큼 탐욕의 죄가 부끄러운 자는 없다." 한 젊은 신사가 병사 두 사람이나 도둑을 시켜 인색한 노사제의 양을 훔치게 하는 행위가 이러한 근거로 정당화된다. 이런 사소한 이야기 하나가 그 어떤 논문보다 더 그 시대 사람들의 행동과 이념을 정확하게 보여준다.

미니코회)의 등장을 다른 나라보다 더욱 뚜렷이 기억하고 있었으며, 13세기 힘차게 발돋움하던 이탈리아 정신을 이단이라며 짓누른 반동의 앞잡이[6]가 이 두 수도회임을 잊지 않았던 것이다. 특히 도미니코 수도회에 영속적으로 부여된 종교경찰권은 사람들에게 은밀한 증오와 모욕 말고는 어떠한 감정도 불러일으키지 못했다.

《데카메론》과 프랑코 사케티의 소설을 보면 수도사나 수녀에 대한 욕설은 그것으로 충분하다고 생각될 것이다. 그러나 종교개혁 시대에는 이런 욕설이 한층 거칠어졌다. 아레티노는 《대화》에서 수도원을 자기 본성에 따라 자유로이 행동하기 위한 구실로 삼았을 뿐이므로 여기서는 다루지 않겠다. 증인으로 한 사람 세운다면 마수초(Masuccio)가 좋을 것이다. 그의 단편소설 50편 가운데 첫 10편이 그 증거다. 이 소설들은 극심한 분노 속에서, 그리고 그 분노를 널리 전파하려는 목적으로 쓰였으며, 나폴리의 페란테왕과 알폰소 공자 같은 가장 고귀한 사람들에게 바쳐진 작품이다. 이야기의 일부는 오래된 것들이고, 일부는 보카치오의 작품을 통해 이미 보았던 것이지만, 나머지는 나폴리의 무시무시한 현실을 반영한 실화였다. 거짓 기적으로 대중을 현혹하고 금품을 짜냈을 뿐만 아니라 수치스러운 행위까지 서슴지 않았던 수도사들의 행적은, 사려 깊은 관찰자들을 절망에 빠트리기에 충분했다. 프란체스코회의 편력 수도사들에 대해서는 이런 기록이 있다.

그들은 사기, 강탈, 간음을 저질렀으며, 그래도 할 일이 없으면 어떤 이는 성 빈첸초의 옷을, 어떤 이는 성 베르나르디노의 필적을,[7] 또 어떤 이는 카피스트라노의 나귀 고삐를 내세우며 성자를 가장해 기적을 행했다……

다른 수도사들은 이렇게 했다.

패거리를 고용해, 그들을 맹인이나 불치병 환자로 위장시킨다. 이들은 대

---

6) Giov. Villani III, 29는 1세기 뒤에 이것을 분명하게 이야기해 준다.
7) *L'Ordine.* 아마 IHS(Iesus Hominum Salvator : 인간의 구세주 예수)라고 쓰인 성 베르나르디노의 표찰일 것이다.

중 속에 섞여 있다가 수도사의 옷자락이나 수도사가 든 성유물을 만지는 순간 느닷없이 치유되는 것이다. 그러면 사람들은 온통 "구원하시옵소서!"를 외쳐대고, 종이 울리면서 그 기적이 장문의 근엄한 기록으로 남게 된다.

또 이런 일도 있었다. 군중 속에 섞여 있던 한 수도사가 설교단에 선 수도사를 향해 거짓말쟁이라고 소리친다. 그 순간 소리친 수도사가 갑자기 발작을 일으키고, 설교자가 그를 회개시키고 고쳐주는 것이다. 이 모든 것은 순전히 희극이었다. 수도사는 바람잡이와 함께 많은 돈을 벌어 추기경으로부터 주교구를 사들인 뒤 거기서 안락한 여생을 보냈다. 마수초는 프란체스코회나 도미니코회나 거기서 거기라고 생각하고 그 둘을 특별히 구분하지 않았다. "그런데도 어리석은 민중은 아직도 두 종파 사이의 증오와 파벌다툼에 말려들어 공공장소에서 싸우며,[8] 프란체스코회파(派)와 도미니코회파로 편을 가른다." 수녀들은 전적으로 수도사의 소유물이었다. 수녀가 속인과 관계를 맺으면 곧 감금당하고 박해받았다. 그러나 어느 수녀는 수도사와 정식으로 혼례를 올렸는데, 그 혼인식에서는 서약서를 작성하고 미사까지 올렸으며, 마음껏 먹고 마시는 성대한 잔치를 베풀었다. 마수초는 말한다.

나 자신이 한두 번이 아니라 여러 번 그런 자리에 참석해 두 눈 똑똑히 보았다. 그런 수녀들은 이윽고 귀여운 아기 수도사를 낳거나 그 결실을 처리해버린다. 믿지 못하겠다면 가서 수녀원의 하수구를 뒤져보라. 그곳에서 헤롯 시대 베들레헴에 있던 것과 다를 바 없는 조그마한 뼈들의 무더기를 보게 될 것이다. 이런 여러 가지 일들을 수도원 생활은 감추고 있다. 수도사들은 고해의 자리에서 서로 관대하게 용서하며, 속인이 저질렀다면 이단자인 양 모든 면죄를 거부했을 만한 사건에 대해서도 주기도문만 한 번 부과할 따름이다. 대지가 입을 열어 그러한 악당들을 그 수호자와 함께 산 채로 삼켜버리면 좋으련만.

---

8) 마수초는 "그리고 seggi, 즉 나폴리 귀족들이 분열되어 속해 있던 단체로서"라고 덧붙였다.— 두 수도회의 싸움은 종종 웃음거리가 되었다. Bandello III, *Nov.* 14.

또 다른 글에서 마수초는 수도사들의 권력이란 주로 내세에 대한 민중의 두려움에서 비롯된다는 점을 들어 색다른 희망을 술회한다.

"그 악당들에게는 하느님이 연옥의 불을 꺼주는 것보다 더 훌륭한 징벌이 없다. 그러면 그들은 더 이상 헌금을 받아 살아갈 수 없게 되고, 어쩔 수 없이 다시 괭이를 잡을 테니 말이다."

페란테왕 치하에서 더구나 왕에게 이런 글을 헌납할 수 있었던 것은, 아마 왕이 자신을 노리고 조작된 거짓 기적 때문에 분노해 있던 사실과 관련 있을 것이다.[9] 전에 어떤 자들이 타렌툼에 미리 묻어두었다가 나중에 파낸 비문을 근거로 내세워서, 에스파냐에서 벌어졌던 유대인 박해를 페란테왕에게도 강요하려 한 적이 있었다. 그러나 왕이 이 속임수를 간파하자 그들은 오히려 왕에게 반항적인 태도를 보였다. 또 한 번은 부왕 알폰소가 그랬듯이 페란테왕도 거짓 금식자(禁食者)의 정체를 폭로시킨 적이 있다. 궁정은 적어도 어리석은 미신의 들러리가 되지는 않았다.[10]

지금까지 한 저자의 진지한 말을 들어보았다. 그러나 그가 이런 생각을 한 유일한 인물은 결코 아니었다. 탁발수도사에 대한 조소와 욕설은 그 시대의 모든 문학에서 넘쳐날 만큼 있었다.[11] 만약 독일의 종교개혁과 반종교개혁이 이탈리아까지 몰아쳐오지 않았더라면, 르네상스는 틀림없이 머지않아 이들 수도회를 처리해 버렸을 것이다. 수도회의 인기 설교자와 성자들도 수도회를 구해낼 수는 없었을 것이다. 지금으로서는 레오 10세처럼 탁발수도회를 경멸했던 교황과 기회를 놓치지 않고 약정을 맺는 것이 그들의 유일한 방책이었다. 시대정신이 탁발수도회를 단순히 우스꽝스럽고 혐오스러운 존재로만 보았으므로, 교회로선 그들이 골칫거리에 지나지 않았다. 그리고 만약 교황권이 종교개혁 덕에 구원받지 못했더라면 어떤 운명에 맞닥뜨렸을지 아무도 모를 일이다.

한 도미니코회 수도원의 종교재판 사제들이 관할 도시에 끊임없이 행사했던 권력은 15세기 말에도 여전히 교양인들을 속박하고 분개시킬 만큼 충분히

---

9) 이어지는 내용은 Jovian. Pontan. *de sermone*, L. II와 Bandello, Parte I, *Nov.* 32 참조.

10) 따라서 알폰소 왕의 궁정 주변에서는 수도사들의 악행을 공공연하게 규탄해도 상관없었다. Jovian. Pontan : *Antonius* 및 *Charon* 참조.

11) 이를테면 《마카로니 시모음》 제8곡.

강대했다. 그러나 이제는 경외심을 부추기고 신앙을 강요하지는 못했다.[12] 전처럼 단순히 사상이 다르다는 이유로 처벌하기란(4편 2장 참조) 불가능했고, 평소 성직계급에 대해 제멋대로 지껄이는 자들도 이단으로 지목되지 않도록 조심할 줄은 알았다. 15세기 말과 16세기 초에는 사보나롤라의 경우처럼 유력한 당파의 가세가 없을 때나, 북부 이탈리아의 여러 도시에서 흔히 그랬던 것처럼 마법으로 남을 해하려는 사건이 일어나지 않는 한, 화형에 처해지는 일은 아주 드물었다. 때로 종교재판관들은 고발된 사람들이 그들의 주장을 표면적으로 철회하기만 하면 만족했던 것 같으며, 이따금 형장으로 가는 길에 죄인을 빼앗기는 일까지 일어났다. 볼로냐에서는(1452년) 사제 니콜로 다 베로나가 강신술사, 퇴마사, 신성모독자란 죄목으로 성 도미니코 교회 앞 목조 단죄석에서 공개적으로 성직을 박탈당한 뒤 광장의 화형대로 끌려가게 되었다. 끌려가는 도중에, 이단자의 편을 들고 수녀들을 범하기로 유명했던 요한 기사단의 수도사 아킬레 말베치가 보낸 무장한 무리가 니콜로를 구출했다. 교황의 사절 베사리온 추기경은 범인들 가운데 한 사람을 잡아 교수형에 처할 수 있었지만, 말베치는 평온한 여생을 보냈다.[13]

좀 더 높은 수도회인 베네딕트회와 그 분파들은 매우 부유하고 사치스러운 생활을 했는데도 탁발수도회보다 손가락질을 훨씬 덜 받았다는 점이 주목할 만하다. 탁발수도사(frati)를 다룬 단편소설 10편 가운데 베네딕트회 수도사(monaco)를 깎아내린 작품은 1편 정도에 불과하다. 이들 수도회는 다른 수도회보다 역사가 길고, 경찰 구실을 하지 않았으며, 또 사생활에 간섭하지 않았다는 점에서 유리했던 것이다. 그들 가운데는 경건하고, 박식하고, 기지 넘치는 사람들도 있었다. 그러나 이 수도회 소속인 피렌추올라는 이곳 수도사들의 평균적인 모습을 다음과 같이 적었다.[14]

---

12) Vasari V, p. 120, *vita di Sandro Botticelli* 에 나오는 이야기는 사람들이 흔히 종교재판을 우습게 생각했음을 보여준다. 여기에 나오는 보좌신부는 대주교의 보좌신부인 동시에 도미니코회 종교재판관의 보좌신부였던 것 같다.

13) Murat. XXIII, Col. 886, cf. 896에 수록된 Bursellis, *Ann. Bonon.*

14) 이 책 제4편 7장 참조(여기서 피렌추올라는 여성미에 대해 무척 괄목할만한 글을 남겼다). 피렌추올라는 발롬브로사회의 수도원장이었다. 여기에 의역해 소개한 부분은 *Opere* vol. II, p. 208의 10번째 소설에 나온다.—카르투지오회 수도사들의 사치스러운 생활에 대한 매력적인

넉넉한 수도복을 걸친 신수 훤한 이들은 맨발로 설교를 하며 돌아다니는 것으로 세월을 보내지 않는다. 우아한 가죽 슬리퍼를 신고, 전나무 벽판을 댄 아름다운 방에 걸터앉아 두 손을 불룩한 배 위에 얹고 있다. 어쩌다 집을 나설 때에는 마치 바람이라도 쐬러 나가듯 편안한 자세로 나귀나 살찐 망아지를 타고 간다. 이들은 많은 책을 공부하여 정신을 피로하게 하는 일이 없다. 지식이 수도사에게 어울리는 단순함 대신에 악마의 오만을 심어준다는 이유에서이다.

그 시대의 문헌을 아는 사람이라면 내가 여기서 주제를 이해하는 데 꼭 필요한 내용만 언급했음을 인정할 것이다.[15] 교구 성직자와 수도사에 관한 이런 여론이 성스러운 것에 대한 많은 사람들의 믿음을 흔들어 놓았음은 두말할 여지가 없다.

그리하여 우리는 엄청난 비판을 듣게 되는 것이다. 끝으로 그 가운데 하나를—최근에 간행돼서 아직 널리 알려지지 않았으므로—인용해 보겠다. 오랜 세월 메디치가 출신 교황들을 모셨던 역사가 귀차르디니는 그의 《격언집》에서 이렇게 말했다(1529년).[16]

사제들의 공명심과 소유욕과 방탕을 나보다 불쾌하게 생각하는 사람은 없을 것이다. 이러한 악덕이 그 자체로 가증스러운 것일뿐더러, 그 하나하나가 그리고 모두가 특별히 하느님의 종이 되기로 한 사람들에겐 어울리지 않기 때문이다. 또한 이 악덕들은 서로 충돌하는 성질이 있어서 어지간한 사람은 그 모두를 한 몸에 갖출 수 없다. 그럼에도 나는 여러 교황들을 섬기는 내 위치상 어쩔 수 없이 나 자신의 이익을 위해 이들 교황이 강대해지도록 애써야 했다. 만약 상황이 이렇지 않았다면 나는 마르틴 루터를 나 자

묘사는 이 책 4편 6장에 인용한 *Commentario d'Italia*, fol. 32 이하에 나온다.
15) 교황 피우스 2세는 여러 가지 이유에서 성직자 독신제도 폐지에 찬성했다. "사제들이 결혼을 멀리해야 함에는 큰 이유가 있지만, 이것을 본디대로 회복시키는 데에는 그보다 더 큰 이유가 있다." 이것이 피우스 2세가 즐겨 쓴 말이었다. Platina, *Vitae Pontiff.* p. 311.
16) *Opere inedite*, Vol. I에 수록된 *Ricordi*, N. 28.

종교재판 심문석에 앉아 있는 성 도미니쿠스 마드리드 프라도 미술관 소장.

신처럼 사랑했을 것이다. 그 까닭은, 사람들이 흔히 설명하고 이해하는 것처럼 그리스도교가 우리에게 지운 율법에서 해방되기 위해서가 아니라, 이 무가치한 인간들이 마땅히 있어야 할 곳으로 떨어져 악덕이든 권력이든 어느 하나도 갖지 못한 채 살아가는 모습을 보기 위해서이다.

귀차르디니는 또한 다음과 같이 생각한다.[17] 우리는 모든 초자연적인 것에 여전히 무지한데도 철학자와 신학자는 어리석은 소리만 해대고 있고, 기적은 모든 종교에서 일어나지만 어느 종교에서도 특별히 증명할 수 없으며 결국에는 미지의 자연현상으로 환원된다는 것이다. 또 귀차르디니는 당시 사보나롤라의 추종자들에게서 찾아볼 수 있는, 산까지 옮길 만한 신앙에 대해서 이상한 현상이라고 말하지만 신랄하게 비판하지는 않았다.

이런 풍조에도 성직자와 수도사들은 사람들에게 익숙한 존재이며 그들의 일상생활과 서로 얽혀 있다는 유리한 고지에 있었다. 오래 되고 권세 있는 모든 것들이 예부터 누렸던 이점이 바로 이것이다. 누구나 친척 가운데 사제복이나 수도사복을 입은 사람이 있었고, 교회의 보호나 재산 덕택에 이득을 얻을지 모른다는 소망을 품고 있었다. 그리고 이탈리아의 한가운데에는 이따금 사람을 순식간에 부자로 만들어 주는 로마교황청이 있었다.

그러나 이 모든 상황 때문에 사람들이 자유로이 말하고 쓰는 권리마저 속박되지는 않았다는 사실을 꼭 강조해야겠다. 독설에 찬 희극작가 대부분이 바로 수도사와 성직록을 받는 사람들이었다. 《해학 *Facetiae*》을 쓴 포조는 성직자였고, 프란체스코 베르니는 성당 참사회원이었고, 《오를란디노》의 저자 테오필로 폴렝고는 베네딕트회 수도사였으며,[18] 자신이 몸담은 수도회를 웃음거리로 만든 마테오 반델로는 도미니코회의 수도사이자 그 수도회 회장의 조카였다. 그들을 충동질한 것은 지나친 안전감이었을까, 아니면 자신이 속한 성직자 계급이 받는 악평에서 자기만은 벗어나려는 욕구에서였을까? 그것도 아니라면 '우리는 아직 끄떡없다'는 속내가 담긴 염세적인 이기심이었을까? 아마 이 모두가 조금씩 섞여 있었을 것이다. 한편 폴렝고에게서는 이미 루터주의의 영향이

---

17) *Ricordi*, N. 1. 123. 125.
18) 하지만 신실하진 않았다.

뚜렷하게 드러나 있었다.[19]

앞서 교황권을 이야기할 때 이미 말한 바와 같이 신앙심 깊은 사람이 축복과 성사에 기대는 것은 당연한 노릇이다. 신앙에서 해방된 사람들에게 이러한 의존은 어린 시절 받은 인상이 얼마나 강력한지, 예부터 익혀온 상징이 얼마나 마술적인 괴력을 지니는지 말해 준다. 누구든 임종 때면 사제의 면죄를 바라는데, 이는 비텔로초[20] 같은 악당에게조차 지옥에 대한 두려움이 남아 있다는 증거였다. 비텔로초보다 두드러진 사례는 쉽게 찾아보기 어려울 것이다. 사제의 인격과는 전혀 상관없이 그들에게 '부정할 수 없는 성질'이 있다는 교회의 가르침은 대단한 열매를 맺어, 사람들은 사제를 혐오하면서도 그들의 영적 선물은 여전히 희망하게 되었다. 물론 16년 동안이나 파문당한 채 살다가 1499년에 생을 마감한 미란돌라의 갈레오토 공작[21] 같은 반항아도 있었다. 그동안 도시는 갈레오토 공 때문에 성무(聖務) 금지 처분을 받아 미사도 교회 장례식도 치를 수 없었다.

이러한 이중적인 태도에 비하면, 이탈리아 민족과 위대한 참회설교사들의 관계는 눈부시게 부각된다. 다른 유럽 나라 국민들도 경건한 수도사들의 말에 감동을 받긴 했다. 그러나 이탈리아의 여러 도시와 지방을 주기적으로 크게 흔들어놓은 감동에 비하면 그것은 아무것도 아니었다. 사실 15세기에 독일에서 이와 비슷한 작용을 일으킨 인물은[22] 이탈리아 아브루치 태생의 조반니 카피스트라노가 유일했다. 그 시절 북유럽에서 그런 놀라운 진실함과 종교적 사명을 모두 갖춘 설교사들은 직관적이고 신비주의적인 사람들이었다. 반면 남유럽 설교사들은 개방적이고 현실적이었으며, 그들의 말과 설교는 국민의 깊은 존경을 얻었다. 북유럽에서는 《그리스도를 본받아 *Imitatio Christi*》[23]

---

19) 리메르노 피토코(Limerno Pitocco)라는 필명으로 쓰인 폴렝고의 *Orlandino,* cap. VI, Str. 40, s. cap. VII, Str. 57. cap. VIII, Str. 3, s., 특히 75 참조.

20) 비텔로초 비텔리. 1503년 무렵 사망. 피렌체의 용병대장. 체사레 보르자의 명령으로 교살되기 직전까지 교황에게 면죄부를 애걸했다. 1편 9장 참조.

21) Murat. XXIV, Col. 362에 수록된 *Diario Ferrarese.*

22) 카피스트라노는 독일어와 슬라브어 통역사를 한 사람씩 두었다. 성 베르나르디도 일찍이 라인 강변에서 통역사가 필요했었다.

23) 저자는 독일 아우구스티누스회의 수도사 토마스 아 켐피스(1379~1471).

같은 책이 탄생했다. 그 책은 처음에는 수도원 안에서만 은밀하게 읽히다가 나중에는 몇 세기에 걸쳐 영향을 크게 미치게 된다. 남유럽에서는 사람들에게 순간적으로 압도적인 인상을 주는 설교사들이 등장하게 되었다.

이 인상은 본질적으로 양심을 자극하는 데서 비롯되었다. 그들의 도덕적인 설교는 추상성을 배제하고 실제적인 응용으로 충만했으며, 금욕생활을 하는 거룩한 설교자의 인품으로 뒷받침되었다. 이로써 때로는 설교자가 뜻하지 않았는데도 상상력이 자극되어 저절로 기적이 일어나기도 했다.[24] 그들이 쓴 가장 강력한 논법은 연옥이나 지옥을 들어 위협하는 것이 아니라, 악행을 저질렀을 때 현세에서 받게 될 저주를 생생하게 묘사하는 것이었다. 그리스도나 성자들을 슬프게 하면 그 응보는 이승에서 나타난다. 이렇게 가르쳐야만 격정과 복수의 맹세와 음욕과 범죄에 휩쓸린 사람들을 설교의 가장 큰 목적인 속죄와 참회로 인도할 수 있었다.

15세기에 이런 설교를 한 사람들이 베르나르디노 다 시에나, 알베르토 다 사르차나, 야코포 델라 마르카, 조반니 카피스트라노, 로베르토 다 레체(5편 8장 참조), 그리고 지롤라모 사보나롤라 등이었다. 그 무렵 탁발수도사들은 더할 나위 없이 뿌리 깊은 편견의 대상이었지만 그들은 이를 극복했다. 오만한 인문주의자들은 그들을 비판하고 비웃었다.[25] 그러나 탁발수도사들이 한마디만 하면, 인문주의자들이 아무리 목청을 높여도 사람들은 그들의 말에 귀 기울이지 않았다. 그것은 새삼스러운 일이 아니었다. 피렌체인처럼 조롱을 즐기는 민중은 이미 14세기부터 단상에서 나오는 설교를 어떻게 비웃어야 할지 알고 있었다.[26] 그러나 사보나롤라가 나타나자 피렌체 사람들은 열광했고, 그가 점화한 용광로 속에서 사람들이 사랑하는 교양과 예술도 이내 녹아버린 듯이 보였다. 바람잡이를 풀어 청중을 자유자재로 감동시키고 그것을 전파시켰던 엉

---

24) 카피스트라노는 자신에게 찾아오는 수천 명의 병자들 머리 위에 성호를 그으며 삼위일체와 자기의 스승 성 베르나르디노의 이름으로 축복함으로써 만족했다. 그러자 이런 상황에서 흔히 그렇듯 여기저기서 정말로 병이 나았다. 브레시아의 연대기 작가는 이렇게 기록한다. "그는 훌륭한 기적을 행했다. 그러나 사람들은 그것을 실제 이상으로 과장했다."

25) 포조는, 어느 도시에서나 똑같은 설교만 되풀이하여 사람들을 올 때보다 더 바보로 만들어 돌려보내니 참회설교사들은 얼마나 편한가 하고 말했다. Poggio, *de avaritia*, Opera, fol. 2.

26) Franco Sacchetti, *Nov.* 72. 실패한 참회설교사 이야기는 모든 소설가가 즐겨 쓰던 주제였다.

터리 수도사들의 심각한 신성모독 행위도 이러한 열기를 잠재우지 못했다. 사람들은 여전히 사기 기적을 행하고 거짓 성유물(聖遺物)을 내보이는[27] 수도사들의 저속한 설교를 조롱하면서도, 위대한 참회설교사들을 깊이 존경하기를 그치지 않았다. 이러한 설교사들은 15세기 이탈리아의 독특한 특징을 나타낸다.

수도회—보통 성 프란체스코회의 회칙엄수파—는 요청을 받으면 설교사를 파견했다. 이러한 요청은 주로 도시에서 큰 공적이나 사적인 불화가 있을 때, 또는 민심의 동요·배덕·질병 등이 엄청나게 난무할 경우 이루어졌다. 그러나 일단 어떤 설교사의 명성이 높아지면 도시에서는 특별한 이유가 없어도 그의 설교를 고대했고, 설교사는 수도원장이 파견하는 곳이라면 어디라도 갔다. 튀르크에 맞서 십자군을 일으키자는 설교도 이런 활동의 하나이지만,[28] 우리가 여기서 다룰 것은 어디까지나 참회설교이다.

설교 순서는—만약 그런 것이 질서 있게 지켜졌다면—단순히 교회에서 하는 대로 중죄를 열거하는 방식을 그대로 따랐던 것 같다. 그러나 시기가 급박할수록 설교자는 주요 목적을 향해 곧장 돌진했다. 설교사는 수도회 소속의 큰 교회나 대성당에서 설교를 시작하지만, 곧 사방에서 몰려드는 군중들 때문에 아무리 큰 광장도 너무 비좁게 된다. 그리고 설교사도 설교장을 오갈 때마다 생명의 위기를 느껴야 했다.[29] 흔히 설교는 대규모 행렬로 끝났는데, 설교자를 둘러싼 시의 고위관리들도, 설교자의 손발에 입 맞추려는 사람들, 그 수도복 자락을 한 조각이라도 잘라내려는 사람들로부터 그를 지켜내기가 힘들었다.[30]

고리대금, 매점(買占), 고약한 유행을 비난하며 설교한 뒤에는 흔히 감옥을 열어 가난한 채무자들을 석방했고, 좋은 것이건 나쁜 것이건 상관없이 오락 도구와 사치품을 태웠다. 주사위, 카드, 온갖 놀음 도구, 가면, 악기, 노래책, 주

---

27) *Decamerone* VI, *Nov.* 10의 유명한 이야기 참조.

28) 이런 설교는 특별한 색채를 띠었다. Malipiero, *Ann. venet., Arch. stor.* VII, I, p. 18 참조.—Murat. XXIV, Col. 114에 수록된 *Chron. venetum.*—Murat. XXI, Col. 898에 수록된 *Storia bresciana.*

29) Murat. XI, Col. 865에 수록된 *Stor. bresciana.*

30) Murat. XXIII, Col. 819에 수록된 Allegretto, *Diari sanesi.*

문,[31] 가발 등을 모두 화형대 위에 보기 좋게 늘어놓고, 그 위에 다시 악마의 형상을 잡아맨 다음 불태웠다.(제5편 2장 참조)

다음에는 굳어진 양심의 차례이다. 오랫동안 고해를 하지 않았던 사람이 이제 고해를 시작한다. 부당하게 탈취한 재산은 되돌려 주고, 피를 부르던 모욕은 취소된다. 베르나르디노 다 시에나 같은 설교사[32]는 일상생활과 그 도덕법칙을 아주 열성적으로 세밀하게 다루었다. 오늘날 신학자 가운데 베르나르디노가 피렌체 대성당에서 했던 것처럼 "계약, 배상, 국가연금 그리고 딸의 혼수"에 대해 아침 설교를 하려는 사람은 아마 없을 것이다. 경솔한 설교자는 곧잘 특정 계급이나 직업이나 관직을 지나치게 공격하는 잘못을 저질렀는데, 그러면 청중은 감정이 격앙되어 그 자리에서 그 계급과 직업을 가진 사람에게 분노를 터뜨리며 폭력을 행사하기도 했다.[33] 베르나르디노 다 시에나가 일찍이 로마에서 했던 설교(1424년)도, 카피톨 언덕에서 장신구와 마법 도구를 태워버린 것 말고 또 하나의 결과를 초래했다. "그 일이 있은 뒤 마녀 피니첼라는 악마 같은 수단으로 많은 어린이를 죽이고 수많은 사람을 현혹시켰다는 죄목으로 화형에 처해졌다. 모든 로마 시민들이 이 광경을 구경하러 나왔다."[34]

그러나 설교의 가장 중요한 목적은 앞서 말했듯이 싸움을 중재하고 복수를 단념시키는 데 있었다. 그것이 성과를 거두는 시점은 보통 설교가 끝날 무

---

31) Infessura(Eccard, *scriptores* II, Col. 1874 수록)에는 'canti, brevi, sorti(노래, 부적, 예언)'라고 쓰여 있다. 첫 번째 노래는 노래책을 가리키는 듯하다. 사보나롤라도 노래책을 태웠다. 그러나 Graziani(*Cron. di Perugia, Arch. stor.* XVI, I, p. 314)는 이런 경우에 'brieve incante(마법을 건 부적)' 이라고 했는데, 이는 틀림없이 'brevi e incanti(부적과 주문)'의 잘못이다. Infessura의 글에서도 똑같은 수정이 필요할 듯하다. 그가 'sorti'라고 적은 것은 일종의 미신으로서, 카드로 치는 점 따위를 가리킨다.—책이 인쇄되던 시대에는 마르티알리스 등의 저서를 모조리 수거해 화형대에 내던졌다. Bandello III, *Nov.* 10.

32) Vespasiano Fiorent. p. 244 이하에 있는 그의 주목할 만한 전기와 Aen. Sylvius, *de viris illustr.*, p. 24에 있는 전기 참조.

33) Allegretto, l. c., Col. 823 ; 어떤 설교사는 민중을 사주해 재판관을 공격하게 했다(재판관(giudici)가 유대인(giudei)의 오기가 아니라면). 그 뒤 곧 재판관들은 자기 집에서 타죽었다고 한다.

34) Infessura, l. c. 마녀가 죽은 날짜에 오류가 있는 것 같다.—베르나르디노가 아레초 근교에서 악평이 자자한 잡목림을 베게 한 경위는 Vasari III. 148 ; *vita di Parri Spinelli* 에 적혀 있다. 최초의 참회 열기는 흔히 장소나 상징이나 도구를 통해 발산된 것 같다.

렵 참회의 물결이 차츰 도시 전체에 넘쳐흐르고 "불쌍히 여기소서!"라는 시민 모두의 외침으로 대기가 울릴 때였다.[35] 그러면 이제까지 피를 흘리며 싸워온 당파들 사이에서도 거부할 수 없는 엄숙한 평화조약과 포옹이 따르게 되었다. 이미 추방된 사람들까지도 이 신성한 행사에 참여시키기 위해 일부러 도시로 불러들였다. 이런 '평화'는 고양된 감정이 지나간 뒤에도 대체로 충실히 지켜졌던 것 같다. 그리고 그 수도사에 대한 추억은 기도를 통해 몇 세대에 걸쳐 전해졌다. 그러나 로마의 델라 발레와 크로체 두 가문의 경우(1482년)처럼 걷잡을 수 없는 무서운 위기도 있었다. 그때는 위대한 로베르토 다 레체 같은 설교사가 아무리 목청을 높여도 헛수고였다.[36] 성주간(부활절 전주) 직전에 미네르바 신전 앞 광장에서 로베르토는 수많은 군중에게 설교를 했다. 그런데 성목요일 전날 밤, 유대인 거주지 근처에 있는 델라 발레 저택 앞에서 무시무시한 시가전이 벌어졌다. 이튿날 아침 교황 식스투스 4세(재위 1471~84. 문학과 예술 후원)는 저택을 부수라고 명령했고, 그 뒤에야 그날의 의식을 거행했다. 이튿날 성금요일에 로베르토는 십자가상을 두 손에 들고 다시 설교했다. 설교자도, 그 설교를 듣는 자들도 다만 눈물을 흘릴 뿐이었다.

자괴감에 빠진 난폭한 사람들이 참회설교에 감명받아 수도원에 들어가기로 결심하는 일도 잦았다. 그중에는 강도를 비롯한 온갖 범죄자들뿐만 아니라 일자리를 잃어 생계가 막막한 병사들도 있었다.[37] 이러한 결심은 설교사에 대한 존경심에서, 하다못해 외적인 생활방식만이라도 모방하려는 욕구에 따른 것이었다.

이어서 끝내는 설교는 한층 더 큰 소리로 외치는 축복의 말로, 그것은 "평화

---

35) 어떤 책에는 "대기가 찢어지는 것 같았다"고 나와 있다.

36) Murat. XXIII, Col. 167에 수록된 Jac. Volaterran. 로베르토 다 레체가 이 개인적인 싸움에 연관되어 있었는지는 분명히 적혀 있지 않다. 그러나 이것은 의심할 수 없는 사실이다.—야코포 델라 마르카는 일찍이(1445년) 성공적으로 설교를 마치고 페루자를 떠났는데, 그 뒤로 곧 라니에리 가문에서 무시무시한 보복 살인이 일어났다. Graziani, l. c. pag. 565 이하 참조.—이 기회에, 페루자시에는 이런 설교자들의 방문이 유별나게 잦았다는 사실을 지적해두고자 한다. pag. 597, 626, 631, 637, 647 참조.

37) 카피스트라노의 설교 한 번으로 병사 50명이 수도복을 선택하기도 했다. Stor. bresciana, l. c.—Graziani, l. c. p. 565, s.—에네아스 실비우스(de viris illustr. p. 25)는 젊었을 때 성 베르나르디노의 설교를 듣고서 그의 수도회에 들어갈 뻔했다.

가 그대들과 함께 있을지어다!"란 몇 마디로 요약되었다. 큰 무리를 이룬 군중은 설교사를 따라 다음 도시로 가서 그의 설교를 다시 한 번 들었다.

이들 설교사들이 끼친 영향력은 어마어마했으므로, 성직자들이나 정부로서는 그들을 적으로 돌리지 않는 편이 바람직했다. 그러기 위한 수단 가운데 하나가 수도사나[38] 낮은 서품이라도 받은 성직자들만 설교단에 세우는 것이었다. 그 결과 그들이 속한 수도회나 단체가 어느 정도까지 그들에 대한 책임을 지게 되었다. 그러나 분명한 한계는 세울 수 없었다. 교회, 그러니까 설교단은 오래전부터 재판이나 공고나 강연 등 온갖 공공 목적을 위해 이용되어 왔고, 본디 용도대로 설교에 쓰인다 해도 때로는 인문주의자나 일반인이 단상 위에 오르기도 했기 때문이다(3편 6장 참조). 더욱이 수도사도 성직자도 아니면서 세상을 등진 모호한 부류의 사람들도 있었는데,[39] 바로 이탈리아에서 흔히 볼 수 있었던 은자(隱者)들이다. 이들은 이따금 제멋대로 설교단에 나타나서는 사람들의 마음을 사로잡았다.

프랑스의 제2차 침략 직후(1516년) 밀라노에서 공공질서가 혼잡했던 때에는, 사보나롤라의 추종자로 보이는 토스카나의 한 은자가 대성당의 설교단을 수개월 동안 점령하고 교권제도를 맹렬히 비난했다. 그는 대성당에 새로운 촛대와 제단을 설치하고 기적을 행하다가 격렬한 싸움 끝에 겨우 그 자리에서 물

---

38) 프란체스코회의 유명한 회칙엄수파 설교사들과 도미니코회 수도사들 사이에는 마찰이 있었다. 이는 십자가에서 지상으로 흘러내린 그리스도의 피에 관한 논쟁(1463년)에서 볼 수 있다. 도미니코회의 종교재판관에게 절대 굴복하려 하지 않았던 야코포 델라 마르카 수도사에 대해 교황 피우스 2세는 그의 상세한 보고(*Comment. L. XI*, p. 511)에서 다음과 같이 말한다. "그리스도의 이름을 위해 가난·굶주림·목마름·육체의 고통·죽음까지도 견딜 수 있는 이는 많다. 그러나 그런 사람들도 자기 이름이 더럽혀지는 것은 조금도 참지 않고 반발한다. 자기의 명예가 떨어지면 하느님의 영광까지도 잃게 되는 것처럼."

39) 이들의 평판은 이미 그때부터 양극단 사이를 오갔다. 이들은 은둔 수도사들과 구별되어야 하지만, 그 경계가 뚜렷하지는 않았다. 기적을 행하면서 돌아다니는 스폴레토의 은둔자들은 언제나 성 안토니우스를 내세웠고, 그들이 사용하는 뱀 때문에, 뱀에 물리고도 무사했던 사도 바울을 내세웠다. 그들은 이미 13세기부터 일종의 종교적 마법을 사용해 농민들의 돈을 우려냈다. 그리고 그들의 말(馬)은 성 안토니우스의 이름을 부르면 무릎을 꿇도록 훈련되어 있었다. 그들의 핑계인즉 양로원을 위해 모금한다는 것이었다. Massuccio, *Nov.* 18. Bandello III, *Nov.* 17. 피렌추올라는 자기의 《황금 당나귀 *Asino d'oro*》에서 이들을 아풀레이우스의 《황금 당나귀》에 나오는 탁발수도사 대신 등장시켰다.

러났다.[40] 이탈리아의 운명이 결정되던 수십 년 동안에는 곳곳에서 예언이 성행했다. 그리고 그 예언은 어디에서나 특정 계급에만 한정되어 나타나지는 않았다. 예를 들어, 잘 알려져 있듯이 로마 약탈 이전에는 참다운 예언자의 저항의식을 갖춘 은자들이 출현했다(1편 9장 참조). 그들은 언변에 재주가 없으면 무언가 상징물을 자기 제자에게 들려 보냈다. 시에나의 어느 고행자는(1496년) 지팡이 끝에 해골을 매달고 거기에 위협적인 성경 구절을 적은 종이를 붙이고는, 그것을 제자인 '작은 은자'에게 들리어 공포에 떠는 도시로 내보냈다.[41]

수도사들은 군주, 정부, 성직자를 비롯해 자신과 같은 수도사들에게조차 공격을 늦추지 않았다. 물론 14세기에 파비아에서 있었던 야코포 부솔라리의 설교처럼[42] 전제군주 타도를 목표로 한 노골적인 설교는 두 번 다시 볼 수 없었지만, 교황을 교황의 예배당에서 비난하는 용감한 연설이나,[43] 결코 충고를 들을 생각 없는 군주 앞에서 진실하게 정치적 진언을 하는 일은 있었다.[44] 1494년 밀라노의 카스텔로 광장 단상에서 인코로나타 출신의—따라서 아우구스티누스회 소속의—한 맹인 설교사가 루도비코 일 모로를 향해 용감하게 훈계했다. "전하, 프랑스인에게 길을 알려주셔서는 안 됩니다. 그러면 반드시 후회하실 것입니다."[45] 직접적으로 정치를 논하지는 않았지만 청중이 넋을 놓을 정도로 무시무시한 미래 광경을 묘사했던 예언 수도사도 있었다. 1513년 교황 레오 10세가 선출된 뒤, 프란체스코회에서 이런 일을 맡은 수도사 12명이 이탈리아 각 지방을 분담해서 돌아다녔다. 그 가운데 피렌체에서 설교했던 프란체

---

40) Prato, *Arch. stor.* III, p. 357. Burigozzo, ibid., p. 431.

41) Murat. XXIII, Col. 855 이하에 수록된 Allegretto.

42) Matteo Villani VIII, I 이하. 부솔라리는 처음엔 전제정치 전반을 공격하는 설교를 했다. 그러나 파비아를 지배하던 베카리아 가문이 부솔라리를 암살하려 하자, 그는 설교를 통해 헌법과 정부 기관까지 개혁함으로써 베카리아 가문이 파비아에 발을 들이지 못하게 했다(1357년).

43) 3편 6장 주26 참조. 교황궁 앞에서 신부 파올로 토스카넬로가 교황 식스투스 4세와 그 가족 및 추기경들을 호통하며 설교했다.

44) 통치자 가문도 위기가 닥치면 민중에게서 충성심을 불러일으키기 위해 곧잘 수도사를 고용했다. 페라라에서 있었던 사례가 Sanudo의 저서(Murat. XXII, Col. 1218)에 실려 있다.

45) Prato, *Arch. Stor.* III, p. 251.—프랑스인이 쫓겨난 뒤 열광적으로 프랑스에 반대한 설교사들에 대한 내용은 Burigozzo, ibid., pp. 443, 449, 485 ; ad a. 1523년, 1526년, 1529년 항목에 나와 있다.

스코 디 몬테풀치아노[46]는 모든 군중에게 공포를 불러일으켰다. 빽빽이 들어찬 인파 때문에 가까이 갈 수 없었던 사람들에게는 그의 말이 더 과장돼서 전해졌던 것이다. 설교를 마친 그가 '가슴 통증으로' 갑자기 죽자 많은 사람들이 시신의 발에 입을 맞추려고 모여들었다. 결국 시신은 밤중에 몰래 매장되었다. 새로이 불붙은 예언의 정신은 부녀자와 농민들의 마음을 사로잡았고, 그 불길을 진압하기 위해 엄청난 노력이 투입되었다. "그 뒤 사람들의 기분을 다시 북돋으려고 메디치 가문—교황 레오 10세의 동생 줄리아노와 로렌초(우르비노 공. 재위 1492~1519)—이 1514년 성 요한 축일을 기념해 화려한 축제를 열었다. 사냥, 행렬, 마상 창시합이 벌어졌다. 이를 보려고 로마에서 많은 귀빈이 왔는데, 그 가운데는 추기경 6명이 변장을 하고서 끼어 있었다."

그러나 최고의 참회설교사이자 예언자는 1498년에 이미 피렌체에서 화형당하고 없었다. 그가 바로 페라라의 지롤라모 사보나롤라로,[47] 여기서는 그에 관해 몇 마디 언급하는 것으로 만족하겠다.

그가 피렌체를 개혁하고 지배하는 데(1494~98) 사용한 강력한 도구는 설교였다. 그 가운데 지금까지 전해지는 설교들은 대부분 현장에서 불완전하게 받아 적은 것들이라 그 가치를 충분히 드러내지 못한다. 사보나롤라가 외적인 조건이 뛰어났던 것은 아니다. 사실 그의 목소리, 발음, 수사적 표현 등은 오히려 그의 약점이었다. 유려한 언변과 기교를 원하는 이들은 그의 경쟁자인 마리아노 다 기나차노에게로 갔다. 그러나 사보나롤라의 설교에는 뒷날 루터가 나타나기 전까지는 다시 볼 수 없었던 고귀한 인격의 힘이 담겨 있었다. 그는 이 영향력을 하느님의 계시라고 생각했다. 또한 사보나롤라는, 위계가 가장 낮은 천사 바로 아래 설교사가 있다고 볼 정도로 그 직책을 높이 평가했으며, 그러한 태도가 불손하다고도 생각하지 않았다.

타오르는 불꽃같은 성품을 지닌 이 사람은 또 다른 좀 더 위대한 기적을 이룩했다. 그가 속한 도미니코 수도회의 성 마르코 수도원과 토스카나의 모든 도미니코회 수도원이 하나로 뭉쳐 스스로 내부 개혁을 단행했던 것이다. 그

---

46) Jac. Pitti, *Storia fior.* L. Ⅱ. p. 112.
47) Perrens : *Jérôme Savonarole* 2 voll. 이 책은 수많은 전문서 가운데 아마 가장 잘 정리된 객관적인 문헌일 것이다.—P. Villari, *La storia di Girol. Savonarola*(2 voll. 8. Firenze, Lemonnier).

시절 수도원이 어떤 곳이었으며 사소한 개혁조차 수도사들에게는 얼마나 힘든 것인지 안다면, 이런 완전한 쇄신에 놀라고 또 놀랄 것이다. 일이 진행되는 동안 뜻을 같이하는 사람들이 대거 도미니코회에 가입함으로써 개혁 세력은 더욱 공고해졌다. 더욱이 명문가 자제들도 성 마르코 수도원에 수습 수도사로 들어왔다.

특정 지역의 이러한 수도회 개혁은 국가교회(활동이 국내에만 한정되며, 외국 종교단체로부터 독립한 교회)로 가는 첫걸음이었다. 만일 개혁이 좀 더 오래 이어졌다면 분명 국가교회가 탄생했을 것이다. 사보나롤라는 교회 전체의 개혁을 바랐기 때문에 마지막까지 대군주들에게 종교회의 개최를 촉구하는 절실한 권고를 했다. 그러나 토스카나에서 사보나롤라의 정신을 대표하는 유일한 기관으로 지상의 소금과 같았던 그의 수도회 및 당파와는 달리, 인접한 다른 지방들은 여전히 옛 수준에 머물러 있었다. 피렌체를 지상의 천국으로 만들려는 마음은 체념과 상상력 속에서 차츰 형성되어갔다.

예언이 일부 적중하여 사보나롤라는 초인적인 명망을 얻게 되었는데, 그 예언이야말로 언제나 활동적인 이탈리아적 상상력이 가장 견실하고 조심스러운 사람들까지 지배할 수 있었던 수단이었다. 회칙엄수파에 속하는 프란체스코회는 처음에 성 베르나르디노 다 시에나가 안겨준 명성을 후광 삼아 이 도미니코회 수도사(사보나롤라)를 경쟁에서 이길 수 있으리라 생각했다. 그들은 자기 쪽 수도사 한 명을 대성당 설교단에 세워, 사보나롤라의 재앙에 대한 예언보다 더 무시무시한 예언을 하게 했다. 결국 그 무렵 아직 피렌체를 지배하던 피에트로 데 메디치는 양쪽 모두에게 함구령을 내리기에 이른다. 그러나 오래지 않아, 사보나롤라가 분명히 예언한 대로 프랑스 왕 샤를 8세가 이탈리아에 쳐들어와 메디치가가 추방당하자, 사람들은 사보나롤라만을 믿게 되었다.

그러나 여기서 확실히 밝혀두어야 할 사실이 있다. 사보나롤라는 자기 예감과 환상에는 아무런 비판도 가하지 않았지만, 타인의 그것에 대해서는 아주 엄격했다는 점이다. 피코 델라 미란돌라에게 바치는 추도연설에서 그는 이 죽은 벗을 다소 무자비하게 다룬다. 피코가 하느님께 계시를 받았으면서도 수도회에 들어오려 하지 않았기 때문에 자신이 하느님께 기도하여 피코를 응징하시라 했으나, 결코 그의 죽음을 바랐던 것은 아니라면서, 이제 헌금과 기도를 했으니 피코의 영혼은 연옥을 견딜 수 있게 되었다고 말했다. 또 피코가 병상에서 본 환상, 즉 성모 마리아가 나타나 죽지 않을 것이라고 약속했다는 환상에 대해서 사보나롤라는, 자기는 오랫동안 그것이 악마의 기만이라고 생각했지만 사실 성모의 말은 제2의 죽음, 즉 영원한 죽음을 뜻한다는 계시를 자기가 받았다고 말했다. 이 모든 일들이 교만이었다면, 이 위대한 인물은 어쨌든 뼈아픈 대가를 치렀다. 사보나롤라는 임종이 가까워오자 자기가 본 환상이나 예언이 부질없음을 깨달았던 것 같다. 그래도 그에게는 그리스도인답게 죽음을 맞이할 수 있는 충분한 마음의 평화가 남아 있었다. 그러나 사보나롤라의 신봉자들은 그의 교리와 예언을 30년이 지나도록 굳게 믿었다.

그가 국가 개혁자로 나선 까닭은, 그렇게 하지 않으면 대신 적들이 멋대로 국사를 휘어잡을 것이기 때문이었다. 1495년 초의 반(半)민주적인 헌법을 보고 그를 비판하는 것은 공정하지 못하다. 그것은 다른 피렌체의 헌법들에 비해 낮다고 할 수 없지만 못하지도 않다.[48]

솔직히 말해 사보나롤라는 이런 일을 하기에는 누구보다도 부적합한 인물이었다. 그가 바라는 이상은, 모든 사람이 거룩하고도 겸손하게 '눈에 보이지 않는 존재'에게 머리를 숙이고, 격정에서 비롯된 온갖 갈등은 애초에 싹을 잘라버리는 신권정치였다. 그의 정신은 시뇨리아 궁전의 비문에 모두 적혀 있다. "원로원과 민중의 결정에 따라 피렌체 시민의 왕으로 뽑힌 예수 그리스도(Jesus Christus Rex populi florentini S.P.Q. decreto creatus)." 이 비문 내용은 이미 1495년에 그의 좌우명이었고,[49] 1527년에는 그의 신봉자들을 통해 부활되었다. 진실하고 엄격한 수도사들이 그렇듯 그도 현세의 생활과 조건에는 관심이 없었다. 인간이란 영혼의 구제와 직접 관련된 문제만을 다루어야 한다는 것이 그의 생각이었다.

이런 생각은 고대문학에 관한 그의 의견에 분명히 나타난다. 사보나롤라는

---

48) 어쩌면 사보나롤라는 여러 종속 도시에 자유를 되돌려주면서도 토스카나 국가의 결합을 어떻게든 유지할 수 있는 유일한 인물이었을 것이다. 그러나 그는 거기까지 생각하지 못했다. 또한 사보나롤라는 피렌체 사람들 못지않게 피사를 미워했다.

49) 1483년에 둘로 나뉜 시를 축제를 통해 성모에게 바친 시에나 사람들과는 두드러진 대조를 이룬다. Allegretto, ap. Murat. XXIII, Col. 815.

이렇게 말했다.

플라톤과 아리스토텔레스가 이룩한 유일한 업적은, 이단자를 공격하는 데 쓸 수 있는 많은 논법을 만들어낸 점이다. 그러나 많은 철학자들과 함께 그들도 지옥에 떨어져 있다. 신앙에 대해서는 이름 없는 노파가 플라톤보다 더 많이 안다. 얼핏 유익해 보이는 수많은 책들을 파기하는 것이 신앙에는 더 유익할 것이다. 이처럼 많은 책과 논리와 토론이 없던 시절에는 지금보다 더 신앙이 빨리 보급되지 않았는가.

사보나롤라는 학교에서 하는 고전 교육은 호메로스, 베르길리우스, 키케로로 한정하고, 나머지는 성 히에로니무스와 성 아우구스티누스로 보충하고자 했다. 반면 카툴루스, 오비디우스뿐만 아니라 티불루스와 테렌티우스도 추방해야 한다고 했다. 여기서 나타나는 것은 편협한 도덕에 지나지 않을지 모르지만, 어떤 글에서 그는 모든 학문이 해롭다고 말한다. 본디 학문은, 인간 지식의 전통을 유지하고, 특히 이단의 궤변을 물리칠 지적인 투사들을 양성하기 위해 몇 사람만 배워두면 충분하다는 것이 그의 주장이다. 나머지 사람들은 문법과 예절과 종교 수업 이상의 교육을 받아서는 안 된다. 한데 이렇게 하면 모든 교양은 다시금 수도사들의 차지가 될 것이다. 나아가 "가장 학식 있고 성스러운 자"가 국가와 국토를 통치해야 하므로 이 역시 수도사의 일이 될 것이다. 사보나롤라가 과연 이 문제까지 내다보았는지는 묻지 않겠다.

이보다 더 순진한 발상은 또 어디 있을까. 고대의 재발견, 인간의 사고와 지식의 광대함이 때에 따라서는 종교에 영광스러운 시련이 될 수도 있다는 단순한 생각이 이 선량한 사람에게는 떠오르지 않았던 것이다. 그는 보통 방법으로는 없앨 수 없는 것을 소멸시키고자 했다. 사실상 그는 자유주의자가 아니었다. 그는 신앙 없는 점성술사들을 불태우기 위해, 뒷날 자신의 죽을 자리가 될 화형대를 설치했던 것이다.[50]

이 편협한 정신에 깃들어 있던 영혼은 얼마나 강력했을까! 교양에 열광했

---

50) 사보나롤라는 "신앙 없는 점성술사들"에게는 "불로써 대항하는 수밖에 없다"고 말했다.

던 피렌체 사람들을 그런 사고방식에 길들이는 데는 얼마나 큰 정열이 필요했을까!

피렌체 사람들이 어떤 세속의 물품과 예술품이라도 기꺼이 그를 위해 내던질 마음이 있었다는 사실은 그 유명한 소각 사건으로 알 수 있다. 이에 비하면 베르나르디노 다 시에나를 비롯한 다른 사람들의 화형대는 한데 합친다 해도 전혀 대수롭지 않았다.

그러나 이런 소각은 전제적인 경찰력 없이는 불가능했다. 그는 이탈리아에서 크게 존중하는 사생활의 자유에 적잖이 간섭했다. 한 예로, 집주인이 도덕 개혁을 이룰 수 있도록 하인들에게 정탐을 하라고 시켰을 정도이다. 뒷날 제네바에서 철인 칼뱅이 외부로부터 끊임없이 포위당하면서도 가까스로 얻어낸 공공생활과 사생활 개혁이, 피렌체에서는 결국 단순한 시도에 그쳤을뿐더러 그로 인해 적을 극도로 분노케 했다. 여기에는 무엇보다 사보나롤라가 조직한 소년단이 크게 한몫했다. 그들은 집집마다 쳐들어가 화형대에 쌓을 만한 물건을 폭력을 써서 가져왔다. 소년들이 이곳저곳에서 매를 맞고 쫓겨나자, 나중에는 "자라나는 미래의 신성한 시민"이라는 허구를 지키기 위해 어른을 호위자로 붙여주었다.

이리하여 1497년 사육제 마지막 날과 이듬해 같은 날 시뇨리아 광장에서 대대적인 화형식이 거행되었다. 로마 황제의 시신을 화장하던 단과 비슷한 계단형 피라미드가 웅장하게 서 있었다. 맨 아래에는 가면, 가짜 수염, 가장용 의상 따위가 종류별로 나뉘어 있었다. 그 위층에는 라틴어와 이탈리아어로 된 시인들의 저작이 놓였는데, 특히 풀치의 《모르간테》 및 보카치오와 페트라르카의 작품이 눈에 띄었고, 값비싼 양피지로 된 책들과 세밀화로 꾸민 사본들도 있었다. 다음 층에는 여성들의 장신구와 화장도구, 향수, 거울, 베일, 가발이 놓이고, 또 그 위층에는 류트, 하프, 장기판, 주사위, 카드가 올려졌다. 마지막으로 가장 높은 두 층은 모두 그림으로 도배되었다. 특히 미녀 그림이 대부분이었는데, 일부는 루크레티아, 클레오파트라, 파우스티나 같은 고전 인물이었고, 일부는 벤치나, 레나 모렐라, 비나 데 렌치와 마리아 데 렌치의 실제 초상화였다. 처음 화형식을 열 때 마침 그 자리에 있던 베네치아의 한 상인이 피라미드 위에 놓인 물건들을 2만 탈러에 사겠다고 시 정부에 제안했다. 그러나 그가 받

사보나볼라의 화형 1498년 5월 23일의 사보나볼라 처형. 산 마르코 박물관 소장.

은 유일한 대답은 그의 초상도 그려서 다른 그림들과 함께 불태우라는 것이었다. 피라미드에 불을 붙일 때는 시의회 의원들이 발코니에 나타났고, 노래와 나팔소리와 종소리가 하늘을 가득 채웠다. 그 뒤 사람들은 산 마르코 대성당 앞 광장을 향해 행진했고, 광장에 도착하자 세 겹으로 원을 그리면서 춤추었다. 가장 안쪽 원에는 이 대성당의 수도사들과 천사 복장을 한 소년들이 뒤섞여 늘어섰고, 다음 원에는 젊은 성직자들과 평신도들이, 마지막 맨 바깥쪽 원에는 노인들과 시민과 올리브 화관을 쓴 사제들이 둘러서서 춤을 추었다.

나중에 사보나롤라를 상대로 승리를 거둔 반대파가 아무리 조롱해도―그들에게는 조롱할 이유와 재능이 충분히 있었다—사보나롤라에 대한 추억을 지워버릴 수는 없었다. 이탈리아의 운명이 비참하게 펼쳐질수록 위대한 수도사요 예언자였던 그의 모습은 살아남은 사람들의 가슴속에서 더욱더 빛을 발했다. 그의 예언은 하나하나 살펴보면 입증하기 어려울지 모르지만, 큰 재앙들은 무시무시하게 실현되었던 것이다.

그러나 참회설교사들의 영향력이 점점 커질수록, 또 사보나롤라가 수도사 계급 자체를 위해 세상을 구하는 설교를 옹호했던 사실이 분명해질수록[51] 이 계급은 일반인들의 부정적인 시각에서 벗어날 수가 없었다. 이탈리아는 개인에게만 열광한다는 점이 드러난 것이다.

이제 사제와 수도사를 뒤로 하고 옛 신앙(고대 이교 신앙)의 강도가 어느 정도였는지 측정해보려 한다. 이것은 어느 방향에서 보고 어떤 조명을 비추느냐에 따라 아주 강하게도 약하게도 보일 것이다. 성사(聖事)와 축복이 반드시 필요한 것이었다는 점은 앞에서 이미 이야기했으니, 여기서는 일상생활에서 신앙과 예배가 어떤 위치에 있었는지 살펴보고자 한다. 이 두 가지는 민중과 그들의 습관 그리고 그에 대한 통치자들의 배려를 통해 결정되었다.

농민층과 도시 하층민 사이에서는 참회와 선행을 통해 구원을 얻는 것과 관련된 모든 행동이 북유럽에서와 똑같이 성숙되었거나 타락했다. 때로는 교양계층도 여기에 사로잡히고 영향을 받았다. 고대 이교도처럼 신을 불러내 의식을 올리고 제물을 바치는 가톨릭의 민간 신앙적 요소는 민중의 의식에 단단히 뿌리박혀 있었다. 앞서 인용한 바티스타 만토바노의 전원시 제8편[52]에는 한 농부가 성모 마리아에게 바치는 기도가 들어 있다. 거기서 성모는 농촌 생활의 온갖 이익을 지켜주는 수호여신으로 불린다. 이탈리아 민중은 수호여신으로서 일이 있을 때마다 기도를 올리는 성모 마리아의 가치를 어떻게 생각했을까? 남편이 없는 사이에 애인인 수도사가 야금야금 술통을 비워버리는 바람에 수태고지축일에 성모에게 밀랍 한 통을 바쳐야 했던 한 피렌체 여인은 속

---

51) Perrens, 1. c., vol. I. p. 30, Nota에 수록된, 에제키엘에 관한 14번째 설교에서 발췌한 부분 참조.
52) 제목은 〈시골 사람들의 종교에 대하여 *De Rusticorum Religione*〉이다.

으로 무슨 생각을 했을까?[53] 오늘날에도 그렇지만 그때에도 성자 한 사람 한 사람이 저마다 특정한 생활 영역을 수호하고 있었다. 가톨릭교회 전반에 나타나는 여러 의식의 기원을 이교의 관습에서 찾으려는 시도는 이제까지도 종종 있었다. 그 밖에도 교회 축제와 연결된 수많은 지역적·민속적 풍습이 고대 유럽에서 비롯된 여러 이교의 무의식적인 유물이라는 것은 누구나 인정한다. 그런데 이탈리아 시골에는 누가 봐도 이교 신앙의 산물임에 분명한 풍습들이 있었다. 성 베드로 축일(2월 22일) 나흘 전, 즉 고대의 페랄리아(Feralia. 죽은 사람을 기리는 날) 제일인 2월 18일에 죽은 사람을 위해 음식을 차려놓는 관습 따위가 그것이다.[54] 이러한 풍습이 그 시절에는 많았으나 뒤로 오면서 사라진 듯싶다. 역설적으로 들리겠지만, 이탈리아에서 민간신앙은 이교와 관련이 깊을수록 더 단단히 뿌리박고 있었다.

이런 신앙이 상류사회에 얼마나 침투해 있었는지는 비교적 자세히 입증할 수 있을 것이다. 앞에서 성직자 계급을 논할 때 말했듯이, 신앙에는 습관과 어린 시절에 받은 인상의 힘이 크게 작용하기 때문이다. 교회축제의 화려함에 대한 애착도 한몫했다. 그뿐만 아니라 비웃거나 부정하는 자도 쉽사리 저항할 수 없었던 참회 열풍까지도 곳곳에서 대대적으로 일어났다.

그러나 이런 문제에서 성급하게 일반적인 결론을 내리는 것은 위험하다. 예를 들어 성자의 유물을 대하는 교양인들의 태도가 그들의 종교에 대한 생각을 일부 열어 보이는 열쇠가 되리라고 생각하는 사람도 있을 것이다. 그러나 정도의 차이는 밝힐지언정 기대한 만큼 명료한 결과를 얻을 수는 없다. 15세기

---

53) Franco Sacchetti, *Nov.* 109에도 이런 종류의 이야기가 나온다.

54) Bapt. Mantuan. *de sacris diebus,* L. Ⅱ에서는 다음과 같이 선언했다.
　"이런 미신은 저세상의 죽은 자들에게서 비롯되었으니
　　성스러운 그리스도교라면 멀리하는 것이 좋다.
　　산 자에게는 음식을 주고, 죽은 자에게는 미사를 올리라."
　　이보다 1세기 전, 교황 요한 22세의 사형집행 군대가 변경의 황제당을 향해 진격한 것은, '이단'과 '우상숭배'를 단호히 규탄하기 위해서였다. 레카나티시는 자진해서 항복했지만 '그곳에서 우상을 숭배했다는 이유로' 불태워졌다. Giov. Villani, IX, 139. 141.—교황 피우스 2세 때는 우르비노 태생의 한 고지식한 태양숭배자가 나타났다. Aen. *Sylvius, opera,* p. 289. *Hist. rer. ubique gestar.* c. 12.—가장 놀라운 일은 교황 레오 10세 시절 로마의 광장에서 일어났다. 흑사병 때문에 황소 한 마리가 이교풍 의식에 따라 제물로 바쳐진 것이다. Paul. Jovius. *Hist.* XXI, 8.

의 베네치아 정부는 그 시절 유럽을 지배하던(1편 6장 참조) 성자 유해 숭배 풍조에 흠뻑 젖어 있었다.[55] 베네치아에 살던 외국인들도 이러한 미신을 따르는 척하고 있었는지도 모른다. 학문의 도시 파도바도, 그곳의 지지학자 미켈레 사보나롤라(2편 3장 참조)의 증언을 토대로 판단하자면 베네치아와 사정이 비슷했다. 미켈레가 경외감에 젖어 감격스러워하며 우리에게 들려주는 바에 따르면, 큰 위험이 다가오면 밤에 성자들의 한숨 소리가 온 시중에 들리고, 성 키아라 수도원에 있는 성 수녀 시신의 머리카락과 손톱이 자라나며, 재앙이 임박하면 그 시신이 소리를 내고 두 팔을 쳐든다고 한다.[56] 그는 산토에 있는 성 안토니우스 예배당에 대해서 기술할 때엔 흥분하여 이성을 잃고 헛소리까지 했다. 밀라노에서는 민중이 성유물에 대단히 열광했다. 어느 해(1517년) 성 심플리치아노 수도원 수도사들이 주제단을 개조할 때 부주의로 성인의 유해 6구를 노출시켰는데, 그 일이 있은 뒤 이 지방에 큰 폭풍우가 몰아쳤다. 그러자 사람들은[57] 이것이 성유물을 모독해 생긴 일이라며, 길에서 만나는 수도사들마다 늘씬하게 두들겨 팼다. 그러나 이탈리아의 다른 지방에서는, 교황들의 관할하에서조차 이러한 성유물 숭배가 불확실한 양상을 띠어 정확한 결론을 이끌어내지 못한다. 교황 피우스 2세가 그리스에서 성 마우라 교회로 옮겨진 사도 안드레아스의 머리를 손에 넣어 엄숙하게 성 베드로 교회에 안치했을 때(1462년) 세상 사람들로부터 얼마나 큰 인기를 얻었는지는 널리 알려져 있다. 그러나 교황의 보고서를 보면, 그가 그렇게 했던 까닭은 많은 군주들이 열심히 성유물을 모아들이는데 자기만 손을 놓고 있는 것은 꼴불견이라고 생각했기 때문이다. 그런 수치심 속에서 교황은 그제야 비로소 로마를, 자기 교회에 머물지 못했던 성자들의 유해가 안식할 만한 곳으로 만들고자 결심했다.[58] 교황 식

55) Sabellico, *de situ Venetae urbis.* 사벨리코는 많은 문헌학자들이 그러듯 성자의 이름에 'sanctus(聖)'나 'divus(신적인)'를 붙이지 않았으나, 많은 성유물을 언급하면서 극진한 애정을 보였으며, 그 가운데 몇 개에는 입맞추었다고 자랑하기까지 했다.

56) Murat. XXIV, Col. 1149–1151에 수록된 *De laudibus Patavii.*

57) Prato, *Arch. stor.* III, p. 408.—미켈레는 결코 합리주의자가 아니었지만, 그래도 이러한 인과관계는 인정하지 않았다.

58) Pii II. *Comment.* L. VIII, p. 352 이하. "교황은 중요한 사도의 명예를 위해 노력하지 않는 것처럼 비칠까봐 두려워했다……."

스투스 4세 치하에서는, 시민들이 교황보다 이 일에 더 열심이었다. 그래서 식스투스 4세가 임종을 앞둔 프랑스 왕 루이 11세(재위 1461~83)에게 라테란궁에 있는 성유물 몇 가지를 보냈을 때 시의회는 크게 반발했다(1483년).[59] 그 무렵 볼로냐에서는 성 도미니코의 두개골을 에스파냐 왕에게 팔아 그 돈을 공익사업에 쓰자는 용감한 의견이 나왔다.[60] 성유물 숭배가 가장 시들했던 곳은 피렌체였다. 시의 수호성자 성 차노비를 위해 새 석관을 만들어 경의를 표하자는 결의가 나온 뒤, 마침내 그것을 기베르티에게 주문하기까지는 장장 19년(1409~28년)이라는 세월이 흘렀다. 그 일을 기베르티가 맡게 된 것은, 이 장인이 조금 규모가 작기는 하지만 비슷한 작품을 훌륭히 완성한 적이 있다는 우연한 이유에서였다.[61]

나폴리의 한 교활한 수녀원장이 나무와 석고로 만든 가짜 팔을 성 레파라타의 것이라고 속인(1352년)[62] 뒤로 사람들은 성유물에 흥미를 잃었는지도 모르겠다. 혹은 사람들의 미적 감각이 시신의 일부나 썩어가는 옷가지에서 눈을 돌리게 한 것일까? 아니면 열두 사도를 전부 나란히 모아두기보다는 단테나 페트라르카의 유해를 화려한 묘지에 안치하고 싶다는 근대적 명예욕 때문이었을까? 그러나 베네치아와 아주 예외적이었던 로마를 빼면, 이탈리아에서는 이미 오래전부터 유럽의 다른 어떤 나라보다도 성유물 숭배가 성모 숭배에 자리를 내주고 있었다.[63] 직접적으로 드러나지는 않지만, 바로 이 점이 이탈리아인의 미적 감각이 일찍부터 발달했다는 증거가 아닌가 한다.

---

59) Murat. XXIII, Col. 187에 수록된 Jac. Volaterran. 루이 11세는 그 성유물을 모실 수 있었지만 결국 죽었다.—지하묘지는 당시 이미 잊혔지만 사보나롤라도(I, c. Col. 1150) 로마에 대해서 이렇게 말했다. "그곳은 아켈다마의 들처럼 성스러운 사람들이 사는 곳이 되었다."

60) Murat. XXIII, Col. 905에 수록된 Bursellis, *Annal. Bonon.* 이렇게 주장한 사람은 16인의 귀족 가운데 하나인 Bartol. della Volta(1485년 사망)였다.

61) Vasari, III, lll, s. et N. *Vita di Ghiberti.*

62) Matteo Villani III, 15, 16.

63) 과거 몇 세기 동안 이탈리아 사람들은 역사적으로 분명히 알려진 성자들의 유해를 숭배해 왔다. 이것은 성스러운 원시시대 인물의 유해나 옷 조각들을 찾아 수집하는 북유럽의 풍습과 구별되어야 한다. 라테란궁에 보존된 수많은 성유물(聖遺物)도 후자에 속하며, 특히 그것은 순례자들에게 중요한 의미를 지녔다. 그러나 성 도미니코나 파도바에 있는 성 안토니우스의 석관 위에는 신성한 빛뿐만 아니라 역사적 명성의 빛도 은은하게 감돌았다.

북유럽에서 거대한 대성당은 거의 모두 성모 마리아에게 바치고, 라틴어와 자국어로 쓰인 시도 대부분 성모를 찬미하는 것을 보면, 도저히 이보다 더 마리아를 열렬히 숭배할 수는 없을 것 같다는 생각이 든다. 그러나 이탈리아에는 기적을 일으키는 성모상들의 수가 훨씬 많았으며 이것이 일상생활 깊숙이 파고들었다. 매우 오래되었거나 매우 오래되었다고 전해지는 '성 루카의 마리아상'(성 루카는 화가로서 성모자상을 그렸다는 전설이 있다)부터 자기가 그린 성모상의 기적을 흔히 체험할 수 있었던 당대 화가의 작품에 이르기까지, 주요 도시들은 어디나 성모상을 많이 보유하고 있다. 이 예술작품들은 바티스타 만토바노의 생각처럼[64] 그렇게 무해하기만 한 것은 결코 아니었으며, 때로는 느닷없이 마법적인 힘을 수반했다. 기적을 갈구하는 민간의, 특히 여자들의 마음은 이 작품들로 완전히 채워졌고, 이로써 성유물이 뒷전으로 밀려난 듯싶다. 가짜 성유물에 대한 조소가 진짜 성유물에 대한 경외를 얼마나 해쳤는가는 여기서 다루지 않기로 한다.[65]

교양 있는 사람들은 성유물 숭배보다는 성모 숭배 쪽에 더 분명한 태도를 취했다. 눈길을 끄는 점은, 민간에서는 성모 찬가가 오늘날까지도 새롭게 창작되는 반면, 문학에서는 단테가 《신곡》의 〈천국편〉[66]을 통해 성모를 찬양한 마지막 시인이라는 사실이다. 산나차로와 사벨리코[67] 같은 라틴어 시인의 이름을

---

64) 만토바노의 후기 저작 *De Sacris Diebus*(L. I)에서 주목할 만한 구절은 세속예술과 종교예술에 모두 관련이 있다. 그의 말에 따르면, 히브리인의 모든 조형미술은 저주받아 마땅했다. 그렇지 않았다면 그들은 주위에 퍼져 있던 우상숭배와 악마숭배로 되돌아갔을 것이기 때문이다.
　"그러나 이제 악마의 본성이 숨김없이 드러나고
　그 옛날의 위력도 잃고 버려지게 되었으니
　어떠한 조각상도 우리에게 해를 끼치지 못하고
　어떠한 그림도 우리를 기만하지 못하는 무해한 기호에 지나지 않다
　그것은 오직 덕을 기리는 대리석 기념비,
　불멸의 영광을 나타내는 영원한 장식에 지나지 않으니……"
65) 바티스타 만토바노는 만토바에 있는 성스러운 피가 진짜임을 믿지 않는 '허풍선이'들 때문에 한탄했다.(*de sacris diebus*, L. V) 콘스탄티누스 대제의 기증에 이론을 제기했던 비판 역시 간접적이긴 하지만 성유물에 호의적이지는 않았다.
66) 〈천국편〉 33곡 1에 있는 성 베르나르두스의 유명한 기도. "처녀이신 어머니요, 당신 아들의 딸이시여."
67) 아마 교황 피우스 2세도 여기에 포함될 것이다. 성처녀에게 바치는 그의 비가는 *opera*, p.

여기에 넣고 싶은 사람도 있을 것이다. 그러나 그들은 본질적으로 문학성을 목표로 했기 때문에 성모 찬양 시인으로 보긴 어렵다. 15세기[68]부터 16세기 초까지 이탈리아어로 쓰인 시들은 오로지 신앙을 호소하지만, 대개 신교도들도 쓸 수 있는 것들이다. 로렌초 마니피코의 찬가, 비토리아 콜론나와 미켈란젤로 등의 소네트가 그것이다. 신앙심을 서정적으로 표현한 것을 빼면, 대개는 죄의식, 그리스도의 죽음을 통한 구원 의식, 천상 세계에 대한 동경을 노래했으며, 성모의 중재는 예외적으로 다루어질 뿐이다.[69] 이 현상은 프랑스인의 고전 문화와 루이 14세 시대의 문학에서도 되풀이된다. 반종교개혁과 더불어 이탈리아 문학 작품에서는 다시금 성모 숭배가 나타난다. 물론 그동안에도 조형예술은 성모 찬미에 최선을 다해왔다. 그리고 교양인들의 성모 숭배는 이교의 색채를 띠는 일이 드물지 않았다(1편 5장, 3편 9장 참조).

르네상스 이탈리아의 가톨릭 신앙을 이처럼 여러 측면에서 검토함으로써 우리는 교양인들이 민간신앙과 어떤 관계에 있었는지 어느 정도 개연성 있게 추정할 수 있을 것이다. 그러나 결정적인 결론에는 이를 수 없을 성싶다. 설명하기 어려운 갖가지 모순이 있기 때문이다.

예를 들어 교회를 건축하고 교회를 위한 조각과 그림 창작에 몰두하던 16세기 초에 다른 한편에서는 예배에 소홀하고 교회가 경시된다는 한탄의 소리가 들려온다.

성당은 폐허가 되고, 제단은 먼지로 덮이고
하느님께 드리는 예배는 잊혀간다.[70]

964에 실려 있다. 그는 젊어서부터 마리아의 특별한 보호를 받는다고 믿었다. Jac. Card. Papiens, *de morte Pii*, p. 656.

68) 그때는 교황 식스투스 4세가 성모의 무염시태에 열광하던 시대였다. *Extravag. commun.* L. III, Tit. XII. 식스투스 4세는 또한 신전에 있는 성모상을 기리는 축제와 성안나 및 성요셉제도 창시했다. Trithem. *Ann. Hirsaug.* II, p. 518 참조.

69) 이에 대해서는 비토리아(Vittoria)의 몇 안 되는 대담한 소네트가 매우 시사적이다(N. 85 이하).

70) Bapt. Mantuan. *de sacris diebus*, L. V. 특히 라테란 종교회 석상에서 소(小) 피코가 한 연설. Roscoe, *Leone X*, ed. Bossi, vol. VIII, p. 115 수록.

루터가 로마에서 미사를 올리는 사제들의 불경스러운 태도를 보고 격분했던 이야기는 유명하다. 또한 교회 축제는, 특히 북유럽에서는 상상을 뛰어넘을 정도로 화려하고 취향 위주로 진행되었다. 이 상상력 풍부한 민족은 일상의 일들에는 무심하면서도 무엇이든 색다른 것에는 마음을 빼앗긴다고 생각해야 할 것 같다.

여기서 말할 참회 열풍도 이 상상력으로 설명할 수 있다. 이 유행은 위대한 참회설교사들이 미친 영향과는 구별해야 한다. 참회 열기를 불러일으킨 것은 대재앙 또는 그것에 대한 공포였다.

중세에는 때때로 이런 열기가 유럽 전역을 휩쓸었다. 그때마다 대중은 십자군원정이나 고행순례(13~15세기에 자기 몸을 매질하며 순례했던 것) 같은 움직임에 휘말렸다. 이탈리아도 이 두 움직임에 동참했다. 이탈리아 최초의 고행자 무리는 에첼리노와 그 일문의 몰락 직후, 우리가 이미 후기 참회설교사의 거점으로 알고 있는 페루자 지방에서 대거 나타났다.[71] 그 뒤 1310년과 1334년에 고행순례자가 나타났고,[72] 다시 매질을 하지 않는 대규모 참회순례가 1399년에 있었는데, 이에 대해서는 코리오[73]가 기록을 남겼다. 로마기념제가 계획된 목적 가운데 하나가, 종교적으로 흥분한 대중의 이 불길한 방랑벽을 통제하고, 이로 인한 사고를 방지하기 위한 것이었다는 주장도 일리가 있다. 그 사이 로레토처럼 새로이 유명해진 이탈리아의 순례지도 이 흥분한 군중 일부를 끌어들였다.[74]

---

71) Monach. *paduani chron.* L. III 첫머리. 그 참회를 이렇게 기록했다. "그것은 처음에 페루자인, 다음에 로마인으로 번졌으며, 마침내는 이탈리아 민중 대부분을 휩쓸었다." (Guil Ventura(*Fragmenta de Gestis Astensium in Mon. Hist. Patr. SS.,* tom. iii. col. 701)는 고행순례를 '롬바르디아인의 놀라운 흥분'이라고 일컬었으며, 은자들이 산에서 내려와 거리에서 참회를 호소했다고 말했다.)

72) Giov. Villani VIII, 122, XI, 23.

73) Corio, fol. 281 ; Sismondi VII, 397 이하.

74) 먼 거리 순례는 이제 아주 드물어졌다. 에스테 가문 군주들이 예루살렘과 성 야고(S. Uago)와 빈으로 떠난 순례는 Murat. XXIV, Col. 182, 187, 190, 279에 수록된 *Diario Ferrarese* 에 열거되어 있다. 리날도 알비치(Rinaldo Albizzi)의 성지순례는 Macchiavelli, *stor. fior* ; L.V.에 나와 있다. 이때에도 결정적인 순례 동기는 명예욕이었다. 1400년 무렵 동행 한 명을 데리고 성묘(聖墓)를 순례할 예정이었던 레오나르도 프레스코발디(Rionaldo Frescobaldi)에 대해, 연대기 작가인 조반니 카발칸티(Giov. Cavalcanti)는 *Ist. Fiorentine,* ed. Polidori, 1838, II, p. 478에서 이렇

이 중세의 참회 열풍은 아주 오랜 뒤에도 재앙의 시기가 닥치면 다시 이곳 저곳에서 피어올랐다. 불안에 떠는 민중은 신비한 현상이라도 덧보태지려고 하면 자기 자신을 매질하고 목청 높여 자비를 부르짖으며 하늘을 달래려 했다. 수많은 사례 가운데 두 가지만 고른다면, 1457년 볼로냐에서 흑사병이 돌 때와[75] 1496년 시에나에서 내란이 일어났을 때[76]를 들 수 있다. 그러나 정말로 민심이 동요되었던 때는 1529년 밀라노에서 전쟁과 기아와 흑사병에 에스파냐의 폭정까지 더해져 온 나라가 절망에 허덕이던 시기였다.[77] 그때 사람들의 마음을 사로잡은 설교는 우연찮게도 에스파냐 수도사인 토마소 니에토의 것이었다. 그는 늙은이고 젊은이고 맨발로 행렬할 때 성찬을 새로운 방식으로 운반하게 했다. 장식된 관 위에 성찬을 고정시키고 이것을 베옷 입은 사제 네 명이 어깨에 메고 가도록 했는데, 일찍이 이스라엘 백성이 예리코 성벽 주위를 돌 때 맸던 '계약 궤'(가톨릭성경 〈탈출기〉 25장)[78]를 본뜬 것이다.

고난당하는 밀라노 국민은 이렇게 함으로써 하느님에게 인간과의 오랜 언약을 상기시켰다. 행렬이 다시 성당 안으로 들어가고 "자비를 베푸소서 (misericordia)!"라는 비탄의 외침으로 거대한 건물이 무너져 내릴 것만 같았을 때는, 하늘이 어떤 구원의 기적을 베풀어 자연과 역사의 법칙에 틀림없이 개입하리라고 누구나가 믿었을 것이다.

한데 이 시대 이탈리아에는, 여론에 앞장서서 경찰력을 동원해 기존의 참회 열기를 이끌어간 정부가 있었다. 바로 페라라 공작 에르콜레 1세의 정부였다.[79] 사보나롤라가 피렌체에서 세력을 떨치고 그의 예언과 참회가 아펜니노산맥 너머로까지 영향력을 확장했을 때, 페라라에서도 대규모의 자발적인 금식 운

게 말했다. "그들은 자기들이 미래 사람들의 마음에 영원히 기억되리라고 믿었다."

75) Murat. XXIII, Col. 890에 수록된 Bursellis, *Annal. Bon.*

76) Murat. XXIII, Col. 855 이하에 수록된 Allegretto.

77) Burigozzo, *Arch. stor.* III, p. 486. 그 무렵 롬바르디아의 비참한 상황을 알려주는 고전적인 자료는 Galeazzo Capella(*De Rebus nuper in Italia Gestis*)이다. 밀라노는 1527년 로마 약탈 때 로마 못잖은 손해를 입었다.

78) 사람들은 이것을 '증거의 궤'라고도 불렀다. 그리고 그것이 '큰 비밀로 이루어져 있다'는 것을 알고 있었다.

79) Murat. XXIV, Col. 317. 322. 323. 326. 386. 401에 수록된 *Diario Ferrarese*.

동이 일었다(1496년 초). 한 라자로회 수도사가 설교단에서 말하길, 일찍이 없던 무서운 전쟁과 기아의 고난이 머잖아 덮쳐올 터인데 금식하는 자는 그 재앙을 면할 수 있다고 성모 마리아가 어느 신실한 부부에게 계시하셨다고 했기 때문이다. 이러니 궁정에서도 금식할 수밖에 없었다. 나아가 궁정은 앞장서 직접 신앙을 지휘하기 시작했다. 4월 3일 부활절에 신앙과 도덕에 관한 포고가 발표되었다. 하느님과 동정녀 마리아를 모독하는 행위, 금지된 노름, 수간(獸姦), 남색(男色), 창녀와 포주에게 집을 빌려주는 행위, 빵집과 채소가게를 제외하고 축일에 영업하는 행위 등을 금지하는 내용이었다. 에스파냐에서 도망쳐 나온 유대인과 무어인들은 다시 가슴에 노란색 'O'자를 달고 다녀야 했다. 위반하는 사람은 기존 법률에 명기된 형벌뿐 아니라 "페라라 공작이 적절하다고 생각하는 한층 무거운 벌로써" 다스릴 수 있었다. 한편 공작은 궁정 사람들을 모두 거느리고 며칠 동안 계속해서 설교를 들으러 갔다. 4월 10일에는, 페라라의 모든 유대인도 설교를 듣도록 강요받았다. 5월 3일에는 앞서 나왔던 경찰 총감 그레고리오 참판테[80]가, 신성모독자로 고발당하지 않으려고 형리에게 돈을 준 자들은 자진신고하면 그 돈에 보상금을 보태어 반환한다는 포고를 내렸다. 악랄한 형리들은 밀고한다고 위협하여 죄 없는 사람들에게서 2, 3두카토의 돈을 우려냈다가, 뒤에 서로 배신하는 바람에 스스로 옥에 갇히는 꼴이 되었다. 그러나 사람들이 돈을 바친 까닭은 이 참판테와 얽히지 않기 위해서였으므로, 그 포고를 듣고 출두한 사람은 거의 없었다고 한다. 1500년, 루도비코 일 모로가 몰락한 뒤 다시 이러한 풍조가 되살아나자 에르콜레는 직접 아홉 개의 무리로 이루어진 행렬을 구성하도록 명령했다.[81] 여기에는 예수의 깃발을 든 흰옷 입은 소년들도 빠질 수 없었다. 에르콜레는 발을 다쳤기 때문에 말을 타고 행렬에 참가했다. 얼마 뒤 앞서 1496년에 발표된 것과 똑같은 내용의 포고령이 내려졌다. 에르콜레의 정부가 많은 교회와 수도원을 세운 사실은 널리 알려져 있다. 자기 아들 알폰소를 루크레치아 보르자와 결혼시키기 직전에(1502년) 에

---

80) 1편 4장 참조. 고문과 무지막지한 벌금 그리고 돈 많은 사람들에게 뇌물 우려내기로 유명했으며, 결국 암살당했다.

81) "깊은 존경심이 있다고 널리 알려지고, 신들과 친해지는 것은 언제나 좋은 일이기 때문에"라고 연대기 작가는 말한다.

르콜레는 살아 있는 성녀 수오르 콜롬바[82]도 초청했다. 궁정의 사자[83]가 이 비테르보의 성녀와 다른 수녀들 15명을 함께 페라라로 모셔오자, 공작이 손수 그들을 준비된 수도원으로 안내했다. 이것을 정치적으로 철저히 계산된 행동으로 본다면, 공작에게 불공정한 처사일까? 정치적 목적을 위해 종교를 이용하는 것은 이미 지적한 바와 같이(1편 4장 후반부 에스테 가문 관련 내용 참조) 논리적으로 볼 때 에스테 가문의 지배 이념에 속하는 것이었다.

---

82) 1편 3장에서 페루자시에 대해 이야기할 때 언급했던 인물과 같은 사람일 것이다.
83) 기록에서는 이 사자를 "공작 재상의 사자"라고 부른다. 이 일은 수도회나 다른 교회 단체가 아니라 궁정에서 주도한 것이 틀림없다.

3. 종교와 르네상스 정신

르네상스 시대 사람들의 종교심에 대해 결정적인 결론을 내리려면 우리는 다른 길로 돌아서 가야 한다. 그래야만, 그들의 일반적인 정신 자세를 바탕으로 이탈리아의 기존 종교와 신에 대한 그들의 개념을 선명히 밝힐 수 있을 것이다.

이탈리아 문화를 대표하는 이들 근대인은 중세 유럽인과 마찬가지로 종교심을 타고났다. 그러나 그들의 강력한 개인주의가 다른 문제에서 그랬듯이 종교에서도 그들을 완전히 주관적으로 만들어 놓았다. 또한 외부 세계와 정신 세계의 발견에서 너무도 강력한 매력을 느끼면서 그들은 두드러지게 현세적이 되었다. 그에 비해, 유럽 여러 나라에서 종교는 훨씬 뒷날까지 객관성을 유지했으며, 일상에서는 이기심과 향락이 기도와 참회와 번갈아 가며 노골적으로 영향력을 행사했다. 참회에는 아직 이탈리아에서처럼 정신적인 경쟁자가 따라붙지 않았고, 설사 따라붙었다 하더라도 그 힘이 아주 미약했다.

게다가 비잔틴 사람이나 이슬람 교도와의 빈번한 접촉은 일찍부터 중립적인 관용의 정신을 길러 주었고, 그로 인해 유럽 그리스도교 국가가 우월하다는 민족학적 편견이 어느 정도 쇠퇴했다. 나아가 고전적 고대(古代) 인간상과 여러 제도가 이탈리아의 가장 위대한 기억인 까닭에 이것이 삶의 이상이 되었다. 그리하여 고대의 사유와 회의적 태도가 이탈리아 사람들의 정신을 완전히 압도했다.

또한 이탈리아인은 자유와 필연적인 성찰에 한없이 빠져든 최초의 근대적 유럽인이다. 그러한 성찰은 때로는 폭력과 불법으로 점철된 정치 상황—악의 화려하고 영원한 승리처럼 보였던—의 그늘 밑에서 이루어졌으므로, 그들의 신앙은 불안정했고, 그들의 세계관은 숙명적인 성격을 띠었다. 또한 그들의 정열적인 성질이 불확실한 것에 만족하지 못할 때면 그들은 부족한 것을 채우기 위해 고대나 동방 또는 중세의 미신에 기댔다. 그들은 점성술사와 마술사가 된 것이다.

르네상스의 기수였던 지성의 거인들은 종교적인 면에서 젊은이한테서나 볼 수 있는 특성을 나타냈다. 즉 선악은 아주 날카롭게 구별하지만 죄가 무엇인지 전혀 몰랐다. 내면의 조화가 깨져도 타고난 조형적 힘으로 바로잡을 수 있다는 자신에 차 있었으므로 그들에게는 후회란 것도 없었다. 그리하여 구원받고자 하는 욕구는 희미해졌고, 더불어 공명심과 나날의 정신적인 노력 앞에서 내세 관념은 완전히 기억에서 사라지거나 교리가 아닌 문학의 형태를 입게 되었다.

이러한 모든 것이 전능한 상상력을 통해 조정되고 전도된다고 보면, 근대적 이교정신(異敎精神)을 막연히 한탄할 때보다는 진실에 가까운 그 시대의 정신상이 저절로 모습을 드러낸다. 그리고 더 자세히 들여다보면 이 껍질 아래 진정한 종교심의 강렬한 충동이 여전히 생동하고 있음을 깨닫게 된다.

이제 위에서 이야기한 내용을 보다 자세히 다룰 텐데, 여기서는 아주 중요한 사례 몇 가지만 들어보고자 한다.

종교가 다시 개인의 주관과 견해 문제가 된 것은, 교회의 교리가 타락하고 독단에 빠진 이상 불가피한 일이었다. 또한 그것은 유럽 정신이 아직 살아 있다는 증거이기도 했다. 이것은 아주 다채로운 방식으로 나타났다. 북유럽의 신비적이고 금욕적인 여러 종파가 새로운 감정세계와 사고방식에 맞추어 새로운 종법을 만들어 내는 동안, 이탈리아에서는 저마다 각자의 길을 걸었으며 수많은 사람들이 인생의 망망대해에서 종교적인 무관심으로 빠져들어갔다. 그러므로 우리는 개인적 종교에 파고들어 그것을 지켜나간 사람들을 높이 평가해야 한다. 사실 그들이 기존의 강압적이고 낡은 교회에 무관심하게 된 것은 그들 잘못이 아니기 때문이다. 또한 뒷날 독일의 종교개혁자들이 이룩한 위대한 정신적 과업을 그들이 저마다 내면에서 이룩했어야 했다는 것도 부당한 요구이다. 이런 사람들의 개인적인 종교가 목표한 바가 무엇이었는지는 이 책 끝에서 밝힐 생각이다.

르네상스를 중세와 분명하게 대비시키는 세속성은, 자연과 인간에 대한 새로운 견해·사상·의도가 홍수처럼 밀려들어옴으로써 나타났다. 세속성 자체는 지금 그 자리를 대신하고 있는 '교양'보다 더 종교에 적대적이지 않다. 교양에 대한 오늘날 우리의 관심은, 그 시절 많은 중요하고 새로운 사실들이 사람들을 다방면에서 흥분시켰던 모습을 어렴풋이 전하고 있을 뿐이다. 따라서 이 세속성은 경박하지 않고 진지하며, 시와 예술을 통해 세련되어진 것이었다. 근대정신이 이 세속성을 떨쳐버릴 수 없다는 것, 인간과 사물 탐구를 거역하지 못하고 그것을 자신의 숙명으로 받아들이는 것은 근대정신의 숭고한 필연이었다.[1] 이런 탐구가 언제 어떠한 길을 통해 근대적 정신을 신에게로 인도하며, 개개인의 종교심과 어떻게 결합될지는 일반적인 해법에 따라 답을 낼 수 없는 문제이다. 대체로 귀납추리와 자유로운 탐구에 관심이 없었던 중세는, 이러한 중대 문제에서 어떤 교리적인 판정을 내릴 권리가 없다.

인간과 다양한 사물 연구는, 이탈리아 사람들이 이슬람 문화와 접촉했을 때 발휘했던 관용과 무관심을 길러주었다. 특히 몽골인의 침략(13세기 중반)을 받기 전, 이탈리아인은 십자군 원정을 통해 이슬람 민족들의 높은 문화 수준을 알고 찬사를 아끼지 않았다. 더욱이 이탈리아 군주들의 반(半)이슬람교적인 통치 방식, 낡은 교회에 대한 은밀한 혐오와 멸시, 동방 여행과 지중해 동부 및 남부와의 계속된 교역도 이런 호의적인 분위기에 한몫했다.[2] 13세기에 이미 술탄(Sultan)에게 가장 잘 결부시키는 고결함, 위엄, 자부심 같은 이슬람교적 이상을 이탈리아인들이 인정한 사실을 확인할 수 있다. 이때 자연스럽게 떠오르는 인물은 이집트 아이유브 왕조나 맘루크 왕조의 술탄이고, 이름을 꼽는다면 살라딘[3]이 되겠다.[4] 파괴적이고 야만스럽기로 이름난 오스만 튀르크 사람들조차 앞서 말했듯이(1편 7장 참조) 이탈리아인에게는 큰 공포를 일으키지 못했으며, 이탈리아 전체에 튀르크인과의 평화적 타협도 불가능하진 않다는 생각이 퍼져 있었다.

이러한 종교적 무관심을 가장 진지하고 특징적으로 표현한 글은 레싱(독일

---

1) 4편 8장 끝부분에 있는, 인간 존엄성에 대한 피코의 연설 참조.
2) 아랍인들에게서도 때때로 이와 같은 종교적 관용과 무관심을 찾아볼 수 있었다.
3) 아이유브왕조의 시조(1138~93). 1187년 십자군을 격퇴하고 예루살렘을 탈환했으며, 이에 대항해 일어난 십자군도 무찔렀다. 이슬람 국가는 물론이고 적이었던 유럽 세계에서도 훌륭한 왕으로 이름 높았다.
4) 보카치오의 《데카메론》에도 등장한다.—Massuccio, *Nov.* 46, 48, 49에 무명의 술탄이 나온다.

계몽주의 이론가·극작가(1729~81))이 나탄(레싱 작 《현자 나탄》의 주인공)의 입을 통해 이야기한 〈세 개의 반지〉[5]이다. 하지만 이것은 이미 몇 세기 전에 《옛이야기 백선》(72번째 또는 73번째 이야기)에서 조심스럽게 다루었고, 보카치오[6]의 책에서는 좀 더 대담하게 이야기되었다. 이 이야기가 처음에 지중해의 어느 구석에서, 어떤 언어로 시작되었는지는 결코 밝혀지지 않을 것이다. 아마도 원작은 두 편의 이탈리아판 개작보다 훨씬 더 분명한 말로 표현되었을 것이다. 이 이야기의 숨겨진 전제인 이신론(理神論)[7]은 나중에 그 폭넓은 의미를 다루어 보겠다. 모세와 그리스도, 마호메트를 가리켜 "세상을 기만한 3인"이라고 한 유명한 말은, 이와 똑같은 생각이 난폭하게 왜곡되어 재현된 것이다. 이 말을 했다고 알려진 황제 프리드리히 2세가 정말로 이런 생각을 했더라면 아마 좀 더 재치 있게 표현하지 않았을까. 이와 비슷한 말들은 그 무렵 이슬람 세계에도 있었다.

　이어서 르네상스의 전성기인 15세기 말에는 루이지 풀치의 《모르간테》에서 이와 비슷한 생각을 찾아볼 수 있다. 풀치의 이야기 속에서 펼쳐지는 상상 세계는, 모든 낭만적인 영웅시에서 그렇듯이 그리스도교와 이슬람교의 두 진영으로 갈라진다. 둘 중 한쪽이 승리하여 화해할 단계에 오면, 중세의 정신에 따라 패자인 이슬람 측이 세례를 받는 이야기로 끝이 났다. 풀치보다 앞서 이런 소재를 다루었던 즉흥시인들은 이 같은 상황 전개를 마음껏 애용했다. 그런데 풀치의 본디 의도는 이들 선배의 작품, 그 가운데서도 가장 졸작들을 익살맞게 패러디하는 것이었다. 이 패러디는 각 노래의 첫머리에 있는, 하느님과 그리스도와 성모에게 올리는 기도에서부터 이미 시작된다. 또한 풀치는 선

---

5) 한 사람에게 세 아들이 있었다. 집안 대대로 내려오는 귀한 반지를 물려주어야 할 때가 되자, 아버지는 똑같은 반지를 두 개 더 만들어 세 아들에게 고루 나누어주었다. 이 이탈리아의 옛이야기에 레싱은 새로운 의미를 부여했다. 세 반지는 그리스도교, 유대교, 이슬람교를 상징하며, 이들 종교는 그 기원이 아니라 작용에 따라 인식되어야 한다는 뜻을 담고 있다.

6) *Decammerone* I, *Nov. 3*. 보카치오가 처음으로 그리스도교의 이름을 입에 올렸으며, 《옛이야기 백선》에는 그런 언급이 빠져 있다.

7) 신이 우주를 창조하고 세계와 인간을 주관하며 섭리·은총·계시·기적의 주체가 된다는 '유신론'과 대비되는 개념. 신의 활동은 우주 창조에 국한되며, 그 뒤의 우주는 독립적으로 발전하는 힘을 지닌다고 주장한다. 따라서 기적과 예언 같은 비합리적 요소는 배척된다. '이신론'은 중세에서 근대로 넘어오는 과정에서 나타난 인간성의 부흥을 배경으로 하며, 인간의 이성을 그 기초로 삼는다.

배들의 작품에 나와 있는 성급한 개종과 세례 장면을 더욱 노골적으로 모방하여 독자와 청중이 싫어도 그 무의미함에 눈을 돌리게끔 했다. 나아가 풀치는 이러한 조롱을 통해, 모든 종교에는 상대적인 장점이 있다는 자신의 믿음을 고백하기에 이른다.[8] 정교도라는 그의 선언에도 불구하고[9] 그의 이런 신앙 기초를 이루는 것은 본질적으로 유신론적 세계관이다. 게다가 풀치는 중세를 넘어 또 다른 방향으로 크게 한 발자국 내디딘다. 지난 몇 세기 동안에는 정교도가 아니면 이단자, 그리스도 교도가 아니면 이교도나 이슬람 교도라는 식의 이분법적 논리가 지배했다. 한데 풀치는 거인 마르구테를 통해,[10] 온갖 종교에 맞서서 관능적인 이기주의와 모든 악덕을 신봉한다고 유쾌하게 고백하면서도 단 한 가지, 배신만은 한 적이 없다는 인물을 그려냈다. 작가는 나름대로 성실한 이 괴물을 놓고 뭔가 대단한 구상을, 이를테면 모르간테를 통해 독자를 계몽한다는 식의 계획을 세워놓았을 수도 있다. 그러나 머지않아 그 인물에 싫증이 난 작가는, 다음 노래에서 벌써 그를 우스꽝스러운 결말로 몰아넣었다.[11] 마르구테는 풀치의 경박성을 나타내는 증거로 여겨져 왔다. 그러나 마르구테 역시 필연적으로 15세기 문학 세계의 일부를 이루는 인물이다. 이 시기의 문학은 기존의 모든 교리에 무관심한 이기주의, 명예심의 흔적만이 가까스로 남아 있는 사나운 이기주의를 기괴하게 그려내야 했다. 다른 시들에서도 그리스도교 기사라면 절대 입 밖에 내선 안 될 이야기를 거인, 악마, 이교도 혹은 이슬람 교도의 입을 빌려 말하고 있다.

고대는 이슬람교와는 전혀 다른 방식으로 영향을 미쳤다. 고대 종교는 그 시절의 가톨릭과 너무도 비슷했으므로, 그 영향은 종교가 아니라 철학을 통해 흘러들었다. 그 무렵 사람들이 으뜸가는 것으로서 존경했던 고대 문헌은 종교적 전통에 대한 철학의 승리로 가득했다. 수많은 철학 체계와 그 단편들

---

8) 그것도 악마 아스타로테의 입을 빌려서. Ges. XXV, Str. 231 이하, Str. 141 이하 참조.

9) Ges. XXVIII, Str. 38 이하.

10) Ges. XVIII, Str. 112부터 끝까지.

11) 풀치는 키아리스탄테 공작이라는 인물을 통해 피상적이나마 같은 주제를 다루었다(Ges. XXI, Stra. 101, s. 121, s. 145, s. 163, s.). 키아리스탄테 공작은 어떤 신도 믿지 않으면서, 자신과 자기 아내를 신처럼 숭배하게 한다. 그를 보면 시지스몬도 말라테스타(이 책 1편 3장, 3편 5장, 6편 1장 참조)가 생각난다.

은 이탈리아인의 정신에 이미 신기하거나 이단적인 것으로서가 아니라, 거의 교리에 가까운 것으로 다가왔다. 사람들은 이제 그러한 교리를 구별하기보다는 조정하려고 노력했다. 이런 여러 가지 의견이나 거의 모든 철학설에는 어떤 형태로든 신에 대한 의식이 담겨 있지만, 전체적으로는 신이 세계를 주관한다는 그리스도교의 가르침과는 날카로운 대립을 이루고 있었다. 그런데 중세의 신학이 해결을 모색했지만 끝내 답을 찾지 못했고, 이제는 고대의 지식에서 그 해답을 구하고 있는 본질적인 문제가 있었다. 바로 인간의 자유와 필연이 신의 섭리와 어떤 관계에 있느냐는 것이었다. 이 문제의 역사를 14세기부터 표면적으로나마 검토한다 해도 책 한 권은 족히 쓸 수 있을 것이다. 따라서 여기서는 몇 가지 암시만으로 만족하겠다.

단테와 그 동시대인의 말을 들어보면, 고대 철학은 처음에 그리스도교와 가장 날카로운 대립을 보이는 측면에서부터 이탈리아인의 생활에 파고들었다. 즉 이탈리아에서 에피쿠로스 학파가 출현한 것이다. 그러나 이 시대에는 이미 에피쿠로스의 저작이 남아 있지 않았고, 고대 후기에도 이 학설은 단편적으로만 알려졌을 뿐이었다. 그러나 어쨌든 신이 없는 세계를 알기에는 루크레티우스와 특히 키케로에게서 배운 에피쿠로스주의만으로도 충분했다. 사람들이 그 학설을 얼마만큼 문자 그대로 이해했는지, 이 수수께끼 같은 그리스 현인의 이름이 단지 편리한 유행어에 지나지 않았는지는 쉽게 판단할 수 없다. 아마 도미니코회의 종교재판관들은 에피쿠로스라는 말을, 달리 죄를 씌울 수 없었던 자들을 다룰 때에도 썼던 것 같다. 그 대상은 주로 일찍부터 교회를 모욕하던 자들이지만 특정한 이단 교리나 견해 때문에 고발하기 어려운 자들이었다. 그들에게 어느 정도 사치를 부린 사실이 드러나기만 하면 에피쿠로스파로 고발하기에 충분했던 것이다. 조반니 빌라니[12]가 1115년과 1117년에 있었던 피렌체의 대화재는 이단에게 내린 신의 벌이라며 "사치스럽고 방탕한 에피쿠로

---

12) Gio. Villani III, 29. VI, 46. 에피쿠로스는 북유럽에서도 일찍부터 나타났지만 단지 평범한 의미로만 사용되었다. (이미 1150년보다 약 90년 전에 일어난(낭트에서 온 두 성직자의) 무시무시한 이야기가 계기였다. Guil. Malmesbur. L. III, §. 237(Ed. Londin. 1840, p. 405)의 정의. "영혼이 육체에서 떠나 하늘로 사라져버리거나, 바람 속으로 흘러든다고 믿는 에피쿠로스 무리…….")

스 학파 때문에 일어났다"라고 발언한 것만 보아도, 이 단어는 이런 관습적인 의미로 쓰이고 있다. 그는 만프레드에 대해서도 "하느님도 성자도 믿지 않고 오직 육체의 쾌락만을 숭배했으므로 그의 생활은 에피쿠로스적이었다"고 말한다.

단테는 《신곡》 〈지옥편〉 9곡과 10곡에서 보다 분명히 이야기한다. 반쯤 열린 석관에서 고통스러운 신음이 터져 나오고 넘실대는 불길에 휩싸인 그 무시무시한 묘지에는 13세기 교회에 정복되고 파문되었던 두 무리로 가득하다. 하나는 그릇된 교리를 유포해 교회에 대항했던 이단자들이고, 다른 하나는 영혼이 육체와 함께 소멸한다고 주장하여 교회에 죄를 범한 에피쿠로스주의자들이었다.[13] 이러한 주장이 하나라도 기반을 얻으면 마니교[14]나 파테린교[15]을 더한 것보다 더 큰 위협이 되리란 점을 교회는 잘 알고 있었다. 그것은 개인의 사후 운명에 교회가 간섭하는 행위를 완전히 무가치한 것으로 전락시키기 때문이다. 물론 교회는 이 싸움에서 자기 측이 쓴 수단 때문에 누구보다 뛰어난 재능을 지닌 사람들이 도리어 절망과 무신앙에 빠졌다는 사실을 인정하지 않았다.

에피쿠로스나 에피쿠로스의 학설로 여겨지는 것에 단테가 보인 혐오는 그의 솔직한 감정이었다. 죽음 뒤의 세계를 믿은 시인은 영혼불멸을 부정하는 이를 미워할 수밖에 없었다. 또한 신이 창조하지도 인도하지도 않는 세계, 에피쿠로스 학설이 만들어 놓은 저열한 존재 목적은 단테의 본질과 애당초 상반되는 것이었다. 그러나 자세히 보면, 신이 세계를 주관한다는 성경의 가르침을 밀어내는 고대 철학에 단테도 영향을 받았다. 아니면, 단테가 개개의 경우에 작용하는 신의 섭리를 포기한 것은[16] 스스로 사유한 결과일까, 여론의 영

---

13) 루크레티우스의 《사물의 본성》 3권에 나오는 유명한 논증 참조.

14) 3세기 초 마니를 시조로 페르시아에서 창시된 종교. 고대 페르시아의 조로아스터교를 바탕으로 그리스도교와 불교, 바빌로니아의 원시 신앙을 가미해 만들었다. 선은 광명이고 악은 암흑이라는 이원론이 기본 교리이며, 채식(菜食), 불음(不淫), 단식(斷食), 정신(淨身), 예배를 중요시했다. 페르시아에서 박해를 받고 마니도 처형되었지만, 그 뒤 빠른 속도로 전파되어 4세기 초에는 로마에도 들어왔다.

15) 11세기에 불가리아에서 이탈리아로 건너온 마니교의 일파. 뒷날 파테린은 이단자를 가리키는 말이 되었다.

16) 〈지옥편〉 7곡, 67~96.

《신곡》 〈지옥편〉 제10곡의 삽화

향을 받은 것일까, 세계를 지배하는 부정을 두려워했기 때문이었을까? 왜냐
하면 단테의 신은 세계 지배의 세세한 부분을 악마적 존재인 운명의 여신 '포
르투나'에게 모조리 맡겨버리기 때문이다. 이 운명의 여신은 지상의 사물을 뒤
죽박죽으로 어지럽히기만 할 뿐, 인간의 고뇌에는 무관심하다. 하지만 그 대신

단테는 인간의 윤리적 책임을 완강히 고집했다. 그는 인간의 자유의지를 믿었던 것이다.

유럽에서는 예부터 자유의지설을 믿었다. 어느 시대에나 사람들은 자기가 한 일을 스스로 책임지는 것을 당연하게 생각해 왔다. 그러나 인간 의지의 본성을 세계의 대법칙과 조화시켜야만 하는 종교와 철학의 교리는 사정이 달랐다. 여기서는 자유의지에 정도의 차이가 생기고, 그 차이에 따라서 도덕성 일반의 평가가 정해진다. 단테는 그 시절 정신 세계를 거짓된 빛으로 비추던 점성술적 망상에서 완전히 벗어나지 못했지만, 인간의 본질에 대한 기품 있는 견해에 도달하고자 온 힘을 쏟았다. 그는 마르코 롬바르도(《연옥편》에 등장하는 인물)의 입을 빌려 이렇게 말한다.[17] "별은 너희 행위에 최초의 원인을 부여하지만, 너희에게는 선악을 구분하는 빛과 자유의지도 주어져 있다. 의지의 힘이 올바르게 자란다면, 별과의 싸움에서 처음에는 고전하겠지만 그 뒤에는 모든 것을 정복한다."

어떤 사람들은 자유에 대립하는 필연을 별이 아니라 다른 힘에서 찾기도 했다. 어찌 되었든 그 문제는 그때 이래 미해결인 채로, 그러면서도 회피할 수 없는 것으로 남아 있다. 그것이 학파 간의 문제, 혹은 세상과 단절된 사상가들이 추구해야 할 문제라면 우리는 그것을 철학사에 맡길 수 있다. 그러나 그 문제가 좀 더 넓은 계층의 의식에까지 확산됐다면 이에 대해 더 자세히 언급해야 할 것이다.

14세기에는 주로 키케로의 철학 저술에서 자극을 받았다. 키케로는 흔히 절충주의자로 알려졌지만, 여러 학파의 이론을 논하면서도 이렇다 할 결론을 내리지 않았으므로 회의주의자로서 더 큰 영향을 미쳤다. 그 뒤를 잇는 것이 세네카(BC 4~AD 65. 로마의 스토아 학파 철학자)의 저술과 라틴어로 번역된 아리스토텔레스의 몇몇 저작이다. 이러한 연구의 성과는, 교회와 직접적으로 대립하지는 않았지만, 적어도 교회의 테두리 밖에서 본질적인 문제를 성찰하는 능력이 길러졌다는 점이다.

---

17) 《신곡》〈연옥편〉16곡 73행과 《향연 Il convivio》에 있는 행성의 영향 이론을 비교하라.—풀치의 *Morgante* XXV, Str. 150에서도 악마 아스타로테가 인간의 자유의지와 신의 정의를 증언한다.

15세기가 되자 앞서 보았듯이 고대 저작의 소유와 보급이 크게 확산되었다. 또 그때까지 남아 있던 그리스 철학서는 모두 라틴어로 번역되어 일반 사람들에게 보급되었다. 한데 주목할 점은, 이러한 문헌을 가장 열성적으로 전파한 사람들 가운데 몇몇이 엄격한 신앙인, 즉 금욕주의자란 사실이다(3편 10장 참조). 수도사 암브로지오 카말돌레제는 여기에 포함시킬 수 없다. 그는 주로 그리스 교부들의 번역에만 몰두했고, 디오게네스 라에르티오스의 《그리스 철학자 열전》을 라틴어로 번역한 것도 코시모 메디치의 간곡한 부탁에 못 이겨 억지로 한 것이기 때문이다. 그와 동시대인인 니콜로 니콜리, 쟌노초 마네티, 도나토 아차유올리, 교황 니콜라우스 5세는 다면적인 인문주의 교양과 더불어 해박한 성경 지식과 깊은 신앙심을 두루 갖추고 있었다.[18] 비토리노 다 펠트레(1378~1446. 인문주의자)도 이런 성향의 사람이었음은 앞서(3편 4장 참고) 지적했다. 《아이네이스》에 제13권을 덧붙인 마페오 베조(1407~58. 시인·인문주의자)는 성 아우구스티누스와 그의 어머니 모니카에게 크게 감격했는데, 이 감동은 이것(인문주의와 깊은 신앙심의 결합)과 깊은 관계가 있을 것이다. 이런 노력들의 열매로, 고대 정신과 그리스도교 정신의 결합을 정식 목표로 한 피렌체의 플라톤 아카데미가 나타나기에 이른다. 이것은 그 시대 인문주의 안에서 솟아난 주목할 만한 오아시스였다.

인문주의는 전반적으로 세속적이었고, 15세기에 연구가 확대되면서 그런 경향이 더욱 짙어졌다. 해방된 개인주의의 선구자로서 앞서 소개한 인문주의자들은 이 세속성을 키워갔는데, 그 때문에 때로는 매우 명확한 요구를 가지고 나타나는 그들의 종교심마저 무의미해 보일 정도였다. 그들은 종교에 무관심할뿐더러, 교회를 모독하는 말을 늘어놓으면 무신론자라 불리기도 했다. 그러나 이론을 바탕으로 확신에 찬 무신론을 확립한 사람도,[19] 또 감히 확립하려고 했던 사람도 없었다. 그들이 어떤 주도적 사상을 모색했다면, 그것은 일종의 피상적인 합리주의였을 것이다.

이 피상적인 합리주의는 그들이 다루었던 고대인들의 서로 모순된 수많은 이념들과 교회와 교리에 대한 혐오감에서 성마르게 나온 것이었다. 타고난 내

---

18) Vespasiano fiorent. pp. 26, 320, 435, 626, 651.—Murat. XX, Col. 532.

19) 폼포나초(Pomponazzi)에 관해서는 전문서, 특히 Ritter, *Geschichte der Philosophie*, Bd. IX 참조.

면 법칙에 따라 올바르게 행동하는 자는 민족에 상관없이 누구든 천국에 들어갈 수 있다는 갈레오투스 마르티우스[20]의 주장도 이런 종류의 하나였다. 과거에 그의 제자였던 교황 식스투스 4세가 그를 종교재판에서 구해주지 않았다면 그는 화형대에 올랐을 것이다.

한 예로 이들 가운데 비교적 이름이 알려지지 않은 코드루스 우르케우스[21]의 종교적 태도를 살펴보겠다. 그는 처음엔 오르델라피 가문의 마지막 인물인 포를리 공작의 가정교사로 있다가 뒤에 볼로냐에서 여러 해 동안 교수로 있었다. 그는 교계제도와 수도사에 대해 누구 못지않게 욕설을 퍼부었다. 말투는 너무나도 모독적이었으며, 그 지방의 역사나 우스개를 말하면서 그 속에 자기 이야기를 끊임없이 끼워 넣었다. 그러나 진정한 신인(神人)인 그리스도의 은총을 찬양하는 연설을 하기도 했고, 경건한 사제에게 편지를 써서 기도에 자기 이름이 들어가도록 부탁하기도 했다.

한번은 이교도의 어리석음을 나열한 뒤 이렇게 덧붙였다. "우리 신학자들도 이따금 하찮은 일로 서로 으르렁대고 싸운다. 처녀 수태니, 반(反)그리스도니, 성사(聖事)니, 구원 예정설이니 하는, 입 밖에 내어 설교하기보다는 잠자코 침묵하는 편이 나은 문제를 가지고 말이다." 언젠가는 그가 집을 비운 사이 방에 불이 나서 완성된 원고가 다 타버렸다. 길거리에서 이 소식을 들은 그는 성모상 앞에 나아가 불만스러운 얼굴로 외쳤다. "내 말 잘 들으십시오! 나는 미치지 않았습니다. 진정으로 하는 소립니다! 내가 죽을 때 당신에게 구원을 청하는 일이 있더라도, 그걸 듣고 나를 당신 곁으로 불러들이실 필요는 없습니다! 나는 영원히 악마와 함께 살 테니까요!" 그러나 이렇게 말한 뒤 그는 반년 동안 나무꾼 집에 숨어 사는 게 좋겠다고 생각한다. 코드루스는 미신에 사로잡혀 징조와 예언을 늘 두려워했다. 그러면서도 영혼의 불멸은 조금도 믿지 않았다. 인간이 죽으면 그 영혼 또는 정신이 어떻게 되느냐는 청중의 물음에, 그것은 아무도 모르며 내세에 관한 이야기들은 모두 할머니들을 겁주려는 수단에 불과하다고 그는 대답했다. 그러나 임종이 다가오자, 그는 유언을 통해 자

---

20) Paul. Jovii, *Elogia lit.*
21) *Codri Urcei opera*, 첫머리에 Bart. Bianchini가 쓴 그의 전기가 있다. 또한 코드루스의 철학강의 중 p. 65, 151, 278 참조.

신의 영혼 또는 정신[22]을 전능하신 하느님께 맡겼고, 또 울며 슬퍼하는 제자들에게 하느님을 경외하고 특히 영혼의 불멸과 사후의 심판을 믿으라고 훈계한 뒤 열성껏 성사를 받았다. 같은 길을 걸었던 사람들 가운데 코드루스와 비교할 수 없을 정도로 유명한 인물들이 아무리 중요한 사상을 발표했다 할지라도, 실생활에서 그보다 더 일관되게 살았다고는 단언할 수 없을 것이다. 사람들은 대개 속으로는 교육받은 가톨릭 사상의 파편과 자유주의 사이에서 흔들렸지만, 겉으로는 신중하게 처신하기 위해 교회 편에 섰다.

그 뒤에 그들의 합리주의가 새로이 대두된 역사 비판과 결합하면서 여기저기서 성경을 조심스럽게 비판하는 기운이 일었다. 사태 악화를 막기 위한 것으로 보이는 교황 피우스 2세의 말이 전해진다. "비록 기적을 통해 증명되지 않더라도 그리스도교는 그 도덕성 때문만으로도 수용해야 한다."[23] 성인전(聖人傳)은 성서에 나오는 기적을 멋대로 차용하는 바람에 사람들의 사정없는 조소를 받았다.[24] 그리고 그러한 조소는 거꾸로 성자에게까지 미쳤다. 유대교 이단자란 무엇보다도 그리스도의 신성을 부정하는 사람을 뜻했다. 1500년 무렵 볼로냐에서 화형당한 조르조 다 노바라도 그 가운데 하나였을 것이다.[25] 그러나 1497년, 같은 볼로냐에서 도미니코회 종교재판관은 의사 가브리엘 다 살로가 늘 다음과 같은 말을 하고 다녔음에도, 그의 막강한 배경 때문에 단순히 후회를 표시했다는[26] 이유만으로 풀어주어야 했다. "그리스도는 신이 아니라, 평범하게 잉태된 요셉과 마리아의 아들이었다. 그리스도는 그 간계로써 세상을 파멸로 이끌었다. 그가 십자가에 매달려 죽은 것은 그가 저지른 죄 때문이

---

22) '나의 정신 또는 영혼(Animum meum seu animam)'. 그 시절 고전학은 이런 구별을 해서 신학을 곤혹스럽게 했다.

23) Platina, *Vitae pontiff.*, p. 311 : "christianam fidem, si miraculis non esset approbata, honestate sua recipi debuisse."

24) 수도사가 설교단에서 즉흥적으로 만들어낸 이야기는 특히 비웃음을 샀지만, 예부터 전해 내려온 성자 전설도 공격을 피할 수는 없었다. 피렌추올라(*opere*, vol. II, p. 208. 열 번째 단편소설)는, 노바라의 프란체스코회 수도사들이 신도들에게 우려낸 돈으로 예배당을 세우고 거기에 "성 프란체스코가 황야에서 새들에게 설교하고, 성찬을 베풀고, 천사 가브리엘이 나막신을 가져오는 아름다운 이야기를 그려 넣은" 것을 비웃는다.

25) 조르조 다 노바라에 대한 기록은 Bapt. Mantuan, *de patientia*, L. III, cap. 13 참조.

26) Murat. XXIII, Col. 915에 수록된 Bursellis, *Ann. Bonon.*

다. 그의 종교는 머잖아 사라질 것이다. 성찬의 빵은 그리스도의 육신이 아니다. 그가 일으킨 기적도 신의 능력에서 나온 것이 아니라 천체의 영향으로 일어난 것이다." 이 마지막 말이 의미심장하다. 신앙은 없어졌지만 마술은 남은 것이다.[27]

하느님의 세계지배에 관해서는, 인문주의자들은 주위를 둘러싼 폭력과 악정 아래 벌어지는 일들을 체념한 눈으로 냉담히 바라볼 뿐 그 이상의 행동을 하지 않았다. 이런 분위기에서 《운명에 대하여》처럼 운명을 논한 책들이 갖가지 제목을 달고 쏟아져 나왔다. 이러한 책 대부분은 그저 운명의 수레바퀴가 돌고 있으며 지상의 모든 일 특히 정치가 무상하다는 것을 확인하는 데 그쳤다. 하느님의 섭리를 운운하기도 했지만, 이는 자기들의 노골적인 숙명론이나 인과응보에 대한 인식 포기나, 겉으로 드러난 비참함이 부끄럽기 때문이었다. 조비아노 폰타노는 '포르투나'[28]라고 불리는 악마적인 박물학을, 대부분 직접 겪은 많은 경험을 바탕으로 재치 있게 구성했다.[29] 에네아스 실비우스(1405~64. 뒷날의 교황 피우스 2세. 인문주의자)는 포르투나를 좀 더 우스꽝스럽게 만들어, 꿈에서 본 것처럼 다룬다.[30] 반면 포조는 만년의 작품[31]에서 세계를 고뇌의 계곡으로 표현하여 각 계층의 행복을 되도록 낮게 평가했다. 그 뒤 이런 경향은 지배적인 흐름이 되었다. 뛰어난 많은 사람들이 자기 행복과 불행을 표로 만들어 대조해 보았지만, 그 결과는 언제나 좋지 않았다. 특히 트리스칸 카라촐로(15세기 나폴리의 저술가)[32]는 1510년 무렵의 이탈리아와 이탈리아인의 운명을, 거의 비가처럼 장엄하게 들려준다. 그로부터 얼마 뒤 피에리오 발레리아노는 앞서 말한 지배적인 근본 정서를 특히 자신과 같은 인문주의자들에게 적용시켜

---

27) 이런 신성모독 연설이 어느 정도까지 이루어졌는지를, Gieseler(*Kirchengeschichte*, Ⅱ, Ⅳ, §. 154 Anm.)가 설득력 있는 예를 몇 가지 들어 기술했다.

28) 고대 운명의 여신. 인문주의자들은 합리적으로 설명할 수 없는 현상을 설명하기 위해 이 여신을 끌어들였다. 마키아벨리 《군주론》 25 참조.

29) Jov. Pontanus, *de Fortuna*. 조비아노 폰타노의 《변신론(辯神論)》은 Ⅱ, p. 286.

30) Aen. Sylvii, *opera*, p. 611.

31) Poggius, *de miseriis humanae conditionis*.

32) Murat. ⅩⅩⅡ에 수록된 Caracciolo, *de varietate fortunae*. 그 시대에는 이와 관련된 문헌이 아주 많았지만, 그 가운데 이것이 특히 읽어볼 만한 가치가 있다. 이 책 4편 5장 참조.—축제행렬에 등장한 운명의 여신 포르투나는 이 책 5편 8장 참조.

유명한 논문을 작성했다(3편 10장 참조). 이런 종류의 흥미로운 주제가 몇 가지 있는데, 그 가운데 하나가 레오 10세의 행복이다. 이 주제에 대하여 프란체스코 베토리는 정치적인 측면에서 호의적인 견해를 거장의 날카로운 필치로 정리해 놓았다. 그 교황의 향락 생활은 파울로 조비오와 한 무명 전기작가[33]가 전해준다. 그리고 그 행복의 어두운 면은 마치 그것이 그의 운명인 것처럼, 방금 말한 피에리오가 거침없이 묘사해 놓았다.

한편 자기 행복을 기념비에 라틴어로 새겨 공공연히 자랑하는 사람들을 보면 오히려 두려움이 인다. 볼로냐의 군주 조반니 2세 벤티볼리오는 자기 궁전 옆에 새로 세운 탑의 돌에, 자기가 바라는 모든 재보를 얻은 것은 자신의 공덕과 행운 덕분이라고 새기게 했다.[34] 이것은 그가 추방되기 겨우 몇 년 전의 일이었다. 고대 사람들은 자기 자랑을 할 때면 신들의 질투를 두려워했다. 이탈리아에서 자기 행운을 큰 소리로 자랑하기 시작한 이는 아마도 용병대장들이었을 것이다(1편 2장 참조).

재발견된 고대가 종교에 미친 가장 강렬한 영향은, 고대인의 학설과 의견이나 철학적인 체계를 통해서가 아니라 모든 것을 지배하는 판단에서 유래했다. 사람들은 고대 사람들은 물론 부분적으로는 고대의 제도까지도 중세의 사람과 제도보다 훌륭하다고 생각하여 같은 방법으로 모방하려 들었는데, 그러는 사이에 종교의 차이에는 완전히 무관심하게 되었다. 역사적인 위대성에 감탄한 나머지 다른 것을 잊고만 것이다(2편 3장, 6편 1장 참조).

문헌학자들은 여기에다 갖가지 특별한 우둔함을 덧붙여 세상의 눈길을 끌었다. 교황 파울루스 2세가 자신의 속기사와 그 동료들에게 이교 혐의를 추궁한 것에 정당한 근거가 있었는지는 매우 의심스럽다. 이 사건의 주요 희생자이며 교황의 전기작가인 플라티나가(3편 6장, 4편 5장 참조), 교황이 다른 일에 대한

---

33) Roscoe, ed. Bossi, XII, p. 153에 수록된 *Leonis X. Vita anonyma*.

34) Murat. XXIII, Col. 909에 수록된 Bursellis, *Ann. Bonon.* : "이 기념비는, 그 재능과 행운으로 인간이 바랄 수 있는 모든 것을 손에 넣은 조국의 지도자 조반니 벤티볼리오 2세가 세웠다." 그러나 이 비명이 사람들의 눈에 띄는 바깥쪽에 새겨졌는지, 아니면 앞서 말한 것처럼 초석 속에 숨겨져 있었는지는 아직 분명치 않다. 후자의 경우라면 여기에 새로운 개념이 연결된다. 즉 행운은 연대기 작가만이 알고 있던 비밀문학에 의해 마법의 힘으로 건물에 달라붙어 있다는 개념이다.

분풀이로 그 일을 한 것처럼 보이게 하고, 나아가 교황이 아주 우스꽝스러운 인물로 보이도록 능란한 필치를 선보였기 때문이다. 무신앙, 이교,[35] 영혼불멸 부인 등의 혐의로 고발하는 일은 대역죄 심판에서 아무것도 나오지 않는 뒤에라야 비로소 가능했다. 우리에게 전해진 기록이 정확하다면, 사실 파울루스 2세는 정신적인 문제를 판단할 만한 위인이 못 되었다. 그는 자식들에게 읽기와 쓰기 말고는 가르치지 말라고 로마 시민들에게 권장한 사람이다. 이것은 사보나롤라에게서도 볼 수 있었던(6편 2장 참조) 사제 특유의 편협성 때문이다. 그러나 우리는 교황 파울루스에게 이렇게 응수할 수 있다. 만약 교양이 인간을 종교에서 멀어지게 한다면, 교황과 그의 무리가 이에 대한 책임을 져야 할 것이라고 말이다. 그래도 교황 파울루스가 자기 주변의 이교적 경향을 진심으로 걱정했음에는 의심의 여지가 없다. 더욱이 뻔뻔스러운 이교도 시지스몬도 말라테스타(6장 3편 주8 참조)의 궁정에 있던 인문주의자들은 얼마나 당돌한 짓을 했던가? 확실히 이들 방종한 자들에게는 주변에서 자기들에게 자유로운 행동을 어느 선까지 허용하느냐가 가장 중요했다. 이들은 그리스도교에 손을 댔다 하면 그것을 반드시 이교화했다(3편 9장 참조). 이를테면 조비아노 폰타노 같은 인물이 용어를 얼마나 뒤섞어 썼는지 보자. 그는 성인을 'divus(신적인 자)'라고 부를 뿐만 아니라 'deus(신)'라고도 불렀다. 천사는 고대의 요정과 동일시했으며,[36] 영혼불멸에 대한 견해는 고대인의 하데스와 비슷했다. 같은 맥락의 아주 놀라운 극단적인 사례도 몇몇 있었다. 1526년, 시에나가 추방자 무리에게 습격당했을 때,[37] 선량한 성당 참사회원 티치오는—그가 직접 이야기한 바에 따르면—7월 22일 잠자리에서 일어나자 마크로비우스[38]의 제3권[39]에 나와 있는 글을 생각해냈다. 그는 미사를 올린 뒤, 그 책에 적힌 적을 물리치는 저주문을

---

35) "우리는 이교를 너무나도 사랑하므로."

36) 조형미술은 적어도 천사와 푸토(putto : 벌거벗은 아이 상)를 구별해 엄숙한 장소에는 천사를 두었다.—Murat. XX, Col. 468에 수록된 *Annal. Estens* 에서는 사랑의 신인 푸토를 아주 소박하게 "큐피드와 같은 천사"라고 불렀다.

37) Della Valle, *Lettere sanesi*, III, 18.

38) Ambrosius Theodosius Macrobius. 400년 무렵 로마의 문헌학자·철학자. 주요 저서 《사투르날리아》(7권)는 일종의 소백과사전이다.

39) Macrob. *Saturnal.* III, 9. 티치오는 틀림없이 그 글에 규정되어 있는 몸짓까지 따라했을 것이다.

외었다. 다만 그는 "어머니이신 대지와 당신 유피테르여, 바라옵건대"라는 부분을 "대지와 신이신 당신 그리스도여, 바라옵건대"라고 고쳐서 말했을 따름이다. 티치오가 이것을 이틀 동안 계속 읊자 적은 물러났다. 이런 것은 어떻게 보면 단순한 형식이나 유행의 문제일 뿐이지만, 다르게 보면 종교의 쇠퇴를 뜻했다.

4. 고대 미신과 근대 미신의 혼합

고대는 또 하나의 특히 위험한 영향을, 더구나 비판이 허용되지 않는 종류의 영향을 끼쳤다. 바로 고대 특유의 미신을 르네상스에 전달한 것이다. 그 가운데 몇 가지는 이탈리아에서 중세 내내 명맥을 유지해 왔기 때문에 그만큼 더욱 쉽게 전체가 부활하게 되었다. 그 과정에서 상상력이 크게 기여했음은 말할 나위도 없다. 그 상상력 때문에 이탈리아인의 비판 정신이 그토록 침묵했던 것이다.

하느님이 세상을 다스린다는 믿음은, 앞서 말했듯이, 수많은 부정과 불행 때문에 어떤 사람들의 마음속에선 파괴되고 말았다. 단테와 같은 사람들은, 적어도 지상의 삶은 우연과 그로 인한 비극에 내맡겨졌다고 믿었다. 그럼에도 이들이 굳은 믿음을 지켜나갈 수 있었던 까닭은 내세에 차원 높은 운명이 예정되어 있음을 믿어 의심하지 않았기 때문이다. 그러나 영혼 불멸의 확신이 흔들리게 되자 곧 숙명론이 득세하게 되었다. 아니면 숙명론이 우세해져서 영혼 불멸에 대한 신앙이 흔들리기도 했다.

그 틈새를 파고든 것이 처음에는 고대의 점성술이었으며, 아라비아인의 점성술도 한몫했다. 점성술은 행성들의 그때그때 위치와 황도 12궁과의 관계에서 앞으로 일어날 사건과 인간의 일생을 추측했고, 이를 통해 온갖 중대한 결정을 내렸다. 별자리를 토대로 행동을 결정하는 것이 그렇지 않은 경우보다 더 부도덕하다고는 할 수 없다. 그러나 양심과 명예를 희생하고 별자리에 따라 결정을 내린 일도 분명 아주 많았을 것이다. 이런 망상은 미래를 미리 알고 지배하려는 강한 열망과 열광적인 상상력을 통해 지탱되었고, 더욱이 고대의 지지를 받고 있었다. 따라서 어떤 교양과 계몽도 이 미신에 대적할 수 없었다는 사실은 암시하는 바가 매우 크다.

점성술은 13세기에 들어서자 갑자기 이탈리아인의 생활 표면으로 강력하게 떠올랐다. 황제 프리드리히 2세는 전속 점성술사 테오도루스를 언제나 데리고 다녔다. 에첼리노 다 로마노[1]는 비싼 급료를 주고 많은 점성술사들을 거느렸는데, 그 가운데는 유명한 구이도 보나토(포를리의 점성술사. 13세기 말 사망)와 긴 수염을 늘어뜨린 사라센 사람인 바그다드의 파울 등이 있었다. 에첼리노가 중대한 계획을 세울 때에는 언제나 그들이 날짜와 시간을 결정했다. 에첼리노가 명령한 대규모 학살은 대부분 그들의 예언에서 비롯되었을 것이다. 그 뒤로는 누구도 점치는 것을 주저하지 않았다. 군주뿐만 아니라 자치도시들도[2] 정규 점성술사를 고용했고, 대학에서는[3] 14세기부터 16세기에 걸쳐 이 망상과학 전문교수가 천문학자들과 나란히 임명되었다. 교황[4] 대부분도 점성술을 공공연히 신봉했다. 하지만 해몽과 유령과 마술을 경멸했던 교황 피우스 2세는 영예롭게도 예외이다.[5] 반면 레오 10세는 교황으로서의 자기 공적이 점성술의 번영 덕분이라고 생각한 듯하다.[6] 또 교황 파울루스 3세는 추기경회의를 개최하는 시간마저도 점성술사에게 의존했다.[7]

이보다 격이 높은 사람들은 어느 정도 이상으로는 별을 보고 자기 행동을 결정짓지 않았을 것이며, 종교나 양심이 그만하라고 명령하는 한계가 있었으리라고 생각할 것이다. 그러나 실제로는 뛰어나고 경건한 사람들도 이런 망상에 빠졌을 뿐만 아니라, 심지어 그 대표자로 나서기까지 했다. 피렌체의 마에

1) Urstisius, *scriptores* I, p.598, 599, 602, 607에 수록된 *Monachus Paduan.* L. II.—비스콘티가의 마지막 군주도 점성술사들을 많이 거느렸다. Muratori XX, Col. 1017의 Decembrio 참조.

2) 앞서 말했듯이 피렌체에서는 보나토가 오랜 기간 그 직책을 맡았다. Matteo Villani XI, 3도 참조. 여기서 말하는 사람도 틀림없이 그 도시 전속 점성술사이다.

3) Libri, *Hist. d. sciences math.* II, 52. 193. 볼로냐에서는 이 강좌가 이미 1125년에 생겼다.—Corio, fol. 290에 나오는 파비아의 교수 명단 참조.—교황 레오 10세 치하의 대학 강좌는 Roscoe, *Leone X*, ed. Bossi, V, p.283 참조.

4) 1260년 무렵 이미 교황 알렉산데르 4세가 추기경이자 소심한 점성술사인 비앙코에게 억지로 정치적 예언을 하게 했다. Giov. Villani, VI, 81.

5) *De dictis ect. Alphonsi, opera*, p.93. 교황 피우스 2세는 그것을 "유용하다기보다는 신기하다"고 생각했다. Platina, *Vitae Pont.* p.310.—교황 식스투스 4세에 대해서는 Murat. XXIII, Col. 173, 186.에 수록된 Jac. Volaterran. 참조.

6) Pier. Valeriano, *De Infel. Lit.* 교황 레오가 출생할 때의 별 위치를 기술하고, 그의 비밀 몇 가지를 알아맞힌 Franc. Priuli에 대해 말한 부분.

7) Ranke, *Päpste*, I, p.247.

스트로 파골로[8]가 그 예이다. 그에게서는 로마 후기 사람 피르미쿠스 마테르누스[9]가 그랬듯이, 점성술사에게 도덕성을 부여하려는 의지를 찾아볼 수 있다. 파골로의 일생은 성스러운 금욕자의 삶이었다. 음식을 입에 대는 일이 드물었고, 지상의 모든 재물을 무시한 채 오직 책만 수집했다. 그는 학식 있는 의사였지만 의술을 베푸는 대상은 자기 친구들로 제한했으며, 치료 조건으로 반드시 고해를 하게 했다. 규모는 작아도 유명했던, 안젤리 수도원의 수도사 암브로시우스 카말돌레제(6편 3장 참조)를 중심으로 한 모임의 사람들이 그의 대화 친구들이었다. 그 밖에도 특히 만년의 노 코시모와 자주 이야기를 나누었다. 코시모도 점성술을 존중했는데, 그다지 중요하지 않은 일에서는 그도 점성의 도움을 받았기 때문이다. 그러나 원칙적으로 파골로는 아주 친한 친구가 아니면 운수를 봐주지 않았다.

그러나 이런 도덕적인 엄격함이 없어도 점성술사는 사람들의 존경을 받았고, 어디에든 모습을 나타낼 수 있었다. 점성술사의 숫자도 다른 유럽 나라들과는 비교할 수 없을 만큼 많았다. 다른 나라에서 점성술사는 유력한 궁정에만 나타났고, 그것도 어느 궁정에나 늘 있었던 것은 아니었다. 그러나 이탈리아에서는 조금이라도 재산이 있고 점성술에 관심이 있는 사람들은 누구나 점성술사를 고용했는데, 때로는 끼니를 걱정하던 점성술사를 고용하는 일도[10] 있었다. 게다가 서적이 인쇄되기 전부터 널리 유포되었던 점성학 책들 덕택에 아마추어 점성술사들이 나타났고, 이들은 온 힘을 다해 대가의 수준까지 올라가려 애썼다. 점성술사 가운데 악질적인 부류는 마법을 점성술에 가미하거나 마법을 숨기기 위해 그것의 힘을 빌렸다.

그러나 이런 군더더기가 없더라도 점성술은 그 시절 이탈리아인의 삶에서 서글픈 요소였다. 그처럼 여러 방면에서 다재다능하고 개성 강한 사람들이 미래를 알고 그것을 뜻대로 해보려는 맹목적인 열망 때문에 강렬한 개성적 의욕

---

8) Vespas. Fiorentino p.660 및 p.341 참조.—같은 책 p.121에는 또 다른 파골로가 페데리고 다 몬테펠트로의 궁정수학자 겸 점성술사로 나와 있다. 놀랍게도 그는 독일인이었다.

9) Firmicus Maternus, *Matheseos Libri* VIII, 2권 끝부분.

10) Bandello III, Nov. 60. 밀라노에서 알레산드로 벤티볼리오가 고용한 점성술사는 주인의 손님이 모두 모인 자리에서 자기가 무일푼임을 고백한다.

과 결의를 갑자기 포기하다니 얼마나 딱한 노릇인가. 그러면서도 그들은 별이 너무나도 불길한 예언을 할 때면 "현자는 별을 지배한다"[11]며 점성술에 반기를 들었지만, 결국에는 다시 과거의 망상에 젖어들었다.

명문가에서는 자식이 태어나면 출생 때 별의 위치에 따라 운명을 점쳤고, 그래서 일어나지도 않은 사건을 막연히 기다리며 반생을 망치는 사람도 있었다.[12] 그리고 권력자의 모든 중요한 결정이나, 특히 어떤 일에 착수하는 시간도 별을 보고 정했다. 군주의 여행, 외국 사절 접견,[13] 큰 건축물 기공식 날짜는 별점 결과에 따라 결정되었다. 기공식 날짜를 점성술로 정한 두드러진 예는 앞서 말한 구이도 보나토의 전기에서 볼 수 있다. 점성술사로서 왕성하게 활동하고 체계적이고 방대한 저술[14]을 남긴 그는 13세기의 점성술 부흥자라고 불릴 만하다. 포를리에서 교황당과 황제당의 싸움을 끝맺으려고 한 그는 자기가 지시한 별자리에 맞춰 성벽을 신축하자고 주민들을 설득했다. 기공식 때 두 당의 대표가 동시에 자신의 돌을 기초에 던져 넣으면 포를리에서는 영원히 당쟁이 사라지리란 것이었다. 이를 위해 교황당과 황제당에서 한 사람씩 선출되었다. 마침내 엄숙한 순간이 왔다. 두 사람은 돌을 손에 들었고, 일꾼들은 연장을 들고 기다렸다. 이윽고 보나토가 신호를 보냈다. 황제당 사람은 곧 돌을 던

---

11) 루도비코 일 모로가 이런 갑작스러운 결의를 한 것은 오늘날 쿠어 대성당에 있는 십자가에 비문을 새길 때의 일이다. 식스투스 4세도 예언이 틀림없는지의 여부를 시험해 보겠다고 말한 적이 있다.

12) 피에로 카포니의 아버지는 점성술사였는데, 아들을 상업에 종사하게 했다. 아들이 머리에 위험한 부상을 당하는 것을 막기 위해서였다. *Vita di P. Capponi, Arch. stor.* IV, II, 15. 카르다노의 전기에 있는 사례는 이 책 4편 5장 참조(카르디노는 마흔 살, 잘해야 마흔다섯을 넘기기 힘들다는 점성술을 믿는 바람에 젊은 날 자신을 많이 괴롭혔다고 술회한다).—스폴레토의 의사이자 점성술사였던 피에르 레오니는 자기가 언젠가 익사하리라고 믿은 나머지 물가는 무조건 피했고, 파도바와 베네치아의 영광스러운 지위도 거절했다. Paul. Jov. *Elog. liter.*

13) 루도비코 일 모로의 전기에 있는 예. Muratori XXIV, Col. 518. 524에 수록된 Senarega와 Eccard II, Col. 1623에 수록된 Benedictus. 그러나 일 모로의 아버지 프란체스코 스포르차는 점성술사를 경멸했고, 할아버지 자코모는 적어도 점성술사의 경고에 현혹되지 않았다.

14) 이 책은 여러 번 인쇄되었지만 나는 한 번도 본 적이 없다.—본문에 기술한 내용은 Murat. XII, Col. 233 이하에 수록된 *Annal. foroliviens*에서 발췌한 것이다.—레온 바티스타 알베르티는 기공식을 정신적인 의식으로 만들려 노력했다. *Opere volgari*, Tom. IV, p.314(또는 *de re aedific.* L. I).

졌지만, 교황당 사람은 망설이다가 끝내 거부하고 말았다. 보나토가 황제당이므로 어떤 음모를 꾸미고 있을지 모른다는 생각에서였다. 이것을 본 점성술사 보나토는 교황당원을 향해 외쳤다. "신은 의심 많고 악의에 찬 너와 너의 당을 망하게 할 것이다! 이런 별자리는 앞으로 500년 안에는 다시 우리 시의 하늘에 나타나지 않으리라!" 실제로 그 뒤 신은 포를리의 교황당을 멸망시켰다. 그러나 1480년 무렵 연대기 작가가 기록하길, 지금은 포를리의 교황당과 황제당이 완전히 화해하여 당파 이름도 들리지 않게 되었다고 한다.[15]

다음으로는 전시의 여러 결단이 별자리에 따라 좌우되었다. 여기서도 보나토는 황제당의 우두머리 구이도 다 몬테펠트로에게 출진에 유리한 시간을 알려줌으로써 많은 승리를 안겨주었다. 그 뒤 보나토를 곁에 둘 수 없게 되자[16] 몬테펠트로는 전제정치를 계속할 용기를 잃고 어느 프란체스코회 수도원으로 들어가 버렸다. 그로부터 오랫동안 사람들은 이 수도사가 탁발하러 다니는 모습을 보았다.

피렌체 사람들은 1362년 피사와의 전쟁 때도 전속 점성술사에게 출병 시간을 정하게 했다.[17] 한데 갑자기 시내를 우회하라는 명령 때문에 하마터면 시간을 맞추지 못할 뻔한 일이 있었다. 이전에 보르고 산토 아포스톨로 거리를 지나 출진했을 때 결과가 좋지 않았던 터라, 이 거리를 지나 피사로 출정하는 것은 불길한 징조로 여겨졌다. 그래서 이번에는 붉은 문(Porta rossa)을 통과하도록 했던 것이다. 그런데 이 문에는 햇빛을 가리려고 쳐놓은 천막이 그대로 걸려 있어서 병사들은 군기를 내리고 행군해야 했다. 이것은 새로운 흉조였다. 전쟁과 점성술은 뗄 수 없는 관계였다. 대부분의 용병대장이 점성술을 신봉했

---

15) 피렌체의 제2차 건설(Giov. Villani Ⅲ, l, 샤를 대제 치하)과 베네치아 제1차 건설(이 책 1편 6장 앞부분 참조) 무렵의 별자리에는 중세 후기의 시문학과 더불어 과거의 기억도 함께 나타났던 것 같다.

16) *Ann. foroliv.* l. c.—Filippo Villani, *Vite.*—Macchiavelli, *stor. fior.* L. Ⅰ.—승리를 약속하는 별자리가 다가오면 보나토는 천체관측기와 책을 들고서 광장이 내려다보이는 성 메르쿠리알레 교회의 탑으로 올라갔다. 그리고 때가 되는 즉시 종을 울려 병사들을 소집했다. 그러나 그는 이따금 큰 실수를 저질렀고, 몬테펠트로의 운명과 자신의 죽음은 내다보지 못했다. 보나토는 파리와 이탈리아의 여러 대학에서 강의한 뒤 포를리로 돌아오다가 체세나 근처에서 강도에게 살해됐다.

17) Matteo Villani, Ⅺ, 3.

강령술(降靈術) 구약성서에 나오는 이스라엘 초대 왕 사울은 엔돌의 무녀에게 명하여 현자 사무엘의 영혼을 불러낸다. 16세기 그림에는 무녀를 요술사처럼 표현했다. 〈엔돌의 무녀와 사울〉 반 오스트사넨 작(1526). 암스테르담 국립미술관 소장.

기 때문이다. 야코포 칼도라는 아무리 큰 병에 걸려도 자신은 전장에서 죽는다고 믿었으므로 조금도 걱정하지 않았고, 실제로 그렇게 되었다.[18] 바르톨로메오 알비아노(1455~1515. 베네치아의 용병대장)는 자기 머리의 상처는 자신의 지휘권과 마찬가지로 별이 결정한 것이라 확신했다.[19] 니콜로 오르시니 피틸리아노(1442~1510. 피틸리아노 백작. 베네치아의 용병대장)는 베네치아와 고용계약을 체결할 때(1495년) 의사이자 점성술사인 알레산드로 베네데토[20]에게 알맞은 별자리의 시간을 물었다. 1498년 6월 1일 피렌체에서 신임 용병대장 파올로 비텔리의 취임식이 엄숙하게 거행될 때, 비텔리에게는 그의 희망에 따라 별자리 그림으로 장식된 지휘봉이 수여되었다.[21]

중요한 정치 사건의 경우, 미리 점성술로 예견했는지 아니면 나중에 점성술사가 호기심에서 그 순간을 지배했을 별자리를 계산해보았는지는 분명하지 않다. 잔 갈레아초 비스콘티(1편 1장 후반부 참조)가 교묘한 속임수로 숙부 베르나보와 그의 가족들을 잡아들였을 때(1385년), 목성·토성·화성이 쌍둥이자리에 들어가 있었다고 그 시대 사람은 보고한다.[22] 그러나 그것이 그 행위를 촉진했는지는, 우리로선 알 길이 없다. 행성의 운행보다는 정치적인 통찰과 타산이 점성술사들에게 영향을 준 일도 적지 않았을 것이다.[23]

유럽은 이미 중세 후기 내내 파리와 톨레도에서 시작된 흑사병, 전쟁, 지진, 대홍수 같은 점성술사의 예언에 떨었는데, 이 점에서는 이탈리아도 결코 뒤지

---

18) Jovian, Pontan, *de fortitudine*, L. I.—점성술을 멀리한 명예로운 스포르차 가문 초기의 사람들에 대해서는 앞의 주석 13 참조.

19) Paul. Jov. *Elog.*, sub. v. *Livianus*.

20) 베네데토가 직접 이 이야기를 전했다. Eccard II, Col. 1617에 수록된 Benedictus.

21) Jac. nardi, *Vita d' Ant. Giacomini*. p.65의 이야기는 이렇게 해석되어야 할 것이다.—옷과 도구에 이처럼 별자리를 새겨 넣는 일은 드물지 않았다. 페라라에서 루크레치아 보르자의 환영식이 열렸을 때, 우르비노 공작부인의 노새는 금색으로 별자리 무늬가 들어간 검은 벨벳 덮개를 걸치고 있었다. *Arch. stor.* append. II, p.305.

22) Corio, Fol. 258에 수록된 Azario.

23) 이런 예는 튀르크 점성술사에게서도 볼 수 있다. 한 튀르크 점성술사는 니코폴 전투 뒤 바예지드 1세에게, "그로 인해 많은 그리스도 교도가 피를 흘리게 될 것"이라고 말하며, 몸값을 받고 부르고뉴의 왕인 장 상 푀르를 풀어주라고 진언했다. 프랑스 내전이 어떻게 전개될지 예측하기란 그리 어려운 일이 아니었다. *Magn. chron. belgicum*, p.358. Juvénal des Ursins ad a. 1396.

지 않았다. 이탈리아가 외세에 영구적으로 문을 열었던 불행한 1494년(프랑스왕 샤를 8세의 이탈리아 원정)의 전년에도 확실히 불길한 예언이 있었다.[24] 다만 그런 예언이 그 전에도 해마다 나돌았는지 누가 알겠는가.

점성학은 고대의 철저함을 바탕으로, 전혀 예상치 못했던 영역으로까지 확장되었다. 개인의 외적·정신적 삶이 오로지 태어났을 때의 별자리에 따라 결정된다면, 민족이나 종교처럼 그보다 큰 정신적 집단도 이와 똑같은 의존관계를 갖게 된다. 또한 이들 거대 집단들의 별자리는 불안정하므로 사물 자체도 불안정하다는 것이다. 종교에는 저마다 수명이 있다는 관념은 점성술을 통해 이탈리아의 문화 속으로 들어오게 되었다. 목성과 토성의 만남은 히브리 종교를, 목성과 화성의 만남은 칼데아(신바빌로니아 제국) 종교를, 목성과 태양의 만남은 이집트 종교를, 목성과 금성의 만남은 이슬람교를, 목성과 수성의 만남은 그리스도교를 각각 만들었으며, 언젠가 목성과 달이 만나면 반(反)그리스도 종교가 생겨날 것이라고 했다.[25] 체코 다스콜리(1327년 사망. 이탈리아의 시인·천문학자)는 불경하게도 그리스도가 태어난 때의 별자리를 계산해서 그가 십자가가 처형당할 운명임을 입증했다. 이 때문에 그는 1327년 피렌체에서 화형당했다.[26] 이런 학설들은 결국 인간의 모든 초감각적인 개념에 어두운 그림자를 드리웠다.

그러니만큼 명석한 이탈리아의 정신이 이런 망상의 괴물을 상대로 벌인 싸움은 찬양할 만하다. 파도바의 살롱에 있는 프레스코 벽화[27]나 페라라에 자리한 보르소의 여름궁전(스키파노야)에 있는 프레스코 벽화처럼 점성술을 찬미하는 성대한 기념비적 작품이 만들어지고, 베로알두스[28]와 같은 인물조차 유별

---

24) Eccard II, Col. 1579에 수록된 Benedictus. 특히 1493년 예언에 따르면 페란테왕이 "유혈이 아니라 악명 때문에" 주권을 상실하리라고 했는데, 실제로 그렇게 되었다.

25) Bapt. Mantuan. *de patientia*, L. III, cap. 12.

26) Giov. Villani, X, 39. 40. 이 밖에도 여러 가지 사정, 특히 동료들의 질투가 한몫했다.─보나토도 비슷한 이야기를 한 적 있는데, 성 프란체스코가 보인 신의 기적 같은 사랑이 화성의 영향 때문이라고 설명했다. Jo. Picus, *adv. Astrol.* II, 5 참조.

27) 15세기 초 미레토가 그렸다. 스카르데오니우스에 따르면, 그 벽화들은 "각도와 숫자에 따라 통해 태어난 사람들의 성격이 나타나도록" 되어 있다. 그것은 우리가 오늘날 쉽게 상상하는 것보다 더 대중적이었다. 다시 말해 "누구나 사용할 수 있는" 점성술이었다.

28) 베로알두스는 (*Orationes*, fol. 35, *in nuptias*) 점성술을 이렇게 말한다. "그것은 인간과 신들이 그다지 다르지 않은 것처럼 보이게 만든다."─같은 시대의 또 한 다른 열광적인 찬미자는

나게 점성술을 찬양했음에도, 그것에 현혹되지 않는 사람들과 사려 깊은 사람들의 꿋꿋한 항의는 계속되었다. 이런 면에서도 고대는 모범을 보였으나, 그 사려 깊은 사람들은 고대인 흉내를 낸 것이 아니라 자신의 건전한 양식과 관찰을 토대로 하여 목소리를 낸 것이다. 페트라르카는 개인적으로 알게 된 점성술사를 노골적으로 경멸했으며,[29] 그들의 학문체계가 거짓투성이임을 간파했다. 또한 소설은 거의 태어난 순간부터—《옛이야기 백선》이래—점성술사라면 예외 없이 미워했다.[30] 피렌체의 연대기 작가들은 역사적인 전승의 일부로서 점성술을 보고할 때조차 그것에 완강하게 저항한다. 조반니 빌라니는 "그 어떤 별자리도 인간의 자유의지와 신의 결정을 필연의 지배에 가두어둘 수 없다"고 몇 번이나 말했다.[31] 마테오 빌라니(1363년 사망. 연대기학자)는, 점성술은 피렌체인이 이교를 신봉하는 로마인에게서 다른 미신들과 함께 물려받은 악덕이라고 단언했다. 이런 비판은 단순히 문헌상의 논의에 그치지 않았다. 이 문제를 위해 조직된 당파들은 공공연히 논쟁을 벌였다. 1333년과 1345년의 대홍수 때는, 별자리에 따른 운명이냐, 하느님의 정당한 의지와 심판이냐는 문제를 두고 점성술사들과 신학자들 사이에서 아주 치밀한 토론이 벌어졌다.[32] 점성술사에 대한 이러한 저항은 르네상스기 전체를 통틀어 한 번도 잠잠한 적이 없었다.[33] 권력자에게 아첨하려면 점성술을 비판하기보다는 옹호하는 쪽이 유리했을 터이므로, 이런 저항은 진심이었다고 볼 수 있다.

　로렌초 마니피코(로렌초 데 메디치. 대(大) 로렌초) 주변에서는 유명 플라톤 학자들 사이에서 이 문제로 반목이 있었다. 마르실리오 피치노는 점성술을 옹호하여 메디치 집안 자제들의 운명을 태어난 때의 별자리를 보고 점쳤으며, 어린

　Murat. XXI, Col. 1163에 수록된 Jo. Garzonius, *de dignitate urbis Bononiae* 참조.

29) Petrarca, *epp. seniles* III, I(p. 765)과 다른 여러 곳. 위의 편지는 틀림없이 같은 생각을 품고 있었을 보카치오에게 쓴 것이다.

30) 프랑코 사케티는 점성술사들의 지혜를 비웃었다(Nov. 151).

31) Gio. Villani III, 1. X, 39.

32) Gio. Villani XI, 2. XII, 4.

33) *Annales Placentini*(Murat. XX, Col. 931)의 저자이자 이 책 3편 6장 주 36에서 언급한 알베르토 디 리발타(Alberto di Ripalta)도 이 논쟁에 참여했다. 그런데 이 문헌은 다른 점에서도 주목을 끈다. 유명한 아홉 혜성에 관한 그 시대의 견해가 들어 있기 때문이다.—Gio. Villani, XI, 67 참조.

조반니가 장차 교황—레오 10세—이 되리라는 것까지 예언했다고 한다.[34] 반면 피코 델라 미란돌라는 그의 유명한 논증으로 이 문제에서 새로운 기원을 이루었다.[35] 그는 모든 무신론과 부도덕이 별을 믿는 신앙에 뿌리 내리고 있음을 증명했다. 만일 점성술사가 무언가를 믿는다면 모든 행복과 불행을 잉태한 행성을 신으로 숭배해야 할 것이라고 피코는 말한다. 다른 모든 미신도 점성술에서 언제나 쉽게 이용할 수 있는 수단을 찾아내게 되고, 흙점, 수상술(手相術)을 비롯한 온갖 마법도 시간을 결정할 때는 먼저 점성술에 의지한다고 한다. 또한 도덕에 관해서 피코는, 하늘이 스스로 악의 주모자라고 나서는 것보다 더 악을 북돋는 것은 없으며, 이로써 영원한 지복(至福)과 징벌에 대한 믿음도 완전히 사라지리라고 말한다. 그뿐만 아니라 피코는 경험적인 방법으로 점성술사를 비판하는 데도 수고를 아끼지 않았다. 한 달 동안 알아본 결과, 그들의 일기예보는 4분의 3이 틀렸음을 밝혀낸 것이다. 그러나 가장 중요한 것은, 피코가 제4권에서 하느님이 세상을 주관하는 것과 인간의 자유의지에 대한 실증적인 그리스도교 이론을 논했다는 사실이다. 이 이론은 온 나라의 교양인에게 참회설교사를 통틀어 합친 것보다 더 큰 인상을 주었던 듯하다. 교양 있는 사람들에게는 이미 참회설교사의 힘이 미치지 않았던 것이다.

무엇보다도 피코는, 점성술사들에게 그들의 학설을 더 공개할 엄두를 내지 못하게 했다.[36] 그리고 이미 그런 책을 출판했던 학자들도 자신의 행동을 부끄럽게 여겼다. 조비아노 폰타노는 《운명에 대하여》[37]에서 이 망상 과학의 정당성을 인정하고, 다른 책[38]에서는 고대 피르미쿠스의 방식에 따라 그것을 이론적으로 설명했었다. 그러나 이제 대화편 《에기디우스》에서는 점성술을 포기하진 않았어도 점성술사들에게 환멸을 표시했으며, 인간의 자유의지를 찬양하고, 별이 영향을 미치는 범위를 물질적인 것으로 제한했다. 점성술은 여전히 성행

---

34) Paul. Jov. *Vita Leonis* X. L. III. 여기서는 레오가 적어도 징조를 믿었음이 나타나 있다.

35) Jo. Picus Mirand. *adversus astrologos*, libri. XII.

36) Paul. Jov. *Elog. lit*(sub tit. Jo. Picus)에 따르면, 피코의 영향력은 "여러 정밀과학 교수들의 글 쓸 의욕을 꺾어버린 것처럼 보일" 정도였다고 한다.

37) 6편 3장 뒷부분 참조. 이것을 비롯해 그 무렵 쏟아져 나온 운명을 논한 책들은, 대부분 운명의 수레바퀴가 돌고 있으며, 세상만사가 무상하다는 것을 확인하는 데 그쳤다.

38) *De rebus coelestibus.*

했지만 이제는 전처럼 실생활을 지배하진 않는 듯 보였다. 15세기에 이 망상을 열심히 찬미했던 회화도 이제는 달라진 생각을 보여주었다. 라파엘로는 키지 예배당[39]의 둥근 천장에 여러 행성의 신들과 항성천(恒星天)을 그렸지만, 그것은 빛나는 천사들에게 둘러싸여 인도되고, 위로부터는 영원한 아버지이신 하느님의 축복을 받고 있다. 그 밖에 또 하나의 요소가 이탈리아의 점성술에 적대적이었다. 바로 에스파냐 사람들이다. 에스파냐 사람들은 장군들조차 점성술에 전혀 관심을 두지 않았다. 따라서 에스파냐인의 환심을 사려는 이들은,[40] 이슬람적인 요소 때문에 에스파냐 사람들에게는 이교나 다름없는 점성술에 공공연한 반대 입장을 표명했다. 1529년에도 귀차르디니는 이렇게 말한다. "백마디 진실을 이야기해도 한마디 거짓을 말하면 신용을 잃는 것이 사람인데, 백 마디 거짓 중에 한마디만 진실이면 믿음을 얻는 점성술사들은 얼마나 행복한가."[41] 그러나 점성술에 대한 경멸이 반드시 신의 섭리에 대한 믿음으로 되돌아가지는 않았다. 일반적인 막연한 숙명론으로도 얼마든지 도피할 수 있었다.

이탈리아는 다른 방면에서와 마찬가지로 여기서도 르네상스의 문화적 충동을 건전하게 충분히 체험하고 향유할 수 없었다. 외국의 침략과 반종교개혁이 밀어닥쳤기 때문이다. 이런 사건이 없었더라면 그들은 그 우매한 공상을 자력으로 완전히 극복했을 것이다. 외세 침입과 가톨릭의 반동을 당연한 결과로 보고 이를 이탈리아인의 책임으로 돌리는 사람은 이 망상으로 인한 정신적 손실도 그들이 뿌린 대로 거둔 것이라고 판단할 것이다. 다만 유감스러운 점은, 그 때문에 유럽 전체가 막대한 손실을 입었다는 사실이다.

징조(徵兆)신앙은 점성술보단 훨씬 죄가 가벼워 보인다. 중세는 이 신앙을 여러 이교로부터 물려받았다. 그리고 이탈리아는 이 방면에선 어느 나라에도 뒤지지 않았을 것이다. 한데 이탈리아에서 이것이 특별한 색채를 띠는 까닭은

---

39) 로마의 성 마리아 델 포폴로 교회 안의 예배당.–천사들은 《향연》 첫머리에 있는 단테의 이론을 생각나게 한다.

40) 아마 안토니오 갈라테오를 두고 한 말일 것이다. 갈라테오는 페르난도 2세 가톨릭왕에게 보낸 편지(Mai, *Spicileg. rom.* vol. VIII, p.226, 1510년 무렵)에서 점성술을 맹렬히 부정한다. 그러나 포텐차 백작에게 보낸 다른 편지에서는(같은 책 p.539), 별의 위치로 보아 튀르크인이 올해 안에 로도스를 공격할 것이라고 말한다.

41) *Ricordi,* l. c. N. 57.

이 속세의 망상을 인문주의가 지지했기 때문이다. 다시 말해 인문주의는 물려받은 이교의 한 요소를, 문헌학에 기초한 이교로써 후원한 것이다.

이탈리아인의 민간 미신은 주로 징조에서 나오는 예감과 추론에 근거를 두는데,[42] 거기에 다시 마법이, 대개는 순진한 마법이 가미된다. 이런 미신을 마음껏 조롱하고, 이 기회에 그것을 글로 남긴 유식한 인문주의자들도 물론 있었다. 방대한 점성술 책을 저술한 조비아노 폰타노는 대화편 《카론》에서 나폴리의 온갖 미신을 무척 동정어린 시선으로 열거했다. 닭이나 거위가 병들어 슬퍼하는 여인네들, 사냥매가 돌아오지 않거나 말이 발을 삐어 깊이 시름하는 귀족 남성들, 미친개 때문에 온 마을이 불안에 떨자 3주 동안 토요일 저녁마다 주문을 외우는 풀리아 농민들의 모습이 그 예이다. 고대에 그랬듯 일반적으로 동물의 세계 또한 징조를 나타내는 상징이었다. 더욱이 국비로 사육하는 사자와 표범 등은(4편 2장 뒷부분 참조) 무의식 중에 국가의 상징으로 인식했으므로, 이 동물들의 움직임 하나하나가 국민들의 마음을 졸이게 하는 일이 많았다.

1529년 피렌체가 포위되었을 때 상처 입은 독수리가 시내로 날아 들어오자, 시의회는 좋은 징조라며 독수리를 가져온 사람에게 4두카토를 주었다.[43] 또 특정한 시간이나 장소가 어떤 일을 할 때 유리하거나 불리하거나, 심지어 거의 결정적인 요인으로 작용했다. 바르키(1503~65. 피렌체의 문학자.《피렌체사》저술)가 전하는 바에 따르면, 피렌체인은 토요일을 운명의 날이라 여겨, 온갖 중대사는 좋고 나쁨에 상관없이 주로 이날 일어난다고 믿었다. 특정한 거리를 지나 출진하기를 꺼리는 그들의 미신에 대해서는 이미 이야기한 바 있다. 반면 페루자 사람들은 그들의 성문(城門) 가운데 하나인 '포르타 에부르네아'가 행운을 약속한다고 믿었기 때문에, 발리오니 가문은 전쟁 때마다 반드시 그 문을 통해 진군하게 했다.[44] 또 유성(流星)과 황도 12궁도 중세 때와 마찬가지로 이탈리아에서 중요한 의미를 지녔다. 그들의 상상력은 기묘한 구름의 모양에서 싸

---

42) 비스콘티 가문 마지막 군주 시대에 나타난 그러한 수많은 망상을 Decembrio(Murat. XX, Col. 1016, s.)가 열거했다.

43) Varchi, Stor. fior. L. IV, (p.174). 그 시절 피렌체에서 예감과 예언은 지난날 예루살렘이 포위되었던 때와 똑같은 역할을 했다. 같은 책 III, 143, 195. IV, 43, 177 참조.

44) Matarazzo, Arch. stor. XVI, II, p.208.

우는 군대를 만들어냈으며, 싸우는 소리가 하늘 높이 울린다고 믿었다.[45] 미신이 성스러운 사건들과 결합하면 더욱 거창해졌다. 예를 들어, 성모상이 눈을 움직이거나[46] 눈물을 흘릴 때 또는 나라의 재앙을 불경스러운 행위와 연결해 민중이 그에 대한 속죄를 요구하는 경우이다(6편 2장 참조). 1478년 피아첸차 시에 오랫동안 폭우가 줄기차게 쏟아지자, 얼마 전 성 프란체스코 교회에 매장된 한 고리대금업자가 그 성스러운 땅에 누워 있는 한 비가 멎지 않으리란 말이 나돌았다. 주교가 그 시체를 파내길 거절하자, 젊은이들은 폭력으로 그것을 끄집어내 들고 떠들썩하게 온 거리를 돌아다닌 끝에 포강에 던져버렸다.[47] 같은 해인 1478년 피렌체에서 일어난 파치 일가 모반의 주모자인 자코모 파치에 대해서는 안젤로 폴리치아노도 똑같은 견해를 보였다. 사람들이 자코모를 목매달아 죽일 때, 그는 무시무시한 말로 자기의 영혼을 악마에게 맡겼다. 여기서도 비가 쏟아져서 농사를 망칠 지경에 이르자, 대부분 농민으로 이루어진 무리가 교회에서 시체를 파냈다. 그러자 곧 비구름이 사라지고 해가 빛났다. "그처럼 행운은 민중의 편을 들었다"고 이 위대한 문헌학자는 덧붙인다.[48] 사람들은 시체를 성별(聖別)되지 않은 땅에 얕게 묻어두었다가, 이튿날 다시 파내 거대한 행렬을 지어 시내로 끌고 다닌 뒤 아르노강에 던져버렸다.

이런 이야기들은 본질적으로 민중적인 성격을 지니므로, 10세기는 물론 16세기에 나타나도 전혀 이상할 것이 없다. 그런데 여기에도 문헌상의 고대가 개입한다. 인문주의자들이 기이한 현상과 징조에 유달리 좌우되기 쉬웠다는 것은 확실하며, 그러한 실례도 이미 살펴봤다(6편 3장 참조). 더 많은 증거가 필요하다면 포조 한 사람만 살펴보아도 충분할 것이다. 귀족 계급과 인간의 불평

---

45) Prato, *Arch. stor.* III, p.324, 1514년.

46) 1515년에 밀라노 대성당에 있는 마돈나 델라르보레가 그랬던 것처럼. Prato, l. c., p.327 참조. 또한 트리울치 납골당(성 나자로 교회 옆에 있는) 건설을 위해 초석을 묻을 때는, 말만한 용의 사체가 발견되었다고 한다(p.327). 사람들은 그 용머리를 트리불치오 궁전으로 가져갔고 나머지는 버렸다.

47) "그러자 신기하게도 곧바로 날이 개었다." Murat. XXII, Col. 280에 수록된 *Diarium Parmense*. 사람들의 마음속에 가득 차 있던 고리대금업자에 대한 뿌리 깊은 증오를 저자도 공유하고 있다. Col. 371 참조.

48) Roscoe의 《로렌초전》 부록에 있는 *Coniurationis Pactianae commentarius*(파치 일가 모반 비망록).—그러나 폴리치아노는 평소에 점성술을 싫어했다.

등을 부정했던 이 과격한 사상가는(5편 1장 참조) 온갖 중세적인 유령이나 악마의 출현뿐만 아니라 고대적인 기현상까지도 믿었다. 이를테면 교황 에우게니우스 4세가 마지막으로 피렌체를 방문했을 때 일어났다고 보고된 이변이 그것이다.[49]

> 어느 날 저녁, 사람들은 코모 근처에서 4천 마리나 되는 개가 독일로 향하는 것을 보았다. 그 뒤로 소 떼가 따랐고, 다음으로는 무장한 군대가 도보 또는 말을 타고 좇았는데, 그들 중 일부는 머리가 없거나, 있어도 거의 눈에 띄지 않았다. 마지막으로 거구의 기병 한 사람이 있었고, 그 뒤로 다시 소 한 떼가 따랐다.

포조는 또한 까치와 까마귀의 싸움도 믿었다. 사실 포조는 자기도 모르는 사이에 잘 보존된 고대신화 한 편을 이야기하고 있다. 달마치야 해안에 수염이 나고 뿔이 돋은 해신 트리톤이 나타난다. 그는 바다의 사티로스로, 하반신은 지느러미와 꼬리가 달린 물고기 형상이다. 그는 노래로써 어린이들과 여자들을 바닷가에서 납치해 갔는데, 빨래를 하던 용감한 아낙네 다섯 명이 돌로 그를 때려죽인다.[50] 페라라에 전시된 그 괴물의 나무 모형을 보고 포조는 그 이야기를 찰떡같이 믿는다. 그때는 이미 신탁이 없었고, 사람들은 신에게 물어볼 길이 없었지만, 베르길리우스의 책을 아무데나 펴들고 거기 나온 구절을 징조로 해석하는 것(베르길리우스 점)이 다시금 유행했다.[51] 또한 고대 후기의 악마신앙은 르네상스에 영향을 미칠 수밖에 없었다. 여기에 일조한 것으로 보이는 이암블리코스나 아밤몬의 이집트 밀교에 관한 책은 15세기 말에 이미 라틴어로 인쇄되었다. 심지어 피렌체의 플라톤 아카데미조차 로마 쇠퇴기에 성행한

---

49) Poggii, *facetiae,* fol. 174.—Aen. Sylvius : *De Europa* c. 53. 54(Opera, p.451. 455)에는 실제로 일어났던 괴해한 일, 예를 들어 동물들의 싸움과 구름이 만들어내는 환상 등이 나와 있다. 그에 해당되는 운명을 같이 언급하고는 있으나, 본질적으로는 그것들을 신기한 현상으로 다루고 있다.

50) Poggii, *facetiae,* fol. 160, cf. Pausanias IX, 20.

51) Varchi III. 195. 《아이네이스》제3권 44("이 잔인한 나라를 떠나라")를 펴들었기 때문에 국외로 도망친 혐의자가 1529년에 둘이나 있었다. Rabelais, *Pantagruel,* III, 10 참조.

이런 신플라톤주의적인 망상에서 완전히 벗어나지 못했다. 따라서 이번에는 이러한 악마 신앙과 그와 관련된 마법을 살펴보고자 한다.

영계(靈界)에 대한 민간신앙은[52] 이탈리아에서나 다른 유럽 나라들에서나 대체로 비슷했다. 이탈리아에도 유령, 즉 죽은 자가 출현했다. 북유럽과 차이점이 있다면, 유령을 고대식 이름인 옴브라(ombra : 그림자)라고 부른 것 정도이다. 오늘날에도 그런 그림자가 나타나면 그것을 진정시키기 위해 두세 차례 미사를 올린다. 악당의 영혼이 무시무시한 모습을 띤다는 것은 자연스러운 생각이지만, 그와 더불어 망령은 대체로 악하다는 견해가 퍼져 있었다. 반델로의 작품에 나오는 사제는 죽은 자가 아이들의 목숨을 빼앗는다고 말한다.[53] 아마도 그는 특정한 망령과 영혼을 구별하여 생각한 것 같다. 왜냐하면 영혼은 연옥의 불꽃 속에서 속죄하므로, 이런 영혼은 나타나도 단지 탄원하거나 울부짖을 따름이기 때문이다. 또 어떤 때는 특정 인간의 유령이라기보다는 어떤 사건, 과거의 어떤 상황의 그림자가 나타나기도 했다. 밀라노의 콘카에 있는 성 조반니 교회 부근의 옛 비스콘티 궁전에 악마가 출몰했을 때도, 근처 사람들은 이렇게 해석했다. 여기서는 일찍이 베르나보 비스콘티가 전제정치를 하면서 숱한 사람들을 고문하고 목매달아 죽였으니 무엇이 나타난다고 해도 조금도 놀랍지 않다는 것이다.[54] 또 페루자에 있는 구빈원의 부정한 관리인이 어느 날 밤 돈을 세고 있자니, 가난한 사람들 한 떼가 촛불을 들고 나타나 그의 주위를 춤추며 빙글빙글 돌았다. 그리고 몸집이 큰 한 사람이 나와 위협적인 투로 말했는데, 그는 구빈원의 수호성자 알로였다.[55] 이런 생각은 너무도 자연스러운 것이었으므로, 시인들은 여기서 보편적인 소재를 찾아낼 수 있었다. 예를

---

52) 이를테면 카르다노의 "괴이한 빛"이나 "신령한 기운", 그의 아버지의 "집안에 붙은 악령"과 같은 학자의 공상은 언급하지 않겠다. Cardanus, *de propria vita*, cap. 4. 38. 47 참조. 카르다노 자신은 마법의 반대자였다. cap. 39. 카르다노가 겪었던 괴변과 망령에 대해서는 cap. 37, 41 참조.—비스콘티 가문의 마지막 군주가 망령을 얼마나 무서워했는지는 Muratori XX, Col. 1016에 수록된 Decembrio 참조.

53) "죽은 자는 종종 갓난아이를 해친다." Bandello II, *Nov.* l.

54) Bandello III, *Nov.* 20. 그러나 이것은 저택 주인인 남편을 겁주려고, 그 부인의 정부(情夫)가 저지른 짓이었다. 그는 자기 친구들과 함께 악마로 변장했고, 온갖 짐승의 울음소리를 흉내 낼 수 있는 사람을 외국에서 불러들이기까지 했다.

55) Graziani, *Arch. stor.* XVI, I, p.640, ad a. 1467. 관리인은 겁에 질려 죽었다.

들어, 카스틸리오녜는 사살된 루도비코 피코가 포위된 미란돌라 성벽 아래 모습을 나타낸 광경을 훌륭하게 묘사했다.[56] 시인 자신은 그런 신앙에서 발을 뺐다 하더라도, 문학은 이런 소재를 무엇보다도 즐겨 이용했다.

이탈리아 사람들은 악마에 대해서도 중세 사람들과 같은 통속적인 믿음을 갖고 있었다. 하느님이 모든 계급의 악마에게 종종 세계와 인간 생활의 영역을 낱낱이 파괴하도록 허락했다고 사람들은 믿어 의심치 않았다. 다만 악마가 유혹의 손길을 뻗칠 때 인간은 최소한 자유의지로써 여기에 저항할 수 있다고 생각했다. 이탈리아에서는, 특히 자연현상의 악마적인 요소가 사람들의 입에 올라 시적인 위대성을 지니기도 했다. 1333년에 있었던 아르노강 골짜기에서 대홍수가 일어나기 전날 밤, 발롬브로사 위쪽에 사는 한 경건한 은자가 방에서 악마의 목소리 같은 무시무시한 소리를 듣고 십자를 그으며 문 밖에 나와 보니, 검은 옷에 무기를 든 기사들이 쏜살같이 말을 달려 지나가고 있었다. 은자가 주문을 외우자 한 기사가 멈춰 서서 이렇게 설명했다. "신이 허락하신다면 우리는 이 길로 죄를 지은 피렌체시를 물에 잠기게 할 것이다."[57] 이 사건은 비슷한 무렵 베네치아에 나타난 환상(1340년)과 비교할 수 있다. 그 이야기를 바탕으로 베네치아파의 한 거장이, 아마도 조르조네가, 아주 놀라운 그림을 그렸다. 악마로 가득한 갤리선이 폭풍우 몰아치는 바다 위를 날아가듯 질주해 죄 많은 섬나라 베네치아를 멸망시키러 간다. 그러나 가난한 어부의 배에 몰래 타고 있던 세 성자가 주문을 외워 그 배를 침몰시킨다.

이런 믿음과 더불어, 인간이 주문을 통해 악마에게 접근할 수 있고 탐욕과 권력욕과 육욕 같은 현세의 욕망을 위해 그들의 도움을 받을 수도 있다는 망상이 떠올랐다. 한데 정말로 죄를 지은 사람들이 나타나기도 전에 많은 사람들이 그런 죄목으로 고발을 당했던 것 같다. 다시 말해 마술사나 마녀로 지목되어 화형을 당하는 사람이 나타난 뒤에야 비로소 진짜 주문과 마법이 성행하기 시작한 것이다. 혐의를 받은 사람들을 불태우는 화형대의 연기 속에서 마취성 증기가 피어올랐고, 그것이 더욱더 많은 타락한 인간들을 자극하여 마술에 열

---

56) Balth. *Castilionii Carmina. Prosopopeja Lud. Pici.*
57) Gio. Villani XI, 2. 빌라니는 이 이야기를 발롬브로사 수도원 원장에게서 들었으며, 수도원 원장은 은자에게서 직접 들었다고 한다.

중하게 했다. 나아가 이들에게 빌붙는 배짱 좋은 사기꾼들도 나타났다.

로마시대 이래[58] 이러한 미신을 끊임없이 이어져 내려오게 만든 가장 원시적이고 보편적인 형태는 아마도 마녀의 주술일 것이다. 마녀가 점을 치는 일에만 만족한다면[59] 그녀에게는 아무 죄가 없었다. 그러나 단순한 예언에 그치지 않고 그 실현을 돕기 시작하면, 자신도 모르는 사이에 결정적인 타락의 길로 들어서기도 한다. 사람들은 마녀의 주술이 주로 남녀 사이에 애증을 불러일으킨다고 믿었다. 나아가 파괴적이고도 악랄한 저주도 걸 수 있다고 믿었으며, 특히 아이가 차츰 쇠약해지는 것—그것이 부모의 방임이나 무지에서 비롯됐음이 분명하더라도—을 마녀의 탓으로 돌렸다. 어찌되었든 여전히 풀리지 않는 의문은, 마녀가 단순한 주문과 의식과 이해할 수 없는 주술을 통해, 또는 의도적으로 악령을 불러냄으로써 얼마나 효과를 거두었느냐는 점이다. 물론 마녀가 그 효능을 충분히 알고 건네준 약이나 독약은 별도로 하고 말이다.

폰타노[60]의 작품에 나오는 가에타의 마녀는 탁발수도사들도 경쟁하겠다고 나서는 비교적 순진한 부류의 마녀이다. 작품 속에서 여행자 수파티우스는 우연히 마녀의 집에 다다르게 된다. 마침 음력 초사흗날이어서, 마녀는 검은 암탉 한 마리, 금요일에 낳은 달걀 아홉 개, 오리 한 마리와 흰 실을 가져온 한 소녀와 하녀를 만나고 있었다. 마녀는 두 여자에게 일단 집에 돌아갔다가 저녁 때 다시 오라고 말했는데, 아마 점에 관한 이야기인 모양이었다. 하녀의 여주인은 수도사의 아이를 뱄고, 소녀 쪽은 애인이 약속을 어기고 수도원에 들어갔다는 것이다.

마녀는 한탄하며 말했다. "나는 남편이 죽은 뒤로 이 일을 하며 산답니다. 가에타의 여자들은 믿음이 좋아서, 수도사들이 내 이익을 채가지만 않으면 꽤 편하게 지낼 수 있어요. 한데 수도사들도 꿈 풀이를 해주고, 성자들의 노여움

---

58) 고대 로마의 마녀들이 하던 일 가운데 아직 남아 있는 것은 별로 없다. 11세기 교황 레오 9세 시절에 인간을 당나귀로 변신시킨 마지막 이야기는 Guil. Malmesbur. Ⅱ, §171(vol. Ⅰ, p.282) 참조.

59) 1513년 무렵 페라라를 비롯한 여러 지방에서 롬바르디아의 유력자들을 상대로 예언을 했던 신들린 여자가 여기에 해당할 것이다. 그녀의 이름은 로도지나(Rodogine)였다. 자세한 것은 라블레의 *Pantagruel* Ⅳ, 58 참조.

60) Jovian. Pontan. *Antonius*.

을 돈으로 풀어주고, 처녀에게는 신랑을, 애 밴 여자에게는 사내애를, 애 못 밴 여자에게는 아기를 약속해 준다니까요. 그뿐인가요, 이들은 밤에 남편들이 고기잡이를 나가면 낮에 교회에서 약속한 대로 여자들을 찾아간답니다." 수파티우스는 수도원 쪽의 시샘을 조심하라고 마녀에게 일러주지만, 마녀는 수도원장과 옛날부터 잘 아는 사이이므로 두려워하지 않았다.

그런데 망상은 이제 한층 더 악질적인 마녀를 만들어낸다. 바로 사악한 요술로 사람의 건강과 생명을 빼앗는 마녀이다. 사람들은, 이러한 마녀들이 독살스러운 눈빛만으로 되지 않으면 곧바로 강력한 악령들의 도움을 받는다고 여겼다. 그녀들에 대한 벌은 앞서 마녀 피니첼라를 이야기할 때 보았듯이 화형이었지만[61] 그 시절의 광신은 아직 타협의 여지가 있었다. 페루자시의 법률에 따르면 화형을 선고받은 마녀는 4백 파운드의 몸값을 치르면 자유를 되찾을 수 있었다.[62] 그 무렵에는 아직 이 문제가 심각하게 다루어지지 않았던 것이다. 교회국가의 영지 내, 아펜니노산맥 고지에 있는 성 베네딕투스의 고향 노르차(누르시아)에는 여전히 세력을 유지하고 있는 마녀와 마법사의 본거지가 있었고, 이는 널리 알려진 사실이었다. 에네아스 실비우스(뒷날 교황 피우스 2세)의 비교적 초기에 속하는 주목할 만한 서간에서[63] 관련 내용을 볼 수 있다. 에네아스는 형에게 이렇게 썼다.

이 편지를 지참한 사람은, 이탈리아에 있는 베누스산을 아는지 묻기 위해 제게로 왔습니다. 그 산에서 마법을 가르친다는데, 이 사람의 주인인 작센 출신의 위대한 천문학자[64]가 꼭 거기에서 마법을 배우고 싶다는 것입니다. 저는 리구리아 해안이 있는 카라라에서 그다지 멀지 않은 베네레항(베누스항)을 안다고 말했습니다. 바젤에 가는 길에 그곳에서 사흘 밤 묵었던 적

---

61) 6편 2장 참조. 베르나르디노 다 시에나가 로마에서 한 설교의 여파로 마녀 피니첼라는 화형당했다.

62) Graziani, *Arch. stor.* XVI, I, p.565, ad a. 1445에는 돈을 반밖에 내지 않아 화형당한 노체라의 마녀 이야기가 나온다. 이 법률에 따르면 "사람을 해치기 위해 마법이나 독이나 부정한 주문을 쓴" 마녀들을 가두었다.

63) Lib. I, ep.46. *Opera*, p.531 이하. 532쪽의 'umbra'는 'Umbria'의, 'lacum'은 'locum'의 오기일 것이다.

64) 뒤에 실비우스는 그를 "작센 공작의 의사이며 부유하고 권력 있는 사람"이라고 부른다.

이 있다고 했지요. 시칠리아섬에도 베누스를 모시는 에리체라는 산이 있지만 그곳에서 마법을 가르치는지에 대해서는 아는 바가 없습니다. 그러나 이야기하는 동안에 움브리아에 있는 옛 공국(스폴레토)의 누르지아 근처에 험한 절벽이 있고, 그 밑에 물이 흐르는 동굴이 있다는 것이 문득 생각났습니다. 그곳엔 마녀와 악마와 밤의 망령이 살아서, 용기 있는 사람은 이들과 만나 이야기도 하고 마법도 배운다는 이야기를 들은 기억이 있습니다.[65] 저는 그것을 본 적도 없고 보려고 한 적도 없습니다. 죄를 짓지 않고는 배울 수 없는 것이라면 차라리 모르는 편이 좋기 때문입니다.

그러고 나서 에네아스는 자기 말을 보증해줄 사람의 이름을 적고, 만약 그 사람이 아직 살아 있다면 이 편지를 가지고 간 사람을 그에게로 안내해 달라고 형에게 부탁한다. 에네아스는 높은 지위에 있는 사람에 대한 호의로 이렇게 나서고 있지만, 그 자신은 동시대 사람들에 비해 온갖 미신으로부터 훨씬 자유로웠다(6편 2장 참조). 그뿐만 아니라 오늘날 교양인들도 견디기 힘든 시련까지 극복했다. 그가 바젤 종교회의에 가는 도중 밀라노에서 75일 동안이나 열병으로 앓아누운 일이 있다. 얼마 전 피치니노 진영에서 열병을 앓는 병사 2천 명을 기적 같은 방법으로 고쳤다는 사나이가 병상으로 안내되어 왔지만, 에네아스는 아무리 권해도 이 마법사의 말을 들으려 하지 않았다. 그는 병든 몸을 끌고 바젤로 향하는 산길을 계속 나아가다가 말 위에서 병이 나았다.[66]

노르차에서 어떤 일이 있었는지는, 저 뛰어난 벤베누토 첼리니(1500~71. 조각가·금속공예가·문학자. 《첼리니 자서전》 저술)를 자기 사람으로 끌어들이려 했던 마법사를 통해서 어느 정도 알고 있다. 그는 새로운 마법 책을 봉헌하기 위한[67] 가장 알맞은 장소로 노르차의 산지를 꼽았다. 그 마법사는 전에도 한 번 파르파 수도원 근처에서 어떤 마법 책을 봉헌한 적이 있는데, 그때에는 노르차에

---

65) 14세기에 토스카나의 안세도니아 부근에 일종의 지옥문이 있었다고 한다. 모래 위로 인간과 동물의 발자국이 찍혀 있는 동굴인데, 발자국을 지워버려도 이튿날 다시 나타난다는 것이다. Uberti, *il Dittamondo*, L. III, cap. 9.

66) Pii II. *comment*. L. I. p.10.

67) Benv. *Cellini*, L. I, cap. 65.

서라면 상상도 할 수 없는 귀찮은 일들이 일어났던 것이다. 더욱이 노르차의 농민들은 믿을 수 있고 이런 일에는 어느 정도 경험도 있어, 여차할 때 큰 도움을 얻을 수도 있었다. 그러나 이 계획은 무산되었다. 그렇지 않았더라면 벤베누토는 이 협잡꾼 패거리들과도 사귀게 되었을 것이다. 당시 이 지방은 신기할 정도로 많은 사람들의 입에 오르내렸다. 아레티노는 마법에 걸린 샘에 대해 쓰길, "그곳엔 노르차의 무당 자매들과 파타 모르가나(이탈리아의 전설 속 요정)의 숙모가 산다"고 했다. 또 같은 무렵에 트리시노(1478~1550, 고전학자·극작가)는 그의 대서사시[68]에서, 온갖 시제와 우의를 총동원하여 이 지방을 진정한 예언의 본고장이라고 찬미했다.

이윽고 교황 인노켄티우스 8세(재위 1484~92)의 악명 높은 교서(1484년)[69]가 공표되자, 마녀 신앙과 그 박해는 대규모의 잔인한 제도가 되었다. 마녀 박해의 주동자는 독일의 도미니코회 수도사들이었으므로 사실상 독일에서 가장 극성스럽게 박해가 일어났고, 이탈리아에서는 독일과 인접한 지역에서 박해가 두드러졌다. 이미 역대 교황의 명령과 교서들이[70] 도미니코회 수도회 관할인 롬바르디아와 브레시아와 베르가모의 주교구와 크레모나 등지로 보내졌다. 스프렝거의 유명한 이론적·실제적 안내서 《마녀의 망치(Malleus Maleficarum)》를 보면, 코모에서는 교서 공표 첫 해에 이미 마녀 41명이 화형당했음을 알 수 있다. 이탈리아 마녀들은 아직 안전하다고 생각되던 시지스몬도 대공의 영지로 잇달아 도망쳤다. 마지막으로 이 마녀들은 험한 알프스 골짜기 몇 곳, 특히 카

---

68) *L'Italia Liberata da' Goti*, canto XXIV. 트리시노가 자신이 쓴 내용이 실제로 가능하다고 믿었는지, 아니면 그것이 자유로운 공상에 지나지 않았는지 의심스럽다. 그가 모범으로 삼았다고 추정되는 루카누스(*Ges.* VI)에게도 똑같은 물음을 던질 수 있다. 여기서는 테살리아의 마녀가 식스투스 폼페이우스의 환심을 사기 위해 주문을 외어 시체를 불러낸다.

69) *Septimo Decretal.* Lib. V. Tit. XII. 교서(敎書)는 "최대의 정열로써 바라거니와……"라는 말로 시작한다. 덧붙여 설명해 둘 것이 있다. 좀 더 자세히 살펴보면 본디의 객관적 사실이라든가 이교적(異敎的) 신앙의 잔재라는 생각이 모두 사라진다는 것이다. 탁발수도사의 공상이 이런 망상 전체의 유일한 원천임을 확인하고 싶은 사람은 자크 뒤 클레르(Jacques du Clerc)의 비망록에 나와 있는, 1459년에 열린 이른바 아라스의 발도파 재판을 연구해보면 좋을 것이다. 백 년에 걸친 고발과 박해를 보면서 비로소 민중은 이 끔찍한 제도가 당연한 것이며 앞으로도 재현될 수 있다고 생각하기에 이른다.

70) 교황 알렉산데르 6세, 레오 10세, 하드리아누스 4세의 교서.

모니카 골짜기[71]에 뿌리를 내려 근절할 수 없게 되었다. 박해하는 쪽은 어째선지 그것을 받아들일 준비가 되어 있던 그곳 주민들에게 이 망상을 영원히 심어놓는 데 성공했다. 밀라노와 볼로냐에서 나온 이야기와 소설[72]을 읽을 때면 늘 떠올리는 것이 바로 이 독일적인 마녀 신앙이다. 이탈리아에서 이 마녀 신앙이 더 넓게 번져나가지 않은 까닭은, 아마도 이 나라에서는 본질적으로 다른 전제를 바탕으로 완성된 마법이 일반적으로 알려졌기 때문일 것이다. 이탈리아의 마녀는 생업에 종사했으므로 돈과 분별이 필요했다. 북유럽 마녀의 히스테릭한 꿈이나, 하늘을 나는 능력이나, 인큐버스(잠자는 여자를 범하는 남자 악마)나 서큐버스(잠자는 남자를 덮치는 여자 악마) 같은 몽마(夢魔) 따위는 이곳에서 찾아볼 수 없었다. 이탈리아의 마녀는 다른 사람들의 즐거움을 위해 일하는 존재였다. 마녀는 온갖 모습으로 변신한다든가 먼 곳으로 순식간에 이동할 수 있다고 사람들이 믿으면, 그것이 자기의 명성을 높여주는 한 거기에 만족했다. 마녀의 악의나 복수에 대한 두려움, 특히 아이들이나 가축이나 농작물이 마법에 걸리는 것에 대한 두려움은 마녀에게 아주 위험한 일이었다. 종교재판관이나 관리들이 인기를 얻는 데는 무엇보다도 마녀를 화형시키는 것이 효과적이었기 때문이다.

마녀의 주요 활동 분야는 앞서 지적했듯이 어디까지나 애정 관련 문제였다. 사랑과 증오를 일으키고, 복수를 위해 아이가 생기지 않도록 저주를 걸고, 낙태하고, 때에 따라서는 배신한 애인을 마법으로써 죽였다고 믿게 했으며, 나아가 독약 조제도[73] 이 일에 포함되었다. 한데 그런 여자들에게 자기의 속내를 털어놓기란 꺼림칙한 일이므로, 마녀들이 하는 짓을 몇 가지 보아두었다가 나중에 자기 손으로 직접 해보는 아마추어 마법사들도 생겨났다. 로마의 창녀들

---

71) 이곳은 '마녀의 나라'라고 불린다. *Orlandino*, cap. Ⅰ, str. 12 참조.

72) Bandello Ⅲ, *Nov.* 29. 52. Prato, *Arch. stor.* Ⅲ, p.408.—Bursellis, *Ann. Bonon.* ap. Murat. XXIII, Col. 897은 1468년 무렵 귀신 사창굴을 운영하던 어느 수도원장이 처형당한 이야기가 나온다. 그 수도원장은 "볼로냐 시민들이 소녀 모습을 한 악마와 음란한 행위를 하게 했다." 그리고 악마에게 의식을 올리고 제물을 바쳤다.—이와 비슷한 이야기가 Procop. *Hist. arcana*, c. 12에도 있다. 거기에서는 실제 사창굴에 악마가 드나들며 다른 손님들을 거리로 쫓아낸다.

73) 마녀의 부엌에 갖추어져 있는 무시무시한 기구들을 살펴보려면 *Macaroneide, Phant.* XVI, XXI 참조. 여기에 그들의 행적이 고스란히 드러나 있다.

은 호라티우스의 카니디아(풍자시 제3권에 나오는 마녀)처럼 마술을 써서 자신의 매력을 북돋우려고 했다. 이들 창녀를 잘 아는 아레티노[74]가 그 실상을 전해준다. 아레티노는 그 여자들의 찬장 속에서 볼 수 있는 끔찍스럽고 더러운 물건들을 나열했다. 머리카락, 해골, 갈비뼈, 이빨, 죽은 사람의 눈, 인간의 피부, 갓난애의 탯줄, 무덤에서 파온 구두 뒤축과 옷자락 따위가 그것이다. 뿐만 아니라 그녀들은 직접 무덤에서 썩은 살점을 가져와서(더 끔찍한 것과 섞어서) 몰래 애인에게 먹였고, 애인의 머리털과 손톱을 교회의 등잔에서 훔쳐 온 기름으로 끓였다. 뜨거운 재로 심장 모형을 만들어 다음과 같은 노래를 부르면서 찌르는 행위는 그녀들의 주술 가운데서 가장 순진한 축에 속했다.

불을 끄기 전에
내 집으로 오세요.
내가 이 심장을 찌르듯이
내 사랑이 당신을 찌르리니.

그 밖에 달을 보며 주문을 외우고, 땅에 표식을 그리고, 납이나 청동으로 인형을 만들기도 했다. 이 인형은 당연히 애인을 나타내는 것이므로, 상황에 따라 다루는 방식도 가지가지였다.

이런 일이 너무도 일반화된 나머지, 젊지도 예쁘지도 않은 여자가 남자들의 마음을 사로잡으면 당장에 마법을 사용했다는 혐의를 받았다. 교황 클레멘스 7세의 비서였던 상가의 애인이 그런 경우로, 상가의 어머니[75]는 그녀를 독살했다. 한데 불행히도 그 아들과 아들의 친구들마저 그 독이 든 샐러드를 먹는 바람에 죽고 말았다.

이어서 마녀보다 위험한 일에 훨씬 더 익숙한 마법사나 강령술사(incantatore)가 나타났는데, 그들은 마녀의 보조자가 아니라 경쟁자였다. 그들은 강령술사인 동시에 점성술사였고, 때로는 강령술사라기보다는 오히려 점성술사에 가까

---

74) *Ragionanento del Zoppino* 에서 아레티노는, 창녀들이 그런 지식을 '주술'에 조예 깊은 어떤 유대인 여자에게서 배웠다고 말한다.

75) Varchi, *Stor. fior.* II, p.153.

웠다. 마법사라는 이유로 박해당하지 않기 위해 점성술사 이름표를 달고 있었는지도 모르지만, 어쨌든 언제가 유리한 시간인지 알기 위해서는 점성술을 조금이라도 알아야 했다. 그러나 많은 영혼들이 선량하거나[76] 또는 선하지도 악하지도 않았기 때문에 그것을 불러내는 강령술사들도 그런 대로 명성을 유지할 수 있었다. 따라서 악령에게 지혜를 구하는 것은 해로운 일이 아니라고 설교한 볼로냐의 몇몇 카르멜회 수도사들에 대해, 교황 식스투스 3세는 1474년 교서[77]로써 강력하게 대처해야 했다. 많은 사람들이 영혼의 도움을 받을 수 있다고 믿었다. 그 간접적인 증거가, 아주 경건한 사람들도 간절히 바라면 착한 영혼이 나타난다고 믿었다는 점이다. 사보나롤라도 그런 생각으로 가득했고, 피렌체의 플라톤 학파도 신과의 신비적인 합일을 설교했다. 마르켈루스 팔링게니우스(3편 9장 참조)는 자기가 신성한 영혼들과 교류한다고 아주 분명하게 암시했다.[78] 또한 그는, 달에서 지상 쪽을 향해 나란히 살고 있으면서 자연과 인간 생활에 해를 끼칠 기회를 엿보고 있는 마신들의 모든 위계(位階)의 존재를 확신했다.[79] 뿐만 아니라 그는 그런 악마들과 직접 사귀기까지 했다고 말한다. 어쨌든 당시의 영혼 신앙을 체계적으로 서술하는 것이 이 책의 목적은 아니므로, 여기서는 팔링게니우스의 보고를 하나의 예로 드는 데 그치겠다.[80]

팔링게니우스는 소락테산 위에 있는 성 실베스트로 수도원의 어떤 경건한 은자 밑에서 세상사의 허무함과 인생의 무상함을 배운 뒤, 이윽고 날이 저물 무렵 로마를 향해 길을 떠났다. 달빛이 훤하게 비치는 길에서 그는 세 사내와 만나게 된다. 한 사내가 팔링게니우스의 이름을 부르면서 어디서 오는 길이냐고 묻는다. 팔링게니우스가 저 산 위의 현자를 만나고 오는 길이라고 대답하자 상대방은 이렇게 말한다.

"어리석구나, 그대는 정말로 이 지상에 현자가 있다고 믿는가? 지혜는 더 높은 존재들(Divi)만이 지니고 있다. 인간의 모습을 하고 있는 우리 세 사람이 바

---

76) 이런 신중한 태도는 뒤에 더욱 강조되었다. Corn. Agrippa, *de occulta philosophia*, cap. 39.

77) *Septimo Decretal.* l. c.

78) Zodiacus vitae, XII, 363~539. cf. X, 393, s.

79) Zodiacus vitae, IX, 291, s.

80) Zodiacus vitae, X, 770, s.

로 그런 존재이다. 내 이름은 사라칠, 그리고 이쪽은 사티엘과 야나이다. 우리가 사는 나라는 달에서 가장 가까운 곳인데, 그곳에는 신과 인간의 중간적 존재가 많으며, 그들이 대지와 바다를 지배한다."

팔링게니우스가 속으로 떨며 로마에서 무엇을 할 셈이냐고 물으니 이런 대답이 돌아왔다.

"우리 친구 암몬이 추기경 오르시니의 시종인 나르니 출신 젊은이의 마법에 걸려 노예가 되었다. 인간들이여, 명심하라. 우리 친구를 잡아둘 수 있다는 것은 너희가 불멸의 존재라는 증거이다. 나도 언젠가 수정(水晶) 속에 갇혀 어떤 독일인의 종노릇을 한 적이 있는데, 한 텁석부리 수도사가 나를 구해 주었지. 그 역할을 이번에는 우리가 로마에서 친구를 위해 해주려는 것이다. 겸사겸사 오늘밤 지체 높은 로마 사람 두엇도 저승으로 보내줄 생각이다."

악마가 이런 말을 하고 있는데 가벼운 바람이 불어왔다. 그러자 사티엘이 말한다.

"우리의 사자가 벌써 로마에서 돌아오는군. 이 바람이 그 전조야."

그러자 정말로 또 한 사내가 나타났고, 모두가 그를 반갑게 맞으면서 로마의 소식을 이것저것 물어보았다. 그 사내의 보고는 매우 반(反)교황적이었다. 교황 클레멘스 7세는 다시금 에스파냐와 동맹을 맺었으며, 루터의 교리를 이론으로써가 아니라 에스파냐의 무력으로써 근절할 작정이라는 것이었다. 악마들에게는 절호의 기회로, 머지않은 대살육 때에는 수많은 인간의 영혼을 지옥으로 안내할 것이라고 했다. 로마가 그 부도덕 때문에 완전히 악마의 손에 넘어왔다는 식의 이야기가 끝나자, 악마들은 홀연히 사라졌고, 홀로 남은 시인은 슬픔에 젖어 가던 걸음을 옮겼다.[81]

《마녀의 망치》같은 책들이 있는데도 사람들이 얼마나 악마와의 관계를 공공연히 인정했는지 알고 싶다면 네테스하임의 아그리파[82]가 쓴 《비밀 철학 De

---

81) 알다시피, 그 무렵 시인들이 마법사의 표본이라고 생각한 인물은 말라지지(Malagigi)이다. 풀치는 이 인물을 언급하면서(*Morgante,* canto XXIV, Str. 106 s.) 마신의 힘과 주술의 한계를 이론적으로 설명한다. 하지만 풀치의 말이 얼마나 진심인지는 알 도리가 없다(Canto XXI 참조).

82) Agrippa von Nettesheim(1486~1535). 독일의 의사·철학자. 자연과학자가 될 수도 있었으나, 신비사상을 품고 마법으로써 자연에 간섭할 수 있다고 생각했다.

occulta philosophia》을 보기 바란다. 아그리파는 이 책을 이탈리아에 오기 전에 썼던 것 같지만,[83] 트리테미우스에게 바치는 헌사에서는 이탈리아의 주요 문헌들도 나열하고 있다. 비록 그 문헌들을 다른 것에 견주어 혹평하는 것이 목적이지만 말이다. 아그리파처럼 수상한 인물이나 사기꾼 또는 바보라고 불리는 사람들의 악령술 체계는—그 주문(呪文), 훈증법(燻烝法), 고약(膏藥), 5각형 별, 죽은 자의 뼈 등[84]을 포함해—우리의 흥미를 끌지 못한다. 그러나 온통 고대 미신에서 따온 이 체계는 이탈리아인의 삶과 정열에 깊숙이 관여하여 큰 영향을 끼쳤다. 타락한 귀족들만 이런 것과 관련 있으리라고 생각할지 모르지만, 간절한 소원과 욕구는 모든 계급의 활기차고 창조적인 사람들까지도 때로는 마법사에게 달려가게 했다. 또한 마법이 가능하다는 의식은, 이와는 거리를 두고 있는 사람들의 윤리적인 세계질서에 대한 믿음까지도 어느 정도 약화시켰다. 얼마간의 돈을 내고 위험을 무릅쓴다면, 보편적인 이성이나 도덕에 반항해도 그다지 벌을 받지 않으며, 인간과 그의 합법적 또는 비합법적 목적 사이에 가로놓인 중간단계를 거치지 않아도 된다고 생각했던 것이다.

우선, 사라져 가는 낡은 마법부터 살펴보겠다. 중세 암흑기부터, 아니 고대부터 이탈리아의 여러 도시는 그들의 운명이 특정 건물이나 조각상과 관계되어 있다는 기억을 물려받았다. 고대인들은 축성(祝聖) 사제(Telestae)에 대한 이야기를 많이 남겨놓았는데, 이들은 도시의 장엄한 기공식에 참석해 특정한 기념비나 텔레스마라는 특정 물건을 몰래 묻음으로써 도시의 번영을 마법으로 보증했다. 로마시대부터 구전으로 민간에 전승된 것이 바로 이런 종류의 전통이었다. 그러나 몇 백 년이 흐르는 동안 축성 사제는 한낱 마법사로 전락했다. 고대 사제들의 행동에 나타난 종교적 측면을 사람들이 더는 이해할 수 없었기 때문이다. 나폴리에 전해지는 베르길리우스의 기적[85] 몇 가지에는 틀림없

---

83) 폴리도루스 비르길리우스(Polydorus Virgilius)는 이탈리아 태생이었지만 《*de prodigiis*》에서는 자신이 주로 살았던 영국의 미신만 이야기하고 있다. 그러나 악마의 예지력을 언급할 때는, 그것을 1527년의 로마약탈에 기묘하게 적용시키고 있다.

84) 그러나 살인이 목적인 경우는 매우 드물었고(6편 1장 참조), 그것을 수단으로 삼는 일은 전혀 없었던 듯하다. 악마에게 백 명이 넘는 어린아이를 제물로 바친 Gilles de Retz(1440년 무렵) 같은 괴물은 물론 그 비슷한 것도 이탈리아에서는 찾아볼 수 없다.

85) Pfeiffer, *Germania*, IV에 수록된 중요한 논문 Roth, *Über den Zauberer Virgilius* 참조.—옛날의 축

이 축성 사제에 대한 오래된 기억이 담겨 있지만, 그 이름은 세월이 흐르면서 베르길리우스의 이름에 밀려나고 말았다. 그러므로 도시의 신비스러운 그림을 그릇에 봉해 넣는 것은 다름아닌 진짜 고대의 텔레스마이며, 나폴리의 성벽을 건설한 베르길리우스는 그 건설에 참여한 축성 사제의 변형일 뿐이다. 민중의 상상력은 점점 부풀어 올라 이러한 이야기들이 한없이 뻗어 나갔고, 마침내 베르길리우스는 청동 말(馬), 놀란(Nolan) 문의 머리, 다른 문 위의 청동 파리, 포실리포 동굴의 창시자가 되어버렸다. 이것들은 모두 운명을 마법으로 연결시켜 놓은 것인데, 앞의 두 가지는 특히 나폴리의 운명을 결정짓는다고 생각했다. 중세 로마도 이런 종류의 혼란스러운 기억을 지녔다. 밀라노의 성 암브로조 교회에는 헤라클레스의 고대 대리석상이 있었다. 이 대리석상이 그 자리에 서 있는 한 국가도—아마도 성 암브로조 교회에서 대관식을 거행했던 독일 황제들의 국가—존속할 것이라고 생각했다.[86] 피렌체 사람들은 그들의 군신 마르스 신전(뒷날 세례소로 개조되었다)이 아우구스투스 황제 시대에 세워졌을 때의 별자리에 따라 세상이 끝날 때까지 존속하리라고 굳게 믿었다.[87] 대리석의 마르스 기마상은, 그들이 그리스도 교도가 되었을 때 당연히 그 자리에서 철거되었다. 그러나 그것을 파괴하면 시에 큰 재앙이 닥칠 것이므로—역시 별자리 때문에—사람들은 그것을 아르노강 기슭의 탑 위에 세워두었다. 이 상은 토틸라(동고트 왕. 재위 541~52. 동로마제국과 교전하여 남부 이탈리아 정복)가 피렌체를 파괴했을 때 강 속에 빠졌다가, 카를 대제(프랑크 왕. 재위 768~814. 서로마 황제. 재위 800~814)가 피렌체를 재건했을 때에야 다시 건져져 이번에는 베키오 다리 입구의 기둥 위에 세워졌다. 1215년에는 이곳에서 본델몬테가 살해되었다. 교황당과 황제당의 극심한 당파싸움이 일어난 것을, 사람들은 이 두려운 우상과 관련지어 생각했다. 그러다가 1333년의 홍수로 마르스 기마상은 영원히 자취

성 사제 대신 베르길리우스가 등장한 가장 유력한 까닭은, 로마제정시대 때 베르길리우스의 묘를 참배하는 사람들이 많았다는 사실이 민중의 상상력을 자극했기 때문이라고 설명할 수 있다.

86) Uberti : *Dittamondo* L. III, cap. 4.

87) 이하의 내용은 Gio. Villani I, 42. 60. II, l. III, l. V, 38. XI, 1 참조. 빌라니 자신은 이런 신성 모독적인 이야기를 믿지 않았다.—단테《신곡》〈지옥편〉13곡 146 참조.

를 감추었다.[88]

이런 텔레스마는 다른 곳에서 다시금 나타난다. 앞서 얘기한 바 있는 구이도 보나토는 포를리시의 성벽을 새로이 건설할 때, 두 당의 화합을 나타내는 상징적인 장면[89]을 요구하는 것만으로는 만족하지 않았다. 그는 점성술과 마법의 힘을 빌려 만든 청동 또는 석조 기마상을 땅속에 파묻고,[90] 그것이 포를리시를 파괴와 약탈과 점령으로부터 지켜주리라 믿었다. 추기경 알보르노스(제1편 9장 앞부분 참조)가 그로부터 약 60년 뒤에 로마냐를 지배했을 때 이 기마상이 우연히 발굴되었다. 추기경은 그것을 민중에게 보이라고 명령했는데, 잔인한 몬테펠트로가 어떤 식으로 로마교회에 대항했는지를 알리기 위해서였다. 그리고 다시 반세기 뒤(1410년) 적군의 포를리 습격이 실패로 돌아가자, 전에 발굴했다가 다시 파묻힌 그 기마상의 영험함이 화제가 되었다. 그러나 민중이 기마상 덕분이라며 기뻐한 것은 그때가 마지막이었다. 이듬해에 포를리시는 정말로 점령되었기 때문이다.

15세기를 통틀어 건물의 기공식에는 아직 점성술뿐 아니라 마법의 흔적도 남아 있었다. 교황 파울루스 2세가 자기 건물의 주춧돌 아래 수많은 금은 메달을 파묻은 것이[91] 눈길을 끄는데, 플라티나는 조금도 불쾌히 여기지 않고 그것을 이교적인 텔레스마로 인정했다. 그러한 제물에 담긴 중세 종교적인 의미는 교황 파울루스나 그의 전기작가도 의식하지 못했던 것이다.[92]

그러나 대부분이 단순한 풍설에 지나지 않았던 이 공식적인 마법은 개인적

---

88) Baluz, *Miscell.* IV, 119에 수록된 한 단편에 따르면, 옛날에 페루자와 라벤나 사이에 전쟁이 벌어졌다. "페루자 사람들은 라벤나 근처에 나뒹굴고 있던 대리석 병사상(兵士像)을 전리품으로 가지고 의기양양하게 자기들 고향으로 운반해갔다." 아마 그 상도 마르스 기마상과 같은 운명을 걸었을 것이다.

89) 앞서 그는 교황당과 황제당의 싸움을 끝맺으려고 별자리에 맞춰 성벽을 재건하도록 했고, 기공식 때 두 당의 대표가 각각 돌을 기초에 동시에 던져 넣게 했다.

90) 이런 지역신앙은 *Annal. Foroliviens.* ap. Muratori XXII. Col. 207. 238에 기술되어 있다. 더 자세한 내용은 Fil. Villani, *Vite,* p.43에 나와 있다.

91) Platina, *Vitae Pontiff.*, p.320 : "그는 이런 일을 성 페트루스, 아나클레투스, 리누스보다는 오히려 옛사람들에게서 배웠다."

92) 그러한 종교적 의미는, Sugerius, *de consecratione ecclesiae*(Duchesne, *scriptores* IV, p.355)와 *Chron. Petershusanum* I, 13, 16을 보면 충분히 알 수 있다.

인 목적에 쓰였던 은밀한 마법에 비해서는 그다지 중요하지 않았다.

일상생활에서 특히 자주 쓰였던 마법은 아리오스토의 강령술사를 다룬 희극에 모아져 있다.[93] 그 주인공은 자기가 그리스인이나 이집트인이나 아프리카인이라고 말하며 언제나 이름과 얼굴을 바꾸고 다니지만, 사실은 에스파냐에서 쫓겨난 많은 유대인 가운데 하나였다. 그는 주문으로 영혼을 불러내 해를 어둡게 하고, 어둠을 밝히고, 땅을 움직이고, 자기 모습을 감추고, 인간을 동물로 바꾸는 등등의 일을 할 수 있다고 말하는데, 이런 허풍은 표면적인 명목일 뿐이었다. 그의 진짜 목적은 원만치 못한 부부, 파탄에 빠진 부부에게서 돈을 우려내는 것이었다. 그가 지나간 흔적은 달팽이의 점액과 같았고, 엄청난 우박의 피해를 입은 지역과 비슷했다. 이 목적을 위해서 그는 정부(情夫)가 숨어 있는 상자에 유령이 득시글거린다느니, 자기는 시체에게 말을 하게 할 수 있다느니 하면서 사람들을 현혹시켰다. 시인과 소설가가 이런 부류의 인간들을 조롱하고, 그렇게 함으로써 독자의 동의를 얻으려 했다는 것은 어찌되었든 좋은 일이다. 반델로는 그의 작품에서 한 롬바르디아 수도사의 마법을 시시하지만 무서운 결과를 부르는 사기술로 다루었으며,[94] 믿기 잘하는 어리석은 자들에게 언제나 따라붙는 재앙도 진심으로 분개하며 묘사했다.[95]

이런 어리석은 사람들은 《솔로몬의 열쇠》나 다른 온갖 마법 책을 이용해, 대지의 품에 감추어진 보물을 찾아내고, 좋아하는 여자를 마음대로 조종하고, 군주의 비밀을 캐내고, 밀라노에서 로마로 순간 이동할 수 있다고 생각합니다. 속으면 속을수록 더욱더 매달리지요.……카를로 씨, 기억합니까? 언젠가 우리의 친구 하나가 애인의 사랑을 얻어내려고 자기 방을 마치 묘지처럼 해골과 뼈로 채워놓았던 것을요.

---

93) 비비에나의 칼란드라(Calandra)도 참조.
94) Bandello III. Nov. 52.
95) Bandello III. Nov. 29. 주술사는 비밀을 지키기 위해서 엄숙한 맹세를 하게 한다. 여기서는 볼로냐의 성페트로니오 교회의 주제단에서, 마침 교회 안에 아무도 없을 때 맹세를 시켰다.— 마술에 관한 많은 이야기가 *Macaroneide, Phant.* XVIII에 있다.

마법을 쓰기 위해 시체에서 이를 세 개 뽑고 손가락에서 손톱을 하나 뜯어내는 따위의 몸서리나는 작업을 해야 할 때도 있었다. 그리하여 마침내 주문을 외고 영혼을 불러낼 때가 되면 이따금 불행하게도 참석한 당사자가 공포로 죽어버리는 일도 있었다.

벤베누토 첼리니는 로마의 원형경기장에서 거행된 유명한 마법(1532년)을 보고[96] 죽지는 않았지만, 동행했던 사람과 함께 뼛속까지 덜덜 떨리는 공포를 견뎌내야만 했다. 벤베누토를 장래의 훌륭한 협력자로 생각했던 시칠리아의 마법사는 돌아오는 길에 자기는 이렇게 담력이 강한 사람은 처음 본다고 비위를 맞추었다. 이 마법의 과정에 대해서는 독자 나름대로 떠오르는 바가 있을 것이다. 결정적인 것은 마취 성분이 있는 증기와 어떤 무시무시한 일이 벌어질지 처음부터 기대하고 있는 상상력이 아니었을까. 그래서 상상력이 가장 왕성한, 동행했던 소년이 누구보다도 많은 것을 보았던 것이다. 그러나 이 마법은 벤베누토를 염두에 둔 것이라고 짐작된다. 강령술 같은 위험한 마법을 시작하는 데 호기심 이외의 목적은 찾을 수 없기 때문이다. 마법사는 마법을 시작할 때 벤베누토에게 먼저 아름다운 안젤리카를 생각하게 했다(그리고 그녀와의 재회를 악마에게 빈다). 그런 뒤 벤베누토에게, 사랑이란 보물을 찾아내는 것에 비하면 허무한 짓거리라고 말한다. 마지막으로 벤베누토는 이렇게 말함으로써 마법사의 허영을 부채질했다는 사실도 꼭 지적해야 한다. "악마들이 나와의 약속을 지켰다. 그의 말대로 안젤리카는 꼭 한 달 뒤에 내 여자가 되었다."(68장) 그러나 벤베누토가 여기에 허구를 섞었다 해도, 이 이야기는 그 시대의 지배적인 분위기를 보여주는 예로서 여전히 변하지 않는 가치를 지닌다.

일반적으로 이탈리아 예술가들은 "괴짜에, 엉뚱하고, 변덕스러운 자"라 할지라도 마법에는 별 관심이 없었다. 물론 해부학 연구를 하다가 시체의 피부로 옷을 만든 사람도 있었지만, 고해사제의 권유를 받아들여 그것을 다시 무덤에 갖다놓았다.[97] 시체를 자주 연구한 탓에 인체의 여러 부위에 마법의 힘

---

96) Benv. Cellini I. cap. 64.
97) Vasari VIII, 143, *Vita di Andrea da Fiesole.* 그 장본인은 실비오 코시니였다. 그는 이 밖에도 "주문을 비롯한 어리석은 것"에 몰두했다.

이 깃들어 있다는 생각이 철저히 깨졌는지도 모른다. 또한 끊임없이 인체를 관찰하고 형상을 만들다보니 예술가에게는 전혀 새로운 마법의 가능성이 펼쳐지게 되었다.

앞에서 예를 여럿 들긴 했지만, 16세기 초에 들어서면서 마법이 눈에 띄게 쇠퇴한다. 이탈리아가 아닌 다른 나라에서는 마법이 비로소 전성기를 맞이한 무렵이었다. 그래서 이탈리아의 마법사들과 점성술사들은 이제 아무도 믿어 주지 않는 고향을 떠나 북유럽으로 순회를 시작한 것 같다. 14세기에는 마법사들이 마법 책을 봉헌하지 못하도록 스카리오토 부근에 있는 필라투스 산상의 호수를 엄중히 감시해야 한다고 생각했다.[98] 15세기에 와서도, 이를테면 포위군을 물리치기 위해 큰비를 내리게 하겠다고 나서는 자들이 있었다. 그러나 이미 포위된 도시 치타 다 카스텔로의 사령관 니콜로 비텔리는 기우제를 지내려는 마법사들을 신성모독자라며 물리칠 만한 분별이 있었다.[99] 16세기에 이르면 개인의 삶은 아직도 여러 면에서 마법사들의 입김에 영향받았지만 공적인 행사에서는 그러한 것이 자취를 감춘다. 독일 마법의 고전적 인물 요한 파우스트 박사[100]는 이 시기에 속하는 인물이다. 반면 이탈리아 마법의 상징적 존재 구이도 보나토는 이미 13세기 사람이었다.

여기서 덧붙여 말해둘 것은, 마법에 대한 믿음이 약해졌다 해서 반드시 인간 생활의 도덕적 질서에 대한 믿음이 강해지진 않았다는 점이다. 그것은 차츰 사라져간 점성술에 대한 믿음과 마찬가지로 많은 사람들에게 막연한 숙

---

98) Uberti, *il Dittamondo*, III, cap. l. 우베르티는 앙코나 변경에서 유다의 출생지라 불리는 스카리오토를 찾아와서는 이렇게 말했다. "이곳에서는 필라투스산과 호수를 꼭 보아야 한다. 이 호수에서는 여름 내내 보초가 교대로 감시한다. 이 지역 사람들이 이야기로는, 마법을 터득한 자가 자기 책을 봉헌하기 위해 이곳에 오르면 폭풍우가 일기 때문이란다." 마법 책 봉헌은 앞서 말했듯이 본디의 주술과는 다른 특별한 의식이다.―16세기에는, 루체른 주민 디볼드 실링의 말에 따르면 디볼드 부근의 필라투스산에 오르는 것이 금지되었으며, 이를 어기는 자는 '생명과 재산'을 빼앗겼다고 한다. 산 위의 호수에는 '필라투스의 영'이 살기 때문에, 인간이 그 산에 오르든가 호수에 물건을 던지든가 하면 사나운 폭풍이 인다고 사람들은 믿었다.

99) *De obsidione Tiphernatium 1474. (Rerum Ital. Scriptt. ex florent. codicibus*, Tom. II.)

100) 16세기 독일의 연금술사로 전설적인 인물. 악마에게 영혼을 팔아 초인간적인 힘을 얻은 뒤 온갖 욕망을 달성했다고 한다. 그의 생애는 1586년 통속적인 책을 통해 널리 퍼졌고, 뒤에 괴테와 토마스 만도 그를 소재로 작품을 썼다.

명론만 남겼다.

마법 신앙과 점성술이 쇠퇴함에 따라 어느 정도 세력을 얻은 부수적인 미신, 불점(火占)과 수상술[101] 따위는 여기서 언급하지 않기로 한다. 차츰 모습을 드러내기 시작한 관상학도 우리가 그 이름을 듣고 예상하는 만큼의 중요성을 띠지는 못했다. 관상학은 조형예술과 실용심리학의 자매나 친구로서 등장한 것이 아니라, 아라비아인들 사이에서 그랬듯이 새로운 종류의 숙명론적인 망상으로, 점성술의 경쟁상대로 나타났다. 바르톨로메오 코클레는 자칭 관상학자이자,[102] 조비오의 표현에 따르면 가장 고상한 일곱 학예(學藝)의 하나로 보이는 학문을 닦은 사람으로서 관상학 교과서도 쓴 사람이었다. 그는 자기에게 의논하러 오는 현명한 사람들에게 예언해주는 것만으로는 만족하지 못하고, 《생명에 큰 위험이 닥친 사람들 명단》이라는 아주 이상한 책도 썼다. 조비오는 '개화한 로마의 빛' 속에서 연륜을 쌓은 사람임에도 그 명단에 담긴 예언이 놀랍도록 현실적이라고 생각했다.[103] 물론 우리는 이런 예언 또는 그와 비슷한 예언의 대상이 된 사람들이 예언자에게 어떻게 복수했는지도 알 수 있다. 조반니 벤티볼리오는 루카스 가우리쿠스를 높은 나선형 계단에서 늘어뜨린 밧줄에 매달아 좌우로 흔들어 다섯 번이나 벽에 부딪치게 했다. 루카스가 조반니에게 지배권을 잃을 것이라고 예언했기 때문이다.[104]

에르메스 벤티볼티오(조반니의 아들)는 코클레에게 자객을 보냈다. 에르메스가 추방되어 싸움터에서 죽을 것이라고 이 불행한 관상학자가 예언한 결과였다. 심지어 자객은 죽어가는 코클레에게, 내가 머잖아 파렴치한 살인을 저지를 것이라고 당신이 예언하지 않았느냐고 말하며 조롱했다. 수상술(手相術)을 부흥시킨 체세나의 안티오코 티베르토[105]도 이런 비참한 죽음을 피할 수 없

---

101) 병사들 사이에 널리 퍼졌던 이 미신을(1520학 무렵), 리메르노 피토코는 *Orlandino*, cap. V, Str. 60에서 비웃는다.

102) Paul. Jov. *Elog. lit.* sub voce Cocles.

103) 이를 보면 조비오가 열광적인 초상화 수집가임을 분명히 알 수 있다.

104) 루카스 가우리쿠스는 관상술을 몰랐으므로, 이 예언은 별점으로 나온 것이다. 그는 자신의 운명에 대해서는 코클레의 예언을 신봉했는데, 그의 아버지가 태어날 때 별자리를 기록해 두지 않았기 때문이다.

105) Paul. Jov. l. c., s. v. Tibertus.

었다. 리미니의 판돌포 말라테스타에게 전제군주로서는 가장 불명예스러운 추방과 극심한 가난 속에서 죽으리라고 예언했던 것이다. 티베르토는 수상술보다는 인간에 대한 날카로운 통찰로써 예언한다고 할 만큼 재주 있는 사람이었다. 게다가 교양이 높아 그의 점술 따위를 하찮게 여기는 학자들에게서도 존경을 받았다.[106]

마지막으로, 연금술은 고대에도 말기인 디오클레티아누스 황제 때에야 비로소 화제가 되었고, 르네상스 전성기에는 종속적인 역할을 하는 데 그쳤다.[107] 이 병도 이탈리아는 비교적 일찍 치렀다. 페트라르카가 이에 대한 논쟁에서, 연금술이 널리 보급된 풍습이라고 인정했던[108] 14세기에는 이미 끝나 있었던 것이다. 그 뒤로 이탈리아에서는 연금술을 하는 데 필요한 특별한 종류의 신앙과 몰두와 은거 등이 점점 드물어진 반면, 이탈리아를 비롯한 여러 나라 연금술사들은 북유럽 권력자들을 철저하게 우려내기 시작했다.[109] 교황 레오 10세 시절, 여전히 연금술에 관여하던 몇몇 사람들은[110] 이탈리아인들 사이에서 "용의주도하게 궁리하는 이들(ingenia curiosa)"이라고 불렸다. 황금을 아주 멸시했던 레오 10세에게 연금술에 관한 교훈시를 써서 바친 아우렐리오 아우구렐리는 답례로 겉모양만 훌륭하고 속은 텅 빈 지갑을 받았다고 한다. 황금 말고도 모든 사람을 행복하게 하는 현자의 돌을 찾아 헤맸던 연금술사들의 신비사상은 훨씬 뒷날 파라켈수스[111] 등의 이론에서 싹튼 북유럽의 산물이다.

---

106) 이런 부수적인 예언술에 대한 가장 핵심적인 내용은 Corn. Agrippa, *de occulta philosophia*, cap. 52. 57에 기술되어 있다.

107) Libri, *His. des sciences mathém.* Ⅱ, 122.

108) "나는 새로운 사실을 말하는 것이 아니다. 그 관습은 일반적인 것이다(Remed. utriusque fortunae, p.93. 이 책에서 가장 생생한 부분으로 '분노'에 차서 쓴 글이다)."

109) Trithem, *Ann. Hirsaug.* Ⅱ, p.286 이하의 주요 대목.

110) "어쨌든 그런 자들이 있긴 했다"고 Paul. Jov. *Elog. lit.*, s. v. Pompon. Gauricus에 씌어 있다. 같은 책 Aurel. Augurellus 항목 참조.—*Macaroneide, Phant.* Ⅻ.

111) Philippus Aureolus Paracelsus(1493~1541). 스위스 의학자·자연과학자·철학자. 신비적 자연관을 지녔으며, 점성술의 영향을 받았고, 물질계의 근본은 유황·수은·소금이라는 3원소설을 주장했다. 의학에 화학적 개념을 도입한 의화학의 시조이다.

5. 신앙 일반의 동요

앞서 말한 미신이나 고대의 일반적 사고방식은 영혼 불멸에 대한 신앙의 흔들림과 밀접한 관련이 있다. 그러나 이 문제는 전체적으로 근대정신의 발전과 좀 더 넓고 깊은 관계를 맺는다.

영혼 불멸에 회의를 품게 된 강력한 원천은 무엇보다도 당시의 추악한 교회로부터 더는 내면의 은혜를 입지 않겠다는 바람이었다. 교회가 이런 생각을 가진 사람들을 에피쿠로스파라고 부른(제6편 3장 참조) 것은 앞에서 얘기했다. 죽음을 눈앞에 두고 다시 성사를 청하는 사람도 꽤 있었지만, 많은 이들이 생애 동안, 특히 가장 정력적으로 활동한 기간에는 그러한 생각을 바탕으로 생활하고 행동했다. 이와 관련해 많은 사람들이 일반적인 불신앙(不信仰)으로 돌아선 것은 그 자체로서 명백하며 역사적으로도 증명된 사실이다. 이들은 아리오스토의 작품에서 "지붕보다 높은 것은 믿지 않는다"고 일컬어지는 사람들이다.[1] 이탈리아, 특히 피렌체에서는 교회에 직접적으로 대적하지만 않는다면 불신앙자로 알려졌더라도 살아갈 수 있었다. 예를 들어 한 정치범에게 죽음을 준비시키기 위해 파견된 고해사제는 먼저 그에게 신앙이 있는지 없는지 물었다. "그가 불신앙자라는 그릇된 소문이 퍼져 있기 때문"이라는 것이었다.[2]

여기서 이야기하는 불쌍한 죄인은 앞에서 나온(1편 5장 참조) 피에르 파울로 보스콜리(열렬한 브루투스 숭배자로서 메디치가의 줄리아노, 조반니, 줄리오를 제거하려다 실패한 인물)이다. 그는 1513년 재건된 메디치 가문 암살 계획에 가담한 것을 계기로 그 시절 종교상의 혼란을 고스란히 반영하는 인물이 되었다. 그는 본디

---

1) Ariosto, *Sonetto* 34 : ……non creder sopra il tetto. 소유권 문제로 자기에게 불리한 판결을 내린 어떤 관리에 대하여 아리오스토가 악의를 담아 한 말이다.
2) *Narrazione del caso del Boscoli, Arch. stor.* I, p.273 이하.─상투적인 말은 "신앙이 없다"는 것이었다. Vasari, VII, p.122, *Vita di Piero di Cosimo*.

사보나롤라 일파에 속했지만, 뒤에 고대적 자유사상과 그 밖의 이교로 빠져들었다. 그러나 감옥에 있는 동안에 사보나롤라 일파가 다시 그를 회심시켜 그들이 생각하는 거룩한 죽음을 맞게 한다. 이 과정을 경건하게 목격하고 기록한 사람은 예술가 집안 델라 로비아의 일원이자 박식한 문헌학자인 루카였다. 보스콜리는 한탄했다.

"아, 내가 그리스도 교도로서 길을 갈 수 있도록, 내 머리에서 브루투스를 몰아내 주십시오!"

루카가 말한다.

"당신이 그러길 원한다면 어려운 일이 아닙니다. 알다시피 그 로마인의 행위는 사실 그대로 전해진 게 아니라 이상화된 것이니까요."

보스콜리는 자신의 이성에 강요하여 억지로 믿으려고 애써 보았으나 진심으로부터 믿을 수 없음을 탄식한다. 만일 그가 한 달만 더 경건한 수도사들과 함께 했더라면 진정한 신앙심을 품을 수 있었을 것이다. 한데 이들 사보나롤라 일파가 성경에 대해 아는 바가 거의 없음이 드러난다. 보스콜리는 주기도문과 성모에게 드리는 기도밖에 욀 줄 몰랐다. 그는 자기 친구들에게 성경을 연구하도록 일러달라고 루카에게 간절히 부탁했다. 인간이 죽을 때는 살아서 배운 것들만 지니고 갈 수 있다는 이유에서였다. 이어서 루카는 요한복음의 그리스도 수난 이야기를 읽어주면서 보스콜리에게 설명한다. 이상하게도 이 가여운 보스콜리는 신으로서의 그리스도는 잘 이해했지만 인간으로서의 그리스도는 좀체 이해할 수 없었다. 보스콜리는 "마치 그리스도가 숲속에서 걸어 나와 자기 쪽으로 다가오는 모습"을 눈으로 보듯이 그리스도의 인간성을 이해하고 싶었다. 이에 대해서 친구인 루카는, 그것은 악마가 불러일으키는 의심에 지나지 않으니 겸허하라고 타이른다. 그 뒤 보스콜리는 젊었을 때 임프루네타 순례를 맹세했으면서도 아직 지키지 못했음을 떠올린다. 루카는 자기가 대신 순례할 것을 약속한다. 그때 보스콜리가 희망한 대로 사보나롤라 수도원의 수도사인 한 고해신부가 찾아와서, 우선 앞서 언급했던 전제군주 살해에 관한 토마스 아퀴나스의 견해[3]를 설명한 뒤 용감하게 죽음을 맞으라고 설득한다. 보스콜리

---

3) 토마스 아퀴나스는 어떠한 모반도 악이라고 단언했다. 그러나 이 고해사제는 뒷날 고백하길, 토마스도 폭정을 일삼은 군주에 대한 모반은 허용했다고 말했다.

는 대답한다.

"신부님, 그런 말로 시간을 낭비하지 마십시오. 그 점은 이미 철학자들에게서 충분히 배웠습니다. 그보다는 그리스도를 향한 사랑으로 죽음을 견딜 수 있도록 도와 주십시오."

그 뒤에 이루어진 영성체와 이별과 처형 이야기는 감동적인 필치로 그려진다. 특히 주목할 곳은 보스콜리가 단두대에 머리를 얹으면서 형리에게 잠깐만 집행을 늦추어 달라고 간청했다는 대목이다. "보스콜리는 사형선고를 받은 뒤로 계속해서 하느님과 긴밀한 합일을 이루려고 애썼지만, 그러한 경지에는 이르지 못했다. 그래서 이 순간 온 힘을 다해 하느님에게 완전히 귀의하려고 했던 것이다." 보스콜리를 불안하게 만든 것은 다름아닌 그가 반밖에 이해하지 못한 사보나롤라의 말이었다.

이런 고백들이 좀 더 많이 남아 있었더라면, 그 시대의 정신적 실상에 대해, 어떠한 논문이나 시에서도 얻을 수 없는 많은 중요한 특징을 알 수 있었을 것이다. 그랬다면 그들의 타고난 종교심이 얼마나 강했는지, 종교에 대한 각 개인의 관계가 얼마나 주관적이며 또 얼마나 흔들리기 쉬웠는지, 종교에 어떤 강력한 적이 대립하고 있었는지 좀 더 잘 살펴볼 수 있었을 것이다. 내면의 바탕이 이러한 사람은 새로운 교회를 세울 능력이 없음이 분명하다. 그러나 유럽 정신의 역사는, 사상 형성에 관여하지 않은 나라의 국민은 배제해도 무방하지만, 이탈리아인의 이 숙성기를 살펴보지 않는다면 불완전해지고 말 것이다. 이제 영혼 불멸의 문제로 되돌아가자.

영혼 불멸에 대한 불신이 교양인들 사이에서 그토록 중요한 위치를 차지했던 까닭은, 세계를 발견하고 이를 언어와 형태로 재현하려는 큰 지상 과제가 그들에게 혼신의 힘을 쏟아 붓길 요구했기 때문이다. 르네상스의 이 필연적인 세속성은 이미 앞에서(6편 3장 참조) 말한 바 있다. 아울러 이런 탐구와 예술은 똑같은 필연성으로 일반적인 회의와 의문을 이끌어 냈다. 그런 정신이 문헌으로는 거의 남아 있지 않고, 성경에 대한 비판(6편 3장 참조) 등에 산발적으로 나타날 뿐이라 해서 그것이 없었다고 보아선 안 된다. 회의의 정신은 다만 모든 분야에서 표현과 조형의 욕구, 즉 건설적인 예술 충동에 눌려 있었을 따름이다. 그리고 그 정신을 이론화하려고 할 때면 아직 건재한 교회의 강제력이 언제나 방해했던 것이다. 그러나 이 회의의 정신은 너무나도 명백해 거론할 필요조차 없는 이유 때문에, 필연적으로 그리고 전적으로 사후 문제에 집중하게 된다.

여기에 고대가 끼어들어 이 문제 전체에 이중의 영향을 미치게 되었다. 먼저 사람들은 고대인의 심리학을 배우려 했고, 아리스토텔레스의 문학을 연구하여 거기에서 결정적인 가르침을 얻고자 했다. 그 시대에 쓰인 루키아노스파의 한 대화편에서,[4] 황천길 뱃사공 카론이 자기가 아리스토텔레스를 배에 태워 건네줄 때 영혼 불멸의 신앙에 대해서 물었던 이야기를 메르쿠리우스에게 한다. 그 조심스러운 철학자는 육체가 이미 죽었어도 정신은 아직 살아 있건만 분명한 대답을 해서 체면을 깎는 일은 하지 않으려 했다는 것이다. 몇 세기 후에는 그의 저작도 어떻게 해석될지 모르는 일인데 말이다. 그런 만큼 사람들은 점점 더 열심히 영혼의 참된 본질과 그 기원에 대해서, 영혼이 먼저 존재한다는 주장에 대해서, 모든 영혼이 하나라는 견해에 대해서, 영혼의 절대적 영원성과 그 윤회에 대해서 아리스토텔레스를 비롯한 여러 고대 저술가들의 의견을 두고 논쟁했다. 이런 문제를 설교단에서 다룬 사람들도 있었다.[5] 이 논쟁은 15세기에 가장 뜨겁게 불붙었다. 어떤 이들은 아리스토텔레스가 영혼 불멸을 가르쳤다고 증명했고,[6] 또 어떤 이들은 영혼이 의자에 앉아 있는 것을 보아야 영혼의 실재를 믿겠다고 말하는 사람의 완고함을 한탄했다.[7] 필렐포는 프란체스코 스포르차에게 바치는 추도연설에서, 영혼 불멸을 옹호하기 위해 고대뿐만 아니라 아라비아 철학자들의 의견까지 잔뜩 인용했고, 인쇄된[8] 폴리오 판으로 한 쪽 반이나 되는 이 잡다한 내용을 "이 밖에도 우리는 모든 진리를 능가하는 구약과 신약 성경을 가지고 있다"는 구절로 끝맺었다. 그 뒤 피렌체의 플라톤 학파가 플라톤의 영혼설을 들고 나왔으며, 피코 같은 인물은 플라톤의 영혼설을 그리스도교 교리로 보충했다. 그러나 지식 계급 사이에는 반

---

4) Jovian. Pontan. Charon.

5) Faustini Terdocei *triumphus stultitiae*, L. II.

6) 1460년 무렵 Borbone Morosini도 그러한 증명을 했다. Sansovino, *Venezia*, L. XIII, p.243 참조.

7) Vespas. Fiorentin., p.260.

8) *Orationes* Philelphi, fol. 8.

대론자들의 학설이 널리 퍼져 있었다. 16세기 초 이에 대한 교회의 분노가 극도로 치닫자, 교황 레오 10세는 1513년 라테란 종교회의에서 영혼의 불멸성과 개별성을 옹호하기 위해 헌장[9]을 공포해야 했다. 영혼의 개별성에 대한 발표는 만인의 영혼은 하나라고 주장하는 사람들을 향한 것이었다. 그러나 그로부터 몇 년 지나지 않아, 영혼 불멸은 철학적으로 증명할 수 없다고 논박한 폼포나초의 책이 나왔다. 이로 인한 논쟁은 반대 저술들과 변론서들로 이어지다가 가톨릭의 반동을 맞닥뜨리고서야 겨우 가라앉았다. 플라톤의 이데아론에 근거하여 나온 영혼이 신 안에 이미 존재한다는 주장은 오래전부터 아주 보편적인 개념이었고, 시인들에게도[10] 환영받는 개념이었다. 그러나 사후 영혼이 어떤 형태로 존속하느냐에 대해서는 그 이상 생각하지 않았다.

고대의 두 번째 영향은, 키케로의 《국가론》 6권에서 '스키피오의 꿈'이라는 제목으로 알려진 주목할 만한 단편에서 비롯되었다. 마크로비우스의 주석서가 없었더라면 이 단편은 키케로의 저작 후반부와 마찬가지로 소멸해 버렸을 것이다. 그러나 덕분에 무수한 사본[11]이 쏟아져 나왔고, 인쇄술이 발달한 뒤로는 인쇄본으로 유포되었을뿐더러 몇 번이나 새로운 주석이 첨가되었다. 이 단편은 위대한 인물들을 위한 빛으로 가득한 내세, 천체가 연주하는 조화로운 음악으로 가득한 내세를 묘사한 글이다. 다른 고대 작가들의 글에서도 점차 발견된 이 이교도의 천국은, 역사의 위대함과 명예의 이상이 그리스도교적 삶의 이상을 훨씬 넘어설수록 그리스도교의 천국을 대신하게 되었다. 게다가 이것은 사후에 인격이 완전히 소멸한다는 주장처럼 사람들에게 불쾌감을 주지도 않았다. 페트라르카는 주로 '스키피오의 꿈'이나 그 밖의 키케로 저작에 나오는 발언들과 플라톤의 《파이돈》에 사후 세계의 희망을 걸었고, 성경은 언급하지 않았다.[12] 다른 글에서 그는 이렇게 묻는다. "왜 내가 가톨릭교도라는 이유로 이교도들의 희망을 나누어 누리면 안 된단 말인가?" 그 얼마 뒤 콜루초

---

9) *Septimo Decretal.* Lib. V. Tit. III, cap. 8.

10) Ariosto, *Orlando*, canto VII. Str. 61.—*Orlandino*, cap. IV, Str. 67, 68(4편 4장 끝부분 참조)에서는 이 문제를 조롱거리로 삼았다.—나폴리의 폰타노 아카데미 회원 카리테오는 영혼선재설을 이용하여 아라곤 가문의 사명을 찬미하려고 했다. Roscoe, *Leone X.,* ed. Bossi, II, p.288.

11) Orelli *ad Cic. de republ.* L. VI.—*Lucan. Pharsal.* IX, 첫머리 참조.

12) Petrarca, *epp.* fam. IV, 3. IV, 6.

살루타티는 (아직 사본으로 남아 있는)《헤라클레스의 공적》끝부분에서, 지상에서 극심한 고난을 견뎌낸 정력적인 사람들에게는 마땅히 별에 머물 곳을 마련해주어야 한다고 강조했다.[13] 단테는 마음 같아선 천국에 넣어주고 싶은 훌륭한 이교도라도 지옥 입구에 있는 림보 밖으로는 한 발자국도 벗어나지 못하게 했지만,[14] 이제 문예는 새로운 자유주의적 내세관을 기꺼이 받아들였다. 베르나르도 풀치가 대(大) 코시모의 죽음에 바친 시에 따르면, 그는 천국에서 '조국의 아버지'라 불리는 키케로, 파비우스 일족, 쿠리우스, 파브리키우스를 비롯한 많은 고대 로마인들의 영접을 받는다. 코시모는 이들과 함께 흠 없는 고결한 영혼들만이 노래하는 합창대의 모범이 된다.[15]

그러나 고대 작가들의 마음속에는 또 하나의, 그다지 즐겁지 않은 내세도 있었다. 바로 호메로스의 저승, 죽은 뒤의 상태를 감미롭거나 인간적인 것으로 보지 않았던 시인들이 그리는 저승이다. 여기에서 감명을 받은 자들도 더러는 있었다. 조비아노 폰타노는 어느 작품에서,[16] 자기가 새벽에 어렴풋이 잠이 깼을 때 본 환영 이야기를 산나차로의 입을 빌려 풀어놓는다. 산나차로의 눈 앞에 일찍이 영혼 불멸 문제로 곧잘 이야기 나누었던 죽은 친구 페란두스 야누아리우스의 모습이 나타난다. 산나차로는 그에게 지옥의 벌이 참을 수 없이 끔찍하고 영원히 끝나지 않는다는 것이 사실이냐고 묻는다. 망령은 잠깐 침묵한 뒤 아킬레우스가 오디세우스에게 질문을 받았을 때와 똑같은 대답을 한다. "이것만은 분명히 말할 수 있네. 육신의 생명에서 떠난 우리들이 무엇보다 강렬히 소망하는 바는 다시 육체로 돌아가는 것이라네." 그리고 망령은 인사를

---

13) Fil. Villani, *Vite,* p.15. 공로 찬양과 이교가 자리를 같이하는 이 주목할 만한 구절은 다음과 같다. "누구보다 강인한 이 사람들은 지상의 엄청난 고난을 극복했으므로 마땅히 별 위의 거처를 그들에게 내주어야 한다(Che agli nomini fortissimi, poichè hanno vinto le mostruose fatiche della terra, debitamente sieno date le stelle)."

14) 《신곡》〈지옥편〉 4곡 24절 이하.—〈연옥편〉 7곡 28절, 22곡 100절 참조.

15) 이 이교의 천국은 도예가 니콜로 델라르카라(Niccolò dell'Area)의 묘비명에서도 찾아볼 수 있다.
이제는 프락시텔레스, 피디아스, 폴리클레투스도 그대를 숭배하고,
오, 니콜로여, 그대의 손을 경탄하노라.
(Bursellis, *Ann. Bonon.,* Murat. XXIII, Col. 912.)

16) 그의 만년의 저작 《악티우스 *Actius*》.

하고 사라졌다.

사후 삶에 대한 이런 견해가, 가장 본질적인 그리스도교 교리의 소멸을 부추기기도 하고 또 일부는 그 소멸의 결과에서 비롯되었다는 것은 틀림없는 사실이다. 죄와 구원 개념은 거의 다 증발해 버린 게 분명하다. 우리는 앞에서 얘기한(6편 2장 참조) 참회설교사의 영향과 참회 열기에 말려들어가서는 안 된다. 개성이 발달한 계층까지도 다른 사람들처럼 참회 열기에 휘말렸다 하더라도, 그 핵심은 감동을 맛보고 싶다는 욕구, 격렬한 감정의 해소, 국가 재난에 대한 공포, 하늘의 구원을 바라는 외침이었을 따름이다. 양심이 깨어났다고 해서 자연스레 죄의식과 구원을 바라는 감정이 일어나는 것은 결코 아니다. 그뿐만 아니라, 겉으로는 아주 엄격해 보이는 참회조차 반드시 그리스도교적 회개를 전제로 하지는 않는다. 강력하게 발전한 르네상스의 인물들은 "후회하지 않는 것"이 자기들의 신조[17]라고 말하지만, 그것은 단지 도덕과 무관한 일, 어리석고 불합리한 행동과 관련된 것이었다. 그러나 이처럼 후회를 경멸하는 태도는 도덕적인 영역에까지 영향을 미칠 것이다. 그 경멸의 뿌리에 있는 개인적인 힘의 자각은 인간성 양면에 두루 작용하기 때문이다. 내세의 좀 더 높은 세계와 긴밀하게 연관돼 있는 소극적이고 정관적(靜觀的)인 그리스도교는 이러한 사람들을 더는 지배할 수 없었다. 마키아벨리는 한걸음 더 나아가, 그리스도교는 국가뿐만 아니라 국가의 자유를 옹호하는 데도 도움이 안 된다는 결론을 내렸다.[18]

그럼에도 더 사려 깊은 사람들이 품었던 강렬한 종교심은 어떤 형태였을까? 그것은 그 사람이 원하는 바에 따라 유신론(Theism)이 되기도 하고 이신론(Deism, 理神論)이 되기도 한다. 이신론은 그리스도교를 내버리고도 그것을 대신할 대상을 구하지 않는 사고방식에서 나온 것이다. 반면 유신론은 신적 존재에게 고양된 절대적인 믿음을 바치는 신앙, 중세에는 알려지지 않았던 신앙이다. 이 신앙은 그리스도교를 배제하지 않으며, 그리스도교의 죄와 구원과 영혼 불멸의 교리와 언제든지 결합될 수 있다. 또한 이것은 그리스도교가 아니

---

17) Cardanus, *de propria vita*, cap. 13 : "내가 스스로 한 일이라면 비록 실패하더라도 후회하지 않는다. 그러지 않았다면 나는 불행한 인간이 되었을 것이다."

18) *Discorsi*, L. II, cap. 2.

라도 사람들의 마음속에 존재한다.

유신론은 때로 아이다운 순진함을 띠며, 나아가 반이교적(半異敎的)인 여운을 풍기면서 나타난다. 이 신앙에서 신은 전능한 힘으로 인간의 소망을 이뤄주는 존재이다. 아뇰로 판돌피니는 결혼식을 올린 뒤 아내와 함께 집 안으로 들어가 성모상이 있는 제단 앞에 무릎 꿇고 기도한 이야기를 들려준다.[19] 그러나 그들은 성모가 아니라 신에게 기도했다. 자기들이 재산을 올바르게 쓰고, 즐겁고 의좋게 언제까지나 함께 살고, 자손을 많이 볼 수 있게 해달라고 말이다. "나 자신을 위해서는 부와 우정과 명예를 얻게 해달라고, 아내를 위해서는 성품과 행실이 좋은 훌륭한 주부가 되게 해달라고 빌었다." 여기에 표현까지 강렬한 고대적 색채를 띠면 이교적인 양식과 유신론적 신앙을 구별하기가 쉽지 않다.[20]

불행 속에서도 이런 신념은 놀랍도록 진실하게 나타났다. 피렌추올라는 늘 그막에 여러 해 동안 열병으로 병상에 누워 있었는데, 그때 그가 하느님에게 부르짖은 몇 가지 글이 남아 있다. 그 글에서 그는 자기가 독실한 그리스도 교도라고 힘주어 주장하지만 어디까지나 유신론적 의식을 지니고 있음이 드러난다.[21] 피렌추올라는 자기의 병고를 죄의 대가라고도, 시련이나 내세를 위한 준비라고도 생각하지 않는다. 그 고통은 오직 자기와 하느님 사이의 문제이며,

---

19) *Del governo della Famiglia*, p.114.
20) 일례로 《코리키우스의 노래 *Coryciana*》에 나오는 M. Antonio Flaminio의 짤막한 송시를 인용하겠다(3편 9장 * 24 참조).
   코리키우스가 이처럼 아름다운 조각상과
   이처럼 훌륭한 신전을 바친 신들이시여,
   이 독실한 이들의 감사하는 마음이 당신들 마음을 움직일 수 있다면,
   편안한 노년의 기쁨과 웃음을
   언제까지나 시들지 않게 지켜주소서.
   언제나 젊고 팔레르노의 포도주로
   아주 생기 있는 노년을 베풀어주시옵소서.
   그러나 세월이 차서
   이 세상을 하직할 때는 신들의 향연에
   즐거이 배석시켜 주옵소서.
   포도주를 더욱 향기로운 넥타르로 바꾸어주소서.
21) Firenzuola, *opere*, vol. IV, p.147 이하.

하느님은 인간과 인간의 절망 사이에 생에 대한 강렬한 애착을 주입해 놓았다고 여겼다. "나는 저주합니다. 그러나 자연을 저주할 따름입니다. 당신의 위대함이 내게 당신의 이름을 부르지 못하도록 금했기 때문입니다.……나에게 죽음을 허락하소서. 주여, 간청하오니, 지금 당장 죽음을 허락하소서!"

위와 같은 말이나 이와 비슷한 말에서 의식적이고 성숙한 유신론의 명백한 증거를 찾는 것은 물론 헛일이다. 이들 가운데 일부는 자신이 여전히 그리스도 교도라고 믿었고, 그 밖에도 여러 가지 이유로 현존하는 교회의 교리에 경의를 표했다. 그러나 종교개혁 시대가 이르러 사상을 분명히 해야 하게 되자, 이런 사고방식은 더욱 명료한 의식이 되었다. 많은 이탈리아의 신교도(新敎徒)들이 삼위일체론을 믿지 않는다고 밝혔고, 소치니(Sozzini)파[22] 사람들은 망명자로서 먼 타국에 가서 이러한 원리에 입각한 교회를 세우려는 기념할 만한 시도까지 했다. 이상의 설명을 보면, 인문주의적 합리주의 풍조 말고도 이런 사조에 편승한 정신이 많았음을 알 수 있을 것이다.

인격신론적(人格神論的)인 사고방식의 핵심은 피렌체의 플라톤 아카데미, 특히 로렌초 마니피코에게서 찾아볼 수 있을 것이다. 그러나 그들의 이론서와 편지들은 그들의 본질을 반밖에 전달하지 못한다. 로렌초가 젊었던 때부터 죽는 순간까지 그리스도교 교리를 주장했다는 것도,[23] 피코가 사보나롤라의 영향을 받아 수도사처럼 금욕적인 생활을 하려 했다는 것도[24] 사실이다. 그러나 이 학파의 정신적 최고 결실이라 할 수 있는 로렌초의 찬가[25]에서는 아무런 거리낌 없이 인격신론이 펼쳐진다. 그것도 세계를 하나의 커다란 정신적·물질적 우주로 여기는 관점에서의 인격신론이다. 중세 사람들은 반(反)그리스도가 출현

---

22) 삼위일체론을 부정하고, 신격의 단일성을 주장함으로써 그리스도의 신성을 부정하는 유니테리언파 신학자.

23) Nic. Valori, *Vita di Lorenzo*의 여러 곳.—로렌초가 아들인 조반니 추기경에게 준 훌륭한 교훈은 *Fabroni, Laurentius,* Adnot. 178 및 Roscoe, *Leben des Lorenzo* 의 부록 참조.

24) Jo. Pici *vita,* auct. Jo. Franc. Pico.—*Deliciae poetar. italor* 에 있는 피코의 *Deprecatio ad Deum.*

25) 그 노래는 다음과 같다. 〈기도〉("거룩하신 신이여, 그 변함없는 율법에 따라서……" Roscoe, *Leone X.,* ed. Bossi, VIII, p.120 수록).—〈찬가〉("들어라, 온 자연이 이 성스러운 찬가를……" Fabroni, *Laurentius,* Adnot. 9 수록).—〈논쟁〉(*Poesie di Lorenzo magn.* I, p.265. 이 시집에는 여기서 언급하지 않은 다른 시들도 실려 있다).

하기 전까지 세계를 교황과 황제가 지켜야 할 '눈물의 골짜기'로 보았다. 르네상스의 숙명론자들은 넘쳐흐르는 정력의 시대와 공허한 체념·미신의 시대 사이를 방황했다. 그동안 이 선택된 정신의 모임[26]에서는, 눈에 보이는 세계는 신의 사랑으로 창조된 것으로 신 안에 이미 존재하는 원형의 복사이며, 신은 그 세계를 영원히 움직이고 계속 창조하시는 분이라는 관념이 생겨난다. 개인의 영혼은 먼저 신을 인식함으로써 '신'을 자신의 좁은 한계 속으로 끌어들일 수 있지만 동시에 신의 사랑을 통해 '자신'을 무한히 확대할 수도 있다. 이것이야 말로 지상에서 누릴 수 있는 가장 큰 행복인 것이다.

여기서 중세 신비주의의 여운이 플라톤의 학설과 근대 고유의 정신과 만나게 된다. 아마도 이런 접촉 지점에서 세계와 인간의 가장 귀중한 열매인 인식이 농익었을 것이다. 이런 인식 하나만으로도 이탈리아의 르네상스는 우리 시대의 지도자로 불리기에 손색이 없을 것이다.

---

26) 풀치가 《모르간테》에서 종교를 진지하게 다룬 부분이 있다면, 제16곡 6절을 꼽을 수 있을 것이다. 아름다운 이교도 여성 안테아의 이 이신론적인 말은 아마 로렌초의 동료들 사이에 널리 퍼져 있던 사고방식의 가장 정확한 표현일 것이다. 앞서 인용했던(6편 3장 참조. *Morgante* XXV, Str. 231 이하, Str. 141 이하, Str. 150) 악마 아스타로테의 말은 이를 보충하는 말이라고 볼 수 있다.

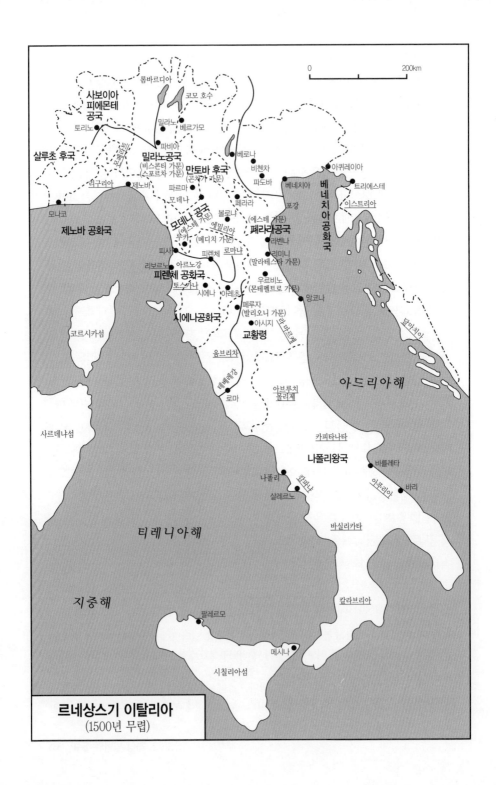

르네상스기 이탈리아
(1500년 무렵)

이탈리아 르네상스기 연표

1265년   단테 태어남.

1270년   8차(마지막) 십자군 원정.

1271년   마르코 폴로, 동양을 향해 출항.

1282년   '시칠리아의 만종' 사건 발발.

1284년   멜로리아 해전, 제노바가 피사 격파.

1302년   '시칠리아의 만종' 사건 끝남.
          피렌체에서 흑당이 백당을 밀어내고, 단테 망명.

1304년   페트라르카 태어남.

1309년   교황청 아비뇽으로 옮김.

1310년   황제 하인리히 7세, 이탈리아 원정.

1311년   밀라노에 비스콘티 가문의 지배 확립됨.

1313년   보카치오 태어남.

1321년   단테 사망.

1327년   황제 루드비히 4세, 이탈리아 원정.

1347년   로마에서 콜라 디 리엔조의 혁명 일어남.

1348년   흑사병이 이탈리아에서 온 유럽으로 번짐.

1354년   황제 카를 4세, 이탈리아 원정.

1374년   페트라르카 사망.

1375년   보카치오 사망.

1377년   교황 그레고리우스 11세, 교황청을 로마로 복귀시킴.

1378년   교회의 대분열(시스마)이 시작됨.

1406년   피렌체, 피사를 병합.

1414년   콘스탄츠 종교회의.

1418년	교회 대분열 끝남.
1431년	바젤 종교회의.
1434년	코시모 메디치(대(大) 코시모), 피렌체 공화국의 실권을 장악.
1438년	페라라 종교회의, 이듬해 피렌체 종교회의.
1442년	아라곤 왕 알폰소 5세, 나폴리 왕위를 획득.
1450년	프란체스코 스포르차, 밀라노 공작이 됨.
1452년	레오나르도 다빈치 태어남.
1453년	오스만튀르크, 콘스탄티노폴리스 점령. 비잔틴 제국 붕괴.
1454년	로디 평화조약. 이탈리아 국가들 사이에 평화가 찾아옴.
1458년	교황 피우스 2세 즉위.
1464년	코시모 메디치 사망.
1469년	마키아벨리 태어남.
1474년	아리오스토 태어남.
1475년	미켈란젤로 태어남.
1478년	파치 일가의 모반, 실패.
	로렌초 메디치(대(大) 로렌초), 피렌체 지배 확립.
1483년	라파엘로 태어남.
1492년	콜럼버스, 아메리카 대륙 발견.
	교황 알렉산데르 6세 즉위.
	로렌초 메디치 사망.
1494년	피렌체에서 사보나롤라의 공화정치 시작됨.
	샤를 8세, 이탈리아 원정. 이탈리아 전쟁이 시작됨(~1559년).
	메디치 가문, 피렌체에서 추방.
1498년	사보나롤라 처형.
1499년	루이 12세, 이탈리아 원정.
1502년	체사레 보르자, 중부 이탈리아의 교황령을 공략.
1503년	교황 율리우스 2세 즉위.
1508년	교황 율리우스 2세, 캉브레 동맹 체결.
1512년	메디치 가문, 피렌체 복귀.

1513년   교황 레오 10세 즉위.

1517년   루터, '95개조 반박문' 발표.

1519년   레오나르도 다빈치 사망.

1520년   라파엘로 사망.

1527년   로마 약탈.

         메디치 가문, 피렌체 추방.

         마키아벨리 사망.

1529년   캉브레 조약 체결.

1531년   메디치 가문, 피렌체 복귀.

1533년   아리오스토 사망.

1534년   교황 파울루스 3세 즉위.

1537년   코시모 1세 피렌체 통치(~1574년).

1544년   타소 태어남.

1545년   트렌토 종교회의(~1563년).

1546년   루터 사망.

1548년   조르다노 브루노 태어남.

1564년   미켈란젤로 사망.

         갈릴레오 갈릴레이 태어남.

1571년   레판토 해전에서 튀르크군 패배.

1588년   에스파냐 무적함대, 영국 해군에 패배.

1595년   타소 사망.

1600년   조르다노 브루노 사형.

16세기 중엽 이탈리아 주요 도시의 인구(어림수)

(그 시절의 총인구 약 900만 명)

나폴리	21만 명
베네치아	16만 명
밀라노	7만 명
팔레르모	7만 명
피렌체	6만 명
	(1338년 9만 명, 1348년 흑사병 유행 뒤에는 5만 명)
제노바	6만 명
볼로냐	6만 명
베로나	5만 명
로 마	4만 5천 명
	(1527년 로마 약탈 뒤. 그 전에는 5만 5천 명)
페라라	4만 명
만토바	4만 명
브레시아	4만 명
크레모나	3만 5천 명
파도바	3만 명
비첸차	3만 명
루 카	2만 5천 명
시에나	2만 5천 명
파르마	2만 명
페루자	2만 명

주요 가문 가계도(∞은 혼인관계를 나타냄)

메디치 가문

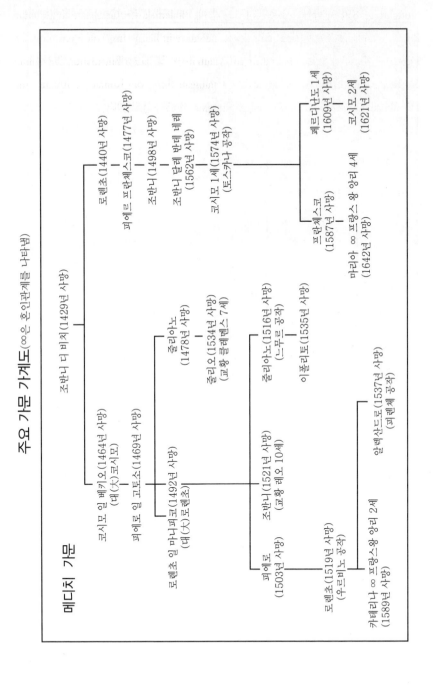

조반니 디 비치 (1429년 사망)

코지모 일 베키오 (1464년 사망) (대(大)코지모)

로렌초 (1440년 사망)

피에로 일 고토소 (1469년 사망)

피에르 프란체스코 (1477년 사망)

로렌초 일 마니피코 (1492년 사망) (대(大)로렌초)

줄리아노 (1478년 사망)

조반니 (1498년 사망)

조반니 (1521년 사망) (교황 레오 10세)

줄리오 (1534년 사망) (교황 클레멘스 7세)

조반니 달레 반데 네레 (1562년 사망)

피에로 (1503년 사망)

줄리아노 (1516년 사망) (느무르 공작)

코지모 1세 (1574년 사망) (토스카나 공작)

로렌초 (1519년 사망) (우르비노 공작)

이폴리토 (1535년 사망)

프란체스코 (1587년 사망)

페르디난도 1세 (1609년 사망)

카테리나 ∞ 프랑스왕 앙리 2세 (1589년 사망)

알레산드로 (1537년 사망) (피렌체 공작)

마리아 ∞ 프랑스왕 앙리 4세 (1642년 사망)

코지모 2세 (1621년 사망)

주요 가문 가계도 541

비스콘티 가문

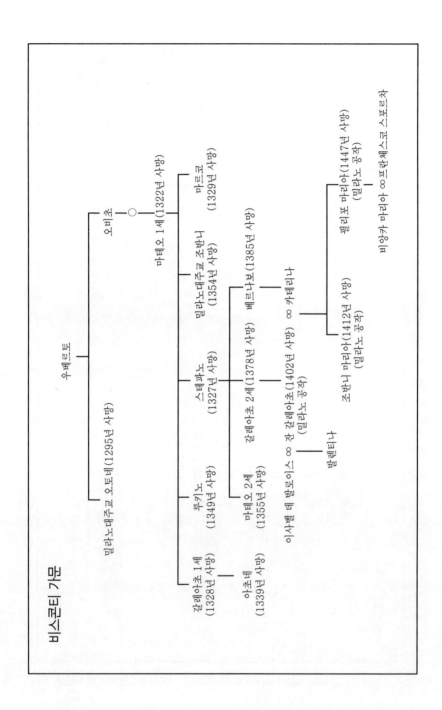

우베르토

밀라노대주교 오토네(1295년 사망)

오베초
○
마테오 1세(1322년 사망)

마르코
(1329년 사망)

밀라노대주교 조반니
(1354년 사망)

스테파노
(1327년 사망)

루키노
(1349년 사망)

갈레아초 1세
(1328년 사망)

아초네
(1339년 사망)

마테오 2세
(1355년 사망)

갈레아초 2세(1378년 사망)

이사벨 더 발로이스 ∞ 잔 갈레아초(1402년 사망)
(밀라노 공작)

발렌티나

베르나보(1385년 사망)

조반니 마리아(1412년 사망)
(밀라노 공작)

잔 갈레아초(1402년 사망) ∞ 카테리나
(밀라노 공작)

필리포 마리아(1447년 사망)
(밀라노 공작)

비앙카 마리아 ∞ 프란체스코 스포르차

스포르차 가문

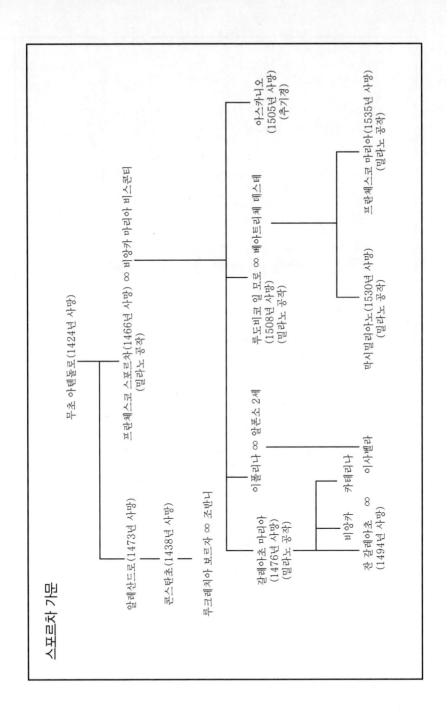

무초 아텐돌로(1424년 사망)

알레산드로(1473년 사망)

콘스탄초(1438년 사망)

루크레지아 보르자 ∞ 조반니

프란체스코 스포르차(1466년 사망) ∞ 비앙카 마리아 비스콘티
(밀라노 공작)

이폴리타 ∞ 알폰소 2세

갈레아초 마리아
(1476년 사망)
(밀라노 공작)

비앙카

카테리나

이사벨라

잔 갈레아초 ∞
(1494년 사망)

루도비코 일 모로 ∞ 베아트리체 데스테
(1508년 사망)
(밀라노 공작)

아스카니오
(1505년 사망)
(추기경)

막시밀리아노(1530년 사망)
(밀라노 공작)

프란체스코 마리아(1535년 사망)
(밀라노 공작)

에스테 가문

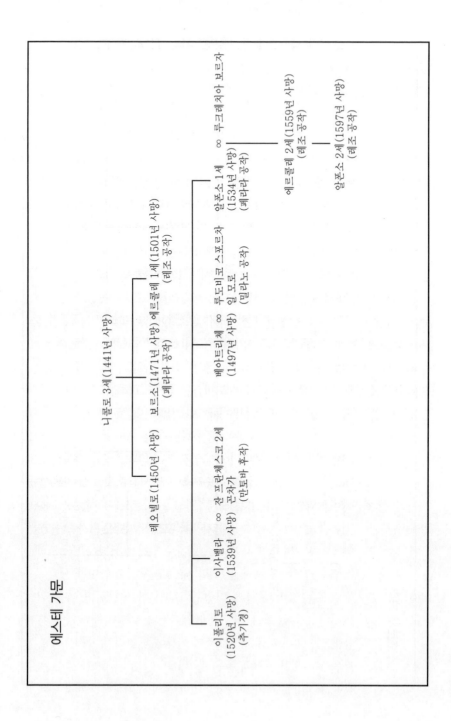

니콜로 3세(1441년 사망)

레오넬로(1450년 사망)

보르소(1471년 사망) 에르콜레 1세(1501년 사망)
(페라라 공작)   (페라라 공작)

이폴리토
(1520년 사망)
(추기경)

이사벨라 ∞ 잔 프란체스코 2세
(1539년 사망)   곤차가
              (만토바 후작)

베아트리체 ∞ 루도비코 스포르차
(1497년 사망)   일 모로
              (밀라노 공작)

알폰소 1세 ∞ 루크레치아 보르자
(1534년 사망)
(페라라 공작)

에르콜레 2세(1559년 사망)
(페라라 공작)

알폰소 2세(1597년 사망)
(페라라 공작)

곤차가 가문

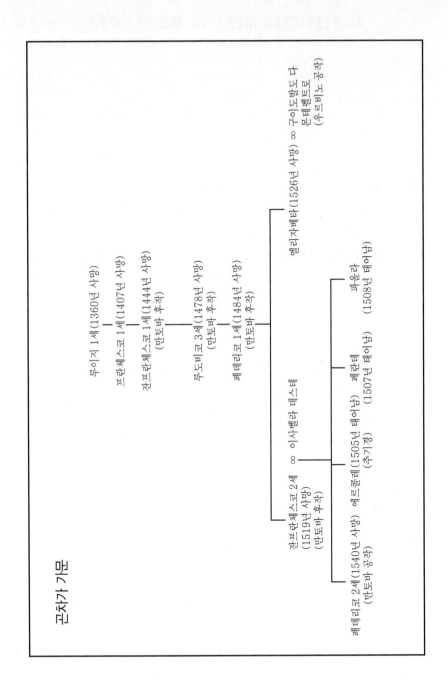

루이지 1세 (1360년 사망)

프란체스코 1세 (1407년 사망)

잔프란체스코 1세 (1444년 사망)
(만토바 후작)

루도비코 3세 (1478년 사망)
(만토바 후작)

페데리코 1세 (1484년 사망)
(만토바 후작)

엘리자베타 (1526년 사망) ∞ 구이도발도 다
몬테펠트로
(우르비노 공작)

프란체스코 2세 ∞ 이사벨라 데스테
(1519년 사망)
(만토바 후작)

페데리코 2세 (1540년 사망) 에르콜레 (1505년 태어남) 페란테
(만토바 공작)   (추기경)   (1507년 태어남)

파올라
(1508년 태어남)

부르크하르트 유럽 근대 문화의 산책

인간의 운명에 깊은 관심을 가진 부르크하르트

부르크하르트(Jacob Christoph Burckhardt)는 1818년 스위스의 바젤에서 개신교 목사의 아들로 태어났다. 유복한 부르크하르트 집안은 바젤에서 가장 존경받는 가문 중 하나였다. 3세기 동안 이 가문 사람의 일부는 국제무역과 견직물 제조로 재산을 모아 그 재산으로 정치적 권력을 얻었으며, 일부는 교수나 목사로 공동체에 봉사했다. 부르크하르트는 바젤에서 가장 훌륭한 중등학교에서 인문교육을 받았다. 그 뒤 바젤대학교와 뇌샤텔대학교에서 공부했는데, 초기에는 주로 그리스어 공부에 몰두했다. 그러나 그는 곧 문헌학에 관심을 갖게 되었고, 역사에 대한 관심도 깊어졌다. 이런 관심이 무르익기 전에 부르크하르트는 3년 동안 신학을 공부했다. 그는 성직자인 아버지와 할아버지의 전통을 받아들여 신학을 공부한 것을 결코 후회하지 않았지만, 강한 소명의식 없이 그 공부를 시작했기 때문에 결국 오랜 고민 끝에 신학을 포기했다. 이와 함께 그리스도교 신앙을 솔직하게 고백하는 것도 그만두었다. 그 뒤 그는 언제나 자신의 종교적 입장을 분명히 밝히기를 꺼렸지만 일종의 범신론적 견해를 가졌던 것 같다. 부르크하르트의 종교사상은 처음에는 두드러지게 낭만적이었지만, 나중에는 정통주의로 기울었다. 한편 인간의 운명에 깊은 관심을 가져 이를 바탕으로 역사를 바라보게 되었다.

그는 1839~43년 베를린대학교에서 공부했고, 저명한 고대사 교수인 아우구스트 뵈크와 요한 구스타프 드로이젠에게 재능을 인정받았다. 그러나 고대사와 근대사에 대한 그의 이해가 과거를 전체적으로 파악하려는 그의 노력과 조화를 이루게 된 것은 프란츠 쿠글러, 레오폴트 폰 랑케 교수의 영향 때문이었다. 쿠글러는 예술사라는 새로운 학문을 정식으로 소개하여 독일 낭만파

바젤 시내 라인 강가에 높이 솟은 두 첨탑을 보유한 대성당은 이 도시를 상징하는 건축물로서, 도시의 문장(紋章)에도 등장하고 있다. 부르크하르트는 이곳에서 태어나 자랐을 뿐만 아니라 이 도시의 풍경과 문화적 분위기를 몹시 사랑했다. 1858년 40세 나이로 바젤대학 교수가 되어 평생 이곳에 머물렀다. 그리고 이 대학에서 동료 교수이자 철학자인 니체와 우정을 맺었다.

작가들로 하여금 강한 흥미를 끌게 만든 사람이었다. 어린시절부터 부르크하르트는 예술과 건축에 매력을 느꼈다. 화가와 조각가의 업적에 자극받아 이탈리아와 르네상스로 관심을 돌렸을 뿐 아니라 법률·정치·외교 분야를 다소 하위에 두었다. 이러한 관심 분야가 바뀌자 그의 스승들 가운데 가장 유명한 레오폴트 폰 랑케와의 관계가 미묘해지게 되었다. 외교사의 대가인 랑케는 국가와 민족에게 자율적이고 고귀한 기능을 부여했으며, 그 결과 프로이센 및 독일의 민족주의와 운명을 같이했는데, 이런 입장은 나중에 부르크하르트의 거센 비난을 받았다. 랑케와 부르크하르트는 역사학에 대한 정반대의 접근방식을 보여주는 실례로 자주 인용되지만, 동시에 부르크하르트가 위대한 스승의 학문적 업적에 경의를 표했고 랑케는 제자의 능력을 인정하고 칭찬했다는 사실에 주목할 필요가 있다. 부르크하르트는 나중에 베를린대학교에서 교수가 되어 달라는 요청을 받았지만 거절했다.

역사학 예술사 강의

베를린에서 2번의 겨울을 지낸 뒤, 부르크하르트는 신설된 본대학교에서 여름학기를 보냈다. 본에서 그는 예술사를 연구하는 동료 고트프리트 킹켈과 친해졌고, 그의 집에서 만난 사람들과 함께 마음껏 상상의 날개를 펴는 낭만적인 시간을 보냈다. 킹켈은 친구인 부르크하르트와 마찬가지로 신학을 공부하다가 포기한 과거를 갖고 있었지만, 부르크하르트와는 달리 1848~49년 독일에서 실패로 끝난 자유주의 혁명의 지도자가 되었다. 이무렵 그들의 우정은 이미 완전히 식어 있었다. 부르크하르트의 정치

랑케(1795~1886) 독일의 역사가. 근대 역사학의 아버지. 부르크하르트는 베를린대학교 랑케 밑에서 역사학을 공부했으며, 그의 지도를 받아 1843년 바젤대학에서 박사 학위를 받았다.

적 신조는 그의 종교적 신념과 마찬가지로 명확히 규정하기가 어렵다. 그의 고향과 가정의 기풍은 민주적이었지만, 귀족의 오만함이 있었다. 그는 자유를 극히 사랑했지만, 곧 스위스와 독일 사람들이 정치적 자유주의를 열망하는 것을 경멸하게 되었다. 부르크하르트에게 1848~49년은 전환기였다. 낭만주의에 대한 탐닉과 정치적 기대는 이제 죽어버렸다. 그는 독일의 친구들을 거의 잊어버렸으며 연구하고 가르치는 일에만 전념했다. 그는 이제 보수주의자였지만, 이러한 보수주의는 정치적이라기보다 문화적이었다. 그는 자신의 시대는 구제할 수 없을 만큼 피상적이라고 생각하여 그 시대에 점점 더 위화감을 느꼈고, 그것과는 비교도 되지 않을 만큼 심오하고 풍부해 보이는 과거를 되살리는 데 모든 정력을 쏟았다. 1849년에는 그가 사랑하던 마르가레테 슈텔린이 바젤의

한 은행가와 결혼했다. 마르
가레테는 그의 생애에서 유
일하게 깊은 애정을 느낀 여
성이었던 것 같다. 하지만 별
로 어렵지 않게 감정을 억눌
렀고, '프롤레타리아 계급의
가정교사에게 배우게 될지도
모를' 자식을 낳고 싶은 마음
은 추호도 없다면서 다시는
결혼을 생각하지 않았다.

바젤대학교는 부르크하르
트가 스위스에 없을 때 그에
게 박사학위를 주었고, 그는
1843년 베를린에서 돌아오
자마자 사(私)강사 자격을 인
정받았다. 비록 강의를 하기
는 했지만, 2년 동안 보수주
의적 일간지 《바슬러 차이퉁
Basler Zeitung》의 편집자로 생
활비를 벌어야 했다. 1846~47

킹켈(1815~1882) 독일의 예술사학자. 부르크하르트는
1841년 본대학교에서 여름학기를 보내며 예술사를 연구
하는 킹켈과 만나 친해졌다. 뒤에 킹켈은 독일에서 실패
한 자유주의 혁명의 지도자가 되어 감옥에 갇혔다가 영
국으로 탈출하는 등 우여곡절을 겪었다.

년 그는 베를린으로 돌아가 친구이자 스승인 쿠글러와 함께 예술사 교과서 2
권을 증보하여 새로 펴내는 작업을 추진했다. 1847~48년 겨울은 로마에서 보
냈다. 그후 다시 바젤대학교에서 강의를 시작했다. 바젤대학교는 작았고, 전체
적으로 볼 때 보통 수준이었다. 강의는 이제 그의 생활에서 가장 큰 부분을 차
지했고 가장 능숙한 수준에 이르렀지만, 그의 강의를 듣는 학생은 대개 얼마
되지 않았다. 대학에서 그의 강의를 듣는 학생이 50명을 넘은 적이 한 번도 없
었다. 저녁에는 자주 바젤의 일반 대중을 상대로 강연을 했는데, 오히려 이때
많은 청중이 모였다. 1855년 부르크하르트는 바젤을 떠나 취리히에 새로 생긴
연방 공과대학에서 예술사를 가르쳤지만, 1858년 다시 모교로 돌아왔고 그후

프란츠 쿠글러(1808~1858) 독일의 미술사학자·작가. 루델부르크 성의 기념명판. 1841년 부르크하르트는 쿠글러 밑에서 미술사학을 공부하고 그의 첫 저서인 《벨기에 도시들의 미술작품》을 쿠글러에게 헌정했다.

로는 줄곧 바젤의 유일한 역사학교수로 일했다. 그러나 이후 20년 동안 그는 모교인 중등학교에서도 학생들을 가르쳐야 했다. 그가 대학의 역사학 강의와 예술사 강의에만 전념할 수 있게 된 것은 1874년부터였다. 1886년부터 1993년 은퇴할 때까지는 예술사만 가르쳤다. 강의에서 그는 고대 그리스부터 프랑스 혁명까지 유럽 문명의 모든 영역을 다루었다.

이탈리아어를 배운 부르크하르트는 1837년 처음으로 스위스 남쪽 국경을 넘어 이탈리아에 다녀왔는데, 바젤에서 이탈리아까지 왕복하는 동안 내내 도보 여행을 했다. 이듬해 여름에 그는 이탈리아 북부와 중부를 1개월 동안 여행했다. 그 후 1883년까지 이탈리아와 그 밖의 곳을 여행하는 것은 부르크하르트의 독신 생활을 특징짓는 정기행사가 되었다.

문화사 연구방법의 귀감이 된 《이탈리아 르네상스 이야기》
가장 큰 성공을 거둔 부르크하르트의 책들은 그가 유럽의 사적과 귀중한 예술품에 정통하지 않았다면 태어나지 못했을 것이다. 최초의 중요한 저서는 마지막 저서와 마찬가지로 고대문명에 대한 그의 깊은 관심을 입증해주었다.

부르크하르트는 《콘스탄티누스 대제 시대 *Die Zeit Konstantins des Grossen*》(1853)에서 건전하지 못하고 부도덕하지만 종교활동과 문화활동으로 가득 찬 과도기의 로마 모습을 제시했다. 그는 그리스도교의 융성이 필연적이었고 중세의 독창적인 문화가 발전하는 데에는 그리스도교 신앙이 반드시 필요했다는 점을 인정했지만, 그는 분명 고대세계의 쇠퇴하는 세력에 초점을 두었다. 《명승지 안내 *Der Cicerone*》(1855)는 이탈리아 예술에 대한 포괄적인 연구서로, 지리적으로 배열되어 여행 안내서 형식을 취하고 있다.

뒤이어 쓴 《이탈리아의 르네상스 이야기》는 그에게 명성을 가져다준 주요 원천이 되었다. 부르크하르트는 주제를 나타내는 적절한 소제목(세계와 인간의 발견, 개성의 발달, 예술 작품으로서의 국가, 근대적 유머 감각)을 이용하여 르네상스 시대 이탈리아의 일상생활과 그 정치 풍토 및 뛰어난 인물들의 사상을 분석했다. 그가 이용한 자료는 대개 연대기와 소설로 이미 출판되어 누구나 쉽게 입수할 수 있었지만, 역사가들은 그것을 무시하는 경우가 많았다. 그는 항상 새로운 문제의식으로 그 자료에 접근했다. 부르크하르트는 중세와 르네상스의 많은 차이점을 강조했지만, 중세의 업적을 과소평가하지는 않았다. 르네상스뿐 아니라 다른 어떤 시대도 그 이전 시대보다 전체적으로 진보했다고 기술할 수는 없다는 것이 그의 역사관이었다. 르네상스 성기에는 대체로 라파엘의 예술이 부각되지만, 부르크하르트는 '시계장치'와 같이 빈틈없이 움직이는 교묘하고도 무자비한 르네상스의 정치적 구조를 간과하지 않았다. 여기에서 그는 개인과 소수의 창조적 자유를 고려하지 않는 정교한 대중통제 기구인 근대 국가의 시작을 감지했다.

부르크하르트에게 예술은 르네상스의 최대 성과였지만, 《이탈리아의 르네상스 이야기》에서는 이 중요한 주제를 다루지 않았다. 부르크하르트는 이 주제를 별개의 논문에서 다루고 싶어 했지만, 이 소망은 건축만 다룬 《이탈리아 르네상스의 역사 *Die Geschichte der Renaissance in Italien*》(1867)에서 일부만 이루어졌다. 부르크하르트의 르네상스 연구가 결국 문화사를 다루는 방법을 보여주는 중요한 본보기가 되었다면, 예술사가 지닌 의미를 가장 잘 표현한 사람은 그의 제자이자 후계자인 하인리히 뵐플린이었다. 역사시대와 마찬가지로 예술양식도 끊임없이 새로운 것이 탄생되었다. 예술양식은 한 시대의 전반적인 성격에

뵐플린(1864~1945) 스위스의 미술사학자. 부르크하르트의 르네상스 연구가 문화사를 다루는 중요한 본보기였다면, 예술사가 지닌 의미를 가장 잘 표현한 사람은 그의 제자이자 후계자인 뵐플린이었다. 그는 28세에 바젤대학 교수 자리를 물려받았다.

서 나온 공통된 특징으로 결정되었고, 다시 그 시대의 문화를 규정하는 데 이바지했다. 부르크하르트는 시 모음집 《춤추는 인형의 노래 *E Hämpfeli Lieder*》(1853)를 출간하기도 했다. 독일어 방언으로 쓰인 이 시집은 분량은 많지 않지만 귀중한 가치가 있다.

그리스 문명 연구서이며 그의 마지막 대작인 《그리스 문화사 *Griechische Kulturgeschichte*》(4권, 1898~1902)를 비롯해 예술사 평론 《루벤스에 대한 제안 *Erinnerungen aus Rubens*》(1898)과 《이탈리아 예술사에 대하여 *Beiträge zur Kunstgeschichte von Italien*》(1898)가 그의 사후 친구들에 의

해 편집·출판되었다. 그가 죽은 뒤에 나온 2권의 저서 《역사에 관한 고찰 *Weltgeschichtliche Betrachtungen*》(1905)과 《역사 연구 시론 *Historische Fragmente*》(1929)은 특히 중요하다. 첫 번째 책은 그의 역사철학을 요약한 것이며, 강의 원고를 간추린 두 번째 책은 역사를 전체적 시각으로 바라본 부르크하르트의 타고난 재능을 인상적으로 보여주는 글이다. 이 2권의 책에는 20세기의 폭력적인 전체주의 국가의 출현에 대한 예견으로 해석할 수 있는 단락이 들어 있다. 그러나 미래에 대한 부르크하르트의 예언보다 더 중요한 것은 과거에 대한 그의 통찰이다. 그는 과거는 "우리를 (다음번에는) 더 약삭빠르게 만들어주는 것이 아니라 (영원히) 더 현명하게 만들어주는 경험"을 제공한다고 말했다.

유럽 문명의 꽃 르네상스(Renaissance)

중세(中世)를 뒤이은 유럽 문명의 한 시기를 가리킨다. 문자 그대로는 '재생'을 뜻하는 이 시기는 고전 학문과 그 가치에 대한 관심의 확대가 그 특징이다. 또한 신대륙의 발견과 탐험, 지동설이 천동설을 대체하는 변화, 봉건제의 몰락, 상업의 성장, 종이·인쇄술·항해술·화약과 같은 혁신적인 신기술의 발명 및 응용이 이루어졌다. 당대 철학자들과 사상가들에게 르네상스는 무엇보다 오랫동안의 문화적 쇠퇴와 정체의 시기가 끝나고 고전 학문과 지식이 부활되는 시기로 여겨졌다.

중세라는 용어는 15세기 학자들이 고대 그리스 로마세계의 몰락에서부터 고전에 대한 재발견이 이루어지는 15세기 초까지의 시기를 설명하기 위해 고안한 용어이다. 이들 15세기 학자들은 자신들이 고전문화를 부활시키는 데 참여하고 있다고 생각했다. 그러나 중세가 문화적 암흑기라는 생각은 이미 이보다 앞서 페트라르카가 언급한 바 있다. 중세 말기, 특히 12세기 초반을 비롯해서 중세 말기에 일어난 사건들은 사회·정치 변화와 함께 지적인 변화를 야기했으며 이러한 변화는 르네상스로 절정을 이루었다. 중세 말기에 와서는 로마 가톨릭 교회와 신성 로마 제국이 정신적·물질적 생활에서 통일되고 안정된 기본틀을 제공하는 데 점점 실패했으며 도시국가와 국민국가적인 성격의 군주국의 탄생, 민족언어의 발전, 낡은 봉건 구조의 붕괴 등과 같은 변화가 일어나기 시작했다.

궁극적으로 르네상스 정신은 여러 가지 형태로 나타났지만 처음에는 인문주의라고 불린 지적 운동형태로 나타났다. 인문주의는 중세의 지적 활동을 주도하면서 스콜라 철학을 발전시킨 철학자들에 의해서라기보다는 세속 문필가들에 의해 시작되었다. 인문주의가 가장 먼저 시작되고 열매를 맺은 곳은 이탈리아에서였으며, 그 선구자는 단테·페트라르카 같은 사람이고, 주요주창자로는 지아노초 마네티, 레오나르도 브루니, 마르실리오 피치노, 피코 델라 미란돌라, 로렌초 발라, 콜루치오 살루타티 등이 있다. 1453년 콘스탄티노플의 함락은 인문주의 운동을 크게 진작시키는 계기가 되었다. 동방의 다수 학자들이 중요한 서적과 필사본, 그리고 그리스의 학문적 전통을 지니고 이탈리아로 피신해왔기 때문이다.

상실된 인간 정신과 지혜의 부활

인문주의에는 몇 가지 중요한 특징이 있다. 첫째, 모든 다양한 표현과 작품에서 인간의 본성을 그 주제로 삼고 있다는 점이다. 둘째, 모든 철학·신학의 학파와 그 체계에 나타나는 진리의 통일성과 조화성을 강조하는 이른바 혼합주의이다. 셋째, 인간의 존엄성에 대한 강조를 들 수 있다. 인문주의자들은 인간의 활동에서 가장 고귀한 형태로 인식되던 속죄의 생활이라는 중세의 이상 대신 창조를 위한 투쟁과 자연의 정복에 대한 시도를 소중히 여겼다. 넷째, 인문주의는 상실된 인간 정신과 지혜의 부활을 고대했다. 인간 정신과 지혜의 재생을 위해 노력하는 과정에서 인문주의자들은 새로운 정신과 지식에 대한 전망을 공고히 하고 새로운 학문을 발달시키는 데 공헌했다. 인문주의는 전통적 종교교리가 강요한 정신의 억압 상태에서 인간을 해방시키고, 자유로운 탐구와 비판력을 자극했으며, 또한 인간의 사고와 창의력의 가능성에 대한 새로운 자신감을 불러일으켰다.

새로운 인문주의 정신과 그것이 일으킨 르네상스는 인쇄술의 발명에 힘입어 이탈리아에서부터 유럽 전역으로 확산해 나갔다. 인쇄술의 발명은 문자해득 계층을 증가시키고 고전 저작들을 접할 수 있는 기회의 폭을 넓히는 데 크게 기여했다. 북부 인문주의자 가운데 가장 유명한 인물로는 데시데리우스 에라스무스를 들 수 있다. 그의 저작 《우신예찬》(1509)은 형식주의적인 경건함에 대립하는 요소로서 마음속에서 우러나오는 선을 주장하는 인문주의의 윤리적 본질을 집약하는 것이다. 인문주의자들이 제공한 지적 자극은 종교개혁을 촉진했다. 그러나 막상 종교개혁이 시작되자 에라스무스를 포함한 많은 인문주의자들은 당초의 입장에서 후퇴, 소극적인 면모를 드러냈다. 16세기말 종교개혁 세력과 반동 종교개혁 세력 간의 싸움은 유럽의 에너지와 주의력을 상당 부분 소진시켰으며 다른 한편으로 지적 활동은 계몽주의의 태동을 목전에 두고 있었다.

르네상스의 정신이 가장 두드러지게 표현된 것은 무엇보다 미술분야이다. 미술은 학문의 한 부류로 간주되고 있었으며 우주에서 인간이 처해 있는 위상에 대한 통찰뿐만 아니라 신과 그 피조물의 형상을 사람들에게 나타내 보여주는 재능과 나름의 타당한 가치를 지닌 영역으로 여겨졌다. 레오나르도 다 빈치와 같은 인물의 손을 통해서라면 미술은 과학으로까지 나아갈 수 있는 것이었으며 자연을 탐구하는 수단이자 발견의 기록이었다. 미술은 가시적인 세계에 대한 관찰에 바탕을 두고서 당시에 발달한 균형과 조화, 원근법 등의 수학적 원칙에 따라 행해졌다. 마사초, 로렌체티 형제, 프라 안젤리코, 보티첼리, 페루지노, 피에로 델라 프란체스카, 라파엘로, 티치아노 등과 같은 화

〈메메드 2세의 콘스탄티노플 입성〉 1453년 비잔틴제국의 콘스탄티노플 요새는 이슬람 오스만투르크의 강력한 대포 공격으로 무너졌다. 콘스탄티노플의 함락으로 동방의 많은 학자들이 중요한 서적과 필사본, 학문적 전통을 지니고 이탈리아로 대거 피신해 왔기 때문에 인문주의 운동을 크게 떨쳐 일으키는 계기가 되었다.

가들과 피사노, 도나텔로, 베로키오, 기베르티, 미켈란젤로 등과 같은 조각가, 알베르티, 브루넬레스키, 팔라디오, 미켈로초, 필라레테 등과 같은 건축가의 작품들은 인간의 존엄성을 잘 표현하고 있다.

　이탈리아에서는 르네상스가 본격적으로 전개되기 전인 13세기말과 14세기 초에 중요한 '초기 르네상스(proto-renaissance)'라는 것이 있었다. 이는 성(聖) 프란키스쿠스의 급진주의로부터 영향을 받은 것인데 성 프란키스쿠스는 당대를 지배하던 그리스도교 신학의 형식적인 스콜라주의를 배격했으며 가난한 사람들에게 자연의 아름다움과 그 영적인 가치를 설교했다. 성 프란키스쿠스에게 자극받은 이탈리아의 미술가·시인들은 자신들의 주변을 둘러싼 세계에서 기쁨을 추구했다. 초기 르네상스 시기의 대표적인 화가로 손꼽히는 조토

15세기 르네상스 시대의 피렌체 경관　부르크하르트는 피렌체 국가에 대해 '예술품으로서의 국가'로 보고 '이탈리아인이 일찍부터 근대적 인간으로 성장한 가장 큰 이유'로 들었다.

(1266/67 또는 1276~1337)의 작품은 명료하고 단순한 구조와 심리적 통찰에 크게 의존하는 새로운 회화 양식을 보여준다. 조토의 작품은 피렌체의 화가 치마부에와 시에나의 화가 두초와 시모네 마르티니 등과 같은 동시대 혹은 그보다 앞선 화가들의 작품이 단조롭고 선을 주로 이용한 장식과 종교적 위계질서를 연상시키는 구성 방식에 의존했던 것과는 구별되는 것이다. 단테 역시 조토와 같은 시대의 인물로서 그의 시(詩)는 내면적인 경험과 인간 본성의 다양성과 그 미묘한 차이에 치중하고 있다. 《신곡》은 그 구도와 사상면에서 볼 때 중세시대에 속하는 작품이지만 그 주제에 담긴 정신과 표현의 강렬함은 르네상스를 예고하고 있는 것이다. 페트라르카와 보카치오 역시 초기 르네상스의 인물로 라틴어 문학을 폭넓게 연구하고 또한 속어를 사용해 작품을 집필했다. 불행히도 1348년 무시무시한 흑사병의 만연과 그에 뒤이은 여러 나라의 내란으로 인문주의 연구의 부활과 조토·단테의 작품에서 나타난 개인주의와 자

연주의에 대해 점점 증가하던 관심이 침체했다. 르네상스의 정신이 다시금 그 면모를 드러내게 되는 것은 15세기에 이르러서였다.

피렌체의 부유한 메디치 가문

1401년 피렌체에서는 산조반니 세례당의 청동문 제작을 놓고 경합이 벌어졌다. 금세공사이자 화가인 로렌초 기베르티에게 고배를 마신 필리포 브루넬레스키와 도나텔로는 로마로 가서 고대 건축과 조각에 관한 연구에 몰두했다. 이들이 다시 피렌체로 돌아와 자신들의 지식을 이용해 작품 활동을 시작함에 따라 합리적인 성격의 고대 세계의 미술이 다시 빛을 보게 되었다. 르네

〈**성 삼위일체**〉 마사초(1404~1428). 피렌체의 산타마리아 노벨라 성당 프레스코화. 1426~28. 마사초는 원근법을 그림에 사용한 최초의 화가이자 르네상스 회화의 창시자였다.

상스 회화의 창시자는 마사초(1404~28)였다. 마사초의 작품에서 엿보이는 착상의 총명함과 훌륭한 구성, 자연주의 기품의 높은 수준 등은 그를 르네상스 회화에서 중추적인 인물로 만들었다. 마사초에 이어 출현한 화가들, 즉 피에로 델라 프란체스카, 폴라이우올로, 베로키오 등은 선과 공간을 이용한 원근법과 해부학 연구에 치중하면서 과학적 자연주의 양식을 발전시켰다.

피렌체의 독특한 상황은 미술의 발전에 안성맞춤이었다. 오르 산 미켈레로 알려진, 곡물거래소에 벽감(壁龕)장식으로 기베르티와 도나텔로가 제작한 도시의 수호성인(聖人)조각상과 고대에 세워진 피렌체 대성당에 브루넬레스키가 건축한 거대한 돔은 피렌체 시민들의 자랑이 되었다. 궁전과 교회, 수도원 등을 건축하고 장식하는 데 소요되는 비용은 부유한 상인 가문들이 지불했는

데 그 가운데 가장 유명한 가문이 바로 메디치가(家)였다.

메디치가는 유럽의 모든 주요 도시를 상대로 무역을 했다. 북구 르네상스 미술의 최대 걸작 가운데 하나인 휘고 반 데르 구스의 작품 《포르티나리 제단화 *The Portinari Altarpiece*》는 메디치가의 대리인 톰마소 포르티나리의 의뢰에 의해 제작한 것이다. 이 그림은 당시 일반적으로 사용되던 템페라 화법으로 그려진 것이 아니라 매끄러운 표면에다 보석과 같은 색감을 내는 반투명 유화 물감으로 채색한 작품이다. 초기 북구 르네상스의 화가들은 당시 널리 알려져 있던 과학적인 원근구도와 해부학에 관한 연구보다는 물체와 그 물체가 지닌 상징적 의미를 구체적으로 재생하는 데 더 관심을 가지고 있었다. 한편 이탈리아 중부의 화가들은 1476년 《포르티나리 제단화》가 피렌체에 소개된 직후 유화 물감을 이용하기 시작했다.

르네상스인

성기(盛期) 르네상스(High Renaissance) 시기는 1490년대 초반에서부터 로마가 제국군대에 의해 약탈당한 1527년까지 대략 35년간 이어졌다. 이 시기의 미술은 3명의 위대한 미술가 레오나르도 다 빈치(1452~1519), 미켈란젤로(1475~1564), 라파엘로(1483~1520)에 의해 꽃을 피웠다. 이들은 각자 이 시기의 중요한 양상을 작품으로 구체화했는데, 특히 다 빈치는 바로 르네상스인(人) 그 자체였으며 외따로 우뚝 솟은 천재였다. 그는 어떠한 연구분야도 낯설게 여기지 않았다. 미켈란젤로는 인체의 감동적인 표현을 위한 궁극적인 수단으로, 그 인체에 관한 영감을 끄집어내는 거대한 계획을 머릿속에 그리면서 창조적인 힘을 마음껏 발산했다. 라파엘로는 고전적인 정신, 즉 조화와 미, 잔잔함 등을 완벽하게 표현한 작품들을 그려냈다.

다 빈치는 당시 위대한 화가로 인정받았지만 해부학을 비롯해 비행(飛行)의 성질, 동·식물 생명체의 구조에 대한 쉴 새 없는 연구 때문에 그림 그리는 일에 많은 시간을 할애하지 못했다. 그의 명성은 몇 점의 뛰어난 작품들에서 비롯하는데 〈모나리자 *Mona Lisa*〉(1503~05, 루브르 박물관 소장), 〈암굴의 성모〉(1485경, 루브르 박물관 소장), 심하게 손상된 프레스코 〈최후의 만찬〉(1495~98, 밀라노 산타마리아 델레 그라치에 소장)이 특히 유명하다.

〈피에타〉(1499, 로마 성베드로 대성당)·〈다비드〉(1501~04, 피렌체 아카데미아 소장)와 같은 미켈란젤로의 초기 조각품들은 더욱 풍부한 표현력을 발휘하기 위해 구조와 비례의 일반적인 규칙들을 어기면서 조화를 이루어내는 배치를 완성, 숨막힐 듯한 기교를 보여주고 있다. 미켈란젤로는 무엇보다 자기 자신을 조각가라고 생각하고 있었으나 그의 최고 역작은 로마 바티칸에 있는 시스티나 예배당의 대규모 천장 프레스코이다. 이 천장화는 1508~12년의 4년에 걸쳐 제작된 것으로 전통적인 그리스도교 신학과 신(新)플라톤 사상을 융합한, 믿을 수 없을 정도로 복잡하면서도 철학적으로 통일된 구성을 보여준다.

라파엘로의 대표작 〈아테네 학당〉(1508~11)은 미켈란젤로가 시스티나 예배당의 천장화를 그리던 것과 같은 시기에 바티칸에서 제작한 작품이다. 대규모 프레스코인 이 작품에서 라파엘로는 아리스토텔레스 학파와 플라톤 학파의 사상적 대표자들을 함께 담았다. 미켈란젤로의 작품이 화면구도가 빽빽이 차 있고 표면이 거친 반면 라파엘로는 조용히 대화를 나누는 철학자들과 예술가들을 아치가 있는 넓은 회당에 놓아 멀리 물러나 있도록 한 구도를 취하고 있다. 라파엘로는 본래 다 빈치의 영향을 받았으며 다 빈치의 〈암굴의 성모〉에 나타난 피라미드식 구성과 미모의 얼굴 생김새를 자신의 성모마리아 그림들에 구현했다. 그러나 그는 많은 수의 작품과 침착한 기질, 고전적 조화와 확실성을 선호하는 성향 등으로 다 빈치와는 구별된다.

선과 면을 바탕으로 한 르네상스 건축

고딕을 대체한 르네상스 건축에는 기둥, 반원형 아치, 원통형 볼트, 돔이 다시 사용되었다. 르네상스기의 고전에 대한 지식은 이탈리아 등지에 있는 고대 건축의 유적과 로마 시대 비트루비우스가 쓴 건축 이론서에서 비롯되었다. 르네상스 건축가들은 고전과 관련, 건축의 기본 요소를 오더로 받아들여 5가지 오더를 중첩해 사용하며 구조기술을 건축 표현의 수단으로 사용했다. 이들은 벽체와 구조체를 합리적인 조합 원칙에 연관시켜 결합하려 했으며, 석재의 재질감을 살리고 돌림띠를 사용해 수평성을 강조했다. 직업적인 건축가가 등장하고 교회와 함께 세속적인 건축을 본격적으로 설계한 것도 르네상스 시기로, 이러한 건물은 건축가들의 중요 과제가 되었다.

르네상스 건축은 선과 면을 바탕으로 한 건축이라 할 수 있다. 또한 이 시대 건축가들은 원이 가장 완전한 기하학적인 형태라고 여겼으므로, 신에게 바칠 건물도 가장 완전한 형태여야 한다고 생각해 교회 형식을 라틴 십자형에서 중앙집중형으로 바꾸고 점대칭, 원형, 정사각형, 그리스 십자형 등 변형을 발전시켰다. 또한 건축의 비례가 아주 중요하게 다루어졌다. 대표적인 르네상스 건축가이자 이론가인 알베르티는 비례와 연관해 건축을 정의하면서 더 추가하거나 빼내거나 변화시킬 수 없이 조화를 이루는 것이라고 했다. 실제로 르네상스 건축가들은 인체비례와 건축비례 간의 조화를 발견하고 이를 건축이론으로 발전시켜 설계에 반영했으며, 필리포 브루넬레스키는 투시도법을 고안했다. 르네상스는 건축이론이 발전한 중요한 시기였는데, 비트루비우스의 《건축십서》의 영향으로 많은 건축가들이 건축서를 저술했다. 알베르티의 《건축십서》가 1485년 발간되었으며 건축이론은 16세기 후반에 더욱 번성했다.

고전을 추구한 르네상스 건축이 고대 유적이 많은 이탈리아, 그중에서도 로마에서 일어나리라는 예견은 당연한 것이었다. 14세기와 15세기초 이탈리아인들은 로마 건축을 부흥시키려 했으나 로마는 정치적으로 불안정한 도시였다. 그 대신 메디치 가문의 후원으로 경제적으로 번영하고 정치적으로 안정된 피렌체가 르네상스의 중심이 되었다. 1401년 피렌체 옛 예배당 정문 설계 경기에서 낙선한 금속세공가 브루넬레스키는 이에 자극받아 건축을 본격적으로 공부하며 르네상스 건축을 열었다. 1418년 중세 건축가들이 해결 못한 피렌체 대성당 돔 설계경기에 당선된 그는 고딕식 내용의 구조이지만 드럼을 도입한 르네상스식 돔을 처음 만들었다.

르네상스의 대표적인 비종교건축은 팔라초이다. 고전 양식의 장대한 수평띠, 정형화된 창문과 출입 개구부, 상층으로 갈수록 거친 다듬기에서 잔다듬으로 막다듬기한 석조의 재질감과 마감방법은 르네상스 건축에 나타난 주요한 내용이다. 팔라초 건축은 그후 더욱 발전하여 건물 입면에 고전 건축의 오더를 붙박이 기둥(pilaster)으로 사용하면서 각 요소들의 조화관계에서 건축미를 추구하게 되었다.

브라만테는 초기 로마 르네상스 건축을 더욱 발전시켜 성기(盛期) 르네상스를 낳았다. 템피에토(1502), 성베드로 대성당, 팔라초 파르네세(1517~89) 등은 이 시기의 대표적인 건물이며 또한 많은 빌라들이 교외에 세워졌다.

16세기초 이탈리아 성기 르네상스 이후 17세기초 바로크 예술이 시작하기 전까지의 이탈리아 예술을 마니에리스모라고 한다. 마니에리스모 건축가들은 고대 로마 건축에 지대한 관심을 가지고 성기 르네상스 건축의 원칙 대신 고도의 세련미·복합성·고귀함을 추구했다. 마니에리스모 건축으로 공간 처리는 점차 경관적인 효과를 추구하게 되었는데, 바사리의 우피치 궁전(1560)에서 그러한 경향을 볼 수 있다. 안드레아 팔라디오는 마니에리스모 건축을 완숙하게 발전시켰고 미켈란젤로는 성 베드로 대성당 건설에 참여하여 돔과 드럼을 설계했다.

성기 르네상스의 강력한 교황들인 율리우스 2세와 레오 10세 치하에서 인문주의 연구가 계속 진행되었으며 이와 함께 다성(多聲)음악이 발달했다. 교황이 집전하는 미사에 봉사하던 시스티나 예배당의 성가대는 이탈리아 전역과 북유럽에서 모인 음악가·성악가들로 이루어졌다. 그 가운데 작곡가로서 가장 유명한 사람으로는 조스켕 데 프레(1445~1521), 팔레스트리나(1525~84)가 있다.

통일된 역사의 한 기간으로서의 르네상스 시기는 1527년 로마의 몰락으로 끝났다. 그리스도교 신앙과 고전 인문주의 사이의 팽팽한 긴장은 16세기 후반 마니에리스모로 빠져들었다. 그러나 르네상스 정신으로 생기를 얻은 위대한 예술작품들은 이탈리아 북부와 북유럽에서 계속 탄생했다.

형식주의에 영향을 받지 않은 것으로 여겨지던 코레조(1494~1534)와 티치아노(1488/90~1576)와 같은 북부 이탈리아의 화가들은 외형상으로 감정의 혼란 없이 비너스와 성모마리아를 동시에 찬미하곤 했다. 안토넬로 다 메시나에 의해 북부 이탈리아에 도입된 유화기법은 습한 기후 때문에 프레스코 기법을 사용할 수 없었던 베네치아의 화가들에 의해 빠르게 수용되었는데 이러한 유화기법은 다혈질에다 즐거움을 추구하는 베네치아인들의 문화에 잘 어울리는 것으로 여겨졌다. 조반니 벨리니, 조르조네, 티치아노, 틴토레토, 베로네세와 같은 화가들은 베네치아의 회화양식을 계속 발전시켜나갔다. 베네치아의 회화 스타일은 세속적인 내용의 주제, 관능적인 색감과 표면처리, 그리고 화려한 배경을 결합한 것이다. 이탈리아 르네상스 시대 피렌체의 지적인 분위기에 가깝게 근접한 15세기의 인물은 독일의 화가 알브레히트 뒤러(1471~1528)이다. 뒤러는 시각적인 실험과 자연에 대한 연구를 지속적으로 해나갔으며 동판화와 목판화를 이용해, 르네상스와 북구의 고딕양식을 박력 있게 융합해 서구세계에 확산시킨 예술가였다.

이탈리아 르네상스 이야기

이탈리아 르네상스 이야기의 출발

《이탈리아 르네상스 이야기》는 부르크하르트가 바젤대학 역사학과 정교수로 취임하고 2년 뒤인 1860년 간행되었다. 문화사의 전형인 이 저서의 사상이 언제 어떻게 싹텄는지는 베르너 케기가 쓴 부르크하르트 전기를 통해 알 수 있다.[1] 전기에 따르면, 부르크하르트는 죽기 2년 전인 1895년 3월에, 《교황 연대기》 편찬자 루드비히 파스토르가 바젤에 그를 만나러 왔을 때 그 문제를 직접 언급했다. 《치체로네》를 집필할 때 했던 이탈리아 여행에 대한 이야기를 나누다가 부르크하르트는 이렇게 말했다. "내 관심사는 오로지 예술작품에 있었다. 그 시절 나는 아직 역사 연구에 깊이 파고들 생각이 없었다. 그런데 1847년 로마에서 어느 날 베스파시아노 다 비스티치의 《15세기 명인전》을 빌려 읽은 것이 계기였다. 그때 《이탈리아 르네상스 이야기》 구상이 처음으로 떠올랐다."

그런데 이런 구상을 다름 아닌 베스파시아노의 저작에서 얻었다는 점이 주목할 만하다. 이 피렌체 서적 상인은 르네상스기 위대한 저작가로 꼽히는 사람이 아니기 때문이다. 그러나 부르크하르트는, 베스파시오의 책에 그 시절 사람들에 대한 보고(報告)의 무한한 광맥이 있다고 직관했다. 아주 다양한 자질을 지닌 수많은 인물들이 그 책에 활기찬 모습으로 등장한다. "그(베스파시아노)는 결코 위대한 저술가는 아니었으나, 그들(당시 피렌체의 학식 있는 사람들)의 활동 내역을 남김없이 알고 있었고 또 그 활동의 정신적 의의를 깊이 통찰하는 능력을 갖추고 있었다."고 《이탈리아 르네상스 이야기》(본문 3편 5장 참조)에서 부르크하르트가 직접 말했다.

---

[1] W. Kaegi, Jacob Burckhardt, Eine Biographie, Bd. III, S. 647 f.

집필 과정과 작품의 중심 골조

지금부터 이 책을 집필하기까지의 대략적인 과정과 그 중심 골조의 형성에 대해, Jacob-Burckhardt-Archiv의 자료 등 우리가 접하지 못하는 귀중한 자료를 바탕으로 저술된, 위에서 말한 케기의 저서와 페테르 간츠 교수[2])를 바탕으로 살펴보고자 한다.

《이탈리아 르네상스 이야기》는 처음에는 계획하고 있던 《문화사 총서 *Bibliothek der Culturgeschichte*》 가운데 한 권으로 들어갈 예정이었다.[3]) 즉 "페리클레스 시대―후기 제정로마 시대―8세기―호엔슈타우펜 왕조―15세기 독일

바젤대학교 부르크하르트는 이 대학에서 신학·역사·미술사를 공부하고, 1858년 역사학 정교수로 취임했다(뒤에는 마틴교회).

생활상―라파엘로 시대"로 이어지는 일련의 문화사적 시대 서술의 마지막에 위치하는 '라파엘로 시대'에 르네상스 문화를 넣을 계획이었다. 따라서 《이탈리아 르네상스 이야기》는 그때는 라파엘로를 중심으로 정리될 예정이었다. 《콘스탄티누스 대제 시대》(1853) 집필을 마치고, '1500년 무렵 이탈리아 문화사 고찰'이 시작되었다. 취리히대학 교수로 있을 때(1855~58) 부르크하르트는 이 문제에 관한 자료를 체계적으로 수집했다. 또한 그 무렵부터 르네상스에 대한 고찰이 강의나 공개연설에 반영되었다. 그러나 강의 원고에서는 아직 문화사

2) 신교정판 부르크하르트 전집 제4권 《이탈리아 르네상스 이야기》의 편집자 중 한 명)]의 논고 [(Peter Ganz, Jacob Burckhardts Kultur der Renaissance in Italien : Handwerk und Methode ⟨Umgang mit Jacob Burckhardt 수록⟩ 1988.
3) 이 계획은 부르크하르트가 바젤 교육대학 예과(豫科) 조직개편으로 해고되면서 흐지부지된 듯하다.

와 예술사가 나뉘어 있지 않았다.

부르크하르트가 르네상스를 이탈리아에서 시작된 유럽적 현상으로 보았던 사실은 다음 서술로도 알 수 있다.

"이곳 이탈리아의 예술과 삶 속에는 고대의 거의 모든 유물이 존재하고 있으며, 중세 영향은 매우 약하다. 중세 봉건제도와 기사제도의 영향은 아주 흐릿하며, 그 대신 무역과 공업으로 인한 도시가 우위를 차지했다. 여러 도시의 형성은 귀족과 왕족에게도 결정적인 요인으로 작용했다. 그들은 북유럽 귀족들처럼 성에서 살지 않고 도시 한가운데서 살았다. ……도시가 차례차례 크고 작은 전제군주 손에 넘어간 때에도, 형태는 본질적으로 도시국가 형태였다."

《이탈리아 르네상스 이야기》의 중요한 키워드의 하나로 꼽을 수 있는 것이 여기에는 아직 나타나지 않았다. 그것은 "새롭고 생생한 감정의 기반과 표현으로서의 합목적적 조직체(die zweckrationale Organisation), 정밀한 기구로서의 국가(der Staat als Kunstwerk. 본문에서는 '예술품으로서의 국가'라고 번역했다) 같은 개념"(간츠)이다. 1858년 이후, 부르크하르트는 취리히 시절 수집한 자료를 분류하여, 일부는 "예술에 관한 기록"으로 《이탈리아 르네상스 이야기》를 저술할 때 사용했다.

이것 말고도 《이탈리아 르네상스 이야기》의 기초를 이루는 발췌 내용은 축소된 구상에 따라 분류용 봉투별로 정리되어 있다. 그러한 분류용 봉투 하나에, 발췌한 메모용지를 골라내는 작업을 할 때 부르크하르트가 쓴 것으로 보이는 구상 초안이 있다.

국정 Politica
전쟁 Krieg
교황권 Papstthum
고대 Alterthum
세계의 발견 Die Entdeckung der Welt
인간의 발견 Die Entdeckung des Menschen
사회—부(富) Die Gesellschaft—Reichthum
　계급 Stände

사교 Geselligkeit

가정 경영 Hauswesen

축제 Feste

시가 Poesie

르네상스의 인간 Der Mensch der Renaissance

개인주의 Individualismus

명성 Ruhm

다면성 Allseitigkeit

정열 Leidenschaft

위대한 일 Die höchsten Dinge

이슬람교와의 관계 Verhältniß zum Islam

아래 분류용 봉투에 기록된 항목은 초안보다 조금 더 오래된 것으로 보이지만 내용은 거의 일치한다.

국정 Ⅰ, Ⅱ Politica Ⅰ ; Politica Ⅱ

전쟁 Krieg

계급제도 Ⅰ, Ⅱ Hierarchie Ⅰ ; Hierarchie Ⅱ

인문주의 Ⅰ, Ⅱ Humanismus Ⅰ ; Humanismus Ⅱ

자연과 세계 Natur und Welt

인간의 발견 Entdeckung des Menschen

통계, 물가 등 Statistik, Werte etc.

외면적 관습, 계급 Äußere Sitte, Stände

축제와 비밀제사의식 Feste und Mysterien

시가 Poesie

개인주의, 명성 등 Individualismus, Ruhm etc.

정열, 미신 등 Leidenschaft, Aberglauben etc.

종교 Religion

이러한 구상의 골조를, 완성된 《이탈리아 르네상스 이야기》에 구분되어 있는 6편과 비교해 보면 아직 정리가 덜 된 인상을 받는다. 무엇보다 여기에는 '합목적적 조직체', '예술품으로서의 국가'라는 말이 빠져 있다.

1858년 여름 부르크하르트는 르네상스에 대한 서술의 문화사적 내용의 구상과 골조를 분명히 그리고 있다. 1859년 1월 부르크하르트는 '자연미에 대해'라는 제목으로 강연을 했는데, 원고 메모에 따르면, 자연감정의 역사를 논하면서 4편 '세계와 인간의 발견'의 3장 '자연미의 발견' 첫 문장과 비슷한 말을 한 것으로 보인다.

이러한 집필의 우여곡절을 극복하고 훌륭하게 다듬어 완성한 《이탈리아 르네상스 이야기》를 보면 감탄이 절로 나온다. 케기는 6편으로 이루어진 본문의 뛰어난 구성에 대해 다음과 같이 말했다. 이 6편의 배치는 《세계사적 고찰》에서 국가와 종교, 그것과 병렬 또는 대립 관계인 문화를 세계사의 세 가지 힘(Potenz, 포텐츠)으로 본 포텐츠 이론에 대응한다. 즉 양 측면을 이루는 1편 '예술품으로서의 국가'는 '국가'라는 힘에, 6편 '도덕과 종교'는 '종교'라는 힘에 대응하며, 이 두 힘 사이에 '문화'라는 힘에 대응하는 2편 '개인의 발전', 3편 '고대의 부활', 4편 '세계와 인간의 발견', 5편 '사교와 축제'가 자리한다.

그러나 가장 중요한 것은 각 편의 순서이다. 국가에 대한 내용이 맨 앞에 놓인 이유는 무엇인가? 간츠 교수는 그 까닭을 다음과 같이 설명한다(페테르 간츠, 상게서). 그것은 정치적 사건을 우위에 놓는 이야기적(narrativ) 역사의 잔재가 아니라, '예술품으로서의 국가'의 합리적(rational) 형성이, 이탈리아의 "완벽한 절대 권력과 어우러져 아주 독특한 인간과 생활양식을 낳았기(본문 1편 1장 앞부분 참조)" 때문이다. 이탈리아 르네상스기의 국가가 '예술품으로서의 국가'라는 사상은, '국정 Ⅱ' 분류 봉투에 들어 있던 쪽지에 처음 나타난다. 베네데토 바르키의 《피렌체사》에 대해 부르크하르트는 그 쪽지에 다음과 같이 기록했다. "피렌체 국가는 몇 세기 동안 끊임없이 개조되고 재건되었다. ……그러면서 어떤 사람들은 이 국가를 '기계장치(Maschine)'라고 보았고, 또 어떤 사람들은 '정밀한 기구(Kunstwerk)'로 다루었다……(케기에 따르면, 부르크하르트는 'der Staat als Kunstwerk(예술품으로서의 국가)'를 본디는 'der Staat als Maschine(기계장치로서의 국가)'라는 뜻으로 생각했다고 한다(상게서, 707쪽 이하). 《콘스탄티누스 대제 시대)에 이미 'Staatsmaschine(국가라는 기계장치)'라는 말이 나온다).

사람들의 생활이 관습·가족·단체와 연결되어 있던 중세적 형태와 달리, 그 생활이 자신의 의지와 상관없이 더욱 강대한 것에 빠져드는 것이 근대세계의 특징인데, 이런 세계는 바로 이탈리아 르네상스기에 형성되며, 동시에 "국가와 이 세상 모든 사물을 객관적으로 보고 처리할 수 있게"(본문 2편 1장 앞부분 참조) 된다. 그리고 중앙집권화에 맞서, 세부적으로 조직되고 계산된 국가의 강력한 지배권을 손에 넣은 군주정치의 국가 지배이념 아래에서 국가이성(raison d'État, 레종 데타)이라는 사고도 생겨났다. 부르크하르트는 이러한 '예술품으로서의 국가'에 "이탈리아인이 일찍부터 근대적 인간으로 성장한—유일하지는 않아 도—가장 유력한 이유"(본문 2편 1장 첫머리 참조)가 있다고 생각했다. 그래서 '국가'에 대한 내용을 맨 앞에 놓고, '고대의 부활'은 2편 '개인의 발전'에 이어 세 번째에 둔 것이다.

부르크하르트는 르네상스를 단순히 '고대의 부활'로 보고, 이것을 14세기부 터 16세기에 이르는 시기의 총칭으로 삼는 것은 적절하지 않다고 생각했다. 그 는 르네상스를, 이 시기의 여러 분야가 근대화로 넘어가는 움직임을 전반적으로("대전환"(3편 머리말 참조)) 에워싸는 개념으로 보았다. 따라서 이 시기 전반의 종합적 명칭으로서의 "고대 또는 고대 문예의 부활, 재생"은 단지 이 시기의—중요하긴 하지만—일부에 지나지 않으므로, 르네상스라는 모든 현상을 설명하기에는 충분하지 않다. 이렇게 생각하면 각 장의 배열이 아주 자연스럽게 인과관계의 순서를 나타낸다는 점을 이해할 수 있을 것이다.

이탈리아 르네상스 시대의 특징

부르크하르트는 르네상스의 여러 현상의 원인을 설명하는 중요한 요인으로서, "무역과 공업으로 인한 도시의 우위"에 기초한 경제구조 변혁과 더불어, 또는 그 이상으로 기존 종교 감정과 도덕관 및 가치 체계에 구애받지 않는 강력한 지배이념 아래 있는 국가형태에 중점을 두었다. 인간이 개인이라는 인식에 도달하는 데에는 "이탈리아 정치 상황이 가장 크게 기여했다."(2편 1장 앞부분 참조)

《이탈리아 르네상스 이야기》가 완성된 형태로 다듬어지기까지의 과정을 보고 나서 이 책의 개요를 전체적으로 살펴보면 다음과 같다. 먼저 각 이탈리아 국가가 정밀하게 조직된 국가로 성숙하고 발전하는 모습이 서술된다. 즉 이탈리아가 동방으로 진출하고 무역활동에 따라 경제적으로 발전함으로써 여러 도시가 번성하고 시민계급이 힘을 얻는다. 그 결과 봉건제가 무너지고 근대시민사회가 성립하면서 독자 문화가 싹트는 기반이 만들어진다. 국가는 세부적으로 조직화되고, 토지대장에 따른 조세 징수, 수출입 관세 등 징세제도를 정비하고, 통계학의 초기 형태가 등장한다. 그리하여 기존 도덕관과 가치체계에 얽매이지 않는 "이해관계와 의식의 창조물로서의 국가, 예술품으로서의 국가"(본문 1편 머리글 참조), "정밀하게 계산되고 눈에 확연히 보이는 기초 위에 세워진 창조물이며 반성에 의존하는 의식적인 산물"인 "정교한 예술품으로서의 국가(der Staat als Kunstwerk)"(본문 1편 7장 첫머리 참조)가 성립한다. 부르크하르트는 마키아벨리가 구상한 피렌체 정치체제를, "마치 정교한 시계를 들여다보는 느낌"(본문 1편 6장 참조)이라고 평가했다.

일시적으로 정치상황이 안정된 기간이 있었지만, 전체적으로 이 시기는 외국의 간섭과 침략, 도시와 제후국 사이의 분쟁, 동족 간 골육상쟁, 흑사병 유행이라는 심상치 않은 먹구름 아래 놓여 있었다. 시기가 이러하다 보니, 성직자와 전제군주, 금융업자는 물론 용병대장까지도 합리적이고 타산적인 정신 아래 냉철하게 일을 처리하는 한편, 고유한 교양 이념과 재력으로써 학예를 보호하고 학술 진흥에도 힘을 쏟았다. 르네상스의 천재적 예술가·시인·사상가들의 눈부신 활약은, 전쟁과 폭력과 문화가 공존해 있던 이 시기와 대체로 일치한다. 이탈리아인은 자유와 필연에 대해 당시 유럽 사람들 가운데 가장 처음으로 깊이 사유한 사람들이었지만, 그들의 성찰은 "폭력과 불법으로 점철된 정치 상황—악의 화려하고 영원한 승리처럼 보였던—의 그늘 밑에서"(본문 6편 3장 참조) 이루어졌다.

부르크하르트는 《그리스 문화사》에서, 기원전 5세기의 떠들썩한 아테네 폴리스에 대해 이렇게 말했다. "천재성과 무도함을 두루 갖춘, 수많은 중요하고 위대한 개성적인 인물이 이런 상황 속에서 성숙한다. 즉 위대한 예술가, 시인, 철학자들—투키디데스와 알키비아데스—을 비롯한 모든 것이 질병과 기아와 전쟁 중에 성숙한다"(같은 책 3권 376쪽). 아테네가 정신적으로 가장 번성한

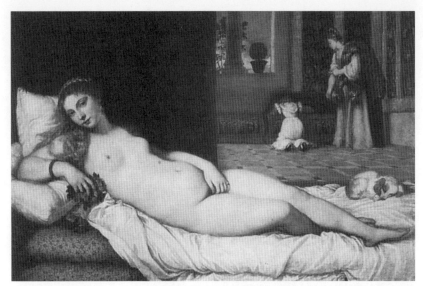

〈우르비노의 비너스〉 부르크하르트는 '인간 발견'이야말로 르네상스 시대의 특징이라고 하면서, 이를 바탕으로 르네상스 미술에 나타나 있는 여성미를 논했다. 16세기 티치아노가 그린 이 작품은 '누워 있는 나부(裸婦) 그림'의 모범이 되었다. 우피치 미술관 소장.

시대는 바로 아테네 도시국가에 위기가 닥친 시대였다. 여기서 부르크하르트는 "역사의 폭풍은 사상에 호의적이다"라는 르낭의 주장이 사실이라고 옹호한다(같은 책 4권 353쪽). 이처럼 언뜻 역설적으로 보이는 주장을 그대로 이탈리아 르네상스기에도 적용할 수 있는지 여부는 문제 삼지 않더라도, 불온한 정치적·사회적 상황이 주는 불안정감과 긴장감이 오히려 삶과 죽음·도덕관·종교·사회·국가에 대한 사람들의 의식을 더욱 깊이 있게 하고, 이탈리아 르네상스라는 유례없는 개성적이고 함축적인 풍요로운 문화를 낳는 한 요인으로 작용했음은 틀림없는 사실이다.

　이런 바탕 위에서 자란 이탈리아 르네상스기 사람들은, 출신과 상속재산이 아니라 오로지 자기의 능력과 냉정하고 합리적·타산적인 정신에 기초하여 정치와 전쟁과 상업 분야에서 활동한다. 바로 실력 중심의 세계이다. "이처럼 인위적으로 구성된 사회에서는 그 구조에 숙달된 사람만이 성공할 수 있었다."(본문 1편 4장 참조) 사상과 예술 세계에서도 사람들은 계급이나 전통의 지배에서 벗어나 자아를 발견하고, 자기 능력을 마음껏 발휘하고자 한다. 여기서 천

재적 능력을 갖춘 사람이 나타날 기반이 만들어진다. 중세에는, "인간은 다만 종족·국민·당파·단체·가족으로서 혹은 그 밖의 어떤 일반적인 형태로만 자기를 인식했다. 이 베일이 가장 먼저 걷힌 나라가 이탈리아다. ……인간은 하나의 정신적 개체가 되고, 자기를 개인으로서 인식하게 된다."(본문 2편 1장 참조) 그리고 "14세기 이탈리아 사람들은

〈성 프란치스코의 생애〉 르네상스 시대의 남녀 풍속·복장이 잘 드러나 있다. 기를란다요 작. 피렌체, 산타 트리니타 성당 벽화 부분.

마음에도 없는 겸손이나 위선을 거의 몰랐으며, 어느 누구도 다른 사람 눈에 띄거나 다른 사람과 다르다는 것을 두려워하지 않았다."(본문 2편 1장 참조) 이것은 중세의 종교적 속박으로부터 인간을 해방하고, 개인 능력을 최대한으로 발휘하고자 하는 명확한 의지를 바탕으로 창조된 문화의 출현이다. 그리고 현실을 직시하고 합리적인 사고를 행동 지침으로 삼는(여기서 음모·동맹·배신·매수 등을 냉철한 계산 아래 펼치는 외교정책, 목적을 위해서는 수단을 가리지 않는 사람들, 이해에 따라 행동하는 용병대장 등이 나타난다) 근대적 문화와 사회의 출현을 준비하는 것이었다. "이탈리아 군주들을 진정으로 돕고 존속시키는 무기는 언제나 재능과 냉정한 타산"(본문 1편 2장 참조)이며, 용병대장은 감정에 지배받지 않는 "순전한 실력 중심의 궤도로 한걸음 내디뎠다."(본문 1편 2장 참조) 또한 인문주의(Humanismus)가 그리스 로마의 고전 수집과 번역을 통해 학술의 각 분야에서 기초를 쌓아가는 과정, 자연미 발견, 개성 표현으로서의 복장과

유행으로서의 복식, 여성의 지위, 명예심, 복수심, 그리고 그 시대 특색을 가장 직접적으로 나타내는 사회생활, 민중의 종교적·도덕적·시적 이상의 발현인 축제 행사의 여러 형태, 신앙 전반이 흔들린 근본원인 등이 많은 자료를 바탕으로 서술되었다.

《이탈리아 르네상스 이야기》의 의의와 평가

그러나 《이탈리아 르네상스 이야기》의 이론적 체계를 추구했으나 그것을 발견하지 못한 철학자는 이 저작에 불만을 품었다. 경제학자와 사회학자도 불만을 나타냈다. 부르크하르트가 사교를 논하면서 사회를 논하지 않고, 경제사를 소홀이 다루었기 때문이다. 부르크하르트도 이런 약점을 알고 있었다. 사실 그는 뒷날 한 친구에게 보낸 편지에서 "이탈리아의 중세 경제발전을 르네상스의 기초로 보는 자네의 발상은 매우 귀중하고 얻는 바가 크네. 그것이 바로 내 연구에 언제나 부족하던 점일세"라고 썼다. 그러나 케기도 말했듯이, 부르크하르트에게 가장 고통스러운 것은 철학·경제사·사회학 분야의 결여가 아니라, 바로 미술사의 결여였다. 부르크하르트는 본문 머리글에서 절제된 표현으로나마 유감의 뜻을 분명히 나타내고 있다.

부르크하르트는 《이탈리아 르네상스 이야기》에서 처음으로 르네상스를 특히 이탈리아와 연결시켰으며, 14~16세기 역사적 현상을 인류 사상 주목할 발전 단계로 보았다. 《이탈리아 르네상스 이야기》가 1860년 간행되었을 때 르네상스 연구의 새로운 시대가 열렸다. 한 시대로서의 '르네상스'라는 존재가 이 책을 통해 발견된 것이다. 그때부터 한 세기 반이 지난 지금도 르네상스 연구자들이 가장 먼저 살펴보아야 할 것은 부르크하르트의 《이탈리아 르네상스 이야기》이다. 이 책이 여러 방면에서 수많은 비판을 받은 것은, 이 분야가 문헌학상에서 확대되고 그에 따른 연구가 진전된 것을 생각하면 오히려 당연한 일이다. 비판 내용은, 르네상스 개념과 시대규정의 모호함, 사회적·경제적 면 언급 결여와 여성의 사회적 활약과 지위에 대한 부르크하르트의 견해에 대한 반론, 그 무렵 전쟁 형태와 기술, 자연과학 등에 대한 충분치 않은 언급, 그 밖에 주제의 내용을 서술할 때 나타나는 편견 등이다.

그러나 이탈리아 르네상스 연구자들은 부르크하르트의 주장에 의문을 품고 반발하든 부정하든 결국 그의 저작으로 되돌아오며, 그것을 뛰어넘을 수 없음을 인정한다. 20세기 이탈리아 르네상스 연구의 일인자 유지니오 개린은 그가 편찬한 논집 《르네상스인》 머리글에서, "야코프 부르크하르트는 이미 오랜 옛날 사람이며, 이미 수없이 문제점이 지적되고 반발도 샀다. 그럼에도 이 책에 실린 여러 논문은 종종 그의 이름으로 되돌아간다. 부르크하르트야말로 르네상스를 이탈리아 문화의 결정적인 시기로 보고 영속적인 르네상스상을 만들어 낸 사람이며, 또한 '르네상스인'이라는 개념을 최초로 만들어 낸 사람"이라고 말한다.

이탈리아 르네상스 연구의 권위자인 데니스 헤이는 그의 저서 《이탈리아 르네상스로의 초대》에서 이렇게 말한다. "부르크하르트의 판단과 방법에 대해 나는 이 책 곳곳에서 때로는 암묵적으로, 또 때로는 노골적으로 이의를 제기한다. 그러나 르네상스의 이탈리아에 빠져든 많은 사람들과 마찬가지로, 나 또한 부르크하르트에게 매료된 사람이다. 한 번은 냉혹하게 비판하면서 읽었다. 그러나 다시 한 번 읽었을 때는 아주 다루기 힘든 소재를 그토록 능숙하고 자연스럽게 다룬 저자의 훌륭한 실력에 찬사가 절로 나왔다. ……오늘날 내가 부르크하르트보다 통찰력은 깊고 뛰어날지 모르나, 애당초 그런 통찰을 가질 수 있게 된 것은 주로 부르크하르트라는 본보기가 있었기 때문이다."

부르크하르트의 《이탈리아 르네상스 이야기》를 이토록 뛰어넘기 어려운 대상으로 생각하는 이유는 무엇일까? 그것은 이 저작이 근대 문화의 원형으로서의 이탈리아 르네상스의 본질을 심도 깊고 종합적으로 파악하고 있기 때문이다. 또한 예술품으로서의 국가, 개인의 발전, 고대의 부활, 세계와 인간의 발견 같은 인상적인 말로 이탈리아 르네상스라는 시대정신을 나타내고, 그것을 근대 유럽 문화의 원형으로 보는 부르크하르트의 르네상스관에는, 비록 수많은 반론과 반발이 있었지만, 여전히 진리가 깃들어 있음을 아무도 부정할 수 없다.

부르크하르트는 르네상스라는 대상을 시대의 흐름에 따라 서술하지 않고 여러 영역을 횡적으로 상세히 살폈다. 또한 이것을 "분석하고 개념을 여러 방향으로 사유하는 게 아니라, 다층적이고 다채로운 전체 모습을 서술하며, 하나의 형상으로 묘사"(케기)했다. 부르크하르트는 저서 《세계사적 고찰》에서 문화의 향상이 분업을 추진하고 개인의 의식을 좁히며, 학술 분야에서도 근시안적인 연구에 급급한 나머지 전체를 바라보는 자세를 잃고 있다고 말한다. 그는 역사 연구자들에게, 보통의 연구논문은 물론 아주 상세한 내용의 전공 논문에 이르기까지 두드러지게 전문화된 현재에는 저술을 할 때 언제나 이 점을 잊지 말아야 한다고 당부한다. "상세한 부분으로 들어갈수록 사람 눈에서는 점점 더 빨리 사라진다." 광범한 역사자료 안에서 그 시대의 독자성과 전체 모습을 정확하게 찾아내는 날카로운 역사적 직관과 세계사적 의의에 입각해 시대의 방향성을 읽어내는

니체(1844~1900) 독일의 철학자·시인. 1869년(24세) 바젤대학교 고전철학 교수로 임명되었다. 공개강연 때 동료 교수이자 나이 많은 부르크하르트의 명강의에 '위대한 우리의 스승'이라고 칭찬을 아끼지 않았다.

깊은 통찰력은 역사연구자 및 문화사가가 반드시 갖추어야 할 자질이다. "진정으로 배우려는 사람에게는 올바르게 선별된 하나의 사료가 수없이 많은 사료를 대신할 수 있다. 그 사람은, 그 정신의 소박한 작용으로써 특수한 것 안에서 보편적인 것을 발견하고 깨우치기 때문이다"《세계사적 고찰》). 역사가로서의 빼어난 소질과 역사의 여러 현상을 종합적으로 파악하는 직관력, 학자로서의 꾸준한 탐구심이 눈부신 필치와 어우러져 이 책의 꺼지지 않는 매력을 만들어냈다.

이 책은 Jacob Burckhardt, Die Kultur der Renaissance in Italien을 번역했다. 텍스트로는 Jacob Burckhardt, Gesammelte Werke(Bd. I–X), Schwab & Co. Verlag. Basel/

Stuttgart 1878의 제3권을 사용했다. 그 밖에, Bibliothek der Geschichte und Politik Bd. 8, Jacob Burckhardt, Die Kultur der Renaissance in Italien, hrsg. von Horst Günther, Deutscher Klassiker Verlag. Frankfurt am Main 1989. 및 Jacob Burckhardt, Die Kultur der Renaissance in Italien, Neudruck der Urausgabe hrsg. von Konrad Hoffmann, mit 140 Abbildungen. Alfred Kröner Verlag, Stuttgart 1985를 참고했다.

야코프 부르크하르트 연보

1818년   5월 25일 스위스 바젤의 명문가에서 개신교 목사의 아들로 태어
            남. 김나지움을 다니며 빌헬름 바커나겔의 지도로 인문학적인 소
            양을 쌓고 프랑스어·이탈리아어 고전어 지식을 습득함.

1837년(19세) 아버지의 권유로 바젤대학에서 신학 공부를 시작한 뒤 주로 빌
            헬름 마르틴 레베레히트 드 베테의 강의를 들음. 이와 더불어 역
            사학과 고전학에도 관심을 기울임.

1839년(21세) 신학 공부를 시작한 지 4학기 만에 전공을 미술사와 고전학으로
            바꾸고 1843년 봄까지 베를린대학에서 드로이젠, 랑케, 뵈크, 쿠
            글러, 야코프 그림의 강의를 들음.

1841년(23세) 여름학기를 본대학에서 보내면서 고트프리트 킹켈을 중심으로
            하는 후기 낭만주의 시인 집단에 들어감.

1843년(25세) 랑케의 지도로 작성한 카를 마르텔과 콘라트 폰 호흐슈타덴에
            관한 논문으로 바젤대학에서 박사학위를 받음. 여름 4개월 동안
            파리에 머무르면서 화랑을 순례하고 도서관과 고문서 자료실 등
            에서 작업함.

1844년(26세) 바젤대학에서 역사학 교수 자격을 취득함. 1845년까지 보수 성향
            의 신문인 〈바슬러 차이퉁〉 편집자로 일하는 동시에 브로크하우
            스 출판사에서 간행하는 《회화 사전》 편찬에도 참여함.

1846년(28세) 프란츠 쿠글러와 함께 미술사 교과서를 편찬하고 이를 위해
            1848년까지 두 차례 이탈리아를 여행함. 이탈리아 여행을 통해
            빙켈만과 괴테 시대의 고전주의 이상에 매료되고 알렉산더 훔볼
            트의 보편적인 지평에 눈을 뜸. 이를 계기로 부르크하르트는 왕
            성한 저작활동 시기로 접어들고, 기존의 정치사적인 시각에서 탈

피하여 인문주의적 관점을 통해 역사를 바라봄.

1853년(35세) 1854년까지 다시 이탈리아에 체류함. 첫 번째 대표작인 《콘스탄티누스 대제 시대》가 출간됨. 부르크하르트는 콘스탄티누스 대제 시대를 고전 시대에서 기독교 중세로 넘어가는 과도기로 보았고 중세 문화의 근간으로 이해함.

1855년(37세) 취리히 연방 공과대학 미술사 교수로 초빙되어 1858년까지 가르침. 고대부터 당시까지의 이탈리아 예술품들을 소개한 《여행 안내서 : 이탈리아 예술작품 감상을 위한 안내서》가 출간됨.

1858년(40세) 바젤대학 역사학 정교수로 취임함. 이때부터는 교수직에만 전념하면서 유럽 문화사 전체를 아우르는 강의에 몰두하고, 1886년부터 1893년 퇴임할 때까지는 미술사만 강의함. 이와 함께 공개 강연에서도 탁월한 연사로서 명성을 얻어 프리드리히 니체에게서 "우리의 위대한 스승"이라는 찬사를 받음.

1860년(42세) 《이탈리아 르네상스 이야기》가 출간됨. 중세 말부터 르네상스 시대에 걸쳐 이탈리아의 여러 국가와 교회가 겪었던 구조적 변화를 기술하고 '근대' 인간의 탄생 과정을 기술한 이 책은 문화사 기술의 전범이 되었으며, 유럽에서 르네상스상(像)에 지속적으로 영향을 미친 결정적인 저술이 됨.

1872년(54세) 랑케 후임으로 베를린대학 교수직을 제의받지만 거절함.

1897년(69세) 8월 8일 바젤에서 세상을 떠남.

1898~1902년 4권으로 된 《그리스 문화사》가 사후에 제자들에 의해 출간됨.

1905년 《세계사적 고찰》이 출간됨.

옮긴이 지봉도(池奉道)

명지대학교 법학과 졸업. 동대학원 국제법전공 졸업(법학박사). 명지대학교 겸임교수
및 북한연구소 연구위원 역임. 독일 함부르크대학교 교환교수 역임. 통일부 전문직
사무관 역임. 인천국제교류센터 문화한인팀장. 학술논문과 저서에 〈한국평화조약체
결에 관한 연구〉 〈법사회학 관점의 남북관계발전의 기본방향〉 〈세계화와 한국사회
의 대응〉 〈한반도평화체제구축의 법적 과제〉 등이 있다.

Jacob Christoph Burckhardt
DIE KULTUR DER RENAISSANCE IN ITALIEN
이탈리아 르네상스 이야기
부르크하르트/지봉도 옮김
1판 1쇄 발행/2011. 11. 11
1판 3쇄 발행/2022. 6. 30
발행인 고윤주
발행처 동서문화사
창업 1956. 12. 12. 등록 16-3799
서울 중구 마른내로 144(쌍림동)
☎ 546-0331~2 Fax. 545-0331
www.dongsuhbook.com
＊
사업자등록번호 211-87-75330
ISBN 978-89-497-0752-5 04080
ISBN 978-89-497-0382-4 (세트)